ジャック・アタリ

世界精神マルクス

1818-1883

的場昭弘◎訳

藤原書店

日本の読者へ——日本におけるマルクスの意味

日本の読者に、私が書いたカール・マルクスの伝記を読んでいただけるのは光栄です。
とりわけ、私がこの伝記を執筆したかった理由は、カール・マルクスが、精神と歴史の巨人であるにもかかわらず、誤解され、そしてしばしば旧ソヴィエトやカンボジア、そのほかの国で起きた二十世紀の最悪の虐殺の、ある種の責任者として紹介されているからです。実際その問題に関して、マルクスは無実です。マルクス自身は、資本主義についての巨大な理論家であり、一国、とりわけその時代のロシアのような、非常に遅れた国で社会主義が建設されることに、自らの思想が利用されることには反対でした。マルクスは、日本についてほとんど語っていませんし、また十分理解もしていませんし、明治時代が到来することで、日本で再生の動きが起きたことも見逃していました。

とはいえ、彼の思想はきわめて現実性をもっています。その理由は、彼は、第一にグローバリゼーションの思想家だったからです。彼にとって資本主義は、たえずグローバル化していくものでした。彼は、どんな体制も、どんな文化も、どんな封建制も、どんな地代も、資本主義に抵抗はできないと考えていました。だから、彼は、社会主義は発展していく資本主義を代替するものではなく、むしろ資本主義がやがて世界的な規模であらゆる成長力を失ったとき、その後に来る体制だと主張していました。それは、物的生産がロボットによって行われる世界において、無償と、愛他主義を漸進的に促進することによって基礎づけられる体制なのです。

こうした思想こそ、今では現実的なものなのです。このように考えれば、世界をたったひとつとしてではなく、数千のいまだ可能な破局をもつ、全体として読みとくことが可能となります。

日本は、このようなグローバリゼーションにおいて重要な役割を与えられています。グローバリゼーションは、たったひとつの国家ではなく、あらゆる大国によって推進されねばなりません。

歴史を考えること、そしてその残酷さを考えることが、日本の条件の一つです。

ジャック・アタリ

世界精神マルクス　目次

日本の読者へ――日本におけるマルクスの意味　I

序文　13

1　ドイツの哲学者　一八一八―四三年　19

2　ヨーロッパの革命家　一八四三年十月―四九年八月　89

4 インターナショナルの主人

一八五六年四月―六四年十二月 …………225

5 『資本論』の思想家

一八六五年一月―七一年十月 …………295

「だから聖書のことばを理解するには、相対立する文章を調和させるような、ある感覚をもつ必要がある。さまざまな文章を都合よく調和させる感覚をもつだけでは十分ではない。むしろ対立さえしている文章を、和解させるような感覚をもつ必要がある」

パスカル『パンセ』

「私は、皇帝、すなわち世界精神が馬に乗って町の通りを歩くのを見た。――一点に集中し、馬にまたがり、世界にまで広がり、世界を支配する、そうした個人を見るというのは不思議な感覚である。――それは精神ではなく、魂である。なぜなら、彼は自らの作品の、真の意味を意識してはいなかったからである」

ヘーゲル（イエナの戦闘の翌日にて）

わが父に捧ぐ

世界精神マルクス 1818–1883

凡例

一、右わきに（　）で付された番号は原著者による文献番号であり、巻末の「文献目録」と対応している。
一、右わきに〔　〕で付された番号は訳者による注であり、巻末の「訳注」に対応している。
一、本文の上部に付したのは、訳者が補った小見出しである。

序文

もっとも影響力をもちながら、拒絶されたマルクス

二十世紀において、カール・マルクスほど読者をもった作家はいない。彼以上に希望を集めた革命家もいない。彼の著作ほどに注釈が書かれたイデオローグもいない。何人かの宗教の教祖をのぞけば、彼に比較できるほどの影響力をこの世界に与えた人物はいない。

しかしながら、彼の理論、世界概念は、われわれの今いる二十一世紀が、今まさに明けようとするそのとき、世界中で拒絶されてしまったのである。彼の名前で作られた政治的世界も、歴史のゴミ箱の中に棄てられてしまった。今日、彼のことを学ぶものはほとんどいない。マルクスの間違いは、資本主義は死滅しつつあり、社会主義が出現するであろうと考えた点であった。多くの人々の目にとって、マルクスは歴史上の最大の罪のいくつか、とりわけナチズムからスターリニズムといった二十世紀最後を特徴づける最悪の異常性についての、最大の責任者である。

しかし、マルクスの作品を詳細に見るならわかるが、マルクスはそれ以前の疎外から解放された世界を、とりわけ資本主義の中に見ていて、その断末魔について考えたわけでもないし、一国で社会主義が実現できると考えたわけでもない。自由貿易とグローバリゼーションを弁護し、そして革命は、たとえ起こったとしても、資本主義をすべて乗り越えねば、実現などしないだろうと予言していたのだ。

われわれの世紀に似た十九世紀

彼の生涯を追って見れば、さまざまな矛盾の中で育まれる異常な運命が生み出す、極端な現実状況が理解できるだろう。

第一に、彼が過ごした世紀が驚くほどわれわれの世紀に似ているからだ。今日同様、世界は人口的に見るとアジア優勢で、経済的にはアングロ＝サクソン優勢であった。今日同様、民主主義と市場が地球を侵略しつつあった。今日同様、技術がエネルギーや素材の生産、コミュニケーション、芸術、

イデオロギーを革命化し、労働にともなう苦痛も、驚くほどの軽減を告げていた。今日同様、市場がかつてない成長の波に入る直前にあり、その矛盾が絶頂期にあったかどうかを知るものなどどこにもいなかった。今日同様、もっとも力のあるものと、もっとも貧しいものとの不平等もひどい状態であった。今日同様、しばしば暴力的で、さらに絶望的な圧力グループが、市場のグローバリゼーション、民主主義の勃興、宗教の世俗化と対立していた。今日同様、人々は、貧困、疎外、苦痛から人間を解放することより、別の友愛的世界の中に希望を託していた。今日同様、人々を必然的に友愛的世界に導く道を見つけたという名誉をめぐって、多くの作家や政治家が言い争っていた。今日同様、勇気ある人々、とりわけマルクスのようなジャーナリストが、演説の自由、執筆の自由、思考の自由のために命を落としていた。最後に、今日同様、資本主義がわがもの顔に支配し、いたるところで労賃に重石をかけ、ヨーロッパの国民国家にあわせて、世界組織を作ろうとしていた。マルクスは最初の「グローバル」な思想家であり、「世界精神」をもった人物である。とりわけ資本主義の中にそれ以前の疎外からの解放の世界を、彼が見ていたことがわかる。

社会科学の父、もっとも偉大なジャーナリスト

　第二の理由は、マルクスの活動の中には、われわれ現代にとって不可欠ともなる活動の源泉があったことである。社会民主主義が生まれるのは、彼が創設した制度のひとつ、すなわちインターナショナルにおいてである。彼の思想を歪曲することで、二十世紀最悪の独裁者たちの何人かが生まれる。まだその後遺症に悩む大陸が多くある。われわれの歴史と国家の概念を作り上げたのは社会科学だが、マルクスは社会科学の父の一人であった。世界がつねに了解され、それゆえに変化をこうむるのは、ジャーナリズムのおかげであるが、マルクスはもっとも偉大な職業的ジャーナリストであった。

西欧的近代人を構成

　最後の理由は、マルクスが、西欧的近代人を構成するすべてのものに出会える好都合な位置にいた

するすべてに出会えた

政治、経済学、哲学、科学、すべての中で世界を理解しようとした

ことである。マルクスは、ユダヤ教から、貧困を許さず、生命が価値を持つのは人間の運命を改善する場合だけであるという思想を受け継いでいる。キリスト教からは、人間は隣人愛をもつという、解放者としての未来の夢を受け継いでいる。ルネサンスからは、合理的に世界を考察するという野心を受け継いでいる。プロイセンからは、哲学は第一の科学であること、国家はあらゆる権力の脅威的中心であるという確信を受け継いでいる。フランスからは、革命は人民解放の条件であるという自負を受け継いでいる。イギリスからは、民主主義、経験主義、政治経済学の情念を受け継いでいる。最後にヨーロッパからは、自由と平和という情念を受け継いでいる。

マルクスは、こうした遺産を時には前提にしたり、時には否定したりすることで、普遍的思想家となり、貧しきものの擁護者となる。たとえ彼以前に、全体としての人間を考えた哲学者が他にもいたとしても、政治、経済学、哲学、科学、すべての中で世界を理解しようとしたものは他にはいなかった。最初の思想の領主ヘーゲルに倣って、マルクスは現実をグローバルに読み込もうとする。しかしヘーゲルと違うところは、現実を神の支配の中に見るのではなく、人間の歴史の中にしか見ないことである。信じられないほどあらゆる分野、あらゆる言語獲得に触手を伸ばしたマルクスは、死の直前まで、世界の全体性、人間の自由の活力を抱き続けようとする。彼こそ世界精神である。

ここ数世紀の中で唯一の新しい宗教を創設した、この追放者の軌跡をたどれば、現在を作ったのは、こうした稀な人物なのだということが、全体として理解できよう。こうした稀な人々は、たとえ権力グループへの道が開けていたとしても、よりよき世界を夢見る権利の方を維持すべく、場末での貧しい生活を選ぶものなのである。われわれには、彼らに感謝を述べる義務がある。と同時に、マルクスの作品の運命には、最高の夢が、最悪の野蛮に変わったのはなぜかという問題が含まれている。

なぜマルクスに魅せられたか？

　私がこう言っているのは、何も郷愁や誇張の意味からではない。私自身は、言葉のどんな意味においてもマルクス主義者であったことはないし、今でもそうではない。私は青年期にマルクスの作品を読んだこともなかった。信じられないかもしれないが、科学、法学、哲学、経済学を学んでいた間、彼の名前がそこで語られるのを聞いたこともなかった。初めてマルクスの名前に真剣に触れたのは、遅ればせながら彼の書物を読んだときからであり、それは『マルクスのために』の著者、ルイ・アルチュセールと文通していたからであった。以来、この人物とその作品は私の心を魅了してやまない。マルクスに魅せられた原因は、彼の思想の確かさ、弁証法の力、彼の推論の能力、彼の分析の明晰さ、彼の批判の激しさ、彼の筆致のユーモア、彼の概念の正確さからであった。研究を進めるにつれてますます頻繁に、マルクスは市場、価格、生産、交換、権力、不正、疎外、商品、人類学、音楽、時間、医学、物理学、所有、ユダヤ教そして歴史についてどう考えたのかを知りたいという欲求が増してきた。今日、マルクスのエピゴーネン〔模倣者〕の結論を否定すれば、マルクスの漠然とした部分がたえず意識されてくる。マルクスならどう考えただろうということをつねに自問しなければ、とりかかれない主題である。そして、そこに彼を読む大きな意味があるのである。

マルクスの伝記を書くということ

　この驚くべき精神に関してこれまで数万の研究、数十の伝記が書かれてきた。しかしそのたいていは、聖人伝となるか、そうでなければ批判的なものとなるかであった。適当な距離を置いたものなど、ほとんどなかった。その数百頁の注釈書の一行たりとも怒りと当惑を引き起こさなかったものはない。マルクスを政治的冒険者、経済的成金、家庭内の独裁者、社会的パラサイトだとしているものさえあった。またマルクスの中に一人の預言者、一人の宇宙人、偉大な経済学者の一人、社会科学、新しい歴史、人類学（中には心理学さえ）の父を見出すものもいた。また彼の中に最後のキリスト教哲学者(134)を見出すにいたったものもいた。今日、共産主義が地球の表面から永遠に消えてしまい、マルクスの思想がもはや権力と関係しなくなったように見えてはじめてマルクスを冷静に、真剣に、したがって有効に語ることが可能になったのである。

だから、マルクスの信じられないような運命とその異常なまでの知的、政治的軌跡を、見せかけではなく、近代的な手法で語れるときが今やっと来たのだ。この若き亡命ドイツ人がいかにして三十歳たらずで、宗教界を除いて人類史上もっとも読まれたテキストを執筆することが可能であったのかが理解できるだろう。貨幣、労働、女性と彼の独特の関係もわかるだろう。類まれな風刺家も発見できよう。同時に、ロマン主義の勃興、ブルジョワ小説の香気、オペラの豪華さ、ベルエポックの舞台裏とはまったく違った、暴力と闘争、殺戮と苦悩、専制と抑圧、貧困と伝染病によって作られた、我々の直接の先駆者である、この十九世紀を再解釈することが可能となろう。

1

ドイツの哲学者

一八一八—四三年

代々ラビであったマルクスの家系

カール・マルクスの家系をずっと遡ると、父親の家系も母親の家系もラビであることがわかる。[1]

十五世紀の初め、ハ＝レヴィ・ミンツという人物が、迫害を逃れるためにドイツを去る。その息子、一四〇八年生まれのアブラハム・ハ＝レヴィ・ミンツは、パドヴァのラビとなる。その子孫の中に、一五六五年に亡くなるマイア・カッツェネーレンボーゲンと、一五九一年クラクフで亡くなるヨゼフ・ベン・ゲルソン・ハ＝コーヘンという、パドヴァのタルムード大学の校長がいる。[215] 十七世紀の初め、この家系はミンツという名で、もとの地に戻り、ラインのトリーアに住み着いた。

当時のトリーアはかなり小さな都市であったが、ドイツでもっとも古い町であり、アウグストゥス皇帝によって作られ、もっと後にフランスとドイツの文化の交錯点ともなる町であった。[2] 第一に皇帝の住居があり、ディオクレティアヌスのもとでは帝国の四つの首都のひとつであり、ヴェルダンの分割（八四三年）の際、フランク王国に併合され、やがて新しいゲルマンの王国に併合されたが、多くのドイツの諸国家がルターおよびその宗派に改宗する中、カトリックに留まった。

十七世紀にトリーアに落ち着いたミンツ家は、それ以後動いてはいない。子供たちは父から子へ、代々ラビとなる。娘たちの方もラビと結婚し、その息子たちもトリーアやラインでまたラビになっていった。こうした祭司の仕事からは見えないのだが、彼らは仕立屋、家具職人、抵当付きの金貸しでもあったのだ。[3] 十八世紀の初め、トリーア、やがてアルザスのヴェストホーフェンのラビとなるアロン・ルヴォフという人物がいた。その息子ヨシュア・ヘルシェル・ルヴォフは、彼の跡を継いでトリーアのラビとなる。その後一七三三年に、アンスバッハのラビに任命された。そして彼の娘エヴァ・ルヴォフは、トリーアのもう一人のラビと結婚する。その男は、一七八八年からラビをしていた、彼自身も町のもう一人のラビであり、ヴォーバンが要塞に変えたザールの都市、サール・ルイ出身で、そこでアブラハム・マルク・レヴィという名を持っていた、マイヤー・マルクス・レヴィの息子であった、モルデシャイ・マルクス・レヴィという人物と結婚する[215]。マルクをマルクスに変えたのは、戸籍編集上の文字のミスにすぎないものである[4]。

生まれ故郷トリーアの歴史

トリーアは、当時カトリックの力が非常に強く、そこに滞在したゲーテの言葉を読むとそのことがよくわかる。「城壁の内部は、教会、チャペル、修道院、コレージュ、騎士団の建物、修道士の共同体に覆われているが、けっして圧倒されるほどでもない。城壁の外は、大修道院、宗教の施設、シャルトル会によって塞がれているが、包囲されているほどでもない[124]」。

この地域は、フランス王国とドイツのいくつかの国家の争いの対象となった。ユダヤ人はあまり多くはなく、かなりの貧困状態にあった。ほぼすべての職業は、農業も含めて、ユダヤ人にはまだ禁止されていた[5]。多くの仕事は、金貸しであり、それは彼らに完全に開かれていた唯一の職業であり、ときに金貸しになることを強制されてもいた[62]。

フランスには近代国家が成立していたが、ゲルマンの神聖ローマは、二つの強力な国家プロイセンとオーストリアとの対立によって引き裂かれた独立公国の連合体にすぎなかった。文盲状態に置かれた人民、その王朝の将来にとりわけ不安な国王とともに、国家という概念に関心すら持っていなかった。商人、哲学者、数人の詩人だけがドイツ統一を夢見ていただけである。

フランス革命が始まったとき、トリーアは貴族の避難の地、反動の前線、コブレンツの前衛となる。コンデ公の軍と白軍がそこに終結していた。亡命者はそこで無数の陰謀を企んでいた。しかし、一七九四年、電撃的な攻勢という方法で国王軍を破った国民公会の軍が、熱狂をもってトリーアの町に迎えいれられた。民主主義という思想の虜となった若者は、自由の木のまわりで踊った。トリーアはフランスのサール県の中心都市となり、市政を担当するためパリから官僚がやってきた。名望家はジャコバンクラブを作ろうとする。[6]

町のユダヤ人の数はその頃、三百名ぐらいであった。フランス人の到着とともに、政治的解放が獲得されることを期待した。フランスのユダヤ人は、憲法制定議会以来その利益を受けていた。一八〇一年、最初の第一執政官ボナパルトがオーストリアからライン左岸を割譲させたとき、フランスはトリーアへの支配権を堅固にする。[7]

ナポレオン帝国の前にドイツ諸公国は次々と崩壊していく。一八〇六年、プロイセンとオーストリアを同時に敗北させ、支配権を獲得したナポレオンは神聖ローマを解体する。

マルクスの父とナポレオン

こうした事態が進行する一方で、トリーアのラビとなる用意をしていた。マイヤー・マルクス・レヴィは一七九八年に亡くなった。モルデシャイのもう一人の息子、ヘルシェルは一七七七年（当時父はザール・ルイのラビであった）に生まれたが、ラビとなる気はなかった。彼は宗教から離れてさえいたのである。[277]フランス革命は彼の思春期に大きな影響を与えた。一七九九年には、父は同意にためらったが、ストラスブール大学で法学とフランス語を学ぶために出発する（ラインのユダヤ人で、初めて大学で学んだ一人であった）。[215]彼はそこで革命精神と法律を身につける。ヘルシェルはユダヤ人をあらゆる攻撃から守るために、とりわけ弁護士になることを望んだ。トリーアの最初のユダヤ人弁護士である。フランスのユダヤ人は、少し前からこうした仕事ができるようになっていた。トリーアのユダヤ人は、まだそうではなかった。

ナポレオン帝国のほかのすべてのユダヤ人と同様に、トリーアのユダヤ人は、帝国のユダヤ人法を

ダヴィッド「ナポレオンの戴冠式」

規定するために、宗教大臣、ポルタリスによってパリで開催された会議に代表を送るよう要求された。[8] まだストラスブールの学生だったヘルシェル・マルクス・レヴィは、当時のユダヤ人の多くと同様に、ナポレオンの絶大なる礼賛者であった。その頃、一八〇六年九月、パリのオーストリア大使、メッテルニヒはウィーンの外務大臣シュタディオン伯爵に、「すべてのユダヤ人がナポレオンをメシアだと思っている」[62]と書いている。

一八〇七年に、パリでダヴィッドが「ナポレオンの戴冠式」の絵を完成させ、ベルリンでヘーゲルが『精神現象学』を出版したとき、ラインに民法が導入された。一年にわたる議論の末、一八〇八年三月十七日と七月二十日に、ユダヤ人法が施行された。ラビの裁判権は宗教問題に制限され、ユダヤ人は他の市民と特別な区別のない市民となった。彼らには苗字が与えられ、土地の購入、結婚の自由が認められた。特になによりもヘルシェルにとって関心があったのは解放のことであり、彼は自ら選択した職業に就くことができたのである。[62] しかし、暮らしている土地を去ることは、ユダヤ人には禁止された。帝国にいる外国のユダヤ人は、農地を獲得したり、そこで雇われることはあっても、そこに移り住むことは禁止されたのである。もっと正確に言えば、上ライン、下ラインに住居をまだ持っていないユダヤ人は、その数があまりにも多くならない限りにおいてのみそこに住むことができることになったのである。[9] 逆に、トリーアのユダヤ人にとって破局的であったのは、他の共同体との接触を図る唯一の手段である、高利貸という職業が将来すべての人に禁止されたことであり、高利貸の活動は今後銀行に限定されることになった。[62] 言い換えれば、ヘルシェルは望む仕事はできたが、帝国のほかの場所ではなく、それはトリーアにおいてのみ許されたのである。ヘルシェル・マルクス・レヴィはまたこうも言及している。ユダヤ人の高利貸を禁止することで、彼らの生活手段を再び奪いとれば、逆にユダヤ人に市民権に対する新たな軽蔑が生まれる可能性があると。[10]

モルデシャイ・マルクス・レヴィとその息子ザムエルを含む何人かのラインのラビは、帝国裁判所に、共同体のメンバーが裁判沙汰にもっていくことを阻止しようとしていた。[11] しかし無駄であった。労働へのアクセス、大学への入学、キリスト教徒との関係は、それまでのユダヤ人の規則と風習を覆してしまった。新しい時代に感動し、科学、民主主義、哲学、自由に魅せられた非常に若いユダヤ人は、ことのほか、フランス帝国の敗北を恐れていた。新しい権利を失ってしまうからであった。

ヘルシェル・マルクス・レヴィに関していえば、憧れの職業である弁護士になることが期待できたのである。彼が明確な無神論者であったことは疑いない。とにかく、ナポレオン法のすぐれた専門家であった。この法律は、あらゆる次元で少しずつだが帝国のほかの地と同様、ライン地方にも浸透しつつあった。一八一〇年、その頃彼は三十三歳であったが、トリーアの弁護士に就任した。トリーアでは兄弟のザムエルが、父モルデシャイの死後ラビとなっていた。ヘルシェルはこの都市のエスタブリッシュされた最初のユダヤ人であった。ライン第一の都市、ケルンには他のエスタブリッシュされたユダヤ人はいた。ケルンにはトリーアより豊かで、より受け入れられた多くのユダヤ人がいた。ラインのユダヤ人のなかには、新しい仕事に参加するものもいた。ユダヤ人はジャーナリスト、官吏、士官、技術者、化学者、企業家、画家、音楽家、小説家、詩人になった。その活動が新しければ新しいほど、ユダヤ人の興味をひきつけた。その理由は、その仕事に就くのを閉ざしてしまう権力も、カースト制度も存在し得なかったからである。弁護士という仕事は今のところまだそんなに接近しやすい仕事ではなかった。[62] 移動禁止処置に逆らって、ラインを去って、パリに行くことに成功したものはいなかった。こうした新しい仕事は、パリのほうがより簡単に見つかったからである。

一八一二年十一月、ナポレオン軍がベレジナ川で敗北したとき、帝国の人々は重税の重みと徴兵に対して不満を増大させつつあった。他の地域同様、モーゼルの農民とトリーアの職人の息子たちの多くが、帝国軍が苦戦する中で死んでいった。革命の炎は、消滅の危機に瀕し、ボナパルトの声は弱くなり、無関心は抵抗へと変わっていく。ユダヤ人は帝国最後の支持者となり、そのため時にナポレオンに雇われたスパイだと非難されることさえあった。事実、彼らの中には、ロシアからの撤退の際、帝国そして帝国軍の敗走者を保護するものもいた。

ナポレオン後のマルクスの父

そして、彼らにはナポレオンを支持する十分な理由もあった。ナポレオンの失脚は、ヨーロッパのユダヤ人にとって困難な時代の到来を予告したからである。この当時、プロイセン国王ヴィルヘルム三世は、実際国に住むユダヤ人に、自由な職業に就いたり、公的な業務に携わるには改宗する義務があることを主張した。とりわけ大学や学校をユダヤ人に開放することで、ある種の差別的待遇を原則的には廃止していたプロイセンの法令も、けっして適用されてはいなかった。さらに、ロシアやオーストリアではなおさらのことであった。

一八一四年十一月二十二日、ナポレオンがエルバ島に追放され、ウィーン会議が始まったとき、弁護士ヘルシェル・マルクス・レヴィは当時三十七歳頃であったが、まだフランスの管理下にあったトリーアのシナゴーグで、オランダ出身の二十六歳のユダヤ人ヘンリエッテ・プレスブルクと結婚した。ヘンリエッテは、長い間オランダに住んでいたハンガリー系のユダヤ人家庭の出身であった。オランダでは、スペインを追放されたユダヤ人が、ヨーロッパの中で唯一宗教の自由と経済の自由を謳歌していた。彼女の母方の祖父は、ナイメーヘンのラビであった。彼女の父は、そこの豊かな商人であった。妹の一人は、ザルツボンメルのユダヤ人銀行家、リオン・フィリップスと結婚した。彼の孫はフィリップス電機の創設者である。ヘンリエッテはオランダ語で読み書きはできた。その当時女性で読み書きができるものはいなかった。彼女のドイツ語は十分ではなかった。それは、会話としてのイディッシュからドイツ語を学んだからである。当時東欧系ユダヤ人のすべての家庭ではイディッシュが話されていた[215][12]。

ヘンリエッテは、結婚のとき、四五三六ターレルの持参金を受けとった。これは十五年分の給与に相当するかなりの額であった。若い夫婦は、トリーアのブリュッケン通り六六四番の美しい家に住む(今日の一〇番)[215][13]。

一八一五年一月、かつてフランス人の到着を祝ったトリーアの一万一千人の住民が、連合軍を解放者として歓迎した。トリーアはプロイセンに併合された。もっとも幸福だったのは、ルター派の三百人の市民である。それは新しい主人と同じ宗派だったからである。プロイセン人は、この地域を慎重に取り扱った。最高水準の官僚が、この地域の特殊性を尊重する意味で派遣された。国有財産の販売は今度は起こらなかった。そこではナポレオン法がまだ有効に機能していた。トリーアの裁判所は、公的な訴訟と口頭による訴訟を維持していた。プロイセンのラインに対する支配は、緩やかなものであった。一八一五年六月、ウィーン会議が終わったとき、勝者は「ドイツ連邦」、すなわち旧神聖帝国に取って代わる君主同盟、非国家同盟をつくった。唯一共通の機関は、さまざまのドイツ諸国家の三九カ国の君主や、国王の委任を受けた密使であるオーストリアの議長のもとで、フランクフルトで開催される権力をもたない議会であった。

いたるところで、神聖同盟はユダヤ人解放に関する処置を無効にした。フランクフルトでもフィレンツェでも、彼らは再びゲットーに押し込められた。再びプロイセンとなったラインでも、土地の購入、自由な結婚、居住地の自由、職業選択の自由は禁止された。フランス体制のもとでは、公的な役人になることができたわずかなユダヤ人は、こうした処置に驚いたが、その中にヘルシェル・マルクス・レヴィもいた。

彼は覚悟をしていた。フランス帝国が崩壊して以来、夢は終わり、彼が熟知し、愛した唯一の職業を行う権利（この権利の獲得は困難なものであったのだが）を失うだろうと理解してはいた。彼はそれを認めることができず、支援を探し、例外を求め、いろいろな門をたたいた。

一八一五年六月末のウォータールーの敗戦翌日、ヘルシェル・マルクス・レヴィは、トリーアのプロイセン人が組織する古い主人と新しい主人との権力移管に関する委員会に対して、こう直訴した。記録が示すように彼は忠実な市民であり、国王にも忠節を尽くせるだろうと説明したのだ。委員会の議長は、ベルリンに彼の嘆願書をまわした。議長は当局にヘルシェルを、「非常にしっかりとした教育を受けている人物で、熱情と忠節心をもつ人物(248)」だと紹介し、彼の意見を聞いてくれるよう依頼した(248)。答えは待たされたが、やがて送られてきた。それは拒否だった。特別な計らいはなかった。すべてのドイツ地域に住むすべてのユダヤ人は職業の自由から排除された[14]。

ほかの古いフランス帝国のすべてのユダヤ人同様、ヘルシェル・マルクス・レヴィは職業と宗教のどちらかを選択しなければならなくなった。

同じジレンマに直面した多くのラインのユダヤ人は、改宗を選んだ。ヘルシェルは躊躇した。彼は

マルクスの父、ユダヤ教からキリスト教へ改宗

ちょっとまえに結婚したばかりである。妻は子供、長女を生んだばかりであった。すでにもう一人も身ごもっていた。彼はユダヤ人に認められている別の職業に就くなど夢にも思わなかった。彼に信仰心はあったが、それはあまりにも特殊な、ユダヤ教の神ではなかった。むしろ僧侶よりも、知識人にも語りかけてくれる抽象的な神であった。長い間、ヘルシェルは兄のミサにもほとんどでかけなかった。なぜならそこは古めかしいものに見えたからである。彼はドイツ語で祈り、シオンへの回帰や、救世主の到来、寺院への犠牲を呼びさますこともない、ハンブルクのユダヤ人たちの考えのほうがいいと感じていた。ハンブルクのユダヤ人は、毎週一回日曜日にミサを開いてさえいた。トリーアのラビである彼の兄は、ユダヤの民を裏切らないよう、病気の母に苦痛を与えないよう懇願した。

ヘルシェルはためらったが、やがて、彼は改宗しないと決意する。弁護士業を休業にし、家族の援助で生きる。彼のキリスト教の友人との関係は切れてはなかった。彼は執拗に、解放を期待し、策謀し、努力した。新しい政府への移管を処理すべく、ベルリンから来た新しい官僚とも知り合った。その最初の人物が、ルードヴィヒ・フォン・ヴェストファーレン男爵であり、彼もヘルシェルを助けようとしたが、結局は無駄であった[215][15]。この男爵は成り上がりの貴族の出身であった。彼の父は七年戦争の最中ブラウンシュヴェイク公の参謀であり、その妻は名家、アーガイル家出身のスコットランドの牧師の娘であった。ルードヴィヒは、教養はあったが、個人的財産はなく、二度の結婚で七人の子供をもつことになったが、この町で一番の高所得、千八百ターレルをとっていた。

ヘルシェルの経済状況は深刻であった。彼の最初の息子は姉の誕生後、すぐに亡くなった。長女ゾフィーは一八一六年十一月十三日に生まれたが、その数週間後ドイツ連邦の最初の会議がフランクフルトで開かれた。ヘルシェルはフランスへ行くことをそのころ考えていた。そこでは少なくとも表面

上、ユダヤ人は権利を維持することができていた。しかし、そこへ行くことは承認されなかった。彼はどこで、どのように仕事がやれるのかわからなかった。多くのつながりがあるこの町を去ることなど想像できなかった。しかし、一生家族の援助で生活することなど考えなかった。

次の年、母が亡くなった際、[16]ヘルシェルはもうどうしようもなくなっていた。彼は改宗を決心した。ユダヤ教をやめ、ヘルシェル・マルクスという名をハインリヒ・マルクスという名に変えた。だからといって共同体、とりわけ兄と袂を分かったわけではない。改宗が政治的命令以上のものでなく、暫定的なものであることを示すために、トリーアの主要な宗教であるカトリックではなく、ベルリンの支配者の宗教であるルター派を選んだ。ルター派は、一万千四百人の人口のうち三百人あまりしかいなかった。したがってその数はユダヤ人の数とそう変わらなかった。やがて彼は再び弁護士になる。生涯を通じて、ラインのユダヤ人を守り続け、[248]ほかのドイツのユダヤ人同様、ユダヤ人が犠牲になっている不公平な立場に対して抗議をし続けた。

一八一八年、カール・マルクスの誕生

二番目の息子はトリーアで一八一八年五月五日に生まれた。彼は割礼をしていないし、ルター派の儀式に則って洗礼もしなかった。[17]挑発するかのように、この子の名前は、ユダヤ人の伝統にしたがって、父の名、町の古いラビである祖父の名からとられた。すなわち、カール・ハインリヒ・モルデシャイである。

カール・マルクスの誕生である。この年、ショーペンハウアーは『意志と表象としての世界』を出版し、メアリー・シェリー[249]は、『フランケンシュタイン』を出版した。この書物は二五年後、若きカールに強い印象を残す。この年、政府の頂点にいたハルデンベルク首相は、プロイセンを八つの地方に組織し、ラインのワインを繁栄させるために、新しい関税をもうけた。さらにベルリンは、トリーア

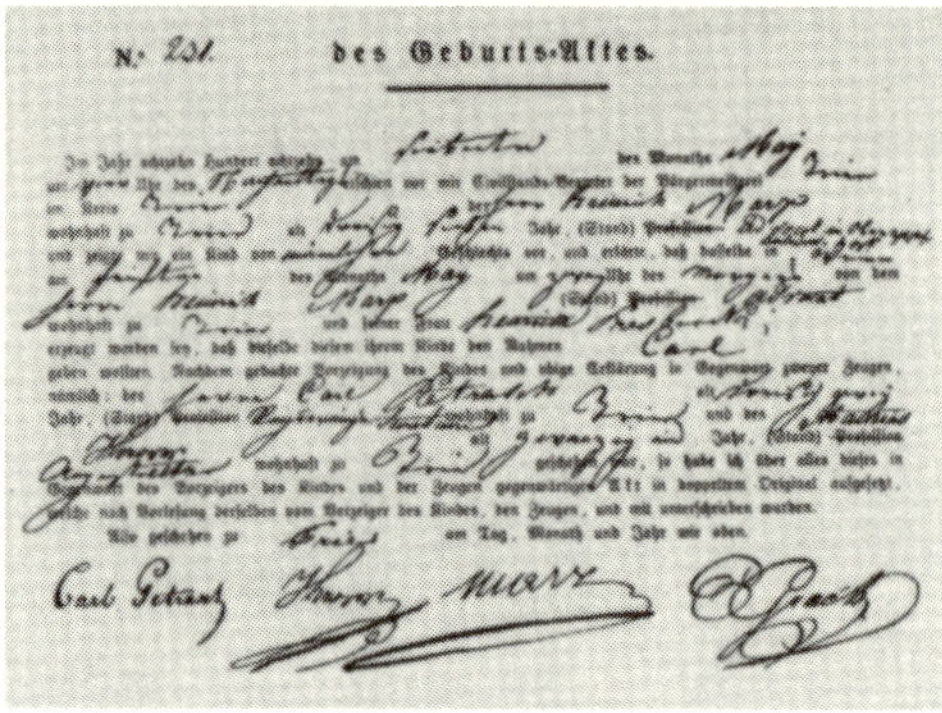

N° 231 des Geburts-Aktes.

マルクスの出生証明書

人を過去に縛りつけ、暇なとき、医者、弁護士、教師の行う操作に多額の支援をした。それはトリーア人が自由を求めないようにする手段であった。

ほかの地域では、自由への希望は強いものであった。次の年、二八日で大西洋を横断する最初の蒸気船、「サバンナ」が就航した。一方、市民権や改革を求めるデモはマンチェスターのそばで六万人を集めた。その弾圧によって六人が死んだ。[18]

ヘルシェルは、再び豊かな弁護士となった。彼の家族は財政的には豊かで、十月には、ポルタ・ニグラの近くのジメオン通り一〇七〇番（今日の八番）に引っ越した。[215][19]

一八二〇年（カールがもっとも好んだ書物のひとつとなるウォルター・スコット卿の『アイヴァンホー』の出版された年）、三番目の娘ヘンリエッテが生まれた。ハインリヒ・マルクスはトリーアに置かれることになった控訴院の弁護士となる。公的な仕事に没頭し、警察がそこら中にいて、ちょっとでも危険な言葉をいうと刑務所に送られる危険のあるドイツ圏で、民主主義を欲したハインリヒ・マルクスは、数人の友人（トリーアのギムナジウム、フリードリヒ・ヴィルヘルムの哲学教師で校長フーゴ・ヴィッテンバッハ）とともに、町の啓蒙的ブルジョワが集うサークル、カジノ・ゲゼルシャフトを創設した。[20] 彼はそこでルードヴィヒ・フォン・ヴェストファーレン男爵やそのほか町のカトリックの大商人と関係をもった。すべて彼の顧客であった。人々は用心しながら哲学、文学、政治について議論した。ドイツの物理学者、トマス・ゼーベックのサーモパイルの製造や、翌年一八二一年のマッキントッシュという人物による、最初のレインコートの繊維工場がマンチェスターに創設されたことについて議論されただろう。

そのほかの子供たちも次々と生まれていった。一八二一年に男の子ヘルマン、一八二二年にはもう

カジノ・ゲゼルシャフト

幼少のマルクス

一人の女の子エミリエが生まれた。次の年、ハインリヒはカジノ・ゲゼルシャフトで、イギリスで起きている公論運動について議論した。イギリスは労働者の同盟や組合を合法化し、ストライキを認める法案の採決を決めていた。

二年後、ロンドンで最初の電機モーターが作られた年、一八二四年、ハインリヒは一歩を踏み出した。妻は反対したが、町のルター派の教会で四人の子供たちに洗礼を受けさせた。(21) ユダヤ教との決裂はやがてはっきりしたものとなる。子供にとってと同様、彼にとっても、祖父母の宗教に戻る可能性はもはや考えられなくなった。彼の考えでは、この宗教には長い間絶対主義があった。

文学、哲学、科学に夢中になったハインリヒは、自分の自由になるわずかな暇を利用した。一八二五年、最初の鉄道がイギリスに敷設されたことに驚く。カジノ・ゲゼルシャフトで、エドワード・オッペンという人物がいわゆる共同体の創設者ロバート・オーウェンに宛てた手紙の中で、その三年前に発見した言葉から「社会主義的」と命名された最初の共同体が、ニューヨークの近くで創設されたことを、いきいきと語り合った。(67) ウェールズで生まれたオーウェンは一八二四年に「ニュー・ハーモニー」を建設するためにアメリカ合衆国に渡った。その原理は、平等と自活であった。

彼はこの年に亡くなったサン＝シモン公の作品について議論した。ハインリヒは、有閑階級であり、所有階級の金利生活者である少数の搾取者と、もっと一般的な言い方をすれば、仕事もしないすべての搾取者と、搾取される多数の労働者を対立させる、「社会階級」というサン＝シモンの概念に魅せられる。賢人、芸術家、職人、企業の経営者によって構成される「選ばれたものの会議」という思想を礼賛する。当時七歳の息子カールにさえもそれを話す。(22) この子とすでに非常に強い大人の関係を築いていた。この子供には、例外的な人格が付与されていたと思われる。この子は姉妹にも感銘をあたえたが、そのことは姉妹がずっと後に彼の話術の才能を賞賛したことでわかる。[27]カール自身の娘、エレナーは叔母が、カールは本当の独裁的な子供だったと語るのを聞いたことを記している。カールは姉妹の上に馬乗りになり、マルクスベルクの丘から降りさせ、調合した生地でこしらえた「お菓子」を汚い手で彼らに食べさせようとしたのだ。彼女たちがそれにしぶしぶ従ったのは、彼が話してくれる物語を聞きたかったからであった。[27]色が黒く、むしろ体はかなり弱く、平凡な体つきをしていたカールは、母に対してはやさしかった。家族は豊かであり、強い結びつきをもち、当面の間は、何事もない生活を送っていた。

一八二六年には、大きな金融危機が訪れる。それはヨーロッパ全体を襲った、農業の過剰生産の結果であった。同じ頃、ニセフォル・ニエプスは最初の写真（彼の家の風景）を撮った。トリーアでの日々はゆっくりと流れていく。マルクス家とヴェストファーレン家は交流する。男爵の娘、イェニー・フォン・ヴェストファーレンはゾフィー・マルクスの友人となる。彼女は、イェニーの弟のエトガーと同じクラスになるはずの弟、カールと出会う。彼は八歳で、彼女は十二歳であった。

一八二七年、ベートーヴェンが死んで一カ月後、ゴヤが死んで一カ月後、ハインリヒはサン・テチエンヌとアンドレジューの間のフランス最初の鉄道路線開通を喝采する。同じ年、トリーアのラビ、ハインリヒの兄ザムエル・マルクス・レヴィが亡くなる。数世紀間で初めて、トリーアのラビはマルクス家ではなくなる。ハインリヒはやがて完全な無神論者となる。

次の年、カジノ・ゲゼルシャフトでは、ニューヨーク州の奴隷廃止と、オーウェンのアメリカの社会主義共同体の失敗が議論される。失敗の原因は内部対立であった。フランスを賞賛したハインリヒは、フランスで起こることすべてを追い、国際的舞台にフランスが戻ったことを喜ぶ。シャルル十世

バルザック

のもと、十艘のフランス軍艦が地中海を渡り、ギリシア革命を応援に行った。イギリス人とロシア人と連合したフランスは、オスマン海軍とナヴァランの海戦で勝利を得る。

一八二九年には、ハインリヒはスティーヴンソンによる最初の旅客用蒸気機関車の製作を喜んだ。カジノのすべてのメンバー同様、鉄道はヨーロッパに革命をもたらすだろうと予想した。彼は自由の息吹が復活する兆候を追った。リモージュの陶器業者の最初の相互援助組織の設立を評価し、オーギュスト・ブランキやウジェーヌ・カヴェニャックによる「人民の友の結社」などの秘密組織を学んだ。彼は共和主義を支持していた。この年、オノレ・ド・バルザックの最初の成功作となる『ふくろう党』が発売された。バルザックは、後にカールの好むフランスの作家となる。マルクスは彼に本を捧げようと計画する。[23]

一八三〇年七月、ヨーロッパのすべての自由主義者同様、ハインリヒはシャルル十世の王位を奪い、ルイ・フィリップ一世を「フランス人の国王」にしようという七月革命を熱狂的に支持した。ヨーロッパでは国境線が変化した。ベルギーはオランダから独立し、北イタリア、ポーランド、南ドイツのある場所、そしてケルンでさえ、蜂起が起こった。商工会議所の議長であるアーヘンの商人、ハンゼマンがプロイセンのフリードリヒ・ヴィルヘルム三世に、ドイツ圏に対するプロイセンのヘゲモニーの確立と、「国民のもっとも活動的な部分」を代表する議会を作るよう提案した。彼は次のようなことまで書いている。「封建制の悲惨な残滓を廃止しましょう」と。トリーアの多くのブルジョワ同様、ハインリヒ・マルクスはオランダ・モデルのブルジョワ共和制の時代がラインに到来したと考え、少々大胆にそう述べた。同じ頃、彼はイギリスの首相ウェリントン公による、リヴァプールとマンチェスターとを結ぶ鉄道路線の創設を礼賛した。民主主義こそ経済発展にとってもっとも都合がよいものだ

一八三〇年頃のトリーア

と彼は考えたからだ。

この年、カールは十二歳になり、若きユダヤ人である彼の従兄弟がバル＝ミツヴァ[24]を行う年になっていた。彼は町のユダヤ人共同体に接して生活していたが、叔父の死後ほとんど訪問することはなかった[25]。もちろん、父が仕事を失いたくないために改宗しなければならなかったこと、いつも自分がユダヤ人であることを信じていた母が、そこを訪れ続けていたことも知っていたのだが、カール自身はキリスト教への同化を理解していた。母が彼に叩き込んだのでヘブライ語が読めたが、高利貸という、父が告発し、自分にもその血が流れているはずのユダヤ人のイメージは拒絶した。逆に、彼はヴェストファーレン家に魅せられていく。町を治めるこの豊かな貴族は、実際には仕事をせず、貨幣の話は話題にのぼることもなかった[26]。若いエトガー・フォン・ヴェストファーレンは彼のもっと親しい友達であった。そして彼より四歳年上のイェニーは、彼の目にとって世界で一番美しい女性であった。彼女は弟をこよなく愛していた。後に彼女は、彼を「ユニークでもっとも愛した兄弟、私の幼少の頃そして青春のアイドル、私の唯一の友情をもった友達[27][50]」であったと述べることになる。

この年（一八三〇年）、トリーアは大きな社会的危機と経済的に困難な状態に陥っていた。ワインの収入で潤っていたトリーアでは、ワイン価格が値崩れしていた。相場は一八一八年に比べ九〇％も暴落していた。ハインリヒ・

マルクスは貧困に対する闘争活動にのめりこみ、価格を下げてパンを売ることを目的とする公共貯金に出資金を出していた[248]。

ギムナジウムのマルクス

カールは、トリーアのギムナジウム、フリードリヒ・ヴィルヘルムに入学し、そこで、やがてパリに亡命するドイツの改宗ユダヤ人詩人、ハインリヒ・ハイネの作品、ゲーテやアイスキュロスの作品を見出す。彼は異常な記憶力を発揮し、まだ知らない言語の文章を暗記した。

フランスでは、君主制が新たに経済危機の衝撃のもとで震動した。群衆はパレ＝ロワイヤルやテュイルリー宮殿の前に押しかけ、「パンと仕事を」と要求した。リヨンでは、四万人の絹織工が抗議を行ったが、彼らの所得は帝国の平均の六分の一しかなかった[28]。この同じ年、一八三一年ヴィクトル・ユゴーは『パリのノートルダム』を出版した。ヴァージニア州では、奴隷蜂起が起き、アメリカ人マコーミックの刈り取り機の発明によって世界の農業が変革のときを告げた。マルセイユでは、亡命中の昔の革命家ジュゼッペ・マッツィーニが、ロンドン亡命前に「青年イタリア」という秘密結社を創設した。ドイツでは、ゲッティンゲンでの謀議が失敗した。ベルリンではプロイセンの哲学の巨人ヘーゲルが亡くなり、かつてないほどの専制的な帝国権力によって、エアランゲンの若い哲学者ルードヴィヒ・フォイエルバッハの職が奪われた。彼は、『死と不死についての省察』[118]の中で、不死なのは理性のみであり、魂ではないとあえて宣言した。

フランス同様、ドイツも自由派の揺さぶりに揺さぶられ続けた。一八三二年五月二十七日、二万人以上が、ノイシュタットのハンバッハの城の前で民主主義とドイツの統一を要求しデモを行った[29]。六月二十八日、プロイセン国王は新聞が政治について言及することを禁止した。『アウクスブルク・アルゲマイネ』紙だけが、国王に寵愛を受けていることを利用してハイネ、ティエール、モルトケの手紙を出版することを認められていた。フランスでは『トリビューン』の一連の記事の中で、デジャルダンが初めて、労働者階級を意味するのに「プロレタリア」という言葉を使った。この年、一八三〇年のポーランド蜂起以来のフランスへの亡命者である若きフレデリック・ショパンが、プレイエルで開催された最初のリサイタルでパリの人々を魅了した。一方、コレラの伝染によって一万八千人がフランスの首都で亡くなり、その中には首相のカシミール・ペリエがいた。

一八三三年には、弁護士のハインリヒ・マルクスは「判事」の称号を受け、やがてトリーアの弁護士会会長となる。この活動によって彼は、他のもっとも豊かなトリーア人と同様、モーゼル川の二つの小さなブドウ畑を獲得するほど豊かになった。彼の妻の個人的資産は一万一一三六ターレルもあった(215)。(30)

カールはやがて十五歳となる。いつも父とフランス、ユダヤ教、神、道徳、自由について議論を交わしていた。ヴェストファーレン男爵は、この若者と友人になり、シェークスピアを読むよう促した。二人はホメロス、セルヴァンテス、ゲーテ（死んだばかりであった）、フランスの経済学者サン＝シモン公について語り合った。マルクスの父も、すでにサン＝シモンの理論を賞賛していて、八年前彼が亡くなったとき、ヨーロッパの知的世界には大きな衝撃が走った。

カールの姉ゾフィーはいつもイェニーの最良の友であり、イェニーは「トリーア最高の美女」であった。この若い娘は彼女よりも四歳若いこの少年の尊大さと精神に魅せられる。

一八三四年一月一日、プロイセンの発案で作られた関税同盟が実行されたが、それによってドイツ連邦に集まった三九のドイツ諸邦の経済的利益への意識が高まった。これらの国家の中には、ラインラントも入っていたが、経済的自由は政治的自由をともなうところがあった。小さな権力を付与された議会が創設された[31]。

ライン州議会の何人かの自由派の議員の選挙を祝賀するために、ハインリヒ・マルクスはカジノ・ゲゼルシャフトの夕食会で、プロイセン国王への皮肉をこめた挨拶を行ったが、それはたちまち警察に報告された。カジノはやがて監視のもとに置かれ、ハインリヒ・マルクスは「要注意の扇動者」として目をつけられた[277]。彼の友人であり、ギムナジウム校長のヴィッテンバッハは、プロイセン政府が任命した教頭の監視のもとにおかれた[277][32]。

カールと父はフランスにおける労働者の争議同様、こうした処置について長いことあれこれと議論をした。リモージュでは、陶器業の労働者が賃下げに抗議するため何度か仕事を放棄した。共和派の蜂起は、バルザックが『ゴリオ爺さん』を書き上げ、出版したときに、虐殺へと変わった[33]。彼らはイギリスの古い救貧法の廃止と救貧院の創設についても議論する。救貧法は貧民を刑務所に入れ、救貧院は貧民を将来受け入れるものであった。ハインリヒは不安になり、より冷静となる。彼は弁護士以上は望んでいないのである。

一八三四年ヘッセンでの人権結社の謀議が失敗した後、フランスの首都では大量の亡命者があふれた。その中にハインリヒ・ハイネとルードヴィヒ・ベルネがいた。ハイネは、パリで「必須とも思える自由の中で芸術を遂行する[132]」ことを宣言する。ピエール・ルルーは、一八三四年三月に、『ラ・ルヴュー・アンシクロペディック』に掲載された「個人主義と社会主義」という論文の中で、フランスで初めて「社会主義」という新語を使う。ルルーはそこで社会主義を「自由＝平等＝友愛をけっして形式だけのものにしない学説[219]」だと定義している。

一八三五年、アレクシス・ド・トックヴィルは『アメリカにおける民主主義[268]』の第一部を出版する。

一方テキサスはメキシコからの独立を宣言し、コルトがシリンダーのリヴォルヴァー銃を発明した。サン＝テチエンヌとリヨン間の鉄道路線が旅客にも開かれ、法令によって、パリとサン＝ジェルマン＝アン＝レー線の建設が承認された。カール（当時十七歳だった）はますますこうした交通様式の発展に魅せられ、愛を告白したイェニーは、「鉄道屋さん」[277]という綽名をつけて、彼をからかった。

ボン大学への進学

記録上の最初のマルクスの論文は、彼がギムナジウムに通っていたこの年に書かれた三つの論文である[248][34]。三番目の論文は「職業の選択にあたっての青年の考察」であり、この論文は将来の彼の生涯を非常に明確に示している。そこで非常に興味深い自画像が描かれている。その理由は、人間的経験の本質について将来の視点からではなく、個人的な関心から分析しているからである[218]。マルクスは、職業を選択しようとする若者は、「義務、自己犠牲、人間の善、自己自身を完成するという配慮」に導かれねばならず、これらの関心が相互に矛盾するなどと考えてはいけないと述べる。最悪の職業選択は、結果として全生涯を不幸にする危険性があるだろうとも述べている。さらに、こうした選択を行うとき、すべての若者は個人的な世界に規制されている。その第一は社会秩序である[248]。われわれの肉体的存在それ自身が、人間の未来にある種の制限を与えているということを、マルクスは残念ながら認めているのだ。すでに十七歳のときから、人間の生涯における「観念的」規定と「物質的」規定との闘争の存在について書いていたのである[248]。

この同じ年の一八三五年十月、すばらしい成績で中等教育を終える（彼はそこでラテン語、ギリシア語、フランス語、少しだがヘブライ語を学んだ[35]）。カールは、法学を学ぶため、父が決めたボン大学へ進む。これは当然の目的地であった。それは、一八一六年に設立された、七百人の学生が通う、トリーアにもっとも近い大学であったからだ。当然のごとく、ハインリヒは息子を、法学の教授か弁護士の仕事に就けようと考えた。伝記の中には、カールがそこに行かされたのは、イェニーから引き離すためだったと主張するものもある。[123] しかし、そうではない。二人の母は確かに非常に未熟な恋愛に不安をもっていたが、けっして不釣合いなおかしな結婚ではなかった。もちろん、トリーアから離れて暮らしていたイェニーの異腹の兄フェルディナントが、マルクスの父が改宗ユダヤ人であることを知っていて、彼を嫌っていたとしてもである。

カールは一八三五年十月ボンに着いたが、学生の生活はよく組織され、ドイツのほかの地域よりかなり自由であった。友人となるため、新入生は大学生活を組織する多くの結社の一つに入会しなければならなかった。その結社には三つの種類があった。コルプス(KORPS)は同じ社会階層の若者の組織であり(たとえばボルジア・コルプスはプロイセンの貴族の子供たちの結社であった)、郷土結社(Landsmannschaften)は同じ町の生まれの結社であり(トリーア人を集めたのが、トリーア人クラブであった)、ブルシェンシャフトは政治結社であり、とくに監視されていた。

重要なことは、カールがすぐに政治クラブに入ったわけではないということだ。当時三十人以上の会員がいたトリーア人クラブに入った。この年大学に入った七人のトリーアの新入生のうち、四人が法学を学び、すべてこのクラブのメンバーになった。

カールは、その学力と人格的な魅力ですぐに頭角を現す。[277] 彼は、豊かな髪をなでつけ、すでに小さな髭さえ蓄えていた。中肉中背の彼は、シューの音が十分でないライン特有のアクセントで話をした。彼はすべて法外なスタイルを取った。勉強、朝までの勉強、肉体的、言語的暴力——そしてアルコール。[248] しばしばバーやキャバレーに足を運び、喧嘩をする。敵から身を守るためにピストルさえ手に入れた。父が送ってくれる金では十分ではなく、飲んだり、食べたり、外泊したり、本を買ったりと、予想外の金を支出した。数カ月のうちに、一六〇ターレルという多額の借金をすることになり、父はそれを厳しく批判しながらも、しぶしぶ支払わざるをえなかった[230]。こうして、カールと金との、憎しみと魅惑の入り混じった、かなり複雑な関係が始まり、それが彼独特の病になる。こうして、生きるために必要な労働過程が始まる。それは賃労働、搾取された労働である。そして後に見るように、それは作ったものの手からその作品が引き離されることでもある。

哲学の発見——ヘーゲル哲学との出会い

カールが、ボンで法学を学ぶために一八三六年の冬と春を過ごす間、イギリスでは普通選挙を要求するロンドンの労働者協会が創設された。フランスではシュネーデル兄弟によるクルーゾー溶鉱炉の管理が進み、エミール・ド・ジラルダンが『ラ・プレス』紙を発刊し、パリとサンジェルマン・アンレー線が開通した。ドイツ人の仕立職人ヴァイトリンクがパリで追放者同盟を作った[36]。

カールは、一生懸命勉強した。法学の講義やプロペルティウスについてのラテン語の文学講義とは別に、哲学を発見した。それは一つの啓示であった。それこそ彼の専門となるのだ。哲学において彼は満足を感じることになる。以後哲学から離れることはないだろう[37]。

とりわけドイツ哲学の絶対的首領ヘーゲルを発見した。ヘーゲルにとって世界を支配するのは理性であった。人間史の段階はどれも「精神」の発展に論理的に必要な契機である。『精神現象学』の序文には「死はもっとも恐るべきものであり、死が何であるかをしっかりとつかむことは、もっとも大きな力を要求することだ[131]」とある。しかしながら、「死の前でぞっとして身を引き、破壊から真に身を守るのは、現実の生ではない。むしろ死を理解し、死それ自身の中で自らを維持する、精神の生命をもつ生である[131]」と続ける。ヘーゲルはこう付け加えている。「物事の表面を見通し、事実で塗り固められた表面の内部を見抜くには、理性の眼を使ってみる必要がある」。カールはこの書物の中にあ

ヘーゲル

る歴史に対する感性に魅せられた。すなわち、合理性、道徳、自由の進歩によって生み出され、ヘーゲルが「神」あるいは「思想」、あるいは「絶対精神」、あるいは「絶対知」と呼ぶ、ある目的に向かっていく歴史である。[131] この哲学者にとって、自由の表現形態である個人は、それ自体願望もなく、知もなく、理性の狡知と名づけるものによって、歴史に従属する存在にすぎない。歴史を超えたところにあるのが、観念と絶対的単位である国家の役割であり、国家を通じて、個人は、「正しく」生きることができるようになる。国家は「誰もを私的な世界以外のものとし、度を越さない」よう監視し、その結果闘争もなくなる。歴史という言葉が「疎外」を消滅させる。この疎外は、ヘーゲルにとって、疎外（Entfremdung――非人間化、人間の本質を捨てること）であると同時に、外化（Entausserung――自らを捨て、自らでないものになること）である。[131]

ヘーゲルとの出会いは生涯カールに影響を与えるであろう。カールは、思想の意義を発見した、思想は彼の眼にとって最初の人間活動であり、善を求めること以上に重要なことでさえあった。カールの娘婿の一人、ポール・ラファルグはこう証言する。「私はよく、マルクスが、彼の青春時代の哲学の主人、ヘーゲルの次の言葉を繰り返すのを聞いた。『たとえ悪人の犯罪的な思想でも、天上のすべての幸福よりも、偉大で、崇高である[161]』と。科学は倫理より前にある。社会の分析は合理的でなければならず、道徳的であるより前に客観的でなければならない。カールは、こうした教えを絶対に忘れはしないだろう。

この年、彼は父とイェニーに多くの手紙を書く。[38] 父とは、法学、文学、政治そして哲学も議論する。父は彼に、研究に励み支出を減らすよう答える。ハインリヒは手紙の中で、カントに言及し、神への信仰（ニュートン、ロックそしてライプニッツという神）は、道徳生活を実現するために必要な、貴重な助けになろうと主張していた。一八三六年の書簡で、母は息子にこう述べる。[39]「もし神が欲するなら、お前は、お前の幸福のため、お前の家族の幸福のため、そして（もし私の予感が正しければ）、人間の幸福のために、長く生きることができよう[40][248]」と。ハインリヒ・マルクスはカールに感動的な激励を送り、息子に「秩序や節度などどうでもいいなどとけっして考えない」よう諭していた。なぜなら、「健康と幸福はそうした生活から生まれるからだ[248]」。手紙は、「ワインやコーヒーを飲みすぎないよう、食べすぎないよう、タバコを吸いすぎないよう、早寝、早起きをするよう、カゼを引かないよう、健康が回復するまでダンスに行かないよう[248]」心配している。[41]

イェニーとは愛の手紙を交している。この若い娘は夢中であったが、賢明でもあった。彼女は、普通の若者の愛のように、カールの彼女への情熱が一過性のものであることを恐れたのだ。男というものは、一度しか愛さないと彼女は考える。ヘーゲルへのカールの関心を理解することで、大学へ行けない彼女は、今度は哲学を学ぼうとする。

カールはかなりだらしない生活をし、一八三六年六月夜、酩酊し大騒ぎを起こしたことで一日の禁錮を受ける。企画したことをすべて通したいと思った彼は、トリーアの郷士会のクラブで七月に議長となる。「白馬亭」で祝祭をしているこの友愛会のメンバーを描いたその時代のリトグラフを見ると、このクラブの議長の座にすわる威厳をたたえながら、じっと見つめている姿はそれとなくカールとわかる。[230] 一八三六年八月、大学での最初の一年を終えたとき、ボルジア会とトリーア郷士クラブとの対立が起こる。それが彼の最初の闘争か――。マルクスは左手と眉を負傷し、その傷は生涯残る。父は怒った。この弁護士は長男の勉学に多くの犠牲を払わねばならなかった。しかしカールは金を、酒を飲むだけに使い、喧嘩をし、拘置所に入ったのだ。これでは浮かばれない。[42]

一方カールは一八三六年八月二十二日ボン大学から年度末に一年次の修了証を得るほど勉学には励んでいた。それには、「熱心さと注意力の点はすばらしい」[43]と書かれ、「酩酊と乱痴気騒ぎ」によって一晩拘留処置を受けたことにも言及されていた。[27]こうした状況を察し、父は大学を変えることを決意したが、しかしカールは哲学を学ぶためボンで研究を続行することを望んだ。そしてもはや法学ではなかった。あえて父にそのことを打ち明けはしなかった。実際哲学は、ドイツのすべての大学でよく見られてはいなかった。プロイセン政府はすでに数年前にスキャンダルを起こしていた若い教師、ルードヴィヒ・フォイエルバッハから大学で教える権利を剝奪していた。こうして、彼は「青年ヘーゲル派[74]」と名づけられた、若き批判的哲学者のグループと結びついた。このグループにとって、現状のプロイセン国家に理想的なものはなにひとつなく、改革されねばならなかった。彼らはあえてヘーゲルと区別されることを望まず、自分たちの理解こそ正しいヘーゲル理解だと主張していた。「青年ヘーゲル派」であることは、自由を獲得して政治活動に参加することであった。

一八三六年九月、カールは数日の休暇を取ってトリーアに戻った。まだ彼は、父がもうボンでは学ばせる意志のないことを知らない。トリーアには、父、母、肺結核の初期症状によって兵役免除になっていた病気の弟のヘルマン、四人の姉妹、カロリーネ、ルイーゼ、エミリエ、ゾフィーがいた。たくさんの

若きマルクスの肖像。これはボンの南バードゴーデスブルクの居酒屋「白馬亭」に集合したトリーア郷土団体のリトグラフ(1836年)から取られている

手紙を書いたイェニーと婚約することを決めた。ハインリヒはそれに反対はしなかった。結婚は息子の生活に少し落ち着きを与えてくれるだろう。ヘンリエッテは、少しためらっていた。カールは若すぎる（かれはまだ十八歳にすぎない）、二十二歳のイェニーはカールが想像できないほど人生を知悉していた。

カールに魅せられ、そのエネルギーと教養に驚いたヴェストファーレン男爵は、イェニーとの結婚に賛成していた。しかし、当時トリーア第一の執政官であった、異腹の兄フェルディナントは反対するためにあらゆる手段を取った(44)。彼はベルリンの警察に、未来の義理の弟の生活と活動についての報告を求め、ボンでのカールの過ちを男爵に知らせた(248)。当の男爵は相手にしなかった。したがってこの婚約は祝われ、結婚はカールが安定した職に就いた後しか行わないということもすべて決められた。もっと後に、カールとイェニーの娘の一人はこう書く。「私の父は、この頃、一種の怒れるオルランドであると言っていました。しかし問題はすぐに片付けられ、彼は十八歳になる前に婚約者として認められたのです(200)(45)」。

父はいつも、カールが父同様弁護士、最悪の場合でも教授になることを期待していたがゆえに、学業を続行させるためカールをベルリンに送った。カールは少なくとも五年はそこにいることになる。やがてこの結果彼がどうなるかは後に見るだろう。

このまだ田舎の香りの残るベルリンという厳格な都市で、ハインリヒは、息子がボン以上に誘惑されることなどないだろうと考えた。しかし実際には逆のことが起きる。町を支配していた非寛容さによって、彼は革命的になるのだ。

プロイセン王国の首都には当時三五万人の人口がいた。フランス支配に対する反動として一八一〇年に設立されたその大学は、当時厳しい監視下にあった。とりわけ哲学と法学の徒に関して監視がなされていた。[74] ヘーゲル哲学はこうした権威的な政治に対するイデオロギー的な後ろ盾となった。しかし若き哲学者はそれから分離していた。彼らは年長者同様ヘーゲル弁証法の基本的原理を共有していた。それによると、「現実的なものは理性的であり、理性的なものは現実的なものである」ということであった。[129] しかし、保守主義者はこの言葉の前半部分を強調したが、若き進歩主義者は後半部分を強調した。さらに、ベルリンでは出版界は口を塞がれ、学生の結社は抑圧されていた。

一八三六年十月二十二日カールは、フリードリヒ・ヴィルヘルム大学から二ブロック離れたところにあるミッテル通り六一番に部屋を借りる。[46] 彼にはわずかな金しかなかった。部屋は湿気が強かった。彼は病気になる。読書に励み、飲み、イェニーに情熱的な詩を書く（一八三六年のクリスマスに送られた一六二頁のノートには一五二以上の詩が書かれていた）。[248][47] 彼は「比類なく豊かな詩的想像力を持っていた」と、彼の娘婿の一人は語る。「彼の最初の文学的作品は詩であった。マルクス夫人は、この夫の若い頃の作品を大切に取っておいたが、それを誰にも見せることはなかった」[161][48]。彼が父と交わした異常なほどの知的好奇心を掻き立てる手紙を見れば、この年彼が読んだ読書の内容がわかる。[49] シラー、ゲーテ、レッシングの『ラオコーン』、人によって今日ほとんど忘れられているさまざまな作家（ハイジウス、チボー、ゾルガーの『エルヴィン』）、ヴィンケルマンの『芸術史』、ルーデンの『ドイツ史』。マルクスは、タキトゥスの『ゲルマニア』、オヴィディウスの『トリスティア』、ラテン語の法学論文集を二つ独訳した。独学で英語とイタリア語を学んだが、文法の助けを借りることさえなかった。歴史小説『スコルピオンとフェリウス』を書こうとしたが、数章で断念した。そして悲劇『オウラネム』を書いたが、それは父に送られた、たった一章のシーンだけであった。彼は哲学者であり、詩人であり、作家でもあることを欲した。とりわけ有名になり、世界に知られることを願った。睡眠を削り、間断なく勉強し、書いたものを捨て去り、また書いた。書かれたものは十分ではなく、書いたものは生活も情熱も失うことを知っていた。彼の詩はまったくだめであることを知って絶望した。彼には作家の才能はなく、哲学しかなかった。

　生涯にわたって続く、作品に根本的な影響を与える彼の性格の特徴がそこに現れている。書いたものを最終的なものだと考えることができず、それをほったらかしにするという性格である。すべての作品を疎外されたものだと考えることになる。

　ベルリンで学ぶ間、彼は「モール人」と短く呼ばれはじめた。このあだ名を好んだ。確かに彼の肌は黒かった。しかし、そこにはユダヤ人であるという隠された意味があった。[248] 一八三〇年代のベルリンの人々は、文学を通じてしかモール人について知らなかった。そのもっとも有名な人物は、オセロである。シェークスピアは当時よく読まれ、将来の義理の父に教わって以来熱狂的なファンであった[248]。シラーのいくつかの作品の中で、そして彼の『山賊[247]』の一人の人物、もっとも偉大なる小説上の人物の一人、兄の裏切りで暴力を余儀なくされる、気高い心の持ち主の裁判官、カール・フォン・ムーア（モールではないが）のようなモール人が見出される。ゲーテの、もうひとつの思春期の抵抗物語『若きヴェルテルの悩み[248]』に影響を与えたシラーが二十二歳の時に描いたこの作品は、「社会悪が、社会の最良のメンバーの美徳さえ封じてしまう[247]」道徳をあげている。激しく、情熱的な関係を父ともつこの若きカール・フォン・ムーアを、カールは自分と同一化し、ハインリヒ・マルクスとの関係をたえず想起する。

　「モール」の教授は、エドゥアルト・ガンス、フリードリヒ・カール・フォン・ザヴィニー、とり

ブルーノ・バウアー

わけブルーノ・バウアーだった。バウアーは自由派の運動と結びついたプロテスタントの神学者であり、バウアーはその広い知識、警句の感性、イロニー、強さによって、当然であるが若き哲学者たちのなかでもっとも才能をもっていた。闘争的な人々を集めていた、非常に閉じたクラブ、ドクトルクラブのみならず、この町の「青年派」の運動の頂点に立っていた。彼らの中では議論の課題は尽きることはなかった。ブルーノ・バウアーは、まず意識における革命が必要だと考えた。その理由は、世界に影響を与えるのは思考であるからだ。ドクトルクラブにカールが入会するにあたっての保証人になった、やっと出獄したアドルフ・ルーテンベルクのようなものにとって、活動には十分注意をする必要があった。だれにとっても、プロイセンの君主国家は、ヘーゲルが規定したような国家が実現されたものではなかった[74]。逆に、ヘーゲル主義を本質的に運動の理論ととらえている別の人々にとって、歴史は終わり、この君主制の完成で終わるなど言語道断であった。ヘーゲル左派は、事実二人のヘーゲルがいたと主張する。唯一の創設者の意図によって作られる、現存の秩序に批判的な、無神論的で、誠実なヘーゲル、時代の政治権力に何度も譲歩を繰り返したもう一人の官僚的ヘーゲルである[74]。なるほど、青年ヘーゲル派は、プロイセン国家は、プロイセンに住むヘーゲルが夢見たような観念的国家と合理的国家が完全に一致したものでないと、主張していた。なぜそうなのかといえば、彼らにとって、自由の発展を阻害する宗教が全能であったことである。ヘーゲル思想の隠された根本的意味は無神論である。彼らの主張では、まずは国家と、人間を宗教の虜から解放する必要があるのだ[74]。

カールは、バウアーや青年ヘーゲル派同様、世界の新しい解釈が、世界を変革するために必要であり、それで十分なものであると考えていた。やがて彼は父親にわざとらしい野心を語る。「一度ならず、海の中、つまり次のことを諦める意志のなかに飛び込んでみたかったのです。精神の本質は、肉体の本質と同様に必然的で、具体的で、明確に定義可能だという考え。私の目的は、むなしい努力をすることではなく、本物の真珠を日の光に照らして明らかにすることです[2][50]」。同じ年の書簡の中で、母に関して、母は「母なる天使[248]」として家族に身をささげていると書いている。

一八三七年の冬の終わりに、ベルリンの部屋で六カ月の間、咳と熱に悩まされた後、カールは医者の助言で、シュプレー川の右岸の漁師町シュトラーローの町のひとつに別室を借りた[51]。ここは森を抜けると大学まで歩いて一時間のところであった。彼はヘーゲルを極めようと考えたが、しかし、そこで見つけたことはまったく期待を裏切るものであった[248]。その「グロテスクなメロディーはもはや何も刺激するものはなかった[2][52]」。

この年技術進歩が進み、経済成長がヨーロッパで再び起こっていた。イギリス人のクックとフィートストーンが電気のインパルスによる最初の電報を作った。フランス人エンゲルマンが、多色刷リトグラフの実現のための特許を獲得した。

カールは試験に備えるために法学書に没頭していた。占有に関するザヴィニーの研究、グロルマン・クラマーの刑法の論文、『犯罪の意味』、パンデクテン法、古典時代のローマの法学書の抜書きを再編集したユスティニア法令集。彼は、このパンデクテン法を注釈したヴェニンク＝インゲンハイムとミューレンブルッフの書物を研究した。彼は民法とラウターバッハの民法と訴訟法の書物、グラティアヌスの法、ランチェロッティのキャノン法に沈潜した。彼はドイツ法の歴史を研究し、とくにフランス国王の法令と教皇勅書に興味をもった。アリストテレスの『修辞学』を部分訳し、フランシス・ベーコンの『学問の進歩』、および動物の芸術的本能に関するヘルマン・ザムエル・ライマルスの著作をむさぼり読んだ[2]。彼は、その「あまりにも偉大な」業績を持つヘーゲルからなんとか離れた。マルク

フォイエルバッハ

スは、ヘーゲルの中に「市民社会」という概念の意義を見つけ、そこから彼固有の唯物論を引き出したが、ヘーゲルからさらに進む必要性を意識し、新しい科学、すなわち政治経済学の主となる。やがて彼はアダム・スミス、アダム・ファーガスン、デヴィッド・リカードウ、フランソワ・ケネー、ボワギュベールを見つけ始める。

カールの書物は部屋に無秩序に積まれていた。娘婿のラファルグはこう書く。「マルクスは誰にも並べ替えることを許さなかった。むしろ彼は書物や書き物を無秩序のままにしていた。なぜなら、その無秩序さは表面的なものにすぎなかったからだ。実際には、すべては秩序づけられ、いつも必要な書物やノートを簡単に見つけていた。会話をしているときでさえ、引用した書物の中の文章や数字を書物の中から引用するためしばしば中断した。書物や書類が肉体の一部のように彼に結びついているこの仕事部屋がなければ何もできなかったのだ[161][53]」。

カールは、こうしてフォイエルバッハの書物を発見し始める。この若き哲学教授は、無神論のスキャンダルとヘーゲル批判で大学を追われていた。彼はフォイエルバッハに魅せられた。この男は「どんなものにもノーと断言し、新しいものを作り出す勇気をもっていた[116]」。彼は、あえてヘーゲルを次の点で非難した。ひとつは、ヘーゲルが存在を抽象的なものにしてしまったこと、もうひとつは、ヘーゲルが歴史は矛盾のない体系によって完成すると主張することで、新しいものを作るには矛盾が必要であると主張したことである[116]。

したがってカールはヘーゲルとフォイエルバッハの間の道を模索する。彼は徹底的に勉強し、父とイェニーに定期的に手紙を書く。しかし友人とともに外出したり食事をしたり、法学よりも哲学の議論を多くし、よく飲み、女性にも関心をもった。巨人たちに立ち向かうことを望み、一二四頁の対話、落ちた偶像、ヘーゲル批判、「哲学の必然的出発点と継続点」を書く。しかし、推敲の後、自分のテキストを無だと考え、怒り、引き裂き、小説の塊とともに燃やしてしまう。何日もの間、彼は傷つき、考えることすらできない。何も見ないで森を彷徨(さまよ)い歩いたり、シュトラーローの家主とともに、それまで断ってきた狩りに行くことさえする。[2]

彼は自分の才能が子供の頃の野心に見合うほどのものかと自問し始める。彼は将来に疑問をもつ。そしてすべてを辞めるべきか。そして引きこもって素朴な生活をすべきか。結局、彼の前にそのほか多くのことが立ち塞がっている。彼はシュミットハナーという名前の財務査察官と出会う。彼はカールに役所に就職するよう助言した。カールは父にこう書いている。これは「僕にもっともあわない」仕事です。「なぜなら、どんな行政的な仕事よりも法律が好きだからです」[2][54]。この財務査察官は彼に、この仕事につくと、裏門から大学にいつか戻ることも可能になるだろうと説明した。これは才能とは関係ないことであった。こうして、この男はミュンスターで三年の間学んだ後、法学博士の学位にふさわしい官僚の地位につくことができたのである。こうして法学教授の地位を獲得するという展望が彼には開かれたのである。この地位を、地方の法律についてたいした仕事もしていない友人が、同じ通路を通ってボンで獲得していた。[2] カールはこうした種類の生活にも満足できるのではないかと、考えはじめる。

一八三七年夏に、ベルリン大学最初の年に、カールはトリーアに戻り、そこで母、重い病気を患っていた弟のヘルマン、四人の妹に会う。苦労していたイェニーとヴェストファーレン男爵とひとときを過ごす。[55] 男爵は、この普通の高校生だったマルクスが、哲学や文学に夢中の、あくなき野心をもった知的な十九歳の若者となったことに強い印象を受けた。二人は、ベルリンについて語り、民主主義と科学の進歩、そして来るべき未来について議論する。カールは父ともかなり長い時間一緒にすごした。父は男爵との関係を嫉妬していたわけではなかった。ハインリヒは彼自身も重い結核にかかっていた時期、息子の金遣いについて不安となり、これ以上仕送りをしないことにする。彼としては、息子があまり政治的になることを望んではおらず、当時ドイツではあまり人気ではなかった政治経済学に関心をもつことで、おとなしくなると考えていた。彼は息子にまずは法学を勉強し、立派な経歴を積むのを拒否しないように諭した。

夏以後、カールは、この父のダゲレオタイプの写真をもってベルリンにもどる。この写真は未来への確信をカールに取り戻させてくれた。(230) カールがもっとも活動していたドクトルクラブは、悪名高い場所となる。(56) フォイエルバッハの影響の下、このクラブは無神論をためらわず議論していた。他のメンバーよりもかなり若かったマルクスは、そこにいた多くの人を魅了した。その中には、ライバルたちとそこで会ったフォイエルバッハも含まれている。

カールは、ブルーノ・バウアーやルードヴィヒ・フォイエルバッハと同じように、やがて哲学教授という夢を描く。彼は自分に嘘を言ったり、父に嘘を言ったりすることを望まなくなる。こうして、クリスマスにトリーアに帰り、すべてを父に説明することを決める、彼は自らの意志を手紙で送る。しかし、ハインリヒは戻ることを禁じる。カールはもっと早く学業を終えねばならなくなる。もっとも、これは父は息子も病気になるのを望まなかったからである。父の結核は非常に悪化していたのである。

父との関係

一八三七年十一月十日、カールは父に新しい、そして非常に長い手紙(47)を書く。そこで、もっと早く父に会いたいという要求を取り下げた。彼はその年の研究をまとめ、法学をやめ、哲学に専攻を変えることを知らせる。彼は一晩中かかってこの手紙をまとめた。朝の四時、ろうそくが切れたので、手紙を中断させねばならなくなる。若きマルクス（彼はまだ二十歳にもなっていなかった）の心がわかる非常に印象的な手紙は、長い引用に値するものである。

「親愛なる父さん。人生の中には、最後の節目を記し、新たな方向を明確に示す境界線のような時期があります。こうした過渡期には、現実を理解するために過去と未来を鷲のような眼で見つめざるをえません。実際、世界の歴史はこうして後ろを振り向き、決着をつけることを好みます。それはしばしば、衰退と停滞という感情を作りだしもしますが、一方でそれはたんに椅子に座って自らを理解し、自らの精神活動をすべて頭の中で理解するだけのことにすぎません。こうした変動のときにはだれもが詩的になりえます。なぜなら、すべての変化はある面、白鳥の歌のようなものであり、またある面、新しい豊かな詩を切り開くようなことだからです。――やがて、誰しも体験したことをメモにしてまとめねばならないと思うはずです。それはちょうど、活動していた間は忘れてしまったことを経験によって感情の中に再発見するのと似ています。こうしたメモを育むのにもっとも適した場所は、もっとも感情移入ができ、もっとも寛大である父親の心の中です。親の愛という太陽はわれわれのすべての行為を元気づけるのです。おそらく非難されるであろうことへの謝罪を求めるには、このメモをそれは絶対に必要なことなのだと知らせることしかありません。そして大部分、偶然あるいは知的な誤謬から生じたこの変化が、倒錯した精神から生み出されたおろかなことだと相手にもされないなどと、少なくとも思いたくはありません。――親愛なる父さん。ここで過ぎ去った一年を最後に振り返り、他人の人生を見るように、つまりまるで、科学、芸術、私的領域の中でさまざまに発展してきた知的活動の表現として、自分の人生を見ることを許してください。――イェニーの病に苦慮し、溺愛（これによって私は今憎悪する思想に埋没したのです）から逃れんとする私の無駄な努力によってうちひしがれることで、親愛なる父さん、すでに書いたように私は病気になりました。ちょっと気分がよくなると、詩や書いた小説の始まり部分をまったくだめだと思いながら焼き捨てました。なぜなら、そこには私の才能のかけらも見つからなかったからです。――そして、私にとって無限の楽しみであり、自然を凝視させ、私の気を紛らわせたはずのベルリンでの滞在ですら――、まったくだめなものだと考えるようになりました。その理由は、結局イェニーより美しい芸術作品など存在しないからです――。しかし、わが親愛なる父さん、個人的にこの問題について話し合ってくれますよね。帰りたいと思い、かつ帰らねばならないと思った理由のすべては、弟、母さんの健康、父さん自身の健康（たいしたことはないと考えているのですが）です。ベルリンを離れる許可をいただけていたなら、もうそちらに行っていたでしょう。親愛なる父さん、自分勝手な思い込みでこう言っているのではありません（もちろんイェニーとの再会は喜びですが）。私を動かしたのは、表現することさえできないある一つの考えなのです。愛するイェニーが書いたように、それが認めがたいものだとしても、こうしたもろもろのことは、神聖な義務の遂行に比べれば、とるにたらないものです。親愛なる父さんの勝手ですが、どうかこの手紙を母さんには一頁たりとも見せないようにしてください。不意に私がそちらにいきさえすれば、非常に鷹揚な母さんのことですから、快復も早くなるというものです。――とにかく家族を覆う暗雲が消えることを願っています。そして、私も家族のみんなと苦しみ、泣く覚悟をしています。おそらく皆が不幸なときこそ本当に心から愛の存在を証明できるのでしょう。親愛なる父さんが、私の精神の苦しみを考慮してくださり、私の精神の中にある心の迷いを許してくださることを期待します。そして、手を握って私の考えを早く打ち明けられるほど健康になってください。永遠の愛をこめて、息子より[47][57]」。

彼は追伸にこうつけ加えている。

「親愛なる父さん。乱筆と文章の乱れをどうか陳謝いたします。今ほぼ朝の四時です。ろうそくがなくなります。眼も疲れてきました。極度の興奮が私をとらえています。親愛なる父さんと話をしないかぎり、この騒々しい亡霊を沈めることはできないでしょう。どうか、私の考えの一部をわが親愛なる最高のイェニーにお伝えください。彼女の手紙を十二回も読みました。そのたびに、彼女の文章のスタイルを含めてそこに新しい喜びを感じました。私の考えでは、この手紙はこれまで女性が書いたもっとも美しい手紙です[47][58]」。

マルクスはこの手紙を送り、父の返事を待つ。しかしそれは来ない。したがって、彼はクリスマスにベルリンに留まり、冬の間トリーアで何が起きているのか不安な気持ちで研究に没頭する。イェニーも彼に何も言ってこなかった。

一八三八年二月十日、父はついに彼に返事を送る。母の追伸と姉のゾフィーの追伸を含む二つの追伸がある、かなり混乱した手紙である。この手紙はカールの全人生を決定づける手紙だと私は考える。ハインリヒはまずカールの金の問題を心配する。彼に帰って来ず、勉強を続けるよう要求する。将来の変更については婉曲的だが同意を与える。この手紙をほぼすべて引用する必要があろう、それはこの手紙によって今後生まれる重要な問題から見ても重要だからだ。

「親愛なるカール――。今日は数時間ベッドから起きあがり、手紙を書けるだろうと考えた。事実、震えながらも机のところまで行った。しかし――お前と理論的な議論をする力はない。お前の意識がお前の哲学と慎ましやかに調和し、両立しうるのであれば、それは結構なことだ。ただ一点だけ、お前は賢明にも手紙の中に貴族的な沈黙を隠していると思われる。それはしみったれた金の問題だ。家族の父にとってそれは、たとえお前にとっては知らないことだとしても、大きな問題だ。私も、この問題に関してあまりとらわれないことを望んでいる。今学年暦の四カ月目だ。お前はすでに二〇ターレルも遣っている。さて、私はこの冬まったく稼ぎがなかった。私がお前を見くびっていて、理解もしていないというのは間違っている。私はお前の心と道徳性について全幅の信頼を置いている。いつもお前を信頼してきた。法学部の最初の学年のときでさえそうだ。お前の秘密の事件（カールの決闘）についての説明もお前に求めなかった。そうしたのはお前の高潔な道徳性を信じたなればであった。そして、幸いにもまだ信頼している。そうであるがゆえに、私は盲目になってはいない。――私の心に秘密なんかなく、私がお前にどれほど期待しているかを考えねばなるまい。お前の最終的な決定（専攻分野を変えるという）は当然のことであり、実現するに値する賢明なものだ。約束したことを行えば、実りは大きい。確かなことは、大きな犠牲を強いられるのはお前自身であるということだ。われわれにとってもそれは当てはまる。しかし、理性によってそれに打ち勝たねばなるまい。親愛なるカール、私は疲れている。ここで中断せざるをえない――。お前の私に関する最後の要求は（後に見る健康問題）、大きな困難をもっている。お前のことを祈る権利などあるのだろうか。お前の親愛なる父」[(47)(59)]。

悪意のある伝記が、息子とイェニーと母との最悪の関係といっていることとは裏腹に、母はカールにこう付け加えている。

「私の愛するカール。あなたへの愛のために、あなたの父さんは初めて手紙を書く努力をしました。あなたの父さんはかなり弱っています。神様が、力を回復させてくれるでしょう。親愛なるカール、私は元気です。今は元気ですが、諦めています。親愛なるイェニーは両親にとって愛らしい娘として振舞っています。われわれは彼女の精神状態に助けられています。彼女はいつもよい点だけをみようとする家族思いの娘のようです。元気かどうか手紙をください。復活祭には帰ってくださいさい。感情が理性を乗り越えています。カール、お前が理性的すぎるのが残念です。私の手紙を本心の愛からのものだと思っておくれ。気持ちが高ぶるけど、あまりいえない気持ちです。親愛なるカール、ここでおわります。父さんに手紙を書いてください。そうすれば、父さんの健康がきっとよくなるでしょう。あなたを永遠に愛している母より」[(47)(60)]。

息子の要求どおり、ハインリヒがカールの手紙の文章を妻に見せなかったことは明らかである。その手紙ではカールがトリーアに帰りたがっていたからだ。彼はこの若い男が進んでベルリンに残ることを決めたと妻に思わせたのである。

さらに姉ゾフィーの追伸が続く。包み隠すように、彼女はカールに、家族の財政状況が父の健康同様大変なものであることを告げている。

「愛する父さんはよくなっていっています。何事もうまくいっています。父さんが寝込んでやがて八週間がたちます。部屋を出たのは数日前、部屋の空気を換えたときだけです。今日は、震える手で数行の手紙を書こうと大変な努力を父さんはしました。私たちのかわいそうな父さんはいまは非常に気が短くなっています。おどろくべきことではありません。冬の間まったく仕事をしませんでした。彼の不安は以前よりも四倍も大きいものです。毎日私は父さんのために歌い、本を読んでいます。昔あなたが約束してくれた詩を送ってください。すぐに手紙を書くこと。それは私たちみんなにとって気晴らしになります。カロリーネはよくありません。ルイーゼは寝ています。彼女は猩紅熱にかかったみたいです。エミリエは静かにしています。イエッテ（弟のヘルマン）については、はっきりいってよい状態ではありません[47][61]」。

カロリーネ、ヘンリエッテ、ヘルマンはやがて亡くなる[62]。

カールにやりたいことをやらせることを認めた、この重要な手紙は（「私はお前の道徳心に全幅の信頼を置いている――。お前の（専攻を変えたいという）決定は当然のことであり、実現に値する賢明なものだ。約束どおり行えば、実りは大きい」）、重要な言葉も含んでいると私は思う。それにはこう書いているのだ。「（お前の）しみったれた金の問題にかんする貴族的沈黙。家族の父親としては、たとえお前がそれを知らなくても、それは重要な問題であるということだ。私はこの問題についてお前を煩わせたくはない」。父が金について語る能力を貴族だといっている言いかたは、カールにとって金がどんなものであるかを予測させてくれる。すなわち金とは隷属的つながり、依存そのものであるということだ。そしてずっと後に、マルクスが搾取を告発するなかで、貴族性をひとつのモデルにするということとして現れる。貨幣による搾取。ブルジョワのように稼ぐことによってはそこから自由にならない。貴族のようにそれについて語らないことによってもそこから自由にならない。むしろプロレタリアのように貨幣の力と戦うことによってそこから自由になるのだ。

父に従いカールは帰郷しないで、ベルリンで復活祭を過ごす。父は彼に会うことはない。一八三八年五月十日、ハインリヒ・マルクスはトリーアで結核のため死去する。齢六十一歳であった。[63] この日から死ぬまでカールはチョッキの内ポケットの中に父が二年前最後に会ったとき贈ってくれたダゲレオタイプの写真を心ならずもずっと持つことになる。

この死は家庭内の分裂をつくる。カールは埋葬のためにトリーアには戻らなかったようだ。母は彼の取り分の遺産を渡さなかった。その額は、六千金フランに相当する額であった。その理由は、それを渡したら家族がまだ住んでいる家を売らねばならないからだった。

多くの伝記作家にとって無関心でいられないのは、カールが父の葬式に行かなかったということではない。むしろそれが父の最後の書簡によって拒否されたことだ。[64] カールの不在は（それは当然なことなのだが）、死亡を伝えるのに必要な時間がなかったからだとしか説明できない。もっといえば、最後の手紙で父はカールにベルリンで勉学に励むことをひたすら願っていたに違いない。結局、カールが遺産の分け前を受けとらないとしても、それは母が彼を拒否し、イェニーのことを嫌っていたからではない。同じ手紙からわかるように、このことはまったく間違っている。その理由は、病気の弟や妹が、父が残してくれた遺産で母と生きなければならないからである。[65]要するに、ヘンリエッテは息子には毎月の送金を続けたし、彼の遺産の取り分を彼から借りていることをしっかりと認識していた。

こうして、将来の職業を変えるには、父の死と同様に母の死も期待していたカールは、父の同意を最後の手紙で取り付け、父の死後弁護士という職業を断念し、新しい夢に進むことになる。すなわち哲学教授になるという夢である。

このことはつまり彼が政治の道を歩むということである。なぜなら、この年、ヘーゲル批判はプロイセン体制を擁護するのとは、まったく違うものとなったからである。やがて、「真正社会主義」[66]という奇妙な表現が出てくる。これは、カール・グリュン（エルンスト・フォン・ハイデの仮名）が、青年ヘーゲル派の運動を説明するために考え出したものである。彼らはやがて、『ゲゼルシャフツ・シュピーゲル』[67]や『トリーア新聞』[68]のような雑誌や新聞でそれを展開することになる。[74]彼らのベルリンの隠れ家であるドクトルクラブは、首都の中でもっとも監視された場所となる。マルクスの人生において重要な役割をはたす二人の人物がそこに出現する。

まずは、青年ヘーゲル派と革命前のインテリゲンチアの結節点、『ハレ年誌』[69]を編集していたハレの哲学講師アーノルト・ルーゲである。この雑誌で、フォイエルバッハは「ヘーゲル哲学批判への寄与」を掲載した。

そこにまたドイツの仕立職人、ヴィルヘルム・ヴァイトリンク[70]がいる。彼はウィーンそしてパリに亡命し、二年前パリで結成された秘密結社「追放者同盟」の宣言を出した。彼が、資本の所有者による賃労働者の搾取を告発し、強い国家から過渡期のない共同体所有の実現を主張したテキスト、それが『あるがままの人間とそうあらねばならない人間』である。「もし力があれば、蛇の頭を破壊すべきだ。――敵に決して休戦を与えてはいけないし、彼らと交渉をしてもいけないし、彼らの約束を信じてもいけない[276]」。

同じ頃、カールはギリシア後期の哲学者を全体として取り扱う計画をもっていた。彼はボンの編集者、マーカスに、未来のテキストを出版してもらうために、そしてその内容を回してもらうために、ブルーノ・バウアーに手紙（これはその後失われた）を書いた。バウアーはこんな無作法な手紙を回すことはできないと答える。「君はこんなやりかたで君の友人に手紙を書くことはできるが、出版してもらおうという編集者に書く手紙ではない」。バウアーは、マルクスの人生にしばしばあらわれる一連の問題に答えている。「まずは、将来マーカスに述べることになるであろうことを私に書くべきだ。つまり、本が存在し、書き終わるとすれば、その原稿用紙が何枚であり、どれくらいの印税を必要とするのかといったことである――」。

少し後、マルクスはこの計画を断念した。やがて、ブルーノ・バウアーの指示にしたがって、あきらかに未知の、かなり限定された主題の博士論文、すなわちデモクリトスとエピクロスによる古代の唯物論の問題の作成に専念することになる[1]。表題（『デモクリトスとエピクロスの自然哲学の差異』）はヘーゲルの論文のタイトル（「フィヒテとシェリンク哲学体系の差異」）のイミテーションである。ここで問題とされているのは、第一に運動の形式である。実際、ここにマルクスの唯物論のもつ現実を批判的に観察するという執拗さがすでに認められる。デモクリトスとエピクロスの物理学は非常に近いところにあるが、一致する前提を離れると、二つの哲学者は「現実、確信、この科学の応用、思

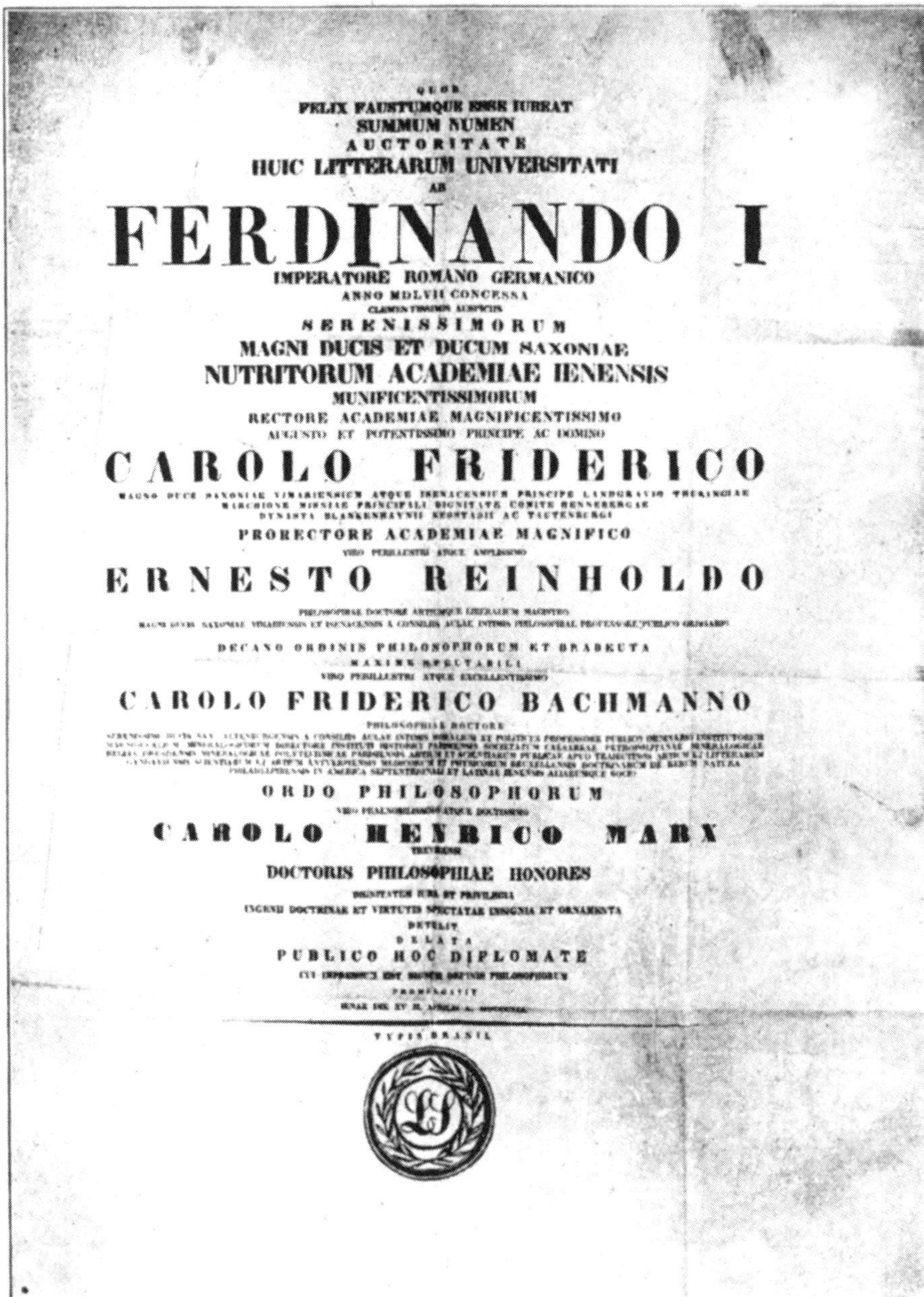

QUOD
FELIX FAUSTUMQUE ESSE IUBEAT
SUMMUM NUMEN
AUCTORITATE
HUIC LITTERARUM UNIVERSITATI
AB
FERDINANDO I
IMPERATORE ROMANO GERMANICO
ANNO MDLVII CONCESSA
SERENISSIMORUM
MAGNI DUCIS ET DUCUM SAXONIAE
NUTRITORUM ACADEMIAE IENENSIS
MUNIFICENTISSIMORUM
RECTORE ACADEMIAE MAGNIFICENTISSIMO
AUGUSTO ET POTENTISSIMO PRINCIPE AC DOMINO
CAROLO FRIDERICO
PRORECTORE ACADEMIAE MAGNIFICO
VIRO PERILLUSTRI ATQUE AMPLISSIMO
ERNESTO REINHOLDO
DECANO ORDINIS PHILOSOPHORUM ET BRABEUTA
MAXIME SPECTABILI
VIRO PERILLUSTRI ATQUE EXCELLENTISSIMO
CAROLO FRIDERICO BACHMANNO
PHILOSOPHIAE DOCTORE
ORDO PHILOSOPHORUM
CAROLO HENRICO MARX
TREVIRENSI
DOCTORIS PHILOSOPHIAE HONORES
DIGNITATEM IURA ET PRIVILEGIA
INGENII DOCTRINAE ET VIRTUTIS SPECTATAE INSIGNIA ET ORNAMENTA
DETULIT
DELATA
PUBLICO HOC DIPLOMATE
TYPIS BRANII

1841年、マルクスがイエナ大学に提出した博士論文の表紙。提出された論文は現在行方不明である。マルクスが所蔵していたものも、不完全であり、博士論文の完全なものは読むことができない考と一般的現実との関係に関するすべての点に関して、対立している」[1][71]。デモクリトスが感性的現実を主体的な外観にすぎないと主張するのに対し、逆にエピクロスは、感覚的な知覚を否定する何ものも認めない。これは唯物論者である。デモクリトスにとって必然こそ決定的なものであるが、エピクロスにとっては、事実は「可能性以外の価値をもたない」[1][72]偶然にすぎない。マルクスは、ヘーゲルのテーマと結びつけることによって、ギリシア思想の死はその生涯に似ていると述べる。運命、それが特徴である。ギリシア思想のすべての学派は、哲学的知性の概念を説明するために、ソフォス（賢人）という人格を利用する。哲学的知性は、とりわけある個人の内部の世界に属していて、経験的世界の外に属しているわけではない[248]。理性と実存との間のこうした分離をうまく人格化したのがソクラテスである。自らの内部で分離し、告発されたソクラテスの死は、広い意味でギリシア思想の運命を形づくっている。カールは、逆にヘーゲル哲学は、たとえ乗り越えられるとしても、経験的な生活における存在から構成される、イデアルなものを発見することを可能にするだろうということを示したのだ。なぜなら、理性は現実の世界の闘争から生まれるということを、ヘーゲル哲学は示したからである[248]。ヘーゲル哲学は、思考の名のもとで生活から身を引いてはいなかったのだという事実が、そこから生まれる。だから、近代哲学はギリシアの運命と同様に破壊的な孤立によって守られていることになるのだ。カールは、そのヘーゲル的観念論の徴候を当時克服したと考えたのである。

　カールは、哲学で基礎練習をすることで、社会における哲学の役割という概念の基礎を調整した。その役割とは、真実を述べることで現実に反映しなければならないということである。ギリシア哲学を問題にすることで、実際無神論と唯物論について研究する。エピクロスについて研究することは、また宗教から離れることであり、社会に接近することである。

なぜならカールはますます政治に関心をもっていく。彼はパリにいたとき、暴動が県庁舎や市庁舎の占拠に道を開いたとき熱狂した。イギリスの新しい運動、チャーティズム[247]を発見する。この運動は一八三八年五月に発行された人民憲章（チャート）から来ていて、労働者街における衛生状態の改善、無記名での普通選挙、非所有階級の被選挙権を要求した。憲章の主要な出版者であった『ノーザン・スター』[73]はすぐに数万部以上売れた[277]。つねに鉄道に関心をもっていたカールは、クルーゾーの工場[74]で作られたフランス最初の機関車にも興味をもつ。その数カ月後、最初の蒸気船にも興味をもった。

イェニーとの手紙による関係はますます親密になりながら続いていく。彼らは、カールが博士論文を完成したら結婚することに決定した。それは少なくとも三年を要することになる。若い娘はこう彼に書いている。

「私の愛するたったひとりのあなたへ。――女の愛は男の愛とは違うものなの。当然のことだけど、女は男に自らの、あるがままの愛だけしか与えられないの。それ以上のものはまったくないのよ。――でも、カール、私のことを愛してくれる。あなたは私のことを何にも考えていないし、信頼してくれてもいません。初めから、今のようなロマンチックな愛を続けていくことはできないと思っています。――あなたがいつも言っている崇高な、心を打つ、情熱的愛や、きれいごとを聞いても、幸せではないのよ。なぜって、そんなものは突然終わると思うから。私を幸せにできることは、あなたの小さな奥さんになれるとおもうときしかないの。――読書の遅れを取り戻し、気晴らしをしたいと思っています。ほんのすこし難しい本を紹介して。多分すべては理解はできないけど、やっぱりみんなが読みたいと思っているこんな本を理解することは少しはできると思うの。お話や、詩のような本はもういいの。こうした本によって精神を鍛えることができると思うの[47][75]――」

彼女は女性に与えられている限られた未来[248]、すなわち男性への愛の中ですべてを忘れるということに、不安を覚える。彼女は暗い考えを描きがちとなる。カールはそれを軽蔑する。彼女は、ほかに相手がいるのではないかと疑いをもち、まったく動転してしまう。やがて、カールが手紙で彼女に答えた非難の冷たさを前にして、情熱や思いやりについて冷たく、閉じこもっているのではないかと恐れる。これはハインリヒが息子に対して抱いていたイメージと同じである。情熱的で詩的であるという点でカールは時として冷たく、超然としているように思える。イェニーはマルクスを現実世界に戻そうと考え、両親が演じてきた役割を演ずる。カールの手紙は、依存と相互犠牲という感覚を表している。そのひとつ（一八三九年）の手紙で、彼女はカールが決闘で右手をなくし、文章を書くために彼女をいつも自分のところにおいておくということさえ想像している[248]。

友人ブルーノ・バウアー

一八三九年、カールはブルーノ・バウアーがボン大学で教えるためにベルリンを離れねばならなくなったとき、博士論文を書き続ける[76]。この若い講師は、その弟子の仕事を妨げないような配慮で激励する。彼は来るべき日、ベルリンよりもより自由なイエナ大学に博士論文を提出するよう示唆する[77]。彼は仕事を続け、ボンで彼の助手として採用するむねを約束する。カールは、大学教授の仕事が開けるのを見る。同じとき、一八三九年十一月四日、イギリスでニュー・ポートの町を襲う千人の鉱山労働者が、軍の発砲で押し戻された。

バウアーはやがて匿名のパンフレット、『ヘーゲル――無神論者、反キリスト教主義者に対する最後の審判のラッパ』を書く。[248] その第二部をカールが書くことになっていた。それは、ヘーゲルに対する彼自身の批判を行うことであった。

一八四〇年は政治運動の急進化が進むときである。プロイセンでは、新しい君主、フリードリヒ・ヴィルヘルム四世がシェリンクを学長にすることで自由化の希望をすべて裏切った。出版の検閲が作られ、大学の授業料免除が廃止された。やがて、新しい王位に就く前に新しい王は、愛国心と君主制と矛盾しないと判断された民主主義原理を敬うように公にした。[74] ところが突然フリードリヒ・ヴィルヘルム四世は、ヨーロッパのすべてで民主主義を弾圧するためにメッテルニヒとしっかりとした連携を行う。

ベルリン大学の学生の生活は、厳しいものとなる。ドクトルクラブは急進化する。そのメンバーはやがて「人民の友」あるいは「自由派」(解放派)と称する。[74]

フランスでは、医師のルイ＝ルネ・ヴィレルメが『羊毛と絹の工場における労働者の道徳的、肉体的状態の図』という書物において、労働者の状態を告発する。哲学者となったひとりの労働者、ピエール＝ジョゼフ・プルードンは、『所有とは何か』を出版し、そこで生まれつつある資本主義社会のもっとも急進的な対立を具体化する。[228]「じゃがいも暴動」がランス(Lens)で起きる。「共産主義」という言葉が、フランスの法律家エティエンヌ・カベーの経済学説を説明するために出現する。[67] ナポレオン一世の遺灰のアンバリッドへの移転が人々の感情を大きく動かしたとき、最初の「共産主義者の蜂起」がパリで起こる。[78]

カールは今では、ブルーノ・バウアーと密接に結びついた計画をいっぱいもっていた。彼らは一緒に教え、一緒に『無神論のアーカイヴ』を出版し、敵対者に対して一緒に闘おうと考えていた。この

若きエンゲルス

年カールは、ベルリンの最上の場所にも近づきえた。そのサロンは旧姓ブレンターノ、女性詩人ベッティーナ・フォン・アルニムのサロンであった。ブレンターノは、ベートーヴェンやゲーテの友人であった。一八四一年、彼は彼より二年若い男と会うことなくベルリンですごした。この男は、当時ベルリンで兵役を過ごすために来ており、カールの生涯で非常に大きな役割を演ずる男、フリードリヒ・エンゲルスである。

フリードリヒの曽祖父、ヨハン・ガスパルト・エンゲルスは、ヴッパー川のバルメンに糸を取引する商売を築いた。彼はそれをリボンレースとシーツの工場に変えた。彼の死後、その長男が絹の卸しを加えた。彼の後、お互い仲のよくなかった三人の孫が、破産させる運命を担う。二人の破産者のうち一人が、エルメンという二人の兄弟とともに製糸工場を作る野心をもっていた。その工場はまず最高の機械のあるマンチェスター（イギリス）、それからエンゲルスキルヘンとバルメンに建設された。その息子エンゲルスは、愛する母によって非常に宗教的な[79]環境で育てられたが、歴史、哲学、数学、生物学、化学、植物学、物理学に情熱をもち、軍事戦略にも興味をもった（そこから彼の綽名が「将軍」となる）。彼は勉強を続けることを夢見ていて、父の仕事を継ぎたくはなかった。しかし、一八三七年十七歳のとき、彼は家族の企業に入るためにギムナジウムを去らざるをえなくなった。[80]フリードリヒは労働の世界に抜きがたい嫌悪をもつことになる。一八四一年、彼は砲兵隊に志願兵として、ベルリンに行った。[81]それは工場を避け、戦略的な情熱を満たすためであった。こうして青年ヘーゲル派とドクトルクラブのさまざまなメンバーを訪問することができた。しかし、カールはそこにはもういなかった。

この年、カールはフォイエルバッハの『キリスト教の本質[117]』の出版以来、その作品の主要な部分を読んでいた。そこで彼は、真に人間的な社会を実現するには、哲学は政治まで延長されなければならず、私的所有の廃止、したがって賃金の廃止によってのみ人間を疎外から解放できると主張していた。フォイエルバッハは言う。考えるが、苦悩する人間と、考えるが、抑圧された人間を統合しなければならない。なぜなら、言い換えれば、肉体労働者と知識人との結合である。一気に国家を変革しなければならない。なぜなら、国家はヘーゲルが考えたように、諸階級の上にいる絶対者が一体化したものではなく、その時代の法的、社会的、経済的関係の反映であるからである[117]。どんな社会階級も、必然的なものに直面しなければ一般的な解放を促進することはできない。人間性がまったく否定されている唯一の階級であるプロレタリアのみが唯一、こうした必然性に絶対的に対立することができるのである[117]。

その時代の青年ドイツ派の多くのものと同様に、マルクスはこの書物に深く感動した。この読書の「解放的行為を痛感するべきであった」と。マルクスの最良の友となる人物、フリードリヒ・エンゲルスは当時まだベルリンにいたが、後にこう書いていた。「われわれは、突然すべてフォイエルバッハ主義者になった[74][82]」。

マルクス、博士号を獲得

四年間の研究のあと、カールは最後に論文を完成する[1]。哲学と世界との間の関係についての困難な問題、それは存在に近づく思想と、思想に近づく物質との間の関係である。デモクリトスとエピクロスとの対立は、そこでは転倒した前線における対立の体系として現れている。デモクリトスは「懐疑的」であり、エピクロスはドグマ的であるが、経験的科学に結びつくのが「懐疑的」な方である。一方、現象を現実と考える「ドグマ的」な方は、「どこでも偶然的なものしかみない。そしてその適用方法は、むしろ自然の客観的な現実をすべて否定する傾向がある[83]」。マルクスの接近方法の独創性は、エピクロスの物理学をデモクリトスのコピーであると主張する注釈者とは逆に、彼が、デモクリトスはエピクロスが自然を観念的な生命の構成要素であると見た点において、純粋の唯物論者であるということを示したことである。マルクスによれば、エピクロスの主要な矛盾（自然の合理性の拒否）は、もっとも深い視野をもっていて、彼の体系でもっとも優れた点であることである[248]。そこでは、個人の自己意識が真に主要な要素となっていることである。こうしてマルクスは、エピクロスをとりわけギリシアの賢人にする。彼とともに、ギリシア哲学は、英雄的死を迎える。彼によれば、デモクリトスは最初から矛盾に直面した。原子は存在の主要な要素であるが、どんな自然現象も現象の世界の中でそれを理解させることはできない。だから、彼は哲学を捨て、自然の経験的研究に進む。はっきりいえば、エピクロスが宗教を転倒させる一方で、「デモクリトスによって、盲目的迷信と神秘に門が大きく開かれたのである」[1]。彼らの概念は相対立する二つの生活様式を作りあげることになった。エピクロスは、隠遁的、受動的生活様式、デモクリトスは、世界をかけまわり、すべての弟子を、あくことのない認識への渇望を追い求めさせる生活である。マルクスは、それが来るべき将来の生活を引き出すであろうことを知らずに、こう書いていた[248]。「大きな危機の時代に、哲学は実践的にならねばならないが、哲学の実践はそれ自体理論的である」[2]。

カールはこの博士論文をイェニーの父に捧げる。「貴方の良き健康を祈念する必要はないと思います。魔術に陥った偉大な物理学者である貴方は、精神にすべてを委ねました」[277][84]。彼はベルリン大学から一八四一年三月三十日、卒業証明書を獲得する。さまざまな議を経て[213]、四月六日イエナ大学に博士論文を提出する。イエナ大学は当時博士号の学位を出す機関として知られていた。次の週、学長は哲学の学位を博士候補カール・ハインリヒ・モルデシャイ・マルクスに与えた。その博士の称号は四月十五日の日付となっている。やがて彼はトリーアに少し滞在した後、ボンでバウアーと落ち合う。

マルクス、ボンへ行く

モーゼス・ヘス

一八四一年夏の初め、カール・マルクスとブルーノ・バウアーは、プロイセンの飛び地である、ラインの首都ケルンを訪れる。ケルンは、「ライン河蒸気船会社」の発展とケルンとアーヘン鉄道の最初の路線の建設により商業と産業の大中心地になっていた。ドイツの近代的工業の多くはそこに本社をもっていた。ユダヤ人もいたケルンのブルジョワジーは（マルクス家もその中の一軒であったが）、人権、出版の自由、宗教の自由を認める民主的制度をもったドイツ国家の統一を要求していた。

カールはそこで自由派の企業家と商人の若いグループに出会う。彼らは『ケルン新聞』（ウルトラモンタン派であり保守派の新聞であった）を軽蔑し[85]、別の新聞『ライン新聞』[215]を活性化するための委託委員会を作っていた。彼らの中に、二十八歳の若きユダヤ人モーゼス・ヘス[86]がいた。彼は自らをアナキスト的「共産主義者」であると主張する作家であり、社会学者であった。またサロモン・オッペンハイム銀行の兄弟ダゴベルト・オッペンハイム、ケルンの別の銀行家の娘と結婚した高官、ゲオルク・ユンク[215]、ルドルフ・カンプハウゼンやダーフィット・ユストゥス・ハンゼマン（彼については後に言及する）のような企業家がいた。

カールはボンに戻り、そこで一八四一年、イェニーと彼は出会う口実を見つける。ノイスに行かねばならなかったこの若い女性は、母に丁寧にこう告げていた。ボンでカールに会うために滞在すると。母が受け入れた条件は、弟のエトガーが付き添うことであった[123]。イェニーは当時二十七歳、カールは二十三歳であったことは忘れてはいけない。

トリーアへの帰路、イェニーは少し後でこう書いている[123]。

「ああ、私のこの小さな心は重い。それがすべて私の魂を沈めてしまうの。でも、カール、私は後悔してはいないし、することもできないの。眼を閉じると、貴方の幸せそうな眼が見えるわ。——私が何をしたかわかっているわ。それはつまはじき、一般的な非難に等しいでしょう。でもこの幸福な思い出をどんな宝石とだって交換することはしないでしょう」[87]。

カールは彼女に戻って欲しかったが、彼女はそれができなかった。彼女は一八四一年八月十日、彼に手紙を書き、そこで彼の習慣に親しむように努力することを述べている。

「私の小さな野生のいのししちゃん。——残念なことは、貴方が私のギリシア語をちっとも褒めてくれないことと、あなたが私の博識に対して長文の文章を書いてくれてもいいということです。でも、あなたたちヘーゲル主義者たちは、自分の意見にあわないことは、どんなすばらしいことでもまったく認めないということです。だから私も控え目に自分だけの栄冠に満足しなければならないのです。——今では政治にも関係していますね。それは危険なことです。——だから、いつまでも私を愛してください（Vale Faveque）という言葉を言うことで、私はあなたを放っておかねばならないと思います。その理由はあなたが二文字だけ書くようにいったからです。——たいした病気でなかったら、久しぶりに貴方のところに行く用意をしたことでしょう。——寝ないで毎晩あなたのことを考えています。あなたに祝福を送ります。——私の指のそれぞれにキスをして、それが親愛なるカールのところに飛んでいってくれることを祈ります。それは、私の無言の愛のメッセージではなく、愛の素敵な、甘い、秘密の表現のすべてを語りかけていることだと思ってください。——さよなら、あたしの愛するたった一人の人。さよなら、親愛なる鉄道さん。親愛なる人。あなたとの結婚は確かなことなのよね」[47][88]。

秋には、カールはいつもボンにいた。そこからヨーロッパで起こっていく変化をみていた。パリでは、ギゾーが「労働と節約によって豊かになれ」と叫んでいる一方で、デモ隊が「共和制万歳！」、工場における児童労働の制限法と八歳までの労働を禁ずる法成立を叫びながら行進していた。

一八四一年九月、マルクスの職業の夢は危機に陥る。国王フリードリヒ・ヴィルヘルム四世の要求で、ブルーノは自由派の運動に参加し、検閲反対の議論をぶった理由でその仕事を中断させられた[89]。しかし、カールは希望を失わなかった。裁可がはっきりしていなかったからだ。

『ライン新聞』

モーゼス・ヘスは、やがて生まれる新聞、『ライン新聞』に参加するよう呼びかけた。その編集長はアドルフ・ルーテンベルクになることになっていたが、彼は「ベルリン時代のマルクスの最良の友人であった[230]」。彼がマルクスをドクトルクラブに誘ったのである。カールはボンに残ることで、すべてを受け入れた。バウアーと彼は教師の口にありつける期待をまだもっていた。

定期刊行物は、発行直前に監視されていた。一八四一年十二月二十四日の法令は、実際、新聞への検閲を拡大した[90]。とりわけ「宗教の根本的原理」を批判し「道徳を攻撃した」新聞は検閲が厳しかった。「宗教の問題を茶化しかねない[123]」という理由で、『神聖喜劇』の翻訳も禁止するといったところまで進む。

カールに接近するすべての人と同様に、モーゼス・ヘスも若きマルクスの圧倒的教養、知的印象、とりわけ落ち着きに魅せられた。一八四二年、まだ千人も購読者のいない『ライン新聞』の第一号が発刊されたとき、モーゼス・ヘスは友人の一人、ベルトルト・アウアバッハにこう書いている[248]。「君

Rheinische Zeitung
für
Politik, Handel und Gewerbe.
№ 15
Köln,
1843.

『ライン新聞』第一五号、一八四三年一月十五日付

は現世代のもっとも偉大な（おそらくたったひとりの）哲学者に出会えるはずだ。――ルソー、ヴォルテール、ドルバック、レッシング、ハイネ、ヘーゲルが、たったひとりの同じ人物に統合されていることを考えてごらん。それがマルクス博士だ」。三月、「十二月の法令」に反対する出版の自由についての一連の論稿をカールに書くように依頼した。やがてカールは検閲に反対する六本の原稿を書き、検閲は哲学に関係すべきではないと主張した。これらの記事は掲載された。その後、カールはカトリックとプロテスタントの間の混合婚に関する論稿を執筆する。彼はそこで、相異なる宗教を信仰するものの結婚は、世俗的なものにはならないと主張した。新聞の編集長ルーテンベルクは、この論文が宗教問題について非常に寛容であると、掲載を拒否した。二人は対立する。カールはルーテンベルクを、宗教は社会的状態の表現にすぎないことを知らずに、宗教を批判していると非難した。さらにカールは、ルーテンベルクは、宗教やプロイセン国家をたんに軽蔑し、自由に関する混乱したテキストを新聞に送りつける極論を述べる人々と危険な妥協をしていると考えた[248]。マルクスの論文は結局ヘスの決定で掲載された。

一八四二年四月、ボンにいたマルクスは、まだとくに慎重だったわけではない。彼は検閲に対して、信仰心を混乱させ、俗物をつくり、市民を憤慨させるものだと批判し、ブルーノ・バウアーが二年前に書き始めた『ヘーゲル――無神論者、反キリスト教主義者に対する最後の審判のラッパ』を完成さ

せるのを手伝った。これは匿名の善良なキリスト教徒というサインで出版された。

これによって、バウアーが当局の寛容を引きだしたわけではない。五月になると、彼は大学から完全に罷免された。国家や宗教の基礎について異議申し立てをするものには、公的仕事はすべて禁止されることになる。バウアーもマルクスも、青年ヘーゲル派も大学で職を得る機会を完全に奪われた。

これによってイェニーと翌年六月に予定されていた結婚を、再検討することはなかった。カールはトリーアにはほとんどいなかった。彼は母や姉妹とも会ってはいなかった。彼らとの関係はうまくいっていた。彼は悪くなっている弟の病気を心配していた。

ベルリンに戻ったバウアーのような青年ヘーゲル派の一部は、やがて哲学的悲観主義に逃げ、政治を拒否した。カールは彼らに加わるのをやめた。弟子と師との決裂も遠くはない。

マルクス、『ライン新聞』の編集者へ

一八四二年七月、マルクスは『ケルン新聞』で、その編集長カール・ハインリヒ・ヘルメス[91]によって、ヘスの新聞で世俗的結婚を擁護したと攻撃される。カールは、この同じ『ケルン新聞』の中でそれに答え、彼はフランス革命をモデルとする、世俗の自由で合理的な国家に賛成であると答え、初めてこのとき一七六〇年シャルル・ドブルスの作品に現れた、「執拗さ」をあらわす「フェチシズム」という言葉を使った。八月には、前ベルリン大学教授フリードリヒ・カール・フォン・ザヴィニーが中心となっている歴史法学派を批判する。この論稿を読んで、ベルリンの官僚たちは「ライン州でフランスかぶれとフランス思想が喧伝」されていると非難する[248]。彼はやがて警察の厳しい監視下におかれる。彼はもはやそこから逃れることはない。

カールは、彼の思想の主たちの影響から逃れる長い過程を開始する。ヘーゲル、バウアー、ザヴィニーの後、彼の攻撃を蒙ったのは、今度はルーテンベルクであり、『ライン新聞』のパトロンである

ヘスもそれゆえ、五百ターレルの賃金でカールを編集長に置き換えようとした。これはカールの最初の仕事であり、最後の賃金[92]である。

やがて、この若い男はケルンに住み着き、新聞をコントロールする。これはジャーナリストという仕事との最初の親密な関係の始まりとなる。彼は死ぬまでジャーナリストであった。彼は新聞を非常に厳格で、気難しいものにしようとする。特に、ケルンの若いブルジョワジーの非常に急進的なある種の論稿を拒否し、それらは知的なセンスに欠け、事実を軽視していると非難した。ヘスはそれを心配する。この若い人々は、ヘスの友人であり、購読者でもあったからだ。なぜ掲載しないのか。カールはヘスへ断固とした手紙を送ってよこす。そこに二十四歳のこの若い男の優越感と暴力を見抜くことができる[105]。「マイエンとその仲間が送ってきたのは、思想のない扇動的ななぐり書きのかたまりです。配慮もなく、無神論と共産主義が曖昧にまざりあったものです（かれらは一度も学んだことがないはずです）。私は新聞ががらくたとなるのをこれ以上我慢してはならないと思いました[93][47]」。決定的な文章だ。主人は彼である。

一八四二年六月十六日、カールの弟がトリーアで亡くなった日、カールは最初の政治的論稿を執筆する。「共産主義と『アウクスブルク総合新聞[94]』」である。彼はそこで、共産主義はプラトン、ユダヤ教、キリスト教の初期の修道院まで遡る運動であり、フランス、イギリス、ドイツで進行中であると書いていた。

この時期に弟の死、母と姉妹との決裂が起こり、彼はそれを無視し、母たちはカールの政治的見解と今の情況への無関心を非難する。事実、彼は母たちに何も言わない。実際、トリーアに行くこともなく、家族とほとんど会わない。トリーアとは父であり、それ以上のものでなかったのである。

ベルリンではまさにその頃、アーノルト・ルーゲの『ドイツ年誌』が「ドイツにおける反動」を掲載する。これはジュール・エリサールという名の男の政治的論稿であったが、それは若いロシアの知識人バクーニンの匿名であった。「ああ、情況は最悪であり、嵐をもたらしている。だから盲目的なわが兄弟に叫ばねばならない——精神の眼を開け、死せるものを埋葬し、崩壊した廃墟で永遠の若き精神、新しく生まれる永遠の精神を探しても無駄であることを理解したまえ！」[70]。三十年後、彼はマルクスの最悪の敵となる。

マルクスの社会問題への関心

一八四二年のこの同じ十月、ラインの州法によって、私有林における小枝と落ちた枝の収集が罰せられることになり、禁錮刑の罪となる[277]。この法律を正当化するために、ひとりの貴族がライン州議会で宣言する。「だから、はっきりしていることは木材の窃盗は、普通の泥棒と同じように考えられてはいないことです[277]」。マルクスは十一月怒りをこめた論稿で答える[230][95]。「類推によって、法律家はこう結論することができよう。それは、びんたはときとして殺人になるが、殺人と同じものだとは考えられてはいないからである。だから、びんたが殺人であるという法令がつくられねばならないだろう」。

この所有に関する論稿の準備を見ても、政治経済学へのマルクスの知識はまだ非常に低いものであることがわかる。彼は最初のフランスの社会主義者の読書に沈潜する。彼は、男と女の平等、政治への経済の優越を認め、階級についても語るサン＝シモン（サン＝シモンについては父が語っていた）を読む。「革命より前には、国民は三つの階級に分かれていた。つまり、貴族、ブルジョワ、企業家（産業労働者）。貴族は統治し、ブルジョワと企業家は金を支払う。今日では国民は二つの階級にしか分かれていない。ブルジョワと企業家である[242]——」。彼はシスモンディも読む。シスモンディは、労働は賃金によって購入するよりも多く生産物をつくると述べる。カールはそこで余剰価値、剰余価値という言葉、資本の集中とプロレタリアの窮乏化の最初の分析を見つける。シスモンディは賃労働者を資本の所有者に接近させること、企業家に、たとえ賃労働者が病気や技術の不足で失業した場合ですら賃金を支払うことを義務づけることを要求する。(250) 彼は、労働者の協同組合の形成、その時代としては大胆な、相続者の財産に応じた財産譲渡の制限を示唆していたジョン・ステュアート・ミルの父、ジェームズ・ミルも読む。アメリカで協同組合を実施してイギリスに戻ってきたロバート・オーウェンも読む。彼にとって「人間の性格は原初的なたまものであり」、私有財産を禁止する社会システムを推奨した。アトリエ・ナショノーを提唱し、計画化を推奨したルイ・ブランも読む。すべての人間活動が天国のように秩序づけられ、働くものだけが所有をしうるファランステールを創造したシャルル・フーリエも読む。(67)「所有の個人的な権利は、こうした権利の遂行に対して共通の一般的な有用性においてのみ基礎づけられる、それらの有用性は時とともに変わりうる。——所有が増大すればするほど、ますます多くの労働者は捨て値で少ない仕事にありつかざるをえなくなる。他方で、商人の数が増えれば増えるほど、ますます多くの商人は利益の実現が困難となり、詐欺に引きずりこまれる。——大衆と戦い、個人的利益によって大衆を裏切るのはすべての企業家である」。彼はプルードンも読む。このジュラ出身の独学者は落ちぶれた樽職人の息子であり、二回の奨学金をもらう間植字工をしていたが、いわゆる『所有とは何か。それは盗みである』という作品を出版した。その作品の中でこう書いている。「五千年の所有の歴史は次のことを示している。所有は社会の自殺であると(228)」。その中で、彼はすべての労働者が生産手段の所有者となり、その代表を選ぶ協同組合を創設することを提唱する。

やがてカール・マルクスは、そのほかすべての社会科学の基礎は経済学であると考える。そして経済の法則から、まして唯物論の法則から逃れうるものは何もないと主張する。彼は科学的社会主義を発明するために共産主義的ユートピアを無視する。一八四二年十一月、彼は『ライン新聞』の中でこう書く。「哲学者の頭脳の中で哲学的体系を構成するのと同じ精神が、労働者の手によって鉄道を建設する」。やがて、彼は唯物論的論理が働けば、それに芸術、哲学、社会経済的構造や所有権は依存することになると考える。

唯物論なんて！　冒瀆は間違いない。断絶は確実である。州の長官、州知事のシャッパー氏はカールに警告を与える。彼は思慮深く、慇懃に答える。新聞を危険にさらすことは問題外である。警察はやがてベルリンから、特別検閲官のヴィルヘルム・ザンクト・パウルを派遣し、ケルン市行政官カール・ハインリヒ・ゲルラハの事務局に送付する前にすべての論稿を検閲し、チェックするようになる。かつて一年前ベルリンですれ違った、カールより二歳若い男、フリードリヒ・エンゲルスが原稿を寄稿するためケルンの新聞の編集局に立ち寄る。寄稿しようとしたはっきりとした時期は、一八四二年十一月十六日である。しかしこの若い編集者との出会いは事務的なものであった。マルクスとエンゲルスとの最初の出会いは、印象の薄いものであった[96]。

カールの編集のもと、『ライン新聞』は大きな成功を収めた。購読者数が三倍に増え、それにカールは没入した。

カールは前線で戦い続ける。ユダヤ人の状態について公の議論を展開したのは、今では彼の師、ブルーノ・バウアーである[97]。バウアーは実際ユダヤ人がキリスト教に改宗しないかぎり、ユダヤ人に政治的自由と権利を与えてはいけないと主張した。たとえそのことについてあまり語られることがなかったとしても、父が、カールが生まれる前に蒙った屈辱を忘れてはいなかったマルクスは、逆に『独

『ライン新聞』を辞める

仏年誌』の二つの論文の中で、政治的解放は宗教的アイデンティティを再び問題にすることなく与えられねばならないと書いた。それはすでに合衆国では実現されていたし、フランス人が支配していたライン州ではかってそうであったからだ。[62] この政治的解放はドイツにとって重要な進歩となるはずであり、ユダヤ教以上に受け入れられているわけではないキリスト教に特権を与える理由もマルクスの眼にはなかった。にもかかわらず彼は、こうした政治的解放では、彼らの間にある非常に弱い権利を保証することさえ十分ではないことを加える。その理由は、真の自由は、たんに個人の自由の状態のことを意味するのではなく、それが集団的自由の結果にあるかぎり、それがすべての宗教をやっかいばらいしないかぎり、とりわけユダヤ教をやっかいばらいしないかぎり、不可能であるからである。こうして、「政治的解放」と、曖昧な言葉で「人間的解放」と語っていることとの間にある、相違を導入する。[248]「人間的解放」の内容はまだ明らかではない。

一八四二年十二月、ブルーノ・バウアーと決裂したマルクスは、一八四三年ヴィルヘルム・ヴァイトリンクと議論をする。ヴァイトリンクは仕立職人で、あまりにも愚かでうぬぼれが強かった。マルクスが依然友情をもっていたのが、ベルリンのドクトルクラブの古い友人の一人である、ハレ大学の教師ルーゲである。彼はベルリン以来『ドイツ年誌』を出版し続けていたが、それはカールが賞賛した唯一の雑誌である。それはカールの『ライン新聞』が、ルーゲがドイツで唯一認めた新聞であったのと似ている。

しかし、カールは間違いを犯した。一八四三年一月『ライン新聞』のなかでロシアのツァーリをヨーロッパの専制君主の主要な支持者であると非難する、痛烈な暴挙にサインしたことである。[74] ロシア専制君主への憎しみは彼がいつももっていた憎しみであり、この憎しみによって、ツァーリに関係するか、あるいはそれに近いかによって外交官を判断することになる。この知らせを受けたニコライ一世は、同盟国プロイセンに、その新聞を「弾圧する」よう直接要求してくる。一月二十一日、フリードリヒ・ヴィルヘルム四世は、新聞を刊行する「ユダヤ人の党派の存在と活動」(74)を禁止し、その三月三十一日までに閉鎖するよう命令する。株主は当局と妥協したかった。ゲオルク・ユンクはマルクスに、辞職すれば一千ターレルの保証金を払うことを提案する。カールはそれに不快を示すことなく受けた。『ライン新聞』は野心の割に謙虚すぎたのである。

カールがやめてもそれだけ新聞が救われたわけではなかった。他の多くの雑誌と同じようなものであった。フリードリヒ・ヴィルヘルム四世は、アーノルト・ルーゲの『ドイツ年誌』とグスタフ・ユリウスが編集する『万国新聞』の停止をザクセン政府から受けた。プロイセンでは、当局にしたがうことなく、哲学教授やジャーナリストになることは不可能であった。

カールは驚きはしなかった。この禁止は所有権に対する彼の最新の表明と一蓮托生であった。彼の考えでは、この禁止によって「ドイツでは政治意識が発展し」、喜んで自由を摑みとるようになるだろうと考えた。

やがて、アーノルト・ルーゲは二つの定期刊行物を一つに統合しようともちかけてくる。それをストラスブールで出版し、普及させようというのだ(99)。

カールはそれを受けるつもりだった。彼は二十四歳になっていた。母と姉妹との関係は、悪化していた。それは、トリーアのブルジョワ的品位を辱しめる「俗っぽい」政治にコミットしていることを、彼女らが理解しえなかったからである。やがて結婚するイェニーを除けば、ラインに留まる必要はなかった。いずれにしても彼女はどこであれ彼と一緒に行くつもりであった。

イェニーとの結婚

一八四三年一月二十五日、カールは今では信頼を置くようになっていたルーゲに手紙を書く。「僕は家族のことで悩んでいます。母が生きている限り、私の財産を自分のものにする権利はないと思います。——自由の運動のためだとしても、奴隷的仕事に従事し、こん棒の代わりに針を使って闘うのは疲れます。曲がりくねった道、悪あがき、言葉によるあら捜しには疲れ果てました。だから私を解放してくれたのは政府です」[100][2]。さらにこう付け加える。「僕たちは、世界が発展させた原理を世界に広めようとしています。僕たちは世界に対してなぜ闘っているのかを、はっきりと示しているだけです。世界に対する意識は、世界から何を獲得するかということです」[2]。この最後の言葉こそ彼の残りの人生のすべてが要約されている。

マルクスは国を出るのか。多くの民主主義者は、何もできないと考え、国を去っていった。多くはパリ、ブリュッセル、ロンドンあるいはニューヨークに出て行った。世界に向けてドイツの亡命者がどれほど出て行ったかを想像してみるとよい。その中には、ベルンのヴィルヘルム・フォークト教授（後に言及する）の家に居候するバクーニンもいた。

イェニーの兄フェルディナントが父に異腹の妹を革命的ユダヤ人と結婚させないよう父に説得した[101]努力の甲斐もなく、結婚の準備期間でもあった一八四三年三月初めに、イェニーとカールはドイツを去り、おそらくジュネーヴかストラスブールに行くことを話し合った。イェニーは、それは長いことではないだろうと考えた。権威主義はそう長く続かない。民主主義の原理がもたらされるだろう。民主主義はカールの思想をとらえていて、彼女以上に急進的であった。彼女はそのときまで暮らしたこともないような少ない額の金で暮らす用意をしていた。彼女は当時ケルンにいたカールにユーモアいっぱいの手紙を書く。そこでトリーアを去って以来手紙を書いていないこと、あまり多くの金を遣っていることをなじる。「二つの強国の最近の頂上会議はある点で明確ではなく、一致を作り出す義務を明記するような調印もなにもなかったし、結果として報復手段もなかったのですが、それにもかかわらず準備した小役人は心の底から舞踏会を開かざるをえないと思っているみたいです——」。同じ調子で、彼女はこう続ける。「私たちの会話、私たちのなぞなぞ、私たちのまどろみの時間を覚えているかしら」。それから彼女はすでに妻であるかのようにお金について語る。「あなたが出発したとき、床屋さんが借金を求めにやってきました。彼にあげたお金について求めることはできませんでした。——ねえ私に相談せずに何も買わないで。だれかが私たちのものを盗むとしたら、それは私たちのものだということを忘れないで。——赤いバラの花を買いたくても、私の緑の服で十分です。買わないほうがいいわ。——またね、私の愛するカール。いたずらっ子。じゃまた、早く手紙をくださいね[47][102]」。

一八四三年三月十三日、カール・マルクスはアーノルト・ルーゲに、結婚が間近であることを語っている。それは次の週に予定されていた。「僕はロマンチックな気持ちでなく、彼女を苦しいほど愛しているんだといえます。——七年間も婚約していて、フィアンセは僕のために苦しい闘いをしたため健康を害してしまっているのです——」、同じ手紙の中で、ユダヤ人の解放についての見解を繰り返し、より正確な内容を付与している。「僕はここでユダヤ人共同体の長の訪問を受けました（その名前がラファエル・マルクスであることを述べてはいない）、彼はユダヤ人の（解放の）ために州議会に要求して欲しいと頼んできました。わたしはそれをするつもりです。私自身ユダヤ教がまったく嫌いなのですが、バウアーのようにユダヤ人の改宗を義務づけるなどという見解はまったく異常なものだと思えます。問題は、キリスト教国家の中でできるだけ多くの突破口をつくり、できるだけひそかに合理主義を導入することです[47][103]」。ユダヤ教はカールにとってキリスト教国家に合理主義を導入す

カールとイェニーが結婚したクロイツナハの教会

る手段である。初めて彼は、ユダヤ主義が嫌いであるとあえて公言する。それがなぜかはやがて説明される。一般的な驚きとしては（マルクスの驚きも含まれる）、州議会はドイツの歴史上初めてユダヤ人を通常の市民の地位に引き上げるこうした要求を受け入れたのである。

イェニーの父が亡くなったために、結婚は一年三カ月延期された。ヴェストファーレン男爵夫人はイェニーをラインの温泉バード・クロイツナハの別荘に送り、そこで異腹の兄の影響を避けさせようとする。フェルディナントは父の葬儀でこの不釣合いな結婚を止めさせようと努力していた。[248]

カールは、バード・クロイツナハでイェニーと落ち合い、そこで詩人のベッティーナ・フォン・アルニムに会う。彼は彼女のベルリンのサロンにしばしば訪問していたが、彼女はイェニーに迷惑をかけ、彼を長い散策に連れ出し独占する。

三カ月後の一八四三年六月十九日、カール・マルクスはイェニー・フォン・ヴェストファーレンとバード・クロイツナハのプロテスタント教会で挙式する。[104] そこでもやはり重要な分岐点をつくるのは親の死んだ後であった（今度はイェニーの父であったが）。結婚契約によって彼らは財産の共同体へと進む。つまり、「夫婦のそれぞれが契約した、あるいは結婚以前に相続しえた負債の責任をもつ」ということになっていた。

伝記はこの結婚についての多くのエピソードを述べている。たとえば、貴族の女性（つまり、彼への父の手紙のように金について語らない人々）に対するカールの魅力、仕事から解放される喜び、疎外から抜け出せる喜びなど。すべてが五年前のハインリヒの息子への最後の手紙の中で語られていたことである。

ずっと後に、夫婦の娘の一人、エレナー・マルクスがこう書く。「子供のときから一緒に遊び、若くして婚約した二人は人生の戦場でも一緒であった。それはどんな戦場であったか。それは何年もの貧困、たえざる不安、混乱と凍りつくような無視に委ねられた生活であった。こうした幸福と不幸をつうじても、二人はくじけず、死によって離れ離れになるまで信頼しあっていた。マルクスは妻を愛していたのだ(200)[105]」。

やはりずっと後に二人のもうひとりの娘ジェニーの夫シャルル・ロンゲは『正義』という新聞の中で、イェニーの異腹の兄、フェルディナントの結婚に対する反対について語り、そこにゲオルク[106]という叔父の名前も付け加えている。死の一年前にこれを読んだカール（彼は書くときあらゆる言語を混ぜ合わせるのが好きだったが）は、当時非常に病んでいたジェニーにいつもの残酷で狂信的な形で文句を言っている。「この話はすべてまったくのでっちあげだ。打ち勝たねばならない偏見などなかった。間違いなくシャルル・ロンゲ氏のこうした文学的修飾に対する発明の才能を信用している。だから今後シャルル・ロンゲ氏は、彼の書いたもののなかに私の名前にけっして言及しないよう誓うことになろう(2)[107]」。

結婚すると、カールとイェニーはライン渓谷に新婚旅行に出る。彼らはお金の計算をせずに、ホテルからホテルへとわたりあるきぼんぼん遣った(248)。一八四三年夏にはバード・クロイツナハの別荘で過ごす。彼は二十五歳となる。彼女は二十九歳であった。カールは四十五冊の書物をもってきており、絶賛していたルソー、モンテスキュー、マキアヴェリ、ディドロを読む。そしてフォイエルバッハの、出版されたばかりの『哲学改革の暫定的提言』も読む。彼は思春期の野心を捨てることなく、来るべきときのために綱領を作る。すなわち、もっとも偉大な哲学者になること、すべての知を結びつけ、先行するこれまでのほかのすべての哲学者と違って、その時代の知性のある労働者ならわかる言語を語ることで、存在する秩序への批判を行うことであった。すべては幸せな結婚の最初の二カ月の時期に決定された。

ルーゲとの『独仏年誌』

ルーゲ

DEUTSCH-FRANZÖSISCHE

JAHRBÜCHER

herausgegeben

von

Arnold Ruge und Karl Marx.

1ste und 2te Lieferung.

PARIS,

IM BUREAU DER JAHRBÜCHER
AU BUREAU DES ANNALES
RUE VANNEAU, 22.

1844

彼らはずっとひとりだったわけではない。アーノルト・ルーゲが共通の計画を議論するためにやってきた。[108] 雑誌をどこで刊行するか。ベルリンの秩序にますますへりくだっているスイスか。「パリなの！」。彼らはパリを選ぶ。そこではドイツの知識人の多くが亡命していた。イェニーは賞賛する。彼らは出発の用意をする。彼らは、アーノルトの友人である有名な詩人で、結婚によって豊かになり、パリにいたゲオルク・ヘルヴェークのもとで共同生活をすることになる。[109]

マルクスは将来の月刊誌のタイトルを示す。それは『独仏年誌』で、ドイツの哲学とフランスの革命的実践をつなぐためのものであった。[110] ドレスデンの出版社、フレーベルはルーゲに出資していたが、ドイツに雑誌を配布することを受け入れた。

将来の展望について、二人の友人はまったく一致していたわけではなかった。ルーゲはドイツのブルジョワジーの運動に期待をしていた。すでに彼以上に急進的だったマルクスは、ブルジョワ革命や大衆への関与など信用せず、「現実社会内部での分裂を」導く「工業や商業の体系、人間の搾取と所有の体系」を告発した。

その夏、バード・クロイツナハで、カールは二つのテキストに従事する。それは「ヘーゲル法哲学批判——序説」と「ユダヤ人問題に寄せて」である。それぞれの論文で、彼はプロレタリアを、社会関係を転覆し、彼がすでに語っていた「人間の解放」の実現を可能にする歴史的力だと提示した。

論文を書くことで彼は、思想や、読書、草稿についてイェニーと議論できることに気づく。彼女は最初の読者となり、彼の筆跡を完全に理解できる唯一の人間となる。[161] 彼は原稿を彼女に清書してもらい、その後でそれを印刷屋に送った。[161]

「ヘーゲル法哲学批判——序説」

「ヘーゲル法哲学批判——序説」の中で、フォイエルバッハとの関連で、「地に足をつかせるためにヘーゲル弁証法を転倒させる」[16] ことを提唱する。つまり、理論的原理から出発するのではなく、人間の現実的生活条件から出発することである。彼にとって、神をそのイメージにしたがってつくったのは人間であり、神に祈ることで、人間は社会的要求からはなれていく。彼は初めて、プロレタリアートの歴史的機能は、資本主義を転覆することであるという考えを作り上げた。[16] ヘーゲルとは違って、歴史を作るのは国家ではなく、国家をつくるのが歴史であることを繰り返す。そして人間が自らを解放するとすれば、それは啓蒙的な専制君主の意志や、庇護者の気まぐれによってではなく、自らの行動をつうじてでしかない。革命は「典型的な支配階級」と対立する「典型的な解放者的階級」[16] によってしか生じない。彼は、フォイエルバッハは、友愛を必要とする人間は、共同体に属するという感情を付与する宗教に敏感であることを、理解していないと非難する。[248] 彼はドクトルクラブの古い友人に対して、宗教は人間が生きている社会条件の産物であり、その変形された反映物にすぎないと主張する。「宗教は抑圧されたもののため息であり魂のない世界の感情であり、精神のない条件から生まれる精神である。宗教は人民のアヘンである」[111][16]。宗教は「人民のアヘン」で、それはモーゼス・ヘスの表現をまねたものである。[112] すなわち人間は人間の行為の究極の目標である。彼の主張はこうである。「人間は人間にとって最高の存在である」[16]。学者的な言葉を想起することを懸念しながら、「われわれは、世界は自ら自身の力でその内部から生まれたものであるという原理を考え出した[16]」と書いている。彼はヘーゲル左派に対して次の有名な、威圧的な説得を展開する。「批判の武器は、武器の批判にとって代わることはできない。物質的力は、それが大衆のものとなるやいなや物質的力によって否定されねばならない[113][16]」。結局、ドイツのブルジョワ革命の内在性を信じるルーゲと違って、マルクスはこう結論づける。「ドイツが急進的な人間の解放以上のものにとりかかることができないのは、ブルジョワ革命の道がその遅れた政治性のゆえに実をむすばないからである――。物事を根本のところまで進めることが好きなドイツが革命を進めれば、それは根本から覆さざるをえない。ドイツ人の解放は、人間の解放である――。すべての内的条件がみたされれば、ドイツの蜂起の日はゴールの鶏のまばゆいばかりの雄たけびによって告知されるだろう[16][114]」。

ヨーロッパの改革の最前線であるフランスの政治状況に対するマルクスの関心によって、より身近な観察をしにフランスに行くことは彼にとって喜びであった。父も賞賛していたフランスは、生涯にわたって彼の関心のもととなる。彼は初めてプロレタリア革命について語り、ヨーロッパの労働者階級の運動を、合理的思想と現実の生活を結びつけるプロレタリアの意志に一致させる。彼はルーゲに出発の喜びを語る。「パリは哲学の古い学校であり、absit omen（くわばらくわばら）新しい世界の新しい首都である[115]」。

同時に、マルクスは、ユダヤ人問題に対する別の原稿の中で、政治的な解放と宗教的アイデンティティの可能性と、「人間的解放[25]」概念に関するブルーノ・バウアーへの回答を洗練させていく。彼にとって、ユダヤ人問題は宗教的疎外の終焉を仮定し、労働の解放を通じて行うことを意味していた。

したがって、ユダヤ人の完全な解放は、マルクスの父や彼自身が受けたような、改宗を意味しているわけではない。むしろ、ユダヤ教もそのひとつにすぎないあらゆる宗教の消滅であった。「ユダヤ人、キリスト教徒、宗教的人間の解放は一言で言えば、ユダヤ教、キリスト教、宗教一般からの国家の解放である(25)[116]――」。

ユダヤ教にけりをつけることは貨幣にけりをつけることでもある。そしてそこで本質的な問題、貨幣とユダヤ教のつながりに触れる。「貨幣は、イスラエルの嫉妬深い神であり、その前ではどんな神も生き延びることはできない[117]」。ユダヤ教の固有の歴史は、ユダヤ人と商人というイメージを植えつけてきた。マルクスは書いている。「ユダヤ教の世俗的な基礎は何であるか。現実的な欲求、個人的な効用である。その世俗的な崇拝物とは何か。商業である。その世俗的な神は何であるか。貨幣である。――ユダヤ人の空想的なナショナリティは、貨幣の人格化、商人というナショナリティである[118]」。

そしてユダヤ教にけりをつけることで、「あらゆる人間の神をさげすみ、それを商品にする貨幣にけりをつけることになる。貨幣は一般的な価値であり、それ自体すべてのものによって構成されている」。ブルジョワ社会において、「統一する唯一の輪は、自然の必然性、欲求と私的利害、その私的所有とそのエゴイスト的人間の維持である」。ユダヤ教にけりをつけることによって、同時にキリスト教と資本主義を崩壊させることが可能になる。それはユダヤ教がその基礎をなしているからだ。「ユダヤ教がすべての基礎であるがゆえに、それをやっかいばらいすることで、そこから起こったキリスト教をやっかいばらいできるし、それと関連する資本主義をやっかいばらいすることができるだろう――。ユダヤ教は市民社会を完成させることによってしかその頂点に到達することはできない。市民社会はキリスト教世界の中でしか完成にいたらない」。信仰者をそしてまたナショナリストを解放するには、あらゆる宗教にけりをつける必要があるが、それはまたすべての民族、彼らがつくった資本主義、人権ともけりをつける必要がある。人権は「エゴイスト的人間、市民社会の構成員としての人間、すなわち、とりわけその個人的利益に関心をもち、私的なきまぐれにしたがっている共同体から分離した個人に関心をもつ共同体から分離した個人にしか関心をもっていない[25]」。「人間が社会的力としてその固有の力を知り、それを組織するときにおいてのみ――人間の解放は実現されるであろう[25]〔119〕」。

こうして、マルクスにとって、ユダヤ教、宗教、個人主義と貨幣は、密接不可分なものとなる。貨幣から解放されるには、すべての宗教から、とりわけそれを基礎づけているユダヤ教から解放されねばならない。あらゆる宗教的アイデンティティからユダヤ人を解放することで、すべての宗教とそれを原動力とする資本主義の基礎が廃棄される。すべての人間の解放への道と、人間が「世俗的な存在」となる市民社会への「神学的」国家の変革の道が開かれる。

こうして、プロテスタントの教会での結婚とベルリンの敵との決裂によって、カールは青春に別れを告げ、パリに旅発つ。後には母、四人の妹、父、弟、二人の妹、そしてすべての祖先の墓が残ることになる。彼はもはやそのことを考えはしない。なぜなら、ずっと後に、彼はこう書いているからだ。「あらゆる世代の消えてしまった伝統は、生きているものの頭のうえに悪夢としてのしかかる[20]〔120〕」。

2 ヨーロッパの革命家

一八四三年十月—四九年八月

一八四三年十月三日、カールはトリーアそしてプロイセンを発つ前に、フォイエルバッハに対して、パリでやがてつくる雑誌にシェリンク批判の論文を書いてくれるよう頼んだ。シェリンクは当時ベルリン大学を支配していた観念論哲学の重要な哲学者であった。

フォイエルバッハが、自分は政治問題についてどんな賞賛者とも妥協しないし、その任にはないと断ったことをマルクスが知るのは、パリに着いてからである。したがって、政治に「携わる哲学」には誰もいなくなる。だからマルクスがその立場を担う。まずは哲学者として、次に経済学者として、そしてグローバルな思想家として、自ら革命的指導者となる。こうなるのも、滞在するパリでの二年間のことである。

一八四三年十月十一日[1]、イェニーとマルクスがやってきたパリは、依然世界の知的中心であった。経済的にはフランスでも産業が発展しつつあり、イギリスを範として繊維と鉄鋼業が中心であった。古い財産所有者、農業や軍の首領と、工場や貨幣の首領である新興ブルジョワジーとの厳しい対立闘争があった。フランスの産業資本主義はライバルであるイギリスよりも明らかに遅れていた。しかし、その発展によってフランス社会全体は大きく影響を受けていた。南の地域では、雇用者が労働者に与えた条件に反対して、しばしば暴動が起こった[74]。国家上部や行政府の汚職によって、権力に対する深刻な戦いが起こり、国内の危機が予想された[74]。

政治は、ルイ・フィリップの無気力、ギゾーの陰謀、ティエールの野望によって麻痺していた。体制は権威主義的なままであったが、イギリスを除けば、ほかのどこよりも警察国家ではなかった[2]。当時フランスには、七五〇の新聞があり、そのうち二三〇がパリで刊行されていた。夢想家たちはそこで「革命」について語ったが、議論や記事の中で、普通選挙、無償教育、最貧民の生活条件の改善に

パリの風景

利する問題を描くために、「民主主義的」、「社会主義的」、「共産主義的」という言葉を使った。企業の所有者は、時として「資本家」と言われた。そして、一八四〇年プルードンが「所有とは何か。それは盗みである」と書いたことで追及され、無罪放免され、ラマルチーヌは一八四三年に次のように書くことで腹を立てたが、これは危険ではなかった。「フランスという国は、労働や自由な産業にではなく、資本家たちに売られてしまった」と。

こうしてパリはジュネーヴ、ブリュッセル、ロンドンとともに難民の場所となり、[3]そこには政治的検閲と政治的迫害を逃れるために、中央ヨーロッパ、とりわけドイツから大勢が押し寄せていた。ヴィルヘルム・ヴァイトリンクのようにスイスをまわってくるものもいたし、銀行家の息子ルードヴィヒ・バンベルガー、ヤコブ・フェネダイや当時有名だった詩人のゲオルク・ヘルヴェークのようにプロイセンから直接来たものもいた。

パリのドイツ人には多くの新聞があった。[4]そのうち『パリの声』と、とりわけハインリヒ・ベルンシュタインが創刊した新聞『フォアヴェルツ』は、ヨーロッパで検閲されない唯一のドイツ語の左派出版物でもあった。ドイツ人の多くはクラブに集まり、その壁にさまざまな言語で書かれた「人類はすべて兄弟である」という文字を読んだはずだ。パリには秘密結社がひしめいていた。その中に一八三六年ヴァイトリンクによって創設された、ピラミッド型の組織「追放者同盟」があり、そこには中央、周辺、地方支部があった。運動はすべてルイ・フィリップの警察権力の厳しい監視の対象となっていた。

二十五歳になったカールはパリに来て、昔フランス市民であった父のことを考えた。父はフランス語でフランス法を学び、フランス革命に憧れていた。フランス革命によってユダヤ人である彼が弁護士という仕事に就けたのだ。やがて一八一五年にフランスから分離されてしまった。父の目にはフランスこそ社会進歩の中心であり、フランスの労働者階級は世界革命の前衛であった。父は三つの文化（ユダヤ、ドイツ、フランス）の混交の中にいたがゆえに、息子に自由と普遍主義の意味を植え付けることができたのである。カールは父と交わした会話を、ここパリでよく思い出したであろう。彼は一八三七年の夏最後に会ったとき父が贈った肖像写真をいつももっており、しばしばそれを眺めていた。

ハインリヒ・マルクスが死んだのはまだ五年前であった。しかしそれ以来多くのことが起こった。当時この若者の周りにいた人が消えていった。第二の父、ヴェストファーレン男爵を失った。一人の弟と二人の妹を失った。父が当てにした教授になるという望みもすべて捨てた。母や残る四人の姉妹からも離れてしまった。

マルクスは自分の母の金と、出発のとき泣いてくれたイェニーの母からもらった金しか持っていなかった。それに、ケルンの新聞出資者であるダゴベルト・オッペンハイム、モーゼス・ヘス、ゲオルク・ユンクが払った退職金一千ターレルが加わる。二人の共同雑誌の財政を支えるアーノルト・ルーゲは、彼に五五〇ターレルの月給と、毎月雑誌一号あたり二五〇ターレルのロイヤリティーを約束した。パリでは、人並み以上の収入が確保されていた。しかし、とりわけ生涯の伴侶である、イェニーが一緒だった。彼の夢は彼女と結婚することだけであった。彼女はパリに来た時すでに身ごもってい

ハインリヒ・ハイネ

た。これ以上の幸せはなかったはずであった。

その頃パリに来たすべてのドイツ人と同じように、亡命生活は、たとえ二十年以上そこに住んでいる同郷人がいたとしても、長いものではないと考えていた。予想どおりマルクス夫妻はまずは、ルーゲ夫妻とともに、彼らよりちょっと前に来ていたヘルヴェーク夫妻の快適な家に転がり込んだ。ゲオルク・ヘルヴェークは熱狂的な詩人であったが、ベルリンの豊かな銀行家の娘であった彼の妻は贅沢好きで、自分だけの文学サロンを持ちたがった。彼女は新しくやってきた新参者に対して、あまりいい感情をもたなかった。彼女は、「この小柄なザクセン娘（ルーゲ夫人）と、非常に知的で野心的なマルクス夫人と一緒に暮らすことなどできないだろう」と言っていた。彼女は正しかった。数カ月のうちにマルクス夫妻は引越し、快適なアパート、ヴァノー通り三八番に移った[5]。一人の女性奉公人を雇ったが、イェニーは毎日彼女に四ターレルも払った。これは非常に高くついた[248]。

労働運動との出合い

カールはドイツ人亡命者のグループを訪問し始めた。彼はヴァイトリンクに会う。彼が会った最初の肉体労働者であった。彼は、七年前仕立職人が作った亡命者グループ、義人同盟[6]の会議に出席する。カールは二十一歳年上の詩人ハインリヒ・ハイネ[7]と友情を結ぶ。ハイネは母方の遠い親戚であったが、お互いにそれを知らなかった。詩人は、この空から降ってきたこの若い哲学者の知性に魅せられ、ほとんど毎日ヴァノー街の家に来ては、政治と文学を語りあった。彼らはフランスのユートピア主義者に同じ興味を抱いていた。ハイネはサン＝シモンをカールに語り、カールはハイネに詩の才能を自由のために使うように説得した。「だからこうした永遠の愛のセレナードなど捨て、いかに人々は鞭打たれねばならないかを詩人たちに説明してください[123]」とカールは述べた。ハイネは、必ずしもこうした批判は好きではなかったが、その時書いていた社会的・政治的大風刺詩（『ドイツ、冬の歌』[132]につ

エティエンヌ・カベー

ルイ・ブラン

いてカールに語る。この作品に対するジャーナリストの非難のことを、カールにしばしばこぼしていた。カールの娘、エレナーはずっと後に、両親がこう語っていたことを思い出している。「絶望した詩人を、その魅力とその精神で癒したのはイェニーであった。彼女は徳、ユーモア、優美さ、繊細で、鋭敏な精神をもっていた」[253]。エレナーの姉ラウラの夫となるポール・ラファルグもこのことを認めている。それによって、二人の人物のパリでの関係の証人になっている。「冷酷な風刺家であったハイネは、マルクスの皮肉を恐れていたが、妻の豊かな知性と透徹さを非常に尊敬していた」[8][161]。

　カールはやがてフランスの労働者の思想に触れる。それは、訪れるものさえいない作業場を訪ねたからではなく、共産主義者エティエンヌ・カベーとルイ・ブランを訪ねたからである。カベーは『イカリアへの冒険』を出版し、ルイ・ブランは階級なき社会、弾圧なき社会の到来のために、国家権力を利用するという発想をもっていた。カールは彼らの政治的知性と理論的能力を評価したが、彼らが宗教にしばしば言及することにはいらだちを覚えた。カールはやがてプルードンに会おうとする。カールはベルリンで彼の本を読んで以来彼を賞賛していた。ビール業の労働者であった父と食堂の女給であった母との間に生まれた神童であった。六歳で牛飼いをし、十歳で印刷工となり奨学金をえてブザンソンの王立学校に入学した。その研究は、お金のないことで中断した。しかし、『所有とは何か』の著者は、当時リヨンに住んでいて、二人が会うのは遅れる。

　カールはパリに夢中になる。開催されたばかりの産業博覧会と、コンコルド広場をいろどる電気のアーク灯の明かりに驚いた。やっと出現した電気が、彼を魅了する。彼は、さまざまなものが豊富にあり、誰もが手にできる、新しい社会の出現のシンボルを見る。カールはアグー公爵夫人のサロンに出かけ、そこでアングル、リスト、ショパン、ジョルジュ・サンド、サント゠ブーヴとすれ違っている。

ルーゲとの別れ

カールがそのなかの誰かととりわけ親しい関係になったという証拠などない。カールはバルザック、ユゴー、サンドの小説にも夢中になる。バルザックをとくに好きだった。少し前に出版されたメアリー・シェリーのフランケンシュタイン[249]も読む。この本は彼に強い印象を与え[277]、資本の奇怪さのメタファーとして、メアリー・シェリーの友人であるジョン・ポリドーリの本『ヴァンパイア』から、「吸血鬼」という言葉を引用する。ウジェーヌ・シュー[9]の『パリの秘密』を読み、それをすべてノートに取り、何か書こうとするが、そのテーマを選ぶことはできなかった。数カ月後、カールと日常的に接していたルーゲは彼のことをこうノートに記している[230]。「彼は共産主義的視点から、ヘーゲルの自然法を批判し、国民公会の歴史、しまいには全社会主義者の批判を書こうと考えていた。最近読んだものをすぐに書きたがったが、つねに読むことをやめず新たな引用を始めた」。すでに最初の作品を執筆する際に述べられたこうした癖は、やがていつものこととなる。すなわちテキストをけっして完成しないということ。疎外や労働の分析に関する書物も、無意識のうちにこうなるだろう。

彼はいつも変わることがなかった。カールは、自らの価値に忠実で、勤勉で、全体志向と強い意志を持ち、論争好きで、ヘビースモーカーで、ヴァノー街の訪問者の何人かが語っているところでは、好きなワインをよく飲んだようだ。

ルーゲとマルクスは、『独仏年誌』のために猛烈に働いたが、すぐに二人は意見が違うことに気づく。アーノルトはドイツとフランスの自由派の連合を意図していたのだが、マルクスは逆に革命的手段を使い、「存在するものに対する容赦ない批判[10]」を行い、「政治意識よりも階級意識[10]」の優位を説こうとしていた。アーノルトは、物的条件から独立した「政治意識や普遍的道徳」の存在を信じていたが、カールは絶対的道徳など存在せず、社会階級の利害は必然的に対立すると考えていた。毎日毎日続く二人の議論は、ますます激しいものとなる。

こうした対立に加えて、別の不安が持ち上がる。雑誌に寄稿する予定のフランス人がすべて断ってきたのである。カベー、ルルー、コンシデランそしてフーリエ主義者たちは、公に無神論を主張している二人のドイツ人の雑誌に名前を記載したがらなかったのだ。さらに、彼らはこの新しい雑誌が武装闘争に関係しているのではと恐れてもいた。ルイ・ブラン、ラムネー、ラマルチーヌは執筆を一度は了承したが、やがて同じ理由から断ってきた。マルクスはルーゲに、この雑誌に喜んで書きたいと言っていたハイネを紹介した。もちろんルーゲはこのカールの友人を嫌っていたようだが。その理由は、ハイネが、詩的スタイルに、ある興味深い形式を用いることで体制順応主義を告発していたからだ。[248]「ハイネがどんなにギリシア的素朴さへの情熱を持っていたとしても、そのような情熱だけでは近代的で野蛮なズボンを脱がす糸口、ましてゲルマン＝キリスト教的な道徳的ズボン下でさえ脱がす糸口を見つけ出すことはできまい」。

カールはモーゼス・ヘスから、じきに出版される書物の原稿を受け取る。それは後に『貨幣体論』という名がつけられる。ヘスはそこで、疎外と社会発展と経済発展との転倒したヘーゲル的概念を適用する。ヘスはこう書いている。「貨幣とは人間の疎外された富である」と。ヘスは宗教的・哲学的思弁、商業的投機の終焉、貨幣支配の終焉（「諸個人の間の直接的、人間的交換に」[136]とって代わられる）さえも予測する。

一八四三年十二月の末、それは雑誌の失敗のときである。カールとアーノルトはパリのドイツ人以外の寄稿を受けることはできなかった。エンゲルスはマンチェスターから「国民経済学批判大綱」を寄稿したが、それは短いテキストで、カールは後にもっとも注目した論文だったと語ることになる。[248]

『独仏年誌』の出版

エンゲルスはその論文の中で、自由競争の私的利害から生まれる経済体制の不道徳と偽善について激しく非難していた。彼は、「価値とは生産費用と競争の中で実現される効用との間の関係である」[10][110]と述べる。彼は、「商業の不道徳性があまりはっきりしないように」商品の価値について語らない経済学者、そして足ではなく、頭で経済学を立たせようとしている経済学者を告発する。[11] ヘスとエンゲルスの二つのテキストのおかげで、マルクスは経済学と哲学との間に橋がかけられうるのではと考え始める。[248]

フランス側の寄稿がなければ、雑誌の計画は不自然なものとなる。そのタイトル（『独仏年誌』）は意味さえ失ってしまう。ルーゲは失望し、マルクスへの賃金の支払いを延期する。

それにもかかわらず一八四四年二月、第一号が刊行される。カールはその巻頭言でこう書く。「思考する苦悩の人間と抑圧の中で思考する人間の問題は、必然的に思考不能で、受動的にしか行動できない俗人的動物世界に耐えられなくなり、消化不良を起こすことであろう。そして、思考する人間が意識をもち、苦悩する人間と連合すればするほど、ますます、現在という山腹にある果実がより完璧なものとなろう[12]」。彼の考えでは、人間の解放が可能になるには、文明社会の基礎を革命によって完全に変革するしかなかった。革命の道具はプロレタリア以外にない。

ハインリヒ・ハイネはそこでバイエルンのルードヴィヒ二世への風刺のこもった叙情詩を書いている。同じ号にはカールが前の夏に書いた二つの論文が掲載された。ひとつは「ユダヤ人問題に寄せて」、もうひとつは「ヘーゲル法哲学批判——序説」である。カールは、この二つの論文を掲載するのをためらった。不完全であったからだ。彼の癖は、子供の頃、思春期、そして生涯にわたって、書き上げたものはどれも不完全であり、それを外に出すことはよくないと考えることであった。彼はユダヤ人に関する論文に一文を付け加える。[25] そこで、単なる政治的解放と、「人間の解放」とを区別し、近代史においてユダヤ人が演じた積極的役割を強調する。バウアーが「精神」の化身であると考える、彼自身とは違う「大衆」とユダヤ人を同一視するところで、マルクスはむしろ自らを「大衆」のユダヤ人であると主張し、観念論的で、幻想的な「本来の社会主義」と「俗っぽい、大衆的社会主義と共産主義[248]」とを区別する。

ほとんどがドイツ語で掲載された『独仏年誌』は、パリでは何の反響もなかった。フランス人読者はおらず、ゲルマン語圏での売れ行きも芳しくなかった[277]。ウィーンのメッテルニヒは「嫌悪すべき、不快な資料[74]」を販売せんとする書店に対して重い刑罰を与えていた。ベルリンでは、プロイセン政府は、フランスから来る書物を没収させ、もしドイツに流入すればその出版者は逮捕すると命令していた[277]。

プロイセンから図らずも外に出たカールはもはやプロイセンに戻ることができない、しかしカールとルーゲの二人の友人は諦めず、第三号の準備をする[13]。

しかしカールにとっては喜びの時でもあった。なぜなら、一八四四年ヴァノー街でイェニーが女の子を出産し、カールは妻の名前を取り、やがて「ジェニヘン」と呼んだ。数日後、子供は強いひきつけを起こした。カールと妻は慌てた。この当時、四人に三人の赤ん坊は生まれて一週間で死んでいたからである。家族の話では、ハインリヒ・ハイネがそこにいて、ジェニヘンがけいれんするのを見たハイネがこう叫んだ。「この子をお湯につけろ」と。やがて、ハイネ自らお湯をわかし、子供をそこにつけ、命を救ったと[277]。

アーノルトは雑誌から離れていく。そしてこの五月パリのドイツ人の新聞『フォアヴェルツ』に、「プロイセン国王と社会的改革」[14]という、鎖国的プロイセンに対する、かなり厳しい批判的論文をアーノルトは掲載する。一方カールは、出版するかどうかわからない、まったく別の原稿の執筆に多くの時間を割く。彼は、ドイツ哲学について考えていること、とりわけヘーゲルの中心的概念である疎外という概念から結論を引き出し、それをマルクス流のやり方で経済学に結び付けようと考えていた。マルクスは、「真の理論的革命を成し遂げた唯一の思想家」はフォイエルバッハであると考えたが、またヘーゲルに戻る。マルクスは、青年ヘーゲルの忘れられた文章を再読し、哲学の鍵となる、当時あまり問題とされていなかった概念「疎外」と「転倒」について研究した。カールは、疎外とは精神が自己意識をつかみ、自らを相対化しながら、自らを発見し、自ら自身に戻るために、自らと離れる過程であるという考えを理解する。しかし、ヘーゲル同様哲学は常識を「転倒」することであると考え、理性とそのまったく逆の「狂気」とを近づける。[248]したがって真の統一は、分解過程と分かちがたく結びついている。狂気は存在の真の条件である。カールがこのとき見たのはこれである。『精神現象学』を書いていた頃のヘーゲルのように、カールはゲーテの翻訳によるディドロの『ラモーの甥』に沈潜する。フランス啓蒙主義の知的、社会的周辺にある、遠心的なものの中に、通常の道徳と常識的価値の転倒をマルクスは見る。ずっと後で、マルクスはエンゲルスに主要なページと『ラモーの甥』を一冊送り、いくつかの文章を引用する。[248]

一八四四年五月十五日の手紙で、アーノルトはカールの性格について不安を抱く。「彼は多くを読む。激しく研究する。批判的才能をもつが、時にまったく弁証法的な遊戯に戯れる。しかし何も完成することなく、すべての研究を中断し、新しい書物の海原に出て行く。その結果病気になり、三日も四日も徹夜をするという、信じられないほどの興奮状態と体力をもつ」。こう付け加える。「彼は知的な点ではゲルマン的な世界に属しているが、革命的な思考方法ではそこから出て行っている」。

カールは特に技術進歩にますます関心を持つ。明かり（街灯）への初めての電気利用に関心をもち、一八四四年五月二十四日、サムエル・モースがワシントンとボルティモアとの間で電信線の実験を行ったことを知って興奮する。そこに、コミュニケーションを促進し、労働生産性を高める資本主義の変化の兆しを見る。

当時の同時代人同様、一八四四年の六月、経営者に対して蜂起したシレジアの織布工の虐殺のニュースにショックを受ける。多くのヨーロッパ人同様、労働者は指導者も、労働者もいなくても自ら蜂起しうるのだということをこの事件で知る。バルザックは「時にマラー、時にカルヴァンのような新しいスパルタカスの一団が、権力を手にいれた下劣なブルジョワジーに対して攻撃するという近代の野蛮」について語っている[248]。同じ頃、エンゲルスはアイルランド人労働者を賞賛している。「タフな数百人の男だけでヨーロッパを変えることができよう」と。この事件の意義を否定するルーゲにマルクスはこう繰り返す。「革命がなければ、社会主義は実現できない[248]」と。

一八四四年夏の初め、母に娘を見せるために妻と子をトリーアに帰す。イェニーはそこで弟のエトガーに会う。彼はベルリン大学法学部で学位を取った後、この町で普通の役人になっていた。一人パリに残ったマルクスは、何を書くかを決めずにノートを取り、執筆する。シレジア蜂起の後、社会闘争と地方政治を世界経済の戦略と結びつける。少しずつフォイエルバッハの批判的「唯物論」から離れ、労働者の状態を理解するようになる。こう説明している。哲学的教養は必要ではなく、ヘーゲル的概念も有用ではない。プロイセンにおける森林盗伐の論文執筆の際、経済学の書物もまだわずかしか読んでいなかった。やがて、今まで勉強していない古典派経済学の大家の書物を体系的に研究する。

われわれの社会は、私的所有という病に陥っていると主張するウィリアム・ゴドウィンを読む。[15][67]「現在の所有体系と不可分に結びついている悪は、自然の賜物をすべてのものが自由に共有できる社会においては存在しない」。彼はトーマス・スペンサーとウィリアム・オジルヴィーを読む。彼らによると、財産の私的所有は「国王の専制、僧侶の詐欺、法律家の三百代言よりも、数世紀にわたって、人間の不幸の源泉になってきた」。カールは、収入源によって階級社会を分割する理論と、「純生産物」の拡大のためにその役割がどうなっているのかという理論を発展させる、フランソワ・ケネーを発見する。「国民は三つの市民階級に還元される。生産的階級、所有階級、非生産的階級」。彼は労働者階級から奪われた価値の一部が産業利潤であると主張するオレーを読む。「労働は所有の唯一の基礎であり、事実すべての所有は蓄積された労働そのものである」[229]。彼は、富の再分配は正義ではないとみなすジョン・ステュアート・ミル[16]を読む。彼によると、「この不正義の説明は資本主義の本質ではなく、歴史的偶然の中にある」[207]と。とりわけリカードウを読む。「産業における賃労働は富の真の源泉であり、財産所有者と金融家は働かずして、資本家と賃労働者を犠牲にして豊かになる」[67]。カールはとくにリカードウがスミスから得た労働価値説の考えに関心を持つ。それによると、賃金は労働の自然価格、すなわち労働者の再生産を可能にする財と富、空間と時間の中で可変的な額として規定される。彼はサン＝シモンも再読する。サン＝シモンによると、社会の歴史が階級闘争の歴史であれば、人間は、歴史によって可能となる技術進歩と理性の導きによってのみ救済に到達しなければならない[242]。真の技術は人間を解放する。革命によって破壊された土地貴族であるサン＝シモンは、階級の抑圧の必然性を理解し、進歩的ブルジョワジーの預言者となっていた。

カールはスイスの経済学者シスモンディも研究する。シスモンディは古い生産様式に関連して資本

プルードン

主義の決定的特殊性を理解した最初の人物である[67]。機械的生産手段の特殊な発展によって、資本主義はいつも生産増大のための販路を見つけねばならない。資本家は市場を獲得し、より強い競争相手に追いつき、自分以下のライバルに対する利点を維持するため賃金を下げ、労働時間を増大させることで、生産費用を下げるという死の闘争へ進む[250]。こうして、生産が増大するにつれて貧困が増大する。これによって大きな危機と社会的カオスが生じる。このカオスを予測し、貧しい労働者階級を保護するためにシスモンディは国家を規制者にし、資本蓄積を制御することを主張する[250]。

最後にマルクスは、（彼は必ずしも会ったとはいえないが）プルードンを再読する。彼は、人間は社会的労働、社会的正義、社会的多元主義[74]のおかげで自らを実現すると考え、「方法論的に発見され、厳密に応用される社会科学[226]」を夢見る。プルードンは、反資本主義（「人間による人間の搾取の否定」）と無神論（人間による人間の賞賛の否定）の両方を要求する。アナキストのプルードンにとって、正義に対して二つの力が対立する。その二つとは、たえず不平等を生み出す資本蓄積と、民主的制度のみかけのもと、資本家だけの富の収奪を正当化し、合法化する国家である。彼が国家を批判するのは、国家がもっとも弱い個人から個人の所有権を収奪しているからである[226]。だからプルードンは資本と国家に反対する。当時カールは、彼を「フランス社会主義のもっとも大胆な思想家[74]」であると評価する。

カールは、一八四二年にプロイセンで出版され、フランスの偉大なるユートピア主義者の思想をドイツに紹介した、ローレンツ・フォン・シュタインの『今日のフランスにおける社会主義と共産主義』を読む。カールは、ささやかな農業共同体というアメリカでの共産主義社会（失敗したが）の最初の実験を学ぶ。そこでは農業労働が集団的に組織され、共同体内部では貨幣は流通してはいなかった。トーマス・ハミルトンの作品の中で、カールはニューヨークにおける急進派グループ「労働者たち」

(workies)の存在を発見した。そこでは議会制民主主義がカオスの中で終焉し、土地と富の周期的再分配が起こる。[67]「民主主義は必然的にアナーキーと収奪の道を開く。もう一つの社会への道が長いことはたいした問題ではない」。

カールはやがて自分の計画を練り始める。それは社会に対するグローバルな理論である。彼の野心は将来限定されることにはなるのだが。カールはグローバルな分析として、世界精神を考える。個人が所有するその財の性質、資本と労働によって人間を二つの階級に分割する。階級間の所有関係が社会の上部構造をなしている。「その上で、法的、政治的上部構造ができあがり、社会的意識に規定された形態はそれに照応する」[14]。言い換えれば、個人は彼が帰属する階級を通じてしか現れない。これが階級である。ホッブスとヘーゲルではなく、エネルギーに関する作品について学んだカルノー父子にならって、時の発展、歴史進歩という言葉を語る。彼は階級闘争を、歴史の「動因」として描いた。[14]

一八四四年七月、プロイセン政府が、スキャンダラスな雑誌を取り締まるようパリのフランス政府に圧力をかけたとき、カールはまだアーノルトと一緒に実現困難な雑誌の三号を編集していた。ギゾーは躊躇していた。彼には別の闘わねばならない困難があり、むしろ次のことを期待することを望んだ。すなわち、フランスの政治と関係のないこうした雑誌が、読者不足と資金不足で自然消滅することを。そして、この企画は実際うまくいかなくなる。雑誌の売れ行きは不振で、ルーゲも廃刊を考える。

一八四四年七月三十一日、ヘーゲル左派の機関誌となったブルーノ・バウアーの新しい月刊誌『文学総合雑誌』の最新号を受け取ったとき、カールはパリで一人であった。バウアーがそこでシレジア織布工の一揆の意義を否定しているのを読み、カールはケルンの友人宛の手紙の中で怒りを爆発させる。友人の一人、ゲオルク・ユンクはこの怒りをもっと発展させ、出版すべきだと主張する。[248]「あなたのブルーノ・バウアーに対する批判を新聞用にもっと拡大し、奇妙な留保をつけるバウアーに本音を吐かせた方がいいように思います。今のところ彼は、その主題に関してはっきりとしたことを何も言っていません。バウアーは、何でもかんでもただ批判するだけです。最近、たんに社会、特権、所有者などを批判するだけではなく、まだ誰も考えていないプロレタリアをも批判すべきだと書いてきました。まるで金持ち、所有、社会を批判することと、プロレタリアに対する非人間的条件と怒りとが関係ないかのような口ぶりでした」。

ユンクのこうした助言によって、カールの昔の師バウアーに対する原稿が書かれたというわけではないが、ここにすでにカール・マルクスの作品にあるすべての問題がある。彼は二三年後『資本論』の中でそれに答えようとする。

カールはすぐにそれに取り組む。パリで一人暮らしをしたこの夏、マルクスは自らの概念を明らかにすべく[23]、出版していない草稿（この草稿は一九三二年になってスターリン下のソビエトで『一八四四年草稿』[17]というタイトルで出版される）に集中する。この草稿は、政治経済に関するマルクスの最初の作品であった。これは著者が、忘れないためにつくった自分のためのエッセーであった。もちろんこの草稿に「真のマルクス」を見るべきでもない。マルクスの名の下に、もっと後に実現する巨大な作品の中に書かれていないものを見つけるために利用すべきでもない。このテキストを「時代遅れで矛盾だらけ」だと批判するものもいる。そういった人は最後の作品から、マルクスの真の思想をそこに見る。あるものは、「子供時代のヴォルテールの頭蓋骨[56]」を探すようなものだと批判する。この重要なテキストは、たえず一貫して展開される思想形成の重要な一歩となっている。ここでは二重の原理がつねにその基礎にある。あらゆる政治的活動や思考の中心にあるのは人間であるということ、どんな革命も人間の命ほどの価値はないということ、なぜならそれは人間解放が目的だからだ。

この作品の中で、マルクスはヘーゲル哲学の中に自分を位置づけ、とりわけ疎外の問題を考える。意図は、「主体主義と客観主義、精神主義と唯物論、観念論と唯物論を乗り越え[18][23]」ることだと述べる。大変な議論である。彼にとって疎外とはヘーゲルのような抽象的概念ではなく、社会が生み出したものである。人間は労働によって疎外されているのであり、それ以外のものによって疎外されているわけではない。

同時にカールは、知らぬ間にこのテキストで自分自身のことを語っている。後にあらゆる賃労働を拒否する彼が、労働による疎外の分析に集中するのである。すでに二つの新聞と雑誌（経営者の気まぐれに左右されたのだが）の編集長として、非常に不愉快な賃労働者の経験をしたカールは、貨幣に関する彼の個人的立場を、普遍的理論の基礎にすえる。出版社に原稿を渡すことが少なかったカールは、人間と作品との分離の中に疎外の基礎を見抜く。文筆業以外の仕事をもたなかったカールが描いた理想社会とは、すべてのものが、できると思う仕事に抵抗なく没頭できる社会であった。

マルクスは、読んだ経済学者に根本的な批判をふるう。すべての経済学者は、私的所有を人間的条件の与件として考えている。誰もその出現を歴史的に説明しない。さて、彼にとってすべては労働であり、すべての生産物は労働の産物であり、それ自身、人間によって始められるものである。「労働は人間自身による人間自身の発現の行為である[23]」。そして、「人間が自らを実現するのは――労働」においてである。すべての対象は労働の対象以外の（ほとんど）何ものでもない。「物の価値はほぼ全体として労働からくる」。資本は「結実した労働」、「蓄積した労働」、「生きた労働を吸い取ることによってのみ作り出される、吸血鬼とよく似た死せる労働」である[23]、と彼が読んだジョン・ポリドーリの『吸血鬼』[277]に暗示的に言及しながら、マルクスは書いていた。歴史それ自身、所有制度と同様、宗教や社会のさまざまな形態と同様、労働の産物以外のなにものでもない[19]。

疎外された労働

マルクスはフォイエルバッハに言及し、「彼を通じて実証的、人間的、自然的な批判を始める」[23]。マルクスによると経済理論は哲学的角度からの人間の発展を理解するのに有用ではない。この欠陥を埋めるべく「疎外された労働」の分析をやがて展開する。「労働者が富をたくさん生み出せば生み出すほど、またその生産が生産力や量において増大すればするほど、労働者はますます貧しくなる」[23]。しかし彼によると、疎外された労働の源泉は私的所有である。逆に、私的所有は労働の結果である。疎外は、労働それ自身と密接に結びついている。人間の人間自身に対する外化として疎外を定義するヘーゲルと違って、マルクスは疎外を労働による人間と現実との関係であると位置づけ、そこから社会組織や宗教が生まれる。

彼はそこで三つの疎外の基準を区別する。この三つをすべて労働に結びつける。

●「対象化」。すなわち人間が、労働によって固有の存在である対象的形態として自分自身の外側にある現実を作り出すということ。「人間の労働は、彼から独立した、彼にとってよそよそしい自らの外にある、分離した、外的な存在となり、彼に対して独立した力となる。彼が対象に与えた生命は彼と対立し、敵対し、よそよそしいものとなる」[23]。労働は「人間の精神を破壊し、その肉体を蝕む」苦しみであり、苦痛である。「その活動は人間にとって悩みとして現れ——人間の生命は生命の犠牲となる」[23]。マルクスはこうしてすべての労働は苦痛であるという考えを展開する。その理由は、すべての労働は、その生産者からものを引き離すからである、当然ながら、悲痛な自叙伝的描写がここに表れている。それは彼が生涯にわたって遭遇する困難が説明されているからだ。つまりどんなテキストもすでに終わったものとみなし、そこから離れ、次に移るという問題である。もっと言えば、草稿の最後に「これで終わり」という言葉を書き記す苦しみほどの苦しみはないということだ。彼は仕事が終わる際のこうした悲しみを、全労働者自身の労働の本質という問題に関連させ、個人とその作品との内的な関係として述べているのだ。

●「放棄すること」。資本主義社会において賃労働者は資本家によってその労働の果実を取られるという事実。「労働者は自らが所有することなく、処理することもないものをつくるために人生を潰す(23)」。「生産物は彼に属すのではなく、他人に属す(23)」、ここでもやはり出版社との関係での彼の経験が想起される。マルクスは(ケルンの新聞の編集者として)かつて賃労働者であったし、対象(新聞)を生産したが、「自分のものでも、自分で自由になるものでもなかった」。

●最後は「隷従」。賃労働者は、自ら生きるためにほかの労働者が作り出した多くの商品を買わざるをえないという歯車から逃げ出すことはできないということ。そして賃労働者は、商品が必要とする貨幣、それがもたらす貨幣以外の価値を与えることができないということ。市場経済は消費者の個人主義に進むと、今日では言われる。「交換を実現する原動力は人間ではなく、エゴイズムである(23)」とマルクスは書く。「すべての肉体的、精神的感性の代わりに、こうしたすべての感性の単なる疎外、すなわち持つという感性が出現する(23)」。ここでも、彼自身と貨幣との関係が読める。すなわち彼は浪費家であるがゆえに、いかにわれわれが貨幣に依存しているかを分析しているのだ。「私的所有によってわれわれが愚かになり、偏屈になり、対象が自分のものとなるのは、それを所有したとき、対象がわれわれにとって資本として存在し、直接所有し、食べたり、飲んだり、体に身につけたり、そこに住んだり、利用したりするときだけである(23)」。資本家でさえ競争や労働の合理化によって、愚かにも節制する。「資本家の真の考えは、禁欲的、しかし高利貸的吝嗇、禁欲的しかし生産的奴隷である——。食べるものが少なければ少ないほど、飲むものが少なければ少ないほど、本を買うことが少なければ少ないほど、劇場、舞踏会、キャバレーに行くことが少なければ少ないほど、考えたり、愛したり、理論を作ったりすることが少なければ少ないほど、歌うこと、話すこと、フェンシングをしたりすることが少なければ少ないほど、ますます節約でき、貯金を増やすことができるのだ[23]」、ここにもマルクスの支出に関する性癖が関係している。それと同時に、節約や質素を推奨する人々へのマルクスの嫌悪が見える。当然この言葉は、幼少期、両親の口から何度も聞いた言葉のリフレインとして読むべきであろう。すなわち、両親はこう非難してきたからだ。カールはでしゃばりすぎ、愛しすぎ、飲みすぎ、論じすぎ、あまりにも本を買いすぎ、あまりにも喧嘩しすぎだと。

やがて賃労働者は他の商品同様に商品となり、労働によって商品を作り出し、隷属化していく。賃労働者の状態と生活はこうして商品価格を決定する同じ法則によって決定される。「人間の需要は必然的にほかのすべての商品同様、人間の生産を規制する。供給が需要よりも多ければ、労働者の一部は乞食となり、飢えて死ぬ。ゆえに労働者の存在は他のすべての商品の存在条件となる[23]」。労働者の食料は機械のメンテナンスと等しい。なぜなら「賃労働者の食事は——機械を動かすために歯車に油を注ぐのと同じ意味をもっているからだ」。資本家は全能である。なぜなら、労働者は生きるためにその労働力を絶対に売らねばならないのだが、「資本家は資本の価値を維持するため労働力を購入する必要はないからだ[23]」。

マルクスは、市場と労働との関係についてまったく新しいことを述べているが、これは貨幣に関する個人的告白、あるいは反省から来ている。マルクスはこうして疎外の哲学の概念を経済学の概念、搾取に結びつける。後に現れる経済学理論の重要な革命的な部分がすでに一部出現している。残されているのは、こうした搾取がなぜ生まれるか、そこからどう進展するかという可能性の法則を述べることである。これは「剰余価値」という概念を使ってなされる。それは十一年後に現れる。

マルクスは疎外理論によって、経済学者の理論よりも哲学者の理論の方が優位に立つことを証明しえたと考えた。同時に彼は哲学的環境に影響された社会科学を哲学から生み出したのだ。「活動と精神、それぞれはその内容と固有の存在様式によって社会的である。社会活動と社会精神」[23]。

マルクスは疎外を終焉させる社会について考察し、「共産主義」を疎外のない、商品の存在しない、喜びの解放された、生産者の自由なアソシエーションによる労働が可能な社会体制だと定義する。「共産主義は――人間による人間本質の現実的な収奪である」[23]。彼はこうまとめたのだ。

共産主義は「私的所有の廃止であり、そしてあらゆる感性の全面的な解放である――共産主義がまさにこうした解放となるのは、こうした感性が人間的なものになっているからである――欲求や享受は、こうした事実からその利己的性格を喪失していて、その本質は純粋の、単純な有用性を失っている。なぜなら、こうした有用性が人間の効用となったからである」[23]。マルクスによると、労働者は、他人に有用なものをつくることで、その喜びを労働の中に見出し、だれもが完全な人間となるのである。「耳が音楽家になり、目が形式の美を理解するのは――人間的本質を客観的に示す豊かさによるしかない。――人間的な目は非人間的な野蛮な目よりも喜びであり、人間的耳は、非人間的な野蛮な耳より喜びであるなど――社会的人間の感性は、非社会的人間の感性とは別物である」[23]。個人と集団は、そのときから、超越的自然の中で同一のものとなりうる。「人間的感情の存在論的本質は、その全体性と人間性に到達するのである」[23]。それはまた孤独の終焉でもあり、死に対する勝利でもある。「死は限定された個人に対する類の長期的な勝利として出現する」。一方「共産主義は、人間と自然との間の対立を真に解決するものである[23]」。

こうしたメッシア的共産主義は政治の働きではなく、歴史の働きによって実現される。それが打ち立てられるのは歴史の最後のときであり、歴史の中ではない。「共産主義は――歴史によって解決される謎である――歴史の全運動は――この共産主義の生成の活動である[23]」。

この夏、マルクスはこの彼の全作品の基礎的資料を構成するノートをとりながら、さまざまの決定的な出会いに遭遇する。

パリでの出会い――バクーニン、プルードン

バクーニン

七月初めに、アーノルト・ルーゲに会うためにパリにやって来ていた、ツァーリ体制の送還要求を受けていた、若いロシアの革命家バクーニン[20]に会う。すでに見たようにこの男は匿名でドイツの雑誌に論文を書いていた。ルーゲは『独仏年誌』のために論文寄稿を打診していて、マルクスは彼を紹介した。この出会いはうまくいった。後に問題になる状況と違って、マルクスは彼に嫌悪を感じなかった。しかし二五年後この男はマルクスの敵となる。

七月末、プルードンとのパリでの出会いがある。カールはフランスに来て、彼の著書『所有とは何か』を読んで以来彼に会おうと思っていた。カールは（プルードンの告白によれば、無駄だったのだが[248]）彼にヘーゲルを説明しようとした。フランスの有名な社会主義者に次のことを説明してびっくりさせた。すなわち、民主制が存在しないところで経済・社会の変革を行うには暴力によって国家権力を獲得する必要があると。プルードンは、改革という道を通って富を均等に再配分することは可能だと答える。彼は殉死者となる「所有者のセント・バーソロミュー[21]は望まない」と彼は言った。二人はその夏、しばしば一晩中続く議論を行った。にもかかわらず二人の相互の影響は限られたものであっ

た。ただ、マルクスが十一年後に理解するような「剰余価値」という概念はもともと「計算ミス」という不鮮明な概念に基づくものであった。(248) つまりプルードンは「労働者の調和と連合、労働者の努力の集合とオーバーラップの結果生じる巨大な力」(226)(22)を、資本家は支払っていないと批判したのである。

この出会いの後、マルクスはフォイエルバッハに手紙を書き、フランスの労働者を礼賛している。この賞賛は父から得たもので、けっしてそれを失うことはない。さらに唯物論そのものにも関心をもつ。フォイエルバッハとヘーゲルから借りた方法で、虐待され、軽蔑されたプロレタリアートを未来の解放と革命の中心にすえる。

カールは、まだトリーアのカールの母のもとにいたイェニーに手紙を書く。八月十五日頃、彼女は返事を書き、生まれ故郷の状況を伝える。マルクスはトリーアへ帰ることはなかった。

「ちょうどあなたの手紙を受け取ったとき、教会の鐘が鳴り響き、大砲の音が聞こえ、群衆が教会に押し寄せ、大地の神を奇跡的に救った天の神に対して、人々の歓喜の声が起こっていたところでした。ホサナ聖歌（歓喜の歌）が鳴り響く儀式の中、どれほど感動的にハイネの詩を読んだことでしょう(47)」。

やがて最悪のニュースが飛び込んでくる。ルーゲの融資者の一人であった、出版社のユリウス・フレーベル(23)が『独仏年誌』への出資をやめる。ルーゲもマルクスへ約束した賃金を支払うことを拒否し、彼に売れ残った分を譲る。マルクスはケルンの友人ゲオルク・ユンクに援助を求め、ユンクはそれを理解し、二五〇〇ターレルを送るが、『年誌』は廃刊となる。カールには出版を継続する十分なお金がなかったのだ。彼には財政的支援も、フランス側の執筆者も、とりわけ十分な読者もなかった。パリにいる必要はなくなる。しかし戻ることはできなかった。なぜなら、消滅寸前のこの雑誌のおかげでプロイセンに滞在できなかったからだ。

エンゲルスとの出会い

『年誌』が廃刊になると、カールはパリのドイツ人の新聞『フォアヴェルツ』に記事を書き始める。一八四四年八月十日、彼は、彼と同じくパリに来た亡命者ヴァイトリンクに関する記事を書く。[24]この仕立職人のうぬぼれの強い小冊子を評価する(『調和と自由の保証』)。「ドイツ人労働者にあって、学問的にも偉大で聡明なデビューを果たした人物である[10]」と。

八月二十八日、大きな事件が起こる。二年前ケルンで会ったフリードリヒ・エンゲルスが、父の工場で働くため、現在ではヴッパータールの一部となっているバルメンへの帰郷の途中、ヴァノー街に来たのである。彼はまだ雑誌が続くものと思い、新しい論文を『年誌』に寄稿しようとしていた。その論文の中で、イギリスの重商主義時代から産業体制までの資本主義の発展の歴史を追究するつもりであった。カールは、若い独学者の労働者世界に対する認識のするどさに驚く、彼は後に二四の外国語を読んだり、書いたりすることができるようになる(彼が誇りにする能力の一つは三週間でペルシア語を理解したことである[215])。一八四四年八月二十八日から九月六日まで、二人はいつも一緒で、後の伝説によれば、十日間たえず飲み、議論をしていたそうである。

カールは何年もドイツ哲学に没頭してきたフリードリヒに、それと別れるべきだと説明する。その理由は、ドイツ哲学は概念的分析において社会的力の役割を無視しているからだ。彼は経済と所有関係によって、いかに国家と人間の歴史が説明されるかをエンゲルスに語る。フリードリヒはカールにイギリスのチャーティズムとの接触を述べ、労働者階級の状態の歴史を書くという計画(それは彼が

Paris, 1844. Nr. 46

Abonnements-Preise:

in Paris:

Ein Jahr. . . . . 24 Francs.
Sechs Monate. . . . 13 „
Drei Monate. . . . 8 „

Auswärts:

Ein Jahr. . . . . 28 Francs.
Sechs Monate. . . . 15 „
Drei Monate. . . . 8 „

Insertionen: die Zeile à 50 Centimes

Vorwärts!

Man abonnirt:

für Paris:
im Bureau central pour l'Allemagne, rue des Moulins, 32, und in der Buchhandl. von Jules Renouard et Cie, rue de Tournon, 6;
in den Departements:
bei allen Postämtern und Messagerien;
Teutschland, Schweiz, England:
in allen Buchhandlungen;
Belgien:
bei den Messagerien;
Nord-Amerika:
bei den Herren Eichthal und Bernhard, Spruce-Street, Nr. 3, in New-York.

Erscheint Mittwoch und Sonnabends.

(Mittwoch.) Pariser Deutsche Zeitschrift. (10. Juli.)

Die Versendung des Vorwärts! geschieht stets am Erscheinungs-Tage, an unsere auswärtigen Abonnenten durch die Post, an die Pariser Abonnenten durch die Anstalt des H. Bidault, 16, rue de la Jussienne.—Sollten Blätter gar nicht oder unregelmäßig zugestellt werden, so bitten wir uns dies in frankirten Briefen anzuzeigen. — Anfragen, Beiträge, Pränumerationsgelder und Briefe wollen franco: « An die Redaction des Journals: Vorwärts, 32, rue des Moulins in Paris » eingesendet werden.

Prostitution und Literatur.

(Eine Parallelle.)

Die Menschen sind mit geschlechtlichen Trieben ...

außer Justiz und Theologie zu stellen, d. h. ihn als ein nothwendiges Übel anzusehen, und ihn als solches polizeilich zu organisiren. Das ist die Erklärung des Bureau de Tolérance, oder der ...

Eigenschaft sich unbeschränkt entwickeln ließe. Die menschlichen Gedanken und Gefühle können dann entweder ungestört zu blos geistig formirter und ausgesprochener Existenz, zu freier Literatur ...

『フォアヴェルツ』紙

申し出た論文のテーマでもあった）の一部を語った。そこで彼は自分の家族の経営する工場で行った観察と、議会委員会と保健委員会報告（これらの存在をマルクスに教えた）から引用した情報とを混ぜて展開するつもりであった。「僕が幸福に感じるのは、自分とまったく反対の立場の人物の証言を聞いたときだ」と、それに驚く友人に語る。カールはこう述べる。まさにここに、工場に足を入れ、労働の世界を知り、自分の言葉で人間の具体的生活と哲学を語るものがいる。

カールは、たとえどんな苦しいときも、労働者階級として暮らすことはない、彼はけっして工場に足を踏み入れることもないだろう。だから、工場について理解するのにフリードリヒと同じ資料を使うことになる。すなわち報告書、新聞、他人の証言。

もっと後に、フリードリヒはその出会いについてこう語っている。「私が一八四四年夏パリのマルクスを訪ねたとき、われわれはあらゆる理論について完全に一致したように思われた。そこから二人の協力関係が始まった。マルクスは私と同じ意見に到達しただけではなく、すでに『独仏年誌』においてそれを一般化していた、すなわちブルジョワ社会を統御しているのは全体、すなわち国家ではなく、その逆で、国家を統御しているのがブルジョワ社会であるということだ。したがって経済条件とその発展から出発して政治とその歴史を説明すべきだということであり、

『聖家族』

その逆ではないということだ[25](112)」。

事実、二人はよく似ていて、お互いを補い合った。それぞれ、文章を通じて理論的な進歩を引き出すことを可能にする目標、敵を必要とした。しかし彼らははっきりと違ってもいた。マルクスは貧しく、理論志向型であり、崇拝した父の死後、母との関係を断っていた。エンゲルスは豊かで、現実志向型で、父を憎悪し、母を慕っていた。マルクスは哲学博士で、エンゲルスは勉学を、大学に入る前になかば強制的にやめさせられていた。マルクスは妻帯者であり、エンゲルスは家族を持っていなかった(もっと後に一人の女性労働者、メアリー・バーンズと一緒に暮らすが、彼女の妹を含めた多くの行きずりの恋をもつ)。そしてカールはフリードリヒの中に、夭折した、生きていれば同じ年の弟ヘルマンの面影を見た。

フリードリヒとカールは、思考と行動そして生活において将来分かれがたい関係となる。この関係を見る特権的立場にあったポール・ラファルグはこう記す。「マルクスとエンゲルスは今世紀において、古代の詩人の時代のような理念的友情関係を実現した[26](161)」と。

二人はとりわけ多くの敵がいることに気づく。パリにいた十日間、二人の会話の多くは、敵を欺き、敵が嫌悪するドイツの哲学者、すなわちヘーゲル、バウアーに関してであった。もっともそれは例外で、今では忘れ去られた無名の哲学者に悪態をつくということであったようだ。特にカールは、ベルリンで教鞭をとる、「アナキスト的ヘーゲル主義者」、思想の大胆さを意味する雄弁なる沈黙の、若いヨハン・カスパー・シュミットの別名マックス・シュティルナーという人物の『唯一者とその所有[259]』を読んだ[27]。シュティルナーの主張は、限度がなかった。彼はとりわけこう書く。「私は唯一者である」「自我以外にはない」「私は無の上で自我の原因を作り上げた」。彼の主張は、すべての直観は抽象であり、唯一現実的なものは、欲求を自由に決定する個人的意識であるということである。マルクスは、シュティルナーの饒舌さの背後に、重要な政治的運動、すなわち無政府主義が生じることを理解する。とにかくこれと闘わねばならない。その理由は、彼は社会的現実の上でものごとを考えていないということだと、マルクスは考える。さらにカールはその書物の中で、婉曲的な形だが自分がフォイエルバッハの徒[259]であると自分を紹介されていることに怒る[259]。彼が誰の弟子であるかって？　彼は絶対フォイエルバッハの弟子なんかではない。

二人の出会いが実現したまさにそのとき、一八四四年八月二十九日、マルクスと袂を分かったアーノルト・ルーゲは、予言的にこう書いている[105]、「カール・マルクスはおそらく、蓄積したものを吐き出す、あまり抽象的ではない、非常に大きな書物を書くだろうと考えています」と。

十日、エンゲルスはヴッパータールの家族の工場に行くためドイツへ発たねばならなくなる。二人は、離れていても関係を保ち、共通の論文のために一緒に仕事をしようと決める。そしてそれはまずその時代のドイツの哲学者を批判する共通の計画である。

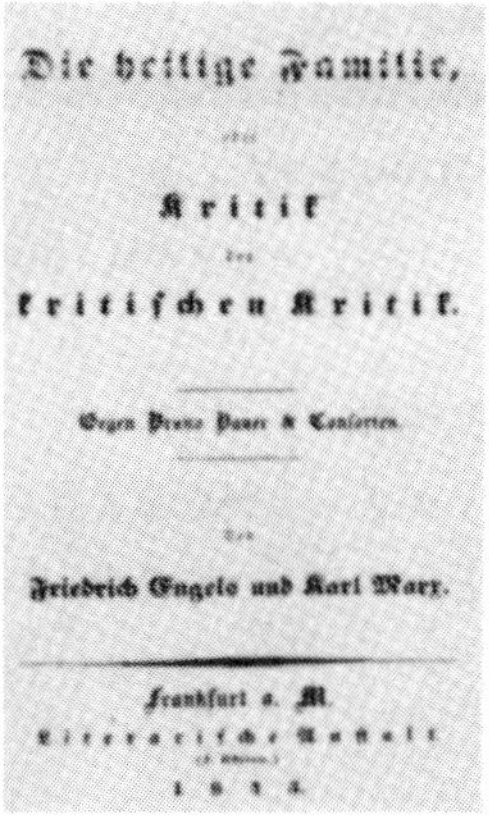

『聖家族』

一八四四年十月、エンゲルスはバルメンでドイツ語の二〇頁の論文を書き、それをカールに送る。カールは数週間後それを受け取る。驚いたことにドイツ語で三〇〇頁。それはさる夏の、疎外に関する草稿のいくつかをとりあげ詳しく説明したものであった。この本はすぐに出来た。二人は『批判の批判』というタイトルを考えたが、結局『聖家族』に落ち着く[43]。十三年後マルクスはこのことを振りかえってこう書く。「驚きなのは、二人がこの作品を恥ずかしげもなく出版したことだ、だって、この作品にあるフォイエルバッハへの礼賛は今ではあまりにも奇妙だからだ[28][46]」。

この作品は辛辣なテキストで、時にコミカルでもある。二人の著者はそこでディドロ、エルヴェシウス、フーリエ（女性解放のために）、プルードン（「政治経済学を革新する科学的進歩[43]」を評価していた）を礼賛する。[29]彼らによると、イギリスとフランスのプロレタリアの多くは、彼らに与えられた歴史的使命を意識しているという。二人はプルードンの立場の限界を強調する。理由は、プルードンは政治経済学を「政治経済学的視点[43]」から批判していて、労働者として疎外を乗り越えることなく、疎外の状態の中からしか見ていないからである。フーリエ、オーウェン、カベーの唯物論に言及しながら、「フランスの唯物論は直接社会主義と共産主義にいたる[30][43]」と、結論付けている。その夏に書かれたカールの草稿のあらゆる文章が、この作品の中でほぼ採録されている。「所有階級とプロレタリア階級は、（たとえ）所有階級が満足し、――この自己疎外をつうじて自己の力を証明し、彼らに人間的存在の概観を与えたとしても――人間の自己疎外を表現している[31][43]」。

一八四四年十一月カールは、倒産した雑誌の出版社が経営する「文学局」にこの原稿を送る。しかし、この出版社のケルン支店と仲の良かったルーゲは、この企画に反対する。[249]「私が『文学局』に関係しているかぎり、マルクスの作品は出版すべきではない[32]」。やがてカールは、『フォアヴェルツ』の編集者ベルンシュタインに、この新聞の編集者に原稿を読んでもらうよう依頼する。しかしこれも失敗する。こうしてマルクスは、フランクフルトの文学出版社の副編集長、レーヴェンタール博士に頼む。彼はそれを受け入れ、一八四四年十二月二十七日の手紙でマルクスに別のタイトルをつけたほうがいいと示唆する。[230]「（『批判の批判』ではなく）『聖家族』という非常に短い、かつ衝撃的なタイトルを本につけようと思いますが、了承をお願いします。このほうがセンセーションを引き起こすでしょうし、この本の非常にユーモラスな内容を正当化することも期待できるでしょう」。

タイトルは決まったが、本は成功しなかった。無名の著者によるこうした哲学的論争に興味をもつものは、ドイツにはいなかったのだ。

一八四五年の初め、ヨーロッパのいたるところで資本主義が勝利し、革命が鎮圧されたパリではアンファンタン、ラフィット、ロスチャイルド連合が、パリ―リヨン間の鉄道線を建設する会社を立ち上げた。クレーズでは、農民が共有地の売却と分割に反対した。プロイセンでは、労働者の蜂起が鎮圧された。

マルクス、パリから追放される

パリの『フォアヴェルツ』が、フリードリヒ・ヴィルヘルム四世への暗殺未遂を礼賛したとき、ことは悪化する。一八四五年一月七日、プロイセン国王はアレクサンダー・フォン・フンボルトを、ルイ・フィリップへの特命大使として派遣する。彼は贈物と、ドイツ人亡命者が編集するパリの新聞の「暗殺未遂事件」の記事に関する長文の手紙をもってきた。一月二十五日『フォアヴェルツ』は発禁された。ギゾーは責任者の追放さえ考えるとも約束する。

マルクスは、脅威を感じていたわけではない。たとえそうしたことが起こっても、彼は『フォアヴェルツ』の直接の編集者ではない。だから、経済学批判の歴史を書くために書き上げた草稿を整理しようとしていた。そして執筆する前に、ドイツの出版社を検討していた。一八四五年二月一日、彼はダルムシュタットのレスケと『政治学と政治経済学の批判』の出版契約を結ぶ[33]。夏前に原稿を渡すという内容であった。原稿を引き渡す前の最初の原稿料は一五〇〇フランで(四二〇ターレル)で、それは労働者の三カ月の賃金に相当した。その後印刷の残りの額を受け取ることになった。マルクスは実際最初の契約の際に最初の額を受け取るが、事態の変化で期限内に書き上げることはできなかった。事実、彼は原稿を渡さず、お金も出版社に返さなかった。しかし、この本のいくつかの章を出版するが、それはずっと後のことだ。そのうちの一つは二二年後のことである。つまり『資本論』である。

ギゾーが『フォアヴェルツ』の編集と協力者すべて、ベルンシュタイン、ベルナイス、ビュルガース、ルーゲ、バクーニン、ハイネなど[34]――そしてマルクスを追放する命令を出したが、残された時間は四八時間だけであった[35]。同じ頃、ロシアからバクーニンに帰国を求める命令が着く。亡命者たちは万力で締めつけられた。

期日通りフランスを去るよう命令を受けたとき、カールは丸裸であった。移動しなければならない。フランスの自由派やジャーナリストなどの抗議によって執行範囲は限定された。新聞の協力者は追放されなかった。しかし、マルクスだけはその対象外となる。理由は、彼が非常に激しく、非常に論争的で、彼らの中で最もすぐれていることによって、去る七月のプロイセンの怒りをすでに買っていたからであった[36]。

マルクス、ブリュッセルへ向かう

どこへ行くべきか。カールはとまどう。プロイセンに戻ることはできない、なぜならそこは新聞の発禁以後逮捕される場所であるはずだったからだ。ドイツ以外の地に行くべきだろうが、警察の圧力はそこでも強い。ロンドンはどうか。彼は英語ができない。スイスかベルギーにする。スイスは敵対的なところだ。オランダとベルギーを欲しがっているフランスに挟まれたベルギーは興味深い。ドイツ出身の王子、レオポルト一世が支配するベルギーは、暴力的活動をしないと約束すれば、亡命者を歓迎していた。だからカールには、政治的活動ではなく、文筆活動以上は望めない。イェニーにその話をする。彼女は一歳にもならない娘と、カールが行きたいところならついていくつもりだと答える。こうしてブリュッセルが選ばれる。

旅行費用と引っ越し費用のお金を、エンゲルスがバルメンからマルクスに五〇ターレル送る。それはやがて七五〇ターレルになるが、ケルンの友人と信奉者から集められたものだ。

ヴァノー街を去る前、彼はハイネに手紙を書く。[248]「別れねばならない人のうち、一番残念なのがあなたです。あなたを鞄の中にいれてもっていきたいくらいです」。二人は二度と会うことはない。

一八四五年二月三日、カールは、妊娠していたイェニーと病気であった小さなジェニヘン（ジェニー）とともにブリュッセルに到着する。[37] 彼がベルギーの滞在許可証を得たのは、三月二十二日、政治活動をしないというすべての亡命者に要求された契約にサインをしたときである。賃労働者になるつもりはなかったので（彼はそれを嫌っていた）、文筆業で食べていこうとする。当面、集めたお金で広く快適な家はなんとかなる。

マルクス家の奉公人、ヘレーネ・デムート

驚いたことにイェニーの弟エトガーは今では民主主義者となり、ブリュッセルという亡命の地でマルクスと合流した。この男の性格は不安定で、意志の弱い人物であった。ベルリンで勉強し、不安定な時期を経た後、法学の学士号をとり、トリーアの大審裁判所の見習いの地位を得た。婚約者のリナ・シェーラー[38]という女性を同伴してベルギーの首都にやってきた。亡命者のセバスティアン・ザイラー[39]が経営する通信社に小さな職を得る。イェニーは弟と、若いプロイセン軍の砲兵士官、ヨゼフ・ヴァイデマイヤー[40]を家に泊めた。彼はマルクスとケルンの『ライン新聞』時代に面識を得ていた。ヨゼフは共産主義思想に感動して軍を離れたばかりであった。

イェニーの母は三月、彼らのもとに当時二十五歳のヘレーネ・デムート[41]を送った。給金は母が払うという取り決めがあった。ヘレーネ（あるいはレンヘン、ニム）はカールより二歳下で、イェニーより六歳下であった。彼女はザール人で、フランス語を話した。彼女は一八三七年からヴェストファーレン家で働き、イェニーは彼女と親しかった。彼女は生涯を共にする。彼女を知っていたポール・ラファルグは後にこう書く。「マルクス夫人はヘレーネを非常に親しい友人としてみなしていて、マルクスも彼女に特別な友情をもっていた、彼は彼女とチェスをしていたが、しばしばマルクスの方が負けていた。ヘレーネのマルクス家への愛は、盲目的なものであった。マルクス家の家計は彼女がすべて握っていた。マルクスを批判するものは、彼女を批判することになった。彼女は家族の全てを母性愛で包んでくれた。——彼女は何でもこなした。料理、日常の仕事、子供の着替え、マルクス夫人とともに縫った衣類など。彼女はすべてを取り仕切る家庭の経営者であり、執事であった。——彼女の節約と秩序精神、そしてその寛大さのおかげで、家族はいつも必要なものに不足することはなかった[42][161]」。

ブリュッセルで、カールはドイツから逃げてきた別の亡命者とも会う。その一人がケルンの友人モーゼス・ヘスで、ほかは仕立職人ヴィルヘルム・ヴァイトリンクのようにマルクスと同じころ、別の理由でパリを離れざるをえなかったものたちであった。

一八四五年三月、エンゲルスはバルメンで、半年前マルクスに話をしていた最初の著作『イギリスにおける労働者階級の状態[43][110]』を出版する。この作品は、一八三三年の工場調査委員会の報告、一八四二年の労働者の衛生状態調査報告、一八四二—四三年の児童雇用委員会の報告、一八四四年の大都市実態調査委員会報告から取られた（盗作だというものもいる）、すばらしいルポルタージュである。エンゲルス自身ランカシャーの産業地区、マンチェスター地域、ヨークシャーの主要な産業都市、リーズ、ブラッドフォード、シェフィールドを訪ねていた[110]。

新しいフリードリヒの仕事。彼は自分の著作権をカールに与え、二人で仕事をすることを夢見た。マルクスがブリュッセルに住み着いて三カ月は、バルメンを支配する状況と、せざるをえない仕事に振り回され（彼の『実利的』ということば（この言葉はフリードリヒが好んで使う軽蔑のことば）で、カールも使うようになる）、フリードリヒはあえて家族と喧嘩をする。彼は工場を去り、少額の年金を交渉し、プロのジャーナリスト、作家として、ブリュッセルに住むため一八四五年四月に出発する。エンゲルスはこの三回目の出会いについてこう書いている。「一八四五年春ブリュッセルで会ったとき、マルクスはすでにおおざっぱな形ではあったが史的唯物論を打ちたてていた。われわれはそれを新たに完成されたわれわれのやりかたで、非常にさまざまな方向から、詳細に検討せざるをえなかった[44]」。[112]

マルクスはやがて、サン＝ジョス・テン・ノード地区のアリアンス街五番のエンゲルスの隣の家に、エンゲルスの金で引っ越す[45]。（カールが最初にケルンで、そしてパリでエンゲルスに会ったときトリーアにいた）イェニーは、カールがいつも語っていた人物に初めて会った。彼女は彼の友人となる。もちろん、彼女は結婚もしないで、代わりに入れ代わり立ち代わりいろんな女性と暮らす彼に、ショックを受け、またカールとの関係で多少の嫉妬をもったことで、彼にある種の偏見を持つことになるが。

二人の友人は、二人の古いアイドルであったフォイエルバッハが、ベルリンで出版した、『宗教の本質』について語り合う。その中でフォイエルバッハはヒューマニズムを捨て、神は自然の反映になり、ますますやせ細った自然主義へと進んでいく。カールはこの議論を批判せざるをえず、一八四五年五月の出版で出版社と契約した経済学の書物の執筆を遅らせ、フリードリヒと「過去の哲学的意識との清算[16]」、とりわけフォイエルバッハを清算するテキストを執筆する。これは出版する意図はなかった。[46]

カールとフリードリヒは、やがてフォイエルバッハの宗教批判を踏みつけ、彼の批判が人間の個人的概念にのみ基づいている点を批判する。「人間の本質は孤立した個人の中から生まれる抽象ではない。人間の本質は、現実において社会関係の総体である――。社会生活のすべては、本質的に実践的なものである。理論を神秘主義にするすべての神秘の合理的解決は、人間の実践とこの実践の理解の中にある」[16]。彼らはフォイエルバッハの「旧式の唯物論」、すなわち「直感的唯物論」を批判する。「直感的唯物論、すなわち感性を実践的活動と理解しないで到達する見地は、ブルジョワ社会の、孤立した個人の直観である。――対象、現実、感性界は対象あるいは直観という形態で考えるべきではない、(むしろ)人間の具体的活動として、客観的な様式として考えねばならない」[16]。彼らは非常に凝縮した、一連の十一のテーゼでこのことをすべてまとめている。このテーゼの中でもっとも有名でもっとも重要なのが十一番目のテーゼである。「現在まで哲学者は世界をさまざまに解釈してきたが、重要なことはそれを変革することである」[16]。来るべき彼らのすべての作品の予定を規定する言葉でもある。[47]

テーゼ[48]も一度書き上げるとそれを放棄してしまう。これは彼らにとって自らの思想を明確にするためのものにしかすぎなかったのだ。カールは幸福であった。その理由は、つねに問題にできる対象、三つの形態の労働疎外を乗り越えるものを、とうとう見つけたからである。

マルクスとエンゲルスのイギリス旅行

一八四五年七月、マルクスは、友人とともにイギリスへ行く。そこで六週間滞在した。九月に出産予定であったイェニーは夫に一緒にいて欲しかったに違いない。しかしこの旅行はカールにとって驚嘆の連続だった。イギリス資本主義の力と大英帝国を支配する自由を見つけたのだ。ロンドンで彼らは多くのドイツ人亡命者に会った。その中には、フリードリヒ・ヴィルヘルムに背を向け、今では都

フライリヒラート

市銀行に職を得ていた、かなり有名な詩人フェルディナント・フライリヒラート[49]がいた。彼はもっとも親しい友人の一人となる。エンゲルスはマルクスをさまざまな労働者に紹介した。その中に、「革命家であり、国際主義者」であることを望む義人同盟の指導者シャパーがいた。義人同盟はパリで創設されたのだが、一八四〇年さまざまな亡命者によってロンドンで再結成されていた。時計職人のモル、仕立職人のエッカリウス、シャパー[50]、ハインリヒ・バウアーなどがいた。この組織にはロンドンに亡命したドイツ人社会主義者のグループと、何人かのロンドンの職人がいた。ドイツの十以上の都市に秘密組織をもち、表面上は人々の教育を目的とする「ドイツ人教育協会」という信頼すべき組織であった[27]。チャーティストのジュリアン・ハーニーは二人にチャーティストの雑誌『ノーザン・スター』に論文を書くよう依頼する。エンゲルスはすでに『ノーザン・スター』に書いていた。彼らはエンゲルス家の工場があるマンチェスターにも行く。エンゲルスはカールにこの町の図書館[51]の素晴らしい資料の利用の仕方を説明した。ロンドンへ帰り、一八四五年八月二十二日、出発直後に、義人同盟のメンバーとすべての民族の亡命者との間で結成される、友愛協会の創設準備の議論に参加した。

マルクスとエンゲルスは、ヨーロッパのすべての革命家を結集するという国際組織案はそれ自体興味深いものだが、義人同盟、あるいは、労働者教育協会や友愛協会といった組織ではあまりにもお粗末だと考えていた。酒の入った夜会で彼らは、フランス、イギリス、ドイツ、ロシア、イタリアの革命家、労働者、知識人の結合の夢をみた。彼らは、すべての国の革命家と民主運動の活動家が情報交換を行いうる、労働者の社会的政治的権利の拡大を企図する、すべての民族の民主協会を想像する。

カールの次女[52]が生まれる夜、一八四五年八月二十六日、ブリュッセルに帰る。そのとき、フォイエルバッハによるシュティルナー『唯一者とその所有』に対する批判とシュティルナーによるその反批判が出る。

二人の子供の誕生と共に、マルクス家の財政的状況は悪化する。マルクスには収入源がない。彼のわずかばかりの貯金も枯渇する。カールの母は、彼のものだといってくれた父の遺産の一部を渡してはいなかった。カールをできるだけ助けていたエンゲルスも、家族の財産に近づくことはできなかったが、マルクスの望み通りに振り込んでくれた。

その時代のほかの多くのドイツ人同様、当時カールは合衆国に亡命しようと考えていた。合衆国の経済は繁栄し、開拓もとりわけメキシコとの戦争を挑発したテキサスの併合とともに進んでいた。

一八四五年十月十七日、カールはトリーアの市長にアメリカに移民することができるよう、プロイセン発行のパスポートの発行を頼んだ[213]。拘束される状況にあった彼は、拒否されるだろうと考えていた。だから一八四五年十一月十日の手紙で国籍を捨てた。やがて彼は国をもたない人間となる[53]。結局ブリュッセルを去らない決意をする。

したがって彼の生活はヨーロッパに根付く。四カ月前パリを立つ直前、ダルムシュタットの出版社、カール・レスケと結んだ書物『政治学と経済学の批判』の仕事に再び向かう。

しかし、もう一度作品が中止する。彼は実際にはそれに縛られていたわけではなく、まずはドイツ哲学、自らの過去に決着をつけようと決める。さらに、この作品を書き終えない口実を探す。その十二年後、この作品はエピソードとしてしか登場しない、死ぬまで完成することはない。彼の周りの人々はこう非難する。「マルクスはどんな仕事にもけっして満足しない。いつも変化し、いつも内容を文章では言い表せないと考えた[161]――」。

マルクスの伝記作家は、マルクスが一八四六年、自殺についてのエッセー[248]を、モーゼス・ヘスの編集する雑誌『ゲゼルシャフツ・シュピーゲル[54]』に書いたのを忘れている[248]。第二次大戦後東ドイツで『マルクス・エンゲルス全集』が出版されたとき、このテキストは忘れられる[248]。おそらく、その理由は一八三〇年になくなった警察のアーキビスト、フランス人のジャック・プシェの書物の翻訳を盗作しているからなのか。しかし、マルクスはこのテキストを翻訳し、それを引用しながら内容を変えている。プシェは、個人的葛藤と抑制できない感情によって引き起こされる失意から自殺は生まれるという。これはカールが好むフランスの作家、オノレ・ド・バルザックを想起せざるをえない内容だ。マルクスは、フランス革命について執筆していたとき、おそらく一八四四年にプシェを読んだのだろう。プシェのテキストにある宗教的発展の問題を抹消し、その代わりに固有の社会的分析の要素を出している[248]。彼はオリジナルな表現をかなり革命的な表現に変えている。もちろん、プシェが個人生活の質と家族的経験とをむすびつけている意義を、過小評価もしてはいない。彼は「絶対的な父権」を語るためにプシェの書物を利用しているが、それは文明社会における支配的な依存と従属との関係に比較される[248]。だからといって、マルクス自身自殺を考えていたのだというわけではない。もちろん、マルクスは何度も困窮に落ち込んだのだが。このエッセーの序文でマルクスは、「フランスの近代社会を批判すれば、あらゆる点で近代生活に起こる矛盾と酷さがわかるだろうという例として[248]」、この自殺を示したのだ。

フォエイルバッハとシュティルナーへの決別

一八四五年九月から一八四六年の八月にかけて、カールとフリードリヒはフォイエルバッハとシュティルナーに対する新しいテキストを書く。『聖家族』以上に厳しく、より明確であった。それは『ドイツ・イデオロギー[14]』で、もっとも重要な作品のひとつであるが、出版社は見つからない。カールはずっと後、この作品の意図についてはっきりと語る。「ドイツ哲学のイデオロギー的概念とわれわれの視点との間に存在する対立を示そうと、共同作業を行おうと決めていていた。実際には過去の哲学的意識との清算を行うことである。――フリードリヒ・エンゲルスは私とは別の道を通って私と同じ結果に辿りついたのだ（『イギリスにおける労働者階級の状態』を見よ）。そして一八四五年彼がブリュッセルにやってきたとき、われわれは、ドイツ哲学の概念化、すなわちわれわれの哲学の概念と違う根本的相異、言い換えれば哲学的な過去との清算を説明しようと決意したのだ。この計画はポスト・ヘーゲル哲学批判の形態のもとで具体化する[55][15]」。

ドイツ・イデオロギーの批判という行動の中でも、主として彼らの批判の対象はシュティルナーでもあった（彼にはオリジナル版五九六頁のうち四九九頁が割かれている）。マルクスとエンゲルスは、シュティルナーは社会状況における制度の生成をしっかりと研究することなく、ただ制度を告発するだけに満足していると非難する。制度が表現する物的利害のものさしで、思想と制度を評価することを提案する。彼らは、ドイツの社会主義者（ベルリンのバウアーのまわりに集まった彼らの古い友人で、「真正社会主義者」という名で彼らは呼んでいた）を、「生産と消費の現実的条件をすべて[14]」無視したと、そしてその共産主義はその時代の欲求から離れた、抽象的体制であると非難する。彼らは要約してこう述べる。共産主義者は「時代のために考え、行動する、ドイツ人は永遠のために考えるのだ[14]」。歴史は「動力」となる論理に従うので、共産主義が可能となるのは、労働者の意識が一定の歴史状況の中で革命家となることを可能にするときだけである。「プロレタリアは――社会における個人は現在まで全体の表現であると考えてきた形態、すなわち国家とまったく対立している。そして諸個人の人格を実現するには国家を転覆する必要がある[14][56]」。

『ドイツ・イデオロギー』は、政治思想とヨーロッパ社会の大きな転倒を作り出す。それは五つの

『ドイツ・イデオロギー』

理由からである。

まず、そこに初めてイデオロギーの概念の定式化と革命に至る必然的、知的条件が示される。経済的要因こそ「最終的分析」としてそれを説明する要因である。すべての思想は、それが作られた歴史的コンテキストの中で説明されねばならない。「どんなイデオロギーの中でも、人間と人間関係は、カメラ・オブスキュラ（暗い箱）のように、頭を下にして現れる」(14)。マルクスとエンゲルスは、──「われわれの思想を哲学者にわかってもらう」(57)(14)ために──疎外の概念を依然として使い、それをイデオロギー分析の基礎にする。社会の「上部構造」（宗教、芸術、思想）は、その「下部構造」（経済、現実）を正当化しようとする。言い換えれば、下部構造を決定する疎外を作り上げるのは上部構造だということだ。(58)(14)カールとフリードリヒはこの点に四つの別の結論を付け加える。その結論に後にマルクスはしばしば戻るが、彼のエピゴーネンの多くはそれを多かれ少なかれ無視している。

その第一は、支配的イデオロギーが支配的階級、経済の支配者のイデオロギーであるとすれば、人間の活動と思想はそれだけ経済的、社会的要因によって決まらないということである。抑圧されたものは「階級意識」を開示することによって、抵抗することができるのである。同時に、たとえ「政治、法律、科学等々、芸術、宗教等々の歴史がなくても」(14)、経済的要因と関係することなく自由な芸術をもちうる。それは生産の歴史から独立しているのだ。

二番目は、資本主義は共産主義へ必然的に至る助走路だということである。「資本主義は絶対的に必要不可欠な（共産主義への）前提条件である。その理由は資本主義がなければ、欠乏が一般化し、欲求とともに、必要なものへの闘争も再び始まり、再び昔のぬかるみにはまるからだ」(14)。

第三は、共産主義は固定された理想的な社会ではなく、たえず獲得し、発明される個人的自由への

「運動」であるということである。「共産主義はわれわれにとって創りだされねばならないひとつの状態でも、それによって現実が規制される理想ではない。われわれは共産主義を、現実の状態を廃棄する現実の運動と呼ぶ――。共産主義社会においては禁じられた活動領域などはない、どんな部門の仕事でもできる。この社会は全体の生産を調整し、こうして私は今日はこれ、明日はこれ、朝狩猟をし、午後は魚釣り、夜は牧畜、自分の望むように食後は議論といったように、けっして猟師や、漁師や、批評家といった特定の仕事につくことなく、仕事をすることが可能となる」。だからたとえば、「共産主義社会においては、今や画家はいない、とりわけ絵を描く人々が多くいるだけだ――共産主義革命によって――そして所有がひとつしかない私的所有の廃止によって――それぞれ個人は――すべての領域で世界中の生産を担う能力を獲得することが――できるだろう[59][14]」。（そこには息子に知的能力だけでなく、肉体的、道徳的、芸術的、政治的能力を養うようにといった、父ハインリヒ・マルクスの示唆がいかされている）。

最後の四番目は、共産主義は世界的なものであること。「経験的に言って、共産主義は多くの人々の一致した直接の行動によってしか実現できない、それは生産力とそれに結びついた国際的関係の普遍的発展を前提する――、プロレタリアは世界史の中でのみ存在しうる。共産主義同様、プロレタリアの活動は『世界史的』存在以上のなにものでもありえない[14][60]」。

要するに、マルクスとエンゲルスにとって、世界資本主義は共産主義に必要な前提であり、共産主義は地球規模のシステムとしてしか作り出しえない。共産主義はたえず個人的自由にむかって変化していき、世界的となった資本主義の完成時期に支配するイデオロギーとの戦いの中でしか生まれない。

このテキストには、発見の喜び、巨人ヘーゲルと戦い、フォイエルバッハからシュティルナーにいたる、すべてのヘーゲルの弟子をうまくやっかいばらいできる方法を発見したという喜びがある。しかし、人間の考察においてかつてない転回を記した、この著作を出版する出版者はいなかったのだ。

未刊の『ドイツ・イデオロギー』と共産主義運動

二人の友人はそれを後悔はしていなかった。マルクスはもっと後に落ち着いてこう書いている。「新しい状況によってもはや出版ができない状態にあることをわれわれが理解したとき、オクターヴォ版で二冊強の草稿は、長いことヴェストファーレンの出版社の手の中にあった。われわれは、この草稿を喜んでねずみのかじる批判にまかせた。[61] それはすでにわれわれは主要な目的、すなわち「相互理解[15]」のための目的を達していたからだ。

さらに二人は離れることはない。性格の違うフリードリヒの方は、カール以上に二人の作品が葬りさられるのに失望を抱いたかもしれない。

この作品の失敗を補ったのは活動であった。ロンドン滞在以来夢見てきたような、政治活動へ進み、ヨーロッパの革命活動の中心に踊り出て、同時にその覇権を獲得する（と彼らは確信していた）機会が訪れた。ロンドンで経験したことで、もはや理論に満足すること、いや活動の理論に満足することは問題ではなかった。活動すべきだ。ロンドンの集団との競争を恐れてはいない。

一八四六年三月末、マルクスはブリュッセルで共産主義のジャーナリスト会議を主催した。[248][62] マルクスはそこでこう強調する。共産主義革命が起こる前に、社会は権力をもつブルジョワジーの時代を通過しなければならないと。彼の意図は「哲学者たち」と「職人たち」と闘うことで、共産主義を「純化」することであった。二つの流れの一つを代表し、会議に出席していたヴィルヘルム・ヴァイトリンクに対して、マルクスは興奮し、激昂した。会議は混乱のうちに終わり、マルクスたちは会議室で叫び、身振りを使って表現した(248)。

この同じ年の春、二人は作品を書く一方、ブリュッセルでロンドンの義人同盟と、パリで溶解したヴァイトリンクの追放者同盟のコピー版の組織を創設し、それを「共産主義通信委員会」と名づけた。この新しいグループ（わずか十四名のメンバー）の公的な目的は、「義人同盟とヨーロッパのほかのすべての社会主義組織との継続的な交流の維持」だけであった。実際には自らヨーロッパ革命の中心に進むことで、ロンドンの義人同盟に取って代わるという野心があった。やがてカールとフリードリヒは、ブリュッセルの主要な亡命者に共産主義通信委員会の創設メンバーになるよう呼びかけた。そこにはいろいろな人々がいた。ドイツの仕立職人、ヴィルヘルム・ヴァイトリンク、ケルンのユダヤ人ブルジョワ、モーゼス・ヘス、プロイセンの旧砲兵士官ヘルマン・クリーゲ(63)、ロシアの作家パヴェル・アネンコフ、イェニーの弟でプロイセン貴族エトガー・フォン・ヴェストファーレン。彼らは国際共産主義組織の最初の中核となる。そこにニューヨークに住むカール・グリュン(64)が加わる。

たちまち権力機構の組織化の専門家となったカールは、この共産主義通信委員会に彼が作り上げる路線に背くものを排除する規則を与える。排除はまもなく始まる。

離反した最初の人物はヴァイトリンクであり、今ではマルクスの不満のもととなっていた。実際カールは会議のメンバーに「真正社会主義」、すなわちすべての人間は共通善をもつという思想を論破するよう要求した。ヴァイトリンクとグリュンはそれに同意しなかった。プルードンにならって、真正社会主義者は、ブルジョワジーと議会制民主主義の勝利によって、労働者が得をする素晴らしい進歩を、ひとりでに起こす「人間の善意」のようなものが存在すると考えていた。ヴァイトリンクは、彼がスイスで出版し、自らをイエス・キリストにたとえた彼のパンフレットを読むべきだと主張した。

夜の会議で詳しい記録を書く役割を負ったアネンコフによると、マルクスはやがて爆発した。「ヴァイトリンクよ、共産主義的説教でドイツを騒がせた貴方にとって、社会革命的活動の理論的基礎とはどんなものであるか言ってくれ。どんな理論で未来を基礎付けしたと思っているのか。明確な理論がなければ、人民は何もできない、だから騒ぎも抵抗も失敗するだけで、われわれの運動は崩壊してしまうのだ」。そして、ヴァイトリンクが労働者は彼のテキストを読めばいいのだと述べたとき、カールは爆発し、テーブルをこぶしで叩き、罵倒した。「無知で人間を救うことなどできない」と。ヴァイトリンクはやがて出て行き、グリュンもその後に続いた。

一カ月後、この会議を助けたヘスへの手紙の中で、ヴァイトリンクはマルクスと決裂した彼なりの理由を述べる。(230)「僕が達した結論は、ドイツで共産主義を実際に実現することは論外だ。まず権力を取るのはブルジョワジーだ」。

ヴァイトリンクとグリュンの後、委員会を去ったのはヘスで、彼は紛争を起こす問題、すなわち宗教は「人民のアヘン」であるという問題が告発されるのをおそれ、他の問題に関心をもつ。ヘスは、ヘーゲルに関する最初のテキストで、宗教は「人民のアヘン」であると告発する刺激をマルクスに与えた後、やがてユダヤ・ナショナリズムの最初の主張者、シオニズムの発見者となる。

マルクスはやがて委員会にインターナショナルな性格を与えようとする。一八四六年『貧困の哲学』(227)を出版したプルードンに手紙を書き、パリの通信員になって欲しいと頼む。新しい書物の中で、プルードンは、歴史は四つの時代にまたがる「平準化の仕事」であると書いている。その四つとは、言語の時代、精神の時代、革命の時代(その時代に、人間という類は経済的道徳的法則の理論を求め、宗教と政治を通じてそれを実現しようとする)、最後は社会の時代である。そこでは、経済原理が「政府と宗教という二つの古い原理[27]」に支えられている。彼は「所有」と「占有」を区分し、社会規制に対する個人的自由を保証する。「所有をやめ、占有を守れ、そして原理におけるこの唯一の変容によって、法、政府、経済、制度をすべて変えることができるのだ[227]」と。

この有名なフランスの社会主義者への手紙の追伸の欄で、カールはヴァイトリンクに歩み寄ったグリュンに注意するよう書かざるをえなかった。[65]ところが、グリュンはプルードンの友人であったのだ。

一八四六年五月十一日、四番目に辞めたのは、士官ヘルマン・クリーゲである。マルクスは、委員会の会計に不服だったという口実でグリュンを罷免すると同時に、彼を追放した。

こうした追放については言及する価値があろう。ニューヨークに住み着いたヘルマン・クリーゲはそこで『フォルクス・トリビューン』を発刊する。カールは、おおげさにも瀕死の共産主義通信委員会の「通信員」に任命した。クリーゲは、すべての土地を農民に譲渡するという、アメリカの土地を平等に分割するという、まったくカールと違った思想の持ち主であった。[66]何たる冒瀆者。カールは、私的所有を擁護したとしてクリーゲを告発すべく通信委員会の幹部会を召喚する。そこで「クリーゲに対する回状[67]」を書き、出席者はこのジャーナリストの追放を決定し、世間にそのことを知らせる。五月十七日、プルードンは、マルクスが「良心ある、誠実な議論を行い、世間に知的で、将来性をもつ寛容さを示さない限り[225]」(このことが説明されるのはずっと後のことだが)、委員会と関係することを拒否する。プルードンはこう付け加えている。「おお、神の名において。すべてのドグマを破壊した以上、人々を教条化するようなことは考えるべきではないでしょう[225]」と。二人の立場は和解しがたいように思われた。

こうしてカールは嫌味の新しい目標を見つける。『ドイツ・イデオロギー』の後、前の年の七月に出版社に約束した経済学の本の仕事を再開することをやめ、プルードンの『貧困の哲学』への回答を書くことになる。皮肉にも『哲学の貧困』[24]と名づけられたテキストの中で、彼は来るべき階級なき民主主義の分析を始める。「古い社会の崩壊の後、新しい政治権力が生まれ、新しい階級支配が起こるというのだろうか。いやそうではない。——労働者階級は古い市民社会にとって代わって階級とその対立を排除するアソシアシオンを生み出すだろう。そして固有の意味での政治権力はもはやありえないだろう。その理由は、政治権力はただ市民社会における対立を公的に表現しただけだからである。——社会運動は政治運動を排除するということではない。どの政治運動も同時に社会的である。階級やその対立がなくなるのは、社会的進歩がもはや政治的革命をともなわない秩序ある世界においてのみである[68][24]——」。やがてマルクスは、かつては褒め上げた人物を、ひどい残酷さと途轍もない狂信的な態度で破壊する。「フランスで彼(プルードン)は当然最悪の経済学者である。なぜなら、彼はよきドイツ哲学者であるからだ。ドイツでは彼は当然悪しき哲学者である。なぜなら彼はあまりにもすばらしい経済学者であるからだ。ドイツ人として、経済学者として、この二重の誤謬に抗議したかったのだ[69]」。もう少し後で、マルクスは残酷にもこう宣言する。「プルードンはブルジョワとプロレタリアート

MISÈRE DE LA PHILOSOPHIE.

RÉPONSE A LA PHILOSOPHIE DE LA MISÈRE DE M. PROUDHON.

Par Karl Marx

PARIS. A. FRANK.

BRUXELLES. C. G. VOGLER.

1847

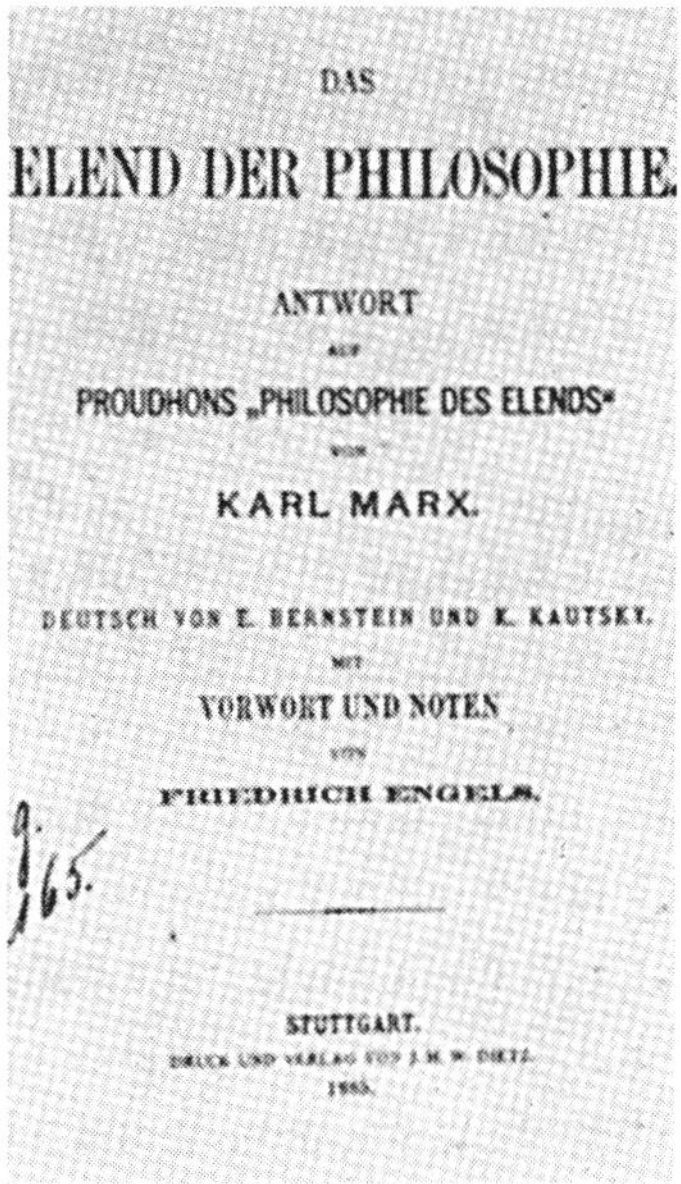
DAS ELEND DER PHILOSOPHIE.

ANTWORT AUF PROUDHONS „PHILOSOPHIE DES ELENDS“ VON KARL MARX.

DEUTSCH VON E. BERNSTEIN UND K. KAUTSKY. MIT VORWORT UND NOTEN VON FRIEDRICH ENGELS.

STUTTGART. DRUCK UND VERLAG VON J. H. W. DIETZ. 1885.

『哲学の貧困』フランス語初版(左)ドイツ語版(右)

の上にいる科学的人間としてプランを立てたいのだ。しかし彼は、資本と労働、政治経済学と共産主義の間をたえず揺れるプチブルそのものである[24]——」。

マルクスはこの作品を忘れることはなく、一八八〇年こう宣言する。「『哲学の貧困』と『共産党宣言』は『資本論』の読者への入門書となるだろう。——『哲学の貧困』は二十年後『資本論』として結実する理論の萌芽を含んでいる[70]」。

共産主義通信委員会の役割

ヴィルヘルム・ヴォルフ

一八四六年の六月、イギリス議会で外国の穀物の輸入に関税をかける「穀物法」が廃止され、自由貿易の時代が始まったとき、カールは通信委員会の追放者の埋め合わせをしようとする。後に信頼できる支持者となるヴィルヘルム・ヴォルフ[71]に会う。シュレージエンの農業労働者の息子であったヴォルフは、貧困と恐怖の中で育った。領主の末裔の嘲笑の的になったのだ。ある聖職者の助けで、ギムナジウム、そして大学に入ることができ、文献学を学び、ブレスラウの学生組合の創設者となる。共産主義のプロパガンダの廉(かど)で四年間収監された後、ブリュッセルに亡命することができた。「凡庸な外見の下に稀有なものを秘めた男」だと、エンゲルスは最初の出会いのときから判断していた。カールがルプス(ドイツ名の狼をラテン語に翻訳したもの)という綽名をつけるこのヴォルフは、すぐにブリュッセルの共産主義通信委員会に入る。もっと後に、マルクスは『資本論』をこの信頼すべき友人に捧げる。

二十八歳のマルクスは文筆家としてよりも活動家としての自分の将来を期待する。この時代マルクスを訪ねた人物はマルクスをこう説明する。[248]「エネルギーに満ち溢れ、信じられない確信をもった人物である。——彼は矛盾などないといった断固とした語り口をする。そのはっきりとした、決定的ともいえる粗暴な調子から、彼の使命はすべての精神を支配し、彼らの法律を提供することであるということがはっきりする。彼の中に『民主主義の独裁者』の化身がある」。

一八四六年十月、マルクスはこの創設メンバーの最後の一人も失う。それは、イェニーの弟のエトガーであり、彼はアメリカ行きを決意する。エトガーは、お金を集め（一部は異腹の兄フェルディナントから借りた）[72]、テキサスに行き、ブリュッセルにいる婚約者を捨てる。イェニーは弟の出発を非常に悲しんだ。カールはむしろこの男の出発に落胆した。そして彼を「怠けもののエトガー」と呼ぶ。

十一月の末、クラクフの労働者たちがその経営者に対して反抗し、暴動が起こる[73]。これによってこの都市を併合していたオーストリアが介入する。ヨーロッパ中が労働者に同情する。パリでは病気のフレデリック・ショパンが、同胞への賛歌を美しいバルカロール（八分の六拍子）で作曲する。マルクスはロシア人、オーストリア人、そしてポーランド人の資本家の間で引き裂かれた、ポーランド人労働者の運動を支持する多くの記事を書く。やがて社会主義の多くの指導者が、こうした状況に対決すべく国際的な労働者の真の連帯をつくる必要性を呼びかける。カールは、通信委員会がこの役割を担えると考える。そのためには、国際網をつくる必要があり、ロンドンの義人同盟内部に力をもつ必要があった。

その年の暮れ、彼はエンゲルスをパリに送り[74]、フランス人の活動家とドイツ人の亡命者とともに彼らの通信委員会とつながるパリの委員会を作ろうとする。エンゲルスは、グリュンとプルードンの「職人的・哲学的共産主義」の影響を払拭するという口実で、パリに委員会をつくり、その長に収まり、ブリュッセルに戻る。

一八四七年一月、ロンドンでは義人同盟の中央委員会が非常にダイナミックなブリュッセルの通信委員会に関心を示す。同盟はメンバーの一人をブリュッセルに遣し、彼らと結びつくよう提案する[75]。

マルクスとエンゲルスは、いつか同盟に認められ、その権力を獲得できるだろうと確信し、この申し出を受ける。三月、ブリュッセルの通信委員会は、義人同盟の中央委員会と公的に結びつき、「ブリュッセル部門」という名前に変える。同じ頃、カールはブリュッセルで編集されるドイツ人の新聞『ブリュッセル・ドイツ人新聞』に投稿し始める。その結果、ベルギーに住むために政治に関与しないという契約を取り交わしたカールは、警察に監視され始める。

この年、一般的な経済状況は悪化する。一部はじゃがいもの病気、最悪の天候状態によって凶作が起こり、農産物価格が上昇する。ヨーロッパでは飢饉で五〇万人が餓死する。この新しい恐慌は、過去の農業恐慌とまったく違っていた。なぜなら、これに産業生産物の過剰生産、工場の倒産、失業の悪化が加わったからだ。イギリスでは綿工業と鉄道会社が恐慌に陥る。社会的特徴をもった困難は大陸の各地で起こる。フランスでは穀物輸送者の暗殺、ヴュルテンベルクでは飢餓による暴動、ジェノヴァではパンを求める蜂起、ウィーンのパン屋に対する略奪などなど――。

パリでは、ニセフォール・ニエプス・ド・サン＝ヴィクトワールが、ガラスの銀板の上で最初の写真を発明するが、その頃左派はデモを行っていた。マルクスは『ブリュッセル・ドイツ人新聞』の中で、シュレージエンの織布工の蜂起三周年記念の祭に論文を掲載する。その隣には同じ問題についてのハイネの詩が掲載されていた。

「涙も枯渇した、暗い目
仕事に座って彼らは歯をかみしめる
ドイツ、われわれはあなたの白い布を織る

三重の不幸を横糸にまぜあわせる
われわれは織る」

「すべての地域の労働者よ、団結せよ」

一八四七年六月一日、ロンドンの義人同盟の会議はベルギー支部の存在を認め、民主友愛会を吸収する。エンゲルスは、この会議にブリュッセル委員会のパリ部門の代表として出席する。ヴォルフはブリュッセル支部を代表していた。マルクスはお金がなくベルギーに残っていたが、その影響力はかなりのものであった。なぜならこの二人は義人同盟で中心的な力をもち、ヨゼフ・モルが会議の準備をするのを手伝ったからである。ここでの問題は、「秘密の同盟理論をつくるフランス＝イギリスの共産主義と、ドイツ哲学との結合ではなく[248]」、前線の労働者階級の闘争に資する、科学的理論を作ることであった。義人同盟は謀議的な秘密結社の性格を捨てねばならない[248]。マルクスのイニシアチブで名称を変え、共産主義者同盟となる、それは「真正」あるいは「虚偽の」社会主義者を排除するためであった。共産主義者同盟はスローガンを変える。詩人ロバート・バーンズの「すべての人間は兄弟である」がやがて、「すべての地域の労働者よ、団結せよ[76]」に変わる。このスローガンはパリの労働者蜂起から出たスローガンであった。エンゲルスは新しい組織の信条の告白を編集する義務を負う[77]。

まだマルクスについて知らない人物に、マルクスの影響力を説明するために、古い友人に次のように言わせたという報告がある。「共産主義者同盟のメンバーたちは、まだ三十歳に達していない男を、『父マルクス』と呼んでいた。――マルクスは実際がっちりとした男で、身長もあり、肩幅も広く、胸の筋肉もあり、非常に均整が取れていた。もちろん、胴体は足に比べちょっと長く、それはユダヤ人に多い特徴であった。もし若い頃スポーツをたしなんだならば、とりわけ頑健な体になったであろう。彼が唯一たしなんだスポーツは歩くことであった。何時間もタバコを吸いながら、話をしながら、疲れを知らず歩いたり丘を登ったりした。――書斎では、歩きながら仕事をし、座るのは頭で考えたことをまとめるためだけであった。部屋を行ったり来たりしていた。会話しながらも、彼は歩くことを好んだ、議論するとき重要なインタビューのときに、時に立ち止まることはあったが[161]」。

ドイツ人労働者協会

仲間を広げ、新しい共産主義者同盟内部で力を得るために、マルクスは一八四七年八月、ロンドンで見た組織をモデルとしてドイツ人労働者協会を設立した。[78]それは二年間考えていたものだ。この組織は大衆組織で、ベルギーに住む非政治的なドイツ人労働者に、一般的教育や市民的教育から遊戯、歌唱、演劇入門までを教えた。マルクスとのつながりをまだ持っていたモーゼス・ヘスが議長で、ヴィルヘルム・ヴォルフが会計で、水曜日に労働問題の議論をし、日曜日には政治討論（女性も参加することができた）を行った。ドイツ人労働者協会はフランドルとワロンの労働者協会との関係をもち、同盟のブリュッセル支部に非常に活動的で政治的なメンバーを派遣していた。

一八四七年九月初め、ブリュッセルで、直接フランス語で書かれたプルードン批判の書『哲学の貧困』が出版され、マルクスとフランス社会主義の父との分裂が生まれた。作品は目立ったものであったが、カールに何ももたらさなかった。カールは生活のためあちこちからお金を借り、（当時彼の秘書をしていたパヴェル・アネンコフに不平をいいながら）「僕の妻のお金だけでは不十分だ」と手紙で書いた。それは妻がトリーアからいくばくかの援助を受けていたことを意味している。

パリでは、共和派が十七年の眠りから覚めたようであった。一八四七年七月九日、パリでの「政治饗宴キャンペーン」が、単一の要求、すなわち選挙改革をつうじてフランス中の共和派の反対派を集めた。政治饗宴は警察によるプロパガンダ禁止を避ける方法であった。

一八四七年九月、ロンドンで共産主義者同盟の「あらゆる地域の労働者よ、団結せよ」という標語を掲げた雑誌の第一号が出版されたとき、[79]カールはブリュッセルで世界の労働者の友愛を祝うパーティーに参加した。一二〇人が招待されていた。ベルギー人、ドイツ人、スイス人、フランス人、ポーランド人、イタリア人一人とロシア人一人であった。このとき、すべての国を連合するための民主協会の創設が決定された。[80]ドイツ人の中には、カール・マルクス、モーゼス・ヘス、ゲオルク・ヴェールト、二人のヴォルフ、シュテファン・ボルン、ボルンシュテットがいた。この協会の最初の重要な宣言は、十一月二十九日のポーランド蜂起の記念の宣言であった。マルクスは民主協会に加入し、ベルギー人を同盟に組織し、「プロレタリアの革命家」のいるベルギー人の政党を作ろうと考えた。

やがて彼のもとに期待すべき新しいニュースが入ってくる。息子が生まれたのだ。イェニーはアメリカに出発した弟の名前をとってエトガーと名付けることにする。カールは長い間、自分と父との関係のような関係をもちうる息子の誕生を心待ちにしていた。

十月、ブリュッセルのドイツ人新聞が掲載した「道徳的批判と批判的道徳」というタイトルのもとで、マルクスはすでに到達したひとつの思想を展開する。これはまだどこにも発表していなかった。それは、社会主義革命はブルジョワ革命の後でしか成立しないというものであった。もし「プロレタリアがブルジョワジーの政治支配を覆したとしても、その勝利はブルジョワ革命それ自身の過程の中でのみ行われ、ブルジョワ革命の運動を支援することになろう」[81]というものであった。プロレタリアは「歴史の進展が、ブルジョワ的生産方法、結果としてブルジョワジーの政治支配に終焉をもたらして」[28]はじめて真の勝利をえる。恐怖政治を擁護するマルクスはこう見事に書いている。「フランスにおける恐怖政治体制のみがまるで奇跡のように、棍棒の恐怖でフランスにあった封建制のすべての残骸を葬り去るのに役立ったのだ。ブルジョワジーは小心な用心深さのあまり、何十年たってもこうした仕事を行うことができない。したがって人民の血にまみれた行動によってのみ、ブルジョワジーの道は切り開かれたのだ」[82][28]。議会制民主主義の枠の中で、プロレタリアの政治意識の発生に必要な政治議論が生まれる。「イギリスにおいて、労働者がチャーティストの名前のもとで政党を構成しているように、北アメリカでは『国民改革派』という名のもとに政党を構成する。彼らの戦争の叫びは、けっして『君主制あるいは共和制』ではなく、『労働者支配かブルジョワ階級の支配』である。所有問題がもっとも重要な『社会問題』になるのは、近代ブルジョワ社会、それに応じた政治形態（すなわち代表制的、立憲的、共和的国家）を持った場合である」[83][28]。

このテキストはマルクスが使う表現と異なっている。マルクスは、恐怖政治に反対する。恐怖政治は彼の目からみればブルジョワジーに資するのみだからだ。マルクスは資本主義や民主主義がまだ十分発展していない国での革命に反対していた。労働者階級の革命意識が生まれるのは、議会制民主主義の中であると彼は考えていたのだ。このテキストを読めば、単一のロシアという国での共産主義革命の成功など、マルクスには考えられなかっただろうと思われる。

一八四七年十月、カールは義兄弟のマーストリヒトのシュマルハウゼン[84]を介して、父の遺産のうちの自分の分の獲得交渉を母と行う[101]。しかし無駄であった。

一八四七年十一月十五日、カールは、民主協会の副議長となる。議長はフランス人のメリネ、もう一人の副議長がベルギー人のリュシアン・ジョトランで、その目的は将来「ベルギーで組織され、統一される強い民主党」を、徐々に創設するということであった。やがてマルクスはブリュッセルに到着以来政治に関与しないという約束を完全に裏切る。ベルギー当局はしかしながらマルクスを非難しなかったが、彼らの監視は緻密であった。

十一月二十九日、クラクフ蜂起弾圧一年目の記念と一八三〇年のポーランド革命を記念する記念集会で、まだフランスの首都にいたバクーニンは、ロシア人とポーランド人に「外国のくびきに対して統一しよう」という呼びかけを行った。ロシア大使キセレフの要求によって彼はフランスを追放され、スイスに亡命する。

同じ日ロンドンで共産主義者同盟第二回会議が開催された。会議は一八三〇年のポーランド蜂起を記念すべく組織された[85]。マルクスとエンゲルスは二人で出席したが、マルクスはブリュッセルの民主協会（ブリュッセル支部の代表ではない）の代表として、エンゲルスはパリ支部の代表としてであった。カールはこう宣言する。「ほかの国と比べて、イギリスは対立が非常に高い水準にまで達している国である。だから、ポーランドではなくイギリスでポーランド人を解放すべきだ。イギリスのブルジョワに対するプロレタリアの勝利は、すべての抑圧者に対するすべての被抑圧者の勝利にとって決定的に重要なことである。だからこそ、ポーランドではなくこのイギリスでポーランド人が解放されねばならないのだ[86](4)」。長い議論の後、エンゲルスの提案で前の会議で決定された『信仰の告白』を、『共産党宣言』に変えることが決定され、カールはフリードリヒが書いた『共産主義者の原理』に基づいて書きなおすことになった。エンゲルスはまだ十二項目のリストより先には進んでいなかった。

十二月、エンゲルスはロンドンにとどまった。そこで共産主義者同盟の中央委員会に出席した。彼はそこで、組織の目的は「ブルジョワジーを打ち壊し、プロレタリアの支配を打ちたて、階級対立に基づく古いブルジョワ社会を廃棄し、階級なき、私的所有なき新しい社会を作り上げる[87]」ことであると規定した。

一八四八年一月にエンゲルスはパリに戻り、共産主義者同盟の同志の間に、堕落、内部闘争、狭量な精神があることを発見する。エンゲルスはフランスの労働者へのプルードンとヴァイトリンクの影響の存在を確認した。一月三十一日、失望してブリュッセルに戻る。

一方、ブリュッセルに戻ったマルクスは、共産主義者同盟が執拗に要求していた『宣言』の執筆をすぐには始めなかった。それは一八四八年一月初めにあった二つの重要な講演の準備をしていたからであった。それはそれぞれ彼の思想の重要な転換点となるものであった。

「自由貿易論」と『賃労働と資本』

ひとつは自由貿易に関するものであった。イギリスの農業を保護していた穀物法の廃棄が議論されていたとき、カールは自由貿易と市場の世界化がなぜ必要かについて、労働者に説明しようとする。資本主義の発展を促進することで、グローバリゼーションは社会主義への道を開く。一八四八年一月九日、ブリュッセルの民主協会で、カールは自由貿易についてこの重要な演説を行う。内容は今日でさえ多くのものが言っているような内容とかなり違っている。すなわち「労働者にとってもっとも都合がいいのは、資本の成長であり、それを認める必要がある――。一般的に、今日の保護主義的システムは保守的であり、一方自由貿易は破壊的である。自由貿易は古い国家を打ち壊し、ブルジョワジーとプロレタリアとの対立を極限にまで進める。言い換えれば、自由貿易は革命を加速する。だから私は自由貿易に賛成する」[88][31]。世界精神は、市場の世界化の到達として社会主義を理解しているのである。

もうひとつの講演は搾取に関するものである。今度はブリュッセルの労働者協会で同じ頃講演したこのテキスト、後に『賃労働と資本』[89]というタイトルのもとで知られるテキストで、カールは初めて彼の剰余価値理論の大枠を示す。労働者向けのこうした経済学記念講演会の中に、資本家による労働者の作り出す価値の収奪方法についての素描がある。つまり、資本家は労働者が作り出したすべての

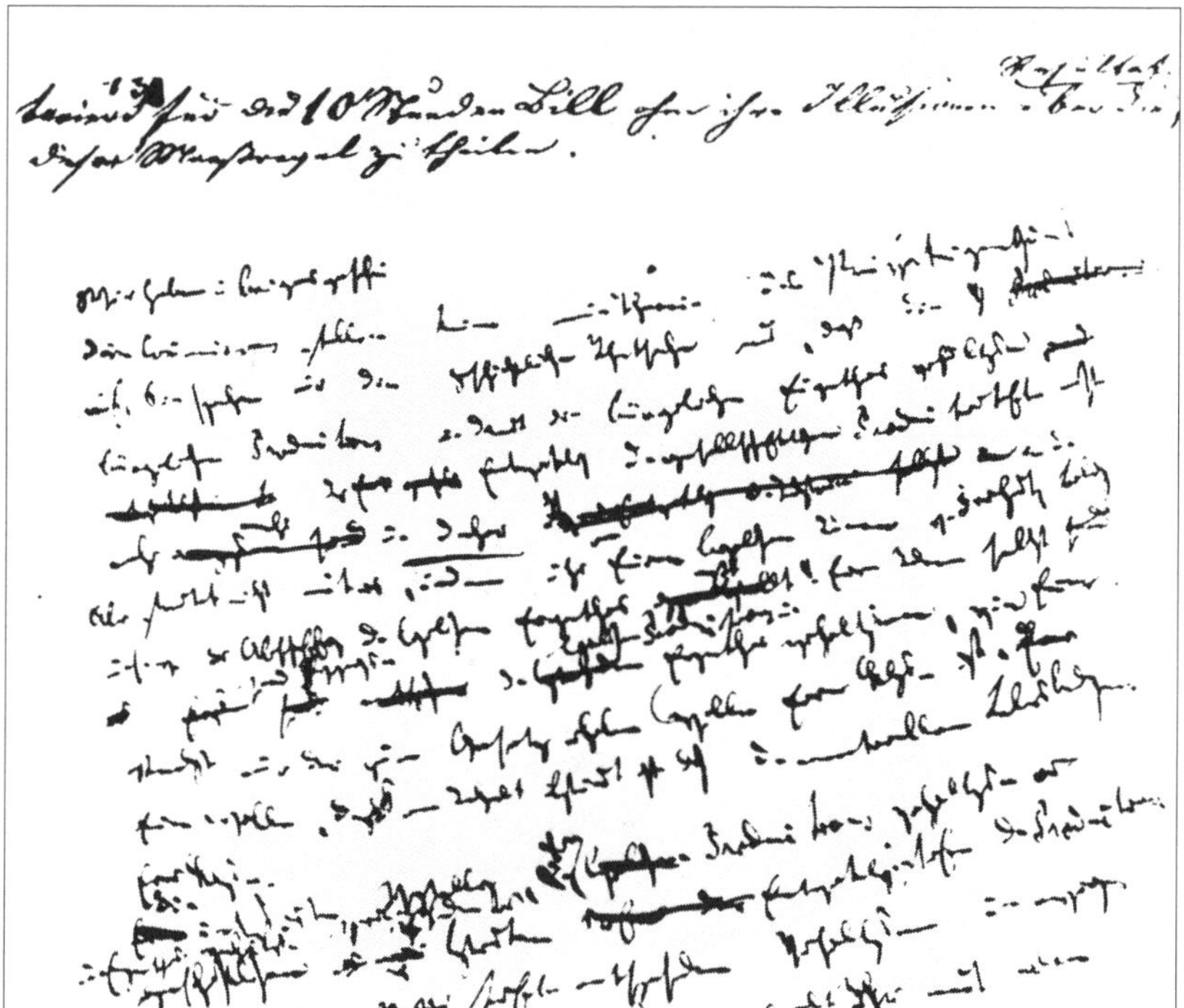

Manifest

der

Kommunistischen Partei.

Veröffentlicht im Februar 1848.

Proletarier aller Länder vereinigt euch.

London.

Gedruckt in der Office der „Bildungs-Gesellschaft für Arbeiter"
von J. E. Burghard.
46, Liverpool Street, Bishopsgate.

『共産党宣言』草稿（現在アムステルダムの国際社会史研究所に所蔵されている）と、1848 年にロンドンで出版された『共産党宣言』初版のタイトルページものに対してではなく、彼の再生産に必要なものだけを支払うわけだ。「したがって賃金は労働者が作り出した商品の一部にすぎない。賃金はすでに存在している商品の一部であり、資本家はそれによって生産的労働力の一定量を購入する。ゆえに労働力はその所有者、すなわち賃労働者が資本家に売る商品である。ではなぜそれを売るのか。それは生きるためである[90][35]」。

一八四八年革命

一方で、ヨーロッパのいたるところで、専制に亀裂が生じ始めていた。一八四八年一月十二日、パレルモとナポリでの暴動によってフェルディナント二世は、憲法を約束せざるをえなくなる。一八四八年革命の始まりを告げるできごとであった。

一八四八年一月二十六日、共産主義者同盟中央員会は怒っていた。ロンドンからブリュッセル支部に二月一日までに『宣言』の完成稿を送るか、執筆のための資料を送り返すかを命令する一月二十四日の決定を知らせてくる。カールは決心し、一八四八年一月の最後の一週間で『共産党宣言[41]』を書く。

彼にとって、この作品は個人的な作品ではなく、集団的作品である。筆にまかせて書いたが、再読さえしなかった。彼のいつもの作品の特徴とは違って、安易に書き出されたものである[91]。

一八四八年一月という異常な月にマルクスは三つの重要な作品を書き上げる。公表された三つのテキストのうち最初の二つは講演記録であり、最後の著作には彼の名前さえなかった。

こうしてマルクスはエンゲルスが前年に書いた十二の要求をとりあげ、それを十に縮め、史的唯物論の最初の完成稿を書き上げる。それは、プロレタリアが、「窮乏化せ」ざるをえない階級、当時言われた言葉では「幻想をもたない急進的な階級」として描かれた最初のテキストである。その著書の名は『共産党宣言』である。ブリュッセルに亡命していたまだ無名のわずか三十歳の若き哲学者が書いたこのテキストは、宗教の書物を除けば、現代までもっとも読まれた書物となる。

多くのマルクスの伝記作家にとって、『共産党宣言』は、『経済学・哲学草稿』と『ドイツ・イデオロギー』の個人主義的視点を否定する点において、これまでの書物との断絶を意味している。「理論的反ヒューマニズム」[56]の著作だと述べるものもいる。しかし、むしろ逆である。以前のテキストと継続していて、『宣言』は、階級闘争が歴史の主要要因であり、創造者であるプロレタリアが新しい社会をつくりあげるという、より完全な唯物論に向かっている。この書物は科学的社会主義の始まりであり、権力掌握のための政治活動への道を開く。

『共産党宣言』は人々をとらえ、この一世紀の間、世界の数億人が読み、そしてかなりのものにとって暗記してしまうほどの書物となる。

「ヨーロッパに一つの亡霊がうろついている。それは共産主義の亡霊である。古いヨーロッパのすべての権力はこの亡霊と戦うために神聖同盟を結んだ。その中には教皇とツァーリ、メッテルニヒとギゾー、フランスの急進派とドイツの警察がいる。権力をもつ敵から共産主義者だという非難を受けなかった反権力などいない。また逆に右派や左派の敵に向かって共産主義という不名誉な形容詞をつけなかった権力者などいない。そこから二つの教えが生まれる。すでに共産主義はヨーロッパのすべての権力から一つの権力だと認知されていることである。だから今こそまさに共産主義者が全世界に対し自らの概念、目的、その傾向について説明するいい機会なのだ。共産主義者は共産主義という亡霊の物語に対して、自ら党であるという宣言をする。こうした目的のために、さまざまな国籍をもった共産主義者がロンドンに集まり、次の宣言を起草した。この宣言は英語、フランス語、ドイツ語、イタリア語、フランドル語、デンマーク語で出版される予定である[92][41]」。

そしてこう続く。

「現在までのすべての社会の歴史は、階級闘争の歴史そのものであった。自由人と奴隷、貴族と平民、領主と農奴、同業組合の親方と職人、言い換えれば抑圧するものと抑圧されるものが、たえず対立しながら、あるときは開かれた、あるときは隠れた間断なき闘争を行ってきた。その戦いはいつも、たとえばすべての社会の革命的変革によって、またたとえば闘争する二つの階級の破壊によって終焉を迎えた。——封建制の遺跡の上に立てられた近代ブルジョワ社会も階級対立を廃棄したわけではなかった。むしろ古い階級、古い抑圧状態、古い階級闘争を、新しい階級、新しい抑圧状態、新しい階級闘争に変えたにすぎない。しかしわれわれの時代、すなわちブルジョワ時代の特徴は、階級対立を鮮明化したことである。社会はますます二つの大きな敵対する陣営、まったく対立する二つの大きな階級、すなわちブルジョワジーとプロレタリアに分かれているのだ。[93][41]——」。

支配するものと支配されるもの、搾取するものと搾取されるものとの闘争。もともと、原始社会では各自は生きるために必要な労働を自由に行っていたとマルクスは言う。分業によって、人間の富と社会階級が生まれたのである。今日では、資本主義はこうした社会階級の対立を単純にしている。古い社会を特徴付けていたさまざまな層のカーストや階級に代わって、資本主義はこれ以上単純化できない対立によって特徴づけられる。すなわち「二つの敵対する、ブルジョワジーとプロレタリアという階級」。そのときから国家の本質も含めて、すべては階級闘争という言葉で説明される。「固有の意味での政治権力は、他の階級を抑圧するための、ある階級が組織した権力である[41]」。

資本主義において、ブルジョワジーは人間の生産能力を転倒し、国民的孤立を破壊し、巨大な中心を作り、封建制を消滅させることで革命的な役割を演じる。マルクスの眼から見ると、そこでのブルジョワジーの役割は積極的である。こうして、ブルジョワジーの栄光のためにこれまで出版されたうちでもっとも美しい文章をマルクスは書く。今日でもなお、この文章は読まれるべきである。

「ブルジョワジーが存在するには、たえず生産手段を変革しなければならない。生産条件について言えることは、すべての社会関係についてもいえる――。これまでの時代とブルジョワジーの時代とを分けるものは、社会システムをつねに変革しつづけること、すなわちたえざる不安と行動である。古い由緒ある思想や概念に付随する伝統的な、固定したすべての社会関係は崩壊する。それに代わる社会関係も老化し、骨になる。永遠に固定したようなものはすべて、煙と消える。――そして自由競争によってすべての国境が消滅する。生産物にとってよい市場とは、中国の万里の長城をすべて瓦礫にし、外国人と敵対するもっとも頑強な野蛮人を降伏させる大きな大砲である――。自由競争によって農村から都市への人口移動が起こり、それによって素晴らしい進歩が生まれる。なぜなら、自由競争は、農村に暮らす愚かな人々の大部分を都市に収容するからである――[94][41]」。

マルクスは来るべきグローバリゼーションの、もっとも美しい予言的言葉をその後に続ける。

「世界市場の制覇によって、ブルジョワジーはあらゆる国の生産と消費にコスモポリタン的な性格を与えた。国民的生産物によって充足した古い需要に代わって、非常に遠い国、違う気候の生産物で需要を満たす新しい需要が生まれる。物質的生産に関して妥当することは、知的生産においても妥当する。――。意識の自由、宗教の自由という考えによって、知の領域での自由競争の支配が出現せざるをえない――生産手段の急速な発展と通信手段のたえまない改良によって、ブルジョワジーは非常に野蛮な国民を文明へと誘う[95][41]」。

もはや後ろ向きはない。なぜなら「歴史の歯車をもとに戻すことはできないからだ[41]」。

しかし同時に、『宣言』は労働者階級の搾取に対する獰猛な告白も行っている。

「労働者の生存は資本を増大させるためであり、支配階級の利益が要求するかぎりでしかない。――近代産業は家父長的な職人の小さなアトリエを産業資本家の大規模な工場に変えた。労働者大衆は工場に押し込まれ、そこで兵士のように組織される。産業の一兵卒は、士官や下士官といったヒェラルキーの完全な監視のもとに置かれる。彼らはたんにブルジョワジー階級の奴隷、ブルジョワ国家の奴隷というだけではない。一日一日、一時間一時間、彼らは機械、職工長、とりわけブルジョワ工場主のくびきのもとに従うようになる。これらの目的よりも、非常にしみったれた、不愉快で、誇張された専制主義、それが利潤である」。――「現在ブルジョワ階級と対立するあらゆる階級のうちでプロレタリアのみが真に革命的な階級である、それ以外の階級は大工業とともに破滅に向かい、消滅する。逆にプロレタリアは真の大工業の産物である。中産階級、小工場主、小売商、職人、農民、これらすべてはブルジョワジーと闘う。なぜならブルジョワジーは中産階級としての彼らの存在にとって脅威だからだ。しかし彼らは革命的ではなく、むしろ保守的である。逆にいえば、彼らは反動的である。彼らは歴史の歯車を逆に回そうとしているからだ。もし彼らが革命的であるとすれば、それはプロレタリアへの道を進むことによってである。その場合、彼らは現実の利益ではなく、未来の利益を擁護しているわけであり、プロレタリアの視点に移動することで自らの視点を捨てることでもある」[96][41]。

搾取への答えは、プルードン主義者の「真正社会主義」にはない。それは「人間の本質を実現するという無駄な思弁」にすぎず、貨幣体制を批判するために「人間的本質からの疎外」を語り、「哲学的な意味での不健康[41]」を声高に説くだけのことである。そうではなく自らの利害のみを考え、「ブルジョワ体制」、すなわち議会的体制としての支配体制を転覆すべく、国際的プロレタリア組織をつくるべきなのだ。しかしそれは権力をとるためではない。現在まで権力を奪取した抑圧された階級はいずれも、「自分」に有利な所有形態をとり、それを社会全体への搾取にしただけであった。それに対して、労働者階級は、所有を持たない。だからその歴史的課題は同時に階級、私的所有、搾取を廃棄することなのだ。「プロレタリアは第一に政治権力を奪取し、階級として自らを打ちたて、民族として自らを構成しなければならない。こうした活動に関しては、プロレタリアはまだ疑いなく民族的であるが、決してそれはブルジョワ的な意味ではない[97][41]」。

共産主義では、生活に基本的に必要な財は無償で作られ、配分される。すべての集団的所有となった資本は、新たな階級対立をつくらず、社会はすべての人間が実際平等な社会となる。

それからマルクスは、共産主義社会における権力遂行の問題と、資本主義と共産主義との過渡期における国家の役割の問題を解決する。

「発展過程において階級対立が消え、すべての生産がアソシエした諸個人の手に集中すると、公権力はその政治的性格を失う。固有の意味での政治権力とは、他人の抑圧のためにある階級が組織した権力である。もし、ブルジョワジーとの闘争において、プロレタリアがひとつの階級に結合せざるをえず、革命によってプロレタリアが支配的階級となり、古い生産関係を暴力的に廃棄することになれば、そのとき、プロレタリアは階級一般を廃棄し、それと同じく、階級としての自らの支配も廃棄する[98][41]」。

同じ頃一八四八年一月二十八日パリのブルボン宮の裁判所で、自由派の議員アレクシス・ド・トックヴィル[99]が、心配すべき革命が迫っていると発言する。彼によれば、革命は体制の疲労、秩序を支配する者の保守化、普通選挙賛成派の怒り、人民の貧困、社会における革命思想が労働者に普及することから起こるとされた。

二月革命の勃発

数日後実際に革命が勃発する。一方『宣言』のテキストは、ロンドンの印刷所ブルクハルトで、仮綴、髭文字を使ってドイツ語での出版準備が進んでいた。この冊子は著者名なく出版され、共産主義者同盟に運ばれた。

同じ頃アメリカでは一八四八年二月二日、グアダループ・ヒダルゴ条約[100]が締結された。それによってメキシコは合衆国にテキサス（そこにはイェニーの弟のエトガーがいた）、カリフォルニア、その他の地域を譲ることになっていた。

一八四八年二月十日ブリュッセルで、マルクスは父の遺産の一部をとうとう母から受け取る。その額は六千金フラン（一七〇〇ターレル）というかなりの額である。この額の大きさに不思議に思ったベルギー警察は、トリーア当局を通じて老婦人に問いあわせる。彼女は、このお金は彼女の息子が家族の生活資金にするため、以前から要求していたものだと答える[230][101]。

二月十二日のパリでは、ギゾーと大臣の多くが、政府に「賢明で、穏当な[163]」改革を行うよう要求する、議会のわずかな改革の声を拒否する。十四日、ギゾーは共和派の政治宴会を禁止し、軍を動かし、パリの国民軍にデモを押さえるよう命令したが、国民軍はそれを拒否する。労働者と学生（ユゴーが語る「下からの無限の力」、そしてティエールが語る「いやしいマルチチュード」）が蜂起する[163]。二月二十三日夜、国民軍は市役所とテュイルリー宮を占拠する蜂起者の陣営に寝返る。蜂起者のうち十六人が銃弾に倒れる。ルイ・フィリップは退位せざるをえなくなる。こうして臨時政府が設立される。そこには自由派の新聞『レフォルム』の編集長、フェルディナン・フロコンと二人の社会主義者、ルイ・ブランと「労働者」アルベール（噂では秘密結社の支部長であるといわれた[163]）がいた。この政府は第二共和制、労働の権利を宣言し、政治問題に関する死刑制度を廃止した。

二月二十六日、マルクスが二年来待ち望んだ事件が起こる。ロンドンではエンゲルスの示唆で、共産主義者同盟の指導者がベルギーへの蜂起の拡大を期待し、ロンドンの中央委員会をブリュッセルに移すことを決定する。これによって組織の鍵を握るのはマルクスとなる。まず彼はすぐに共産主義者同盟の新しい執行委員会の議長に選出されたが、大部分マルクスの友人、フリードリヒ・エンゲルス、ヴィルヘルム・ヴォルフ、ハインリヒ・バウアー、ヨゼフ・モル、カール・ヴァラウによって構成された。カール・シャパーはその中で書記であった。こうした動きに不安をもったため、これ以上プロイセン人が国境に近づかないよう、ベルリンの政府はベルギー当局にこうした不満分子の追放をするよう圧力をかける。

パリに戻る

三月二日、パリでは政府は標準労働時間を十時間に制限する。普通選挙の原理、出版の全面的自由、結社の権利が承認される。宣言された労働権に内容を与えるべく、働きたいと望むものすべてを雇用する国民作業場（アトリエ・ナショノー）が創設された。

三月三日、ベルギー国王はこうした状況に不安を隠せず、プロイセンに譲歩し、中立を守ると約束をしていたドイツ人亡命者たちをベルギー王国から追放することを決意する。マルクスは、ベルギーから追放される。そのエピソードについては、エンゲルスがすでにステレオタイプ化したスタイルで語っている。「ベルギー当局は民主協会の非常に革命的な要素を非難し、ベルギー人のプチブル民主主義者は、期待されていたほどベルギー人大衆を引っ張ることはできなかった。こうした状況の中で、民主協会の活動は徐々に消滅し、一八四九年以後まったく消えた(112)」。

同じ日、第二共和制臨時政府のメンバー、ジャーナリストのフェルディナン・フロコンが、一八四五年マルクスに与えられた滞在禁止を無効にし、この友人が再びパリに住めるよう招待した。共産主義中央委員会は、パリで組織を再編するためマルクスに全権を委任した。ブリュッセルの中央委員会はわずか一カ月しか続かなかった。

カールは三月五日、つらい旅の後パリに着く。イェニー、ヘレーネ、そして三人の子供は翌日着いた[102]。すでに鉄道網がいたるところにあった[103]。フライリヒラート、そのほかも彼の後を追った（エンゲルスはブリュッセルにいた）。バクーニンは追放されたジュネーヴからパリに戻った。革命の跡は至るところにあった。バリケードが組まれ、店は略奪され、パレ・ロワイヤルやテュイルリー宮殿は押さえられていた。様々な思想が生まれては、消えていった。毎日二百の新聞がパリで発行されていた。『構成する人民』という本で、ラムネーが相互扶助組合の創設を提案していた[104]。「未来の職業を現実のものとするには、それを確かなものにする、アソシアシオンを創設する必要がある[67]」。ルイ・ブランは「競争という凶悪なモンスターを破壊し[67]」、「老人、病人、身体障害者を迎え入れ、危機を軽減するための特別のアトリエ」を示唆した。プルードンは資本や利益をもたない人民銀行の開設を提唱し、各メンバーの労働生産物を抵当とした交換証票を流通させ、それによって貨幣は小所有者や労働者に利子なしで貸し付けられる予定であった[67]。彼はまた「農民を搾取から解放するために負債や損失を回転させる手段」、土地銀行の創設も示唆した。後に国有化というテーマは何度も想起される。カベーは「生産手段と原料を集中し、職業はコンクールによって、賃金は欲求に応じて配分する[67]」ことを提唱する。ラポヌレ、ラオティエール、ピロー、バブーフの継承者デザミが「所有、労働、教育の共同体」を主張する。

パリは混乱する。バクーニンは活動する。ある証言によると、「バクーニンは山岳派の事務所にいて、そこに泊まり、彼らと食事し、倦むことなく共産主義と賃金の平等、オーストリアのようなすべての国家を廃棄すること、永久革命、最終的に敵を消滅させる止むことのない闘争について彼らに語った」[230]。

一八四八年三月初めにパリに到着して以後、マルクスは一人のアメリカのジャーナリスト、『ニューヨーク・デイリー・トリビューン』[105]の通信員チャールズ・デナの訪問を受ける。この新聞は当時世界最大の日刊新聞で、最高の編集スタッフを持ち、高い政治や文学の水準を誇っていた。デナはマルクスが何をしようとしているかを知ろうとした。二人は共感した。彼らは再会を誓う。二人の長い共同作業の始まりである。

ドイツでの革命

カールはドイツで起こっている事態に関心をもち、パリにいるドイツ人労働者を組織し、指揮する共産主義者同盟に彼らを入れようとする[106]。

他のヨーロッパでもすべてが非常に早いスピードで動く。どこでも労働者はよりよい賃金を得るためにストライキを行い、農民はまず土地と税の軽減を要求する。三月十三日、ウィーンでも蜂起が起こる。プロイセンでは十八日とりわけベルリンでデモが拡大する。それは翌月に予定された選挙人があまりにも限定されていて、それを阻止するためであった。フリードリヒ・ヴィルヘルム四世はベルリンから軍を撤退させ、市民軍の召集を受け入れる。多くのドイツの君主もその例に従い、自由派の大臣を任命し、出版の自由と結社の権利を約束し、ドイツ国民議会を開くと述べる。とりわけフランクフルトでは、革命運動から発生した「議会」が承認されたが、自由派の多くはそれが「永久革命の執行委員会」に変貌することを阻止した。

パリではドイツの移民労働者がそわそわしていた。多くは国に帰って闘い、政治に参加することを期待していた。一八四三年末、パリでマルクス一家と一緒に暮らしたゲオルク・ヘルヴェークは「民主協会」(ドイツ軍団)を組織する、これは一万四千人からなる国際的軍団で、三月十八日ドイツに向けて出発する。[107]カールはそれに反対であった。彼の考えでは、ドイツにおける社会運動は議会による共和制以上に開かれた道はないというものであった。なぜなら共産主義革命などに耳を貸すものはいなかったからだ。ドイツ人の労働者に共産主義のテーゼへの支持を取り付けようと、カールが送った使節は、こう報告していた。共産主義はどこでも無関心あるいは反発を引き起こしていると。したがって、今は軍事活動よりも政治活動のときである。「革命は非常に重要な問題であり、ロマン主義的、英雄的行動はかえってそれを弱め、敵に資するだけである」[20]。したがってヘルヴェークに軍団を出発させせないよう、戦争が好きなエンゲルスにそれに参加しないよう、出来るだけ説得した。ヘルヴェークの計画はフランス政府の多くの支持を得ていて、出資金と同額分が融資されるはずであった。パリに亡命していたドイツ人の職人たちの多くはまったく危機的状態で、仕事もなかったので、国を奪還するという移民の出発に対する融資は、職業対策以上に金のかからない解決策であった。[248]亡命者の参加する大きな集会でマルクスはこう述べた。「こうした軍団はプロイセン軍による革命の崩壊を招き、フランスの自由派ブルジョワも、わずかばかりのお金で真の革命家の多くをやっかいばらいすることができることだろう。したがってこれは、ばかげた話である」と述べた。フリードリヒは、ほかの共産主義者同様、断念するが、軍団は動揺する。軍団のメンバーはマルクスを「腰抜け」、「裏切り者」と呼んだ。しかし四月十日、バーデン公国の国境を越えるやいなや逮捕されたり、虐殺されたりし、ヘルヴェークはそこから逃げることになる。

マルクス、ドイツへ帰る

マルクスも同じ頃エンゲルスとフライリヒラートとともにケルンに向けて出発する。[108]それは戦うためではなく、ドイツ全土で四月に行われると告知された選挙の準備のためであった。三人は四月十一日ケルンに落ち着く。当時公的な救済委員会が統治していて、彼らに滞在許可証を発行した。カール

ラサール

は、非常に人気のあったアンドレアス・ゴットシャルクが創設した、その地方の左派の指導者たちに会った[109]。彼らは選挙のためにするべきことは何かという議論を始めた。マルクスはブルジョワジーとの連帯に賛成した。もちろんブルジョワジーが議会制民主主義を作るだろうと考えてのことであった。ゴットシャルクはそれに反対した。民主主義が目的ではない。『宣言』の最初の第一刷がドイツに届く。新聞がその抜書きを掲載する。それぞれ選挙に勝つために活動する。バクーニンはフランクフルトに到着し、ケルン、ベルリン、ライプツィヒに向かう。マルクスもまたラインの諸都市を回って支持者を集める。

デュッセルドルフで彼は二十三歳の若いブロツラフの名家出身の男、フェルディナント・ラサールに会う。彼はドイツにいるマルクスを助けることを申し出る[74]。彼らには共通点があった。ラサールはブルジョワ家庭出身のユダヤ人、社会主義者で、哲学者であることを夢見、著書『ヘラクレイトス』を執筆する。マルクスはラサールに、フランス人と違ってドイツ人が革命的なのは精神の中、すなわち純粋に思考の中だけであると述べる。その結果、だから彼らができるのは、貴族的な秩序を破壊し、ブルジョワ民主主義の制度をつくりあげることであると[74]。マルクスはこう説明する。ゴットシャルクには不快の念をあたえたが、プロイセンでのこの革命は大きな歴史的意味と成功のチャンスをもっていると。歴史的に生成するということは、ゆっくりと段階を上っていくということではない。だからこそ短期的に活動の前衛として活動するためには、ブルジョワの要求を支持するほうがいいのだ。ラサールは承認する。

やがて数日の間、マルクスはエンゲルスと、ブルジョワジーと共通の綱領をどうつくるべきかを明確にするため、具体的な最初の綱領を書く。「ドイツにおける共産主義者の諸要求[45]」がそれである。

第一項はこう宣言する。「全ドイツはひとつの分離不可能な共和国であると宣言する」[110]。これは、ブルジョワジーの議員に与えられる保証金として、容易に受け入れられることであった。しかし、マルクスが予測したようにブルジョワジーは、そのほかの要求は受け入れようとしなかった。累進的所得税、教育の無償、輸送手段の国有化、中央銀行の創設。なおその後の歴史で起こる事実とは違って、そこではマルクスは生産手段の全面的な国有化、とりわけ資本主義が十分に発展していない国での国有化には賛成ではなかった。

四月の末、予想通り自由派は選挙を行う。一八四八年五月十八日、議会はフランクフルトのザンクト・パウル教会で壮麗に開会した。課題は二重にあった。憲法をまとめること、政府を作ること。

同じ頃、かつて二度ほど行ったようにマルクスはジャーナリストを始めた都市ケルンで、日刊新聞を作る。今度の名前は『新ライン新聞[45]』。この新聞についてマルクスはこう書いている。「民主主義の旗以上のものを示すことはできなかったが、それはいつもプロレタリア的性格をもつ民主主義の旗であった。なぜなら当時プロレタリアの旗を掲げることはできなかったからだ[45]」。独裁に対する自由派民主主義と社会主義者との連帯という思想に忠実に、自由派の中に融資者を探した。そして十分成功した。豊かな企業家のルドルフ・カンプハウゼン、市の商務大臣ダフィット・ユストゥス・ハンゼマンが出資者となる。

五月三十一日、『新ライン新聞』第一号が出た。カールは新聞の編集から経営とすべてに関わった。カールはタイトルを選び、午後の最後には組版を確認した。エンゲルスは、編集は「まったくのマルクスの独裁」であったと書いている。当初、新聞は君主制に対する攻撃に集中する。しかしすぐに、利害の対立に遭遇しなければならなくなる。なぜなら、出資者が政府に入ったからである。

一八四八年の『新ライン新聞』の印刷を見るマルクスとエンゲルス。E・カピーロによる想像画

実際、最初の帝国政府がオーストリア大公ヨハンの指導のもと設立される。カンプハウゼンとハンゼマンという二人の株主が、そこでそれぞれ首相と財務大臣を占めることになる。外務大臣はひとりのプロイセン人に委ねられる。カンプハウゼンはマルクスにこの内閣に参加するよう要求する。カールはこの申し出を断り、新聞に集中し、やがてほどなく政府を批判する。政府は「貴族と大ブルジョワの反攻を野放しにしている(45)」と批判する。事実、ドイツブルジョワジーは政治的自由主義に対して、プロイセン国家、大土地所有者との連帯を選んだ。政府は同時にオーストリアの君主が廃位を拒否することで麻痺した。非ゲルマン圏でむしろ権力は強化されていた。

一八四八年六月二日から九日にかけて、ロンドンで共産主義者同盟第三回会議が開催される。資金不足で、そのリーダーであったマルクスはケルンに留まり、新聞の仕事に従事する。ヴィルヘルム・ヴォルフ（ルプス）がブリュッセル支部の代表、エンゲルスがパリ支部の代表であった。この混乱の時期、組織の統一を図るため、二つの改革が同盟の規約にもたらされた。最終的な革命組織への「潜入工作」を意図していた。「共産主義者同盟のメンバーが政治組織に所属することを禁止するということは、政治的誤謬だと考える。なぜなら、それによってこうした政治組織で活動の可能性が奪われるからだ」。同時に二一項が抹消された。それは、「法としての意味を持つ会議の決定はすべて支部の承認と拒否に委ねられる」という、民主的な規定である。この抹消には次の口実があった。「革命の時期において、こうした制限によって会議へのエネルギーがそがれる。一七九四年において貴族がすべての行動を麻痺させるために同じことを要求したことを思い出そう」。

フランスとドイツでの革命の進展

同じ頃、パリではドイツと同様進展があった。大部分が地方の名士からなる、四月に選ばれた憲法制定議会が第二共和制を宣言する。臨時政府は執行委員会にとって代わる。委員会は六月二十一日、彼らは十分な仕事をしておらず、労働教育と関係なく土木事業だけを与えていると主張することで、国民作業場を閉鎖し、労働者の運動を圧殺することを期待した。反応は爆発的であった。一万二千人の労働者が国民作業場から馘（くび）になり、二万人が六月二十三日、路上に投げ出された。四百のバリケードがパリの東に作られた[163]。暴徒はこう叫んだ。「労働、さもなくばパンを。パン、さもなくば弾を」。

政府は落ち着きを取り戻し、遂行者を逮捕し、全権をカヴェニャック将軍に委ねた。彼は、一八四八年六月二十三日から二十六日にかけ蜂起を鎮圧した。弾圧によって五千人が死に、一万一千人の労働者が逮捕され、四千人がアルジェリア送りとなった[163]。七月三日、国民作業場は完全に閉鎖された。プルードンは亡命する。「プロレタリアを圧殺する共和制など信用しない[96]」と、ジョルジュ・サンドが叫ぶ。

ケルンのマルクスは、アメリカ行きを申し出た際に失った、プロイセン国籍を再び取り戻そうとする。プロイセン政府は八月三日、その申し出を断る。カールは二十二日、この決定に抗議をする。しかし無駄であった。

パリのルイ・ブランは明確に労働権を要求する憲法草案を書く。「共和国は市民を人間、家族、住居、

『新ライン新聞』紙

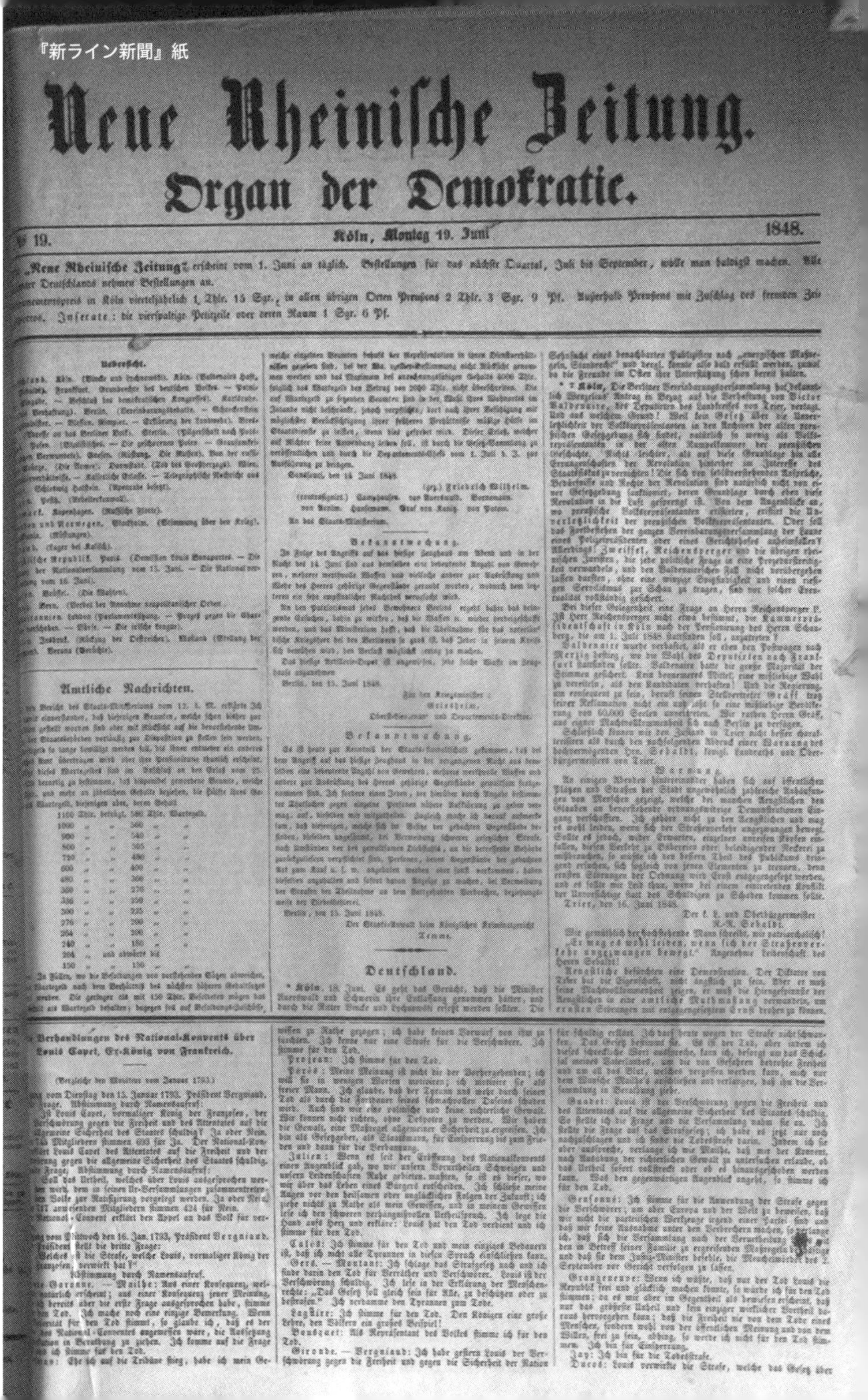

Neue Rheinische Zeitung.

Organ der Demokratie.

№ 19. Köln, Montag 19. Juni 1848.

Die „Neue Rheinische Zeitung" erscheint vom 1. Juni an täglich. Bestellungen für das nächste Quartal, Juli bis September, wolle man baldigst machen. Alle Postämter Deutschlands nehmen Bestellungen an.

Abonnementspreis in Köln vierteljährlich 1 Thlr. 15 Sgr., in allen übrigen Orten Preußens 2 Thlr. 3 Sgr. 9 Pf. Außerhalb Preußens mit Zuschlag des fremden Zeitungsportos. Inserate: die vierspaltige Petitzeile oder deren Raum 1 Sgr. 6 Pf.

Uebersicht.

Amtliche Nachrichten.

Bekanntmachung.

Bekanntmachung.

Deutschland.

Verhandlungen des National-Konvents über Louis Capet, Ex-König von Frankreich.

Warnung.

所有として守り、生活手段を持てないものに労働と援助を与え、すべての人間になくてはならない知識を与え、知性を養うため無償教育を普及する義務がある」。アレクシス・ド・トックヴィルは彼が「社会戦争、一種の内乱」と呼んだものを告発し、一八四八年九月十二日、新しい憲法に労働権が盛り込まれることに反対する。彼の『労働権論』[267]は、社会主義に反対する最初の重要なテキストである。「社会主義という名をつけるすべてのシステムの最初の特徴は、人間の物的情熱に対するエネルギッシュで、継続的で、異常な訴えである――物的豊かさには大きな危険がある。そのわけは、それがとりわけ民主主義を無視するからである。物的財への情熱は執念深く、市民の義務の遂行に支障をきたす」。トックヴィルの眼から見ると、普遍的平等の探求は自由の否定につながり、社会主義は「新しい奴隷制」となる。彼によると、平等は自由と結びつくものである。「民主主義と社会主義は平等という一言でのみ結びつくが、それには相違がある。民主主義は自由に平等を見、社会主義は隷属と窮屈さの中に平等を見ている。彼はまた国家の保護という思想を拒否する。その理由は、「公的慈善を増大させ、作り出し、調整するだけ[267]」で十分だからだ。

　同じ日、ケルンのマルクスは自由派の民主主義者との連帯は不可能だと認める。戦略を変えねばならない。事実、オーウェンの協同組合の失敗、フーリエのファランステールの失敗、ルイ・ブランの国民作業場の失敗、十九世紀初めの生産協同組合の消滅、国民革命の失敗によって、マルクスの新しい計画が生み出される余地が生まれる。すなわち、資本に対する絶対的戦争。

　やがてマルクスは初めて、「暫定的独裁」という概念をつくる。それはやがて「プロレタリア独裁」という概念になる。九月十四日『新ライン新聞』にこう書く。「革命後の国家の暫定的状況は、すべて独裁を要求し、力ずくの独裁さえ要求する。はじめから、われわれはカンプハウゼンが独裁的手段をもって行動しなかったこと、古い制度の残滓を直接破壊し、抑圧しなかったことを非難してきた。カンプハウゼンが憲法の成立の夢を見ていたころ、敗北した連中は行政と軍において力を増していたのだ」[111][45]。

こうした攻撃によって、『新ライン新聞』の自由派の出資者は撤退する。政府と議会は、君主制に対して無力な二つの存在であった。民主的期待を守るために九月十九日、国のいたるところで、とりわけフランクフルトで蜂起が起こる。軍事的戦略に眼がないエンゲルスは、それを記すのもお手のものである。

「フランクフルトで起きた流血の蜂起。すなわちドイツの名誉は、恥と不名誉の中で解雇された一人のプロイセンの大臣に、国民議会が売り飛ばしたものである。しかしその名誉は、命を犠牲にしたフランクフルト、オッフェンバッハ、ハーナウの労働者たち、地方の農民たちによって守られることになる。いまだにこの闘争は不確かだ。兵士たちも昨日の夜以来前進したようには思えない」[112]。「非武装の人民の多くは、ブルジョワジーが再び獲得した権力、軍人や役人によって組織される国家権力に対して、闘わねばならないだけではない、自ら武装したブルジョワジーとも戦わねばならないのだ。ちゃんとした武器をもたず、組織力もない人民は自らの前に、よく組織され、よく武装した別の社会階級を前にしている。だからこそ現在まで、人民は勝てなかったし、これからも勝てないだろう。もし勝てるとすれば、人民の敵が戦争で軍をとられ、結束の乱れで弱体化し、なんらかの大きな事件が起こり、それによって人民が絶望的な戦いへと進み、敵の闘争心を砕く場合だけである」[113][45]。

翌日、エンゲルスは書くことではなく、行動に出ていく。彼はこっそりと潜入する用意をする。マルクスは、ブルジョワジーが反動に対して新聞から身をひくにつれて一層対立を深める。一八四八年九月二十五日、ケルンでは戒厳令が施行され、『新ライン新聞』の発行が停止する。二十七日フランクフルト議会はますます君主権力から孤立し、「アメリカの独立戦争やフランス革命にならって特権を廃止し、各市民の権利の平等を実現しようという――ドイツ人民の根本的権利」を公布して反抗する。

十月十二日、『新ライン新聞』が出るが、一方で革命は袋小路に陥り、革命は分裂する。マルクスの新聞は、ジョルジュ・サンドの証言にもとづいて、バクーニンはツァーリのスパイであると非難す[244]る[114]。しかしこのフランスの作家はロシアの革命家の彼女への忠節心を疑わなかった。こうしてマルクスは記事を打ち消す記事を出す[45]。十月十八日のゲオルク・ユンクのアーノルト・ルーゲ宛の手紙は、マルクスに対する印象を書いている。それは「絶対に絶望しない革命家[248]」という印象である。

やがて敗走が始まる。十一月二十二日、革命に身を投じた若きフェルディナント・ラサールがデュッセルドルフで、国家に対する武装蜂起を呼びかけたとしてほかの人々と一緒に逮捕された。武器闘争に従事していたエンゲルスは、警察に尾行され、フランス、スイスへ逃げ、一方で彼の友人は裁判にかかる。

パリでの状況もまさにこれと似ていた。投票箱から出た反動権力は、ベルリンのように独裁復帰の手段をつくる。一八四八年十二月十日、ルイ＝ナポレオン・ボナパルトが、六月の虐殺の不信を買ったカヴェニャック将軍を破ってフランス共和国第一回大統領に選出される。君主派のリーダー、アドルフ・ティエールは、仲間に未来のナポレオン三世を支持するよう説得する（「一人の馬鹿を皇帝にすることだ」）。なるほど第二共和制の憲法は大統領が新しい権限を得ることを禁止していたし、新しい選挙は二年以内に行われる予定だった。ルイ＝ナポレオン・ボナパルトは裁判所での誓いを述べ、「神と国民議会を代表するフランス人民のいる前で、不可分の民主共和国に忠節を尽くし、憲法が定める義務を履行する」ことを誓う。

十二月十五日、マルクスはヨーロッパのブルジョワジーに対して怒りをぶちまける。なぜなら、彼らは「小指一本も上げておらず、彼らのために戦ったのはむしろ人民だったからだ」[115][45]。彼はそうなることを望みはしなかったが予測はしていた。それはあまりにも早く来た。しかし、今では教訓をそこから引き出すべきだった。プロレタリアートが自分の力で、自らのために組織することを。

こうした混沌した様相の中で、ひとつの発見が生まれる。マルクスはすぐにそれをあらゆる意味での尺度にする。ドイツのグスタフ・キルヒホフが、電流に関連して起こる現象は、静電気現象と同じものであることを証明する。彼はこうして電流を作る道を開いたのだ。カールは、そこに蒸気機関よりもより重要な革命が告げられたことを見る。それは袋小路に入っていた革命よりも決定的で確かなものであった。

一八四九年一月、エンゲルスはまだスイスに亡命していた。一方でマルクスは万難を排して新聞を編集し、発行しつづけていた。彼は国王、政府、軍、裁判所、財務官僚、外交官への批判を書いた。税支払いの拒否への呼びかけと役人への侮辱を吐いたことで追及され、二月七日、八日政府は、法律への侮辱で告訴した。しかし陪審員は彼の無罪放免を告げ、裁判長は弁護の質をほめた。

二月十日、カールは、ずっと投獄されている新しい友人フェルディナント・ラサールに対して問われている、不法という問題を告発する一連の記事を掲載し始める。「ラサールがデュッセルドルフの刑務所に収監されて十一週間がたつが、今ではだれも否定できないような、単純な事実に対する調査すらも打ち切られている」[116][45]。三月三日、マルクスとエンゲルスは最近の裁判の報告に抗議すべくこの

ヴァグナー

町の検事総長ニコロヴィウス[117]を探し出す。

一八四九年三月二十八日、五六八人のフランクフルト国民議会のメンバーが少数派を抑え、小さなマイノリティー国家であった三十のドイツ小国家のうち二八カ国が採用した憲法にしたがい、プロイセン国王フリードリヒ・ヴィルヘルム四世を帝国の王に擁立した。オーストリア皇帝が伝統的に優位な立場にあることを理由に、この擁立に抗議すると、プロイセン国王は、「道路でかき集められた王位」など望まないとして、憲法も称号も拒否した。自由派を追放した議会は、やがてシュトゥットガルトに移動し、ヴュルテンベルク軍によって追放される。

憲法を作成するには困難が伴った。それは血によって弾圧されたのだ。一八四九年四月末、ドレスデン蜂起の間、若い音楽家リヒャルト・ヴァグナーは、四月半ば、隠れて住んでいたバクーニンと会う[118]。五月六日、プロイセン軍がドレスデンの秩序を回復すると、ヴァグナーは地域軍の分遣隊を指揮し、臨時政府にプロイセン軍の侵攻を教えた。プロイセン軍が町の中に入るやいなや、バクーニンは捕らえられ、ヴァグナーは逃走する。バクーニンはヴァグナーにジークフリートのモデルを吹き込んだといわれている。

エンゲルスはヴィリッヒの指導の下バーデンとパラティナで蜂起する軍に参加した[119]。友人が何も持たないで出発するのではと心配したマルクスは、父の遺産のほとんど全部（五千金フランから六千金フラン）を、武器を買うための資金に使った[201]。戦いは激しく、ロンドンの共産主義者同盟の創設者でマルクスの仲間の一人であったモルはそこで命を落とす。エンゲルスは、跡を残さず消える。彼の生存を知るものはいなかった。君主主義者の鉛の覆いがプロイセン王国に襲いかかる。

フランスでは、五月十三日の立法選挙によって秩序党が、山岳派の一八〇と共和主義穏健派の八〇に対して、四九〇議席を獲得する。ボナパルティストの鉛の覆いがフランス共和制に襲いかかる。

ケルンのカールは、十六日「外国人に対する居住権を恥かしくも冒瀆した」として、プロイセンからの立ち退き命令を受けた。それは追放令を意味した。[213]十八日、彼は『新ライン新聞』の最新号を赤色の活字で印刷し、発行する。最初のページには、ロンドンに亡命したフェルディナント・フライリヒラートの決別の詩が掲載されていた。

『新ライン新聞』の廃刊

さらば、さらば逃走の雷鳴よ
さらば戦友よ
そして、諸君たち、銃弾で汚れた大地よ。
剣も槍もさらば
だからさらば、しかし永遠というわけでもない
我が兄弟よ、彼らはわれらの思想を圧殺した
時は来たり、私は生まれ変わる
たえず、そしてなお生き生きと
ドナウとラインの上で、言葉によって、剣によって、
いたるところで蜂起する人民となろう
戦場の信頼できる友
反抗し、追い立てられ、生き生きとして

この新聞はカールに全体で七千ターレルの借金を残す。彼は、遺産の残りと家族のすべての財産を抵当にしていた。そこにはドイツで集めた書物も含まれた。トリーアの母であるヴェストファーレン夫人の家に逃げていたイェニーは、子供をマルクスの母、カールの妹に紹介したが、息子であり兄妹であるカールが革命の指導者になったことに驚いていた[120]。

カールはフランクフルト、マンハイム、ルードヴィヒスハーフェン、カールスルーエ、シュパイアー、カイザーラウテルンに行き、そこでキャンペーンを張る。追われているという感じはなかった。『ラ・プレス』の記者にこう語る。「プロイセン滞在について弁護を行った後、私は居住が禁止されていないヘッセン大公国にまず退きました。それ以外のドイツでは居住が禁止されているからです」と。しかし新たに逮捕され、ハンブルクにつれて行かれ、そこでパリにのみ行けるパスポートを受け取る。彼は今度は本当の亡命者として、ドイツを発たねばならなくなる[121]。

マルクス、再びパリへ

マルクスは一八四九年六月三日、パリに到着する。そこで未来を確信する。七月七日、彼はフランスで革命的新聞を作ろうとする。しかし検閲によって出版は封殺されようとしていることを見ていなかった。

当時パリは伝染病、コレラに襲われていた[122]。ロシアの革命家アレクサンドル・ゲルツェンはこう書いている。「空気は重い。太陽のない暑さによって人々は苦しんでいる。伝染病によって多くの犠牲者が出ている[213]」。政治的状況も息がつまるものであった。大統領ルイ＝ナポレオン・ボナパルトは、共和主義者と戦う教皇を支援するためにイタリアに軍を派遣したが[123]、六月十一日山岳派の長ルドリュ・ロランは、大統領が憲法を踏みにじったことを非難すべきだと内閣に要求する。憲法はこう記していた。「フランス共和国はけっして人民の自由を踏みつぶすことはない」と。ルドリュ・ロランの議論は「事実に基づく、内容の濃い、生き生きとした飾り気のないものだ」[21]と、マルクスは書くことになる。しかし内閣は彼の提案した議論を先延ばしにした。

六月十三日、山岳派が組織する抗議デモが失敗する。十九日、結社の自由は一年で停止され、出版の自由は抑圧された。マルクスが期待したすべての新聞は廃刊となった。ルドリュ・ロランもルイ・ブラン同様イギリスに亡命する。そのほかのひとびとは逮捕された。同じ日バクーニンはドイツによってオーストリアに引き渡され、ロシアに送還され、そこで八年の刑務所暮らしとなるシベリアへ送られ、ロシアの檻の夜に消えることになる。

七月十九日、プリンスの大統領ナポレオンは、マルクスにモルビアン県、すなわち「ブルターニュのポンタンの沼」に住むよう命令する。カールはそこに行くことをためらう。一八四九年八月の恐ろしい月に、追われたカベーはフランスを去り、テキサスに行き、そこのイカリア共同体に参加する。そして彼は次の年サン・ルイで亡くなる。[124]

いずれも、結集したヨーロッパの民主主義の夢は短くも消えつつあることを感じる。しかしパリの国民議会議員ヴィクトル・ユゴーは、この夢をパリの国際平和会議の開会式の演説でもまだ語っていた。[125]「いつかフランス、ロシア、イタリア、イギリス、ドイツといったあなたがた大陸のすべての国民が、その特性や栄光ある個性を失うことなく、国家を超えた統一の中に消えていく、ヨーロッパの友愛がつくり出される日が来るであろう」と。

マルクスはためらう。どこに行くべきか。スイスか。アメリカか。一八四五年のことを思い出しながら、彼は決心する。ロンドンにしようと。八月二十七日、彼はフランスを去り、イギリス行きの船に乗る。[126]イギリスは言葉が不慣れな国でだれも待つものもいない国であった。彼は三十一歳である。

彼には、一銭もなく、知り合いもなく、支持者もなく、仕事もない。妻と三人の子供以外にはなにもない。最高の友人は失敗した革命の最後の戦いでおそらく死んだであろう。虚無という重石(おもし)が彼の上に襲いかかる。

3 イギリスの経済学者

一八四九年八月―五六年三月

十九世紀中葉のイギリス――産業革命、貧困、政治

トマス・ブラッシー

カール・マルクスが一八四九年八月二十六日に上陸した〔1〕イギリスは、大陸の動揺を軽蔑をもって眺めていた。当時ヨーロッパを襲っていた危機を尻目に、イギリスはもっとも豊かで、もっとも進んだ、もっとも約束された国であった。石炭を機械の動力にすることで、十八世紀の末に口火を切った産業革命は、経済を根本から変容させた。まずは繊維産業であったが、今では鉄道によって新しい飛躍がとげられていた。鉄道は石炭、鉄、鋼鉄の主要な消費者となる。ベッセマーによる転炉の発明、開炉式の溶鉱炉の発明は、たちまち生産を革命的に変える。六千マイルの鉄道によって、国の基礎となる鉄道網が作られた。商人や商品は町から町へと移動することができた。新しい種類の経営者が出現するが、その多くは中産階級の出身者であった。エルコー卿が石炭と鉄を作れば、トマス・ブラッシーは鉄橋と鉄道を作り、バス兄弟はビールを製造し、サムエル・モーリーという人物はメリヤス製品の王様となった。証券取引所がマンチェスター、リヴァプール、グラスゴーで設立され、シティーの証券取引所を補完し、国中で株主、金利生活者、ブローカーといった新しいカテゴリーの人々が出現し、とりわけよい状況が生まれていた。彼らの預金は、国内ですべて動産化されるには大きすぎたため、とりわけ北アメリカと大陸ヨーロッパに輸出され、そこでイギリスの材料や機械を使った鉄道建設に融資された。たとえばトマス・ブラッシーは、四つの大陸にわたって鉄橋と七千キロの路線を二五年で敷設した。その半分はフランスの鉄道であった。彼は一万人の賃労働者を雇い、三百万ポンド以上の個人資産を作り上げる。最初の偉大なる資本家であった。

当時イギリスは、世界の政治問題にあまり口出しをせず、他の大陸の政府の秩序維持に関心を払わず、そこでの戦争に介入することもほとんどなく、植民地の獲得と貿易ラインを確保するだけであった。特にインドでは、軍事力と地方の君主の腐敗によって、イギリス帝国はパンジャブ地方を併合し

テムズ河付近のロンドン

た。

イギリス貴族の社会的威厳は絶大なものであったが、イギリスのブルジョワは十年前から始まったヴィクトリア体制を特徴づける、新しいイデオロギーを展開した。すなわち、性的な禁欲、義務感、家族の擁護、節約と労働の賞賛であった。

マルクスがロンドンに着いたとき、ロンドンの人口は二四〇万人であった。世界でもっとも贅沢な都市であると同時に、貧民にとっては地獄であった。その住宅や衛生状態にはすさまじいものがあった。労働者地区では、一二五人に一つのトイレしかなかった。二人の子供のうち五歳以上生き残るのは一人以下であった。

つぎつぎと独裁政権に復帰しつつあった大陸の国家とは逆に、イギリスは比較的に強権的ではない国のままであった。二大政党がブルジョワ層のまわりに形成されていた。ひとつはホイッグの流れを引く自由党、もうひとつはトーリーを形成する保守党であった。唯一選挙権を持っていた富裕層の男性は、かなり大きな権力で議員を選んでいた。もちろん、ヴィクトリア女王とその夫ドイツ出身のアルバート公の権威の影はあったが。投票権は徐々に、ある程度の労働者層に広がっていく。しかし女性と貧しい労働者層はつねに投票権を剝奪されていた。労働者の世界では、チャーティスト運動（マルクスは一八四五年ロンドンに初めて滞在したとき、期待をもったことがある）は、労働組合運動と張り合い、自由貿易（労働組合もその仲間であったが）、経営者や改革派との議論のなかで息切れを起こしていた。

この最初の労働組合はいくつかの産業においては、その主要な要求に対する二つの満足を勝ち得ていた。その二つとは、イギリス週間（すなわち土曜日は十四時で仕事を終わるというもの）と、国家に任命された工場監督官による工場労働者の状態の監視であった。労働者の生活状態が悲惨でなくなったわけではない。労働者の週労働時間は六四時間のままで、労働者とその家族の生存をやっと確保するだけの賃金しか支払われていなかった。

イギリスの新聞は大陸の新聞よりも自由であった。イギリスでは（合衆国とともにこの点に関する世界で唯一の国でさえあったが）、新聞は、真昼間に、堂々と、広場で、予約販売ではなく、売られていた。ロンドンでもっとも大きな新聞、『タイムズ』は政党からほぼ独立していた。地方では、『マンチェスター・アドヴァタイザー』のような社会主義思想の新聞さえ存在していた。いたるところで、イギリスの大臣や国王の不名誉な話題しか追求しない、より急進的な数多くの新聞が発行されていた。社会主義者の失敗の徴候はあった。一八三七年発刊のチャーティストの新聞『ノーザン・スター』は一八三九年には四万二千部発行していたのだが、一八四九年には六千部に減少していた。

大陸からイギリスへの亡命者たち

この年、十二カ月前にわずかばかり開いた自由な動きが大陸で終わりを告げたとき、官憲や君主に追放されたフランス、ドイツ、ポーランド、オーストリア、イタリアの数多くの革命家たちが、イギリスに亡命してきたが、その波は継続した。この追放された人々は、女王の批判さえしなければ、問題なく受け入れられた。しかし、彼らが蒙った生活状態はひどいものであった。イギリス人以上に高い部屋代を払い、予告なくたたき出されることもあった。[215] 十分な金を持ってきていなかったものは、悲惨な仕事に従事し、しばしばロンドンから離れた家具付きのあばら家で暮らした。

大陸の非常に有名な指導者はしばしば赤貧の状態でやってきた。その中には、イタリア人のマッツィーニ、フランス人のルイ・ブラン、ドイツ人のキンケル（彼はシュパンダウのプロイセンの刑務所から劇的な脱走をしていた。これについては後で語る）、オーストリア人の嫌われ者、ハンガリー人のコシュートがいた。彼らとは別に、数千人の名も知られぬ人々がおり、一八三〇年以来定住し、そこですでに見たように義人同盟（数ある組織のひとつ）を作っていた人々に加わった。あらゆる飲み屋で、革命委員が集合し、亡命政府が組織された。非常に洗練されたクーデターが醸成され、家々へ伝わっていった。そこでは民主主義、社会主義、共産主義（この言葉は、その前の年に書かれた『共産党宣言』以来、ユートピア的な小さな共同体を意味するためではなく、労働者階級による国家権力の掌握を意味していた）が語られた。

一八四九年八月二十六日、カールがロンドンに到着したとき、彼はぎりぎりの貧困状態であった。ほとんど一文無しだったのだ。最後の財産であった書物でさえ、ケルンの新聞の資金調達の担保となっていた。彼はパリに何とか連絡することができ、妻と三人の子供（ジェニー、ラウラ、エトガー）は、ヘレーネ・デムートとともにやがて彼に合流することになっていた。しかし宿を借りる金もなかった。寛大な援助をしてくれたエンゲルスは、まだシュヴァーベンの最終的決戦の中で身動きがとれなかった（死んではいないとしても）。

しかしどんなときでも、カールは書くことをやめることも、運動をやめることも考えなかった。まして、賃労働の仕事を得ようなどとはさらさら考えなかった。まして彼が上手に英語を話せたとしても、書くことに関しては十分ではなく、英語で仕事をすることなどできなかった。もちろん、肉体労働のようなものであれば可能ではあったが、哲学博士である彼には想像すらできなかった。たとえ想像できたとしても、そんな仕事を見つけることはしないだろう。

したがってロンドンでもドイツ語で自分の新聞『新ライン新聞』を、ドイツ人の読者向けに出版しつづける。[2] 彼は共産主義者同盟の政治的活動を再開する。すくなくとも一年前にパリにその本部を移転させ、忘却のかなたに追いやったいくつかの問題を再構成することはできただろう。

革命の可能性――フランスからの共産主義

彼はまだ、経済的危機から起こる革命と、ロシアの新たなる介入の可能性について考えていた。それはドイツの問題を考える中で予測していたことであった。しかし、期待をしていたわけではない。なぜなら、労働者はもはや十分な革命的意識を持っていない、と考えていたからである。そして彼自身その苦い経験をしたのである。特に、イギリスの労働者階級については何の期待もしなかった。チャーティスト新聞の販売数の減少と、集会を呼びかけても人が集まらないことで、失業があっても、イギリスの労働者は資本主義とブルジョワ層と連帯を組むということを、彼は確信する。ロンドンの自由市場支持者と保護貿易主義者との対立もいつのまにか、当面リベラル派政府と対立しているイギリスの右派権力に有利に働くだろうとさえ予告している。当時彼はこう書いている。「こうしたことすべてから大きな対立が生まれるだろう。そしてトーリー派がホイッグ派を押しのけて権力に返り咲くだろう[3]」と。彼はフランスしか期待していない、そしてヴァノー街にもう一度住むことを期待する。パリでちょうど選出されたばかりのフランス大統領、ルイ・ボナパルトはすぐにも辞職するはずだと彼は考えていた。理由は、彼の更新可能な任期は二年しかないからであった。この「プロン・プロン」（マルクスはそう呼んでいた）が権力を去るとき、追放者は帰国できるだろう。カールはまず民主主義を再生し、ヨーロッパ革命が生まれ、共産主義が建設されるのは、フランスの首都からであると確信していた。エンゲルスは後にこう書いている。「マルクスはフランス史を特別の興味をもって勉強していただけでなく、現代史を詳細に追い、後に利用するための資料を集め、その結果どんな出来事にも驚くことがなかった——。フランスは、他の国と違って階級闘争が起こるたびに、最後まで進む国であり、その結果、階級闘争によって生まれ、その結果もたらされる政治形態の変容が、そこではもっともきれいな曲線をえがいているのだ」(4)(112)。

カールは、三十一歳であり、このイギリスへの亡命にも、プロレタリア的なこうした貧困にも、へこたれてはいなかった。社会主義が成功せざるをえないように、すべてがうまくいくだろう。よかれ悪しかれ、マルクスはいつも自らの状態をその環境に適用させた。

九月十七日、ヘレーネ・デムートに助けられて、イェニーが彼に合流したが、三人の子供を連れ、そして妊娠していたため、疲れ果て、病気になった。彼女は四番目の子供のことを彼に告げる。彼女はトリーアで、母からわずかなお金しか得ることができなかった。父の遺産のほんの一部を受け取り、彼女のスコットランドの家系の遺産である最高の銀の食器をもらった。しかしそれを売ることは論外であり、できるとしたら質に入れることだけであった。このお金で、チェルシー地区、キングスロードのそばのアンダーソン街四番の家の一部屋に六人が落ち着くことができた。この地区は、高級な場所であったが、住宅は狭かった。部屋代が高かったので、カールは長いこと部屋代を払うことはできないだろうと考えていた。しかし、彼はたいして心配してはいなかった。こんなことは続きえないことだし、今後も続かないだろう。

ロンドンに着いて、当面の仕事の基礎でもつくるため、彼は共産主義者同盟、すなわち二年前ロンドンからブリュッセルに移り、そしてパリ、ケルンに移ったドイツ共産主義者同盟の本部、それと『新ライン新聞』の出版地をロンドンのひとつの場所、グレート・ウィンドミル街二十番に移した。新聞の編集は彼に任せられた。共産主義者同盟に関して言えば、それは亡霊のようなものであった。カールは彼を必要とする組織に近づくつもりでいた。詩人で銀行家のフライリヒラートと労働者のヴォルフ、通称ルプス（狼）は、ブリュッセルやケルンではマルクスと一緒ではなかったが、ロンドンには一緒に戻り、同じ屈辱に耐えていた。彼らは、大部分はブランキストであったが、フランスの亡命者と会い、マルクスが近づいたドイツ人亡命者救済委員会[5]のメンバーでもあった。マルクスはそこで哲学、ドイツ語、政治経済学の無料講義も行い、人脈を太くするのに役立てていた。

　彼が不安を持ったように、物的生活はたちまち困窮に陥る。イェニーは借金取りをなだめるために驚異的な才能を示さねばならなくなる。しかし、十一月、部屋代、子供の食事、お産のための妻の医療費を払う手段を事欠いたとき、フリードリヒ・エンゲルスが再び現れる[6]。

　若きこの男は、二十九歳になっていたが、戦争で亡くなった何人もの友人をドイツにおいて、ロンドンにやってくることができた。亡くなったものの一人は、一八四五年にマルクスとエンゲルスがロンドンに滞在したときに会った義人同盟の中央委員の最初のメンバーの一人、プロイセン人のヨゼフ・モルであった。フリードリヒは、さまざまな戦友と一緒にやってきていた。たとえば、ヴィルヘルム・ロテカー、コンラート・シュラム、アウクスト・ヴィリヒ（エンゲルスがバーデン軍の司令官であると紹介していた士官で、自らを政治・軍事の偉大な戦略家だと考える固陋な男であった）。

　フリードリヒは、『新ライン新聞』の再発行のためにカールと一緒に仕事をすべく、ロンドンに居を構える。彼の家族は、父の繊維工場のあるマンチェスターを望んだが、それに反対してそこに決めたのであった。エンゲルスはすでにプロイセンに住むことを禁止されていた。しかし、マンチェスターの黄金の檻を拒否したものの、両親は定期的に少額ではあったが彼に仕送りを続けていた。それでカールの借金を幾分減らすことができた。二人はカールの家か、エンゲルスの家で毎晩会った。エンゲルスは余裕のある生活をしていたので、しばしばマルクス家を食事に誘った。もっと後、文筆家でカールの義理の息子となるポール・ラファルグは「マルクスの娘たちはエンゲルスを第二の父と呼んでいて、彼はマルクスのもうひとつの自分である」〔7〕と書くことになる(161)。

一八四九年十一月五日、イェニーは、二人目の男の子を産む。あだ名をつける。名前はヘンリー(カールの父の名前ハインリヒの英語読み)・エドワード・ガイである。それはマルクス家特有の遊びである。みんなあだ名をもっていた。ジェニーは「キキ」、それは彼女が東洋的魅力を備えていたためつけられた中国の皇帝という意味である。ラウラは「ホッテントット」あるいは「カカドゥー」である(248)。カールについて言えば、娘たちは「『パパ』ではなく、『モール』と呼んでいた。それは彼の肌の色が黒いこと、黒髪と黒いひげからきていた」〔8〕(161)。後にロンドンにやってくるリープクネヒト〔9〕というもう一人の証言者によると、イェニーは、カールをしばしば「私の大きな赤ちゃん」とも呼んでいたという。新しく誕生したこの赤ん坊はすぐに、ガイ・フォークスという語呂合わせでその第三番目の名前を「ギドー」あるいは「フォックス」(きつね)と名づけられた。ガイ・フォークスは、一六〇五年に処刑された革命家で、彼は国王ジェームズ一世がイギリス議会来訪のおり、爆破しようとした。マルクス家はひとつの部屋に七人で暮らす。

カールは、フリードリヒに『新ライン新聞』への融資を行わせたが、月一回発行であった。彼はフランクフルトの、プロイセンに留まっていた友人のヨゼフ・ヴァイデマイヤーの雑誌『新ドイツ新聞』を通じて販売しようと考えた。彼は警察にたえず悩まされ続け、監視の条件はどんどん厳しくなっていた。

　経済恐慌はいつものことであった。マルクスは、革命は早急には起こらないと考える。ヴァイデマイヤー（かつてブリュッセルのマルクスの家に亡命し、ケルンで編集者となった昔の士官）へ、一八四九年十二月の手紙でマルクスはこう書いている。「工業、商業、農業の恐慌が始まっている。大陸の革命がこの恐慌の頃まで遅れれば、イギリスも革命的大陸の同盟となりうる。革命が早期に始まれば、（ロシアの介入によって革命が生まれると仮定しない場合）、それは悲惨なことになる。なぜかといえば、商業は好況期にあり、ドイツやフランスなどの労働者大衆は、言葉以上に革命的ではないからだ」[10](4)。しかし、心の底では、すぐに政治活動へ復帰できるだろうと考えていた。「私の月刊誌の三号が出る前に、世界的爆発が起こると思う。そうなると政治経済学に割く時間はなくなるだろう」[11](4)。彼はこの沈黙、この貧困、この退屈さに我慢ならなかった。三十一歳の彼は追放状態に閉じこもることを拒否したのである。

　しかしこの頃、歴史は彼を選んだ。二年前に始まった経済恐慌は短期的に終わる。物価は、一八四九年に非常に低いところまで下がった後で、上昇に転換した。それはカリフォルニアとオーストラリアの金鉱の発見と、鉄道網の発展であった。物価とともに生産と雇用は上昇する。社会的闘争は収まる。独裁者が市場とともにその地位に着く。革命は遠ざかる。

　当時カールは、他のところと同じようにフランスでも民主主義が達成されるだろうと考えた。こうして、ロンドンに落ち着き、物的条件が暇を作り出すほど改善されれば、政治経済学の研究に従事する時間をもつことができるだろうと考える。しかし、一部屋に六人を抱え、一文無しで暮らす状況の中で、どうやって、どこで研究を続けることができるのだろうか。

ずっと後の一九一四年、「マルクス＝レーニン主義」の基礎を作ることになる伝記的テキストの中で、レーニンはマルクスの生活の当時の様子をまとめてこう書いている。「一八四八年―一八四九年の革命の時代が終わったとき、マルクスは革命を行おうというすべての試みに反対する。明らかに平和な時代が訪れる。そこで新しい革命が醸成される。来るべき新しい時代のために沈潜すべきだと主張した」[12][169]。結局、彼が命令を与えたのは彼自身だけであった。

マルクスは勇気をもってとるに足らない雑誌の編集長の役割につき、ヴァイデマイヤーに「私の雑誌に南ドイツの状態を大きくまとめて簡単に書いてくれるよう[13][204]」頼んだ。マルクス自身も、雑誌を出版するためにいくつかの論文を書くことを決める。まずは、ルイ・フィリップ体制の崩壊からルイ＝ナポレオン・ボナパルトの大統領当選までの第二共和制の歴史である。彼は初めて階級闘争の理論を具体的な現代史の事件に当てはめようとした。

興味深いことに、彼はドイツに暮らしていたあの異常な時代のことについては一切書かず、パリでほんのわずかばかり体験したことについて書いたのだ。その理由は、ヨーロッパで起こることのすべては、プロイセンではなくパリで起こるといつも考えていたためである。そして第二共和制の自由を復活することがまだ可能であると考えていたためである。しかし、彼はラインの向こう岸の状態についてはまったく期待してはいなかった。

『フランスにおける階級闘争』

マルクスは、エンゲルスに仕事がなかったことで、極度の貧困に陥っていた一八五〇年一月と十月の間、『新ライン新聞』の四つの号を編集し、出版した[45]。そこには、マルクスの一八四八年革命にささげる四つの論文「一八四八年六月の敗北」、「一八四九年六月十三日」、「六月十三日の結果」、「ナポレオンとフルド」が掲載されていた。イェニーは何度もこの読みにくい原稿について議論をし、コメントを付け、清書し、それを出版社に送ったが、それに支払われたお金は少額であった。これらの論文はマルクスの死後『フランスにおける階級闘争』[21]として出版された。

彼は大きな一歩を踏み出した。『共産党宣言』で展開した階級闘争の理論を歴史的事実に適用したのは初めてであった。そして権力奪取の試みを分析したのも最初であった。[210]こうして、マルクスは一八四八年革命とルイ＝ナポレオン・ボナパルトの選挙、とくにキャンペーンでの大衆動員と社会的、経済的原因を説明することができた。カールは、そこからヨーロッパのいたるところで権力の強化が進み、とりわけルイ＝ナポレオン・ボナパルトが、十八カ月の任期切れのあと権力に留まろうとしていることを結論付けた。彼の権力掌握を避けるには、まだ悲惨な状態にある労働者階級と非常に数の多い農民との、したがって都市と農村との新しい同盟を結ぶ必要がある。ケルンで一八四八年に期待していたような、非常に矛盾も多いが利益もある、ブルジョワと労働者との同盟などは無用であった。しかしこの接近は彼にはほとんど考えられなかった。ボナパルト的農民は資本家的搾取の犠牲者でもあるとは、考えていなかったからである。「農民搾取は、産業プロレタリアの搾取形態を使わねば見えない。搾取は同じ資本である。ばらばらの資本家たちは、高利や抵当によってばらばらに農民を搾取している。資本家階級は国税で農民階級を絞り上げている[14][21]」。

生涯にわたって、マルクスは将来この農民問題に煩わされることになろう。農民はその数からいっても重要だし、彼らのイデオロギーや彼らが行っている労働の本質からいっても、資本主義モデルに彼らを統合しようというのは難しいものだからである。一方、ルイ＝ナポレオン・ボナパルトはこうした階級同盟なく、ますます権威的な支配を行うエリゼ宮での滞在を延ばそうとする。

カールはやがて第二、第三論文で、この同盟に新しい名前を与え、資本の犠牲者の間で農民がいか

「プロレタリアのディクタトゥア」と党の形成

なる願望をもったかを想起する。この言葉をはじめて使う。それは「プロレタリアのディクタトゥ[15][21]ア」という言葉である。すでに見たように、この言葉はその時までの手紙では、民主主義への必要な過渡期の「暫定的なディクタトゥア」として一度しか使われていない。このディクタトゥアという言葉は特別の意味をもっている。その理由は、その精神において、議会制民主主義制度の維持、すなわち多数派として権力を取ろうとしている階級同盟の意味であるからである。後で見るようにまったく違った意味も含む「ディクタトゥア」という言葉の意味は、広範な多数派は妥協なく自らの利益のために統治を行うはずだということを、単にいいたいだけのことなのである。もっと攻撃的な意味でこの言葉をもう一度意味づける。

『新ライン新聞』の第四号はたいした反響を及ぼさなかった。この雑誌の売れ行きは芳しいものではなかった。ドイツでの購入者は、わずかな書店（明らかに警察によって監視されていた）とかなり高い価格を払う予約者だけであった。ロンドンにおいて買った人はわずかであった。その理由は、カールがいつもの習性で他の亡命者を非難することで彼らの読む気を失わせたからである。だから、カールは家族を養う手段を見つけることも、自らの思想をうまく伝えることもできなくなる。

マルクスは、共産主義者同盟の最後の生き残りをかけたいくつかの講演と、一八五〇年三月の仰々しくも『共産主義者同盟中央委員会同盟員への主張』と名づけられたテキストの中で、これらの記事のテーマのいくつかを取り上げた。そこで初めて、「進歩＝革命」「永久革命」という思想を述べる。それは労働者を代表する、ブルジョワとは明確に区別される、党に指導される世界革命であった。そして初めて、彼は選挙を勝ち抜くため、労働者階級独自の、独立した党を結成する必要性を主張する。「プロレタリアの党は、できるだけ早く革命を終わらせたいと望むプチブル的民主政党とは異なる。

――この党は――世界の主要な国において――永久革命を、すべての小さな所有者階級が権力を喪失するところまで進めねばならない――。ブルジョワ民主主義者を支持するのではなく、労働者そしてとりわけ共産主義者同盟は公的で、かつ秘密の、明確な組織、労働者党をつくり、各『コミューン』を労働者組織の中心となる核にしなければならない。そこではプロレタリアの立場と利益が、ブルジョワの影響力から離れて議論されねばならない[16]」。

マルクスはその後もこの「党」を、たとえ存在しないものだとしても、ひとつの単位としてたえず語ることになる。いたるところにある、普遍的な党派があらゆる自由の闘士を結集する。すなわち世界精神をもった世界の党である。マルクスは、すべての人々の行動と希望を結晶させるために、なぜこうした概念を振りかざさねばならないかについて語る。それは二五年後、党を実現させるためであった。それは、あたかもマルクスが、精神世界の言葉を借りること、すなわちそうした言葉を用いることで、現実を作り出したいと望んでいたかのようであった。マルクスを、権力、家来、忠実な組織を欲するだけの嘘つきだと見るものもいた。実際には多くのひとにとって、こうした組織は、マルクスが書いたり、想像した組織とはまったく離れたものとなろう。

彼の戦略（あるいはむしろ夢といったほうがいいか）は定まった。労働者を代表する党をいたるところにつくること、そしてそれは秘密結社ではなく、開かれた党であり、民主的な制度が可能なところでは誰でも入会できるものである。彼の考えは、全世界的規模であり、彼自身がロンドンに住んでいることはたいした問題ではなかった。「私は世界市民であり、仕事があるところで仕事をする[17][161]」と彼は述べる。

世界中の労働者にこの戦略の価値を納得させ、彼らをイギリス人のように、中産階級と結びつかせない理論を作り上げる問題が残っている。この問題にマルクスは残りの生涯をかける。

義兄の策略

偶然の一致。一八五〇年三月、世界でもっとも優れた革命家が悲惨な亡命生活の中で苦しんでいたとき、ベルリンではイェニーの、異腹の兄、義理の兄フェルディナント・フォン・ヴェストファーレンが反動的内閣の内務大臣となる。彼は、友人であった[213]ロマンチックな王様、フリードリヒ・ヴィルヘルム四世を目標とした新しい暗殺未遂事件の担当に任命されたのだ。カールは、「君の兄は、プロイセンの大臣となるにはいささか頭が悪すぎる[213]」と言って、妻を何度か過去にからかったのだが、そのときこうした任命を予測していたともいえる。

事実、フェルディナントは、とにかく親戚になった義理の弟への憎悪を緩めることはなかった。結婚する前は、イェニーから離そうとあらゆる努力をした。この新しい大臣の最初の決定は、まず最良のスパイを外国、とりわけロンドンにいるドイツ人亡命者の監視のために派遣することであった。フェルディナントはイギリスの内務大臣ジョージ・グレイ卿に手紙さえ書いていて、義理の弟をとりわけ監視するように言っている。「女王の命にとって危険で、脅威になる男です」。イギリスの大臣は皮肉なユーモアを込めた手紙でこう答える。「わが国の法律では、単なる暗殺に関する議論は、それがイギリス女王に関係しない限り、そして具体的な計画でないかぎり、謀議者を拘束するに十分な理由とはなりません[277]」。

ロンドンでの仕事——あいかわらずの窮乏

フランスでもプロイセンでも状況が悪化したことを見たマルクスは、ロンドンに長居するほうが得策だと考える。家庭の中でも共産主義者同盟の中でもドイツ語しか使わなかったが、イギリスの新聞に記事を送るために英語の力を改善しようと考える。新聞記者という仕事は、英語が堪能であれば可能な唯一の仕事であった。「シェークスピア独特のあらゆる表現を探求し、分類した。高く評価するウィリアム・コベットに関しては、その論争的な書物の一部を真似た」。[18][161]（コベットは当時イギリスの地方を馬で旅する契約を結んだ新聞記者で、自費出版で刊行された書物の中で貧困を告発していた）。スコットランド人のロバート・バーンズはマルクスの好きな詩人の一人となる。彼はヘンリー・フィールディングの『トム・ジョーンズ』とウォルター・スコットの『オールド・モータリティー』も読む。[161]イェニーは（トリーアにいた）母からバイリンガル教育を受けていたので、カールは家では将来英語で子供たちと会話しようと決めた。四、五歳のときからシュークスピアを娘たちに暗記させた。

ますます無意味になりつつあったが、カールは時に亡命者たちの集会に時々出ていた。一八五〇年四月、彼は亡霊的な「革命的共産主義者総合同盟」[19]という組織の創設に参加する。しかしこれは九月に消滅したので、本当に存在したのかどうか不明である。

彼は真面目に雑誌に取り組み、八年前から何度も推敲し、契約のサインもし、三年も早く前金を受け取っていた経済学の大著に打ち込みたいと思っていた。そのためには投資、労働、イノベーションのダイナミズム、とりわけ「電気の火花」と呼ぶ、世界に革命をもたらすと確信される奇妙な発見の衝撃を、細かく分析する必要があった。そのために、わずかばかりの安らぎも必要であった。彼には七人がひしめく小さな部屋しかなかった。子だくさんの家族の毎日の生活を、満たすこともできなかった。子供につつましやかな生活も確保してやれないことは、拷問の苦しみであった。食べ物、衣類、おもちゃ、ゆりかご、薬、紙、本、タバコ代を支払うために借金をする。借金は貯まっていく。利子も法外なものとなる。借金とりがチェルシーの部屋のドアを何度もたたく。そのたびに、マルクスは弁解と口実を見つけ、内金を支払うと述べ、エンゲルス、出版社、母（彼はこの問題に関して母に手紙を書いていた）あるいは友人から金を借りねばならない。結局多くの時間を無駄にする。

1850年頃のカール・マルクス

一八五〇年五月十五日、チェルシーに移り住んでまだ十カ月、予想していた通り、マルクス家は部屋代を支払うことができず、チェルシーの部屋を追い出される。ベッド、衣類、下着、おもちゃ、まだ六カ月で歩くことさえできない小さなギドーのゆりかごも差し押さえられ、売られた[20]。それは「執達吏騒動で不安に思い、突然請求書をもって私たちを襲った薬局、パン屋、肉屋、牛乳屋に支払いをするため[21][47]」だと、イェニーは五月二十日ヨゼフ・ヴァイデマイヤーへの手紙に書いている。そこで彼女は、かなり落ち着きはらい、威厳をもって、もし雑誌販売の収益があるなら送ってくれるようにと要求していた[22]。

エンゲルスは一番大きな負債を支払い、家族はロンドンでも最悪の地区の一つであるソーホーのディーン・ストリートのみすぼらしい家に移る。その通りをイェニーの伝記は「死の通り[21]」と名づけている。ずっと後にカールは、「生活が壊れたのは[46]」この通りであったと書く。すぐにその理由がわかるだろう。

ここに移って数日後、イェニーはヴァイデマイヤーにもう一度雑誌の収益を教えてくれるよう手紙を書く。彼女は、直接彼女に渡して欲しいと頼む。「それはわずかな額にすぎなかったのです――こちらの条件はドイツのようなものではありません。小さな部屋に六人(しかしそこにはヘレーネは入っていない)で住んでいますが、ドイツの大きな屋敷に支払う以上の額を支払っています。それは週払いなのです。だから、たった一ターレルでも遅れたらどうなるかはご想像がおつきになるはずです。ここでの私たちにとって問題は日常のパンなのです[47]」。彼女は夫の雑誌とその記事について「たとえ批判があっても[23][47]」彼に何か書いてくれるよう懇願する。理由はそれによって雑誌を有名にし、数号でも売れるようにと願ってのことだった。

リープクネヒトとの出会い

リープクネヒト

カールは冷酷になる。彼には将来、どれだけ耐え、家族にどれだけ労働者階級の生活を強いるかがわかっていた。もちろん彼は労働者ではなかったが。そして、貧困から生まれる悪しき影響をさけるため、生活と仕事から感傷的な部分を消しさろうとする。けっして不平は言わない。また不平も言わせない。冷静に学問すること。できるだけ他人ごとのように自らの貧しさに無関心でいること。彼の近くにいた人物はこう記している。「『人のために働くこと』という言葉が彼の好きな言葉であった。彼が共産主義に進んだのは、たとえ労働者階級の苦しみに打たれたとしても、感傷的な理由からではない。むしろ歴史と政治経済学の研究のためである。彼はこう主張していた。私的利害に影響されない、階級的偏見に盲目的でない公平な精神をもてば、彼と同じ結論に達するだろう」と。[161]

やがてカールはだんだんと外出することも少なくなる。出かけるときといえば、新聞の小さな仕事場に行くか、ドイツ人労働者協会の会議に出席するときだけであった。一八五〇年代半ば、スイスの刑務所から出所したロンドンに着いたばかりの二十五歳の新参のドイツ人亡命者、ヴィルヘルム・リープクネヒトに会ったのもこの家であった。新しくやって来たものにいつものように、カールは通過儀礼を施した。まず頭の先からつま先まで詳細に眺め、スパイでないかを確かめる。なぜならロンドンにはスパイが大勢いたからだ。「私は石炭のように黒い眼とライオンのような頭をもったこの男の視線に晒された」[24]と、リープクネヒトは思い出を語る。[253] 彼はカールに興味をもったが、(彼よりわずかばかりしか年の離れていない)カールは信用していいか思案していた。こうしていつものように、彼はフリードリヒの意見を聞こうとする。この最初の出会いの翌日、この移民を仕事場の方で喚問する。そこにリープクネヒトは前の年ジュネーヴで会ったエンゲルスを発見する。エンゲルスはバーデン蜂起に参加するちょっと前にそこに逃げてきていた。リープクネヒトはこの若い二人の人物の前でスパイ、そして「プチブル的民主主義者」、最後に「南ドイツ風の感傷主義者」という嫌疑を晴らさねばならなくなる。一度試験にパスすると、話は専門的なレベルの問題になる。マルクスはテンションをあげ（のちにリープクネヒトが語っていることを読むと）、いかに近づくものすべてに対して言葉で魅了したかがわかる。「彼は、革命の最後に起こるヨーロッパでの反動の勝利を嫌悪した。なぜならこれでは科学によって新しいものが生まれることが何も説明されないからだ。幻想の皇帝支配の時代は終わり、もっと強い革命家、すなわち電気火花がそれに取って変わるだろう。マルクスが科学や機械における進歩を語るとき、彼の世界観（それは特に後に歴史の唯物論的概念と彼が呼ぶものだが）が明確になると、まだ私の中にくすぶっていたある種の疑念は春の太陽を受けて溶ける雪のように溶解していった」[25][253]。

　同じ頃、ベルリンではクラウシウスが、熱力学の第二原理を発見する。それはエネルギーを利用する機械すべてを基礎づけ、有機的なものはすべて衰退する運命にあるという思想に理論的な基礎を与えるものである。まだこの理論を知らないマルクスは、資本主義の必然的衰退という、これとよく似た理論の原理にすでに取り掛かっていた。社会が不可逆的に衰退するという思想は、こうして物質における不可逆性の理論と同時に出現する。

　二人の「試験」に無事パスしたことでリープクネヒトは、すばらしい特権を受け、カールの妻、二人の娘、二人の息子をソーホーの家で知ることが許される。「そのときから、まるで家族の一員になったかのような存在になった」と彼は書く。彼は子供のベビーシッターのようなことさえしたが、まんざら嫌いでもなかった。「マルクス夫人はマルクス以上に私に強い印象を与えた。私の母は三歳のときに亡くなっていた――だから私がここで会った、美しい、感性豊かで、知性の高い女性は、私にとって母であり、姉であった」[26][253]。

一八五〇年八月半ば、イェニーは子供とともにトリーアの母のもとに、気分を少し変えるため、またトリーアに置いていたお金、しかし努力の甲斐なく獲得できなかったお金を得るために旅発つ[27]。プロイセンの内務大臣の異腹の兄は彼女にヴィザを与え、保護する。このフェルディナントは異腹の妹のことをいつも心配する。彼女がザルツボンメルで暮らすカールの母の妹の家、すなわち、オランダの銀行家リオン・フィリップスの家を訪れた可能性は排除できない。カールと同様無神論者で、カール同様社会主義者であったイェニーはやがて一生ロンドンで暮らすことを決意するのであった。

イェニーの不在

カールはロンドンでヘレーネ・デムートと二人きりとなる。イェニーがわずかばかりの金をもって、戻るのは九月である。彼女は、トリーアでカールの母や妹に会い、プロイセンではオーストリアとプロイセンで起こるであろう、戦争の準備に追われていると手紙に書く。事実、フリードリヒ・ヴィルヘルムとオーストリアの新しい皇帝、若きフランツ＝ヨゼフ一世とフリードリヒ・ヴィルヘルム四世は、それぞれ自らの利益のために国を統一しようと考え、とりわけオーストリアが象徴的に取り仕切ってきた、まぼろしのドイツ連邦を打ち立てようとする。ベルリンとウィーンのライバルが戦争によって雌雄を決しないかぎり、ドイツ君主国の実際の統一などありえないことが明白になる。

革命と恐慌

フランスの一八四八年革命の論文を書き、それを自分の雑誌に掲載し、売ろうと奔走していた同じ頃、怒りで我慢できなくなったカールは、共産主義者同盟中央委員会の週例会にわずかな時間を使って出席する。そこにはシュラム、ヴォルフ、フライリヒラートそしてエンゲルスがいた。エンゲルスはいつもバーデン蜂起における昔の軍司令官、アウグスト・フォン・ヴィリヒと並んで座っていた。ドイツ人亡命者を偽装してプロイセンに送り返し、将来の蜂起を醸成しようという似非（えせ）革命、まったくの虚勢に対してカールは怒る。これによって共産主義者同盟にスパイを忍び込ませているプロイセン警察は、ケルンでヴィリヒが連絡員として紹介したカールの友人たちを逮捕することが可能になったのだ。マルクスは『新ライン新聞』の論文の中でヴィリヒを責め、一八五〇年九月、煙草で煙った会議中、この士官を「無学のアホ、とんでもないコキュ野郎[277]」と非難した。ヴィリヒは立ち上がり、彼に決闘を申しこむ。エンゲルスが止めに入る。カールは決闘を拒否する。コンラート・シュラムが彼の代わりとなり、ヴィリヒに頭を打たれ重傷の怪我をする。

一八五〇年十月号の『新ライン新聞』(一八四八年革命に捧げられた彼の四番目の論文が掲載されていた)の中で、マルクスは、ヴィリヒに反対してこう繰り返す。ヴィリヒは愚かにもヨーロッパ攻撃の出発を急がせている。革命は、経済恐慌が戻ってこない限り、起こりえないのだ。さて革命が戻ってきたとしても、「革命が可能となるのは、近代的生産力とブルジョワ的生産形態が矛盾を起こすときだけである。――新しい革命は新しい恐慌の後でしか起こりえない。革命と恐慌はそれぞれ並行している[28][45]」。

同じ頃一八五〇年夏の終わり、ヴィリヒの命令の下で戦った詩人のキンケルが捕らえられ、軍事法廷で終身刑を受けた後、脱走し、プロイセン国境を去って、イギリス(そこでマルクスではなくヴィリヒの熱心な仲間になる)に来る[29]。プロイセン当局は自由派と進歩派に対する弾圧を強化する。一八五〇年十一月十一日の手紙の中でフリードリヒ・ヴィルヘルム四世自身が、首相に、この典型的な評判の裁判で謀議者を厳しく裁くよう要求する[248]。王国の警察と司法官はこうして謀議を発見することを命じられ、見つけられなければそれを作り出す[248]。

ノートユンクという人物の家で行われた家宅捜索の際、『共産党宣言』(それをもつことは犯罪ではなく、合法的にも図書館でも手に入れることができたが）と仲間のリストが発見され、それによってたちまち謀議罪で逮捕そして追及された。[248][30] 大規模な操作にもかかわらず、関与を示す資料は発見できなかった。しかし共産主義者同盟の追及は合法的、公的な運動からなっていた。

二年後、後で見るように、カールはこの逮捕されたケルンの友人に対する裁判に介入する。[31]

一八五〇年十一月のたった一つのいい知らせは、『共産党宣言』の最初の英訳が出版されたことである。『宣言』はイギリスの小さな社会主義新聞『レッド・リパブリカン』の紙面の多くを飾り、そこには二人、カール・マルクスとフリードリヒ・エンゲルスの名前があった。[32] それはマルクス著書の外国語への最初の翻訳であった。[33] 二十年間、他の翻訳は出現することはない。二人の執筆者たちはこの翻訳になんの関与もしていなかった。

家族の不幸

やがて数年前と同様、マルクスはアメリカに移住し、新聞もそこへ移そうと考える。エンゲルスの友人、ロテカー（バーデン蜂起に一緒に参加し、ロンドンに一緒に戻っていた）はニューヨークにその場所を用意するために出発する。

やがてカールとイェニーが予測したように貧困が襲ってくる。努力の甲斐もなく、一八五〇年十一月十九日、ソーホーの不健康な冷たい部屋で、二番目の息子、ハインリヒ、通称ギドーが脳膜炎で倒れる。まだ一歳にもなっていなかった。それは彼らが失う最初の子供であった。この同じ通りでもう一人の子供も死ぬ。[34] 新たに妊娠したイェニーは「私を待ち受ける不幸、すべてが無に消えていく」[123] と語っている。カールはやがてわずか二歳上の男の子エトガーを偏愛する。自分の父とのような密度の濃い関係をそこに見つけようとする。フリードリヒとは死んだ弟ヘルマンとの関係であった。ヘルマンは生きていたら、フリードリヒと同じ歳であった。

一八五七年頃のマンチェスター

ギドーの死後数日後、苦しみの淵にまだあったカールはロテカーの返事を受け取る。ニューヨークの亡命者の経済状況は、ロンドンよりひどい。そこでドイツ語の新聞をつくるなどというのは問題外であり、金もなく上陸することも問題外だ。こうしてロンドンに留まり、フランスやドイツでことが治まるのを待ったほうがよいと。

友人の貧困とギドーの死に驚いたエンゲルスは、大きな支援を約束する。ロンドンでの生活を諦め、マンチェスターの家族の企業で働くのだ。フリードリヒがロンドンでの生活は非常に困難で、革命は非常に遠いと考えたことは疑いない。しかし当然のことながら、彼はマルクスに知性の点でかなわないと考え、はっきりと自分のやれるべきことをやろうと決心したともいえる。彼はもう少し金を稼ぎ、賃金と生活費の一部でカールを助けようとする。この決定はそれぞれの生活に決定的な影響を与える。後に彼らのエピゴーネンが二人を平等に取り扱おうとしたが、フリードリヒは友人ほどの巨大な知的能力をもっていないと思っていた。ロンドンを去り、彼が嫌っていた経営の仕事[35]につくことで、エンゲルスは、最高の人物だと思う人間を支援するために文筆の道を断念する。「資本主義という城のトロイの木馬[27]」となることで、カールの理論的仕事のために多くの情報を提供し、カールと議論するためしばしばロンドンに戻る。二人の男は二十年にわたってほぼ毎日手紙をやり取りする。思想史の中でこのような献身的な例はほかにはない。フリードリヒはたとえどんなに犠牲を強いられても、その見返りを求めることはない。

十二月以後、ロンドンよりもいい生活を送るマンチェスター移転後、フリードリヒはカールに月平均十五ポンドを約束する。この額は肉体労働者の平均給与よりもかなり多いもので、これによってマルクスの家族とヘレーネ・デムートが生き延びることができた[204]。家族にある種の生活の安定が与えられた点で大きな生活条件の変化であった。もはや追放を恐れることも、食料を心配する必要もない。事実、カールと同じころケルンを去った詩人のフライリヒラートはマルクスと比較できる家族構成であったが、銀行員として年二百ポンド以下の収入を得ていたが、それで「必要最小限のものに不足することはなかった[204]」と述べている。しかしカールは子供たちに必要最小限のもので満足させるようなことは考えなかった。一八五一年一月、今ではフリードリヒが規則的に仕送りする額（二つの異なる封筒に紙幣を二つに切って入れて[248]）とトリーアからイェニーが持ち帰った財産で、マルクス家は同じディーン通り六四番のそれなりに心地のよい二つの部屋に引っ越す。カールはこうした状況を、「まだ恐ろしいもの[47]」だと考えていた。

イェニーが新たに妊娠し、ヘレーネ・デムートも妊娠した[36]。そして誰もその父が誰かを当てることはできなかった。カールは他人のことを考えずに働き、書き続けた。一八五一年の一月に訪問した一人は、エンゲルスにこう書いている。「彼の家を訪れたとき歓迎されたのは挨拶ではなく、どれだけお金を持っているかによってであった[204]」。

ほぼ六年前に契約した経済学の書物を書き上げるために、エンゲルスの示唆で大英図書館へ通う。そこで狭い家によって奪われた静けさと熱気を満喫した。そして家では二人の妊婦がいざこざを起こしてもいた。大英図書館には他の亡命者もいた。彼らも「世界の運命を変える書物」を書こうと資料を探していた。

カールはそこで貨幣、賃金、資本、投資、労働者の生活状態を研究する。「彼は朝早く行き、夜七時までそこにいて、家に戻って食事をし、書斎でタバコを吸いながら仕事をする」[16]。イェニーも彼にどこかで賃労働の職を見つけてほしいと、非難するわけでもない。彼はますます経済学に没頭する。そしてますます政治に対する興味を失う。共産主義者同盟の会議にますます疎遠になっていったとき、チャーティストの指導者ジョーンズが来訪し、彼に民主友愛会について語った。社会民主国際協会を作ろうと考えていたが、カールは関心をもたなかった。彼はむしろ『タイムズ』の蒸気船ブレーザーの記事を読む方に気を取られた。これはドーヴァーとカレーの間の最初の海底ケーブルを敷設した船であった。そこに革命があると彼は考える。エンゲルスと電信で会話する、なんという時間の得か。

一八五一年三月二十八日、新しい小さな家で、夫婦の五番目の子供フランツィスカが生まれた。三月三十日の調査では、そこには四人が住み（カール、イェニー、ヘレーネ、彼らを助けるためにやってきたその妹のマリアンネ[37]、彼女もイェニーの母が給与を支払っていた。そして四人の子供（マルクスの生き残った娘三人と息子一人）。彼らは一年に部屋代として二二ポンド支払っていた[38]。ヘレーネは子供の父親について明かすことはなかった。

娘の誕生の三日後、誕生を知らせる手紙で、経済に関しては読めるものは読み終え、これ以上の仕事はないという手紙をエンゲルスに書く。「五週間以内でこのやっかいな経済学と手を切れると考えている。大英図書館で、別の学問を研究しようと思っている。経済学には退屈し始めているからだ。根本的には経済学はアダム・スミスとデヴィッド・リカードウ以来進歩はしていない。もちろん孤立した、とりわけ詳細な研究が進んではいるが[39][46]」。この手紙でエンゲルスが演じるひとつの役割について述べている。次の手紙ではそのことについて書いていない[40]。しかし、フリードリヒには、四月にマルクスがエンゲルスのもとを訪問する際、そのことを直接話そうといっている[248]。ここで問題になっている秘密が何であるかは後に話そう。

エンゲルスは皮肉をもって、しかしやさしく答える。「君は重要だと思う書物が見つかれば、書くことはないのだから[41][46]」と。なぜならエンゲルスはマルクスの性格をよく知っていた。実際、カールは読み続け、書くことはない。

スパイから見たロンドンのマルクス

この一八五一年の五月、ロンドンのマルクスは、イェニーと二人の上の娘をつれて、人ごみの中、遠くからヴィクトリア女王とアルバート公が、ハイドパークに建設された壮麗なガラスの水晶宮での第一回博覧会開催のセレモニーに来場するのを見た[42]。カールはそこで一時間に『イラストレイティド・ロンドン』を五千部印刷可能な水力による巨大な印刷機、時速百キロ以上で走る機関車、ダゲレオタイプの写真機を見る。その夏、六百万人が博覧会を訪れた。ニューヨークからは、一人の無名の人物トマス・クック[43]が、レスターでその年創設した最初の「旅行代理店」が組織した旅行でやってくる[65]。

博覧会に吸い寄せられる群衆を利用して、イェニーの異腹の兄はロンドンに最良のスパイ、ヴィルヘルム・シュティーバー[44]に頼んでスパイを送る。シュティーバーは後にビスマルクの秘密警察長官となる人物で、後に見るように、次の四半世紀、憎しみからマルクスを追放する厳格な警察官である。送られたスパイはグレート・ミル通り二〇番に立ち寄り、一人の崇拝者としてそこに入る。たくみに裏をかき、忠実なもの以外には認められなかったソーホーの貧しい二部屋に招待される。

しかしカールは、こっそりと見張られていることを知っていて、この頃『スペクテイター』の編集者宛の手紙で、「ロンドンのプロイセン・スパイ」の監視について告発している[248]。しかし、カールはこのスパイを誤解し、同志として歓迎する。やがてこのスパイはこの時代のマルクスの詳しい生活描写をベルリンへの報告の中に残している。それはおそらく彼に命令した人物への不平を意図した、非常に批判的な文章である。「私的生活におけるマルクスは非常にだらしなく、皮肉屋で、嫌悪すべき主である。生活はボヘミアンである。ほとんど体を洗うこともなく、下着を着替えるだけである。すぐ酔っ払い、しばしば一日中歩き回っている。しかし仕事があれば夜も昼も没頭する。寝る時間も起きる時間もない。しばしば夜も朝も起きていて、昼、服を着たまま長いすに横たわり、夕方まで、周りでなにが起ころうとおかまいなく眠る。彼のアパートにはひとつの家具すらない。すべては壊れ、ほこりにまみれ、まったく無秩序である。部屋の真ん中にテーブルクロスで覆われたテーブルがある。その上に、原稿、書物、新聞、妻が縫い物の際切った布の切れ端、使い古された茶碗、汚い匙(さじ)、ナイフ、フォーク、ろうそく、インク入れ、グラス、パイプ、タバコの灰、これらがすべてテーブルの上にばらばらにのっている」。そしてこう付け加える。「マルクス家に入ると、眼は石炭の煙とタバコの煙に襲われる。まるで洞穴の中のようだ。やがてこの闇に慣れ、煙を通してものが見え始める。――訪問者は椅子を勧められるが、子供のいすは汚れており、ズボンが汚れる恐れがある。こうしたことは妻にもマルクスにも関心がない」。スパイはこう結論する。この男は危険であり、彼は忠実な友人に囲まれていると。そこでマンチェスターに住み、しばしばカールに会いに来るエンゲルスとルプス・ヴォルフをあげている。

これとはまったく違うマルクスのイメージが、彼の娘婿になる人物によってずっと後に描かれる。「多くの国の多くの労働者は素晴らしいホスピタリティーに恵まれたが、彼らをシンプルでかつフランクな親愛で歓待してくれた女性の兄はプロイセン国王の大臣であり、母方がアーガイル公の家系に

マルクスの私生児

繋がる女性であった[45][161]――」。

この頃、プロイセンの民主主義者の状況は悪化する。多くは逮捕され、しばしば判決を受けることなく何年も拘束された。ブリュッセルの友人であった、フランクフルトの編集者ヨゼフ・ヴァイデマイヤーは、こうした運命に脅威を感じ、やがて雑誌を廃刊し、ドイツを去り、ニューヨークに行き、そこで新しい雑誌『レヴォルツィオーン』と名づける雑誌をつくる。こうして『新ライン新聞』の残部の配布が終わる。それは三年前ケルンで創設された雑誌の死を意味した。カールは発表する雑誌を失う。

一八五一年六月二十三日、ヘレーネ・デムートが男の子を生む。驚くべきことであった。フリードリヒ・エンゲルスが子供を認知し、フレデリック・ルイスと名づけられ、エンゲルスの世話で孤児院に入れられる。何十年の後、ルイーゼ・フライベルガー・カウツキー[46]――(後にみるように、マルクスの草稿の死後管理においてかなりの重要な役割を演じるエンゲルスの最後の助手)は、エンゲルスが死の床でこの子の父はカール・マルクスその人だと認めたと主張する。ヘレーネは生涯この問題に関して沈黙を通した。マルクスは子供に何もしないし、エンゲルスも会うことを拒否し、カールの子供たちは父の死後、異腹の兄弟だと結局認める。もちろんフレディー自身労働者となり、社会主義の活動家となり、本当の父が誰かを知らなかったとしても、短い自伝的な覚書の中でイェニーはこう描かざるをえなかった。「一八五一年夏の初め、聞きたくもない問題が起きました[47][201]」と。実際イェニーもこのことを口に出さない。一八五〇年九月末に妊娠したとすれば、それはマルクスの子だということになる。イェニーは当時トリーアにいたのだ。十月末の妊娠ならばエンゲルスが父だということになる。なぜならそのときエンゲルスはロンドンにいたからだ。ヘレーネは子供が離乳するとまた仕事に戻る。

私生児の誕生に関する噂は亡命者の小さな世界ではまたたくまに広がる。「筆舌に尽しがたい不名誉」と、やっと一カ月後マルクスは、そのことを知っていたニューヨークにいるヴァイデマイヤーに手紙を書く。

カールはそこから同時に引き起こされる騒動を打ち消す。それを引き起こすのは「民主左派の内部にいる私の敵たちで、この問題に言及されてはならないのだ[248]」。なぜならこの噂はその時代、彼を取り巻く数限りない悪口の一つにすぎないからだ[248]。カールはプロレタリアを軽蔑しているとか、貴族を褒めているとか、奇妙奇天烈なさまざまな蜂起をたくらんでいるとか、ブルジョワ的生活のために資金を流用しているとか非難されていた。こうした非難の多くは反ユダヤ主義的な調子を帯びており、多くは彼の子供や友人が彼に名づけたニックネーム、「モール人」を取り上げ、それによって彼はユダヤ人であると考えられていた[248]。フェルディナント・フォン・ヴェストファーレンが編集員のメンバーであった、ベルリンの保守新聞『新プロイセン新聞』と繋がっているとまで非難するものもいた[248]。また革命家の世界に飛び込んだプロイセンのスパイだというものもいた。こうした筋立てはロンドンのドイツ人新聞にも採録され、カールの義理の兄弟との素晴らしい関係にたえず言及していた。カールはそれを知るやいなや激しく抗議し[277]、武器の使い方を知ることもなく、この年三人の非難者に決闘を申し込んだ。それは彼を批判した新聞の編集者であった。この三人にかなりの賠償金を払い、決闘が行われることはなかった[48]。

一八五一年末のヨーロッパでの事件は、一八四八年の論文でカールが予想したことを裏付けることになる。革命は永久に消えてしまったのである。

プロイセンでは自由憲法が破棄された。対立派は居住地を指定され、出版の自由と結社の自由は剥奪され、一八四八年に一致していた基本的権利も停止された。マルクスが国に戻れるような恩赦を期待することなど考えようもなかった。

大陸に戻るという最後の期待は、一八五一年パリで十二月一日から二日の夜にかけてルイ＝ナポレオン・ボナパルトが謀議の火種であった国民議会を解散したときに消える。国民議会は、ルイ・ナポレオンが共和国の議長権を認める憲法修正案を拒否していたからだ[163]。十二月三日、バリケードがフランスの首都に作られた。アン県の議員がフォーブール・サン・タントワーヌで殺され、こう叫んだ。「二五フランのために死ぬのだ[163]」と。この二五フランは議会の手当ての額であった。軍は抗議の群衆に発砲する。約二百人が大通りで死ぬ。暴動もニエーヴル県、エロー県、ヴァール県、下ライン県で勃発するが、周辺的なものにとどまり、農民はナポレオンの思い出にひたる。

カールはこの事件をしっこく追う。彼の書いたものの確信をそこに見る。労働者と農民とのしっかりとした連帯がなければ、すべての革命は失敗せざるをえない。前の革命同様今度も失敗する。

共和国の議員の多く（ヴィクトル・ユゴーもそのひとり）は逮捕され、追放される。そのほか二万七千人が逮捕されたが、四千人は流刑になった[49]。ユゴーはフランスを去る。一八五一年十二月二十日、地方の人民がクーデターを承認し、ルイ＝ボナパルトに新憲法を草案する権利を委任し、彼に十年の権力を委ねる。

カールは、一八四八年革命に関する一連の論文で予測した事実を、最終的に確認する。プロイセンでもフランスでも、労働者は農民と連帯することができなかったので、当局は自由派の最終的意思を封じ込めたのだ。マルクスはこの知的な興奮で次のことを理解せざるをえなくなる。すなわち、まだ

『ルイ＝ボナパルトのブリュメール十八日』

言葉もままならぬこのイギリスに無期限に封印され、文字通り飢えて死ぬということだ。

ヨゼフ・ヴァイデマイヤーはニューヨークに落ち着いたが、カールは彼から一八五二年、政治的雑誌に何か書いてくれるよう依頼される。カールはやがて「革命」という題で一八五一年のクーデターの物語を書こうと考える。それはヴァイデマイヤーが以前ドイツで売ってくれた彼の新聞に一八四八年革命のことを書いていたからである。その原稿料はかなり安いものであった。カールはそれを受ける。一八五二年三月の初めまで毎週ニューヨークに論文を送る。ヴァイデマイヤーが掲載した七つの論文は一冊に集められ、『ルイ＝ナポレオン・ボナパルトのブリュメール十八日』[20]という題を付けられる。いつものように、イェニーがこの論文を書き写し、内容について議論し、（出版社の費用で）送付することに携った。雑誌記事のスタイルではあるが、重要なテキストである。

以前の一連の論文のように、カールは階級闘争によってクーデターを説明しようとする。つぎの有名な言葉から始まる。「ヘーゲルは作品の中でこう書いている。すべての偉大な出来事と、世界史の偉大な人物はいわば二度現れると。ただし彼はこう付け加えるのを忘れた。最初は悲劇として、二回目は茶番として」[50][20]。彼は続いてこう書く。一八四七年の世界恐慌によってブルジョワジーが衰退したように、一八四九年の繁栄の復活によってブルジョワジーは復活した。革命が失敗したことで、国家はたとえ必要だとしても、ヘーゲルやドイツの真正社会主義者が考えるように最初の友人でもないし、「一般利害」の保障者でも担い手でもなく、支配階級の道具であるということがわかった、農民は、その欠点によって共和制を敗北させたが、彼らが権力を与えた人物によってやがてだまされることになるのだ。農民は労働者と同じ利害を持っていて、資本の敵対者と結びつく、地方の名望家の敵対者であると考えている。「農民の利害を、ナポレオンの時代のように資本のブルジョワジーの利害と混同してはいけない。逆である。彼らの利害は対立しているのである。——だから農民は、その運命がブルジョワ秩序を転覆することである都市のプロレタリアの中に、自然の連帯と導き手を見出す」[51][20]。「連帯と導きの手」。そこに、トップの人物に搾取される産業的知識人の前衛に立つ少数者階級の、労働者階級に割り当てられた指導的役割がある。マルクスはあまりそのことを言わないのだが、革命の方向がつねに振り返るべきはこの少数者である。もちろんマルクスは労働者階級のことしか考えないし、そして労働者階級を代表する党は権力を独占すべきではないとも考えていたのだが。もっと後に、エンゲルスそしてレーニンがこの選択を行う。

マルクスは、イギリス帝国はやがて崩壊すると予測したが、労働者プロレタリアが農民と連帯することができなければ、勝利を得ることはできないだろうと考えていた。結果、帝国が崩壊しても、国家が回復し、ブルジョワジーの利益に供する議会制共和国ができあがるだろうとはっきりと述べている。そして都市の労働者が農村の小商品生産者、農民、商人と連帯し、「すべての破壊的力を国家に対し集中し[20]」、「国家機構を破壊すれば、こうしたすべての政治革命は完成するだろう[20]」。プロレタリアの指導者の課題は、したがって、搾取されるべき人々を含む政府の多数派である、広範な連帯によって大衆党を創設し、労働者にその運命を意識させることである。

こうしてマルクスは、二十年後フランスで実現する問題を、はっきり予感的に分析したのである。第二帝政の崩壊、ブルジョワ共和制の成立、パリの労働者の蜂起と革命の失敗は、結局地方のエリートと農民との連帯ができなかったことに原因がある。この事件とはパリ・コミューンである。

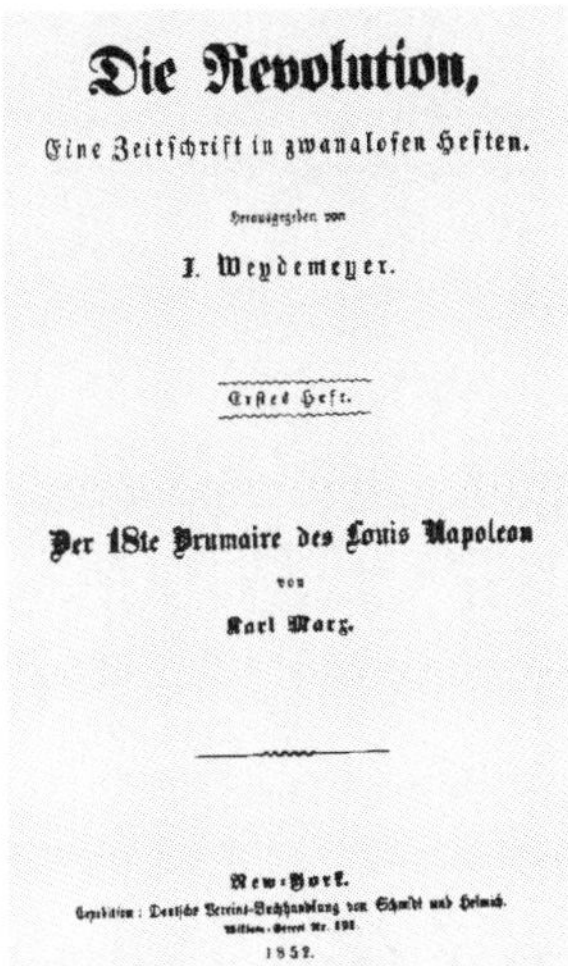

『ルイ＝ナポレオン・ボナパルトのブリュメール十八日』

彼は予言的に書いている。「帝国のマントがルイ・ボナパルトの肩の上にかかるとき、ナポレオンの堅固な銅像が、ヴァンドーム広場の上から引きずりおとされるだろう」[52][20]。事実この予言が的中し、その後予言したように、一八五二年時点では想像さえできなかった最初の労働者大衆党が出現するには二十年が必要であった。

この段階は次の言葉のように、美しく、神秘的で、無限ですらある。「十九世紀の社会革命がその詩的源泉を見つけるのは、過去ではなく、未来にしかない」[20]。

カールは自ら書いたものの価値を意識していた。一八五二年三月五日、最後の論文で社会分析に彼が新しく付加したものは何だったのか書いている。「近代社会における階級の存在、そしてその闘争を発見したことで評価を受けるのは私ではない。私よりずっと前に、ブルジョワの歴史家がこうした階級闘争の歴史的発展を語っている。そしてブルジョワ経済学者たちがその経済的解剖を行ったのである。新たに私が行ったことといえば、第一に階級の存在が生産に規定された歴史的発展の段階に結びついているということ、第二に階級闘争はプロレタリアの独裁に必然的に結びつくということ、第三にこうした独裁それ自身はすべての階級を階級なき社会へと廃棄する過渡期にのみ存在するということを証明したことである[20]――」。

『ブリュメール十八日』の意味と評価

一八五二年五月二十日に『ブリュメール』の全論文がニューヨークの『レヴォルツィオーン』の第一号にドイツ語で掲載された[53]。ヴァイデマイヤーはこの雑誌を、匿名のあるパトロンによって出版することができたのだ[248]。当時その出版について述べる新聞はひとつもなかった。

コミューンの一年前の十七年後、マルクスはこの論文が評価されなかった理由を第二版の序文で語る。そこでこの同じ問題で彼より評価された書物を書いたヴィクトル・ユゴーとプルードンを批判する。「当時ドイツに数百部が送られたが、書店に並ぶことはなかった。私は急進派であると知られており、私が販売を要請したあるドイツの本屋は、この提案に恐れをなし、『都合が悪い』と返答してきた。――ほぼ同じ頃、同じ問題を扱った作品のうちで言及に値するのは二つだけであろう。ヴィクトル・ユゴー〔54〕はクーデターの責任者に対する厳しい、知的な罵言を行うだけで満足している。この事件は彼にとって晴天の霹靂と思えたようだ。彼は一人の個人の力しかそこに見ていない。個人の力がなぜ弱まらず、増大したのかその理由を説明しない――。プルードン〔55〕はクーデターの歴史性をクーデターの英雄の擁護に変えてしまっている。逆に私は、フランスにおける階級闘争が、一人の平凡でグロテスクな男を英雄にすることを可能にした状況と環境がどうやって生まれたのかを示したのだ〔56〕（20）」。

マルクスの死後、エンゲルスはこのテキストについてまったく正当にもこう書いている。「これは天才の作品であった。晴天の霹靂（マルクスがユゴーについて語った言葉）のように政治的な人々を驚かせた事件の直後の作品で、この事件はあるものにとっては勇敢な義憤の叫びによって呪われ、またあるものにとっては革命外の救済行為として、革命が挑発した困難が生みだした罰であると歓迎され、すべての人々にとっては理解しがたき、驚くべき対象であった。マルクスはそれを手短に風刺的に説明したのである。――そのためにマルクスにはフランス史に対する根本的な知識が必要であったが、それを彼はもっていた（112）」。ラファルグはこう付け加える。「彼は、社会主義運動に対して科学的基礎を与えるというしっかりとした意志をもってこの作品を書いたのである。当時まで社会主義運動はまだユートピアの霧の中を彷徨っていた〔57〕（161）」。

カールは、亡命は将来長引くだろうと考える。彼はそれについて何度もイェニーと話し合った。貧困の中でロンドンに留まらねばならない。この国はすべてが未知であり、四人の子供もいい生活ができず、目下そのうちの一人はギドーと同じ運命をたどる危険性があった。彼女はそれに耐えられるか。彼女は子供と一緒にトリーアの母のところに帰った方がいいのではないか。妻は、大臣の兄という確かな家族的環境を確保することもできるはずであった。しかし彼女はそれを拒否し、彼女にこうした解決策を示したことに怒りをもつ。もっと書かねばならない、もっと出版しなければならない、そして闘い続けねばならないのだ。カールの闘争はやがて彼女にとっても闘争となる。彼女は留まることを決意した。彼もそれを拒否するはずがない。彼女は彼のそばにいるのだ。彼には彼女が必要か。彼女はこれ以上そのことは聞かない。

数日後、ロンドンは非常に寒く、そして彼らは貧しく、マルクスは家を出ることもできない、マントが質屋にあるからだとエンゲルスに手紙を書く(248)。そして、子供たちのために肉を買うこともできない、それは肉屋がツケを受け付けないからだとも〔58〕(46)。上の二人の子供を学校にやることもできないし、下の子供の面倒を見てもらうこともできず、本も、フランツィスカのゆりかごも、おしめも、薬さえ買えないと。彼女は最後に生まれた娘であるが、一歳で亡くなる〔59〕。カールがギリシア語、ドイツ語、英語の詩を教えようとしたエトガー同様病気であった。彼は借金とりをだます口実を探し、策略として子供を使った。絶え間なく母や友人から助けを受けようとする。いつも規則的に援助してくれたのはエンゲルスだけであったが、もっとも金に関してはあまり寛容ではなかったが。

この恐ろしい時代は、執筆も、読書も、思考も問題外のことであった。共産主義者同盟も関心の外にあった。生きること、そして子供を生き残らせることだけが重要であった。

この年、一八五二年、カールが予想したように、ナポレオン三世となったルイ＝ナポレオン・ボナ

一八七二年のボン・マルシェ・デパートの新館

パルトは幸運だった。経済は発展し、雇用者は労働者に労働を提供し、商人は繁栄し、農民は静かになる。出版は権力者が握り、サン・シモニアンは体制と手を組み、フランスで抵当信用を作る。ブシコーは「ボン・マルシェ・デパート」[60]を創設する。共和派は敵だと見られ、ナポレオン三世は髭を生やすことさえ禁止した。なぜなら髭は革命家と関係するとみられたからだ。

貧しく、寒さもきびしく、四月十四日フランツィスカは十三カ月で死ぬ。これはマルクスがこの町で死なせた、二番目の子供である。ギドーの後十三カ月であった。カールは棺を買うお金さえなく、何時間か努力をした後、名も知れない隣のフランス人の寛大さに助けを求めねばならなくなる。短い回想録[61]の中で、いつも気品をもち、控えめなイェニーはこう記す。「(フランツィスカには)生まれてきたときからゆりかごがありませんでした。そして彼女の最後の居場所も長いこと拒否されていました[62][201]」。

エンゲルスは四月二十日お悔やみ状の中で、マルクス家の貧困と子供の死を招いた悲惨な衛生状態について、何もすることができなかったことを後悔しながら、苦しむ[46]。

カールはもはや何もできず、初めて大きな病気にかかる。「癤（せつ）〔できもの〕、肝臓、歯の痛み、眼の伝染病、肺の伝染病が悪化する[161]」。やがて立ち直り、与えられた鎧を強化し、残された子供たちをとても大切にする。とりわけ最後の息子との関係は、かつて父と結んだ関係さながらであった。「彼は二人の娘と五歳でとても愛していた息子のために時間を費す。彼は小さな体と債権者をだます素晴らしい才能に敬意を表し息子をムシュー大佐と呼ぶ[161]」。イェニーはしっかりしていた。カールの具合が悪くなると、家を取り仕切るのは彼女であった。彼女が鬱、吐き気、不安な状態に戻るのは、カールが元気になったときだけであった[248]。

『ニューヨーク・デイリー・トリビューン』

貧困の中で、マルクスは夢のような提案を受ける[63]。合衆国を代表する日刊紙『ニューヨーク・デイリー・トリビューン』の通信員への要請であった。この新聞は毎日二十万部も売れており、当時世界でもっとも売れていた新聞であった。チャールズ・デナ（ケルンで三年前に会っていたが、デナはヨーロッパで取材をしていたのであった）は、ニューヨークで編集長となっていた。彼はドイツ人に興味を抱いた。ドイツ人は政治的な理由とプロイセンの経済的貧困の結果、大量に合衆国に移民していた。またケルンでマルクスから受けた非常に強い印象を思い出し、ロンドンの通信員となってもらうよう要請した[64]。カールは、書きたいとき、何でも書くことができる。少なくとも週に一本の論文、すべての論文に報酬が出る。さらに印刷されるともっと報酬がでる。デナは『ニューヨーク・デイリー・トリビューン』が彼に払う給与は、新聞が「もっとも高い評価をする執筆者」と考える人ほどでないかもしれないが、しかしどの記事にも最初は一ポンド、やがて二ポンド、そしておそらく三ポンドは支払えるだろうと説明する。

マルクスは明らかに魅了された。ここで、ジャーナリストとしての真の仕事、ただし英語でだが、定期的な給与が得られる（エンゲルスが送ってくるお金を倍にできる）、たとえイェニーが何か仕事を見つけてくれといつも言っていたとしても、そんな仕事ができるかなどと考えはしなかっただろう。さらに『ニューヨーク・デイリー・トリビューン』はアメリカの自由派の新聞であり、そこに書くのは不名誉なことではない。新聞は十年前、フーリエ、ホーソン、エマーソンの弟子である昔の植字工ホーレイス・グリーリーが発行したものである。彼はボストンのそばのブルック・ファーム[65]のファランステールで、わずかばかりの体験をしていた。[66]この日刊紙では、文学的にも、政治的にも非常に高い水準をもつアメリカのすぐれた編集スタッフと、ヨーロッパのすぐれた通信員が仕事をしていた。しかしカールにはわずかばかりのためらいがあった。彼は英語で記事を直接書くほど英語が上手ではなかったということだ。エンゲルスは（やはり今度も彼だ）、マルクスの記事を書き直し、無料で文体をチェックすることを提案する。このマンチェスターの友人は非常に熱心で、マルクスの名で、軍事的戦略（エンゲルスの好きな）を書かせようとした。もちろん俸給はエンゲルスのものではないのだが。カールはこの仕事を受け、仕事に入る。もちろん彼に要求されていることはあくまで表面的であり、食べるためのものにすぎないことへの不満はあったが、心の中では金の問題をこえて、アメリカのドイツ人の一部に運動へ関心をもたせることを期待していた。

事実一年で（一八五一年夏から一八五二年春まで）、チャールズ・デナが予想していたように、五十万人のドイツ人が、貧困と政治的抑圧のため大西洋を渡った。[67]

マルクスが知った不幸（とりわけ数カ月で二人の子供を失っていた）は、カールの性格をさらに頑ななものにした。彼はいまや、パリやベルリン、そしてなおブリュッセルにいた頃のような野心的で楽観的な若者ではない。彼はドイツの最初の左派新聞の、暗い、闘うパトロンではない。彼は、とりわけいたるところにいるスパイを嗅ぎつけ、怒り易く、がまんできなくなっていて（当然のことだが）、愚かなことで無駄な時間を過ごしているのではないかと不安であった（それも当然であった）。ロンドンのドイツ人亡命者に対する大量の中傷をかわすため、エンゲルスと何カ月もともにした。一つはシュパンダウの刑務所から脱走した有名人キンケルの場合である。そのために『亡命者偉人伝』を書いた。ドイツの出版者に送られた草稿はプロイセン警察の手に落ち、出版されることはなかった。数カ月の仕事は無に帰した。

一八五二年八月、『ニューヨーク・デイリー・トリビューン』に、マルクスの最初の記事が掲載され、それが彼の最初の収入となる。この給与の日は一家の祭典であった。記事へ給与が支払われたことでやがてすべての問題について書き続ける。イギリスの政治生活、チャーティズム、ストライキ、スペイン、ロシア、オリエント問題、インド、中国、アルジェリア。これらは後に見るように非常に重要なテキストであり、彼の書物より読み易い。記事に関しては哲学的・経済的テキストとは違って保留ということをしなかったので、困難なく、書き直すこともなく送ることができた。

一八五二年十一月、カールは政治にかなりの時間を奪われた。やがて長い間考えていたことをやろうと決める。共産主義者同盟の最後の残りの部分を解体し、理論的な作品に戦力をそそぐこと。もっとも共産主義者同盟はこの点では存在などしておらず、解体など意味はなかった。

やがて彼はダルムシュタットの出版者と八年前に結んだ、経済学の書物の計画を再開する。今では彼の関心は、資本主義的生産様式の科学的分析と政治経済学批判である、記念碑的作品にあった。こうして彼はそれらを出版すべく、一八四三年パリに到着して以来、疎外、搾取、資本主義の本質、恐慌、歴史運動を所有関係によって説明する方法に関して行ったあらゆる考察を出版すべく、資料を集めようとする。そのため今では「他人の労働を搾取することで隷属させる権力」[1]と定義する、「ブルジョワ的生産様式について何年も蓄積してきたノート」に再度とりかかる。

とくに、なぜ資本主義は、一度世界的なものになると崩壊する運命にあるのかを説明しようと考える。そして資本主義が一国に限られたときにはなぜ革命が起こりえないかを。彼が経済学者たちから読み込んでいったもの（彼はすべて読み尽くしたいと考えていた）は、結局何の役にもたたなかった。その理由は、富の生産の根本的本質の説明も、政治と経済とのつながりの説明もまったくそこには書かれていなかったからである。

一度資本主義が崩壊すると、「共産主義」社会がどうやって生まれるかを考察する。彼は「ブルジョワ的所有の廃棄によって」、「自由で平等な」、「新しい人間の」、「自由で」、「豊かな欲求をもった」社会を作りだすのが共産主義社会だと規定する。労働は「そこではたんに生きるための手段ではなく、自由な選択と労働時間の低減によって作り出される生きた第一次的欲求と[38]」なるであろう。マルクスは『ドイツ・イデオロギー』のなかですでに提示した思想を再びとりあげる。「共産主義者は、今日はこれをし、明日はこれをするという自由を得るだろう。朝は狩猟、昼は漁、夜は畜産といったように。そして決して猟師や、漁師や、畜産業者になることはない[68][38]」。

資本主義から共産主義への移行の条件はそれ自体緊急な研究課題であるとは思われなかった。彼にとってはそうした条件は政治・経済的な状況、すなわち時と場所に左右される。それらは一般理論の対象ではありえない。マルクスはこうした社会への移行は、「必然の支配」から「自由の支配」への「飛躍」によって可能だと語るだけである。彼は今では「それをプロレタリアの革命的独裁」と命名していたが、その内容については一八四八年の革命についての論文で行ったように明示せず、また断定したわけでもなかった。だから可能な場合、党の戦略で多数派権力を獲得すべく民主主義制度を利用することも場合によっては必要だと述べていた。この点に関しても、他の点同様、何度も政治的、個人的取り引きを体験したが、けっして見解を変えることはなかった。とりわけジャーナリストとしての思想の自由はもっとも神聖な権利でなければならず、彼にとって来るべき議会制民主主義は保護しなければならないものであった。たとえ社会の多数派が政治的多数派でないとしてもである。

さらに同じ頃、彼は自由民主主義の二つの重要な問題、すなわち出版の自由と正義の独立を公けの場で弁護する。特に、この年一八五二年十一月十二日、一八四八年の同志であるドイツ人の共産主義者の多くの友人が（あるものはヴィリヒの思いがけない告発によって）逃げる間もなく逮捕され、ケルンで一八四九年にマルクスの友人であるがゆえ、そしてマルクスと通信したがゆえに「共産主義者」であると判決を受けたとき、マルクスは抗議をする。被疑者の一人フェルディナント・フライリヒラートはロンドンに逃げることですんでのところで逮捕を免れ、欠席と判断された。そのほかのものはそんなチャンスはなく、大きなリスクを負った。十一月二十日、カールはイギリスとアメリカの多くの新聞に英語とドイツ語で長い記事を送る。十一月二十九日に『モーニング・アドヴァタイザー』、続いて最終版が十二月十日『ニューヨーク犯罪新聞』に掲載され、この裁判で展開する弁護権の侵害に対して抗議を行った。「十八カ月この裁判の証拠を獲得しようと時間が浪費された。この頃、われわれの友人は、医療品も与えられず、利益になる条件も与えられず幽閉されている。彼らには弁護士に会う権利もなかった。これは法の冒瀆だ。――陪審員は六人の反動的名望家、四人の銀行家と二人の官僚によって構成されている。彼らには、とりわけロンドンから来たという証拠、すなわち被告人の通信の相手であるマルクス博士が議長を勤める秘密結社の集会の調書がもたらされた。――この調書は偽書である。マルクスの筆跡は偽装されていた。しかしながら、彼らは新しい刑法の遡及的適用によって大逆罪の罪があると看做された(1)」。

刑は重いものであった。マルクスの友人は長い間刑務所ですごす。カールは怒り、やがて『共産主義者裁判の暴露』というタイトルの、エピソードを語る冊子をそこから書き、ドイツに送付しようと決意する。このテキストが直接的な革命へのアピールとしてみなされないようにするため、序文でエンゲルスは、友人たちが行動へとすすまないよう注意する。「共産主義的経験に没頭し、一足飛びに前にすすまざるをえないということのないように。共産主義がどの点で実現するかについてわれわれはだれよりもよく知っている。こうした事件においては冷静さを失い（肉体的なことだけではない）、そして――獰猛な動物となるだけでなく――さらに最悪の愚かなことをしかねない[112]」。

冊子はもう一度バーゼルで印刷され、一八五二年にドイツに到着するやいなや警察によってすべて押収される。誰もこのことを知らない。

ジャーナリスト、マルクス

一八五三年一月十日、ロンドンで地下鉄の最初の路線が開通したとき、カールはまた病の床におり、いつものように金にこまっていた。もはや手紙の郵送料も払えない。家族に最小限のものを与えるために、彼自身述べているように「長いもの」を書かねばならない。『ニューヨーク・デイリー・トリビューン』の時論的、しばしば予見的記事は一年で一五〇ポンドとなった。記事は書きなおし、発送する前にイェニーと徹底して議論した。

カールは左派新聞でも匿名かつ無料で議論した。たとえばパリでの友人で仲間で、ベルリンに戻ることが認められたルーゲに答える。彼はルーゲがバクーニンの記憶をなくしたと非難する。バクーニンは三年前プロイセンで逮捕され、オーストリア、そしてロシアへと護送されて以来、どうなったかについて知られていなかった。カールはさまざまな新聞に書く。チャーティストの『ピープルズ・ペーパー』、ドイツ語の新聞（『フォルク』、『ノイエ・オーダー新聞』、『アルゲマイネ・アウクスブルク新聞』、『ラ・レフォルム』）。百科事典にも寄稿する（デナの編集する『ニュー・アメリカン・エンサイクロペディア』）。そして北アフリカの新聞『南アフリカン』にさえ。この新聞はオランダのジャーナリストのユタが編集していたが、彼は妹のルイーズと結婚していて、ケープ・タウンに行く途中ロンドンでこの年に会っていた。ルイーゼとカールとの食事に参加していた一人はこう述べている。「彼女は兄が社会主義者の中心人物だということを信じることができず、彼女は私の前で、彼らはトリーアですべての人に評価され、尊敬された弁護士の家庭の出身である」と語った。[277]

こうして多くの新聞に書きながらマルクスは、もっと早くから通信社を作れば、金を稼ぐことができただろうと説明する。しかし、そうした場所はすでにないと考えていた。彼はそれを嘆いてエンゲルスにこう書く。「もしうまく通信社をつくっていれば、君はいまマンチェスターに引き込み、仕事場で拷問を受ける必要などなかっただろう。私のほうは借金の拷問を受けているのだが[46]」。彼の考えは間違いであることがわかる。それはドイツ系ユダヤ人のユリウス・ロイターがやがてロンドンでこうした事業を展開し、大成功するからだ。

ロシアとトルコ

同じ頃、一八五三年一月二十日、ナポレオン三世はウジェーヌ・ド・モンティジョと結婚する。彼女は、熱心なカトリックで当時オスマンの保護下にあった聖地を保護するために軍を送る[163]。ツァーリのニコライ一世も同じことをしようと考え、ロシアの外交官アレクサンドル・ゴルチャコフによると、「ヨーロッパの病人」オスマン帝国の分割のためにイギリスと仲間を組むことを提案する。当時保守派のアバディーンと、パーマーストーンに指導されていたイギリス政府は躊躇する。カールも英露同盟に反対する。それは彼はツァーリスト権力を強化するものはすべていつも敵対していて、こうした同盟はドイツの独裁者にとって第一の支持になると考えたからだ。彼はロシアに対する英仏同盟については考えなかった。その理由は、「偽ナポレオン」とイギリスの外務大臣パーマーストーンは、巨大なロシアの中心を攻撃するというような意図をまったくもっていないと考えたからである。彼は外務省の資料、十八世紀来編集されていた議会の議事録、いずれ大英博物館で調査した外交関係の資料を詳細に調査する。そこから一つの確信、大ピョートルの時代からイギリスとロシアはいつも秘密に協力していたという確信を得る[161]。

この年、一八五三年の四月、マルクスは『ニューヨーク・デイリー・トリビューン』にこの問題に関して記事を書く。一部はエンゲルスが書いていた。「もしロシアがトルコを所有すれば、その力は半分増え、全ヨーロッパの結束をもたらすだろう。こうした事態は革命運動にとって筆舌しがたい不幸となろう[69][11]」。これは二人の友人が一緒に書いた最後の論文のひとつとなる。一八五三年以降、カールは英語をかなり書けるようになっていて、直接英語で記事を書けたからである。フリードリヒはそれを再読する必要はなかった。ラファルグはこう記す。カールにとって、「外国語は生きるために闘う武器である[70][161]」と。やがて彼は英語でイギリスの労働者階級の生活に関する驚くべき叙述を読む。それは、チャールズ・ディケンズが『ハード・タイムズ』の中で、労働者都市の典型的タイプ、コークタウンの生活を描いたものだ。そこに労働者の貧困の状態があった[161]。

「インドにおけるイギリス支配」

ロシアとトルコとの間の緊張が悪化する一方で、マルクスは『ニューヨーク・デイリー・トリビューン』向けの記事のために、インドの植民地化について（大英博物館の図書部でいつも）資料を調べる。それは彼を悩ます農民をよりよく理解する方法であり、資本主義誕生のダイナミックさを理解するために古い社会に近づく方法であった。こうして植民地化に関する、「インドにおけるイギリス支配」と名づけられた最初の記事を六月二十五日に書く[71]。当然資本主義社会に関する非常に重要な論文である。「非常に古い時代以来、アジアには三つの役所しか存在しなかった。それは大蔵省あるいは国内の収奪局、軍事省あるいは外部からの収奪局、第三は公的労働の省である――、エジプトとインドでは、メソポタミアやペルシアと同じく、洪水が大地を潤してきた。高いところにまであがった水を利用して、灌漑用水を維持した。水を経済的に、共同で利用する（西洋では、フランドルやイタリアのように私的企業家を無償の組織に結合するが）というこの最初の必要性が東洋で生まれた。東洋では文明水準は非常に低く、土地もあまりにも広いので、こうした種類の西洋的組織が出現することはできない。そこから経済的機能はすべてアジアでは政府、すなわち公的事業を確保する機能に属してしまうのである」[72]。

後にマルクスが、労働者は国家によって労働力を強奪される、「アジア的生産様式」と考えるものについての叙述がそこにすでに見られる。この記事はイギリスの植民地化に対する、（その時代にはユニークだが）お決まりの批判を続ける。「イギリスは、インドの社会体制の基礎を破壊した。そして現在までたとえどんなものであろうと再生させるような形跡は残していない」、そして次に非常に有名な文章が続く。「手織りの仕事や、無数の織布工や製糸工がつくりだす糸車は、こうした社会構造の軸であった。とても古い時代から、ヨーロッパはインド製のすばらしい布を受けとり、それのために貴金属を支払い、インド社会になくてはならない金細工師に原料を与えてきた――。イギリスの侵攻によってインド人の手織り工は破壊され、糸車も破壊された。イギリスはヨーロッパ市場におけるインド産の綿織物を排除しはじめ、インドに糸を輸出をし、最終的には綿織物の祖国に綿織物をあふれさせた。一八一八年から一八三六年まで大英帝国の糸のインドへの輸出は五二〇〇倍に拡大した」[73][29]。

そしてビジョンとしてマルクスは未来に向かい、一カ月後、一八五三年七月二十二日付けの別の記事の中で、インドにおいて資本主義は、古い今の社会よりもやがていい社会システムとなるだろうと書く。絶対的な貧困の中で書かれた世界市民によるこの重要な論文は、彼にとって共産主義は資本主義の後にしか実現せず、まだその場をもたないことをもう一度示しているともいえる。その理由は資本主義が人間を迷信と奴隷制から解放するのだから。

「たとえそれが人間的感情からみてどんなに悲しいことであろうとも、こうした多くの無害で、骨の折れる家父長的組織は、構成するそれぞれの要素に溶解し、解体し、窮乏化するだろう。そしてその構成員は同時に古い文明の形態とその伝統的生存手段を失うだろう。ただし忘れてはならないのは、こうした牧歌的な村落共同体は、たとえそれが無害に見えようとも、東洋的専制の強固な基礎であったこと、そしてそれらが、人間理性をとりわけ狭い領域に押し込み、迷信に従順になる手段となり、公認の規則への隷属となり、人間の理性からあらゆる歴史的力と偉大さを奪ったことを。われわれは次の野蛮の例を忘れてはならない。それは、そこでは狭い悲惨な土地に利己的に縛り付けられ、帝国の遺跡、名前のない残酷さ、大都市における人民虐殺が平然と見られる野蛮さである。彼らは自然現象にしか関心がなく、彼ら自身に注目する侵略者の犠牲者である。――こうした小さな共同体は奴隷制とカースト制の不名誉な特徴をもっていて、人間を環境の王様にするのではなく、外的環境に対して従属させ、自然な発展にある社会状況を自然に対する全知全能の運命論に変化させていることを忘れてはならない。そこから粗野な信仰がうまれるが、この信仰の下劣な特徴は、自然の主人である人間がハヌマン、猿、サバラ、牛に跪き、尊敬するという事実に現れている[74][30]――」。

そして予言的な言葉が続く。「アジアの社会状況における根本的革命でなく、その運命を完遂でき

ロシアのトルコ侵攻とイギリス――パーマーストーン告発

るかどうか知ることが問題である。もしそうでなかったら、イギリスの罪がたとえどんなものであったとしても、イギリスはこうした革命を挑発した点において歴史の無意識的手段となったのである[75][30]」。そして別の表現がまだ続く。「鉄道と蒸気船が結びつくことで、時間によって計られるイギリスとインドの距離が八日に減少する日も、そしてかつて伝説的な国が西欧世界と現実に結びつく日も遠からず来るだろう[76][30]」。世界精神は今一度グローバリゼーションを考え、資本主義によって人民解放を行うことで、アジアのグローバリゼーションへの参加の口火を切ることになる。

一八五三年十一月、ロシアはオスマントルコに侵攻し、そのほかのヨーロッパ諸国の中立とイギリスとの同盟を計算に入れながら、ドナウ地域を取る。ツァーリ政府に対するロンドンの支持を恐れたカールは『ニューヨーク・デイリー・トリビューン』の中で、彼がイギリスとロシアの大ブルジョワジーの間で見つけた「密約[11]」の存在に戻り、当時外務大臣であったパーマーストーンを、ペテルスブルグに国を「売り渡した」男として告発する。彼は忘れていた友人の一人、一八四九年にデュッセルドルフで会った若き哲学教師であるフェルディナント・ラサールを批判する。カールは彼の出獄を手伝ったのだが、ラサールは、このパーマーストーンの業績を評価する長文の論文を出版したのである。カールは、彼に対して『ニューヨーク・デイリー・トリビューン』に八つの記事を送るが、四つしか掲載されなかった。それで一八五三年十月二十二日から十二月二十四日にかけて『ピープルズ・ペーパー』で八本の記事を掲載するが、やがて『パーマーストーン卿[77]』というタイトルの冊子にする。これは非常によく売れたが、契約がまずかったため、金銭的利益はまったく得られなかった[248]。彼の疑いの真剣さを歴史的に証明するものは何もないが、彼が調べた資料は間違ってはいない。

イギリスがまだどちらにつくか躊躇している間、カールは不思議な出会いをする。それはデヴィッド・アークハートである。彼はスコットランドの貴族で、トーリー党の国家議員で、トルコの支持者となり、ギリシアの側で戦った後ロシアの敵となった人物である[277]。このアークハートは『トルコとその資源』というオスマン帝国の弁護の作品の著者で、そこでパーマーストンとツァーリの両方をはげしく非難し、当面大英帝国はトルコの側につくべきだと主張する。エンゲルスはマルクスに、彼の作品に注意をするよう合図を送る。「このスコットランドのケルト人は、パーマーストンをロシア人に売られた男だといっている[46]」のだ。マルクスは一八五三年十一月二日、フリードリヒにさらに手紙を書く。「最近二十年の子爵（パーマーストン、第三の名前）の形跡を正確に追うと興味深いのだが、僕はアークハートという一種の気ちがいと同じ結論に達した。つまりパーマーストンは二十年もの間ロシアに売られていたのだ[78][46]」。

一人の議員の支持を当てにできるという幸運を、マルクスは誇示した。一八五四年一月には、アークハート[79]は、『ニューヨーク・デイリー・トリビューン』の彼の記事が、「まるでトルコ人が描いたかのように素晴らしい[80][277]」と主張し、カールに喜びを与えようと考える。カールは、アークハートはやがてイギリスの首相になり、ロシアをオスマン帝国から追い出すことに成功するだろうと付け加える。なぜなら「彼の頭はとりわけ回転が速いからだ[277]」。マルクスは、やがて、彼らの名前と結びつこうと躍起となっている一人の狂人を相手にしているのだということに気づき、一八五四年六月一日、パーマーストーンを弁護したと非難した、フェルディナント・ラサールに手紙を書く[248]。「僕はこんな狂人の仲間だと思われたくない。彼とはパーマーストーンに関する見解以外に共通するところなどない[81]」。ラサールに自分の視点のすばらしさを納得させるために、パーマーストーンの裏切りの新しい「証明」をこの手紙の中で披露する。それは彼が大英博物館で発見したもので、それは彼の、異常に警察的な緻密さの嗅覚を証明している。「パーマーストーンはロシアのスパイだ。リーヴェン公は一八二七年に彼の負債を払い、リーヴェン公は一八三〇年に彼を外務省に入省させ、死の床でカニングは彼に注意を促した。僕は非常に意識的な注意をはらって、彼のすべてのキャリアを調査した後でこの結論に到達したのだ。そしてそのことは『白書』、議会討論、彼の外交使節の宣言の中にある。――彼の力はロシアに仕えることにあるのではなく、ロシアに仕えることで『イギリスの真の大臣』としての役割を自認することにある。アバディーン（当時の首相）との唯一の違いは、アバディーンが無知でロシアの役に立っているのに対し、パーマーストーンは理解しているがゆえにロシアの役に立っていることだ。だからこそ、アバディーンはロシア贔屓を自認しているが、パーマーストーンはロシアのスパイであるということだ。前者は無料奉仕をし、後者は支払いを受けているのだ[82]」。

三月二十七日、クールベの「浴場の女性」がパリのサロンでスキャンダルとなっているとき、またオースマン男爵がセーヌ県知事に任命され、ヴィクトル・ユゴーが亡命先で『罰』を出版し、ナダールが最初の写真館を開いたとき、フランスの皇帝はロシアに対する神聖な大地、オスマン帝国を守るためイギリスとピエモンテの支持を獲得する。やがてマク＝マオンの指揮するフランス艦隊はラグラン提督のイギリス海軍とともにダーダネルス海峡に行く。マルクスの予想と反して、ロンドンはロシアと軍事的に対立した。一八五一年四月十五日の『ニューヨーク・デイリー・トリビューン』の記事で、マルクスは当時トルコが支配していた、エルサレムの八千人のユダヤ人の悲惨な状態に注意を向けている[11]。

六月、医者は新たに妊娠したイェニーの往診に行くのを渋る。それはマルクス家は、二六ポンドの借金を彼にしていたからである。その額は一年分の部屋代にも相当した。フリードリヒは彼にもう一度援助を申し出た。七月、イェニーは生き残った三人の子供、ジェニヘン、ラウラ、エトガーと一緒にトリーアで夏を過ごすため出発する。エトガーの結核は悪化していた。出発前に、彼女は八ポンド（ディーンストリートのアパートの年間の部屋代の三分の一）を支出する。それは、「新しい衣類を買うためだったが、その理由はぼろ着を着てトリーアへ行くことができなかったからである」[83][46]とマルクスは七月二日、パトロンのエンゲルスに支出を正当化するために書いている。イェニーの異腹の兄、ベルリンの内務大臣は、新たにイェニーにパスポートを支給する。それがなければ、プロイセンから追放され、すべての警察に監視されていた共産主義のボスの妻は、旅をすることができなかった。

九月二十六日（パリでは、皇帝お抱えの包装業者の若い従業員ルイ・ヴィトンが故郷のジュラを離れ、自分の店を作った[80]）、十八万五千人の英仏軍が、フランツ・トットレーベン大佐のロシア軍が支配する要塞の近くのセバストポリに陣地を構えた。

一八五四年末、マルクスはイェニーの出産にかかる費用とますます悪くなるエトガーの医療費を支払う「特別支出」を要求する手紙を書く[46]。彼はそれがどんなものかは言明しなかった。

一八五五年一月十六日、マルクスの四女で六人目の子供エレナーが誕生する。しかし、三人目のエトガーはまだ生きていた。姉のジェニーと同様中国に関心を示したエレナーは、中国の皇帝の継承者、「クオクオ」となる。彼女にはまた神話のヒーローの一人の名前「グノーメ・アルベリッヒ」、そして「タッシー」という綽名があった。しかし家族の喜びは長くつづかなかった。なぜならカール・マルクスが知る最悪のドラマがやがてやってくるからだ。

一八五五年四月、エレナーが誕生後三カ月のうち、最愛の息子エトガー、彼が「ムシュー大佐」と付けた息子が八歳で結核に倒れる。どんなひどい状況でも感情を表に表したことのないカールも、投げやりとなる。彼はこの子供との関係に多くをかけ、彼の父ともっていた関係を再構築しようとしていた。カールはこのひ弱で、不思議な子供に多くの愛を与えた。子供の苦しみをやわらげるため、『ハムレット』の長い文章を教えた。彼はやがてエンゲルスに手紙を書く。「どんな種類の不幸にもすでに耐えてきたが、今度はじめて現実の不幸とは何であるかを知ったよ。すべてが崩れた気分だ」〔84〕(46)。彼は、お悔やみに対する返事として、ベルリンのフェルディナント・ラサールにも手紙を書く。「ベーコンは言っていた。真に優れた人間は自然と世界と多くの関係をもち、どんな喪失もそれによって再生すると。僕は真に偉大な人間というわけではない。子供の心と頭脳をいたく傷つけ、その喪失感は日増しに高まっている。不幸な妻はまったく動転している」〔85〕(47)。十年後、イェニーは、ロンドンから離れ、海のそばに行っていれば、息子を救うことができたのではないかと書くことになる。この罪の意識は生涯彼らの中から離れることはない。

カールは当時三十七歳にしかなっていなかったが、突然年をとったように見えた。髭は白くなる。痔の悩み以上に、今では肝臓、癤(せつ)、歯の痛み、呼吸、リューマチ、強い頭痛、結膜炎の苦しみに悩んでいた。彼はお金もなく、最後の頼みの綱の息子まで失ってしまった。彼の書いたものを読むものもいない。政治組織もない。すべては彼から離れていく。彼にはもはや書くエネルギーも、活動するエネルギーもない。

社会主義運動の衰退とロシア、イギリス

さらに社会主義運動の衰退もにがにがしいものであった。彼はイギリスで最強にならねばならないはずであった。一八五五年六月、エトガーの死後二カ月、労働組合の指導者は自由派と提携する。そしてマルクスはイギリスのプロレタリアに絶望する。なぜなら、彼らは権力を転覆するよりも、計算ずくでブルジョワに近づこうとしていたからだ。さらに、彼は、セバストポリの英仏の陣地は苦戦し、

多くの人命が失われ、ヨーロッパの君主国との連合が強化されるだろうと確信する。シャンゼリゼでの万国博が五百万人の来場者（その中にヴィクトリア女王もいた）を得て、帝国の勝利を印象づけた間、マク＝マオン将軍とラグラン提督は一八五五年九月八日、セバストポリの要塞に突き出ているマラコフ門を襲う。ロシアは敗北し、オスマン帝国は救われる。進駐は一年続き、数十万人の死をもたらした。ヨーロッパはある大きな国土に興味をしめした。軍事的侵略はアフリカで自由市場を実現できる。

マルクスの貧困はひどいもので、カールは生きるために、記事を受け取ってくれる新聞に書かねばならない。そこには英露同盟という強迫観念に与していたアークハートの編集する『シェフィールド・フリー・プレス』があった(277)。昔の恐怖を後天的に正当化するように(277)、カールはこの新聞の中で、大英博物館（ますますそこで過ごすことが多くなっていた）で発見した、「世界的拡大」を意図するロンドンとペテルスブルグとの秘密の協業を示す十八世紀の資料を暴露した。「それは、今日でもまだ、ロシアに対する政策である」と、それはまた女王の政策であるとマルクスは書いている。なぜなら、イギリスの兵士はツァーリの軍のおかげで大量に死んでいたからである。

当時マルクスは喪の苦しみと金策にまったく集中していた。そして同じ頃、フランス、ドイツ、ポーランド、ベルギーの何人かの政治亡命者と、数人のイギリスの活動家がロンドンで国際労働者組織をつくり、三年前に解体した古い共産主義者同盟の後を引き継ごうとしたとき、カールは、マンチェスターのエンゲルスの家に隠れ、借金で刑務所行きになることを避けていた。彼はイェニーのスコットランドの叔父の遺産という天の助けで救われる。

ロンドンに戻る前、二番目の娘によると、カールは妻に情熱的な手紙をマンチェスターから書いてきた[200]。まるで相次ぐ死によって生きているものの連帯が強化されたかのように、ますますカールは残った三人の娘と時間を過ごすことになる。ある証言者はこういっている。マルクスは娘と何時間も遊び、彼女たちに「紙で船団を」つくり、「それをやがてたらいの中で大喜びで燃やした――」[86]。これは甘く、やさしく、寛大な父親の姿であった。「子供たちは父親の教育を受けねばならない」と、彼はいつも言っていた。彼を狂気のように愛する娘たちに、父親の権威の重さを押し付けることはなかった[61]。そのほかの証人は、日曜日のおなじみのピクニックも語っている。家族はみんなハムステッドに行くために十一時に出発し、一時間半かけて食事の時間につく。金がないときのメニューはこうだった。ローストビーフ、お茶、砂糖、ときに果物[248]。食後、議論し、新聞を読み、走り回る。金のあるときは、ロバの背で散歩する。

この頃苦痛も休まり、不安も少し遠ざかる。もちろん物的生活はあいかわらずであったが。そうしたことを考えないためにカールは大英博物館に戻り、ノートを取り、経済学の大著のために仕事をする。

絶望の中で、彼はこの年、一八五五年主要な発見をする。一八四八年に遡る労働による疎外の分析と、一八五〇年になされた階級闘争による歴史の分析を結びつける発見。思想史における自らの立場を確信する発見。数百万の賃労働者に闘争を理解させる発見、それは非常に単純な次の言葉に要約される。「賃労働者は賃金として得る以上に価値を作り出す」。

こうしてエトガーの死によってもたされた悲しみの中で、カールは剰余価値理論をつくりあげる。それは権力と闘争とのダイナミズムを基礎づけ、引き出す。彼はこうした剰余価値の「絶対的な形態」と「相対的形態」、「不変資本」と「可変資本」とを区別する。こうした概念は、今日では別の名前で近代経済学（もっとも自由な思想の持ち主でさえ）の思想の基礎の一部を作り上げている。
カールは当時まで非常に静態的であった経済理論と、歴史の運動を結びつける重要な概念を確立したと考えた。しかし彼はそこにはまだ直観しかないということを無視してはいなかった。多くはまだこれから明確にしなければならない。

新しい悩みは一八五六年二月十七日に起こる。彼は狂人になっていたハインリヒ・ハイネの死を知る。二人はカールが十一年前パリを追放されて以来再会したことはなかった。彼らはそのときからしばしば手紙をやりとりしていた。ハイネはエンゲルスとともにカールが怒らなかった数少ない人物のひとりでさえあった。カールはハイネの中に、ずっと前に亡くなった彼の叔父の姿をみていたかのようだ。そして彼はエンゲルスの中にも昔夭折した弟の姿をみていた。

ロシアの解放、イギリスの異常な発展

政治状況はもはや楽観主義を許さない状況であった。ロシアの敗北を批准する一八五六年三月三十日のパリでの協定の後、新しいツァーリ、アレクサンドル二世は幅広い改革を行う。彼は五千万人の農奴を解放し、司法を人間化し、プチブルのために大学を開放する。[163] しかしこれによって抵抗が弱まったわけではない。トルストイ、フョードル・ドストエフスキー、あるいはイワン・ツルゲーネフのような詩人や小説家は、叫びを上げ、願望を説明した。起こりつつある、ポピュリスト的、ナショナリスト的、自殺的革命運動を描くため、ツルゲーネフは「ニヒリズム」という言葉を発明する。

イギリスは異常な経済的発展を導き、豊かな植民地侵略を進めるために、「壮麗なる孤独」に引きこもる。繊維産業は、多くの奴隷が非常に低い価格で刈り取る合衆国の南部から輸入される綿花によって発展する。それは他の地域の繊維産業の破壊によって植民地で開かれた新しい市場のおかげ、とりわけ技術革命のおかげであった。

この時代はまた、パリでギュスターヴ・フロベールが『ボヴァリー夫人』を書いたことで、不道徳の非難を受けていた時代であった。

カールは鬱に沈み、新たに、「どうにもならない」、革命は不可能だと考える。亡命という塹壕に押し込められた彼は、国からはなれて三年で三人の子供が死ぬのを見たのだ。彼はそのことに責任を感じていた。もはや希望はない、書く理由も政治を行う理由ももはやない。彼はもう一度イェニーに子供と一緒にロンドンを離れドイツに帰ってはどうかと聞く。彼女は拒否する。彼は最後の子供の死を、イェニーの死、そして自分自身の死を待つしかなくなる。

すべてがすぐに変化するということを、まだ彼自身わかっていなかった。

4　インターナショナルの主人

一八五六年四月―六四年十一月

希望の復活――イェニーの遺産相続

一八五六年と一八五七年の数カ月間、マルクスは、金もなく、力もなく、貧困と不安に落ちこみ、一人家に籠っていたが、運命は戻りつつあった。金ができたのだ。生活状態は変わり、革命も再び見えてきた。彼は再び活動の中心に戻り、概念も復活し、理論も展開する。三十八歳で、彼の生活は再び意味を見出す。

一八五六年春、母の死が近いという知らせを受け、イェニーはトリーアに向かった[1]。また内務大臣であった異腹の兄が、彼女に滞在証を新たに与えたのだ[248]。マルクスは、一八五六年四月十日、はっきりと矜持をもってエンゲルスに手紙を書く。「私の妻は、ベルリンから、国王から受ける最高の特別命令のついたパスポートを受け取った。彼女は、五月にトリーアに家族とともに発ち、そこで三、四カ月滞在するつもりだ[2][46]」。

カールは、遺産によって貧困から脱出できるだろうとは書かなかった（しかし彼は間違いなくそうなると考えていたのだが）。彼は気分を取り戻した。それは、ひとつの死（いやその知らせ）が苦痛を解放してくれる助けになったかのように。

四月十四日、エンゲルスにイェニーが旅立つことを手紙で書いたわずか数日後、四年来はじめて左派と移民のいる公的な場に現れた。カールはチャーティストの新聞『ピープルズ・ペーパー』の年次大会で話をしたのである[3]。この演説のテキストは、かなり叙情的で、長い間失ってきたエネルギーが復活し、充ち溢れている。それは、彼の活動は、あたかもすべての労働者階級のためになるという可能性が再来したかのようであった[173]。ちょうど一度に、蟄居生活とプロレタリアートの無気力さを終わらせようとしたかのようでもあった。青年時代の元気を再び取り戻した。苦しみは遠のいた。その夜そうした表現をすることで、ギドー、エトガー、フランツィスカのことを考えたことは疑いない。こ

ビスマルク

れらの子供たちは、やがて予測される、政治と何のかかわりもない変化を目撃することはない。「今度の革命は一八四八年のようなものではない。蒸気、電気といったさまざまな発明は、市民バルベス、ラスパーユ、ブランキ以上に危険な革命的性格をもっている！」[4]。彼はその後、その夜招待してくれたイギリス労働者階級に賞賛をあたえる。「イギリスの労働者は近代産業が生み出した最初の労働者である。彼らは、決して社会革命を望まない人たちではない。産業それ自身の申し子である。この革命は全世界におけるあらゆる階級の解放となるだろう。賃労働という奴隷制と資本の支配が国際的であるのと同じように、革命は国際的規模である」[5]。やがて、大きな詩的力をもつ一種の政治的予言を述べる。「中世ドイツにおいて、聖フェーメ運動という秘密の裁判所があり、そこですべての悪い行いは権力者の報いを受けた。家に赤十字があると、その家の主は『聖フェーメ』の印であるとわかった。今日では、あらゆる家々に神秘的な赤十字がある。歴史自身によって正義が貫かれ、判決を執行するのはプロレタリアである」[6][4]。

このすばらしいテキストは、非常に強いライン訛りの単調な声で演説されたのだが、大喝采を引き起こした。

旧共産主義者同盟の主が戻ってきた。死ぬまで、そして死んだ後も、世界の左派の中心にマルクスがいなければ、もはや何もできなくなるであろう。

イェニーが三人の娘を連れてトリーアの母の枕元にたどり着いたとき、まだ世間に知られていない若き皇子、オットー・フォン・ビスマルクがベルリンである考えを述べる。彼はその考えを決して捨てることはない。すなわち、ドイツに二つの大きな力はいらない。遅かれ早かれ、プロイセンとオーストリアは対決することになろう、プロイセンは武装し、同盟、まずはフランスとの同盟を模索し、その準備をするだろう。「外交において、私はまったく偏見をもっていない——。私が、フランスに関心を持っているのは、わが祖国へフランスがどう影響するかという点だけである」と、一八五六年五月二十一日に書いている。

この男はヨーロッパの歴史の中で第一級の役割を演じることになる。彼はとりわけマルクスの運命に対して、マルクス以後のマルクス、すなわち「マルクス主義」となる思想に決定的な影響を与える。次の世紀の二つの大きな混乱を引き起こす分岐点は、ビスマルクを通じて生まれる。

イェニーがちょうどトリーアに到着した、一八五六年七月の末、ヴェストファーレン夫人が亡くなる。イェニーは革命家と結婚したことによって、相続権がなくなるのではないかと恐れ、ベルリンの彼女の異腹の兄に書簡を出す。彼は国を統治している大臣室から愛情をもって妹に答える。「あなたとエトガーが相続者であることは間違いない。当面お金の問題があるなら、すぐに手紙を送れ。必要なものは僕が出すから[50]」。この手紙によって、彼らの関係がまだ切れていなかったことがわかる。この手紙は次のことを裏付けている。イェニーが家族に頼みさえすれば、五年にわたる最悪の状況の際、援助を受け取ることができたのだということを。

九月、イェニーはトリーアから一二〇ポンドの遺産と、十三年前トリーアを出て以来ずっとそこでブロックされていた、トリーアの銀行に預金されていた父の遺産の一部をもって出発した。エトガーも自分の分をもらうためにそこに加わっていたかどうかわからない。彼はアメリカにいた。イェニーは、弟は死んでしまったものだと思っていた。

イェニーの手紙によって、この遺産の知らせを受けたカールは、一八四九年七月、『新ライン新聞』の融資不足を補うため、ケルンで保証金として置いたままにしていた数十ポンドを回収するように妻に頼む。

家族はこうして生活手段を獲得する。ジャーナリストとしての仕事からの収入、遺産からの収入、エンゲルスが送ってくれる金額が増えたことで、カールは一年に一五〇ポンド（下級中産階級の収入額）と五〇〇ポンド（上級中産階級の額）の間の年俸を、今では獲得できると計算していた。実際、その額は、しばしば下級中産階級よりも上級中産階級により近いものとなる。カール自身この頃、一年に三〇〇ポンドあればロンドンで十分生活できると書いている。この額に到達するには、いつもの額以上にフリードリヒにせがまねばならなくなる。そのためには、毎回、贅沢が必要である理由を詳しく説明する。

郊外の新しい住居

カールはもうディーン・ストリートに住むことはできない。そこにはいつも死があった。とくに、生き残った子供が同じ屋根の下にこれ以上住むなどということは考えられなくなったからである。したがって、彼はできるだけ早く引っ越すことを決意する。遺産の金を持って帰るイェニーを待つことさえなく、一八五六年九月二十二日、ロンドンの中産階級が住み始めたロンドン郊外、ハムステッド・ロードのそば、ハヴァーストック・ヒル、メイトランド・パークのグラフトン・テラス九番の四階立ての家具付きの家[7]に住むためにエンゲルスから借金をする。賃貸料は年額三六ポンド、それは前の住宅の半分であった。そこでマルクスは日曜日に散策を行う。中古のロココ風の家具のついたこの家は、今まで住んでいたあばら家からすれば王宮であった。

そして彼自身貧困から出ることができたがゆえに、革命も息を吹き返すだろうと、また考えはじめる[173]。生活のこと以外を考える暇ができただけでない。目覚めねばならないのは左派全体であった。カールは個人的状況と世界一般の状況とを新たに繋ぐ。この意味でエンゲルスに九月二十六日、手紙を書く。「結局家を変わり、本を出版するというただこれだけを見ても、われわれの仲間たちの運動が手の届くところにあることがわかるだろう」[46][8]。そしてさらに続けて、「僕は一八五七年の後に大きな金融恐慌が起こるとは思ってはいない」[46][9]、と書いている。二人の考えはよく似ていて、フリードリヒも、カールと交わした九月二十七日の手紙の中で、ヨーロッパの政治領域に左派が戻ってくることを確信していた。「君が家具付きの家に住んだことを知ったとき、事態がよくなると確信し、この問題にかけようと考えた」[46][10]。言い換えれば、革命はマルクスなくして始まることができなかった。革命が始まるにはマルクスが政治に戻ることが必要であった。マルクスこそ世界精神であるとエンゲルスは考えていたのだ。

一八五六年九月末、イェニーと三人の娘はトリーアから帰ってくる。彼女たちはパリを通る[11]。そこで彼女たちは、ガスで照らされた大通りを賞賛した。イェニーはカールが新しい住居を選ぶのに彼女の帰りを待たなかったことを残念に思いながらも、この引っ越しには賛成した。彼女が持って帰った金は新しい住居の賃貸料の五年分であった。たとえその額が負債を埋める程度のものであったとしてもである。家族の生活は変化し始める。

九月二十九日、マルクス家は、六年で二人の子供が生まれ、それ以外の子供も含めて三人が死んだ「死の通り」であるディーン通りを去る。ヘレーネ・デムートも彼らと一緒に従ったが、彼女はますますなくてはならない存在となる。彼女の息子の秘密は完全に忘れられてしまう。

二カ月後、イギリスのみならずヨーロッパのどこでもなんの事件も、なんの兆しも起きなかったし、金融恐慌も経済恐慌もまったく起こったようにも思えなかったが（もちろんいくつかの鉄道会社の困難はあったが）、フリードリヒはなおも革命への確信を告げる手紙を書く。「［一八四八年］ほどの革

大英図書館に日参

命の条件は簡単に起きないだろう――。幸いにも――何らかのことができるとすれば、それは決意をするか、より明確な決定を行うしかないというのが事実だ。その理由は、一八四八年ほど急速にしぼむことを恐れる必要はもはやないからだ」[46][12]。

カールは、大作を書き終える前に革命が起こるのではないかと恐れていた。やがて、これまで以上に真面目に仕事に取り組むことを決める。

カールは、労働者の貧困に関して、どんな報告も、どんな調査もしていない。カールはやっと貧困から脱出したわけで、彼以前に貧困について書いたどの著者よりも貧困を熟知していた。マンチェスターの工場労働者の生活状態について調べるためにそこに行く必要もなかった。個人的思い出と他人の観察で書いたのだ。古本や資料の類を探すためにときどきでかけていたロングエーカーの古本屋で、マルクスは特にスコットランドやイギリスの工場監査官の報告書や調査委員会の報告書をすべて見つけた[161]。「それらの報告書が配布された上院同様、下院の議員の多くも、これらの資料をただ銃の的として利用するだけであった。彼らは、銃弾が貫いたページの数を数え、武器の威力を調べるためにそれを利用したのだ。そうでなければこれらの報告書を量り売りしていた――。カールは初めから最後までそれらを読んだ。それは彼が書いた鉛筆の線の跡の数でわかる。下線は、資本主義生産体制の研究にとって非常に重要な資料のところに引かれている。カールはこれを書いた人物の意見の確かさを知っていて、イギリスの工場の査察官ほど純粋で偏見のない、信頼できる人間はヨーロッパのほかのどの国にもいないだろうと考えていた[13][161]」。

こうした掘り出しものは別として、大英図書館にもしばしば通っていた。彼は新しい閲覧室が建設されたことを、ことのほか喜んだ。広いガラスの窓の光を取り入れた、セントポール寺院の世界最大の丸屋根よりも威厳のあるつくりをもつ、その建物の建設費用は一五万ポンドであった。しかし建築家は書架のほうも忘れてはおらず、急いで備えつけられた直後、一般の入室が認められたのだ。

この巨大な空間の建設時期はマルクス自身の引っ越しと時を同じくしており、カールにとってそれは発展の兆しであった。生活状態の改善と適当な労働条件がともに進んだかのようであった。すべては同時によりうまく行くはずであった。

カールは毎日大英図書館に通い、いつも同じ場所に座った。彼はそこで彼の記念碑的労作『フランス史』を書いていたルイ・ブランに会う。(14)(77) また、イギリス以外の労働者の生活状態についての報告を読んだ。やがて、とりわけベルギーの公的報告書から非常に詳しいノートを取る。それは十二年後の『資本論』で引用される。それは、科学的厳密さと、政治的闘争と、ロマネスク的飛躍が奇妙にミックスしたものである。

「イギリスの資本家にとって、ベルギーを『労働者の天国』と描写することが流行だ。その理由は、『労働の自由』あるいは、同じことになるのだが、『資本の自由』がとりわけ存在するからだ。『労働組合の屈辱的な専制支配』も、工場査察官による『抑圧的管理体制』もないのだ。ベルギーの『自由な』労働者の幸福のあらゆる神秘に通じた人物がいるとすれば、それは疑いなくベルギーの貧窮院と刑務所の査察総監、それと同時にベルギー統計局の中央委員のメンバーであるデュクペクシオー氏をおいてしかない。彼の作品、『ベルギーにおける労働者階級の経済的予算』(ブリュッセル、一八五五年)を開いてみよう。そこに通常の被雇用者であるベルギーの労働者家庭がとりあげられている。まずこの著者は、非常に正確な資料に基づく、年間収入と支出を計算し、その後彼はその状態を兵士や、船乗り、囚人と比較する。——労働者の家族でそれに達するものは少ない。兵士や船乗りだけでなく、囚人の額にも達しないのだ」[15][12]。

マルクスは、通信員をしていた『ニューヨーク・デイリー・トリビューン』にその頃書いた論文の中で、さまざまな問題に言及する。そこにはかなり変わったものもある。こうして、彼はこの年アフガニスタンについてこう書いている。「国家や部族を表現するにはまったく詩的な言葉しかない。それはまるである地域を問題にしているかのようだ。アフガンという国家は存在しない」[11]。しかし、今日でもわずかな言葉でこの地域をこれほどうまく表現しうるものはどれほどいるであろうか。

この年、彼の昔の主で、最初の偶像であり、かつまた最初の敵でもあったフォイエルバッハの最新の大作、『キリスト教とユダヤ教の古典古代の源泉による神統記』が出版された。そこで彼は『キリスト教の本質』のヒューマニズムと、「宗教の本質」の自然主義を主張していた。「現実的に存在しない人間、人間がそうなりたいと望む人間から人間は神を作る。実はそうした人間自身が神である」。この本は成功しなかった。哀れなフォイエルバッハよ。彼の時代はもはや過ぎ去っており、鳴り響くことはなかった。

カールはできるだけ早くノートを取り続ける。なぜなら時が切迫していたからだ。恐慌が起こりつつあることを彼は知っており、そう書いてもいた。

一八五七年恐慌の到来

一八五七年春に実際、彼が待ち、期待し、そうなると告げていた、革命マシンが再起動する恐慌が結局やって来る。鉄道会社の株式投機のバブルの爆発と金の世界的生産不足によって、ニューヨーク、ロンドン、パリ、ウィーンのあらゆる証券取引所が崩壊した。そこからヨーロッパ同様アメリカの多くの企業の財政的危機が生まれる。パリでは、帝政と結びついたサン゠シモン派の作り出したクレディ・モビリエが大きな危機に直面する。イギリスでは、繊維企業の多くの経営が悪化する。とりわけ、エンゲルス家の経営する会社はよくなかった。さらに、インドでは、イギリス軍に仕えるインド人兵士の、つまりセポイの乱によって、イギリスから重要な輸出のはけ口が失われる危機が生じる。カールは有頂天となる。すべては予測したとおりに運んだのである。

やがて、別の新しいニュースが生まれる。それは最悪と最良がいつも一緒に同居するようなニュースであった。つまりイェニーがまた妊娠したのだ。[16]

一八五七年七月十一日、エンゲルスに初めてかなりユーホリックな手紙を書いたが、その中でマルクスはこう書いている、「革命は近づいている。そしてクレディ・モビリエとボナパルトの財政がそれをすべて語っている――。資本主義がこうした状況を立て直すには、十年前よりもより大きな苦痛を伴うだろう。その理由は、社会主義者の方も、多くの幻想を捨てていて、それによって大きな、より明確なエネルギーをもった行動が引き出されるからだ」。[17][46] そこには、一八四八年の間違いを再度犯さないという彼の執念、農民やブルジョワと、たとえ民主主義者であっても連合は組むべきではないという憂慮がいつもあった。

資本主義の最後の時であると信じたエンゲルスは、戦士としての意識が復活し、マンチェスターから、一八四九年の死者に復讐しようと軍事行動の準備をしていた。カールは、熱情をやわらげ、プロパガンダの時ではあるが、軍事行動の時ではないと主張する。

実際、すべてが新たにひっくり返る。この頃、最悪のニュースが出現した。恐慌の後、『ニューヨーク・デイリー・トリビューン』の編集者、チャールズ・デナがカールへの原稿料の支払いを、掲載したものだけにしか支払わないことを決める。そして一週間に一本の記事の保証もやめる。この決定によって、かなりの収入が減少する。彼は少なくとも年六〇ポンドを失う。そして七月にイェニーが流

『経済学批判要綱』

産する。決定的だったことは、いつものことながらこのように二つの屈辱があったことである。それには私的な浮沈と公的なフラストレーションとが結びついていた。

それだからといって、マルクスは絶望したわけではない。彼はまだ資本主義体制の崩壊が起こると信じていた。八月二十三日、彼は経済学の書物の執筆に戻る。歴史と経済の間には、緊急な課題があると考えた。十二月、エンゲルスに手紙を書く。「僕は政治経済学の本を書き終えるために一生懸命仕事をしている。その理由は、本を書き終える前に、資本主義体制が崩壊するかもしれないからだ[18][46]」。

やがて、彼はこの書物に『経済学批判序説』という表題をつける。十三年前にドイツのダルムシュタットの出版社と交わした契約は、忘れ去られていた。この契約はまだ存在しているのか[19]。カールは無視していた。時は到来したが、カールが選んだのは別のものであった。彼は固有の方法を定義し、

『経済学批判要綱』

序文のレジュメを書き、やがてそれを抹消する。「僕は書き上げた総論的序説を取りやめた。理由は、よく考えると、これから展開する結果を最初に予測することは都合よくないと思われるからだ。後の本論を読みたいと考える読者は、具体的なものから抽象的なものへ上昇することを決定しなければならないのである[46]」。

言いかえれば、本の頭に結論のレジュメを置くべきではないということ、読者は本を読む努力をするべきなのだ。すべての問題に一貫する論文を書こうとするものにとって、それは当然の要求である。事実、彼は書物を論文とはまったく別のものと考えていた。書物の糧である論文は単純なものでもよいが、書物はそれを

応用し、時として理解不能とならないように可能なかぎりのメリハリをつけねばならない。

一八五七年十月から一八五八年三月にかけて、結果的に満足した新しい住居の中で、たいていは夜に仕事をしながら、大きく二部「貨幣と資本」に分かれるプランにしたがった七冊のノートを書く。[20]毎日、イェニーは、彼女以外の誰にも読めない原稿を筆写した。カールは、この二年重要な問題、すなわち剰余価値の問題、いわゆる資本と労働のつながり、経済と歴史とのつながり、社会と政治とのつながり、哲学的疎外（これについてはほぼ十年考えてきた）と経済的疎外（これについても十年考えてきた）のつながりを解明したと考えたが、今では資本主義の理論（やがてそれを明確に解明する）の全体像を整理し、明確にしようとしていた。すなわち世界資本主義である。

カールは、価値尺度であると同時に交換手段である特殊な商品、すなわち貨幣の分析から出発し、土地所有、外国貿易、世界市場に関するノートを取る。八〇〇頁に上る草稿はこれらすべてにわたるものであった。

しかし決定的なことだが、恐慌は予想したほどに早く深化するとは思われなかった。恐慌は、すぐに終わり、資本主義は終わることなく、さらに発展することになる。革命はまだすぐには起こらない。だから、カールの書物は待つことが可能だ。急ぐことは何もない。

それに、いつものように、草稿が完成しそうになると、「終わりだ」という言葉を吐けない、いろんな理由が彼に起こった。肺炎という大きな病によって、彼は三カ月の間執筆を止めざるをえなくなった。テキストを見放そうとする度に、障害が起こるように思われた。あたかも出版することへの不安が彼を病気にしているかのような状態であった。現代の精神科医なら、疎外されているという意識が彼の中にそうした症状を生み出したのだとでも言うだろう。カールは、『ドイツ・イデオロギー』の重要な文章でも同じようなことをすでに述べていた。この文章は、著者を作品から引き離すことによって生じる悲劇について引用したものであったが、当然ながらそのとき、それが彼自身のことを語っているものだとは知る由もなかった。

しかし、この草稿（『要綱』というタイトルでマルクスの死後になって初めて出版される）は、一八五七年に書かれた時に出版されるべきものであったのかもしれない。そこには、彼の市場理論、価値論、三段階の原始的共同体の相異（アジア的、古代的、ゲルマン的）があり、それはすでに『ニューヨーク・デイリー・トリビューン』のインドに関するいくつかの論文の中で描かれたものであった。つまり、植民地社会の分析によって触発され、同時に「近代的産業、近代的商業や農業、そして火薬や印刷[19]」によって演じられた役割によって正当化される、封建制の消滅に対する説明であった。この書物には、資本主義の必然的な没落に対する初めての分析もある。封建的貴族のようなものはすべて資本主義の衝撃の前に降伏し、資本主義もやがて経済的発展の障害を生み出し、恐慌、戦争、世界人口の大部分の貧困によってしか生きるすべを持たなくなるのだ。これによって、労働者の中に政治意識が芽生え、革命が引き起こる。革命は過渡期を経て、個性が生産において全面的に「開花する[19]」共産主義社会が生まれる。

個性の点に関してマルクスは、出版を決意する二冊の書物の中でよりはっきりとした形で、もっと詳細に語っている。

一八五八年初め、義理の兄がプロイセン政府を辞めたとき、カールは肉体的にも、精神的にも最悪の状態であった。革命は起きる気配もなかった。今は関係を断っていた社会主義者のディアスポラも、悪口と喧騒が加熱する場所にすぎなかった。カールは、『ニューヨーク・デイリー・トリビューン』

の原稿料の多くを失った。エンゲルスもマンチェスターの仕事と経営者としての生活に追われ、あまり会うこともできず、彼の仕送りもマルクス家がきちんとした生活を維持するには十分なものではなかった。カールの恐れは、不用意に引っ越したことで、部屋代が払えなくなり、もう一度ソーホーへ戻らざるをえないのではないかということであった。

誰に対しても口汚くののしるという彼のやり方、そして優越感といったものが、やがて偏執狂的な妄想を生み出す[215]。カールは友人であり、一八四五年にロンドンで初めて会ったときから苦楽を共にしたフェルディナント・フライリヒラートを「下衆」呼ばわりする。子供に慕われているヴィルヘルム・リープクネヒトを叱責し、「札付きのアホ」、「馬鹿もの」呼ばわりした。結局カールはアークハートとも決定的に別離する。いつものように、獰猛さによって彼の中にブラック・ユーモアが生まれる。カールは、トルコにご執心だった（アークハートの）「愚かさ」について次のようにエンゲルスに書いている。彼は「トルコ風呂に十三カ月の赤ん坊を沈め、結果赤ん坊を充血させ、殺してしまった[21][46]――」と。

こうした精神的な危機の理由は、実際には別のもっと根本的な問題にあった。研究自体が行き詰まっていたのだ。彼は労働価値説と経済の現実とを結びつけるのに成功していなかったのである。なぜなら、彼にとって経済学の可変的原理は労働であり、当時の経済学が考えていたような、価格ではなかった。しかし市場で交換されるのは労働量ではなく、貨幣で書かれた価格商品であった。そのため対象を生産するために必要な労働量と、測りうる唯一の大きさである貨幣価値、価格とを結び付ける必要があったのである。カールは、書きなぐるが、何も見つけられず、膨大な計算が必要だと予測しながら、どうしたらいいかわからなくなる。やがて彼には不案内であった代数学の研究を始める。エンゲルスはずっとのちに、マルクスはおそらく一八五八年に書いたであろう数学草稿をもとに、（予定さ

フェルディナント・ラサールと『経済学批判』

れたプランにしたがって）『資本論』を完成させたのだと言うことだろう。

この年の一月二十二日、フェルディナント・ラサール（十年前の一八四九年選挙運動の時、カールがデュッセルドルフでほんの少し会った若者で、刑務所に収監された時彼を応援し、彼とパーマーストーンに関する議論もしたことがあった）は、ヘラクレイトスについて書いた本[22]についてカールの意見を求めてきた。数カ月収監された後、今ではこの若い弁護士は新しい女友達、既婚で彼よりもずっと年上で、一人暮らしで豊かで、ベルリンの上流社会でスキャンダルとなっていたハッツフェルト伯爵夫人[23]によっていい暮らしをしていた。ラサールは彼女の離婚を手助けしていた。

ラサールを、想像上の世界で、全世界の革命家たちによって組織された「党」の、ドイツ通信員の一人であると考えていたカールは、彼の本を読み、ひどい本だと決めつけた。しかしながら、カールは二月の手紙では、少し自制して、『経済学批判』のプロイセンでの出版社を見つけてくれるよう懇願している[24]。これは難しい相談であった。専制的なプロイセンで『共産党宣言』の著者による経済理論の書物を出版するなどという勇気のある出版社をどうやって見つけるか。マルクスはプロイセンでの滞在も禁止されていた。もっとも一八五〇年以後彼は忘れ去られてはいたが。しかしこの本を書く必要があり、それには出版社を見つける必要がある。カールはラサール宛のこの手紙の中で、将来の作品がもし書かれればどうなるかというプランを披露する[81]。「全体は六部に分かれる。1　資本（いくつかの序説を含む）、2　土地所有、3　労賃、4　国家、5　国際貿易、6　世界市場――。全体として政治経済学と社会主義の歴史と批判は、もうひとつ別の作品となるはずです。最終的に、経済的カテゴリー

『経済学批判』

と諸関係の展開に関する短い歴史的素描も第三巻目の作品となるはずです[25]」。「いくつかの序説を含む」という言い方は、カールが今出版しようとしているものは、ここで述べている小さい断片、つまりたんに貨幣に関する章のみにすぎないのだということを隠している。他の章の執筆は始まってさえもなかった。だから貨幣、すなわち価格が、他のすべてを隠したのである。用意するという気持ちはあった。逆に言えば、価格と労働との関係、さらに計画されているすべての問題は、事実上存在していなかったということである。それは、別の書物、すなわち『資本論』となる。そして経済学の歴史について語ろうという彼の脅迫観念のもととなる次の作品などは、素描さえされていなかった。

要するに、計画されていた本のどれもまだ書かれていなかったのだ。しかし出版を望む草稿の適当な完成時期を知らせねばならないため、カールはこの困難に言及せざるをえなくなる。彼の研究の行き詰まりは、二月二十二日のラサール宛の同じ手紙ではっきりする。もちろんカールはそのことをはっきりと語っているわけではないが。こうして彼は完成しつつある書物について語る[81]。「状況はゆっくりとしか進んでいません。何年も研究対象にしてきた主題に決着をつけようとすると、たえず新しい視点が現れ、気後れさせられてしまうのです。——すべて書き上げるのに必要な印刷の頁数についてなどまったく想像すらつきません。出版する前に全体の頁数を計算する時間、暇、手段があれば、それをやるでしょうが[26]——」。いつものようにテキストを完成することの拒否、ひとつの思想をまとめたいという願望と、詳細を尽くしたいという願望の矛盾。一八四四年に書いていたように、結局書けなくて、未完の作品に終わるのではないかという同じ恐怖である。

ラサールは返事に礼を言ってこう答える。出版社を見つけるのに協力できれば、なんと光栄であろうと。ちょうど彼が『ヘラクレイトス』を出版したばかりの自分のベルリンの出版社、フランツ・ドゥンカーを当たってみてはどうかと。マルクスはこれをどう考えたのだろう。

三月十一日、関心を持ったカールはラサールに、最初の草稿は三月末に完成するので、彼にドゥンカーとの契約の交渉をお願いしたいと知らせる。

三月二十六日、カールが申し出てから二カ月たらずで、ラサールはいい契約を得たという知らせを送る。ドゥンカーは印刷の一ボーゲン（十六頁）当たり三フリードリヒ金貨（一七ターレル）を支払うという。これはかなりの条件だと彼は言う。なぜなら大学教師ですら二ターレルがいいところだから。

マルクスは大喜びだった。彼は一八五八年エンゲルスに手紙を書き、ニュースを伝え、もはや出版するつもりの本ではなく、――次の本について語る。『資本論』となる次の本は、四部に分かれるはずだと予測する。「A 資本一般、B 競争、C 信用、D 株式資本。第一部はまだ1 価値、2 貨幣 a 尺度としての貨幣、b 交換手段あるいは単純流通手段としての貨幣、c 紙幣としての貨幣、3 資本」。[27][46]

実際残された二十数年で書くすべてのもののプランとは、こういうものであった。そしてそのほとんどが草稿のまま残ることになるのだ。

健康不良と悪化する経済状況

これから後、夜更かし、財政的困難、『ニューヨーク・デイリー・トリビューン』の仕事、書いて出版しようとすると新たに起こってくる重症の肝炎が続く。

四月九日、彼は病気となり、ベルリンのラサールに、夫は「毎年春には肝臓がやられる」[28][47]ので万年筆をとることもできず、いらいらしていて、毎日のパンを稼ぐのに時間を割く必要があるが（つまり新聞の記事を書くということ）、約束の原稿を期限通り書き上げたいと思っています、という手紙を書いたのはイェニーであった。彼女はラサールと面識はなかった。彼女はドゥンカーとの契約のサインを手助けしてくれたことに深く感謝し、それが非常に「素晴らしいお金」となることを喜んでいた[47]。事実、イェニーは非常に心配していた。カールはまったく書けない状態で、新聞記事とこの本によって生まれる収入が遠くに行ってしまうからだ。彼女は誰よりもよく知っていた。なぜなら、カールが書いたものを書き写すのは彼女だったからだ。

そして、資本主義がいたるところで勝利することの典型的な象徴として、インドでの革命運動が、恐ろしい報復によってこの年鎮圧された。

しかしながら、マルクスは、五月六日から二十日にかけてマンチェスターのエンゲルスの所へ出かけられるほど十分回復した。元気になり、飲んだり、食べたりできるようになり、馬にさえ乗れるようになっていた[29]（これは初めてだったかもしれないが[81]）。当然ながら彼は何も書いていなかった。執筆に充てる時間を友人から金を借りるための手紙に使った。しかし、そのお金も六カ月で返さねばならなかったので、また約束手形を発行した。五月三十一日、ロンドンに帰ってカールはフリードリヒに、「いい気分」で仕事に取り掛かれそうだと手紙を書く。こう付加している。「愚かなヘラクレイトスに与えた賞賛を、君が許してくれることを望む[30][46]」と。つまりヘラクレイトスとはラサールのことである。

同じ日、マルクスはラサールに肝炎のために、約束した本の最初の部分もまだ完成していないことを出版社に伝えてくれるよう手紙を書く。

やがて、肝臓の病は暑さとともに本当に戻ってくる。そして財政状況も悪化したままであった。

『ニューヨーク・デイリー・トリビューン』のいくつかの論文、さまざまな原稿料、そしてデナーの『百科事典』が、エンゲルスの仕送りとともに彼の今後の唯一の収入源である。この夏、カールは、エンゲルスが裏書きで貸してくれる銀行を探すのに時間を費す。カールはいつも書いていたわけではない。ドゥンカーに約束した草稿に再びとりかかったのは九月になってからのことであった[81]。やがて彼は二週間でそれを完成させようと考える。一八五八年九月二十一日、彼はエンゲルスにそのことを確認さえしている。「僕の草稿は今にでも（二週間以内に）できるだろう。二つの分冊も一息だ。すでに書いたものを書き直すしかしていないが、数時間もあればいくつかの文章を理路整然とすることができるだろう[31][46]」。

実際は十五日が過ぎたがまったくできていなかった。出版社に取り次いだラサールは心配になり、消息を聞く[81]。しかし無駄であった。

ほぼ二カ月後の十一月十二日、カールは情熱的な陳謝の手紙を書く。長いがそれを引用してみる[81]。

「ずっと資料を前においていました。問題は形式でした。書いたものすべてに、文体という点で肝臓病の匂いがしたのです。しかし次の二つの理由で、この作品を病気が原因で台無しにできないのです。一つ目の理由は、この十五年の成果、つまり私の生涯の最良の時期の成果であるからです。二つ目の理由は、社会関係を分析する重要な方法を科学的に初めて明らかにしているからです。だから、肝臓病患者特有のうっとうしく、ごつごつした文章でこの作品を台無しにすべきではないというのがせめて党に対する私の義務です。文体の優雅さにこだわっているわけではありません。ただ通常の書き方で書きたいだけなのです。それですら、少なくともこの課題の執筆に関して、ここ数カ月の苦しみの中で不可能だったのです――。この作品が、たとえあなたほど優れていない人物によってドゥンカー氏のもとに届けられたとしても、ドゥンカー氏は私の弁解のほどを理解していただけるでしょう。たんに出版者に対して金に見合った最高の商品を提供しようという努力について弁解しているだけなのです。――最初の部分（資本一般）はやがて二分冊の形になると思われます。実際、はっきりとしていることは、政治経済学のあまりにも抽象的な問題を説明する場合、過度に簡単にするとかえって読者の理解を難しくしてしまうということです。しかし、一方で第二部も同時に出版されるべきでしょう。それには内容につながりがあるからで、すべての効果はそれにかかっているからです[32]」。

マルクスが遅れを正当化するために見つけ出した弁解は魅力的なものだ。彼は、「肝臓病特有のうっとうしく、ごつごつした文章で作品を台無しにする」ことを、望まなかったのである。そして存在しない「党」から非難されたくもなかったのだ。――それはまるで、他の誰よりも聡明な観察者が、他の世界にいるかのような物言いである。「党」や「剰余価値」、抽象的概念などは世界を読み取る彼独自の方法においてのみ現実性を持ち、同じく彼の書物も他人に語りかける方法の中でしか存在していないのである。

恐慌の終焉とグローバリゼーションの進展

グローバリゼーションの新しい特徴が進んでいる。ちょうど同じ頃、キリスト教に改宗し、一八四八年以来ロンドンに亡命していた、ドイツのもう一人のユダヤ人、パウル＝ユリウス・ロイターは、マルクスがやろうとしたができなかったことを実現した。つまり、別のユダヤ人、シャルル・アヴァスが一五年後にパリでも創設する、通信社を創設したのである。奇妙なことに、マルクスとロイター[65][33]

ロイター

は二人ともロンドンで暮らすドイツのジャーナリストであったが、一度も会ったことはなかった。

新しいことは、経済恐慌が消えたことである。つまり経済恐慌は「最終的恐慌」ではなかったのだ。もちろん、それは新しい問題の始まりでもあり、農業よりも都市の工業の打撃が大きかったのは事実であった。

数週間後、マルクスはエンゲルスへの新たな手紙の中で、資本主義の急激な衰退ではなく、確かな革命を担うグローバリゼーションの進展が起こると感じていること、革命が一つの地域に限定されれば、世界の地域にはたいした影響ももたらさないだろうと書いている。この手紙の中にある二つの重要な文章を見てみよう。「ブルジョワジーは新しいルネサンスを遂げている。実際今では世界市場が存在する。世界市場にカリフォルニアや日本が参入したことで、われわれはグローバリゼーションに直面している。つまり、革命は内在的なのだ。革命は直接社会主義的性格をもつだろう。唯一の問題、そして私が君がどう考えるか聞きたいと思っている問題は、ヨーロッパのような世界の小さな片隅でどうやってこの革命に抵抗しうるのかということである[34][46]」。

この最後の問い「ヨーロッパのような世界の小さな片隅でどうやって革命に抵抗しうるのか」という言葉は、他の多くの問題同様、後にマルクスが使っている言い回しとは違うが、一国に限定される革命という展望についてマルクスが懐疑的であったことはわかる。彼はそれをいつもたえず言い続ける。

『経済学批判』の完成

カールは『経済学批判』の仕事にすぐさま、そして猛烈なエネルギーで戻っていく。書物はうまく仕上がる。彼の得たお金は、日曜日と同様、子供に捧げられる。彼は今では三歳になったエレナーに、息子のエトガーに与えていたすべての情熱を注ぐ。エトガーに対して行ったように、シェークスピアの同じ章句を覚えさせる。しかし、だからといって上の二人を放っておいたわけではない。彼女たちにとってもシェークスピア以上に美しい作品などなかったのだ。やがて私立の学校に通う。そこから、衣類の費用が生じ、音楽の家庭教師や劇場に通う費用も出てくる。(248) 一八五九年一月初め、マルクスは中古のピアノを購入したが、アパートに運び込むのに一苦労だった。[35]

一月十五日、貨幣に関する部分が完成し、それが労働と資本に関する章よりも先に出るだろうと報告する。労働価値説はまだ十分ではないと考えていた。だから、貨幣に関する、より古典的な問題を完成させようと決意したのだ。次の書物に関する混乱は依然大きなものであった。(81)「原稿はほぼ印刷にして一二ボーゲン（三分冊）。タイトルは『資本一般』であったがこの分冊はまだ資本に関しては何も含んでいない。ただ二つの章、1 商品、2 貨幣と単純流通だけだ。だから、詳しく書かれる部分（五月に君に会いに行ったときの部分）はまだ出版されないのだ。しかし二つの点でうまく行っている。うまく行けば、第三章『資本について』に取り掛かれるかもしれない[36](46)」。

「うまく行けば」という意味は、マルクスが書くということと、最初の書物がうまく受け取られればという二つの意味だ。出版に対する考えられないほどの皮肉をこめた批判的視点で、マルクスはこう続ける。「ことの本質上、どんないやな奴等でも、最初に出版されるものに対して、単なる思い付きの侮辱ではなくちゃんとした批判をしてくれるだろう。もっといえば、全体がとりわけ学問的、真面目なスタイルをとっているように見えるので、私の主張する資本概念について連中も真面目に考えざるをえないだろう[37](46)――」。

予測どおり、前の下書き（『要綱』）にあったものを書き直すことで、マルクスは貨幣を、たんなる商品として取り扱い、ついでに、しっかりと覚えてもらうために、剰余価値理論、恐慌論、資本主義の機能が導き出される彼の主要な発見、労働者は労働時間を売るのではなく、労働力を売るのだという発見について予告する。歴史のモーターは、生産諸力と科学の発展である。マルクスはついでに、前の草稿と一八五三年に『ニューヨーク・デイリー・トリビューン』に書いた二つの記事の中で、四つの生産様式の間の相異を明確にする。アジア的生産様式はすべての労働者が国家に従属することによって規定され（たとえば中国のように）、古代的生産様式は奴隷が貴族に従属することによって規定され（ローマ帝国のように）、封建的生産様式は農民の賦役による領主への従属によって規定され（ヨーロッパの中世のように）、最後のブルジョワ的生産様式は賃労働者の資本の所有者への従属によって規定される。カールは、微妙なニュアンスと慎重な分類を秘めた複雑な文体で書いていた。こうした文体は書物では特徴的であるが、新聞記事ではなりを潜めている。「ブルジョワ的生産諸関係は社会的生産過程の対立過程の最終形態である。その意味は、個人的対立という意味ではなく、諸個人の社会的存在条件から生まれる対立という意味である――、したがってこうした社会形態とともに、人間社会の前史が終わる〔38〕(15)」。

すでに十五年前の『ドイツ・イデオロギー』で書いていたように、マルクスはこうした歴史的決定は芸術的創造とは無関係で、それは政治や経済学の発展から独立している。「芸術が開花する決定的時代は、けっして社会の一般的な発展とも、結果的にその骨組みである物的基礎とも関係していない〔39〕(15)」。もっと後に彼を使って述べられる思想とはちがって、彼は芸術が芸術家が体験している時代の力関係の表現だなどと考えてはいないのである。

芸術のことは、音楽にも当てはまる(64)。それは、価値論に関する彼の主要な不安を暴露するいい機会となる。物の価値はそれを生産するのに必要な労働時間におそらく還元されない。なぜなら、彼はそこで主要な矛盾に躓く。彼の分析（ここで彼はまだ詳細には語ってはいない）によると、労働者が「生産的」であるのは（つまり交換価値を作り上げることができるのは）、労働者が賃労働者であり、物的対象を作り上げ、資本家の利潤を含んだサーヴィスを提供するときだけである。それゆえ、音楽の演奏家も、資本家的企業家も賃労働者でなければ「生産的」ではないし、作曲家も楽譜の出版社の賃労働者でなければ生産的ではない。マルクスはこう書いている。「ピアニストの労働は、たとえばピアノの物的生産に刺激を与えるがゆえに、たとえば、ピアノ・リサイタルを聞く労働者にエネルギーと喜びを与えるがゆえに、間接的に生産的であるなどとも考えることはできない。なぜなら、資本を創造する労働が生産的であり、ゆえにそれ以外のすべての労働はたとえ有益であろうと、有害であろうと、資本家にとっては生産的ではない[15]」。正直にも、マルクスはこう記している。「それゆえ音楽の演奏家は、非生産的である。逆にタバコの生産者は生産的である。もちろんタバコの消費は非生産的であるが」。困惑している。——こう付け加える。「鳥のように歌う歌手は、非生産的な労働者である。彼女が歌唱を売るとき、彼女は商品であり、賃労働者である。コンサートの契約を結び、貨幣に関係するなら、彼女は生産的な労働者である。その理由は、資本を直接作るからだ[40][15]」。作曲家は、出版社の賃労働者でなければ、非生産的である[64]。

言い換えれば、マルクスの理論を信頼すれば、演奏家、楽器の配達人、楽譜の出版者、コンサートの組織者が富を形成する一方で、たとえば印刷され、上演される作品に含まれる著作権を受け取る作曲家、独立した労働者は、富の生産者ではないということになる。しかし彼らがいなければ何も存在しないのだ。これは明らかにおかしなことである。こうしたことはすべて常識であり、したがって音楽の経済学は経済学から抜け落ちると決めない限り、認めるわけにはいかなくなる[64]。「だから（音楽家は）生産的労働者のカテゴリーに入らないし、非生産的労働者のカテゴリーに入らない。もちろん、彼らは商品の生産者ではあるが。しかし彼らの生産は資本主義的生産様式に包摂されていないのである」。マルクスは、書いていることの曖昧さを説明し、音楽、芸術、情報一般はマージナルな生産であるとみなすことで、資本主義のグローバルな動態に何ら影響をもたないのだと確信する(64)。

「資本の文明化作用」

最後に、彼はこの書物の中で技術が普遍的に加速化することについて長々と述べ(81)、資本主義への奇妙な叙情詩で終わる。「一方で資本主義生産は、普遍的産業すなわち剰余労働、価値を創造する労働者を作り出し、他方で自然資源や人的資源のグローバルな搾取体制を作り、その基礎に科学そしてそのほかすべての肉体的、精神的内容をもつ一般的に有用なシステムを作り出す。――ここではそれを資本の文明化作用という。それによって社会はある標準にまで発展する。そうした視点から見ると、それ以前のすべての段階は、自然の偶像と人間の地域的発展のように見える(5)」。

マルクスは重要な序文を先に書いている。

「個人をその人間が何をなすかによって判断してはいけないのと同じように、この変化の時代をその自己意識の上で判断することはできないだろう。逆にこの意識を物的生活の矛盾によって、つまり社会的生産諸力と生産諸関係の間に存在する闘争によって説明する必要がある。社会形態は、すべての生産諸力が収まりきれないほど発展しないかぎり消えることはない。新しい生産諸関係と上部構造は、こうした関係の物的存在条件が古い社会の中で開花しない限り、取って代わることはない。だから、人間は自らがなしうる課題しか提起できない(41)(15)」。

『経済学批判』という書物はこれで終わった。マルクスにとって、もはやこの原稿を手元に置いておく口実はなくなってしまった。

書物で稼いだお金をすべて娘たちと使うのでカールは貧乏で、ベルリンに草稿を送る金もなく、途中で行方不明になった場合にそれを保証する資金もなかった。保険の対象は、明らかに著作権だけであった。だから彼は六日後エンゲルスにもう一度金を送るように頼むために手紙を新たに書く。今度はわずかな額であったが、もう一度詳しく説明しなければならなかった。「不幸な草稿は完成したが、送ることができないのだ。なぜなら、切手を貼って、書留にする『わずかな金』もないのだ。コピーを持ってないので、それが必要だ。今日から月曜日までに少しばかりの額の送金を依頼するしか手がないのだ」[42][81]。そこで彼はユーモアたっぷりと、有名になる次の言葉を付け加える。「貨幣について書きながら、貨幣に悩まされるとは思ってもいなかった。貨幣について書く著者の多くは、研究対象といい関係で暮らしているはずだ」[43][46]。

いつものように、エンゲルスは必要な額を送金し、一月二十五日原稿は発送された。出版社が荷物の受領を通知するのが遅れる[81]。カールは気も狂わんばかりとなり（多くの荷物が、船舶、鉄道、馬車で失われていた）、一八五九年一月付けの序文を送る。今度は、イェニーがそのテキストがちゃんと読めるようにすべて書き写した。『経済学批判』の出版は遅れたが、それは出版社がラサールの新著、歴史的悲劇『フランツ・フォン・ジッキンゲン』[44]の出版を早めるのに忙殺されていたからであった。この本の中で、若きダンディーな社会主義者はドイツ統一を祝していた。カールは怒る。

ラサールへの怒り

冷静に振舞うために、カールは新たにチャーティストの新聞『ピープルズ・ペーパー』に記事を書き、八年も放っておいたロンドンのドイツ人労働者文化協会の、非常に逸話的新聞『フォルク』[45]の編集を請け負う。同じ頃、彼はラサールに、出版の遅れとフランスとツァーリストのロシアの間に作られつつある接近に関して、その見解を聞くために手紙を書く。

当時、ヨーロッパ中でうわさになっていたのは、ドイツとイタリアの統一を促進しつつある運動だけであった。ロシアは二つの国の独立を助ける用意をしていた。オーストリアはそれを阻止しようとしていた。ラサールはプロイセンの旗の下でのドイツ統一と、オーストリアの侵入に対するイタリアの統一にともに賛成していた。彼の考えでは、オーストリアに対するプロイセンとロシアとの同盟こそ、この二つの問題を決めるというものであった。逆にカールにとって、プロイセンとロシアとの同盟はただツァーリの権力を強めるだけで、それは世界の労働者階級にとって悲惨な結果となるだろうというものであった。彼の意見では、あらゆる国民的利害より前にこの問題を考えねばならないというものであった。

一方ラサールはプロイセンの視点に立ち、他方マルクスは世界革命の視点に立っていた。それぞれイタリアが戦争した場合のパリの態度について考えていた。ラサールは、フランスがイタリア独立を促進すべくピエモンテに加わって欲しいと思っていた。マルクスはこれには疑いを持っていた。その理由は、オーストリアの敗北はロシアを強化するだけだと考えたからである。二人とも、プロンビエールの秘密会談の中で、ピエモンテの首相カヴールがナポレオン三世に、オーストリアが攻撃を受けた場合、援軍を送るよう頼んでいたことを知らなかった。

一八五九年二月四日、マルクスはラサールに本の出版状況について調べてくれるよう手紙を書いている。[46][81]「ロシアはテュイルリー宮殿の成り上がり者の背後にいて、（イタリアで戦争をしかけるよう）圧力をかけています――もしオーストリアがイタリアでの戦争にはまり込むと、オーストリアがロシアに対抗すべく取っている抵抗を、ロシアが破壊することはほぼ間違いないでしょう[47]」。

エンゲルスの力を借りて、二月二十五日、マルクスは彼の視点をラサール宛にまとめる。そこで詳細な戦略的な点まで踏み込み、それを彼らの主要な対立と結び付けている。「オーストリアはミンチオ（ガルド湖を貫く川）ラインを強く維持したがっています。一方ドイツは統一した列強としてそうしたラインをもっていません[48][18]」。

四月、四カ月以来出版社にあったマルクスの原稿は、まだ印刷されていなかった。そしてカールは契約で原稿を受け取ると支払うと書かれた前金も受け取っていなかった。彼の怒りはエンゲルスの手紙の中ではっきりしている[81]。「このドゥンカーの野郎は、私の俸給の支払いを遅らせるために新しい口実（ラサールの作品『フランツ・フォン・ジッキンゲン』の出版）を見つけて喜んでいるはずだ。私は今度のことを金輪際忘れないだろうということを、このちびのユダヤ人は覚えておくべきだろう[49][46]」）。このときから、エンゲルスへの手紙の中でカールはラサールではなく、「イツィヒ」、「エフレライム・ゲシャイト」（ユダヤ人の蔑称）、「真のユダヤ人」、「くろんぼ」、さらには「くろんぼのゲルマン系ユダヤ人」などと呼ぶことになる。実際、マルクスにあるのは不愉快なユーモアだけだ。もっと後になると、彼は未来の娘婿ポール・ラファルグを「わが小さなくろんぼ[248]」と呼ぶのだ。

これは、自らをしばしばとらえる自己嫌悪の表現でもあった。それは優越感の裏返しであった。その理由は、その時代何度ともなくアンチ・セミティズムからの攻撃を受けていたからである。カールはすべての人にとって（娘でさえ）色黒のユダヤ人と考えられ、「モール人」として親しく、あるいは悪意をもって呼ばれていたのだ。

一方、想像されるオーストリアの攻撃を挑発する一方で、「独立国民協会」のイタリア人愛国者はトスカナ、教皇領ローマニャ、モデナ、パルマに侵攻する。一八五九年五月十日、プロンビエールの秘密決議の結果、フランスはピエモンテ側に味方して戦争に参加する。第一次世界大戦を引き起こした自動的な同盟遊戯がここでも起こる。

当時エンゲルスは、匿名で出版された非常に高度な軍事的戦略の論文(「ポー川とライン川」「サヴォワ、ニース、ライン」「イタリア統一問題」)でこの戦争に反対した。ラサールも、いつもドゥンカーからであったが、ひとつのパンフレットを出版し、そこでビスマルクに、イタリアへのオーストリア参戦を利用し、シュレスヴィヒ＝ホルシュタインを手に入れ、ドイツ統一を実現するよう示唆していた。出版社はこの冊子が売れることを確信したので、できるだけマルクスの本の出版を遅らせた。なぜならマルクスの書物はまったく現実離れしたものだったからだ。

『経済学批判』ようやくの出版

一八五九年五月十八日、エンゲルス宛の手紙で、マルクスはラサールのこのパンフレットに怒る。彼はラサールを、「党」の通信員であると考えていたからだ。[81]「ラサールのパンフレットはまったくの間違いだ――確かにラサールが党の名の下に自由に語り、将来われわれと袂を分かつことを期待しているとしても(状況は慎重な行動を要するほど重要であり、生半可な情熱をもった生半可な論理をもった直感で行動すべきではない)、彼は他人の意見を聞かねばなるまい。今は党の原理を守るべきだ。そうでなければ、すべては崩壊するだろう」。[50][46] 事実彼の怒りはラサールの態度によってとりわけ高まった。カールの書物を出すのに努力すると約束した後で、ラサールは自分の書物を出すためにそれを忘れてしまったのである。

一八五九年五月の末、『経済学批判』がベルリンで出版された。部数は千部であった。

カール・フォークト

フォークト

この頃、一八四八年民主陣営に入ったドイツの動物学者で当時スイスに暮らし、バクーニンを迎え入れたカール・フォークトという人物が、マルクスに敵対する。カールは、フォークトがナポレオン三世に買収されていると糾弾する噂を支持した。カールは『フォルク』の編集者のエラルト・ビスカンプにその疑いを知らせ、彼はそれを出版する。フォークトはスイスの新聞でそれに反論する。この糾弾を展開する匿名のパンフレットを受け取ったヴィルヘルム・リープクネヒトは、それを保守派で親オーストリア派のもっとも影響力のあるドイツの新聞『アウクスブルク・アルゲマイネ新聞[51]』に送る。それによってより大きな反響が生み出される[248]。すぐにフォークトはマルクスの進展に重要な役割を演じることになる。

その少し後、六月四日、フランス＝ピエモンテ同盟軍がマグネンタを奪い取る。そこでナポレオン三世は危うく捕らえられそうになる。その地の戦争で九千人が亡くなる。三日後フランス軍はミラノに勝利の行進をする。マク＝マオン将軍は元帥となりマグネンタ公爵となる。オーストリアはピエモンテにロンバルディアを割譲する。パルマ、モデナ、トスカナ、ロマーニャもピエモンテに帰属することになる。フランスはニースとサヴォワを取る。

この戦争が進む間、ジャン・フランソワ・ミレーは『晩鐘』を描き、ペンシルバニアで最初の油田が発見される。

マルクス自身重要な貢献だと告げた彼の『経済学批判』は、もっとも信頼をおいていた彼の弟子たちの失望を招く。ロンドンのリープクネヒトは、ある友人に「この本にそれほど失望したわけではない」と書いていた。ドイツの出版には一つの書評も出現せず、ラサールも書評を出させる努力をしなかった。ロンドンでさえ、二つの書評しか現れなかった。その二つとは、ドイツ亡命者の新聞『フォルク』であり、しかも二つとも何とエンゲルスのサインがあった。
マルクスの取り巻きを、自分に対して繰り広げられている噂の起源である、と考えていたカール・フォークトは、やがて本を出版し、そこで彼はカールを贋金製造者、家来に対する絶対的専制君主、政治的敵に対する中傷者、過去を暴くぞと脅しながら旧共産主義者から資金を巻き上げる男であると糾弾する。[248] 彼は、マルクスはシュヴェフェルバントあるいはビュルステンハイマー（これはスイスの労働者クラブに付けられた謙譲的な名前）という神秘的組織の頭領であると主張する。[248] フォークトの作品には多くの書評が出る。ベルリンの『ナツィオナール・ツァイトゥンク』そしてロンドンの『デイリー・テレグラフ』にまでその引用が掲載され、マルクスは秘密組織「硫黄団」の頭領だと述べられていた。マルクスはすぐに肩をすくめながら反応した。[248]
この年、プルードンは「マルクスは社会主義のサナダムシである[225]」と記していた。「とにかく共産主義はこの間違った兄弟プルードン派の社会主義者をやっかいばらいすべきだ[52]」と、マルクスはヴァイデマイヤーに手紙を書いている。

ダーウィン進化論の意味

ダーウィン

同じ年一八五九年、チャールズ・ダーウィンの『種の起源[97]』が出版され、エンゲルスはすぐにそれを読み、魅せられ、進化論の意味を発見する。エンゲルスはそのことをマルクスに熱狂的に語る。[53] ダーウィンは、われわれのものだ。それは彼がわれわれと同様に一種の人間の世俗的歴史を信じていて、生存競争（struggle for life）の視点はあらゆる点で市場の競争と似ているからだと述べる。彼に会うべきだとフリードリヒは言う。彼らはそれぞれ非常に近くに住んでいた。マルクスは後に見るように、ダーウィンへの接近を試みる。しかし、ダーウィンは『資本論』の著者の合図にこたえない。
その夏、カールとイェニーは、娘を数週間にわたる海岸での「保養」に送り出す。それは流行になりつつあった。イェニーは、小さなエトガーも海で保養すれば生き延びたのにと考える。三人の子供が死んで以来生き残った三人の子供にとってもいいことはなかった。しかし、かなりの出費になるので、前もってわずかばかり出費を抑える必要があったので、一八五九年秋、マルクス家は新たにガスと水道を切られる危険性があった。そして奇跡でもなければ、いかに支払いを遅らしていいかわからなかった。さらに借りる必要が起こる。そしてそれだけ出費を増大させる。だから法外な利益を獲得する必要が生じる。

一八五九年末、カールは重い病に罹り、文無しであり、著書に対する無言の反応に失望していたことで、また研究を中断し、家族を食わせるための新聞記事に集中する。この年、三七本の記事を、『ニューヨーク・デイリー・トリビューン』に掲載する。一本の記事につき三ポンドの原稿料、全体で一〇〇ポンド、これは一年間の収入の三分の一に当たる。残りはエンゲルスの援助であった。

一八六〇年以後、エンゲルスの財政的支援は少しだが増大する。息子の経営能力の才能に納得したエンゲルスの父は、彼に共同経営者の地位を委ねる。エンゲルスは（カール・マルクスとは逆に）母は崇拝していたが、父とは敵対と軽蔑的関係にあったが、やがて少しずつ二ポンドから五ポンドの額を友人に送金する。それはいつも、別々の二つの封筒にもぐりこませた二つに切った紙幣であった。この年一度だけ、エンゲルスは最悪の状態を避けさせるため一〇〇ポンドを一度に送る。なぜならイェニーがスコットランドの祖先から譲り受け、何度も質屋に入れた紋章入りの銀の食器によってカールが逮捕されたからだ。なぜなら、彼の粗末ななりを見て、抵当に取った質屋は、彼が盗んだものだと判断したからである。[248]

この年、一八六〇年、一万人の労働者をかかえ、世界でもっとも重要な産業基地となるクルーゾー

『フォークト氏』

のコンビナートが開設された。この年にはボードレールが『人工楽園』を出版する。イタリアでは秘密裡に、カヴールに支持された共和主義者ガリバルディが、千人の義勇軍の長として両シチリア王国を占領した。ピエモンテ軍は彼らにローマを支配させず、共和国をそこで宣言するという口実で、マルケ地方（中部アドリア海に面した地域）やウンビラ地方（イタリア中部、ペルージャ地域）を占領し、教皇を捕らえ、ミラノ公のもとでイタリア統一を完成させた。

カールは小説をこよなく愛した。一八六〇年、彼はバルザックの「知られざる傑作」を見つける。それは一人の画家の話で、この画家は自らの絵に加筆し修正することで、絵を完成することができず、他人に自らの内奥の思想を見せることはない[248]。そのジレンマから逃れるために、画家はさまざまな形の自然と自らの作品を見比べるため、モデルを探し旅にでかける。マルクスはこの書物にいたく感動した。カールはこの姿から博士論文に書いたデモクリトスを思い出す。デモクリトスもまたあらゆる原理を知るために体験と経験に救いを求め、自らの想像と彼の視野から見える世界の反映との対立を解くために旅に出る[248]。カールは世界中を旅することはなかったが、さまざまな言語を学び、数百冊の書物を読んだ。デモクリトスのように見ることにとらわれることはなかったが、まったく自己破壊的な行動によって多くの病をこうむった。

一八六〇年一月、ラサールはフォークトの暴露的糾弾が、カールを知らない人々に悪い影響を与えるのではないかと懸念し、カールにすぐに答えるよう依頼する[248]。やがてマルクスはエンゲルスに、『ナツィオナール・ツァイトゥンク』でフォークトの中傷をすっぱ抜くことを決意したと手紙に書く[54]。今では彼は自分に対して謀略が図られているという印象を持った。彼はフォークトは「私の過去をすべて歪めるつもりだ」と述べる。二月、戦争に突入し、手紙を送り、彼を支持する証拠を集め、二〇〇

Herr Vogt.

Von

Karl Marx.

London,
A. Petsch & Co., deutsche Buchhandlung.
78, FENCHURCH STREET, E.C.

1860.

頁のフォークト批判の書物『フォークト氏』を書き上げる。しかしこの書物は警察に差し押さえられ、マルクスは印刷費を出さざるをえなくなる。(248) 一八六〇年三月三日、フォークトに対してカールを擁護してくれる弁護士ヴェーバーに十二枚の手紙を送る。そこでカールがケルンの『新ライン新聞』を刊行するために払った財政的犠牲が説明されていた。「私自身弁護士（トリーアの弁護士の故ハインリヒ・マルクスは、長い間この地域の弁護士会会長で、性格の純潔さと法律の才能に関して際立った人物でした）の息子ですので、法律家というものは、顧客の性格についてはっきりとつかんでおくことが重要なことだと認識しております(55)」。父に対する異常なほどの思い出はいつもそこにあり、いつも崇拝的なものであった。それが、マルクスの中で弁護権や弁護士の役割についての尊敬と伝統的な価値観を結び付けていた。エンゲルスも彼を支持し、『フォークト氏』は最良の論争的書物であると述べた。もちろん論争がそんなに長引かないことを願ってはいた。

事実エンゲルスは、カールが無意味な論争で時間を失うのではないかと考えていた。十年後、コミューンが押収した警察文書から、フォークトがナポレオン三世のスパイであったことがわかる。

ヨーロッパの労働運動が新たに高まったのもその頃である。一八六〇年五月十八日、建築労働者のストライキ運動によって、ロンドンでは労働組合が生まれた。マルクスはそれに関係するのは避けたが、古い友人、やがて社会主義者で詩人のフライリヒラートへ手紙を書き、ラサールに対してのように「党」は観念的抽象的存在であると語っている。この手紙は重要な手紙であり、それはそこで革命

イェニー、天然痘に

運動にもっとも貢献するのが、彼の理論的作品だと述べているからである。[47]「共産主義者同盟が私の主張で解体した一八五二年以降、私はどんな秘密結社、公的な結社にも属したことはありません。その結果、党が私にとって存在しなくなって八年がたちました――私は、自分の理論的作品の方が、大陸で歴史をつくった組織への参加よりも、労働者階級の役にたつという確信をいだいております。――君が詩人であるのと同じように、私は批評家であり、はっきりいえば、一八四九年から一八五二年の経験で十分です。共産主義者同盟は、近代社会のいたるところで自然発生的に誕生した党の歴史におけるエピソードにすぎません――いいかえれば大きな近代史という意味での党の歴史のエピソードにすぎないということです」。

実際マルクスがうまく表現しているように、党は「近代社会のいたるところで自然発生的に生まれた」わけである。フランスでは、トランという人物に率いられたプルードン派の労働者が、労働組合権の承認を要求すべく『六〇年宣言』を発表した。それはまたドイツ、オーストリア、イギリス、スペイン、イタリアでも同じであった。

一八六〇年夏、フリードリヒ・エンゲルスがイェニーに誇張した手紙を書く。「カールは世界でもっともうまい文章を書きますが、注意しすぎるので、その文章は時としてずれてしまい、すべて泡と消えてしまいます[56]」。

一八六〇年の同じ年、カールの四人姉妹の一人で姉のゾフィーが四十四歳で、シュマルハウゼンという名前のオランダの弁護士と結婚し、マーストリヒトに住んだ。彼女は、母へンリエッテ一族のリオン・フィリップス夫人となった叔母と合流する。母は地方の技術者と結婚した末娘と一緒にトリーアで暮らしていた。四番目の娘はすでに見たように南アフリカへ行った。一八六〇年十一月、マルク

一八六〇年の長女ジェニーと次女ラウラ

ス家を悩ませる新しい事件が起こる。イェニーは重病の天然痘に罹り、すんでのところで死ぬところであった。彼女にとってこれはトラウマとなる。カールはそのとき三人の娘をカールにとっての秘書でもあったリープクネヒトのところにやり、すべてを投げ出して妻の看病に勤しんだ。妻が快復すると彼も娘への伝染を避けるために十日間蟄居していた。[105]

やがて子供たちと再び余暇、すなわち日曜日のピクニックが再開する。

十二月、イェニーは顔に残った痕のためにふたたび徐々にふさぎこんでいったが、カールは仕事を再開する。彼は一年前に出版された『種の起源』を読む。彼はダーウィンの中に彼と同じ、歴史として世界を考えるという研究法を見て取る。彼の研究した競争の法則とダーウィンが研究した自然淘汰の法則との類推に感動する。すこし休んだ後で、彼は大作に再びとりかかる。

このころ新しい事件が起こる。一八六一年一月十二日、プロイセンのヴィルヘルム一世が王位を継承した際、一八四九年の追放者に対して、ある条件を満たせば帰国を許可するという恩赦が発せられたのだ。ラサールはマルクスに恩赦を受け、ドイツで一緒に労働運動を行おうと手紙に書いてくる。ラサールはすでに面識を得ていて、近いところにいた新しい君主の信頼を得ていた。彼はこういう。「一緒に新聞を発行し、党と大きな仕事を行いましょう[57]」。カールはラサールを軽蔑するが、揺れる。イェニーは揺れなかった。彼女はラサールの考えと妥協するなど想像さえできなかったので、夫の考えに驚く。顔が完全に変わってしまったことにより、とりわけ彼女はこの世界で輝きたいという欲望がなくなっていたのだ。しかし、カールは恩赦の要求を行った[215]。

当時ラサールは、ブルジョワジーと対決するため、国家の強化を認める『既得権の体系的理論』という書物を出版する。マルクスは、ラサールがこの書物を書くことで、彼がそう呼ぶところの資本主義の近代性とプロイセン国家との喜ぶべき同盟ができあがっていることを見破り、怒る。ラサールが何も理解していないことは決定的である。

アメリカ南部と北部の対立

リンカーン

一八六一年二月二日、アメリカの南部、三十四州のうち十一州が分離しアメリカ連邦国を作る。彼らはジェファーソン・デイビスを大統領にする。一方エイブラハム・リンカーンがホワイトハウスにいた。南北戦争の始まりである。カールは、イギリス人がこの戦争で戦略的な原料、綿花を確保するため南軍側について戦争に参加することを恐れた。いくつかの論文で、カールはイギリスの多くの労働組合が主張する平和主義宣言を支持する。

同じ頃プロイセン政府はカールの恩赦を拒否する。一八四九年の記憶はあまりにも強烈で、警察は、「カールが君主に敵対したことを示す証拠を多く」所持していると主張していた。ここで問題になっているのは間違いなくシュティーバーの報告書である——。さらにマルクスはすでに国籍を失っており、法的には「外国人」であった。それにもかかわらず、彼は短期ヴィザを獲得し（偽のパスポートであると主張するものはいない）、一八六一年三月ドイツに出発する。カールは途中オランダに寄り、結婚したばかりの姉にマーストリヒトで、ザルツボンメルでは母の資産を管理する銀行家のリオン・フィリップスと結婚した叔母に会う。おそらく、そこで少しばかりの金があると期待していただろう。

1861年のカール・マルクス

カールとリオンは文通でしか、そして二年前に訪問したイェニーを通してしか面識がなかった。[58] この銀行家は知的な点でカールに強く魅せられ、けっして家族の家を売却しなかった母が、(母の債権の信用貸しという形式で)凍結していた父の遺産の一部を抵当にして一六〇ポンドを前貸しする。[105] このお金によって、カールはその頃あった負債の大部分をチャラにすることができた。

マルクスはこの銀行家の息子、躁鬱の若い男に興味を持ち、とりわけその家の娘、若くて美しい二十四歳の従妹、アントワネッテ・フィリップス(通称ナネッテー)の魅力の虜になる。彼は四週間ザルツボンメルで過ごす。大部分はナネッテーとともにすごし、彼は彼女にプラトンの講義を行ったことは疑いない。ドイツへ出発した後、通信には「わが親愛なるパシャ」(ナネッテーが彼につけた通称)と「わが残酷なる魅惑的な人」[59](カールは彼女をそう呼んでいた)と書かれてあった。[123] いつもの通り財政的貧窮にもがいていたイェニーは、夫の近況を知っているかとエンゲルスに聞いている。彼女はこう書く。「私の主人が送ってくる手紙にはとりわけ簡単にしか書かれていません[123][60]――」。

青春の町ベルリンへの帰還

一八六一年四月、ピエモンテ国王、ヴィットリオ・エマヌエーレ二世がイタリア国王になった頃、カールは、二十年前に去った青春の町ベルリンに到着した。そこで彼を迎えたのは正装したフェルディナント・ラサールであった。彼は公的には社会主義者であり、情熱的な社交家であり、夫と十年前に離婚した豊かな愛人、ゾフィー・フォン・ハッツフェルトと暮らしていた。イェニーへの手紙の中で、カールはこの公爵夫人を、「革命運動に深く関心を抱いている大変知的な女性」として描いている。イェニーは嫉妬でひきつり(とりわけ彼女の顔を台無しにした病気の後だったのだ)、彼女は何の障害もなく行けたのだが、一緒にベルリンに行くことを拒否していた。すでに彼の兄は三年前から内務大臣ではなかった。「私の妻はとりわけベルリンに来るのをいやがっているが、それは私たちの娘をハッツフェルト家のグループに紹介してもらいたくないからだ[61][46]」。彼は少し後にエンゲルスに手紙でこう書いていた。カールはラサールが指導者の一人となっている小さな「進歩党」のメンバーに会う。またレヴィという名で紹介されたデュッセルドルフの労働者グループの代表とも会っている。この男はラサールが自分の利益と愛人の利益を守るため労働者組織を利用していると非難していた。やがてカールはベルリンを去らねばならなくなるが、その理由はある人によると、ベルリンの警察が彼を逮捕するかもしれなかったからだ。また、彼のヴィザが切れていたから、そして他に訪問する目的があったからだと主張するものもいる。

実際帰りに、彼はトリーアに数日留まっている。十四年会っていなかった母の家に泊まった。彼らは抱き合い、母から困難なく次の条件をえた。銀行家のフィリップスの前でサインした債務の借用証書を無効にすることを。カールは父の墓参りをし、従妹のナネッテーに癰（よう）を治してもらうために、数日オランダで過ごした。

ロンドンに戻り、彼はリオン・フィリップスにもてなしのお礼をのべ、若者の欝に言及した。この病気は「多くの人々と違って、自己批判的であり、自分を満足させる政治的意見をつくってこなかったという事実から簡単に説明がつきます[62]」と。たとえばそれは自分自身でありたいと願うことのアンチテーゼである。そしてそれが現実の自分なのだ。

一八六一年を通じて、マルクスは不在をわびるかのように、娘のことに心を注いだ。末娘のエレナーは[253]後にこう語っている。彼女は当時六歳にすぎなかったが、父は文学の教育に時間の多くをさいてくれたと。カールは上の二人の娘にも、亡くなった息子にもそんなことをしたことはなかった。あたかもマルクスが彼女の中に、彼女が生まれる三カ月前に亡くなったエトガーの再来を見たいと思ったかのように、エレナーは男の子に似ていて、妻は間違って彼女を産んだのではないかとだれにでも言っていた[161]。エレナーはやがて、実際自分は愛されてはいなかったのではないかという代価を払うことになる。この家族の物語は、カールの性格について長く述べている。

「私の父は『ホメロス』、『ニーベルンゲンの歌』、『グドルン』、『ドン・キホーテ』、『千夜一夜物語』を読んでくれました。そしてシェークスピアは我が家のバイブルで、それはいつも私たちの手と口にありました。六歳の時から、シェークスピアの多くの戯曲を空で言えました。六歳の誕生日のためにモール（子供たちが名づけた綽名）は私に最初の小説、イギリスの作家フレデリック・マリアットの冒険小説『ピーター・シンプル』を贈ってくれました。父はマリアットとクーパーの話をしてくれ、あらゆる物語を読んで、私と議論してくれました。私が『郵便局長』になりたいといって、男の子の服を着れるかしら、と聞いたら、彼はだいじょうぶだよと言ってくれました。でもその計画を実現するまで秘密にしておく必要がありました[63][253]」。

アメリカ南北戦争——マルクスによるイギリス批判

一八六一年春から一八六三年にかけて、マルクスは一五〇〇頁をぎっしりと埋め、最初のプランに生命を与え、作品を完成させ、その後出版しようとする。七五〇頁は過去の経済理論の批判と歴史に、五〇〇頁は資本一般に（一八五九年に残しておいたもの）、残りの頁はやがて第三巻になる主題であった[64]。したがって第二巻のテーマは、マルクスにとって重要ではなかった[248]。

一八六一年七月二十一日、南北戦争が始まる。優れた士官に恵まれた南軍は、二千二百万人の人口をもつ北軍の数的優位に直面せざるをえなかった。一方で南部の人口は九百万にすぎなかった（そのうち三七〇万が奴隷であった）。パーマーストーンのイギリスはどのような態度をとるべきか決めていなかった。イギリスは北の市場も失いたくはなかったし、南の原料も失いたくはなかった。奴隷制の問題は、イギリスにとってどうでもよかった。イギリスは戦争すべきなのかどうかを理解していなかったし、どちらにつくべきかも知らなかった。しかしイギリスは十一月八日、北軍の船「USSジャシント号」がハバナとイギリスを結ぶイギリスの郵便船「トレント号」を立ち入り検査し、そこでイギリスへの特使である南の二人の外交官と秘書を見つける。連邦政府は彼らを逮捕させ、ボストンで収監した。ロンドンは抗議し、解放を求め、一万四千人の軍をカナダに派遣する。カナダはロンドンとワシントンとの戦争で戦場となり、北の連邦軍が防衛を口実に攻め込むのではないかと恐れた。労働組合はこうした軍事的な悪循環に対して強く抗議し、ロンドンで多くのデモが行われ、マルクスの論文はそれを支持し、煽った。

一八六一年十二月二十五日、北の新聞『ニューヨーク・デイリー・トリビューン』の毎週の記事で、カールはイギリスと南部の連邦との同盟を批判し、イギリスの態度についてかなり鋭い分析を行った。その分析はその時代の政治的現実に対する彼の詳しい認識を示しているので、かなり長い引用をすべきであろう。(47)

「奴隷主義者やその北アメリカの手先の願いは、北の合衆国をイギリスと戦争させることである。その理由は、この戦争が勃発すれば、イギリスはまず南の連邦を承認せざるをえず、次に南を閉じるブロックを破壊するしかないからだ。――そのほかのすべての事情において、大英帝国のビジネスマンはこの戦争を驚きの目で見ている。しかし数カ月来、ビジネスの世界の多くの重要人物は、力によって(北が南に課した)ブロックを破壊するよう政府にけしかけている。それはイギリスの工業の主要部門に必要な原料(綿花)を供給するためである。(北と戦争した場合)

イギリスの合衆国への輸出が減少するだろうという恐怖は、すでに貿易が減少しているという事実からしても意味を失っている。だから『エコノミスト』は、北部の州は『最悪の顧客であり、利益にならない』などと主張している。イギリスと合衆国との貿易量は、なかんずくインドと中国で交わした協定を受け入れたことで、すでに一八五七年の五分の一に減少している。さらに破産状態にあるボナパルト主義者のフランスは国内が麻痺し、外交的に行き詰まっており、天国のマナに襲いかかるように、英米戦争へと突き進んでいる。フランスが大陸においてイギリスの支持を仰ぐため、アメリカの『不実のアルビオン』[64]を助けるために軍を動員することなど考えられないのではないだろうか。パーマーストーンは、合衆国との戦争に入るために合法的な口実を探しているが、内閣の中ではグラッドストーンという非常に手強い敵と対決することになる。ワシントンの内閣が望みどおりの口実を与えねばならないとすれば、イギリスの現内閣は崩壊し、トーリー党の内閣に代わるだろう。こうした状況の変化から初めてパーマーストーンとディズレーリが接近した。ここから、『モーニング・ヘラルド』や『スタンダード』の戦争への過激なアピール戦略の意味が説明されよう。こうした恥知らずの狼たちは、義捐金のような国庫から落ちてくる蜂蜜を期待しながら、叫んでいるのだ」[65][11]。

非常に明快で、はっきりとした、シンプルな文章である。他のすべての記事同様、非常に理論的な、要領をえない文章と、いかに違っていることか。

一八六一年十二月二十六日、ワシントンは検問された二人の南の外交官を釈放する。ロンドンとの緊張は再び収まる。カールはそこに彼も参加した労働者のデモの成功を見て取っている。労働組合の行動がヨーロッパの大国の外交政策の指針にはっきりとした影響を及ぼした初めての出来事であった。

その翌日、大きな驚きがあった。すべてのものに記憶を鮮明に残している、十二年間行方不明だったひとりの反逆児がロンドンに上陸したのだ。それはロシアのアナキスト、バクーニンであった。彼は、デュッセルドルフの抵抗の首領であり、ワグナーのジークフリートであり、一八四九年ドイツでフォークトが逮捕されたときの擁護者であり、オーストリアに送られ、ロシアに移され、収監され、シベリアに追放され、驚くような旅の末にロンドンに到着したのである。八年の刑務所、五年のシベリア追放の後、彼は脱獄し、横浜経由でサンフランシスコそしてテームズの河岸に来ることに成功したのだ。彼はカールに会いに来て賞賛を表明し、多くの苦難の後、彼が第一にやりたいことは『共産党宣言』のロシア語への翻訳であると告げたのである。[66]

次の年（一八六二年）、マルクスのもう一人の友人が、ブリュッセルで宣言を出した。カールとフリードリヒと一緒にトリオを組むこともできたであろうモーゼス・ヘスが、『ローマとエルサレム』という「ユダヤ人に対するパレスチナ移民への呼びかけ」を出版した。[135] これはシオニズムの誕生となる活動で、イタリアとドイツが、国民国家の統一を完成させようとしたときにこの運動は起こる。パレスチナは当時オスマンの「大シリア」の一部の名前にすぎず、ユダヤ国家がいつかそこに新たに存在することになろうと考えるには、かなりの想像を要した。

この年、ヴィクトル・ユゴーはワーテルローを去った後、イギリスのガーンジー島にいたが、パリで『レ・ミゼラブル』を出版し、フロベールは『サランボー』を出版した。『レ・ミゼラブル』の出版社、ラクロワの校正者は、五巻にのぼる書物の校正刷を見て嘆いた。

一八六二年四月十二日、ベルリンですべてを許されていると思っていたラサールは、彼の「進歩党」

の党員に、州議会選挙での活動制限に抗議するよう勇気をもって説得した。彼は国王によって「社会平和を乱した」として逮捕された。

南北戦争とマルクス家の家計

南北戦争の長期化はカールに悲惨な結果をもたらす。戦争の長期化が綿花の価格を上昇させ、イギリスの繊維産業に大きな打撃を与えれば、『ニューヨーク・デイリー・トリビューン』もその財政危機によって通信員の仕事を切らざるをえなくなる。そうすれば、唯一の仕事による収入が奪われ、新たに困窮に陥ることになる。彼の生活はフリードリヒの援助だけになる。一方娘の成長と共に支出は増大すると考えねばならない。私的な授業、芸術活動（娘は演劇が好きだ）。次の月、彼は娘たちに、講演、産業博覧会へ出かける時はあまり見苦しくない服装で出かけるようにこぼしている。産業博覧会に関しては、マルクスはプレスカードを獲得していた。彼は失望し、パニックになりそうになる。もう一度引っ越すべきだろうか。新たな苦しみが彼に襲い掛かる。

一八六〇年代のエンゲルス

六月十八日、彼はエンゲルスに、必要なものを挙げながら、本を数冊以上依頼する手紙を書く。「貧困を切り抜ける努力で病気になってしまう。しかしどうしたらいいだろう。毎日妻は子供と一緒に死にたいと言うし、私としてもこうした状況が筆舌に尽しがたい屈辱を与えている以上彼女たちを責めたくもない。周知のように、負債を決済すべく五〇ポンドが出て行った。ガス代の二ポンドも含めて半分以上の支払いが残っている。——七週間も一文無しでロンドンで暮らすことがどんなことか説明できないが、こんなことはしばしば起こっているのだ。――祭りの時など、不幸な子供たちにとりわけすまないと感じている」[67][46]。カールはエンゲルスにこう説明する。もし君にお金がないなら、これでおしまいだ。住居の所有者に家具を売ってもらい、ヘレーネは外に仕事を見つけてもらい、イェニーとエレナーと週三シリングのアパートに引っ越し、それぞれ十八歳と十九歳のラウラとジェニーには住み込みの家庭教師（ガヴァネス）になってもらうしかないだろうと[68]。それから同じ手紙の中で、まったく別の話題も語り、思想的議論もしている。彼はダーウィンを読んで驚いてこう記している。「僕はダーウィンが動物や植物の中にイギリス社会の性格、すなわち分業、競争、市場、技術開発、『生存競争』を見つけたことに驚いている[69][46]」。

エンゲルスは彼を安心させ、課題を引き受ける。カールは、一度としてプロレタリア化のシンボルであった、安アパートに住むという限界を踏み越えることはなかった。

同じ頃、ラサールは恩赦を受け、「外交的旅行」でロンドンに来ることを決意したが、マルクス家に立ち寄ることにする。断ることはできなかった。カールは当時エンゲルスにこう手紙で書いている。「ある種の外観を保つため、妻は質屋に行って質草として入れられそうなものを入れてきた[46]」。事実ラサールは、約一カ月マルクスの家に迷惑をかけ、居候した。彼を外出させたり、食べさせたりする必要があった。それは彼らにとってひと財産であった。費用をまかなったのはエンゲルスでもあったので詳しい実態を知ろうとした。イェニーは怒っていた。彼女はラサールに七月の末までに外に出て行ってもらいたがっていた。

一八六二年のロンドン博覧会とアメリカ、

一八六二年八月五日、大英図書館（カールは三年前最後の書物の草稿を書き上げて以来そこに戻ってはいなかった）でルイ・ブランが自らの最近の記念碑的労作『フランス革命史』の十二巻を書き上げた。同じ頃ロンドンでは、新しい博覧会が開催され、カールは派遣ジャーナリストとして訪問した。博覧会を援助するために、皇帝の従兄弟ナポレオン公が融資したフランス労働者の代表がロンドンを訪れた。この代表はとりわけボナパルト的「寛大さ」を示すために来ていた。まず代表を歓迎したのは、自由派の国会議員で構成される歓迎委員会で、労働者組織の代表ではなかった。やがて、公的な会合とは別に、フランスの労働者の何人かはイギリスの労働組合員と会合をもつことに成功した。マルクスも知らなかったこの小さな会合から、その二年後、社会主義第一インターナショナルが生まれる。カールはその中心人物となる。

一方で、南北戦争は行き詰まっていた。九月二十二日、リンカーンが次の一月に発効となる奴隷解放を宣言する。それは、戦争を終わらせるためではなく、大国による南部アメリカの承認という危機を避けるためであった。イギリスでは、三つの繊維企業が今では破産状態となっており、繊維部門の労働者の四分の三は失業状態であった。エンゲルスの企業も大きな困難に遭遇し、エンゲルスはカールへの援助を維持するのが難しくなっていた。

ベルリンでは、まさに同じ日、国王が軍事的信用の問題で議会と衝突し、当時パリの大使であった、しっかり屋のビスマルクを、実権をもたない国務大臣、そして首相代理にした。三十日、ビスマルクは議会と闘う。「ドイツの関心はプロイセンの自由主義ではなく、その力である。――現代の大きな問題を解決するには、一八四八年当時考えられていたように、議会の多数派への投票や議論ではない。むしろ鉄と血だ」。これは大変なスキャンダルを引き起こす。君主は躊躇する。ビスマルクをかばうべきか。十月八日、国王は決断し、外務大臣とともに永久の称号を持つ首相に任命した。イタリアとの戦争で敗北したオーストリアとの対立が近づきつつあった。マルクスは、やがてプロイセンを中心にドイツ統一の時代が来るだろうと考えた。

一八六二年秋、カールはロンドンでリープクネヒトとともに、通称「ダーウィンのブルドッグ」、自然淘汰説のプロパガンディスト、トマス・ハックスリーが行う一連の六つの会議の支援をした。彼は魅せられていた。新たに彼の家から二〇マイルしか離れていなかったダーウィンの家に行こうとする。数日後恩赦を受けたリープクネヒトはドイツに帰り、ラサールに加わり、そこでマルクスの代理をする。しかしマルクスは「ロリー」と呼んでいた彼を信用してはいなかった。リープクネヒトは六年ロンドンで過ごした。暗い時代ずっと彼らの近くにいた彼を失うのは、イェニーと娘たちにとって痛かった。彼女たちは十五年後、彼に会うことになる。彼は当時としてはとても理解できないことであったが、ヨーロッパ議会のような場所で社会主義の第一党の委員長となることになる。

一八六二年―六三年、冬はかなり厳しいものであったが、マルクスの財政状態は、いまやエンゲルスが倹約して送金するお金しかなかったが、かなり危機的となる。カールは、赤のヴォルフ（ルプス・ヴォルフではなく、ガリバルディの軍隊の歩哨であった異常な人物、フェルディナント・ヴォルフ）が家族とともに暮らしていた家具付きの住宅に引っ越すことを考える。カールに隠れて、イェニーは、もう一人の古い友人のルプス（ヴィルヘルム・ヴォルフ）にまで援助の申し出を送っていた。彼はマンチェスターで人に教えながら暮らしていた。ルプスは彼女に二ポンド送った。後にこの老人の財産が彼にすばらしい贈り物となるだろう[70]。

カールは、賃労働の仕事を探そうとする。鉄道の事務仕事を探すが[71]、字のまずさでこの計画は失敗する。彼は落胆した。これは仕事をみつけようとした一度きりの試みとなろう。

この絶望の時代、カールはクーゲルマンという、ハノーファーでは名の知れた見知らぬ産婦人科医

称賛者クーゲルマンとの出会い

クーゲルマン

から手紙をもらうが、彼は「学生時代から熱狂的な共産主義思想の信奉者であり、『経済学批判』の珍しい読者の一人で、ひどくその作品に興味をもった[221]」と言ってきた。彼の娘のフランツィスカ・クーゲルマンは当時九歳であったが、後にこう述べている。「私の父が最初に手紙を送ったとき、彼はカール・マルクスに熱狂した学生でした。父同様ノルマニアという学生組合に属していた、共産主義者同盟のメンバーでドイツの政治家、ヨハン・ミケルからロンドンのマルクスの住所を教えてもらいました。父はマルクスが返事をくれたことをいたく喜び、少しずつ二人の通信が始まりました[72][253]」。

マルクスは貧困と将来の不安の中にあったが、一八六二年十二月二十八日付けのこの熱狂的な称賛者への最初の返事の中で、クーゲルマンが熱狂的に読んだ二年前の前作の失敗に関して書いていた[81]。「最初の十六頁の著述法はあまり一般的なやりかたではありませんでした、それは――主題を抽象的に扱ってしまいました。学問の力を確信するような学問的方法は確かに一般的なものではありえません。――逆に、ドイツの専門家が、私の作品を節度をもって、無視しないように注意をするべきでした[73][49]」。彼は、あまり一般的でない作品がいつか大衆に受け入れられるだろうという確信について語る。

エンゲルスはできるだけのことをして彼を助けるが、彼も別の困難に遭遇していた。南北戦争に関連した企業の困難とは別に、一八六三年一月六日、二人の女友達のひとりメアリー・バーンズがマンチェスターで亡くなったのだ。彼女の妹リジーだけが彼に残された。エンゲルスは良識ある社会を無視してまで二人と公に暮らしていたのである[74]。やがてマルクスはありきたりのお悔やみで始まる手紙をエンゲルスに書く。それから、自分を苦しめている借金と絶望的財政状況について話を移す。これに対して、エンゲルスは深く悲しんでおり、近い友人からのより大きな励みを期待していたことを述べる。しかし、エンゲルスはそれでも財政的相談にのり、すぐに金を送る。十日後、カールはフリードリヒに長い詫び状を書き、そこで彼もメアリーの死にどれほど悲しみを感じているかをのべていた。マルクスは、彼の金銭上の困難を修復すべくなしうることをすべて説明し、数カ月来考えていたこと、すでに以前書いたことを繰り返す。二人の上の娘をガヴァネスとして出し、ヘレーネ・デムートを外に出し、イェニーとエレナーと安い家具付きの家に住むと。エンゲルスはマルクスの謝罪を受け入れ、借金を返済するため十分な金を彼のために与えようとする。そしてお金を送らないで、顧客への請求書を送った。当時困難な状態にあった会社の貨幣を流用することが彼の見つけた唯一の方法であった。

当面緊急の危機が解消されたとき、上の二人の娘は真剣に仕事を探そうとする。ジェニヘンは女優になって、両親も知らない有名な俳優と会おうとするが結局無駄に終わる。ラウラは、政治を志そうと考え、報酬のない父の助手になる。カールは二年の空白の後、大英図書館での仕事に戻ることを決意した。

政治活動の再開——労働組合の国際協力

しかし、はっきりとこの頃、一八六三年一月二十二日、何度も予告した資本についての書物の執筆を再開しようと決意したとき、つまらぬ事態から、彼の大作の執筆を再び遅らせ、再び彼を政治に向かわしめる事件が起こる。つまり、ツァーリ体制による軍の兵役登録の強制に反対した若いポーランド人が厳しい報復の犠牲となり、公的に処分され、シベリアに追放されたのだ。ヨーロッパでは大きな同情が生まれる。フランスとイギリスの労働者は政府の介入を要求し、労働組合の政治闘争と他国の抑圧された労働者への支援を要請する最良の方法を考える。

同じように[231]、ロンドンの労働組合会議の第一書記であった靴屋のジョージ・オドガーが労働組合の国際協力を組織しようとする。しかし、まったく別の理由で、大陸の労働者（賃金が低く、組織率も低い）との競争に晒されたイギリスの労働者は、自らの利益を懸念する。保護主義を再構築し、肉体労働者の移民の制限を主張する代わりに、オドガーは外国の労働者も高賃金が得られるよう、労働の組織化を援助することにする。この意味で、やがて彼は「フランスの労働者へのイギリス労働者の主張」を起草し、両国の労働者の間の密接な協力を要求する。

プロイセンでも労働者の政治活動のときが始まる。数日後の一八六三年の二月、ライプツィヒの労働者委員会の前で、三十九歳になっていたラサールは、プルードン的な綱領を読みあげ、新しい政党ドイツ労働者一般協会の創設を奨励する。その二つの性格は、無記名による普通選挙権を獲得することと、国家の支援を受けた協同組合を創設することであった。彼は当然この新しい党の議長となる。この党は、社会主義者と名乗らなかったが、社会主義の色をあえて出したヨーロッパ最初の党である。

三月、マルクスはセント・ジェームズ・ホールでの奴隷廃止に関してリンカーンと連帯を結ぶデモを支援する。これはたえずイギリスを南部の側につかせようとしていたパーマーストーンへの反対であった。

一八六三年五月二十三日、ライプツィヒでラサールは三カ月前に創設を予告した党を創設する。全ドイツ労働者協会である。全国からやってきた六百人のメンバーがいた(74)。彼は議長に選出され、秘密結社と別れを告げた。やがて大規模な遊説を始め、労働者たちに演説し、メディアが彼らの実体や行動について説明することに注目した。これは急ぎすぎた。ビスマルクは「プロイセン憲法を覆そう」と労働者を煽った大逆罪としてラサールを糾弾する。ラサールは恐れ、首相と妥協を図り、秘密会談の結果、首相にひとつの取引を提示する。これは一八六三年六月八日の日付をもつ、驚くべき内容の文章で確認される。彼は、プロイセンの新しい主人にこう説明する。あなたの独裁が、「社会的独裁(74)」の形態をとるならば、その独裁を認めてもいいと。彼の党は、普通選挙と共和制を主張するためにまさに創られたのである。彼はこう書く。「労働者階級は独裁が自らの利益になると合法的に承認されるなら、独裁を毛嫌いしません――労働者階級は、すでにあなたに最近述べましたように、（あらゆる共和的感情とおそらく共和制という理由で）王政の中に、ブルジョワ社会のエゴイズムに対立する社会的独裁への自然な支持を見る傾向があります(74)」。

すでに述べた思想に忠実なラサールは、ブルジョワに対抗するプロレタリア、農民、貴族、軍の連合を確固たるものにしようとビスマルクに提案している。当然興味を抱いた首相は、最終的にラサールとの秘密の文通を開始する。そして二人は次の週何度か会ってさえいる。ビスマルクは喜んだ。「社会的独裁」というこの思想は、二人に共通していた。ヘーゲルが国家を絶対的真実の場所として擁護して以来、社会的独裁という言葉はプロイセン社会と不可分なものになっていた。ドイツ史をつうじて国家が再び力をもった。国家を、ラサールが想像したこの「社会的独裁」を通じて、ヘーゲルから国家社会主義に至る道への梯子とみなすのもあながち間違ってはいない。

フランスでも同じ頃、労働者階級の一部と、ボナパルト主義者の権力と支配的イデオロギーとの結合が起こる。経済は改善され、多くは配当を受け取りたいと望む。私的所有を廃止することができないがゆえに、そこから利益を出そうというわけだ。万策尽きて、プルードンははっきりとそうした行動をとる。「人民はなんと言っても所有者であることを望んでいます。私独自の証明を引用させていただくなら、十年にわたる徹底した研究の結果、この点に関して民衆はそれを望んでいるのだというしっかりとした見解を見つけました。――民主的原理が進めば進むほど、都市や農村の労働者階級は、この所有原理がある意味でますます都合のいいものであると考えるようになることです(225)」。

一八六三年の夏の間、カールは非常に気分が悪かった。癰（よう）が伝染で悪化し、危うく死にそうになり一カ月以上寝たきりであった。癤（せつ）、頭痛、肺の疾患、肝臓病が加速度をつけてぶり返してくる。新たに、彼はもはや働けなくなる。

一八六三年七月二十二日は、ジュネーヴのアンリ・デュナンが赤十字となる組織を創ったときであり、パリでマネの『草上の昼食』がスキャンダルとなっていたときで、オドガーのイニシアチブがロンドンで始まる。フランスとイギリスの労働者の闘争家が両国の社会闘争を調整するために集会を持つ。彼らは国際労働者協会の創設原理を承認し、一人の委員にその準備の依頼をする。

病気であったため、この集会との関係を持っていなかったマルクスは、話を聞いてもいなかった。しかし、彼はラサールからの手紙は受け取り続けていた。一八六三年十一月二十四日、イェニーはエンゲルスに手紙を書く。「(カール・マルクス) は眠れません。貴方に『労働者協会』の回覧状と『議長』[47]の手紙を送ります[75]」。事実、彼は一年あまり個人的な接触を断っていたが、ラサールの方は自らの党の冊子を送り続けていた。イェニーは馬鹿にして「労働者協会」と名づけ、そして彼を「議長」と呼んでいた。マルクスはさっと読み、エンゲルスに送っていた。ラサールがロンドンに来て以来、イェニーは彼への憎悪を抑えられなくなっていたが、とりわけ彼より年上である、彼の保護者、赤毛のハッツフェルト夫人に対しての憎悪は抑えられなかった。彼女は同じ手紙の中でこう偽ってそのことを述べている。「この小さな組織（労働者協会）はこの男（ラサール）を変えるでしょう。彼は、自ら語っているように（おそらく、一八〇五年生まれの赤毛女とシャンパンを飲みながら語っているのでしょうが）、十五年間労働者階級のために苦労したのですが、今自分を警察に追われる運命から、警察に近づきうる運命へと変化させました[76][47]」。イェニーはカールと同様口が悪かったが、彼女の文体には妬まれるようなところはなかった。二人の精神は相互に影響しあい、三十年以上を結び付いていたが、

一八六三年頃のマルクスと、長女ジェニー

マルクスは四十五歳、彼女は四十九歳であった。

　しかしマルクスと家族の状態はかなり改善した。まず共産主義者同盟の古い友達、エルンスト・ドロンケは一人の金貸しを紹介し、借りた二五〇ポンドを——エンゲルスに返した。一八六三年四月のマルクスへの手紙の中でエンゲルスはそれを受け取ったことがわかる。ドロンケは銀行の費用だけを負担する。

　この年マルクスの生活を変え、十四年も味わった貧困から、今度は永遠に脱出できる二つの遺産の第一のものが転がり込む。

　一八六三年十一月三十日、オランダから来た二人の娘とトリーアで結婚した三番目の娘に取り囲まれ、七十三歳のカールの母ヘンリエッテ・マルクスが亡くなる。カールは驚いた。しかし、カールにはわずかな悲しみ以外にはなにもなかった。二人の両親の遺産はやがて解除され、カールは約一千ポンド、一一〇〇ターレル以上、言い換えれば収入の三年分が分配された。彼はすぐにそれをもらいにどうどうと出かけることは間違いない。この金は必要なのだ。

　十二月十五日、彼はトリーアに行き、そこで姉妹と古い友人に会う。彼はイェニーに、ヴェストファーレン家のまわりを毎日散歩していると手紙に書く。「僕にはローマの古代遺跡以上のものはない、なぜならこの遺跡を見ると幸せな子供時代が思い出され、そこで私が経験した懐かしい思い出が思い出されるからだ[47]」。その後、母の遺言の内容と母が残してくれたものについてかなり長い説明が続く。やがてカールは町で呼び止められる。「トリーアの人々はいつも私に『トリーア一の美人』と『舞踏会の女王』について聞いてくる。男にとって、妻が夢の中の王女のように町中の人々の心の中の思い出にあることはうれしいことだ[77][47]」。しかし彼は帰国を遅らせず、オランダに立ち寄った後、一八六四年二月に帰る。

新しい大きな住居

三月、彼はもう一度、負債を返し、未来についてあれこれと悩むこともなく獲得したお金を使おうと決めた。母の遺産のおかげで、家族はグラフトン・テラスから近くの一番美しい地区メイトランド・パーク、モデナ・ヴィラス一番に移る[78]。そこは弁護士や医者が暮らす場所であった。カールはまず娘の授業、ピアノのレッスン、演劇のレッスンを考える。それぞれが部屋を持つことになる。彼自身五つの窓をもったかなり広い書斎をもつ。最初の訪問客たちはこの部屋を「オリンピア」と呼んだ。その理由は、ゼウスの像のまわりにギリシア神話の胸像があったからである。ゼウスの胸像はマルクスに似ているといっていた。少し後この書斎について書くラファルグはこう付けくわえている。

> 「このメイトランドパークの書斎は歴史的なものとなっている。マルクスの知的性格の内部に入るには、この部屋を知る必要がある。部屋は二階にあり、煌々と光が入ってくる大きな窓は公園に面している。暖炉の両側、窓に向かって、書物の詰まった本棚があり、その上に、新聞や原稿の束が天上の方まで積まれている。暖炉に向かって、窓の両側には、紙、書物、新聞で覆われた二つのテーブルがあった。部屋の真ん中、もっとも明るい場所には、小さく、非常にシンプルで、三フィートと二フィートの長さの仕事机が、木の椅子とともにあった。皮の長椅子が窓に向かって椅子と本棚の間にあった。マルクスは時々休むためにそこに横になっていた。暖炉の上には、書物が葉巻、マッチ、タバコの箱、手紙秤、娘、妻、ヴィルヘルム・ヴォルフとエンゲルスの写

真と一緒に置かれていた[79][161]」。

なぜこの部屋に、古い友人、ルプス、ヴィルヘルム・ヴォルフの写真があったのか。なぜなら、彼はパリ以来信頼のできる友人であり、マンチェスターで脳膜炎を患い一八六四年五月に亡くなり、カールに八四〇ポンドの現金(小額)と五〇ポンドの有価証券を残してくれたからだ。[27] 優しいルプス、カールが喧嘩しなかった珍しい人物の一人は、外見ほど貧しくもなかったのである。マンチェスターでの葬式の際、(葬式が嫌いで行くこともなかった) カールが、数人の友人の前で弔辞を読んだ。友人の多くは彼同様、十五年間ロンドンに暮らした亡命者であった。

二つの遺産の総額はマルクス家にとって、その時代の五年分の生活費に相当した。これは大助かりであった。

ようやく貧困から脱出

この年、第二帝政がすこしずつ自由化されていく。労働者の条件を法が守り、スト権が合法化される。たちまちリモージュで数千人の労働者がストライキを行う。聖座がヴィクトル・ユゴーの『レ・ミゼラブル』、フロベールの『ボヴァリー夫人』、バルザックやスタンダールの作品を禁書目録に加える。プロイセンでは、ラサールは無罪を宣告され、社会主義の概念を説明する冊子が出版される。

一八六四年は徹底した遺産の年である。実際数カ月後、今度はエンゲルスが(ずっと嫌いだった)父の遺産の相続人となり、家族企業の所有者となる。やがてマンチェスターの名士として、彼はアルバート・クラブとシラー協会を取り仕切り、[80] 有名な狩猟チェシャー・ハントに参加する。とりわけマルクスへの援助額を増やす。年最低二〇〇ポンドを保証する。自分の生活費用にまったく手をつけなかったことは疑いない。

こうして四十六歳のカールにとって、経済的不安は過去のものとなる。たった一年前、彼は家族を食わせる手段ももっていなかったのだ。今では子供たちにちょっとした余裕を与えることができた。「日曜日天気がいいと、家族はみんな草原を横切って長散歩にでかけた。途中でビールを飲むため居酒屋に立ち止まり、パンとチーズを食べた〔81〕(161)」と、やがてマルクスに会ったラファルグが語る、生涯で初めてのヴァカンスさえ獲得した。彼はジェニヘンやラウラの友達も受け入れた。一八六四年六月二十五日の叔父のリオン・フィリップスあての手紙の中で、株に数回手を出したと述べている。そして少しばかり儲けている。

フリードリヒは非常にしばしば彼に会いに来た。ラファルグは書いている。「マンチェスターからエンゲルスが来る知らせが届くと、マルクス家はお祭り騒ぎだった。彼が来る前長い話が続き、到着の日、マルクスはまさに待ちきれず、仕事も手につかなかった。二人の友人は夜タバコを吸ったり、酒を飲みながら、前に会って以来起こった問題について語りながら夜を過ごした。マルクスは他の誰よりもエンゲルスの意見に従った。マルクスは彼を、仲間としての能力をもった人物だと認識していた。エンゲルスは彼にとって読者のすべてであった。彼を納得させ、彼の思想を説得するためには、仕事の長さなど気にならない。こうして、私は忘れていた、アルビ派の宗教的、政治的十字軍のつまらない点に関するエンゲルスの主張を変えさせるため、マルクスは必要な事実を探すべく、そこら中の本をひっくり返した。――彼はエンゲルスの科学的知識に関する驚くべき広さを賞賛し、マルクスはエンゲルスが事故で死ぬのではないかといつも恐れていた。彼はこういっていた。『僕は彼が好きな狩猟で命を落とすのではないかといつもびくびくしている。なぜなら彼はそこら中を全速力でとばし、あらゆる障害物を越えるからだ〔82〕(161)』。

同じ頃、すなわち一八六四年夏の初め、フェルディナント・ラサールのまばゆいばかりの四十年の運命がはかなく終わる。ライン地方の労働者地区での勝利の遊説の帰り道、有名人物となったドイツ社会主義の指導者は、ビスマルクとの秘密の契約のおかげで刑務所を恐れず、堂々と意見を表明し、スイスでの休暇に向かった。彼はそこで（偶然だとは思われない）バイエルンの外交官の娘ヘレーネ・フォン・デニゲスと知り合い、数年前から父の承諾もなく彼女の手を握っていた（やがて彼女はこう書く。「ここで私はひとりの男性に会いました。そしてもし彼がそう要求すれば世界の果てまでついていくでしょう」と）。しかし、彼女は今では邪魔になっているワラキア人の貴族ヤンコ・フォン・ラコヴィッツと婚約していた。二人は喧嘩になった。八月二十八日、ジュネーヴでラサールは、このヤンコにヴェイリエのそばのボワ＝カレで、ピストルによる決闘を申し出た。立会人は三つ数えることになっていたが、婚約者は一つ目で撃ってしまった。腹を撃たれたラサールはひどく苦しみ三日後、息を引き取った。この知らせを聞いて、エンゲルスはこう主張した。「彼は疑いもなくドイツのもっとも重要な政治家の一人であった[83]」と。ビスマルクはこう書いている。「彼は私の知るところでは、非常に魅力的で、楽しみ方を知っている男の一人であった。彼と会った三、四回のことは悔いてはいない。野心的な性格で、饒舌な人物であった」。マルクスはこういう。「とにかく彼はわれわれの敵の敵、われわれの仲間であった。非常に騒々しく、でしゃばりやで、しつこい男が今ではねずみのように死んでしまい、しゃべらなくなってしまったのだと考えることは苦痛である。悪魔が彼に囁いたのだろうが、我が仲間の数は減り、新しい血が出てくるわけではないのだ」。そして当然きつい言葉をかけるのを忘れはしなかった。「彼を死に至らしめた理由を見れば、ラサールには数多くの戦術不足があったことがわかる。生涯にわたってこの問題でしくじったのだ[84]」。

カールは、今度はほぼ四年中断していた資本に関する大著を再開しようとする。彼はこの書物で、「ブルジョワジーが立ち上がれないほどの衝撃を、理論の上でブルジョワジーに与える」[46]ことを期待していた。あらゆるエネルギーを注ぎこんだ。彼は仕事をいそいだ。このことについてこう書いている。「健康、幸福、家族を犠牲にして作品を完成させるためには、働く時間をうまく利用する必要があった——いわゆる実践的な人と賢明な人を私は馬鹿にしている。動物のように振舞いたかったら、当然人間の苦しみに背を向け、自分のことだけ考えればよいだろう。しかし、自分の本を完成せずに死ぬとしたら、まったく非実践的な人間だとみなされるだろう」[46]。これは興味深い表現だ。彼にとって本を完成しないことは、非実践的なことになるからだ。確かに一貫していない、完成しないことは良しとも言えるし、また同時に「非実践的」だともいうのだから。

しかし、同じ頃もう一度いろいろな事態が起こり、この課題を決定的に未完成にしてしまう。そして彼は、この書物とは別の「非実践的な」決定をすることになる。

第一に、ラサールの助手、ベルンハルト・ベッカーがラサールに代わって労働者協会のボスに暫定的だが就任し、マルクスに議長になってくれと要求する。マルクスはこれを断る。彼はたとえどんなことがあろうともドイツに住むことはできなかった。党はやがて跡目争いの兄弟殺しの餌食となり、J・B・シュヴァイツァーがその勝利者となる。彼は意志の強い、能力のあるカリスマ的男であった[231]。彼はその指導者のビスマルク風の傾向には屈していなかった。強い国家社会主義を建設するために必要であると考えていたとしても、プロイセンの貴族とプロレタリアの同盟を擁護などしなかった。マルクスはラサールへの嫌悪を彼の継承者への嫌悪に変えた。マルクスはシュヴァイツァーの党との関係を断った。ドイツに戻り、シュヴァイツァーへの嫌悪を示したリープクネヒトは、その点でマルクスの嫌悪を煽った[231]。やがて、マルクスはバクーニンに再会する。しかし、そのことによって政治的活動への関心が高まったわけではない。バクーニンは日記に[70]、友人もいない（エンゲルスが友人ではないとすれば）、彼に恐怖をもつ家来以外に何の仲間もいない、専制者マルクスの肖像を描く[248]。彼はマルクスのユダヤ性からその人格と陰謀を引き出す。「マルクスが誰かに命令するとき、その下劣さと品位のなさはこのうえない。彼はユダヤ人である。ロンドンでも、フランスでも、ドイツでも彼のまわりには、どこでも見つけうるこうした種類のユダヤ人がいる。彼らは臆病で、憎むべき、不実なあてこすりを身に付けた文化人である[70]」。

第一インターナショナルの始まり

　カールが新たに仕事を中断した今度の口実は、まさにこれ以上にまっとうな「実践的」活動などありえないという活動があったからである。数年来ロンドンで暮らしていたフランスの若き移民で、ル・リュベスという名の教師が、一八六四年夏カールをドイツの労働者の代表として、さまざまな国で構成する労働者の会議に参加するよう招待してくる。この会合は前年に続くもので、マルクスは知らされてさえいなかった新しい組織が作られることになったのだ。なぜ自分なのかとマルクスは驚く。ル・リュベスはこう説明する。協会は知識人を受け入れる組織ではなく、進歩的クラブとも異なるものであり、マルクスはその作品と記事において彼らにとって絶対的な信頼をもつ人物なのだと、このフランス人は主張する。定款、すなわち宣言を編む必要があった。共産党宣言の著者以上に誰がふさわしいといえるだろう。

　カールはまだためらっていた。『共産党宣言』は彼にとって重要なテキストではあった。もちろん、十六年前にたった四日で書いたとしてもだが。まだフランス語に翻訳[85]されていなかったとしても、思い出してくれただけでも光栄であった。しかし、ほぼ十年前息子のエトガーが亡くなった一八五五年に発見したことを最終的に本として完成し、知らしめねばならない。その発見とは剰余価値と資本主義の本質であり、それによって労働組合によるよりも理論によってより世界をぐらつかせることができるものであった。

やがて、ル・リュベスがこの会議を援助するメンバーの名前を引用したとき（それはイギリス、ドイツ、スイス、イタリア、ベルギー、フランスの非常に有名な革命家が名を連ねることになる）、マルクスは受諾した。しかしあくまでも第三者としてであり、共産主義者同盟の古いメンバー、まだブ

セント・マーチンズ・ホール

"When the people of France and England understand their duties and unite, the great problem of the future will be solved."—G. Garibaldi

A PUBLIC MEETING

will be held at

ST. MARTIN'S HALL, LONG ACRE,

On Wednesday Evening, September 28, 1864,

when

A DEPUTATION

APPOINTED BY THE WORKMEN OF PARIS

Will deliver their reply to the Address of their English Brethren, and submit a plan for a better understanding between the peoples.

The meeting will be interspersed with Songs, etc.
Chair to be taken punctually at 8 o'clock.

1864年9月28日の集会の告知

リュッセルでは彼の仲間ではなかったヨハン・ゲオルク・エッカリウス[86]をドイツ代表にしていた。マルクスは、彼が政治に戻ったことに驚いたエンゲルスにこう説明する。「パリから見ても、ロンドンから見ても、現実には『力』があるということを知ったのだ。だからこそ、僕はいつもの主義を抜け出ることに決めたのだ[46]」。

一八六四年九月二十八日、コヴェントト・ガーデンのセント・マーチンズ・ホールで大会が開催された。しかしまばらな観衆からすればこの場所はあまりにも大きすぎた。大会の司会は、組合長オドガーが選んだ自由な大学人、エドワード・スペンサー・ビーズリーであった。カールは特別席に座ったが、沈黙していた。議論はポーランドへの礼賛、続いて「まだ非常に抑圧された国民である、プロレタリアート」への礼賛であった。参加者は労働者国際協会、英語でいえば「インターナショナル・ワーキング・メンズ・アソシエーション」縮めて「インターナショナル」を創設すべく前年の計画を確認した。

そのトップとして「中央委員会」があったが、すぐに「総評議会」となり、そこには一人の書記と、会議に出席していたイギリス、ドイツ、フランス、イタリア、スペイン、アメリカ、スイス、ベルギーの労働者組織を代表する「通信員」がいた。初代の初期はエッカリウスであり、そのことは重要な任務におけるマルクスの影響力を物語っていた。

最初の総評議会の構成メンバーはさまざまであった[215]。八二人で構成されたが、そのうち四十人がイギリスの改革派の労働組合委員で、十二人がドイツの社会主義者で、十二人がフランスのブランキストとプルードン主義者で、九人がイタリアのマッツィーニ主義者で、五人がポーランドの愛国者、二人がスイス人、一人がハンガリー人、一人がデンマーク人であった。フランス人の九人はロンドンに住む亡命者であった（デヌアル、ル・リュベス、ジュールダン、モリソー、ルルー、ボルダージュ、ボケ、タランディエ、デュポン）。そのうち三人はパリから会議に来たメンバーであった。それは彫金師のトラン、ブロンズの細工師ペラション、飾り紐製造業者のリムザンであった。

カールは一般会議委員に選出された。彼はプロレタリア出身ではない珍しいメンバーの一人で、ドイツの「通信書記」という肩書きを持っていた。彼はまた次の十一月までに、組織の宣言と綱領を書き上げる責任を負った小委員会の委員にも選ばれた。この小委員会は九人、オドガー、マルクス、フイットロック、ウェストン、ル・リュベス（フランス通信書記）、ホルトルプ、ピジョン、クレマー、ヴォルフ（通称赤のヴォルフで、この驚くべきポーランド人はアナキストとなったマッツィーニ主義者のガリバルディを助けていたが、ルプスと比較すべきところなど何にもなかった）で構成されていた。

最初カールは、まだ重要人物になっていなかったことと、仕事の邪魔であったので、この会議に出席しなかった。しかし、アナキストが実権をまさに握ろうとしたとき、エッカリウスがマルクスに出席するよう促した。そして義務のない傍聴者として出席したインターナショナルの創設後たった一カ月で、カールは実権を握ろうとする。

一八六四年十月二十日、彼は足を引きずりながら、綱領を起草する小委員会に出席する。革命について語るものもいたし、権利、道徳、正義について語るものもいた。それはカオスの状態であった。十日後に起草されるはずであったテキストはまったく出来上がらなかった。「考えが古すぎる」と会議の議長になったカールは怒り、その際権力を掌握し、それ以後権力を失うことはなかった。

カールは朝の一時まで議論に熱中させた。やがて、みんなが眠たくなり、帰ろうという大混乱の中、自ら労働者階級への宣言と規約を起草するとひそかに申し出、八日後に議論を延期させた。会議を終わらせてくれる熱心な活動家の勇気にみんな拍手をした。こうして十日後に総会で議論するテキストの責任はカールの手に握られた。

そしてカールは執筆する。四日後、宣言と規約が準備された。カールは『共産党宣言』の十六年後、数日でできあがるほど気楽にそれを書き上げた。

そして十六年前と同様、新たな傑作となる。ある憤慨した[105]伝記作家や、多くの賞賛する伝記作家が書いているような[27]「皮肉な」権謀術策家の統領の一撃ではなく、知的で政治的に洗練されたものであった。

マルクスは総合的能力を駆使して書く。「僕は義務、権利、真実、道徳、正義への言及を——認めざるをえなかった。運動の目覚めによって古い解放という言語が可能になるには時というものが必要だ[87]」。

なぜなら、彼の宣言の内容は、とりわけその時代の左派のさまざまな見解の間のバランスのモデルであったからだ。カールは、改革主義的可能性を手繰りながらも、社会秩序を転倒させる必然性も承認する。労働者階級の解放は労働者自身の作品でなければならず、形成過程のインターナショナルは労働者の相互協力、思想の普及、階級意識の増大の中心でなければならない。経済闘争は政治闘争に延長されねばならないが、それはプロレタリアを独立した党としてつくり、平和的な外交政策を行うことによらねばならない。

協同組合体制を奨励する綱領を望んでいたドイツ人とフランス人に対して、マルクスはそうした考えを徹底して茶化すことで宣言を擁護する。「協同組合マニュファクチュアで、大規模生産も、賃労働者階級を雇用するパトロン階級なしでもできるという事実を証明できる。しかし、時代の経験が示していることは、協同組合も独占の発展を阻止したり、大衆を解放したりすることはないということである。だから政治権力の掌握こそ、労働者階級の第一の義務なのだ」[88(1)]。言い換えれば、協同組合は資本主義に対するとるに足りない壁にすぎず、経済は政治によってしか掌握されないということである。

宣言のテキストはさらに次のことを説明する。権力をつかむ方法は、民族的伝統によって異なるため、イギリスの労働組合が理解しているように、プラグマティズムでなければならず、無駄な一撃へと進んではいけない。ここでは「プロレタリア独裁」も、できあがった処方箋というのも問題になってはいない。

誰がこれに反対できようか。

暫定的規約を作るという計画はまったくふさわしいものであったし、疑いなく好ましいものであった。マルクスはこう書いている。「労働者階級の解放は労働者階級自身の作品でなければならない。――結果として、労働者階級の経済的解放が大きな目的であり、すべての政治運動は手段としてそれに従属している。労働の解放は地域的なものでも、国民的なものでもなく、近代社会が存在するすべての国の社会的問題であり、それはもっとも進んだ国の理論的、実践的、連帯的行動の解決にかかっている。新しい希望が生まれるとすれば、ヨーロッパのもっとも産業化された国民における現在の労働者階級の目覚めが必要で、それが古い間違いに陥らないための警告にならねばならない。そしてそれには、まだ分離している労働運動を直接結びつける必要がある。このため、労働者国際協会が設立されたのである」[89(1)]。

カールは十月二十七日の小委員会でこの二つのテキストを委ねた。あっけにとられた九人の委員がそれを議論し、罵倒した。結局三日後の十一月一日、彼の提案をまったく書き換える内容を総会に提出することを受け入れた。議論は激しいものになった。イギリス人はこれを非常に革命的なものだと主張し、イタリア人は規約は十分なものではないと言い、インターナショナルを秘密結社にすべきだと主張する。アナキストたちは、政治に対する強調を拒否し、協同的運動の意義が強調されるべきだと主張したフリーメーソン団員（そこに参加していた）は、理性という考えを強調する。マルクスはひとつひとつテキストの文章を弁護した。最終的にはこの二つの宣言と規約は受け入れられ、いくつかの修正が施された。カールは総会に彼の部下を三人もぐりこませることに成功しさえする。

十二年来あらゆる政治行動を拒否してきたカールは、異常な政治的力によって、数日のうちに他人が作った組織の内部で権力を掌握し、彼に近づくものにすばらしい支配力を示した。

四十六歳、すべては彼の前に開かれていくように思われた。彼は世界的な政治的道具を獲得する。落ちゆく人生を過ごしていた彼は、いまや月末のお金の問題もなくなり、病気も回復し、すばらしい住宅に住んでいた。しかし彼はまだ書きあげていない——。

第一インターナショナルの陰の主役

やがて何年にもわたって毎週インターナショナルの評議会に出席し、総書記の仕事をチェックし、彼を中心に常任委員会を構成する小さなグループを作る。これはすべての重要会議を準備する執行委員会となる。彼はここでは見える形では現れない。[68] 彼の名前は議論の登録の際には現れない。カールは総会の記録の編集と年総会の日程の詳しい作成を指揮することに満足する。後に見るように一度だけドラマティックな状況の中、総会を取り仕切る。

彼の態度は、この最初の総会の翌日、一八六四年十一月四日のエンゲルス宛の手紙の中で使ったラテン語で要約されている。「Suaviter in modo, fortiter in re すなわち、形式で譲歩し、実質を得る」[90]。言い換えればビロードの手袋の中の鉄の手である。

マルクスは地域的な状況を越えた、「さまざまな世界における労働者階級のプロレタリア闘争の単一の戦略[169]」を担う、インターナショナルを世界の主要な政治組織とする。彼はすぐにその主人になる。一カ月もたたない一八六四年十一月二十二日、総会の名でエイブラハム・リンカーンが合衆国大統領に再選されたことに対する祝辞を送ったのは、彼である。「アメリカを襲う巨大な闘争が始まって以来、ヨーロッパの労働者は、階級の運命は星条旗に依存していると本能的に感じていました。——奴隷制に対する戦争によって労働者階級の新しい時代が作りだされるでしょう[91][47]」。リンカーンは書簡で答える。アメリカ大使が自らの手でそれを彼に手渡しにやってくる。その手紙は、リンカーンが書くほかの返書のような機械的なものではなかった。

大著『資本論』の執筆開始

あたかも政治的エネルギーがカールの知的エネルギーに滋養を与えたかのように四年の中断を経て、マルクスは大著の執筆を再開し、そのタイトルを『資本論』とつけることを決定する。

珍しく活動が執筆を中断する口実とはならない。彼はハノーファーのルードヴィヒ・クーゲルマンにこう知らせる。「資本に関する書物（印刷にして六〇ボーゲン〔＝九六〇頁〕）が来年の終わりに完成するでしょう[49]」。しかし当然この約束を果たさない。仕事の再開を遅らせるあらゆる理由を探しているからだ。そして仕事を中断させるいくつかの障害を待ち望んだかのようにこう付け加える。「来春の中ごろか、来夏の初めか、イタリア、オーストリア、フランスの間に戦争が起こらないかと不安です。この戦争はますます拡大している運動、フランスとイギリスの運動にとって悲惨な結果をもたらすでしょう[92][49]」。

もう一度、もっと完成が遅れるのではないかという恐れ、何も書かなかったことに対する恐れが起こる。それは出版できない口実を失ったことによって倍加される。

政治に復帰したことに驚いているニューヨークの友人の編集者ヨゼフ・ヴァイデマイヤーに宛てた手紙の中で、カールはこの新しい協会を指導することの意義と重要性を正当化している[205]。「イギリスのメンバーの多くは実際地方の労働組合のボス、イギリスの労働者の真の王である。彼らは――セント・マーチンズ・ホールの巨大な部屋で、パーマーストーンがまさにやらんとしていた合衆国への宣戦布告を阻止したのです[93]」。

インターナショナルはたちまち発展する。ドイツでは労働者がビスマルクに対して公然とした闘争に入ったが、その代表はリープクネヒトで、ラサールの思想的遺産と戦っていた。フランスでも労働者はインターナショナルの名の下でナポレオン三世と対立したが、フランス支部の第一の指導者はル・リュベスで、フリーメーソンが混じった闘争の後はヴァルランであった。どこでも雇用者はストライキの成功を「巨大な」資金のせいにした。この資金は強者側のプロパガンダでは、新しい秘密結社であるインターナショナルがストライキの参加者に使えと分配したものだということになっていた。

実際には、透明な資金で、しかもたいした額ではなかった。それはここの会議報告の印刷費用の額にもたっしていなかった。各メンバーが定期的に支払う会費は非常に難しい問題で、カールは「労働者から会費をとることより、蜂起を組織するほうが簡単だろう[46]」と不平をこぼしていた。事実、ストの場合、インターナショナルはその時々に集めたわずかな額しか送れなかった。

同じころ、ビスマルクは、警察長官シュティーバー（十五年前ロンドンのマルクスについて報告していたが）を使って、マルクスを中傷すべく権謀術策を弄しはじめる。

政治について書いたり、行動したりしていても、イェニーと三人の娘との毎週日曜日のピクニックを欠かすことはなかったし、散歩中歴史を娘に語ったりという習慣だけはやめなかった。

家族とのピクニック——娘に語った「お話」

ラファルグはマルクスの娘からこう聞いたと書いている。「散歩の道が長く感じなかったのは、マルクスが娘たちに終わりのない妖精のお話、歩きながら考えたお話をしたからである。マルクスは道の長さによって話を長くしたり、短くしたりしていた。そして聞きながらおちびさんたちは疲れをわすれるのだった」[94][161]。さらにこう付加する。「マルクスは娘たちにグラックスの話をいつか書くと約束した。残念なことにこの言葉を守ることができなかった。グラックスを『階級闘争の騎士』と呼んでいたマルクスが、古代世界の階級闘争の悲惨で大きなエピソードをどう書くか、興味深いものであっただろう」[161]。

後列左よりエンゲルス、マルクス。前列左よりラウラ、エレナー、ジェニー。一八六四年頃

当時九歳であったエレナーのおかげで、カールがこの年、娘たちのために作り上げたお話の詳しい内容がわかる。歩きながら物語ったこの長いお話は、私としては彼の数千頁にのぼる学者としての注釈よりも、彼の性格と作品の直感力を物語っているように思える。「この話は章立てで

はなく、マイル立てです。――私としては、モールが語ったもっとも美しい物語はハンス・レックルの話です。これは何カ月も続く物語です。残念なことに、詩、ユーモア、エスプリのこもったこの話を書き上げる人はいません。ハンス・レックルはホフマン風の一種の魔術師でした。彼は玩具屋をもっていて、いつも地味でした。彼の店にはすばらしいものがいっぱいありました。木の人形、巨人、小人、王様、労働者、主人、ノアの箱舟のようないっぱいの動物、テーブル、いす、荷車。しかし、彼は魔術師だったのですが、悪魔や肉屋に負債を支払うことができず、悪魔におもちゃを売らざるをえなくなりました。そこから、いつも店の中で終わる冒険が始まるのです。おそろしい冒険も、奇妙な冒険もありました[95][253]」。

何も知らない客は、肉屋に金を支払ったり、生き延びるために悪魔におもちゃを売らざるをえないなどとは知らない。珍しい、とても素敵なおもちゃ、魔法のおもちゃの製造者、それはカール・マルクスである。彼は美しい概念の創造者であり、生き延びるためにたとえ誰に対しても思想を売らざるをえない人物である。これは彼の言葉でいえば、疎外の最高形態である。

この思想は（彼はそれを感じ取っている）いつか悪魔にのっとられ、悪用されてしまうだろう。

5

『資本論』の思想家

一八六五年一月―七一年十月

政治家と学者という二重生活

プルードンが一八六五年一月[1]、自分は間違ったのだという確信をもって亡くなると、グローバリゼーション（マルクスが一八四八年に来るべき未来を提示したとき、与えた言葉を使うと「普遍化」）が加速した。鉄道、電信、蒸気船によって距離が縮まり、市場の発展が促され、インドとアフリカの植民地化が可能になった。

ロンドンのマルクスは二重の生活を送る。昼間の彼は公的にはインターナショナルの「ドイツ通信員」、実際には、やがてヨーロッパ中の数万人の労働者、サラリーマン、知識人を集める政治組織の主人であった。夜の彼は二十年前から始めた大作の執筆を再開した。もっとも今のところ、『経済学批判』というタイトルのおおざっぱな断片しか出版していなかった。資本主義を倒すのに役立つのは、彼の考えでは『資本論』となるはずであった。

イギリスの警察はマルクスを対外上無国籍者として監視していたが、関心はマルクスにあったわけではない。警察の認識では、十五年前にイギリスに来て以来、マルクスはイギリス帝国に対して関心をもっていないし、イギリス女王も彼の主要な敵ではないということであった。彼が指導する国際組織、イギリスの労働組合が深く関係しているこの組織も君主制への敵だと思われたわけでもない。マルクスの数少ない著作に関しても関心は払われなかった。そしてたとえ彼がアメリカの新聞でパーマーストーンとロンドンの政治を厳しく批判したとしても、暴力が訴えられているわけでもないし、国家制度が問題にされているわけでもなかった。

非常に居心地のいい新しい住居で、彼は満喫していた。アメリカやヨーロッパから来る社会主義者や共和主義者はみんなマルクスに会った。それは彼の指示を仰ぐため、ご託宣を拝聴するためであった。マルクスが彼らと話すときは、無差別に英語、フランス語、ドイツ語、スペイン語、ロシア語を

ポール・ラファルグの登場

使った。ロシア語は、彼が癤（せつ）で苦しんでいたとき気晴らしのために学んだものであった。フランス人にはバルザック、ロシア人にはツルゲーネフ、スペイン人にはセルヴァンテスとカルデロン[2]について論じた。たとえば一八六五年のインターナショナルの会合に来たスペイン代表アンセルモ・ロレンソは、最初の訪問は夜遅くで、カールが紅茶のサービスをしてくれ、スペイン語でスペインのインターナショナル支部のロジスティックスの問題について語り、その後セルヴァンテス、カルデロン、ロペ・デ・ヴェガ[3]、ティルソ・デ・モリナ[4]の関係についての話が続いたと語っている[47][5]。

イェニーと三人の娘もこの話に参加したようである。こうしてマルクス博士の娘たちに近づいた。

一八六五年のこうした訪問者の中に、やがてマルクス家の生活に非常に大きな役割を果たす若い人物がやってくる。それはポール・ラファルグである。すでに何度か彼の話を引用した[161]。それは彼が聞いたり、見たりしたことからマルクスの生活を語るためであった。彼はそのとき二十四歳であった。グラヴィリエ通り四四番、フリブール氏の家で設立されたインターナショナル・フランス支部の代表の一人であった。キューバのサンティアゴで生まれた黒人奴隷とスペインの植民者との末裔で、子供のころ家族の住むボルドーに移り、パリの医学部で勉強しはじめたが、共和派に関係し、リエージュで開催された国際学生会議で演じた役割によって放校処分にあっていた。やがてパリで再度勉学を続けることができた。彼がロンドンに来たのは、フランスの組織の進展ぶりを説明するためで、インターナショナル・フランス支部の書記、アンリ＝ルイ・トラン[6]の手紙を届けるためであった。何年も後に、ラファルグはこの最初の出会いをこう語っている。「最初の出会いは一生忘れることはできないだろう。マルクスは『資本論』第一巻で苦労していた。――彼はその仕事が完成しえないのではないかと恐れ、いつも気のあった若者を招いていた。なぜなら彼いわく、『私の後に共産主義のプロパガンダを継続してくれる若者を作っておく必要があるからだ』[7]。しかし、疲れを知らない、卓越した社会主義的扇動家ではなく、まずメイトランド・パーク・ロードの書斎にいる学者であった。そこは、社会主義思想の主に質問すべく彼のところに世界中から来た同志でごったがえしていた[161]」。

カールは彼を家に迎えいれ、ラファルグはイェニーと娘に会い、たちまち二番目の娘ラウラの魅力の虜となる。彼はこう書いている。「最も下の娘エレナーは少年のような魅力的な子供だった。マルクスは、妻がこの子を産んだとき性を間違えたのだと言っていた。ほかの二人は、賞賛に値するほど魅力的で、調和の取れた対照をなしていた。長女ジェニーは父同様健康そうな褐色の肌をしていた、眼は黒く、髪はカラスのような黒さであった。その妹の方はブロンドと赤毛で、その縮れた豊富な髪は金色の輝きをもっていた。沈み行く太陽がそこに隠れているようだと言われていた。彼女は母似であった[8]――」。彼は恋をする。

二年前ヴィルヘルム・リープクネヒトがドイツに帰って以来、カールにはもう秘書[9]がいなかった。カールはこの若い、忠実で知的で、イギリスで医学を勉強しようと考えた男をただちに仕事の仲間そして散歩の仲間にした。この日以後マルクスが『資本論』を完成するためにどんな仕事をしていたかがわかるのは、ラファルグのおかげである。もっとも彼はかなり贔屓目に見ていた。

「夜は非常に遅い時間に床についても、朝は八時と九時の間にはすでに仕事についていた。ブラックコーヒーを飲み、新聞に眼を通し、書斎に急ぎ、そこで夜の二時か三時まで仕事をした。休むときは食事のとき、夕方は時間が許すかぎりハムステッドヒースを散歩した。昼間彼はソファーで一時間眠りについた。草原を歩く間、彼は私に経済学の教育を施した。書いていた内容に応じて私の前で『資本論』第一巻のすべての内容を私にしゃべったが、当人もおそらくそれに気づいていなかったと思われる。その度に家に戻ると、私は聞いたことを私の進歩を印すものとしてノートに記していた。初めはマルクスの複雑で深い論理を追うのに大変な苦労が必要であった——。彼の頭脳は港にいる戦艦のようであったが、命令されるといつでもどんな方向でも、思考の海原に向けて出発する用意を整えていたのだ。——彼にとって仕事とは、食事の時間も忘れさせるほどに熱中させる情熱となっていた。しばしば食堂に降りる前に何度も彼を呼びに行く必要があった。彼は最後の一滴を飲み干すやいなや書斎に上っていた」[10][161]。

『資本論』の出版に向けて——出版社探しと支出過多

カールは草稿の完成が間近だと考え、新しい出版社を探し始める。ラサールの出版社で彼の前作をひどく扱ったベルリンのドゥンカーに頼むのは論外であった。一八六五年一月三十日、マンチェスターに亡命していた共産主義者同盟の古いメンバー、ヴィルヘルム・シュトローンがハンブルクの出版者、マイスナー[11]を紹介する。この出版者は文字通り、民主的色彩の文献の出版で知られていた。彼は、マルクスの二十年前のパリ時代の友人で今ではプロイセンに戻っていたアーノルト・ルーゲの書物を出版していた。彼は実践的決定を行うたびに、フリードリヒの意見を聞いた。二月五日、マンチェスターから利益を守るよう契約に記載させるため、詳細な条項を教えてくれるよう返答してくる。そしてこう結論づける。「当然君自身、草稿をもって彼と会いに行く必要があろう」[46]。マルクスはやがてエンゲルスにまず損な仕事を引き受けてもらおうと考え、エンゲルスが前年に執筆し、ドイツで売ろうと思っていた冊子『プロイセンの軍事問題とドイツ労働者党』の出版を、この出版者に依頼することでためしてみようと考える。

しかし実際カールは、まだ草稿を書き上げていたわけではなかった。そしてマンチェスターのエンゲルスは、自分がいなくても活動に戻った友人を見てわずかばかり嫉妬を覚えた。インターナショナルというもったいぶった名前をつけた小組織を不安に思い、マルクスがこうしたタバコの煙だらけの会議に時間を費し、本の完成を遅らせていることを非難する。一八六五年三月十三日、カールはエンゲルスに、これは非常に重要な問題であり、私がコントロールしているのだと回答する。「実際僕がこの問題を指導しているのだ」[12][46]。

エンゲルスはマルクスの出費についても心配する。遺産によって確かにたまった借金を棒引きにでき、家を改修する（五百ポンドの費用で）[205]ことはできたが、しかし彼の新しい生活スタイルはフリードリヒが渡している二百ポンド以上であった。マルクスの財政状況は悲惨で、一八六五年夏カールは財産の重要な部分、すなわちイェニーの銀の食器を質に入れて二カ月生き延びたと書いている[13][248]。

イェニーもフリードリヒ同様不安であった。家は「本当に宮殿で、あまりにも大きすぎ、あまりにも高すぎます」。カールはやがて友人にこう書く。「なるほど僕は分不相応の家に住んでいる」[46]、しかし「これまで蒙ったことから子供たちを救うだけでなく、彼らに未来を保証してやるような関係や知人をつくる必要から見ても適当な方法なのだ」[46]。彼が浪費するお金は贅沢を味わうというほどのものではなかった。彼が支出するのはブルジョワ的な情熱ではない、むしろ家族を苦しめ、三人の子供を殺した貧困を償うという後悔の念であった。

足りない分を求めて、マルクスは一八六五年三月十九日、オランダのザルツボンメルのフィリップスの叔父と叔母を訪問する。彼はそこで新たな借金を申し込み、姪のナネッテーも「彼のことを、忘れてはいなかった」ことを確信する。四月一日、彼は彼女と「告白」遊び[14]さえしている。これはその時代流行した質問遊びである。答え方で愛を当てるというものだ。「好きな性質は？　素朴さ。男性の性質は？　強さ。女性の性質は？　弱さ。あなたの性格の主要な特徴は？　頑固さ。貴方の好きな

ベーベル

関心事は？　ナネッテーを見ること。もっとも嫌う欠点は？　軽々しさ。貴方の考える幸せとは？　闘うこと。貴方の考える惨めさとは？　従属すること。あなたの好きな詩人は？　アイスキュロスとシェークスピア。貴方の好む作家は？　ディドロ。あなたの格言は？　『人間的なことで興味をひかれないものはない』という言葉。貴方のモットーは？　『すべてを疑うこと』。あなたの好きな色は？　赤色。貴方の好きな名前は？　ジェニーとラウラ」。同じ頃幸福の定義について、カールはこう答える。「シャトー・マルゴー一八四八年[15]」。そして、不幸の定義については「歯医者に行かねばならないこと」と[248]。

四月末ロンドンに帰って、カールはこの若い女性に次のような明解な手紙を書く。「ぼくの小さな魅惑的な人よ。さようなら。君のさまよえる騎士を完全に忘れないでおくれ[277]」。

この同じ年、ルイス・キャロルは『不思議な国のアリス』を書いた。クロード・ベルナールは『実験医学序説』を書き、ジュール・ヴェルヌは『月世界旅行』を書く。ミュールーズでは繊維産業のドルヒュスとケシュランが労働者向けの数百軒の住宅都市を建設させる。ビアリッツでナポレオン三世がビスマルクに会い、将来予測されるプロイセンとオーストリアの戦争に関して中立を守ることを約束する。南ドイツでは、ドイツ人民党[16]が形成され、非中央集権的な連邦共和国をつくることでドイツにおけるプロイセンのヘゲモニーと対決しようとする。

リープクネヒトはこの年ライプツィヒに赴き、ラサールの継承者たちが指導する全ドイツ労働者協会にためらいながら加入する。彼はそこで若い労働者アウクスト・ベーベルに会う。彼はそこで仲間となり、彼と共にマルクスの思想に近い独自の政党を立ち上げる。事実この年マルクスは三人のベルリンの労働者への手紙の中で、彼がラサールを非難したのは、彼が「民主的原理にカエサル主義を接木した」[17][4]からだと説明する。

インターナショナルの影響は今ではスペイン、オーストリア帝国、オランダに広がっていた。フランスでは前年のストライキの指導者ヴァルランが、罷業によって疲弊した企業が外国人の肉体労働者を招き入れることを避けるために、またイタリアやアイルランド独立のための大きなデモによって平和主義の声を徹底させるために、時によってはインターナショナルが介入する保証を得た。インターナショナルは支部のある地域でさまざまな新聞を創った。さまざまな会議を通じてマルクスは新しい組織を描き、組織をコントロールし、メンバーに政治・経済の教育を施した。こうして春になると、南北戦争がロバート・リー将軍の敗北で終了し、カールは総会の名前でエイブラハム・リンカーンへの演説を起草し、「大民主共和政[47]」という思想が初めてアメリカの大地に根を下ろし、それがヨーロッパ革命へ衝撃を与えることを訴えた。

インターナショナルのマルクス

五月二日、八日、マルクスはインターナショナル総会で二つの講義を行う（この講義は死後、『賃金、価格、利潤』というタイトルで出版された）。そこで彼は初めて労働、搾取、利潤とがどう関係しているかを明らかにする。「労働は本質的に資本に比べ弱い立場にある。労働は他の商品以上にはかない性質を持っている。労働は蓄積することができないのだ[34]」。マルクスにとって、搾取は時間の利用だと説明される。工場の生産物を蓄積することができる資本家と違って、一日の労働力を売らなかった労働者は、はっきり言って価値を持たない。マルクスはイギリスのサンディカリストのテーゼと違い、そこから政治的活動は労働組合の活動を凌駕するという見解を引き出す。「労働者階級は資本との日常的闘争において退却すれば（つまり労働者階級が組合活動を拒否すれば）、労働者階級は広範囲にわたってあれやこれやの運動の可能性を確かに奪われるだろう[18][34]」。しかし、「労働者は、こうした日常的な闘争の最終的結果を誇張してはならない。最終的結果とは原因に対する闘争ではなく、その影響に対する闘争だからだ。だから彼らは、その旗の上に『賃労働の廃棄』という革命的言葉を書かねばならない。それが彼らの最終目的だからだ」[19][34]。言い換えれば、労働組合は満足してはいけない。政治活動は商品秩序から飛び出すことによって社会を急進的に変革するために必要なことだからである。インターナショナルの起源であるイギリスの労働組合は、カールやその仲間たちが文字通り考えている組織においては考えられないものであった。彼らはやがてインターナショナルから去っていく。

マルクスは、ほんのわずかな権力を握るたびに、その絶対的主となる。彼はインターナショナルのコントロールを掌握したその晩に行ったように、すべてのものに影響力を行使する。彼は会議日程を決め、テキストを編集し、矛盾に苦しむことなく路線を決め、その敵に強烈な言葉を投げかける。マルクスは「労働者階級が働く状態、死ぬ状態を明確に、実証的に認識」したいために、インターナショナルを自らの理論的な仕事の資料調査の道具に使うことで、世界の労働者階級の状態に関するさまざまな調査を行う。

彼の力の増大に対して、まだ非常に小さなこの組織内部に反抗が拡大する。一八六五年夏から、イタリアのマッツィーニは総会に出席した仲間の支持によって、規約上九月に開催されることになっていた第一回目のインターナショナルの年次総会で多くの代表者を束ねようとする。危険を察知したカールは、自らが起草した規約を破って、第一回総会はロンドンで開催される「準備会議」に代わるようにする。そこに出席を認められるのは総会の代表者だけであり、そこではカールが多数派だった[20]。

この年の少し後、ロシアの流刑地から戻ってきたバクーニンがマルクスに立ち向かう、もっとも力強いライバルとなる。事実、二人はまったく対立した。マルクスは共産主義者であった。彼は投票という手段によって共産党による国家支配を望んでいた。それは、労働者インターナショナルの連帯によって可能であった。バクーニンはアナキストであった。彼は国家と権力すべてを廃棄したいと望んでいた。彼はインターナショナルの権力さえ拒否した。とりわけ、彼は社会主義者に無神論を課し、それによってインターナショナルからイギリスの会員の多くを排除することができた。彼らの多くはカールを支持していたからだ。結局、カールはユダヤ人（すなわち無神論者であるがユダヤ人である）、しかしバクーニンはアンチ・セミティストであった。

イェニーの弟エトガーの帰還

この年には大きな驚きがある。十六年来会っていなかったイェニーの弟がヨーロッパに戻るという電報が届く[21]。エトガー・フォン・ヴェストファーレンはアメリカから戻ってくる。彼女は友人のヴィルヘルム・リープクネヒトの妻、当時ドレスデンにいたエルネスティーネに「彼はまったく変わってしまい、病気で、貧しく、私は人違いするところだった」と書いている[248]。エトガーは姉にこう説明していた。彼はテキサスで三年戦争に従事し、そこで苦労し、その後大土地所有者のための小さな労働に従事し、南北戦争の中ですべてを失ったと。とりわけ彼は夢を失っていた。彼の希望はプロイセンに戻り、そこで兄フェルディナントの助けで役人の職を得ることだけであった。彼はマルクス家に「金のかかる客」として六カ月滞在する。カールはフリードリヒに打ち明けている。「（自分のために仕事をし、いつも言葉の狭い意味でしか「労働しなかった」）このエトガーが戦争の恐怖を体験し、奴隷主義者の、搾取者の会計のために仕事をしたとは、何という運命の奇妙な皮肉だろうか。二人の義兄弟がこのアメリカの戦争で同時に被害を蒙っているというのも何という皮肉か[22][46]」。事実、エトガーが南部での戦いで負傷したように、カールはそれによって『ニューヨーク・デイリー・トリビューン』の仕事を中断されることになったのだ[23]。カールはこう付け加える。エトガーは「あまり食べない。女性にも関心がない。彼の性的本能は胃によってまったく変わってしまった[24][46]」。イェニーにとって、再会後の十一月ベルリンに向けて出発し、そこでフェルディナントが小さな事務員の仕事を見つけてくれたことがせめてもの救いであった[221]。

『資本論』の完成へ――典拠に対する厳格さ

一八六六年、フリードリヒの願いで、カールはインターナショナルの日常的な運営への時間を減らし、「大作」に向かう。しかし、真面目に取りくもうと決心するたびに、肝臓病やカゼがその仕事を中止させた。事実彼はますます病的なほどに潔癖主義者になっていた。やがて毎日彼のもとにいたラファルグはこう記している。「彼は不確かな事実を典拠にすることは決してなかった。問題を根本的に検討することなく取り扱うことなど許されないことであった。もっともよい形を見つけるまでは、何度も書き直した後でなければ何も出版しなかった。大衆に不十分な研究を見せるという考えは承認しがたかったのだ。最終的に手を入れる前に原稿を見せることは彼にとって苦悩であった。こうした感情があまりにも強く、彼は（ある日私にそう言ったのだが）、未完成のまま終わるくらいなら草稿を焼いてしまうことを選んだだろう[25][161]」。

他の思想家に対して、マルクスはいつも辛辣であった。この年、オーギュスト・コントの『実証哲学教程』を読むと、この作品は最悪であると決め付け、そこから、「イギリス人とフランス人はこの男に対して騒ぎすぎる[26]」としか読み取らず、彼自身なにもこの作品から引き出さなかった。逆に、ある著者を評価すると、彼はそれを引用し、その引用の正確さにマニアックなほど気を遣った。ラファルグはこう付け加えている。「彼はある思想を最初に表明し、もっとも正確な表現を見つけた人物は名前を挙げねばならないと考えていた。たとえその人物があまり重要でなく、知られていないとしてもである。彼の文献に対する意識は厳格で、それは彼の学問に対する態度と同じであった[27][161]」。

こうしたことは、彼が再読し、検証し、修正し、ページの下に注記をつけ、さらに読みなおす口実ともなった。

そして、もはやこれ以上遂行することができない時が来る。本が完成することなど確信できない。『資本論』の草稿を渡さない口実などもはやない。カールはやがて最後にすべて眼を通す。

「商品」とは何か？——使用価値と交換価値

この書物は、前作の最後から取られた「商品」の概念の分析から始まる。マルクスにとって、経済学は交換ではなく、生産によって説明される。それは見えるものではなく、見えないものによって分析されるのである。彼はこう書く。「売買が行われる真のエデン、すなわち市場の雑踏(12)」から離れ、商品が作り上げられる工房に降りていく必要があると。

よりはっきりいえば、商品が存在するためには、市場と分業がなければならない。言い換えれば、労働の生産物が商品となるのは、交換によって商品として認識された時だけである。それが価値法則、あるいは等価の一般的法則である。

商品は同時に使用価値、交換価値と価格をもつ。

あるものの使用価値はその所有者に有用な価値を与える。使用価値はそれを構成する希少性や素材に還元されるわけではない。

その交換価値は商品相互の等価を保証する。交換価値は生産における労働時間の中で計られる。

現実を説明するのは価格ではなく、その交換価値の間の関係である。価格は市場によって固定される。価格は交換価値のまわりで変化し、企業家に使用価値の需要の多少に応じて生産させるよう仕向ける。

その際カール・マルクスは、商品の交換価値は商品の生産に必要な労働時間（すなわち、労働者が利用する機械を作るために必要な「過去労働」と直接対象を作る労働者の労働）によって計測されるという考えを、アダム・スミスとデヴィッド・リカードウから借りてきている。これが労働価値説である。

労働価値説は、対象に内在する価値とさえ考えられ、対象をつくるのが他の人間であり、対象には固有の有用性があるのだということが忘れられたとき、その使用価値にとって変わる。これこそマルクスが「商品の物神性」[12]と呼んでいるものであり、それは彼が二十年前「疎外」と呼んでいたものを別の角度から見た概念でもある。[14]こうして彼の思想は、けっして解決に導かれるものではなく、たえず進歩し続けるものとなる。

やがて彼は十二年前につくり上げたが、公表はしていなかった重要な発見を告げる。労働者は労働の生産物（彼がつくる対象）を売るわけではない、むしろある時間（一定の労働時間）、経営者のために労働力を支出する能力を売るだけである。したがって労働者は一種の法的擬制、すなわち一方のみが得をする資本家との契約のパートナーである。それは賃金と労働力との交換契約である。マルクスは非常にはっきりと書いている。「金持ちは一日の労働力の価値を支払った。その労働力の一日の利用、一日の労働は金持ちのものである」。したがって、時間こそ交換の真の尺度である。

マルクスはそこで彼にとって資本主義の鍵ともなること、すなわち富がいかに形成されるか、経済と政治に関連することを述べる。労働者は商品であるが、この特殊性は、その交換価値と使用価値が労働量によって測られるということである。労働者の使用価値はその労働によって作り出しうるものに等しい。その交換価値は自らを再生産する費用に等しい。すなわち彼が生きるために必要なものを作り出すために必要な労働時間の量である。労働者の使用価値は、その労働力である。その交換価値は、その使用価値を再生産するために受け取る額である。確かに「労働者は、資本家の満足ではなく、固有の満足のために個人的消費を行う[12]」。しかし、それは喜ぶべきことではない。労働者は生きるためにとりわけ生かされるのだ。あるいは労働者はそこから基本的な喜びを引き出す。しかも「どんな動物も食べることが好きである[12]」。

そこにマルクス以前には説明されなかった重要な問題がある。労働者は自らを再生産するのにかかる費用以上のものを生産しうるのである。だからその使用価値は、その交換価値を上回るのである。資本家が労働者の労働に支払う（労働時間で計られる）額と、労働者が資本家に与える額との差が剰余価値であり、それを資本家が取るのである。剰余価値は資本家の豊かさを作る。マルクスはそれを「剰余労働」と名付けるが、これはドイツ語のMehrwertを文字通り翻訳した言葉である。同時に、マルクスは剰余労働を押し付けがましい数学的隠喩を使って「資本―貨幣の増分の微分」と表現している[12]。資本家は産業利潤、商業マージン、利子、地代の名のもと、この剰余価値を獲得する。こうしたさまざまな形態の再分配は産業、商業、農業、金融の部門間の力関係に依存する。しかし剰余価値は賃労働者による富の生産、なんといっても無から生まれる。

「剰余価値」の発見
――資本家と「搾取」

マルクスはこのことをショッキングな形式で要約する。資本家は「適正な価格で商品を購入する。そして一方で最後にそこから前もって与えた額以上の利益を引き出す[12]」。これらはすべて小説（とりわけ探偵小説）から出ている[71]。人間はこうしてその収益率がそれに支払う額よりも大きい唯一の機械となる。マルクス以前にこのことを理解した人がいなかったとすれば、それは「資本のそれぞれがすべて剰余（利潤）の源泉であるとまちがって考えられていた[12]」からである。

マルクスは、彼以前のどんな理論家も、資本主義が全体としてどうやって利潤を引き出すかを説明できなかったことを知っていた。だから彼の理論はそれ自身「政治経済学批判」なのである。これは『資本論』の副題となる。

やがてマルクスは剰余価値を増大させる二つの方法を分ける。ひとつは労働時間を延長すること。しかしそれには、労働者階級の力が枯渇するという限界がある。もう一つは賃労働者の再生産に必要な労働量を引き下げることである。すなわち、「こうした財の生産の労働生産性」を引き上げることである。それはほぼ無限であり、それは労働者を機械に置き換えることによってなされる。第一の方法は労働者の疲労という限界があり、第二の方法は技術進歩という限界がある。第一の方法はより多くの労働を要求し、第二の方法はより多くの資本を要求する。

人間を機械に変えることによって人間の知性の剰余価値とは別の剰余価値を、無限に増大させることを可能にする第二の方法こそ、明らかにもっとも重要なものである。「肉体的力を余計なものにすることで、機械によって肉体的力の弱い労働者の雇用が可能になる。しかもその多くはこれ以上ないくらいに従順である――」[12]。こうして搾取可能な人間を増やすことで、機械は同時に搾取度を高める。こうした剰余価値の形態は、マルクスにとって理論的問題の源泉でもある。なぜなら、機械を含む人間労働は労働時間によってのみ計るというわけにいかなくなるからである。エンジニアの一時間の労働は当然ながら労働者の労働時間よりも多くの価値を生み出す。しかし機械を含む労働者の使用価値をどうやって労働時間で計りうるのか。マルクスはこの問題を詳細に展開することなく問を置いている[28]。

彼は剰余価値の経済的収奪を労働者からの「搾取」と名付け、それを哲学的概念である疎外と明確に分けようとした。搾取は疎外の経済的結果である。搾取は自然なものでも、明確なものでもなく、

収奪の歴史と、資本主義の普遍化

政治的なもので、歴史的な説明が必要である。「労働力しかもたない労働者」がいれば、「彼はすべて生産手段を奪われているということになる。――搾取の歴史は推測の問題ではなく、人間の歳月の中に消え去ることのできない火と血で書かれている[12]」。

こうした収奪において重要な役割を演じたのは君主国家であると、マルクスは説明する。君主国家は資本主義発生の共犯者であるばかりか、責任者である。「資本主義生産が歴史的に生成していく間に、――誕生したブルジョワジーが国家のたえざる介入なしで済ますことはできないはずだ。ブルジョワジーは賃金を規制するため――労働日を延長するために国家を使った[12]」。やがてマルクスは、イギリス国王がいかに農民を土地から立ち退かせ賃労働者として働くようにさせたかを、大きな暴力という言葉でながながと書く。「教会による財産の没収、国家による詐欺的な土地からの追い出し、共有地の収奪、封建的所有から近代的私的所有への土地の収奪的変換、農村への戦争、まさに本源的蓄積の牧歌的な過程がここにある。――そのためにどれだけの代価を払ったかもここにある――それは労働者をこれまでの労働条件から引き離し、労働条件を資本に、人民大衆を賃労働者に変えるためであった――（こうした）直接的生産者の収奪は、情け容赦のない野蛮さで、不名誉で、汚い、けちで、憎むべき情熱に押されて行われた。人間労働によって獲得された、労働条件から自立し、分離した労働の結合に基づく私的所有は、形式的にしか自由でない他人の労働の搾取に基づく資本主義的私的所有に取って代わる。[12]――」。

それに続いて資本主義の普遍化に関する壮大な叙述が始まる。「少数の資本家による多数の資本家からの収奪あるいは集中化にともなって、たえずより大きな規模の労働過程の産業的形態、科学の技術への意識的応用、土地の方法的収奪、労働の特殊の機能を共通にのみ利用可能な手段への変化が起こる。——すべての人民が世界市場のネットワークに組み入れられるのだ」[29][12]。

なぜならマルクスの眼から見たら、資本主義は今日まで最高のシステムをなし、古い搾取形態に関連して飛躍的進歩を遂げる。だから、資本主義は「永遠の歴史的権利」をもつ。資本主義は生産を発展させ、世界市場を作り、労働への欲望を刺激し、個人を貧しさから解放する点において尊敬すらされる[12]。マルクスはここですでに一八四八年の『共産党宣言』で述べたことを別の言葉で繰り返している。しかし『宣言』で同時に述べていたように、資本主義はまた過渡期のシステムにすぎない。資本主義と共に、ある日商品経済のカテゴリーすべてが消滅する。なぜなら資本主義と市場は唯一のものであり、同じものであるからだ。

マルクスの難解な文体

こうした発展は、マルクスの政治演説や新聞の記事よりはエレガントではない文章で書かれている[30]。それはまるで書いているうちに、マルクスのテキストが悪化していったかのようである。そしてそれは、彼の独自の理論、すなわち作品の価値はそれを書くのに割いた時間に比例するという理論を裏切っているかのようである——。

しばしば難解な文章の例の一つをあげると、こうである。「継続的な資本主義生産、あるいは再生産としての過程は商品をたんに作り出したり、剰余価値を作り出したりするだけではない。むしろ資本家と賃労働者の関係を作り出し、それを永遠のものとする[12]」。あるいはより悪いことに「単純な協業においては、そして分業によって特徴づけられる協業においてさえ、個々人の労働を集団的労働に置き換えることはいつも多かれ少なかれ偶然である。後に問題にするいくつかの例外は別として、機械は直接社会化された、共同労働の手の中で初めて機能する。労働過程の協業的性格はだから労働手段とその本質が課す技術的必然となるのだ[12]」。

『資本論』は非常に近づきがたい本であり、五十年後プロイセンの社会主義者ユリウス・ボルハルト[31]は省略版を編集し、かなり俗流化した翻訳を行ったし、こう序文に書いている。「文章の多くをマルクスが書いたように使うことができなかった。そうでなかったら、理解することはできないだろう。だからいわばこの文章を『ドイツ語』に翻訳する必要があったのだ[9]」と。ボルハルトは次のように先に引用した文章を翻訳する。「単純協業において、そして分業によって特徴付けられる協業においてさえ、個人的労働者を集団的労働者に置き換えることはいつも多かれ少なかれ偶然的である。機械（後に問題とするいくつかの例外は別として）、必然的に社会化された労働を要求する（つまり方法論的に組織された多くの人々の共通労働）。そのときから労働手段の本質は、方法的協業から技術的必然性に変化する[9]」。この文章は私から見れば、けっして知的な文章ではない、だから意味をまったく変えないでもっと単純に書くと次のようになろう。「しばしば偶然の産物である技術的イノベーションは、資本の集中化を推し進める」。必然性と偶然性、歴史における人間の役割と構造の役割を結びつけるという根本的考えは、すでにマルクスがエピクロスとデモクリトスに関する博士論文で書いていたような考えである。しかしこの考えも、無意味な言葉の複雑さに絡めとられてしまっている。もっとも、曖昧であるにもかかわらず、もう一度言えば、彼の作品は二五年前のベルリンの博士論文以来統一がとれているが。

マルクスは再読し、さらに再読し、あえて完成させようとしないで、序文を書こうとする。彼はそれを書き移し、濃淡をつけ、完成させる。一八六六年一月十五日、彼はドイツに二つの手紙を書く。一つはクーゲルマン宛、もう一つはリープクネヒト宛で、草稿を完成するために一日十二時間仕事をしていて、自分の手で契約を結んでいるハンブルクのオットー・マイスナーのところまでもって行く

インターナショナルへの復帰とプロイセン

予定だと、彼らに述べる。

二十年以上蓄積したこの草稿を再読している間、彼はバウヴェリック通り十八番のインターナショナルの本部に行かなかった。改革派とプルードン派は、やがて新たにマルクスから組織支配の力を奪おうとする。一八六六年三月六日、総会の会議にマルクスが出席していなかったのを利用して、前年のように定例の九月、ジュネーヴで開催予定のインターナショナル第二回会議の準備の権利を掌握すべく決議の投票を行う。三月十四日、マルクスはマーゲートへの旅を遅らせ、総会の会議を援助し、側近に召集をかけ、前の週に決まった決定を無効にさせようとする。前年とちがって、会議が無効にならなかった。会議は行われ、そこで彼は攻撃される。

彼の友人は、そのうちの一人はエッカリウスだが、マルクスのために「総会の議長」の役割をつくるべきだと示唆した。それはマルクスが組織に与える力を強化するためであった。しかしマルクスは、彼自身は「知的労働者であり、肉体労働者でない」こと、その規約、インターナショナルの民族別の各支部はすくなくとも三分の二は労働者であるべしということを課したのは彼であったため、拒否する。

一方、ビスマルクはナポレオン三世の中立はドイツ統一を実現するために必要だと理解していた。ビスマルクはイタリアとの戦争で弱ったオーストリアと戦う用意をする。プロイセンの武器工場はフル稼働を始める。マルクスは、たとえナポレオン三世の力が強まっても、ドイツの革命を喚起するオーストリアの勝利を期待する。一八六六年四月二日、エンゲルスはマルクスに手紙を書く。「ビスマルクについて君はどう思うか。彼が戦争を押し進め、わがルイ・ボナパルトに努力せずライン左岸の一部を獲得させ、生涯王座につくという最高の機会を与えてくれるだろうといわれている。——僕がまず考える願望は、プロイセン人が完敗することだ[32][46]」。

二日後の四月四日、一人の学生、ディミトリー・カラコソフ[33]がツァーリ、アレクサンドル二世を銃撃する。わずかながら的を外す。これは自由改革の結果であった。ロシアはより封建的な体制へ、中央ヨーロッパの戦争における中立へと戻る。

アメリカでは南北戦争が綿花の価格を押し上げ続け、その反動として旧大陸の繊維生産は鈍り、マンチェスターやロンドンでは倒産を引き起こした。もっとも重要な貿易代理店のひとつ、マルクスがもっと後に語るオヴァーエンド・ガーニー商会が一八六六年五月十一日、倒産する。それはシティーに大きなパニックを引き起こし、最初のブ、ラ、ッ、ク、・、フ、ラ、イ、デ、ーとして記録に残る。

資本主義は剰余価値の蓄積と競争によって崩壊し、自己変革し、自己破壊にいたるまで集中していくというカールの確信が強化される。この恐慌、すべての恐慌をよく分析するため、こうして完成したと思っていた、いくつかの文章を新たに書き直す。彼の理解では、資本主義は資本家相互の競争という事実のおかげで、生産性を増大させるか、人間を機械に継続的に従属させること以外のことはできない。資本主義の歴史は要するに、「生産の動因と終焉」、資本蓄積の歴史として要約される。「——資本の独占は、独占と独占の手助けによって成長し豊かになった生産様式の足枷になる。生産手段の集中と労働の社会化は、資本主義の枠内で維持できないところまで進む。資本主義の枠は粉々に崩壊する。資本主義的私的所有の終焉が告げられる。搾取者が今度は搾取される[34][12]」。

こうしてみんな、そしてすべてが「プロレタリア」になるとき、プロレタリアはそれだけ資本主義的秩序を破壊し、生産手段の所有者を襲い、非プロレタリア的賃労働者の幹部に権力を委ねることが容易になる。「資本主義的生産様式は、資本の所有と完全に分離した指揮労働がありふれたものとな

次女ラウラとラファルグ

るところまで到達した。——資本家は生産という次元において、貨幣の貸し手や土地所有者と同じく余計なものとなる」。やがて非常にすばらしい次の言葉が出てくる。「オーケストラの指揮者は楽器の所有者である必要はない、そして演奏家の賃金のことに関心をもつ必要もない[12]」。

一八六六年七月三日、普墺戦争が勃発する。カールはいつもプロイセンの独裁を弱めるオーストリアの勝利を期待するが、戦争が起こるとは考えていなかった。軍事力はあまりにもアンバランスであったからだ。事実プロイセンはエルベ河の近くのサドワでオーストリア軍を撃破する。同日選出された新しい州議会はビスマルクを喝采で迎える。七月七日、インターナショナルの名前で、カールはこの戦争の立場を明らかにし、労働者に中立を守ることを訴える。「労働者協会の中央委員会は現在の大陸での戦争を政府間の戦争と考える。それゆえ労働者に中立の立場をとらせ、社会的、政治的解放を勝ち取るべく、この連合から生まれた力を利用すべく労働者の連帯を呼びかける[47]」。戦争はやがてオーストリアの敗北で終わる。戦争が予告した平和は（ナポレオン三世はそれに介入しようとする）、ドイツ統一の役割をオーストリアから完全に奪う。

この頃、医学の勉強のためロンドンに住み着いたポール・ラファルグはラウラに熱心に言い寄ったが、それは父を不快にした。たとえ娘の願いに妥協したとしても、彼らの婚約には躊躇した。彼はこの若い男にこう書いている。「君がクレオール的な感情に対して弁解をしたとしても、私としては君の感情と娘の感情との間に私の理性を挟む義務があります。君がロンドン風のマナーで彼女を愛することができないとすれば、少し離れたところから彼女を愛してみるよう少し身を引くべきだと考える[35]」。そしてこう付け加える。ラウラとの関係にはっきりと決着をつける前に、君の財政状況について真面目な説明をして欲しいと思う。——見たところ君は生まれつき労働者ではないことはわかる。今の状

1866年のカール・マルクス

況では、娘と一緒になるには外から支援を受ける必要があろう。君の家族については私は何も知らない。家族がある程度豊かであるとしても、家族が君のために犠牲になってくれるという保証はない[36]」。

事実、金銭問題は、マルクスがラファルグの主張に対して示す留保と非難の中心となる。一八六六年八月七日、彼はエンゲルスに手紙を書く。「今日からラウラは、クレオールの医学生ラファルグ君と半ば婚約状態だ。――彼は美男で、知性があり、エネルギッシュだ、体操選手のように頑健だ。経済状態はぐらついていて、プランテーションの家族の一人息子だ――、ロンドンの病院でいい仕事にありつくだろう、僕は彼を友人として認めようと考えている[37][46]」。そして彼は付け加える。「僕はいつも家庭の不安で悩んでいて、多くの時間をそれに使っている。今肉屋は肉を届けるのをやめた。土曜日には原稿用紙もなくなるだろう[46]」。

ボルドーからポールの両親が四千ポンドの財産を約束(すごい額だ)したとき、カールは安心し、イェニーも夢中になる[188]。「貴方と考えかたが似ている男、そして社会条件や文化を同時に持っている男を見つけることは稀だ」と。

八月初めに、ナポレオン三世はビスマルクに、オーストリアとの調停にはベルギーがいいと伝える。しかし首相はそれを拒否する。彼はウィーンとの平和条約のためにパリに行く必要はなかった。八月十日、いつものようにフリードリヒはカールに質問する。「このボナパルトの覚書は、彼とビスマルクとの間には支障があるということを証明している。そうでなければ、この要求は突然のものでも、下品なものでもないと思われるし、ビスマルクにとっても時宜を得たものといえる。こうした覚書に対してビスマルクが関心を示さないことは確かだ。しかし今どうするというのか。戦争の歩調に対して勝利している軍は何というだろうか。そして、ドイツ議会、両院、南ドイツは何というだろう。年

長女ジェニーと、その夫シャルル・ロンゲ。一八六五年

老いたロバ（ヴィルヘルム一世）は今、たっぷり食べたときの黒と白の犬ディドより幸福な気分でいるに違いない。彼はこういったのだ。ドイツに待ったはない！と[38][46]」。

マルクスは彼にこう答える。普仏戦争は将来不可避であると。その理由は両国のみが大陸における唯一のライバルとなるからだ。そして事実イギリスが豊かになる一方で、二つの大陸のライバルは武器競争で疲弊していた。

一八六六年八月十三日、マルクスは珍しく気持ちを許しラファルグに手紙を書き、次のことを主張する。「もし僕がもう一度人生をやりなおしたとすると結婚などしないで、革命闘争にすべてを捧げるだろう[39]」[248]と。疑いなく、これは娘にあまりにも性急な男を避けさせるための方法であった。

ラファルグはもう一人のフランス人を、カールのもう一人の娘に間接的に紹介しようとしていた。彼の名はシャルル・ロンゲで、ロンドンを訪問中のその頃、ベルギーに亡命していたジャーナリストで、ある日マルクス家に二人で訪問し、ジェニヘンと恋に落ちる。

一八六六年八月二十三日、プラハ条約[40]が最終的にオーストリアの敗北を決め、プロイセンにヘッセン＝カッセル、ナッソー、フランクフルト、シュレスヴィヒ＝ホルシュタインそしてハノーファーをもたらした。マルクスと手紙のやりとりをしていたハノーファーのクーゲルマン博士は、やがてプロイセン人となる。カールはオーストリアの後、プロイセンはフランスを攻撃するだろうと執拗に考えていた。そこでなおカールはプロイセンの敗北を望んだ。なぜならビスマルクの勝利はドイツにおける革命思想を窒息させるだろうからだ。事実労働者リープクネヒトとベーベルの基礎の上で作られ、サラリーマンからなりたっていたザクセンの人民党は、当時ドイツ人民党と結合し左派となり、民主主義と連邦制を基礎にしたドイツ統一を唱えていた。

九月が近づき、それとともにインターナショナル第二回会議も近づく。カールはそこにもう一度参加を拒否し、詳細を決めるために多くの時間を使った。八月二十三日、彼はクーゲルマン博士に手紙を書く。彼を次の大会のドイツ代表の一人として任命すると。「(インターナショナル)ジュネーヴ大会の準備作業に多くの時間を割いているのですが、私はそこに参加しませんし、またしたくもありません。なぜなら、仕事を長い間中断することができないからです。この仕事の中で、私は労働者階級のために非常に重要なことをいくつか書くつもりです。それはこの会議で私が個人としてできる以上の内容をもっているのです」[(41)(27)]。

実際、彼は『資本論』の最後に序文を書こうとしていた。「公刊予定のこの書物は、一八五九年に『経済学批判』というタイトルで出版された作品の続刊である。二つの出版の間の長いインターヴァルは何年もの病気の結果であった。この作品に必要な補遺をつけるために、それ以前に書いたものを第一章でまとめることで始めることにした」[(42)(12)]。

『資本論』第一巻はこうして完成した。マルクスはそれを出版する。これは大きなモメントとなる。カールは自分のことを、社会主義を科学的手法で解明した最初の人物、継続的な価値形態の歴史を説明した最初の人物、権力と富の真の源泉を解明した最初の人物であると考えていた。彼は『資本論』は文学的作品でもあり、一種のヴィクトリア風小説[27]、探偵小説、生命を吹き込むことで対象に命を与える魔術のマニュアル、原始社会にあったようにそれを作ったものの不可欠の代替物であるなどと、考えていたわけではない。

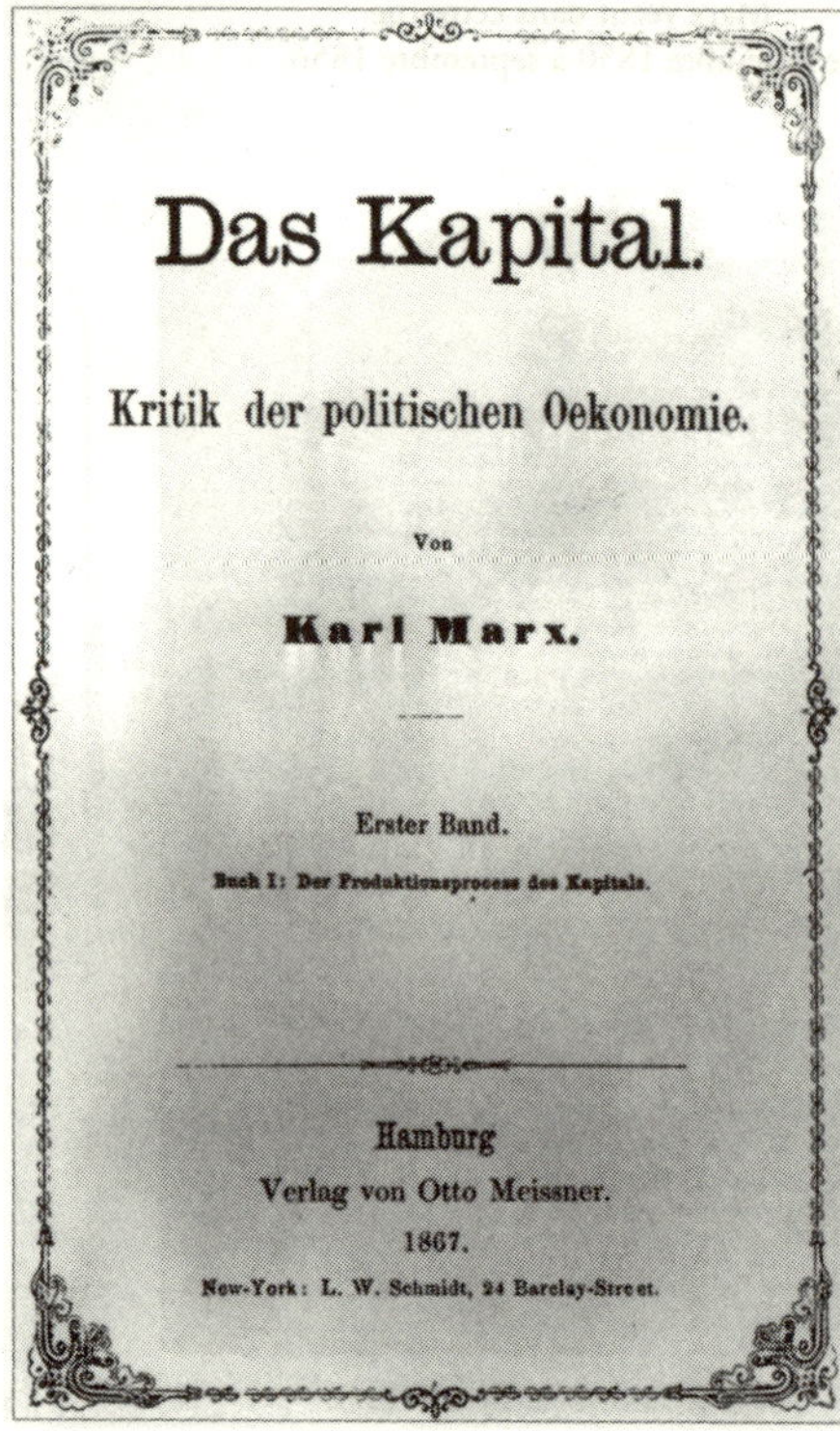
Das Kapital.

Kritik der politischen Oekonomie.

Von

Karl Marx.

Erster Band.

Buch I: Der Produktionsprocess des Kapitals.

Hamburg

Verlag von Otto Meissner.

1867.

New-York: L. W. Schmidt, 24 Barclay-Street.

『資本論』1867年初版のタイトルページ。
ハンブルクのオットー・マイスナーから出版された

九月三日から八日までジュネーヴに六十人の代表が集まったが、四五人は労働者インターナショナルの二五の支部の代表であり、十四人は十一の結社の代表であった。マルクスがロンドンでその前の週に編集した決議は労働組合の役割を党の役割と異なるものだと規定し、賃労働者間の闘争に問題を集中させていた。プルードン主義者は無償信用の体系で利子ゼロを遂行することをいつも唱えていた[43]。彼らにとってそれは労働者階級の解放の鍵であった。カールはそれに反対した。もう一つの大会決議は、当時労働組合が徹底して闘っていた児童労働は、ある条件の保護の下においてのみ承認されるということを明確にした。「近代の産業は児童の生産的労働を必要とし、それは九歳以上一日二時間、十三歳以上一日四時間、十六歳以上一日六時間に制限される。われわれは近代的生産が大きな社会的生産運動において男女の児童や青年と協業させる傾向を進歩であり、合理的で理にかなっている傾向とみなす。たとえ資本の支配が彼らに嫌悪を生み出しても」。

最終的にカールは仲間の多くを総会、インターナショナルの管理部門に送り込んでいた。そこには、ラウラの婚約者ポール・ラファルグとジェニヘンに言い寄ったシャルル・ロンゲがいた。

二カ月後、一八六六年エンゲルス並みの信頼を得るにいたったクーゲルマン博士に宛てられた十月九日の手紙の中で、マルクスは彼が会議の舞台裏で演じていた役割を明らかにする。「私はロンドンの代表者の綱領を書きました。内容は労働者が直接一致し、直接活動に集中できる点に絞りましたが、それは階級闘争の必要性に直接呼応しています[44][27]――」。

1867年のカール・マルクス

その十一月、彼はイギリスの新聞が説明していたように、去る五月の金融恐慌に対する壮大な叙述を後に出版しようと興奮して書いていた。「一八六六年五月は巨大銀行の倒産によって始まった。それにつづいて無数のあやしげな金融会社の崩壊が続いた。もっとも打撃的であったロンドンの大企業部門は装甲艦の造船会社であった。多くの部門のお偉方の多くは繁栄時に過度の生産を行ったが、信用がすぐに枯渇しないという期待の上で、莫大な供給に従事してきたのだ[1]」。

いつものように、マルクスのスタイルは経済について語るときは非常に曖昧で、政治について、そして現実の問題について語るときは非常に明快であったが、哲学に戻るときらびやかであった[45]。こうして彼はその倉庫の中で古いヘーゲルのノートをとりあげ、それにはまる。「ヘーゲルにとって、思想の運動は――現実の創造者である――、逆に私にとっては、思考の運動は現実の運動の反映にしかすぎない――ヘーゲルにあっては、弁証法は頭で立っている。すべての合理的な要望に変えるには、それを足で立つようにするだけで十分である」[1]。

同じ頃一八六六年十二月十五日、ビスマルクは北ドイツ連邦成立の夢の第一を実現させる。それは将来一続きとなる領土でザールからニエメンまで広がっていた。

プロイセンと連合することでオーストリアと戦ったナポレオン三世は、その間違いに気づく。真の危険はウィーンではなくベルリンにあった。プロイセンは、そしてほぼ二世紀、パリで賞賛されたベルリンは、フランスの新しい代々の敵となる。パリは、フランスがルクセンブルクを購入することをベルリンが阻止したとき、スキャンダルの叫びをあげる。二つの君主制の間の戦争が不可避となる。やがてその口実を見つけるだけでよくなる。

しかしプロイセン軍が武器を充実させていた一方で、フランス人は日常の武器以外のことは考えなかった。ゾラは『テレーズ・ラカン』を出版し、アングルとボードレールが死に、ナポレオン三世は第三回万国博を自らの栄光のために組織する。そして六百万人以上の訪問者がバトー・ムーシュ、水力のエレベーター、一時間に二万部の新聞が印刷可能なマリノニの輪転機を見つける。

カールは一八六七年一月の第三週の間、もっと後に利用することになる新聞記事をノートに書き記す。「労働者の状況に関して言えば、『モーニング・スター』の通信員が非常に詳しく述べている報告の次の文章から判断できる。その通信員は一八六七年一月初め、不況にあえぐ主要な地方都市を訪れていた。ロンドンの東、ポプラー、ミルウォール、グリニッジ、デプトフォード、ライムハウス、カニング・タウンの地区では少なくとも一万五千人の労働者のうち三千人以上の労働者が家族とともに文字通り危機に陥っている。六カ月から八カ月の失業によって蓄えは枯渇している[1]」。

一月の末、娘の贈り物を買ったカールはまた借金生活に入り、その地区の商人や家主の嫌がらせを受ける。彼の負債の額は再びどうしようもない額になる。彼は癤（せつ）が悪化し、資本主義こそ自らの悪の根源であると有名な言葉でエンゲルスに頼み込む。「残りいくばくもないブルジョワジーに私の癤（せつ）のことを思い出してほしい[46][46]」。

一カ月後、彼は本の最終章を完成し、二年程前彼らを貧困から救ってくれたヴィルヘルム・ヴォルフに、この「忘れることのできない友」として献辞を書く。歴史の皮肉であるが『資本論』はそれゆえ遺産を与えてくれた人物への礼賛でもあるのだ――。

『資本論』の出版者オットー・マイスナー――ハノーファーからハンブルクへ

一八六七年四月二日、カールはフリードリヒの指示を受け、ハンブルクのオットー・マイスナーへ原稿をもって行くと手紙に書く。それは、彼を尊敬してくれた見知らぬ通信者クーゲルマン博士に会いに行きたいからであった。エンゲルスはそれを喜び、彼に旅の費用三五ポンドを送る。

四月十日マルクスは偽のパスポート[47]をもってハンブルクに発つ。二日間の船旅は大変なものであった。乗客はひどい船酔いに悩まされた。到着すると出版について話し合うためにマイスナーのところで十二日の午後を過ごした。その翌朝から、彼はハノーファーへ向かい、ルードヴィヒ・クーゲルマンの家に一カ月滞在する。彼は、この若い医者が自分の書斎に「われわれ二人の作品の美しいコレクション[48]」をもっていたことに驚いたと、エンゲルスに書いている。ここでの一カ月はマルクスの人生の中でもっとも幸福なときであったことは疑いない。彼を蝕むすべての病は魔法のように消えていた。とりわけ魅力ある女主人の歓待を受け、その子供たちと遊んだ。その中の年若のフランツィスカは、当時九歳であったが、後に待ち望んだこの男の到着を回想している。「私の母が受け入れたのは、期待していた暗い革命家ではなく、優雅で陽気な人であった。彼のライン訛りのアクセントによって彼の生まれがどこかすぐにわかった。黒くふさふさとした髪の下に、若々しい黒い瞳が輝き、彼の仕草や会話の中にある明るい情熱も同時に感じた」[49][253]。彼女は、父と彼とがゲーテ、シェークスピア、ギリシアの詩について語っていたと付け加えている。「私の父はマルクスはゼウスと似ていると考えていたが、多くの人はその意見に賛成だった」[253]。

そこで『資本論』の最初の校正刷りを受け取り、彼は一八六七年四月末までにそれをチェックする。この医者、クーゲルマンと癤（せつ）について議論し、クーゲルマンはカールの過去の悪い食事が原因であると述べる。彼らは重要な事件についても語っている。リープクネヒトとベーベルが帝国議会の議員に選ばれたのだ。彼らは世界ではじめての共産主義者の議員であった。もちろん党の中でまだ改革主義者であるというふりをしていたが。マルクスは、革命の道は決定的に無用だと考える。プロレタリア・ディクタトゥールの到来が投票制度によってドイツで起こりうるだろう。しかし、ビスマルクが権力を強化するためにフランスとの戦争をしないとすればのことだが——。

ハノーファーを発ち、再考した書物の校正刷りをマイスナーに渡すためハンブルクを再び訪れる。印刷はオットー・ヴィーガントの印刷所で四月二十九日に始まる。

ロンドンに帰る直前の五月一日、クーゲルマンの指示を受けて、カールの知らない、しかしフランス語に翻訳された書物をもつ彼の友人の一人のドイツ人の医師へ手紙を書く。「私はあなたについて何も存じ上げておりませんが、——フランス語で書物を書かれたことがおありだと伺っております。私は自分の書物を、——革命の国、進歩的知識人の国——フランス語で出版したいと思っておりますので、あなたにしかるべき方を紹介していただけるのではと考えております」[50]。

一八六七年のローザンヌのインターナショナル

一八六七年五月半ばロンドンに帰って、カールは次のインターナショナルの大会の決議の準備を始める。それは、今度はローザンヌで、いつものように毎年九月開催予定であった。彼はクーゲルマンと長い間、彼をドイツ代表の一人に推薦することについて議論をしていた。

六月一日、アレクサンドル二世が新しい世界博覧会を訪問するためにパリに立ち寄る。ナポレオン三世にとって、この招待はプロイセンとツァーリとの連合を切ることがとりわけ問題であった。ロンシャンの競馬場で、ポーランドの一人の亡命者が訪問中のツァーリを撃つ。それによってパリとペトログラードとの接近は失敗に終わる。ベルリンとの戦争が勃発すると、独露同盟はフランスに大きな影響を与える。

一八六七年八月二十四日、ロンドンからマルクスは、エンゲルスに数行で書かれた『資本論』の明快な要約を送る。「拙著でうまく語られている点は、1．交換価値と使用価値として説明される労働の二重性を第一章で説明したこと、2．その特殊の形態である利潤、利子、地代などとは区別される剰余価値を分析したという点である[51](46)」。そこにすべて語られている。

同じようにカールは、ローザンヌで九月二日開催される、インターナショナル第二回大会の最終準備のための資料を詳細に検討していた。もちろんそこにもマルクスは出席する予定はなかったが、大会は彼の仲間たちの指導下にあった。フランスの相互主義者、イギリスの改革派そしてドイツの共産主義者は新たに対立する。七一人の代表の中に、ドイツグループとしてクーゲルマン博士の出席が告げられていた。フランス人の中にはラファルグとロンゲ、ほかのマルクス派には執行委員会書記のエッカリウス、スイス人のベッカーがいた。最終的活動において、カールの仲間はイギリスの労働組合主義者やフランスのプルードン派に対して、「労働者の社会解放は政治的解放と密接不可分である」と主張した。大陸への移転を望んだドイツやフランスの何人かの要求にもかかわらず、インターナショナルの事務局はロンドンにとどまり、そこで執行委員会が開催されつづけた。

大会の翌朝、マルクスはエンゲルスに、権力の維持にとって、ロンドンに執行委員会があることと、書記をもっていることが重要だと手紙に書く。エンゲルスもそれを承認する。「執行委員会がロンドンにある限り、大会でどんなことが議決されようと無意味である！」[46]。これは創設後三年、エンゲルスがインターナショナルの意義を認めたように見える最初の書簡である。最終的にエンゲルスをマルクスと等しい立場にしようとのぞむものは、この労働運動の成立過程でのエンゲルスの不在を隠してきた。

一週間後、まだインターナショナルのメンバーでなかったバクーニンが、政治舞台に登場する。もはや左派はインターナショナルの外では何もできないと彼は理解し、征服にかかる。彼のまわりにはプルードン派とユートピア主義者が集まる（三年前プルードンが死んで以来、二つのライバルの党派に分裂していた）。やがて自由社会主義とディリジズム的社会主義との闘争が起こり、それは今日まで続いている。

バクーニンは平和と自由の同盟という亡霊的な同盟の執行委員に選出され、十年前この若いロシア人を泊めたマルクスが敵だと判断した、フォークトが指導するジュネーヴのアナキストを集め、この同盟をインターナショナルに属する「付属結社」として登録する。結局は無駄である。カールは、バクーニンは兵隊のいない将軍であると理解し、アナキストをインターナショナルに入れたくはなかった。そしてフォークトについてはなおさらであった。カールはプルードン主義者とも徹底的に闘っていた。その中の一人トランはマルクスに対する謀議を指導していた。カールはシュティルナーを読みながら、アナキズムには歴史的基礎がまったくないことを理解していた。

『資本論』の出版後
——冷ややかな反応

一八六七年九月十四日、『資本論』の千部がハンブルクで出版される。カールは七年前の前作と同様の失敗になるのではと危惧しながら、インターナショナルのネットワークを動員し、『資本論』の話題をつくる。彼はラサールの後任シュヴァイツァーから、「『資本論』を労働者大衆に知らせるべく」一連の記事を掲載する、という連絡を受ける。それとは別に反応は冷ややかなものであった。まずこの本はあまりにも難解であった。ラファルグは尊敬と配慮をもって未来の父の状態を説明する手紙を書いている。「確かに、『資本論』は圧倒的強さの知性と異常な知識を示している。しかもマルクスを間近で知るものにとっても、私にとっても、『資本論』も彼のそのほかの著作も、彼の知性と知識のすべてをカバーしているわけではない。彼はその作品をはるかに超えているのだ[52][161]」。

書物の売れ行きは順調ではなく、ドイツではリープクネヒトの党が積極的に本の普及をはからず、そのことにマルクスは苦しんだ。彼はこう述べている。「これを書くために吸ったタバコの代金の分すら[53]」稼ぐことができないと。彼はもう一度病気となる。そして金は十月には尽き始める。エンゲルスは新たに百ポンドの貸付のために抵当を設定しなければならない。

一八六八年二月、カールはインターナショナル・フランス支部の長を、アンリ＝ルイ・トランからカールに近いウジェーヌ・ヴァルランに置き換えることができた。

三年の婚約を経て、四月二日ラウラ・マルクスはロンドンでポール・ラファルグと結婚し、彼は医学の教育を終える。結婚に際して、ジェニヘンはシャルル・ロンゲに再会し、彼女も彼同様ジャーナリストあるいはそうでなければ女優になりたいことを継げる。シャルルは彼女に結婚を求める。

やがて何回目かの癤（せつ）の危機によってカールは三カ月床に伏す。カールは、新婚旅行のため彼のもとにいなかったラウラに、たくさんの本で彼女の部屋を塞いだことを謝り、次の驚くべき言葉を書いている。「私は本をむさぼり食べる機械で、それをすぐに別の形で歴史の堆肥の束の上に吐き出すのだ[54]」と。

社会状況はラファルグ夫妻が住み着いたパリで緊張を迎える。「小」ナポレオンがあらゆる党派から攻撃される。『帝国年鑑』はこう書いている。「フランスには三六〇〇万人の人がいる。そしてここには不平分子の数は含まれてはいない」と。こう書いたのは、五月三十日の『ラ・ランテルヌ』第一号のヴィクトル＝アンリ・ド・ロシュフォール＝リュセーである。彼はいわゆるアンリ・ロシュフォールで、後に別の新聞『ラ・マルセイエーズ』を創刊し、そこにマルクスは娘のジェニヘン以上に原稿を書く。ジェニヘンはますます頻繁にシャルル・ロンゲと会うようになり、『ラ・マルセイエーズ』の中で、シン・フェイン党のアイルランドの政治犯の運命に反対する。彼らはイギリスの刑務所で非人間的状態に置かれていた。彼女が記事を書いた数週間後、リーダーの一人ローザ・オードノヴァンと彼の仲間の多くが解放され、合衆国へ追放された。

「プロン・プロン[55]」を転覆するにはあまりにも弱いと判断したマルクスは、フランスの友人にイニシアチブを取るよう示唆する。彼は一八四九年五月の悲惨も、当時のドイツやフランスの労働者階級の困難も忘れてはいなかった。

七月、ミハイル・バクーニンはロシアのアナキスト、セルゲイ・ネチャーエフに支持され、新たに新しい分派、社会主義民主国際同盟を作りインターナショナルに侵入しようとする。それははっきりとアナキスト的原理に基づいていた。すなわち無神論、私的所有と相続の廃止、すべての男女児童への無償教育、「資本に対する労働者運動の勝利という直接そして間接の目的をもたない」すべての政党との、あらゆる反動的同盟の禁止、国家の「産業と農業の自由アソシアシオンの普遍同盟」[70]への解体と、労働者の国際的連帯である。彼は今度はインターナショナルに入ろうとは提案せず、あつかましくもインターナショナルと彼の党派を平等に結合させ、新しい組織の副議長という肩書きを要求する。当然のことながら、執行部は社会主義民主国際同盟との結合を拒否する。それはかつて自由と平和同盟の承認が拒否されたようにであった。やがてバクーニンはこの新しい組織を解体し、すぐに第三の組織を作り、今度は社会主義民主連合と名づける。そして今度も規約を詳細に検討し各メンバーをインターナショナルのジュネーヴ支部に、個人の資格での会員として認めさせようとする。こうした第二組合的政策を完成することはできなかった。カール・マルクスはあまり心配はしていなかった。「連合支部」という名のもとで、このジュネーヴ支部はもっとも力のある、うまく管理された組織となる。この組織は建物の中で大きなストライキを打ったが、その結束の強い労働組合の指導者、ベッカーはマルクスの仲間となった。

しかしこの支部に承認されるやいなや、バクーニンはインターナショナルのメンバーに回状を回し、そこで「メッシア的独裁者マルクスに順ずる狂信的なロシア系、ドイツ系ユダヤ人の不気味な謀議の」犠牲者として自分を紹介した。彼の影響力はたちまちその支部の中に浸透し、心情的にもその影響力は増大した。彼は一八六八年九月六日、ブリュッセルで開催されるインターナショナル第三回大会の代表に自分でなった。

そこで初めて綱領に関する議論が起こる。バクーニンが進めた五十の提案のうち土地、地下、鉄道、通信手段の国有化は三十対四で通過した。そのほかは拒否された。会議の外で熱狂的なバクーニンは新しい家にこもり、承認させることのできなかった党の議長グスターフ・フォークトに手紙を書く。「われわれはブリュッセル大会がどれだけ広がりをもち、有効かについて誤解してはならないし、することはできないと思う。それは大きなものである。それはわれわれの大きな成果であり、もしわれわれ自身が本心から民主主義者であれば、国際労働者協会はアメリカやヨーロッパのすべての労働者協会を含むべきだと主張しなければならないだけでなく、なんとしても共闘しなければならない。なぜなら、インターナショナルは今日世界の顔を変える真に革命的な力となりうるからだ(70)」。

アメリカの技術進歩、フランスの社会対立

事実バクーニンはマルクスとはまったく連合することはなかった。九月末の自由と平和連合のベルンでの第二回大会で、マルクスが代表するインターナショナルに対する憎しみを、バクーニンは隠してはいない。それはフォークトにとって喜びであった(127)。「私は共産主義が大嫌いだ。その理由は共産主義が自由を否定するからだ。私は自由のない人間を理解することができない。私は共産主義者ではない。それは共産主義が集権化し、国家の中に社会のすべての力を吸収するからだ――。私が欲するのは自由なアソシアシオンという道による下から上への集団的、社会的所有の社会組織だ。それはけっして上から下への何らかの権威による組織ではない。まさにこの意味で私は集団主義者であるが、共産主義者ではない(127)」。

一八六八年十一月、エンゲルスはマルクスが新たに債務者になるのを見て不安になる。彼は一度すべての債務を片付け、家族が年三五〇ポンドで生活できるようにし、一八六九年二月以降の三カ月の規則的支出を彼に示すよう命令する。確かにマルクスはそれを受ける。その後のことは後に見ることにする。

十二月二十二日、マルクスはバクーニンの忠節の手紙を受け取る。それはすべて二カ国語で書かれてあった(127)。「僕は労働者の世界以外の別の社会、別の世界を知らない。今僕の祖国はインターナショ

ナルで、君はその創設者の一人だ。だから親愛なる友、僕は君の弟子であり、そうであることを誇りとしている」。

次の年、戦争がヨーロッパで告げられる中、技術進歩がアメリカで進む。ジョージ・ウェスティングハウスの圧縮空気による空気ブレーキによって、機関車のブレーキの距離が十分の九短くなる。ニューヨークとサンフランシスコとの間の大陸横断鉄道が完成する。最初の海底ケーブルが直接フランスと合衆国を結びつける。ナポレオン三世はかつての友であるプロイセンに対して、またかつての敵オーストリアとイタリアに奇妙な同盟を申し込む（それはビスマルクが失敗させた計画であったが）。一方で、女王のウジェーヌがスエズ運河の落成式を行う。

フランスでは社会対立が深刻化する。ラ・リカマリー[56]での一五〇〇人の炭鉱労働者のストが暴動となり、軍が警告なく発砲し、十三人が死亡する。インターナショナル・パリ支部の三七人、その中にはヴァルラン[57]とハンガリー人のレオ・フランケル[58]がいたが、追及され、逮捕される。一度ストが拡大したことで、ヴァルランは首都のすべての労働組合組織の統一を実現し、パリの皮なめし業の労働者への援助と、ジュネーヴの建設労働者への援助を行う「小額銀行」を創設する。その協同レストラン、マザラン通りの「マルミット」（鍋）は大成功となる。

フランスで展開する状況を見ながら、マルクスは一八五一年のクーデターに関する論文の再版を用意する[59]。一八六九年二月十五日、彼はロンドンからポールとラウラ・ラファルグの息子の誕生（「フシュトラ」という綽名）に対して喜びのこもった手紙を書く。彼はそこですべてに悪態をついている。十五行の文章に六つの悪態がある。

「親愛なるポールと愛するカカドゥー（この名前は当時ラウラにつけられた綽名のひとつ）、君たちは老人に対するフォールスタッフの見解をご存知だろう。[60] 老人はまったく皮肉屋だ。頑固で沈黙が続いているといって驚かないでくれ。――オディヨン・バロはまったく無（nuillite grave）だ――。エミール・ド・ジラルダンには何か足りないところがあり、彼は絶えず、おしとやかな態度で、産業の騎士、ユートピア主義者、批評家といったものが混ざりあったものを要求する傾向がある――ビーズリーは私の好む男ではない――。ダニエル・ステルンというこの老いた雌鳥について語りながら、ある友人が、ブランキはブラッドロー（聖書をもっての宣誓を最初に拒否したイギリスの国会議員）のように『尊敬できない』タイプの一人でしたかと聞いてきたくらいだ。私はかれにこう返してやった。この友人の英雄カティリナの方は『尊敬できる』男であったといえるのかと」[61][47]。これはマルクスがホモセクシュアルについて言及した最初のものである。

それからマルクスは政治の問題に移り、さらに二人の他人の悪口を言う。「昔の知り合い、ロシア人のバクーニンはインターナショナルに対して小さな、とても魅力的な謀議を始めた。自由平和同盟の失敗の後、彼はジュネーヴのインターナショナルのスイス・フランス語圏支部に入った。彼は、いつも行動好きだが頭の方はちょっと落ちる、老ベッカーを甘い言葉でだました[62]――」。マルクスはそこからひとつの論理を組み立てる。「わがインターナショナルはドイツではうまくいっている。私が提案した、われわれの新しい計画（それは個人入会を許し、ドイツ語、フランス語、英語で印刷されたわが原理のひとつが書かれてある規則書を一ペニーで売ることだが）は、うまくいっている」[63][47]。事実、インターナショナルの執行部の会計には五十ポンドしかなく、マルクスがドイツに送った入会証はわずかであったが、入会金がいっぱいになって送り返されてきた。

さらにマルクスはこの同じ手紙の中でポールとラウラに、パリ訪問の意図を伝えた。パリはマルクスにとって滞在禁止の場所であり、ルイ＝ナポレオン・ボナパルトのクーデターについての一八五二年の書物をロンドンで再版することを告げて以来、とりわけ研究してきた場所であった。彼は『資本論』のフランス語版について紹介を受けた二人の翻訳者シャルル・ケラーとエリー・ルクリュと話し合いをし、孫の顔を見たかったのである。マルクスは手紙にある旅行計画のことをしゃべらないよう厳命する。それは検閲されるからである。事実彼の手紙は検閲されていた。警部がサン・シュルピス通りのラファルグ家に現れ、マルクス氏は着いたかどうか尋ねた(146)。

一八六九年六月二十三日、ロンドンで彼の『ルイ＝ナポレオン・ボナパルトのブリュメール十八日』の再版が出版され、次の序文が付された。「この作品が今日とりわけドイツで『カエサル主義』として使われている言葉を避けるのに役立つことを期待する。こうした表面的な歴史的類推においては、階級闘争は特権的な少数のもの、すなわち豊かな自由市民と貧しい自由市民の内部でしか起こらない。一方、人口の大部分を占める生産的大衆である奴隷は、闘争するものに対する受動的な台座の役割しかない。――古代と近代における階級闘争の物的、経済的条件の間の完全な相異を前提にすれば、そこから生まれる二つの政治形態は、大僧侶サムエルとカンタベリー大司教との間の類似性以上のものではありえない(64)(20)――」。

この同じ六月、マルクスはイギリス国籍を要求する。それは拒否される(65)。

七月、アラン・ウィリアムスという名前の人物がラファルグ家で六日間過ごしたが、警察も、税関もそれを調査することはなかった。これこそカール・マルクスその人であり、彼は二十年来足を踏み入れたことのなかったフランスの首都に現れたのである。彼はオースマンが変えたパリを歩きながらそこで見つけたに違いないショックについて語ってはいない。それは別の不安が頭にあったからだ(146)。

『資本論』第一巻のドイツ語版の失敗から生まれた失望にもかかわらず、彼はすでにこの本の続刊のことを考えていた。彼は資本主義の自己破壊という視点を、詳しく書こうと考え、歴史と恐慌の一般理論を、何人かの信頼する人々に語っている。当然、彼との出会いを次のように語る、ラファルグにもである。「とりわけ、マルクスが私に説明してくれた、ある夜にメモしたノートが失われたことを後悔している。それは彼特有の考察と証明にあふれ、人間社会の発展の天才的理論であった。私にとってそれは眼から鱗が落ちるような話であった。初めて、世界史の論理を明確に感じ、物的原因から人間の思想と社会発展の現象（表面上は矛盾しているのだが）を理解することができた。あたかも幻惑されたかのように、数年間この印象が残っていた——。マルクスの頭脳には歴史や自然科学、哲学理論、長い知的労働の中で集積された認識と観察からひっぱり出されたさまざまな事実がつまり、彼にはそれを驚くほど役立たせることができた[66][161]」。

　この夜、彼がラウラとその夫に説明したことは、彼の恐慌論であった。資本主義は、彼が「利潤率の傾向的低落」と呼んでいるものによって消滅するはずであった。すなわち、剰余価値とそれを生み出すために利用されるすべての労働の総和の割合の低下、これは熱機関の効率から類推される。実際、競争という事実から、企業はどんどん資本を利用するが、しかしそれに応じて多くの利潤を得ることができない。言いたいことは、生産に利用される資本の量と労働の量との割合、すなわち「資本の有機的構成」の割合が上昇し、機械的に「利潤率」の低下を引き起こすということだ。やがて資本の所有者が政治的に要求しうる剰余価値を彼らに保証することができなくなるのである。それが恐慌である。資本家階級の数はやがて減少し、一方労働者階級はその影響力を破産した資本家や土地から追い出された農民によって増大させる。

このことは必ずしも資本主義の崩壊を引き起こすわけではない。なぜなら利潤率を復活させる多くの手段があるからだ。労働者の生活水準の低下、輸出、植民地の収奪、技術進歩、国家の活動である。しかし恐慌はやがて恐慌を継続させ、恐慌によって悪化した階級闘争によって資本主義の終焉は促進される。

『資本論』の難点——経験的な検証は不可能

カールは十四年来問題にしてきた、非常に難しい解けない問題に苦闘しているといっていたわけではない。彼の理論の経験的な検証は不可能である。なぜなら、経験的検証とは剰余労働、剰余価値、資本の有機的構成を計測することができるという仮定に立つからだ。この大きさは彼によれば労働時間で計測されるが、それは独占や競争を歪めるあらゆるものによって、これらの財の価格に比例しているわけではないのである。したがって利潤は剰余価値と同じではない。資本の有機的構成（利潤率？）は資本の収益性と等しいわけではない。そして賃金は労働力の交換価値に等しいわけではない。マルクスが書いたことはすべて経験的に立証することができないのだ。

市場価格と交換価値とのこの差額を量るために、彼は方程式を乱雑に書き、財の交換価値と市場価格との間に二つの大きな媒体を考える。すなわちその「社会的価値」とその「生産価格」である。やがて、彼は生産価格は「社会的価値」に比例しておらず、多くの資本を使う産業の中で生産された財は、その社会的価値以上に高い生産価格をもつということに気づく[66]。さらに、彼は、市場が完全競争でないならば市場価格は生産価格と異なることを確信する。だから、財の市場価格とその労働価値との間には比例はないし、なりたちえないのだ。そして唯一の測定可能な大きさである価格は、それゆえマルクスが述べる法則に従っているのだが、労働価値と直接の関係をもっていない。彼の概念と彼の法則のいずれも、きたるべき歴史は別として経験的な検証はなされていない。それではそこで作り上げたのは科学的理論といえるのか。むしろ哲学的憶測ではないのか。

さらに大きな裏切りがあった。彼はパリでルクリュ[67]がバクーニンの仲間だと気づいたのだ。だから『資本論』の共同翻訳者としてはふさわしくないと考える。

七月二十七日ロンドンに帰って、カールは共訳者を探し続けた。苦労し、パニックに陥り、疲れ果てる。彼は慢性的な気管支炎を患っており、肺の潰瘍も患っていた。多くの時間をかけて咳の治療法を探し、医者が推薦していたように太陽の輝く保養地に出かけないで問題を解決する方法を考える（当時イギリスでのやりかたは、肺病人はイタリア、アルジェリアに送るのが流行であった）。

まだ当時、大きな家に彼らと一緒に住んでいた三女のエレナーによると、元気のいいときはイェニーとカールは若い恋人同士に再び戻ったようだった。

インターナショナルのバーゼル大会

一八六九年夏、今度はバーゼルで開催されるインターナショナル第四回大会の前夜、ベーベルとリープクネヒトのザクセン人民党は、ブルジョワ民主主義者から離れ、アイゼナッハで、アイゼナッハ党という名で知られるドイツ社会民主労働党（SDAP）[68]創設作業に参加する。当時マルクスはアイゼナッハ党の真の党首、かつてのラサールのようにその仲間だと考えたビスマルクに注目される。ビスマルクは彼に会おうと考える。カールはそのことを自慢したが、それに従わなかった。なぜならプロイセン国家は若い頃から彼の理想の国家ではなかったからだ。

リープクネヒトはやがてバクーニンをロシアのスパイだと告発し、マルクスは彼のことを非常に悪くエンゲルスに述べる。「このロシア人は、はっきりいってヨーロッパ労働運動の独裁者になることを望んでいる。彼が除名されないかぎり、彼に注意すべきだ」[69][46]。

バーゼル大会において新たにマルクスの代表とそのほかの代表との闘争の原因となる、バクーニン

バクーニンと『資本論』ロシア語訳

（今度はおよそありそうにもない、「リヨンとナポリの社会主義労働者」の代表として出席し、「革命的集団主義者」と「国家の破壊者」と主張していた）に対して、カールは国家掌握のために組織される党の原則を作り上げた。イギリスの労働組合主義者に対しては、大会は（アイルランド問題が中に含まれていた）、「民族ブルジョワジーによって搾取される人民闘争」を支持するように仕向けた。インターナショナルから肉体労働者でないものをすべて追放したいと望んでいたプルードン派に対して、カールは革命的知的労働者を労働運動に入れようとする。カールの仲間ヨハン＝フィリップ・ベッカー（カールはすでに見たように手紙のなかで彼の悪口を言っていたが）の要求に基づいて、大会は『資本論』にすべての国の労働者は注目するべきだという動議を採択させた。その同じベッカーはこっそりとマルクス自身が書いたテキストのなかで、『資本論』を「労働者階級のバイブル」と呼んでいた。

こうした努力にもかかわらず、インターナショナルの活動はむしろ理解されずに進んでいった。一八六九年九月十五日、第四回会議のちょうど後、夫の新聞記事の紹介を担当していたイェニーは、バーゼルから帰ったルードヴィヒ・クーゲルマンに手紙を書く。「マスコミはこの会議について死の沈黙を守っています。一部『ペル・メル・ガゼット』に混乱した記事がありますが。今日、『タイムズ』が初めて非常に好意的で事実に即した簡潔な記事を載せてこの沈黙の氷を割りました。これでフランスでも大きな関心を引き出すでしょう[70][49]」。それから彼女は、長い間ロンドンで彼女の友人であり、大会で必ずしもマルクスの提案に賛成しなかった人物についての悪口を書く。「リープクネヒトは両方の肩をもつ二つの手紙を書きましたが、これは読まないほうがいいでしょう[71][49]」。

十月二十八日、ミハイル・バクーニン（『資本論』をロシア語に翻訳する契約にサインしたといっていた）は、新聞『鐘』の彼の仲間であった、ロンドンに亡命したロシアの友人アレクサンドル・ゲルッェンに手紙を書き、最悪の敵について今度はよく書いている。「マルクスが社会主義運動にもたらした膨大な仕事を、少なくとも私は誤解してはいない。彼はほぼ二五年間知性とエネルギーと情熱を注ぎ、その点でわれわれすべてを乗り越えたのだ。彼はインターナショナルの最初の創設者の一人で、はっきりいってその代表だ。そして私の眼から見るとその点において彼は私の敵だが、私が知っている限り巨大な貢献をしている――、国家共産主義に関する原理問題について彼との闘争は、わずかばかりの遅れだが起こるだろう。やがてそれは死の闘争となろう(70)」。

確かにそうなるはずだ。

マルクスはバクーニンが『資本論』をロシア語に翻訳する条件に不安になり始める。彼は調査をし、手順を踏み、警察のまねをする。こうして二年後の大きなスキャンダルが始まる。

一八七〇年の初め、フランスでは権力の弱まりを示す多くの蜂起が起こる。クルーゾーでは七千人の労働者がストライキを起こし、八時間労働と日給五フランを要求する。ボナパルト派の新聞では、こうした混乱は「ストライキ遂行の傭兵」に財政支援する、「インターナショナル」という名前の「秘密結社」の外国人が起こしているのだと述べ始めていた。一月十日、『ラ・マルセイエーズ』の記者の一人、皇帝の従兄弟であるヴィクトル・ノワールがピエール・ボナパルト王子によってピストルで射殺された(72)。十万人のパリ市民が彼の葬儀に参列した。高等法院によって裁かれたこの暗殺者は、無罪を勝ち取る。事件は体制を揺るがす。『ラ・マルセイエーズ』の編集長ロシュフォールはこう書いている。「ボナパルトという人物が暗殺者ではないと信ずることはできない」と。大都市、さらに悪いことには、軍の一部がやがてナポレオン三世に公然と敵対するようになっていた。ナポレオン三世は国民投票によって農民の圧倒的支持を得ることで体制を立て直そうとする。

一八七〇年二月末、パリのサン・シュルピス通りのポール・ラファルグは生まれたばかりの娘を失う。

ジュラ派とインターナショナル

同じ頃カールは、スイスの労働者によるインターナショナルのスイスへの移転に反対する。これはバクーニンの仲間が主張していた。この仲間は、後にその中心がジュネーヴにあったことから「ジュラ派」と名づけられる。マルクスは「大陸の状況が、変化にはいい状況にはなく」、イギリスは「人口の多くが賃労働者である唯一の国である。イギリスは他の国より先に進んでいる国だと考えるべきである。この国は資本の中心とみなすべきだ[73]」と説明する。しかしカールは次のことを知っていたのでこういっていた。労働者が飼いならされているイギリスでの革命は考えられないが、ロンドンから、マルクスからインターナショナルを遠ざけることは論外だった。やがて彼は運動を勝利に導くことができるなら悪意を示すような邪魔はしなかった。

五月三日、執行委員会の決議のもとで、マルクスは大陸の新聞の一部によるマルクスへの反対を広めようとする謀議への非難に答える。「富を作り出し、国民の大多数を占め、その名のもとにすべての権力（簒奪者さえ）を支配しようとする労働者階級の中に謀議があるとすれば、暗闇に対する陽光のように、活動領域から離れた合法的な権力など存在しえないということは当然のことである[74]」。

一八七〇年四月、バクーニンは「ブルジョワ的政府の政策に参加する労働者階級はすべて、既存の秩序を維持する以上のなにものでもない[70]」と宣言する。執行委員会は彼に、インターナショナル規約は政治行動を解放手段とみなしていると回答する。議会制度を拒否することなど問題外のことであった。

ネチャーエフはやがてバクーニンに『資本論』のロシア語訳をやめるよう説得し、バクーニンは革命的問題にすべてをささげるためにそうすることを決める。ネチャーエフは出版者とその問題で調整することになった。

『資本論』の販売の最初の実績が告げられる。本は何ももたらさず、カールは三十年前に自分もそうなりたいと望んでいた「ドイツの教授陣」について不平を述べる。一八七〇年六月二十七日、彼はルードヴィヒ・クーゲルマンに手紙を書く。「昨年、私は『資本論』第二巻を予告しましたが、今はそんな場合ではありません。ドイツの教授諸氏は最近少しずつ、たとえひどい形であろうと私に言及せざるをえなくなっています。結局、われわれは第二巻を出す前に『資本論』第一巻の第二版を出したいと考えています。なぜなら、第二巻を最終的に終了する間に恐慌が起これば まずいからです[75][27]」。

書かないためにすべての口実がもういちど使われるが、それはマルクスがほぼ三十年前から繰り返してきたことである。「完成」という言葉を書くために、恐慌のエピローグを待つわけである。――事実裏切られることはなく、彼自身冬の終わりに病気となる。やがて再び読み始め、イギリス政府が世界中の土地所有について出版していた一連の報告書（『白書』）に眼を通し、土地所有の問題に関心をもつ。彼は知っていた。この土地問題と、価値と価格との関係は『資本論』第一巻における最大の欠落部分であると。それを確かめるべく生涯の残りを捧げる。

一八七〇年春の終わり、事態の変化が予告されたかのように、エンゲルスは父の会社の持ち株を売り、実業界での生活をやめ、ロンドンのリージェント・パーク・ロード一二二番[76]のマルクスの家の近くに住む。カールとフリードリヒはやがて毎日顔を合わせる。だから彼らは手紙を書く理由がなくなり、二人の往復書簡はもはやなくなる[77]。

マルクスの家族は少なくとも一八七〇年五月、一人の奇妙な若者、ギュスターヴ・フルランスとい

ターヴ・フルランス

うコレージュ・ド・フランスに設立された自然史講座の教授に会う。彼は父の講座を継承したため、何と二十歳でそれに就いたのだ。父はフランスの有名な病理学者ピエール・フルランスであった。しかしヴィクトル・デュリュによって講義を禁止されたブランキストのフルランスは、ベルギー、イタリア、トルコ、ギリシアを旅した。彼は一八六六年のトルコに対するクレタ島の蜂起に参加し、アテネではクレタ人の代表にすらなっていた。フランスに帰ってから彼は、ジェニヘンと同じようにロシュフォールの『ラ・マルセイエーズ』に協力するようになった。カール、イェニー、エレナーそしてジェニヘンは彼の魅力に惹かれる。

夏の初め、フルランスはパリに帰ったが、一枚の写真をマルクス家に残し、再会を約束する。シャルル・ロンゲを愛していたジェニヘンはギュスターヴ・フルランスの存在にも夢中になる。彼女は、パリのサン・シュルピス通りに住むラウラ・ラファルグへの手紙を彼にもたせた。やがて彼から、今後彼女のもとを離れないという手紙をもらう。

普仏戦争

一八七〇年六月末、フランスの皇帝に対するプロイセン国王の通信（有名な「エムスからの電報」）がわざと一部切り取られたことで、ビスマルクはスペイン国王の王位継承に関する小さな議論を、フランスに対する大きな侮辱へと変えた。軍事的優越性（プロイセンとドイツ連邦を集めた兵士の数五〇万人に対して、フランスは二四万人以下であった）によって、首相は戦争を望み、大陸の唯一のライバルと早期に決着をつけ、彼から見てドイツであるアルザスを取ろうとする。

対立する議員（その中にティエールがいた）[78]の、軍の現実的状況に対する不安にもかかわらず、ナポレオン三世は七月十九日、プロイセンへの宣戦布告を行う。その際ロシアとの連合はできなかった。イタリアはフランスがローマを明け渡すならフランスを支持すると申し出てくる。ナポレオン三世はそれを拒否する。恐ろしい共和制のグループに対して教皇の保護をやめるというのは論外であった。カールはパリに暮らすラウラとポールにロンドンに戻るよう手紙を書く。しかし彼らは拒否する。インターナショナルは九月にフランスの首都で予定されていた会議を中止し、ロンドンでのたんなる執行委員会に代える。

マルクスはそれに参加した。まずマルクスの心配は娘であった。彼はラウラがパリを離れ、夫の家族のいるボルドーに行く用意をしていることを知らなかった。政治的には、彼はプロイセンの勝利を望んでいた。それはルイ・ボナパルト・ナポレオンに対する個人的反感とフランスの敗北によって、この国のブルジョワ階級の力が復活するからであった。しかし、ビスマルクの成功はフランスの体制を硬化させ、議員である彼の友人リープクネヒトとベーベルの社会民主党が獲得した自由を弱めるのではないかと不安になる。彼は、軍の運命がどうあろうと、第二帝政は崩壊するだろうと予測する。ロシアはこの戦争に介入しないと考えた。なぜならロシアは軍事的な用意をしていなかったからだ。

こうして彼は宣戦布告の同じ日、「普仏戦争についてのインターナショナルの宣言」を書く。それは両国のプロレタリアに、戦争が「生まれつつある新しい社会」に対する別の社会からの攻撃戦争に変わらないよう、参戦することを呼びかけた。八月十日執行委員会は、この演説の文章によって、(アヴィニョンに移転する前）ロンドンにまだ住んでいたジョン・ステュアート・ミルからの予期せぬ祝福を受ける。社会学・経済学におけるこの名士は、「宣言に満足しています。書かれるべき言葉が書かれていて、恥ずべき言葉さえありません」と述べていた。数日後バクーニンが「現在の危機に関する一人のフランス人への手紙」でフランスを支持する。[70]

一八七〇年八月三日の日付の手紙で、マルクスは、エンゲルスにインターナショナルの内部に、プロイセンのスパイを送り込ませてはいけないと書く。「退屈でしょうがなかったロパーティンが、ロンドンに行くためにブライトンを発った。この男は現在私が知る限り『しっかりとした』ただ一人のロシア人で、彼に対してなら残っている民族的偏見をすぐに取り除いてあげることができよう。彼から、バクーニンが、私がビスマルクの『スパイ』であるという噂を流していることを聞きつけた。驚くべきことだ。まったく奇妙なことだが、同じ夜（先週の火曜日）、セライエの話では、フランス支部のメンバーでピアの特別の友人シャトランは総会で集まったフランス部門に、ビスマルクが私に金を払ったといったと知らせてきた。その額は二五万フランはくだらないそうだ。フランスでこうした額が語られているということ、そしてプロイセンのケチさを考えれば、この額は少なくとも私を高く評価していることになる[79][46]」。非難はたちまちひろがる。なぜなら、これはビスマルクが警察長官シュティーバーの配慮を通じて支配の手を伸ばす真のキャンペーンだったからだ。

両国の軍は向かい合う。九月一日スダンの敗北によってパリ、マルセイユ、リヨン、クルーゾーで反皇帝のデモが行われる。四日、ブルボン宮は襲われ、ガンベッタ[80]がそこで共和制を宣言する。国民臨時政府が、パリの軍事の長官トロシュ将軍の議長のもとに形成される。そのメンバーにはアドルフ・ティエール、ジュール・ファーヴル、ジュール・グレーヴィー、ジュール・シモン、ジュール・フェリー、アドルフ・クレミューそしてレオン・ガンベッタがいた。ヴィクトル・ユゴーとルイ・ブランは亡命から戻る。

ビスマルクはやがてアルザスとロレーヌを要求し、リープクネヒトとベーベルは帝国議会で予言的にそのことを告発する。「軍、教師、ブルジョワ、商人階級は、併合はドイツをフランスから守る永遠の手段であると主張している。――それは逆に、平和をたんなる休戦にしてしまうこと間違いない手段である。なぜなら、フランスは、失ったものを要求するためにより強くなるだろうから。これらの地域を細分化することでフランスとドイツが破壊されることは間違いあるまい」。二人の議員はやがて反逆罪で逮捕される。

九月九日、マルクスは、第二演説[81]でドイツの拡張主義を告発し、リープクネヒトとベーベルが数日前に述べたように、この戦いによって新しい戦争が生まれると述べ、現在まで中立を守るロシアを含めることで世界の情勢を見る。「優勢な軍事力、勝利の傲慢さ、宮廷の陰謀によって勝利したドイツはフランス領土の収奪を行っている。二つのことは一つのことである。これによってロシアの覇権政治がつくりだされるだろう。あるいは短い休戦協定の後、新しい防衛戦争が引き起こされるだろう。この戦争は、近代的発明によるローカル化された戦争ではなく、結合した古代ローマの奴隷人種との戦争になろう――チュートンの愛国者は、フランスをロシアの手に渡すことで自由と平和が守られると実際には想像しているのだろうか――」[82][1]。こうしてリープクネヒトとベーベルが新しい普仏戦争を予言したところで、マルクスは仏露連合が形成され、地球規模の対立が始まるだろうと考えている。これこそ、マルクスとその時代のほかの人々との見解をしばしば相違させている点である。リープクネヒト同様、彼らもかなり遠いところを見ていたとしても、カール以上に遠いところは見ていない。

パリでは、人民がプロイセンの進駐に抵抗するために武器を調達し始めていた。十二月三日、マルクスはクーゲルマンにこう書いている。「戦争の始まりがどうであれ、戦争はフランスのプロレタリアートを武装化していて、その点に未来に対する最良の保証がある」[83]。戦争といえば夢中になるエンゲルスは、できるだけプロレタリアートの力を維持するため、パリの侵略者からパリを守るためにパリに行こうと燃える。[213] カールは彼に留まるよう説得する。なぜなら、フランス軍の最初の敗北で、彼はフランス人から裏切り者とみなされているからだ[213]。

ジュネーヴからリヨンに行ったバクーニンは、九月二十八日、リヨンの労働者を呼び集める。そこで彼はインターナショナルの代表であり、共和制に対して武器をとり、こう宣言する。「国家の廃絶、裁判所の廃止、税支払い、抵当、私的負債の廃棄、侵略を防ぐための国民公会の結成[70]」。わずかな群衆がバクーニンとともに市役所を襲い、ほんの短い間職員を排除したが、軍の前に後退せざるをえなくなる。バクーニンはやがてマルセイユ、そしてジュネーヴに逃走し、最後にロカルノの豊かな友人の家に逃げ込む。

九月十九日、プロイセン軍はパリを取り囲み、ヴェルサイユに大本営を設置する。政府の一部はトゥールに撤退する。十月七日、ガンベッタは包囲下にあるパリから気球で脱出に成功し、トゥールの政府代表と合流する。彼は大衆蜂起を呼びかけ、徹底抗戦を訴える。ロワール軍を組織し、オルレアンを解放し、パリに進むために攻撃を行うが、モンタルジで敗北し、ラヴァルまで撤退する。トゥールの政府代表部はやがてボルドーに撤退する。フェデルブに率いられたいわゆる北軍という別の軍隊が、わずかな間バポームで勝利する。プロイセン軍は首都を砲撃する。闇市場が出来る。馬や植物園の動物を食べた後で、豊かなパリ市民は猫を食べ、貧しいものはねずみを食べたといわれている。一月二十日、パリ市民はボルドーの共和国政府にまだ支持されていたが、最初の出口を探すが失敗する。ティエールは政府を別のヨーロッパの国に移転させようとする。インターナショナルのイニシアチブでロンドンではイギリス政府に共和制を認めフランスの分割に反対する大会が開催された。

一八七一年一月十八日、ドイツ帝国はヴェルサイユの鏡の部屋で勝利宣言をした。二十八日、臨時政府は敗北する。外務大臣ジュール・ファーヴルは平和協定にサインする。戦争は終わる。ビスマルクは、合法的政府と平和条約の締結をするため、占領後の政府が直接組織されることを要求する。なぜならビスマルクは、パリ政府のサインを拒否するといわれていたからだ。

カールはラウラ・ラファルグが当時ボルドーにいて、第二子を産んだことを知らなかった。[84]

二月八日、占領下のフランスで選出された国民議会はボルドーで、平和へのもっとも急速な復帰を願っている君主政支持者（議員の三分の一が貴族であった）の多くを集めた。もっとも票を集めたのがヴィクトル・ユゴーとルイ・ブランであった。この議会はティエールを二月二十七日「フランス共和制臨時権力の長」とした。フランスはアルザスとロレーヌの一部の「主権と所有権を永久に」ドイツに譲った。フランスはベルフォール地域は何とか維持することに成功したが、五億金フランを賠償金として支払わざるをえなかった。マルクスはやがてフランス共和制は「王位を転覆せず、その場所を掌握しただけで、王位は空位のままであった」と述べる。そして政策も帝政と同じであった。

包囲中のパリでは多くが平和協定を拒否し、闘争を続けようとした。あるものはパリ政府、「連邦」さえつくろうとした。マルクスはそれには反対した。「フランスの労働者階級はきわめて困難な状況に位置づけ（られていて）、蜂起は絶望的な狂気とさえなりうる」。二十年来、マルクスは、革命は労働者と農民、パリと地方との連帯がなければ成功しないと考えていた。一方、地方はボナパルト主義者も、政府以外のものも、ボルドーの議会も、なんとしても平和維持のため占領者と協力する用意をしていた。

ジュール・フェリーは政府に首都に戻るよう要求したが、パリ市民は「連邦」を組織し、中央委員会を選出し、「軍」を組織した。ティエールはやがてその軍隊をパリに入れ、蜂起を終焉に導き、すべての武器を没収し、とりわけモンマルトル地区（その区長はジョルジュ・クレマンソーという人物であった）の大砲をとりあげるよう命令する。

ティエールを援助するためにビスマルクは彼に武器や必要な情報を供給した。その中には、彼が抵抗者について集めた資料や、シュティーバーによるマルクスに関して集められた資料があった。この今では警察長官となっていた古いスパイの部下は、十五年前『資本論』の著者を訪問していた。彼はパリや地方のコミューンに敵対する新聞を通じて、この事件でインターナショナルの果たしている役割を告発し、だれかれにマルクスはプロイセンのスパイであるといわせ、またマルクスは共産主義革命を行おうとしているともいわせた。

三月十四日「インターナショナルのボス」というタイトルのもと、ボナパルト主義者のあるパリの新聞『ル・パリ・ジュルナル』は、マルクスをパリの抵抗者の責任者であると述べた。ビスマルクのプロパガンダに刺激されたこの記事はそれなりの影響をもち、電信を通じて送られ、『タイムズ』もそれを直接とりあげた。ティエールとビスマルクとの連合によって、それを否定しようと無駄な努力をしたマルクスは数日以内に世界的に名が知れる。彼は四日後コミューンとなる組織の組織者、扇動者と見られた。

実際三月十八日、マルクスが心配した最初のパリの蜂起が起きる。人民はモンマルトルの大砲をわたすことに拒否し、軍と融和した。バリケードが作られ、運動はリヨン、サン・テチエンヌ、マルセイユ、トゥールーズ、ナルボンヌに広がる。ヴェルサイユの軍は地方では抵抗者を蹴散らし、パリを包囲しプロイセン軍が撤退した保塁を占拠した。交渉の手段をもつため、コミューンはやがて貴族を人質にし、合法的政府であることを要求し、パリで占拠も組織される。

ロンドンのマルクスは衝撃を受けていた。ラウラはおそらくまだ夫ポール・ラファルグとパリにい

一八七一年四月、パリ・コミューンの頃の市庁舎前のバリケード

て、知らせを送ってこない。ジェニヘンも心配し、ロンゲとフルランスのことも心配する。十七歳になったエレナーは、まだ重要なコミュナールであり、彼女の熱愛するリサガレに会ってはいなかった。この四人のマルクスの娘の恋人は、すべてパリの事件の嵐に巻き込まれていた。

三月二十六日、パリ・コミューンが選挙を組織する。首都で登録された四八万五千人の選挙人のうち、二二万九千人（情況からいってかなりの投票率である）が投票した。九二人が選ばれ、十七人がインターナショナルの社会主義者のメンバーだった。その中にギュスターヴ・フルランス、シャルル・ロンゲ、ウジェーヌ・ポティエ（将来の「インターナショナル」の歌の作者）、エドゥアール・ヴァイアン、ウジェーヌ・ヴァルラン、ピエール・ヴェジニエ（マルクスと敵対していた）がいた。そのほかは大部分がプルードン派であり、ブランキ派であった。ユゴーはボルドーの議会を辞任する。彼はコミューンを支持し、ブリュッセルに再び向かう。

マルクスは娘と孫、幼い「フシュトラ」[85]への不安を募らせる。彼はラファルグがボルドーのコミューンの代表となったことを知った。カールはやがて気管支炎と新たな肝臓の病気で床に伏す。すべてこの運動に同感を抱きながらも、実情は知らなかった。マルクスは、

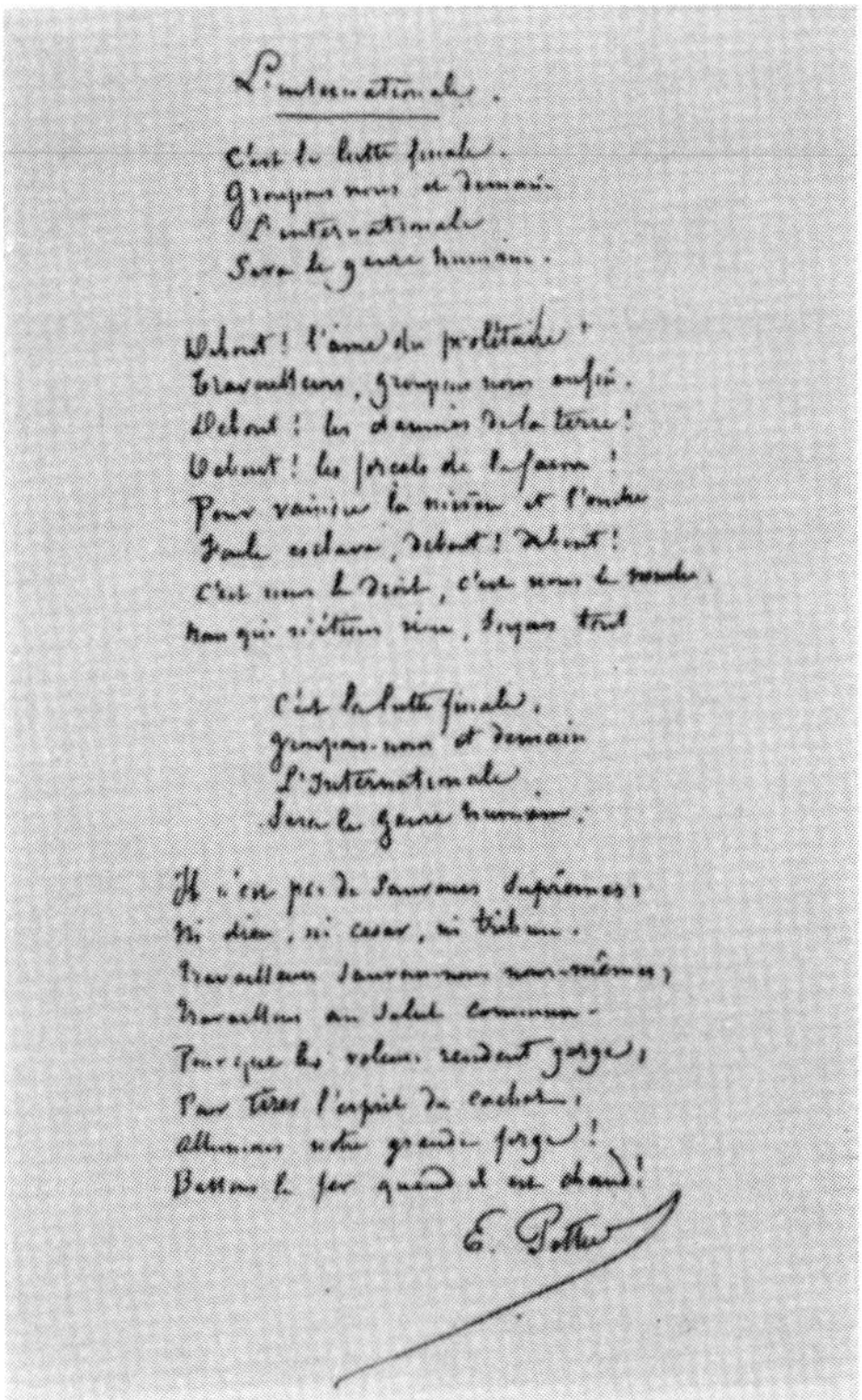

インターナショナル歌詞（ポティエ作詞）

権力を掌握し、フランス銀行を掌握し、ティエールの軍隊の包囲を突破することではなく、選挙の過程で大事な時間を費していることに怒る。マルクスは、屈服し、おびえた地方から何も支援を得られないことに絶望する。プロイセン人がヴェルサイユにもたらした援軍の情報を得る。ビスマルクと国民政府の外務大臣ジュール・ファーヴルとの間の合意によって、ヴェルサイユでパリを陥落させるべく「あらゆる可能な力」が与えられるということを知った。抵抗に対する協力。

包囲は地獄と変わる。飢饉はすさまじいものであった。三月三十日、二人のコミューンの代表、一人は共産主義者でハンガリー人のレオ・フランケル、もう一人はプルードン派のウジェーヌ・ヴァルランがマルクスに極秘の使者を送り、「行うべき社会改革」についての教えを請う。テュイルリー宮殿を調査したコミューンは、皇帝の家族の手紙や書類の中にVという手紙を発見する。「フォークト。彼に一八五九年四万フラン送った」、カールが十年来探してきた証拠であった。[86] 彼は「プロン・プロン」の命令で中傷されていたのだ。しかし今はビスマルクに中傷されている。

多くの新聞、その中に『プロヴァンス』とベルギーのカトリックの新聞があったが、やがてシュティーバーが書いた同じ記事を掲載する。「パリ、四月二日。ドイツからの発見がこちらではセンセーションを呼んでいる。インターナショナルでもっとも影響力のある人物の一人カール・マルクスは、一八五七年ビスマルク公の私的秘書となり、それ以後たえず古い主人との関係を続けている」[87]。

四月三日、新しい出口を求めようとするものがいた。その中にジェニヘンの友人ギュスターヴ・フルランスがいたがヴェルサイユ軍に捕らえられ、射殺された。彼女がずっと後にこのことを知ったときマルクス家をショックが襲う。

マルクスがコミューンの頭領だというプロパガンダと闘うために、マルクスは四月十日ごろリープクネヒトに手紙を書く。「ドイツのビスマルク政府は、フランスで私をビスマルクのスパイであるという疑いをかけようとしている。この企ては、シュティーバーの警察と国際的関係を築き続ける(ティエール体制のもとではかってないほど)、ボナパルト主義者の古い警察から生まれている。僕は『タイムズ』で『ル・パリ・ジュルナル』、『ル・ゴロワ』などのさまざまな嘘を否定せざるをえなかった。最近の嘘は『ル・ソワール』(ルイ゠ナポレオンの有名な仲間であるアブの新聞)から出たもので、この新聞をコミューンはごく最近発禁処分にした。『ル・ソワール』から、嘘が地方の反動的な新聞に流れている――。このシュティーバーという男は実際に『恐ろしい』男だ」[88][47]。

コミューンへのマルクスの支持

マルクスは今ではコミューンを支持し、彼はその中に、二十年前に書いた書物『ルイ・ボナパルトのブリュメール十八日』の中で推奨したことが実現されるのを見ようとしていた。戦いが始まって以来非常にためらいがちであったマルクスは、コミューンは当時「プロレタリア独裁」と呼んでいたものを初めて実現するだろうと、やがて考える。

一八七一年四月十二日、彼はクーゲルマンに手紙を書く。「もし君が僕の『ブリュメール十八日』の最後の章を再読してくれれば、次のフランスでの革命は、軍事―官僚的機構を他の権力の手に渡すことなどもはやありえない、そしてその点こそ大陸における真の人民による革命の条件であると主張していることに気付くだろう。それはまたパリのわが英雄的同胞が試みていることでもある〔89〕(27)」。

事実は、パリ市民は国家の権力を掌握することなく、ある種の民主的形式主義に嵌っていた。四月十六日、デュバルとフルランスの処刑と穏健派の辞任を考慮して、パリ市民は補欠選挙を行い、パリのマルクス派の代表セライが選ばれる。

同じ日、リヨンでの敗走の後隠れていたスイスから、バクーニンは友人のオガリョフにこう書いている。「すでにある『段階』の時期を過ぎ、『活動』の段階に入った。結果がどうであろうと、大きな歴史的事実が生まれつつある。そして失敗の場合、二つのことしか考えられない。第一は、ヴェルサイユはパリを敗北させるために、プロイセンの公然たる支援を必要とするということ。第二は、パリ市民は疲弊し、少なくともパリの半分は彼らとともに滅びるだろうということ。やがて軍事的勝利があるだろうが、議論できない大きな事実として社会問題が立ち現れるだろう(70)」。

翌日、マルクスはクーゲルマンに別の情熱的なことばを主張する。結果がどうであろうと、事態は労働者階級にとって都合のいいものであると。マルクスは「空からの攻撃に立ち上がる」大衆の革命的イニシアチブを叙情的に評価し、「有利なチャンスだけを条件として戦いが行われるなら、歴史をつくることは非常にすばらしいことでしょう。――労働者階級の意識の後退は何人かの指導者の死以上に大きな不幸でしょう。パリの闘争によって、労働者階級の資本家階級とその国家に対する闘争は新しい局面に入りました。しかし結果がどうであろうと、新しい世界史的に重要な出発点を得たといえるのです〔90〕(27)」。

マルクス家は、まだ何の知らせもないラウラとその家族のことがますます心配になる。ジェニヘンはロンゲとフルランスを心配する。まだ彼女は彼が死んだことを知らない。やがてカールはラファルグの家族は子供をともないボルドーに着いたことを知る。ジェニヘンとエレナーはボルドーに行き、彼女を助けようと決意し、五月初めそこに着く。

五月十日、アルザスとロレーヌを移譲するプロイセンとの平和条約がフランクフルトで締結される。十三日マルクスはレオ・フランケルとウジェーヌ・ヴァルランの手紙に答える。彼は、権力を維持するために必要な処置を何も講じていないことに怒る。フランス銀行の金を手中に収め、ヴェルサイユを攻撃すること。コミューンは個人的な闘争で時間を失う暇はなく、自らを守らねばならないと彼らに説明する。プロイセンと結んだ秘密合意によって、ヴェルサイユがパリを占拠するためにあらゆる手段が講じられるという噂がロンドンで流れる。マルクスは悲観的になる。彼は地方とパリとの連帯はもはや不可能だと考え始める。コミューンは裁かれる。危険な文書は隠さねばならない――しかし彼の手紙は遅れて届く。

なぜなら、カールが予測したように、ティエールは包囲網を強化し、あらゆるメディアを拒絶する命令を出していたからだ。ヴェルサイユの砲兵部隊は、ますます首都を頻繁に砲撃していた。インターナショナルの執行委員会は、やがてマルクスにこの状況についてのインターナショナルの立場を明らかにする、第三の宣言の起草を依頼する。彼は躊躇する。病気であった彼は悲惨でもある状況、またあまりよく知らない状況について書く気にもならなかった。その頃パリの状況は急激に変化するが、ロンドンとの素早い通信をパリから行う自由なジャーナリストがいないため、情報は伝えられることもなかった。

五月二十一日、五万人のヴェルサイユの兵士がサン・クルー門からパリに侵入する。パリ国民軍は後退し、公的建築物を焼き払う。とりわけテュイルリー宮殿と市役所を焼いた。戦いは悲惨であった。

の内乱』

二十七日、パリの崩壊が決まった。八七七人の死者と六五〇〇人の負傷者がヴェルサイユ側に出た。パリ国民軍側は四千人以上の死者であった。そこには裁判なく軍によって処刑された一万七千人も付け加えられる。その中にはカデ広場で逮捕されたウジェーヌ・ヴァルランもいる。四万三五二二人の逮捕者のうち一万三四五〇人に判決が下され、二七〇人は死刑、四一〇人は強制労働、七四九六人は流刑であった。

同じ頃、銃声と血の惨劇のパリの郊外では、一人の家具職人であるベルギー人のゼノーブ＝テオフィール・グラムは中断することもなく仕事をしていた。最初の直流の発電機（これは近代の電気産業の出発点となる）を作った後、「直流電気を生産する磁気機械」という理論の特許を獲得し、グラム磁気機械会社を設立し、科学アカデミーのブルゲ家のアトリエで製造された最初のモデルを発表する。マルクスが期待し、予告した電気が現実のエネルギー源になる。

コミュナールの悲劇について四つのテキストが示してくれる。ヴィクトル・ユゴーは『恐ろしい年』という作品の中でこう書いている。「ああ、謀略は悲惨である。背景は無常である。そして尊い未来を妨げるものは何もない」。アルチュール・ランボーは『パリの戦争の詩』の中で怒る。「おお五月、何という狂気か――ティエールとピカールはエロスである。ヘリオトロープを奪い取るもの。――赤い衝突の中で」。ラ・フォリー＝メリクール通りの角の最後のバリケードを「守っていた」ジャン＝バプティスト・クレマンの『さくらんぼの実る頃』は、コミューンを祈念する唄になった。この頃マルクスが書いた第四のテキストは、『フランスの内乱』という第三の宣言である。そこでコミューンは「第二帝政のアンチテーゼ」、「新しい国家」に対する初の試みとして考えられている。彼は蜂起の最後の状態を詳しく知ることなくこれを起草した。彼は娘の情報を得ようと奔走するのに忙しかったのだ。

五月三十日、彼は執行委員会でこの宣言を読む。彼にとって、農民とプロレタリア革命を結びつけることができなかったのは、コミューンが非常に短く、パリに限られたからであった。このことは一八四八年革命以来彼がもっとも強調していたことであった。彼は二十年前の予言を再びとりあげる。「農民はボナパルティストであった。その理由は彼らが大革命とそれによってもたらされた利点と、ナポレオンの名前を混同していたからである。第二帝政下、こうした誤解はほぼ完全に消滅した。古い時代の偏見も、生きた利益、農民の直接的な欲求に訴えるコミューンの呼びかけに抵抗することはできなかった。地方の諸氏は、もしコミューンのパリが県と自由に連絡しあっていたら、すべての農民は三カ月ぐらいで蜂起しただろうということをご理解いただけると思う。――コミューンは、フランス社会のすべての層を表現する真の代表であった。このため、コミューンは事実上の国民政府であった。――それは労働者階級が社会的なイニシアチブを取り得る唯一の階級だと認識しえた初めての革命であった。コミューンは、豊かな資本家を除くすべてによって、パリの第三階級(小商人、職人、商人)によって国家と認められていた。第三階級に所属するこうした大衆は一八四八年労働者蜂起の勃発に参加し、やがてすぐに何のためらいもなく、国民議会は彼らを債権者の餌食にした――。こうした大衆は本能的にコミューンと帝国のどちらかを選ぶ必要があった。――ボナパルト主義者の宮廷人や資本家のさまよえる一群がパリから逃走した後、共和連合という第三階級の真の『秩序党』がパリの旗のもとに集まり、ティエールの謀略にたいしてパリを守った」[91][8]。

マルクスにとって、コミューン政府は民主的に選出された、それゆえまさしく合法的政府であった。「コミューンは普通選挙によってパリ区選出の市議会員によって形成されていた。――人民を弾圧するだけの古い政府の権力組織を解体することで、コミューンはその合法的な役人より社会の上に位置したいと主張し、人々を彼らに隷属させている権力を奪いとったのである。――コミューンに組織された人民はやがて普通選挙を行うよう呼びかけた。それはまさに、企業のために労働者、夜警、経理を選ぼうと自分の個人的権利を使う雇用者と同じことである[92][8]」。

　全体として見て、マルクスにとってコミューンは、彼が「プロレタリア独裁」と名づけたものをもっともよく表していた。この独裁は普通選挙で与えられたすべての権力を使うものであった。プロレタリア独裁は、考慮することなく「出来合いの国家機構をそのまま取り、自らの目的のために機能させることに満足しない[93][8]」。プロレタリア独裁が民主的に選出された後、国家機構は改革されるべきである。マルクスは社会主義への移行に必要な制度上の改革の特徴をあげる。「常備軍を廃止し、人民軍に置きかえること[94][8]」、議会機能と制度を廃止し、「いつでも罷免可能な責任ある――労働者階級のよく知られた代表、あるいは労働者に」置き換えること、彼らは「労働者の賃金」を保証し、「同時に立法、行政を行う組織」を構成する[8]。コミューンは裁判所の「似非の独立性」を奪い取り、教会を攻撃することで「抑圧の精神的道具の破壊[95]」を始める。しかしこの政府は次の段階、社会主義にいたる政策に失敗した。なぜなら、プロレタリア独裁を正確には行わなかったからである。

　マルクスはやがて初めて、資本主義から階級なき社会主義への移行の概念を詳しく定式化する。彼にとってそれは四つの段階で起こらなければならなかった。（パリでの権力掌握の際のように）ブルジョワジーから一撃でその権力を奪う「革命と暴力」の段階、彼がすでに述べたような急進的改革によって反革命勢力（いわばヴェルサイユ軍）を避けるためのプロレタリア独裁（いわばコミューン）、「労働に応じた分配」といった原理とそれに一致する生産を組織する社会主義、最後に共産主義、これによって「欲求に応じた分配」という集団、その自由な組織と生産物の平等な分配が可能になる。

マルクスの結論では、コミューンは第二段階から第三段階の過程で失敗した。しかしコミューンはプロレタリア革命のもっとも完成した形態であった。コミューンはヨーロッパにおいてそのほかの蜂起を引き出すだろう。カールは小さな機構の改革で締めくくる。革命の未来を確信するためには、またプロレタリア独裁を社会主義にもっていくには、国際的な強い連帯に支えられる必要があり、そのためにはインターナショナルの執行委員会を強くし、アナキストをそこから排除する必要がある。

このテキストは、ブランキストやプルードン派を含む多くのものに承認された。これによってイギリスの労働組合の脱退が促進された。そこにはインターナショナルの創始者のオドガーがおり、彼は労働組合が暴力を弁護するかのように理解されることに納得できなかった。イギリスのすべての新聞はたとえ暴力が防衛的で合法的であってもこのことを告発した。

この宣言の英語版三千部は十五日で売り切れ、フランス語版もドイツ語版も同様であった。[105] これは生前のマルクスが知るもっとも大きな執筆上の成功となる。しかし彼には苦痛の成功であった。なぜならインターナショナルは、やがてヨーロッパの政府すべてにとって現存の制度を廃棄する力として出現し、それゆえインターナショナルが支持する制度のように、何が何でもつぶさねばならない敵となったからだ。フランスでは、インターナショナルを共和国が禁止し、そのメンバーは処刑され、追放され、流刑にされた。[105] ドイツではリープクネヒトとベーベルはビスマルクによって収監され、そのほかの多くのものも同様だった。ロシアでの反動は悲惨であった。ウィーン、ブダペスト、イタリア、ベルギーではインターナショナルの支部は厳しく監視され、彼らの活動も厳しく制限された。

マルクス、有名となる

マルクスはやがてヨーロッパ中に、重要な扇動者として、この嫌悪されるコミューンの組織者としてさえ、知られるようになる。すべての権力は、血の独裁者として彼を紹介する。[277] ロンドンのドイツ大使は、新たにイギリス当局にマルクスを政治犯以外の普通の刑事犯として取り扱って欲しいと要望するが、イギリスの法は（マルクスは違反したことはなかったが）それを認めることはなかった。[27] にもかかわらずマルクスは、彼がもっているとされる狂気の考え、[27] すなわちイギリスにおいて王政を廃止したり、下院を廃止したりという考えなど、もっていないと否定せざるをえなかった。

やがて彼はアメリカの新聞のインタビューを何度か受けている。その一つは『ウッドハル・アンド・クラフリンズ・ウィークリー』に掲載されるが、この新聞は二人の姉妹の名前、テネシー・クラフリンとヴィクトリア・ウッドハルの名前の付いた奇妙な新聞であった。それにその愛人鉄道王コルネリウス・ヴァンダービルトが支援していた。ヴィクトリアはまず次の大統領選に黒人ジャーナリスト、フレデリック・ダグラスとともに対立候補者として出馬する。その時代は女性に選挙権もなく、差別が一般的だった時代である。このインタビューは非常に興味深いもので、カールは辛辣な会話を行う。そこにすでに、噂とプロパガンダに対して近代ジャーナリズムが闘わねばならない、さまざまの障害が集められている。ジャーナリストが彼にインターナショナルの秘密の性格について質問すると、カールはこう答える。「説明するような秘密などありません。おそらく秘密があるとすれば、この組織が、活動にいたるまで公けのものであること、そして議論の詳細も誰でも読める議事録の中に詳細に掲載されていることも知らないで、執拗に秘密であると主張する愚かな人間の秘密だけです。あなたも我が規約を一ペニーで購入できます。もし一シリングで冊子を購入していただければ、われわれよりもわれわれのことについてよく知ることになるでしょう」。彼は皮肉を込めてこう続ける。「蜂起はフリーメーソン風の謀議であるかもしれません。なぜかといえば、個人としてそれに参加することは拒否できませんから。また教皇がすべての蜂起の責任を彼らに帰しても私としては驚きません。――インターナショナルはその問題に関して彼らの意志を命令するつもりはありません。インターナショナルはすでに示唆を与えるのに苦労しています——労働者階級は別の階級になんら期待をしておりません。だから、労働者階級は自ら自身の運動を守る必要が絶対にあるのです」。

この記者が新聞についてどう考えるかと聞いたとき、彼はこう答える。「ベルギーの新聞『ラ・シチュアシオン』ではこういわれています。『インターナショナルのマルクス博士は、フランスを通過しようとしたときベルギーで逮捕された。長い間ロンドンの警察は彼のインターナショナルを監視し、やがてその組織を禁止する力強い処置をとる』と。二つの文章に、二つの嘘があります。あなたは、御自分に感性があることの最初の証明として真実を証明してくださるでしょうね。私はベルギーの刑務所に入っておりません。もちろん我が祖国イギリスにおいても入っておりません。一方、ご存知でしょうが、イギリスの警察はインターナショナルの問題に首を突っ込む力をもっていませんが、わが協会は警察の問題に首を突っ込む権利をもっています。しかしながら、一つのことは確かです。この報告は何ら否定されずにヨーロッパ中を駆け巡っているということで、たとえ私がここからヨーロッパのそれぞれの新聞に回状を送りつけても広がるでしょう」。決定的なことは、この時代からものごとは何も変わっていないということである——。

七月三日アメリカの別の新聞『ニューヨーク・ワールド』からの別の質問に答えて、マルクスは宣言する。「イギリスのブルジョワジーは、いつも選挙で独占できるよう長い間多数派の決定を受ける用意をしてきました。しかし、ごらんのように、ブルジョワジーが自らにとって重要な問題に対して少数派になって以来、われわれには、新しい南北戦争問題をもつことになっているのです」[96]。記者が権力の掌握の仕方は民主的であるか、暴力的であるかと聞いたとき、彼は革命は民主的状況下では無意味であると答える。そしてさらに、革命は当該国の労働者階級の決定、労働者のみに依存していると答える。「たとえばイギリスでは、政治権力に至る道は労働者階級に開けています。平和的行動によってすばやく、確かな平和的活動がなされうるところでは、蜂起など狂気といえましょう、フランスは抑圧のための百もの法律をもっています。死の敵対によって階級が対立し、社会戦争といえる暴力的な解決を避けるわけにはいきません。このどの解決法を選択するかをこの国の労働者は見ています[97]」。もっと後に、マルクスの仲間の何人かは、権力をとるために、可能なところでは民主的道を取るべきだと推奨したことを記録することになる。なるほど、彼はこうした権力が投票によって失われれば喪失することについては述べていない。

インターナショナルが、その敵のプロイセンとの内通についてフランスで糾弾された時、マルクスは一八七一年八月十日、戦争においてインターナショナルが中立を守ったことを意図する長い弁明によって答える。

「一八七〇年七月二十三日の最初の宣言では、執行委員会は、戦争はフランス人民ではなく、帝国によってなされると宣言し、根本的にはボナパルトにもビスマルクにもその責任があると宣言している。同時に、執行委員会はドイツの労働者に、プロイセン政府に対して防衛戦争を侵略戦争に変えさせないよう呼びかけた。一八七〇年九月の第二宣言は（共和制の宣言の五日後）、プロイセン政府の侵略の意図を非常に厳しく非難している。この呼びかけによってドイツとイギリスの労働者にフランスの共和制を支持するよう呼びかけた。事実、国際協会に属する労働者は、ドイツでは非常なエネルギーでビスマルクの政治に反対し、ビスマルクは敵との『謀議』という嘘の非難のもと、インターナショナルの主要なドイツ代表を非合法にも逮捕させ、プロイセンの要塞にぶち込んだ。――フランス

ヴィルヘルム・リープクネヒトと、三女エレナー。一八七〇年頃

政府は、インターナショナルが戦争の間、フランス支持を与えたことを忘れたのであろうか。絶対にそうではない。ジュール・ファーヴルのウィーン領事、ルフェーヴル氏は、軽はずみにもフランス政府の名の下、ドイツ帝国議会のインターナショナル代表の二人のリープクネヒトとベーベル両氏へのお礼状を出版した。この手紙はビスマルクの圧力のもと、ザクセン政府がリープクネヒトとベーベルに対して起こした大逆罪の裁判の証拠となっている。この裁判はまだ審理中である――。破廉恥な新聞が私をビスマルクのスパイだとティエールに告発した同じ頃、この同じビスマルクが私の友人をドイツに対する大逆罪で収監し、私がドイツに足を踏み入れた途端、逮捕させるという命令を出したのだ。このことをみれば、フランス政府自身インターナショナルを、プロイセンの侵略者に対するフランス共和国の仲間だとみなしていたことになる。インターナショナルは戦争の間フランスの唯一の仲間だったのだ。友愛のこもった挨拶を送る[98][47]」。

カールはロンドンに大量に溢れかえったフランス人亡命者に関心を持ち始める。生存者でもっとも重要な人物は、ヴァイヤン、ランディエあるいはヴェジニエであり、彼らは奇跡的にヴェルサイユの砲弾から逃れ、インターナショナルの執行委員会に承認された。多くは亡命者支援委員会の援助を受けた。ジェニー、エレナーそしてラファルグ家は、ポールの家族のボルドーの家に、二人の息子といた。弟の方は一月に生まれ、一八七一年七月二十六日に亡くなった。これはラウラが失った二番目の子供であった。残っているのは「シュナップス」ともいう小さな病気がちの「フシュトラ」だけとなる。

ロンゲからの知らせはない。ラファルグはジェニヘンとエレナーにフルランスの死を教える。ジェニヘンは銃殺された男の手紙をずっともっていた。

マルクス家の三人の娘、シュナップス、ポール・ラファルグはリュションに隠れるために逃げる。そこの空気は子供の結核にとっても最良であった。そこで一人の警察が彼らに気づき、ラファルグは告発され、やがて逮捕される。ラファルグ家は息子とやがてスペインに行く(ポールはスペインのパスポートを持っていた)。彼らはフェスカで逮捕され、八月二十一日釈放される。一方他の二人の姉妹はロンドンに戻る。帰りの道で、ジェニヘンとエレナーは逮捕され、調べられ、何日か拘留され、トゥールーズ共和国の検事、治安判事、警察長官、ケラトリのような公爵にかなりきびしく審問される。ジェニーはフルランスの手紙を離さず持っており、この手紙が見つかれば流刑地送りになっていたであろう。

インターナショナルは解体する。そこには当時三八五人のメンバーしか属していなかった。そのうち二五四人がイギリスにいた。総書記は老ゲオルク・エッカリウスで、週十五シリングの給与を受けていた。もちろん定期的ではなかった。彼は、生き延びるために今では組織の活動について新聞に情報を漏らしていた。そのことが憤慨を引き起こす。もう一度大会を開催することが不可能であったので、カールは九月十七日ロンドンで「予備会議」を招聘する。彼はそこでブランキストと連合し、ちょっと前にアメリカの記者に語った通り、秘密結社的要素をなくすよう要請し、可能な国では、アナキストたちが好きな秘密結社にとってかわる、合法的に権力を取る「共産党」を要求した。彼はとりわけジュラ派に、いわばバクーニンに隊列に戻るよう命令した。マルクスの合法性へのこだわりと民主主義における暴力革命の否定はインターナショナルの指導者に受け入れられた。

社会民主党が誕生した。ロンドンのこの集会は歴史的に見て、マルクスのイニシアチブによって、時の流れに抗して社会主義運動が明確に議会主義の道を選んだときとして記憶されるだろう。もちろん、投票によって獲得した権力はまた投票によって失いかねないということは明確には述べていなかったが。

インターナショナルの分裂

一八七一年十一月十二日、バクーニンは新たに「支部の独立性の原則を維持し、執行委員会を通常の役割、すなわちたんなる通信と統計のための事務所にもどすために」大会の召集をかける。

同じ頃、ティエールは、未来の政府の形態について何も決めないで行政権力を握り、ゾラが『ルーゴン家の富』を出版する。

ロンドンで国際労働者協会創設第七回記念の際、マルクスは演説をするが、彼の良き精神状態がわかる。同じアメリカの新聞の通信員が書きとめた内容がここにある。「インターナショナルといえば、現在までその努力が称えられる大成功は、メンバーがどんな権力ももっていないという状況のおかげでした。——その課題は、労働者階級の力を組織し、さまざまな労働運動を統一し、調和させることでした。協会を発展させるのに大きく役立った状況は労働者が世界中でますます抑圧されている状態でした。その点に成功の秘密がありました[99]——」言い換えれば、インターナショナルが耐え抜いた苦難がその発展の助けとなろう。

事実マルクスは一言もその点について疑いを持っていなかった。彼の眼にとってその時代を作ったのはインターナショナルであった。そこからやがて彼は結果を引き出す。

十月二十一日、マルクスのそばのロンドンでパリ・コミューンを経験したエンゲルスは、パリのバリケードで戦い死ぬことができなかったことで怒りながら、バルメンの彼の信頼する母に、事件を非常にうまく要約し、この劇的な時代を締めくくる崇高な手紙を書く。

「親愛なる母上殿。長い間まったく手紙を差し上げなかったのは、自分の政治活動について母上が思っておられることに、母上のお怒りを害しないように答えたかったからです。それから、『ケルン新聞』の無礼な一連の嘘、とりわけヴァッヘンフーゼンの卑しい男の記事を読んだとき、戦争の間、コミューンに対するパリのもっとも買収された雑誌の中傷、警察のさまざまの発見、福音書の中の真実のような、フランスの新聞での嘘、ドイツでの噂しか知らない同じような人々を見たとき、母上に手紙を書く気がおきなくなりました。何人かの人質がプロイセンのやり方で射殺され、いくつかの宮殿がプロイセン風に焼かれ、大きな騒乱がありましたが、それ以外はすべて嘘です。ヴェルサイユ軍が武装解除の後機関銃で殺した四万人の男、女、子供については何も書かれていません。しかしみんな何も知ることができないのです。ただ『ケルン新聞』と『エルバーフェルト新聞』にかじりついていて、文字通り嘘を吹き込まれているのです。すでに母上は、彼らは残忍な人間として取り扱われるということをご存知でしょう。たとえば古いナポレオンのもとでの徳行会の人々、一八一七年と一八三一年のデマゴーグ、一八四八年の人々です。やがて、いつも彼らはそんなに悪くはなかったことになります。迫害されるという怒りが彼らに降りかかったからです。初めからすべての悪党の歴史はいつも雲散霧消して終わるのです。親愛なる母上、貴方がそのことを思い出し、新聞の中に書かれてあるこうした想像上の汚名を読むとき、一八七一年の人々にもそのことを応用してくださることを期待します。ご存知のように私はほぼ三十年来思想を変えたことがありません。母上にとってそれはもはや驚きでもないはずです。この事件が私に降りかかるやいなや、この事件を擁護するばかりでなく自分の義務を果たすつもりでした。たとえマルクスがそこにいなかったとしても、また存在していなかったとしても、結果は同じだったでしょう。彼に責任をかぶせることは正しくありません。かつてマルクス家の人々が彼をこんなにしたのは私だと主張したことが思い出されます。しかしそれについてはもうたくさんです。それについて何も変えるものはありません。またそう見せる必要があります。しばらくは平穏でした、とにかく騒音は消え、母上御自身ももっと静かに事態を見ることになるでしょう。心より、あなたのフリードリヒ〔100〕(113)」。

6

最後の戦い

一八七一年十二月―一八七三年三月

カールは、目標に到達しているかに思えた。そのとき五十四歳。コミューンの雷鳴がまだヨーロッパで鳴り響いている頃、彼は突然世界的な著名人になった。新聞から全能の男と見られたカールは、唯一の多国籍政治組織の中心にいた。彼を推薦する秘密の党や秘密グループが、ドイツ、フランス、大英、イタリア、合衆国そしてロシアで出現した。コミューンの最後の頃書かれた、彼の最後の「インターナショナルの宣言」は何度も西欧の新聞に採録され、世界のジャーナリストは彼に質問をするため列をなした。ドイツの数万人の労働者と学生が読んだ『共産党宣言』は、フランス語、ロシア語、英語に翻訳されつつあった。[1] 同じく学者たち、政治家、革命家の注目をひき始めた『資本論』も、翻訳されつつあった。[2] 最終的に十分な生活手段を得、妻と娘の生活を、つつましやかだが維持することができた。彼の家族は流れ出る噂とはちがって非常に仲睦まじいものであった。

しかし、彼は幸福でも、平穏でもなかった。病気がちで、しばしば苦痛をともない、三人の子供を失ったことも忘れてはいなかったし、監視され、スパイされ、右派からそして自分の陣営から出てくる敵に苦しみ、彼を悪魔としか語らない新聞の中傷と批判に圧倒され、完成するはずだった作品が完成しなかったこと、またその困難について意識し、新聞が彼の政治的影響にしか関心をもたないことに気づき、かつて自らもなりたいと思っていたドイツの大学教授からも無視され、救いの国家となった資本主義が、労働者に共産主義を拒否させるべく、生活水準をかなり改善する能力をもったことを予感しながら、一種の知的、政治的、肉体的自殺状況の中で、すべてを断念しようとしていた。彼はすべてにおいて疲れていた。それは、彼と同時代のもう一人の偉大な観察者アレクシス・ド・トックヴィル[3]が数年前に疲れていた状況と同じであった。トックヴィルは疲れ果て、「人をだます陽炎の川の方が本物に見えるのだとすれば、われわれが長い間探してきたこの確固たる大地は本当に存在するのか、我が運命とはむしろただ海をかき混ぜるだけなのではないか[269]」と問うた。

事実一八七〇年と一八七一年の事件の最初の政治的犠牲者、それはインターナショナルである。生き残りの多くは、パリの虐殺の後、ドイツ、オーストリア、ロシアの弾圧の後亡命した。そのほかの国に関して見ても、彼らはイギリスの労働組合の指導者が以前に行ったように、民主的運動へ移行しつつあった。社会を急進的に変革しようといまだに望んでいるものも稀であった。彼らの中でさらに稀であったのは、マルクス同様、それが可能な場所では革命を民主的方法で行おうと望むものであった。

ロンドンのコミュナールの保護

この一八七一年の暮れ、カールが第一に優先したことは、ロンドンにやって来るすべて憎悪の的になっているコミュナールのために、隠れ家と仕事を見つけることであった。イギリスの左派の友人でさえ、彼らを血に飢えた怪物だと考えていた。十二月二十一日、クーゲルマンへの手紙の中で、エレナーとともに、スペイン国境にラウラを置いてフランスからの航海からロンドンにちょうど戻ったばかりのジェニヘンは、彼女が亡命者の支援活動をしているとき受ける、冷たい眼について次のようにまとめている。「この三週間、私はロンドンの郊外から郊外へと走り回り（そしてこの巨大な都市を横断することはけっして楽なことではありません）、しばしば朝の一時まで手紙を書いていました。こうした移動と手紙のわけは、亡命者のためにお金を見つけるためです。現在まですべての努力は無駄でした。金で動く、恥知らずの新聞による吐き気をもよおす中傷は、イギリス人にコミュナールに対する偏見を吹き込みました。コミュナールは一般的に赤裸々な嫌悪感で見られるのです。企業家はわれわれと関係を持ちたがりません。嘘の名前で仕事口を得ることに成功したものは、その本名がばれるとすぐに首を切られます。たとえば、貧しいセライユ夫妻（フルランスが死んだことでコミューンの指導者に選出されたマルクスの代理人）は、フランス語の教授として仕事を見つけました。しかし数日前、コミューンの旧メンバーとその妻の講義などいらないと彼らは告げられました。個人的経験からもこのことを語ることができます。モンロー家（マルクスのイギリス人の友人で、左派運動のメンバー）は私とのすべての関係を断ってきました。その理由は彼らが、私がこの憎むべきコミューン運動を弁護する『中心的闘士』の娘だとわかって恐れたからです[4][49]――」。

事実、マルクスは抵抗者の生き残りの最後の身元引受人になった。最終的に彼の作品は、ドイツ語が喋れるゲットーから出版されたものである。一八七一年、ニューヨークで、『ウッドフル・アンド・クラフィンズ・ウィークリー』に『宣言』の最初の英訳[5]が掲載された。この奇妙な新聞はマルクスがインタビューを受けた新聞であった[273]。一カ月後、またニューヨークの『ル・ソシアリスト』（フランス人移民が刊行していた週刊誌で、共和派連合のフランス語の『ル・ビュルタン』の後継誌であった。この組織は三十年前アメリカにカベーとともに渡った、彼の昔の二人の弟子メルカディエとロワゾーが創設したものであった）が、『共産党宣言』の最初のフランス語訳を掲載した。これはドイツ語のオリジナルからではなく、ニューヨークでその一カ月前に掲載された英訳からの翻訳であった[273]。

マルクスはやがて世界の左派の思想の首領として衆目の一致するところとなり、一八七二年一月二十三日、インターナショナルのフランス語圏スイス支部で、バクーニン自身もそれを認めねばならなくなる。「マルクスは現代の最初の社会主義経済学者である。私はこれまで多くの学者に会ってきたが、彼以上に深く、知識のある学者に会ったことはない――、インターナショナルの一般規約のあの奥深く、美しい前文を書いたのはマルクスだ。そして、思想を組み込み、インターナショナルの制度を提唱しながら、ヨーロッパのほぼ全土のプロレタリアの、一致した本能的な希望を形にしてくれたのも彼だ」[70]。

コミューン後の世界——合衆国、イギリス、フランス、ロシア、ドイツ

一八七二年のこの年、世界経済は復興する。合衆国の東海岸は、ロンドンに取って代わり中心となる。機械産業は発展する。電気モーターが出現する[66]。ニューヨークでの六週間にわたる労働者ストライキの後、一日八時間労働が法律となるが、合衆国には適用されなかった。この年、ロンドンでは、マルクス家の友人の一人である作家のサムエル・バトラーが、そのユートピア的作品『山々を越えて、あるいはエレウォン』を出版し、その作品は病気の治療と罪の償いが逆になっている世界を描いたのだが、その際マルクスに多くを負っていた。マルクスはユートピア社会主義を科学的社会主義に置き換えようと全生涯をかけたが、理想社会を描くことの意義も認めていた。しかし彼にはそれができなかった。同じ頃、セザンヌとピサロはオーヴェル・シュール・オワーズで絵を描き、プロペラで動く最初の飛行船が飛行し、ジュール・ヴェルヌが『八十日間世界一周』を出版する。グローバリゼーションが進む。

当時ウジェーヌ・シューの出版者モーリス・ラ・シャトルがコミューンに参加したことで、二十年の強制労働を欠席裁判で受けたが、スペインそしてベルギーで『資本論』の仏訳の企画を再度立てる。それを最初に企画したエリー・ルクリュはすでに見たように一八六九年にパリでマルクスと会ったが、翻訳をやめ、弟のエリゼとスイスに行った。この弟は未来の地理学者で、バクーニンのジュラ連合スイスに属した。資金不足に陥ったので、出版者はマルクスに分冊で『資本論』を出すように提案し、安い著作権料を取り付けた。一八七二年三月十八日、マルクスは同意する。「こうした方がこの作品が労働者階級にとってより近づき易いものとなるでしょう。そして私も、こうした考えを優先させます」[6]。カールはやがて『資本論』第一巻の書き直しに時間の多くを使い、フランス語版の仕事をする

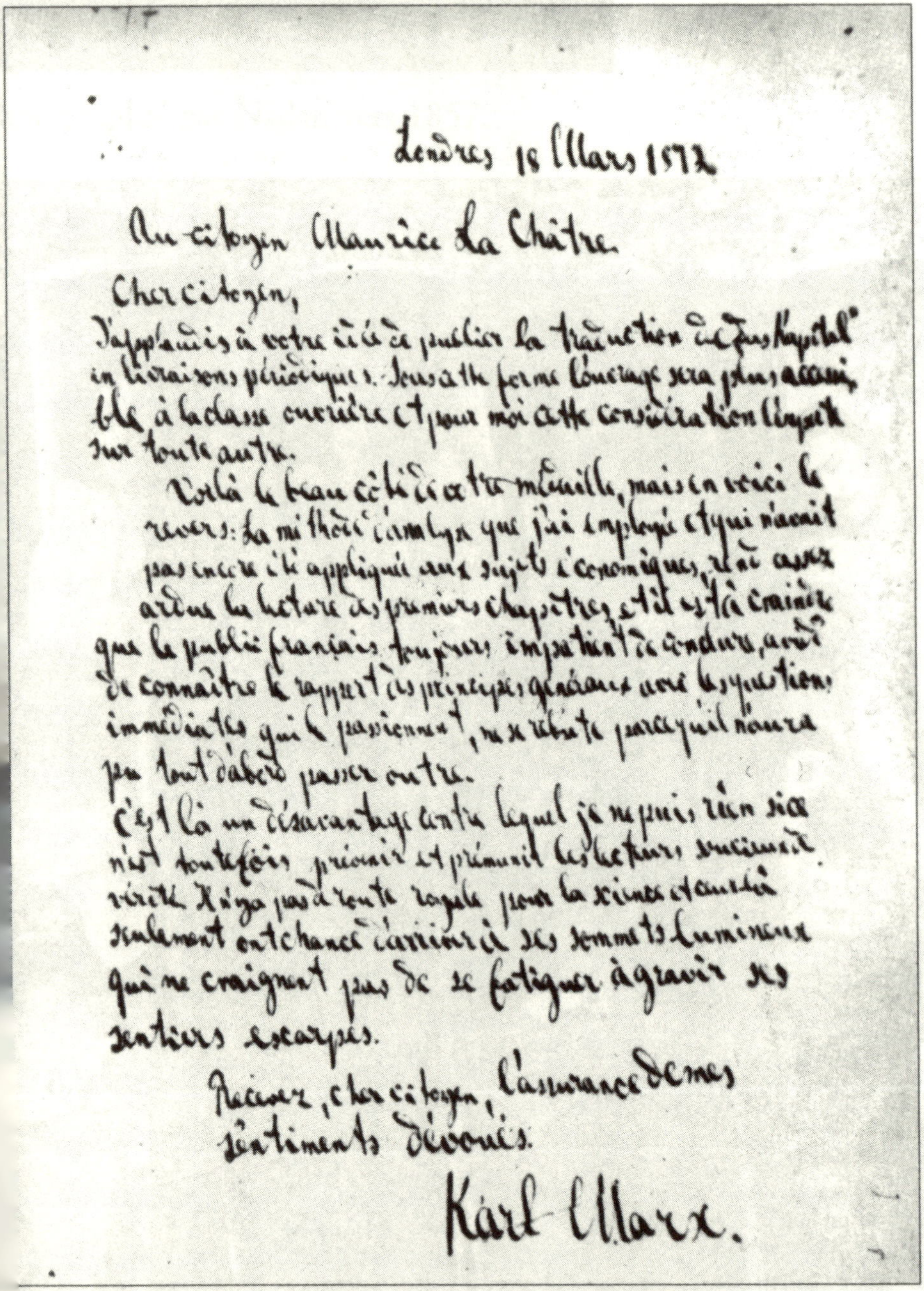

Londres 18 Mars 1872

Au citoyen Maurice La Châtre

Cher citoyen,

J'applaudis à votre idée de publier la traduction de „Das Kapital" en livraisons périodiques. Sous cette forme l'ouvrage sera plus accessible à la classe ouvrière et pour moi cette considération l'emporte sur toute autre.

Voilà le beau côté de votre médaille, mais en voici le revers: la méthode d'analyse que j'ai employée et qui n'avait pas encore été appliquée aux sujets économiques, rend assez ardue la lecture des premiers chapitres, et il est à craindre que le public français, toujours impatient de conclure, avide de connaître le rapport des principes généraux avec les questions immédiates qui le passionnent, ne se rebute parce qu'il n'aura pu tout d'abord passer outre.

C'est là un désavantage contre lequel je ne puis rien si ce n'est toutefois prévenir et prémunir les lecteurs soucieux de vérité. Il n'y a pas de route royale pour la science et ceux-là seulement ont chance d'arriver à ses sommets lumineux qui ne craignent pas de se fatiguer à gravir ses sentiers escarpés.

Recevez, cher citoyen, l'assurance de mes sentiments dévoués.

Karl Marx.

フランス語版『資本論』の出版社 M. ラ・シャトルへの、1872 年の手紙という口実で付加し、抹消し、書き直し、提案されたすべての翻訳者たちの不平を買う。「無能な人間では時間の多くを失うことになるので、彼自身が翻訳をやった方が早い」と述べた。そして実を言えばほとんど彼がフランス語に訳したのだ。

カールには、いつから世界革命を開く炎が出てくるのかわかっていなかった。たとえイギリスが資本主義の中心であり、そこがインターナショナル運動の多くの人物の亡命先であったとしても、イギリスからそうした炎が出てくるだろうとは考えなかった。当時イギリスにはロシア人のクロポトキン、ステプニヤック、イタリア人のマラテスタ、オーストリア人のマックス・ネトラウ、ドイツ人のルドルフ・ロッカー、フランス人のヴァイヤン、セラリエ、そしてフランケルのような、コミューンの生き残りで溢れかえっていた。マルクスが六年間住んだロンドンのもっとも貧しいソーホー地区は、現在では「小フランス」という綽名がついていた。

フランスは一八七一年五月の虐殺以後、長い間政治運動の外にいた。事実一八七二年五月三日、最初の判決を受けたコミュナールたちがニューカレドニアに流刑された。その他はアルジェリアに行き、フランスに留まることを望んだアルザス＝ロレーヌの多くの人々と合流した。彼らに農地を与えるために、軍はアルジェリア人から土地を奪ったが、その口実はアルジェリア人が蜂起に参加したことが、多少とも証明されたからだというものだった。

ロシアに関して言えば、ロシアはマルクスにとって、もはや革命が起こる国ではありえなかった。なぜなら、ロシアは封建制のままであり、暗殺者が増えて以来アレクサンドル二世の鉄の手に牛耳られているからであった。カールは、社会主義は資本主義の後に起こるものであり、資本主義になる代わりに起こるものではないと考え、そしてそう書いてきた。資本主義の進展は、ロシアでは取るに足らないものである。さらに言えば、そこでは革命的力の大部分は、彼の仕事を理解しないアナキストとナロードニキによって占められていた。彼らにとって社会主義同様資本主義は、西欧の堕落そのものであった。ナロードニキは、とりわけマルクスのテーゼを「異教徒」から来るものとして糾弾していた。しかし一八七二年四月『資本論』の最初の外国語訳が現れたのは、ロシアであった。それはロンドンに亡命していた二人のロシア人ロパーティンとダニエリソン（彼は最初はナロードニキであったが、カールはとりわけ評価していた）によって無理なスピードで行われた。三千部が刷られ、ロシアでもこの本は検閲を受けなかった。出版認可を与えたツァーリストの検閲官、スクラトフはこう書いている。「この著者の政治的確信はとりわけ社会主義体系であり、この本は全体として明らかに社会主義的であるが、その概念から見て一般の人が読めないことは確かである。さらにその文章は厳密にいって数学的で、科学的である。委員会はこの本はどんな追及もされないものだと宣言する」。彼はこう付け加えている。「ロシアでこの本を読むものは、ごくわずかであろう。また理解するものはそれより少ないだろう」。一八七二年五月二十八日、ロシア語を十分に読めなかったマルクスは、ダニエリソンにこう礼を言っている。「翻訳は名人の手でなされている」[7]と。九百部が最初の月で売れたが、そのことは評価されたということであるが、確かに大量の売り上げというものでなかったことは確かである。

カールが、アイゼナッハ党[8]という、リープクネヒトとベーベルの党に期待をかけていたドイツが残っていた。もちろん彼らが、国家権力に魅せられた若く聡明な弁護士ラサールの仲間とつるまないという条件があった。

骨と皮ばかりになったインターナショナルの内部では、権力闘争がますます激しくなり、その資金

インターナショナルの内部闘争

も枯渇していた。カールは、いつもアナキストを主張するバクーニンが、事実「『革命的コミューン』という名のもと、権威的国家のあらゆる要素の再構成[46]」を、いたるところで組織するために、運動の残りを自分で利用したいのだと、エンゲルスに手紙で書いていた。忘れがたい形で、ロシアのアナキストが、「執行委員会を少数派によって形成される革命の参謀本部」に作り変えようとしていることに、不安をもっていた。「彼らの思想と活動の統一は、正統派と盲目的服従以外の何ものでもない。『死人のごとき従順さ（Perinde ac cadaver）』。われわれは完全なイエズス会となったのだ[46]」。これは、もっと後マルクスの名のもとに――まさにロシアで――建設される「単一の党」に対する最良の非難文書ではないだろうか。マルクスは、こうしたことはけっしていわない。マルクスは、彼の死後悪化する前衛党という概念、少数派エリートという概念などは支持しない。マルクスは、有効な活動は、可能な場所では議会的脈絡の中にある大衆党によって行われると考えていた。

だから彼にとって、こうしたものの手にインターナショナルを渡すことなど、論外であった。一八七二年六月、執行委員会の新しい演説の中で（「インターナショナルにおける分裂の主張[3]」）マルクスは、バクーニンは労働運動をもう一度分裂させたいと望んでいるのだと非難する。

マルクスの娘たち

彼には別の不安もあった。なぜなら一八七二年の夏は、三つの重要な家族的事件となる出会いによって特徴づけられるからだ。それはすべてコミューンに関係していた。彼の三人の娘は、三人のフランス人、三人のジャーナリスト、三人のコミュナール、三人のペール・ラシェーズの虐殺から脱出した人物に恋をしていた。

ラウラは一八七二年夏、まだスペインにいた。彼女と夫、ポール・ラファルグは、そこでフランス当局がコミューンについて述べたことに恐怖を抱いた、スペインの権力に追われたスペインの革命家

末娘エレナーとリサガレー公爵

リサガレー公爵
(マイヤー筆1889)

たちとの闘争を、組織した。この闘争はやがてパブロ・イグレシアスとともにスペイン労働党の創設に至る。

ジェニヘンは同じ頃、彼女がたずさわったコミューンの亡命者の中に、シャルル・ロンゲを再び見つけた。このジャーナリストはポールが五年前彼女に紹介した人物であった。一種のコミューンの公的新聞となった『ラ・リーヴ・ゴーシュ』の編集長ロンゲは、フルランス(ジェニヘンのもう一人の恋人)を殺した銃弾から逃がれ、ロンドンに亡命し、彼女に熱心に言い寄っていた。

最後のエレナーもコミュナールと恋に落ちた。それは家族における四番目の人物で、プロスペル・オリヴィエ・リサガレー公爵であった。帝政下での非常に活動的な共和兵士であり、トゥールーズの戦争委員で、シャンジー軍の中隊長、コミューンのジャーナリストであり闘士のリサガレーは、その肩書きを捨て、砲弾の下『ラ・クシオン』と『ル・トリビューン・ドゥ・ププル』の六号を発行した。ヴェルサイユの砲弾からも逃れロンドンに亡命し、一八七二年のこの夏、マルクス家を訪問し、自らの生涯の本でコミューンの七二日間の歴史を語り、公の物語や新聞がカリカチュア化しているこの悲惨な虐殺を、歴史の眼から証言するつもりだと述べる。リサガレーは、ロンドンやスイスのいたるところにいる生き残りの調査をしながら、そこで発掘されたあらゆる資料を調べるつもりだと述べる。彼はジャーナリスト、歴史家、活動家として足跡を残したいと考えていた。反動的、敗北主義的政府による、反抗者に対するこの恐ろしい殺人の真の物語を書きたいと考えていたのだ。彼によれば、五月の日々は「現在まで勝利者側によってしか書かれていなかった」[17]。彼はこの騒ぎの中、まだもっていた新聞『バリケードの背後における五月の八日間』をカールに示した。彼の本はこう締めくくられている。「五月の最後のバリケードはランポノー通りのバリケードである。十五分間、たった一人の連邦の闘士がこの通りを守った。三度彼はヴェルサイユ軍の旗竿を折った。彼の勇気のおかげで、コミューンの最後の兵士が逃れることに成功した[17]」。この最後の匿名の兵士こそ、リサガレーその人であり、ロンゲやラファルグ同様、信じられない状況の中、最後の殺戮から脱出したのである。

カールは彼に魅せられた。この男は静かで、頑健で、明確である。カールは、「リサ」は非常に独立心が強く、かなりアナキストに近く、その仲間の一人となるだろうと考えていたことは確かだが、この「赤い公爵」はどんな社会理論家もかなわない証明のひとつを書くことができるだろうと考えていた。そしてカールは、最後のテキスト、第三の演説[9]で説明したように、コミューンについてマルクス固有の理論がそこに展開されていることを確認する。カールは、まさにそこに、まず第一にカールに向けられている、プロイセンのスパイであり、コミューンの隠れた中心人物というプロパガンダに対して、真実を打ち立てるチャンスを見ていた。この真実は、もっと早くフランス語だけでなく、ドイツ語や英語でも掲載されたいと思っていたことである。カールは驚くリサガレーに、将来の書物のドイツ語訳を自ら監修し、英訳はバイリンガルであった娘のエレナーに任せると申し出た。二つの翻訳は原稿が書き始められると同時に行われることになる。エレナーはまだ十七歳にすぎなかった。彼女は男の子の雰囲気をもち、ラウラよりもきれいではなかったが、ジェニヘンよりはきれいであった。彼女はまだこの地域、サウス・ハムステッドの女学校の生徒で、演劇と政治に関心をもっていた。すべての点で頑固であった彼女は、家族の中でただ一人ユダヤ教に関心をもち、徹底して無神論者であった母にさからって「祖先を再発見」しはじめていた。父は(彼もまた無神論者)、この娘が行うことすべてに寛容で、彼女は彼に息子のエトガーを思い出させた。

この申し出に喜んだリサガレーは、カールのもとで父と娘とともに仕事にとりかかる。エレナーは

「リサ」の虜となり、それが彼女を奮い立たせる。カールはこの関係に反対する。リサガレーはエレナーの倍の歳である。「子供のためには多くの配慮と注意をもって行動しなければならない」とエンゲルスに手紙を書く。カールがにらんだように「炎のようなバスク人」[10]が、魅力的で、そして有名であったことは説明するまでもない。

インターナショナル最後の闘い――ハーグでの大会

やがてマルクスは政治活動に再度のめりこむ。毎年インターナショナルの総会が行われる九月初めが近づくと、ロンドンではバクーニンと彼との関係が問題になる。

大会の場所がまず最初の闘いの問題となる。アナキストの首領に近い連合「ジュラ派」は大会を、勝利が可能なスイスで開きたいと望んだ。それに対してそれ以外は「災いをもたらす地方の影響」を恐れ拒否した。結局大会は、左派にまだ開かれていた大陸の珍しい都市ハーグ[11]で開催される。「ジュラ派」はそこで二人の委員を選び動議を出し、多数の賛同を受けねば退会するという命令を受けていた。

カールはこの会議は重要な会議だと感じていた。彼の栄光にもかかわらず、いや疑いなく彼のためにインターナショナルは死に瀕していた。指導者の多くはヴェルサイユ軍の弾で死んでいた。そのほかの多くはヨーロッパのさまざまな国の刑務所にいる。そこには、プロイセンの拡大主義を告発した最良の友人、ドイツのリープクネヒトとベーベルもいた。事実五六人の代表のみが出席した。開会の一カ月前、カールはクーゲルマンへドイツ代表として来るよう手紙を書く。「インターナショナルが生きるか死ぬかだ」[12][27]と。そして組織結成以来初めて、マルクスも出席することを決めた。そこでスペインとポルトガルの代表であったポール・ラファルグに再会する。ポールはロンドンでの生活に戻る途中でハーグに妻とやって来る。間違いなく子供はいなかった。九月一日、ホテルと警察の記録は、

「カール・マルクスとその妻、娘のラウラと夫のポール・ラファルグ」[146]の滞在について語っている。おそらく、これはまだハーグから遠くない二人の姉妹、フィリップス叔母さん、インターナショナルの会員となった従姉妹のナネッテーに会いに行くチャンスでもあったからであろうか。おそらくイェニーが彼について行ったのもこれが理由だったからであろうか。

会議の初めから（数人のジャーナリストによると）、バクーニンは、前年のロンドン大会の決定の廃棄を要求し、インターナショナルの会員に民主的道を取らせようとする。バクーニンにとって、革命が起こるところ、革命のみが意味をもった。このロシアのアナキストは、新たに執行委員会から特権を奪い、それを民族的連合に委ねるべきだという提案を行う。逆にマルクスは、バクーニンは「執行委員会の労働者の正当なる代表」を転倒させることで、インターナショナルに「潜入工作」を図っていると非難する。三日の議論の末投票が行われる。ロンドンで決定された、最後のコミューナールの指導者、フランケルとヴァイヤンの支持を受けたカールは、ロンドンから来た最後のコミューナールの指導者、は、革命は議会によってなされるという決議の確認を得る。だから党を結成し、それぞれの旗のもとで選挙に行き、決してブルジョワ政党や自由政党と連合してはいけない。インターナショナルの規約七条は、こう変更された。「所有階級の集団的力に対する闘いにおいて、プロレタリア階級は、所有階級が作った古いすべての党に対してはっきりと区別される政党を自ら結成するしかない」[13][164]。執行委員会の特権はまず維持された。アナキストはそれだけにそこから脱退することはできず、切りのない手順の議論に議論を誘導した。

一度もカールは、自分の勝利を味わうことはなかった。分裂に疲れ、少なくとも七年間中央当局による毎週の会議の仕事に疲れ、逃れようとした大きな仕事である、『資本論』の未完の二巻の仕事を

バクーニン、インターナショナルから追放される

フリードリヒ・ゾルゲ

終えたいと考えたカールは、インターナショナルに時間を割かれすぎていることを理解した。しかし、インターナショナルが他人の手、とりわけアナキストの手にあることなどけっして想像することができなかった。インターナショナルを休眠させ、バクーニンがこの組織を乗っ取らないよう彼の信用を失墜させることを決める。いつものように、重大なことがあると、明確な判断でことを運ぶ。

会議の終わるわずか前、驚いたことに、二つの死の矢を放つ。一つはインターナショナルに対して、もう一つはバクーニンに対して。

まず総会が、連続八回目のロンドンにインターナショナルの本部を置くという投票の準備をしているとき、エンゲルスが呆れるような議論を申し出る。それは（部屋の中で）大部分がマルクスによって書かれたものであった。すなわち本部をニューヨークに持っていくというものであった。資本主義社会の中心がこの当時大西洋の対岸に移っていたとしても、共産主義運動など合衆国の労働者階級の中では、なんら現実性をもっていなかった。部屋にいただれもが、こうした移転は事実上インターナショナルに対する死の命令であり、むしろ「それなら月に移転するべきだ」というようなものであった。参加者の一人がそう囁いた。カールの友人でさえこうした提案には躊躇した。何故マルクスは、自らの中央での役割の維持に投票させておいて、インターナショナルを破壊しようとするのか。多くのものはこの案に反対した。マルクスはフリードリヒとともに、彼らを説得するために一人一人に説明しなければならなかった。彼の行動は結局夜遅く承認された。それは棄権六名、賛成二六名、反対二三名であった。やがてカールは仲間の一人、ケルンで一八四九年に会ったフリードリヒ・アルベルト・ゾルゲを新しい書記長に任命させた。彼は音楽の教授で魅力ある人物であった。

しかし彼は書記から離れることによってバクーニンが得をするとは、思っていなかった。この投票

のまさに翌日、すなわち大会の最終日、カールは劇的な形で、バクーニンが一八六九年に『資本論』のロシア語訳を三百ルーブルで調印し、翻訳を実行することなく出版者に前金を支払わせたことを、暴露した。[277]これは、多くの著者がいつの時代にも犯す軽犯罪にすぎない。もちろんバクーニンがその出版者を恐喝したのでなければであるが。カールは実際、バクーニンの仲間ネチャーエフの、バクーニンと出版者との取次ぎをしていたリュバーヴィン宛のサインのある手紙を会議に提出した。それは「革命委員会」の名のもとに非常にはっきりと、決済の三百ルーブルをバクーニンに代償なく渡さねば、殺すぞと恐喝したものであった。[277]バクーニンははっきりとこれに抗議し、私はこの手紙に関係がなく、だれにも罪を犯していないと主張する。彼は七対二七票、棄権一でインターナショナルから追放された。

マルクスは、事実一八七〇年七月以来、『資本論』のロシア語訳の二人の訳者の一人ロパーティンからこの話が語られるのを聞いていた。ロパーティンはジュネーヴ滞在中、ネチャーエフは詐欺師だとバクーニンに説得しようと努力していた。しかしそれができなかったので、彼はネチャーエフが送った脅迫状について彼に語ったリュバーヴィンに会いに行った。[248]リュバーヴィンはやがてその脅迫状を彼に送ったが、それには次の丁寧な言葉がついていた。「当時バクーニンにこの手紙の責任があったということは否定できないだろう。しかし今日では状況はかなり平穏なものとなっている。何も証明するものはないが、ネチャーエフはこの手紙をバクーニンのまったく知らない間に送ることができたのではないかと考えている」[14]。少し後、バクーニンのネチャーエフ宛の手紙が発見され、それによってネチャーエフが出版者を殺すぞと脅かしたことにバクーニンも賛成したことがわかった。[277]

大会の翌日、ゾルゲはアメリカに出発するが、金もなく、資料も持っていなかった。彼と一緒にいたのはたったひとりの仲間、ハーグの代表でもあるドイツ人のエンジニア、テオドール・クノーだけであった。彼は六十年後に出版された思い出の中でこう書いている。「ハーグ大会の資料がどうなり、それ以前のほかの大会の資料がどうなったのかも知らない。しかし確かなことは、リヴァプールで『アトランティック号』に乗り込んだとき、ゾルゲの小さな鞄には何もなかったということである。執行委員会がニューヨークに移って以後もそれを見た覚えはない(253)」。

奇妙な皮肉だが、一八七二年のこの同じ秋、インターナショナル本部がアメリカに移ったとき、合衆国大統領候補になったのは(カールがロンドン通信員をしていた)『ニューヨーク・デイリー・トリビューン』の創設者ホーレイス・グリーリーだということである。二カ月後、彼は南北戦争の寛大な勝者ユリシーズ・グラントに敗北する。グラントは彼をとりまく金融スキャンダルがあったにもかかわらず、再選にも簡単に勝利する。

ハーグ大会の二週間後、世界の新聞が報告する劇的衝撃について人々がまだ考えている間、ジュラ連合(バクーニンの追放後もたえず彼に忠実であった)がスイスのサン゠ティミエに、イタリアとスペインの連合、そしてフランスの多くの支部、アメリカの二つの支部とともに集結し、きちんとしたアナキストの新しい国際組織を作ろうとする。その対象は、「革命的ストライキによるあらゆる政治権力の破壊」である。しかし、暴力抜きでであった。この会議の最終的決議は「投票制度の欺瞞」を拒否し、こう付け加える。「プロレタリアの願望は、その対象として、すべてのものの労働と平等に基づく、あらゆる政府から絶対的に独立した、絶対的に自由な経済連合と組織を建設することである――すべての政治権力の破壊こそプロレタリアの第一の義務である」。そこにはプルードンと、さらにはシュティルナーの議論を見ることができる。このアナキズムの先駆者たちについてマルクスは、三十年前『ドイツ・イデオロギー』の中で批判していた。権力を掌握する夢を描く左派と権力を消滅させることを夢見る左派との間の対立は、すでにフランス革命の議論にもあったが、再び力をもつ。

この会議の翌日一八七二年九月十三日、ニュールンベルクでカールの思想に最初に影響を与えた人物、ルードヴィヒ・フォイエルバッハが(彼も『ドイツ・イデオロギー』で批判されたが)亡くなる。フォイエルバッハに私淑する何人かの名士、数人の学生、労働者党の大部分の戦士にあたる数千人の労働者、ラサールの継承者ザンクト・ヨハンが墓地までついていく。

同じ日カール・マルクスはブリュッセルの『自由』新聞にハーグ大会の結論の要約を掲載する。彼はこう述べる。大会は「労働者が、社会的領野でも政治的領野でも、崩れ行く古い社会と闘う必然性を要求した[15]」。バクーニンに対して放たれた最後の矢が続く。「政治から労働者を排除することを意図する一つのグループが、われわれの中に形成された。われわれは、こうした原理がいかにわれわれの運動にとって危険で有害であるかを、述べざるをえなかった[16]」。

一八七二年十月五日、同じ新聞に送られた、亡命したチューリッヒから書かれた回答の中で、追放されたにもかかわらず、インターナショナルを離れていなかったバクーニンは、マルクスを非難し、少し前のマルクスのように、「プロレタリアの独裁」という口実で、現実における単一党による独裁という未来の可能性を示唆する。「もっとも知的で、もっとも意志の強いグループこそ、すべての国のプロレタリアの経済組織と革命運動組織を統一し、指導する意志、魂、思想となりうると主張することは、常識や歴史的経験に対するまったくの異端である。マルクスのような知的な男がこうした異端をどう理解しているのかを考えると驚きにたえない[127]」。こうしてマルクスとバクーニンはその闘争が秘める危険を予想する。しかしいずれも、それぞれをその唯一の責任者だと非難しあう。

長女ジェニーとロンゲの結婚

マルクス一家と一緒にロンドンに戻ったラファルグ家は三人の子供のうち最後に残された第二子、カールとイェニーが愛した「シュナップス」あるいは「フシュトラ」を失う。家族は落ち込んだ。

数週間後の十月十日、ロンドンでは、ジェニヘンがシャルル・ロンゲと結婚する。この若い二人はオックスフォードに住む。一方ラファルグ家はロンドンのサウス・ヒル・パークに住む。彼らはスペインへの亡命を断念する。「トゥッシー」ともいうエレナーは両親とともに「大きな屋敷」に一人で住んでいたが、リサガレーと婚約をさせてくれるよう彼らに懇願する。イェニーとカールはそれを拒否する。若い娘は激怒し、怒り、落ち込む。解決の道は何もなかった。カールは、演劇がしばしばジェニヘンの気を紛らわせたように彼女の気も紛らわせてくれるだろうと考える。エレナーはイプセンに熱狂し、関心をもつ。彼女や家族から悪く見られていた「リサ」に会い続ける。十一月、ジェニヘンへの手紙の中で、エレナーは彼女が惚れている男に対する、ポール・ラファルグの不快な態度に不平を述べている。

『資本論』第一巻の欠陥との闘い

ラファルグは義理の父のために、彼の友人の一人が発明した原稿の複写機を見せる。これは最初の複写機である。ある資料によると、[248] カールはそれに関心を示し、うまくいけば時間の浪費を防げると考えた。彼はそれに投資しようと考えたが、その企業はまもなく特許状の所有権をめぐる不和で消滅する。[248] 二十年後、この機械がマルクスの草稿の管理において重要な役割を演じることになる——。ハーグから戻ったカールは、草稿に戻る。彼は『資本論』第一巻の欠陥を非常に意識していた。商品の剰余価値は市場価格に反映されていない。「商品の価格決定は、体系的には価値から分離する。それは変動という形態でもない」[1]。このことはマルクスの剰余価値理論の経験的検証を不可能にしている。彼は再び仕事にとりかかり、書きなぐり、抹消し、破り捨てる。多くのものを読み、博士論文のデモクリトスのように、経験的観察における理論の真実を探そうとする。五十冊以上のノートでさまざまなテーマについてのメモを取る。ほぼ三千頁になる。[248] やがて第一巻に戻り、ドイツ語新版とフランス語訳のために書き直す。フランス語訳はカールの気まぐれに耐えたジュール・ロワ[17]という人物によって完成される。

一八七三年、もう一度金融恐慌がジェイ・クック銀行の破産によって合衆国から起こる。これによってマルクスは資本主義崩壊の内在的可能性を確信したが、それが『資本論』第三巻を終わらせる必要性を彼から奪い取る。だから第一巻のドイツ語再版にのみ関心を集中する。この巻は緊急を要し、そのため「あとがき」を書く。そこには、行動が問題になるとき、あらゆる理論はゴミ箱に投げ入れるべきだという考えと、長いこと彼を苦しめる、価値から価格への転形問題の解決が見出せないという怒りがこみあげているのが感じられる。「政治経済学が科学であり続けるのは、階級闘争が潜在的で、別々の現象によってしか出現しない条件のときである[1]」、政治的危機が現れると、「あれやこれやの理論が正しいなどということを知ることはもはや問題ではない。むしろ、警察にとって都合がいいか、そうでないか、いいタイミングかそうでないか、資本にとって都合がいいかそうでないか、それだけである[1]」。言い換えれば、理論の正しさは過去の資料や、理論的一貫性に関係しているのではなく、その政治的有効性にかかっているということになる。理論が真実であるのは、それが有効かどうかという点である。そのことが理論が隘路から脱することを可能にする。理論が間違っていても、役立ちうるほど階級に有効であれば、それは真実でありうる。だから、判断するのは活動だけである。[66]

第一巻の再版が、同じハンブルクの出版者から出版されたとき、カールはそれを九歳年上のダーウィンに献本する。[230] 彼は『人及び動物の表情について』を出版したところであった。カールは、「心から

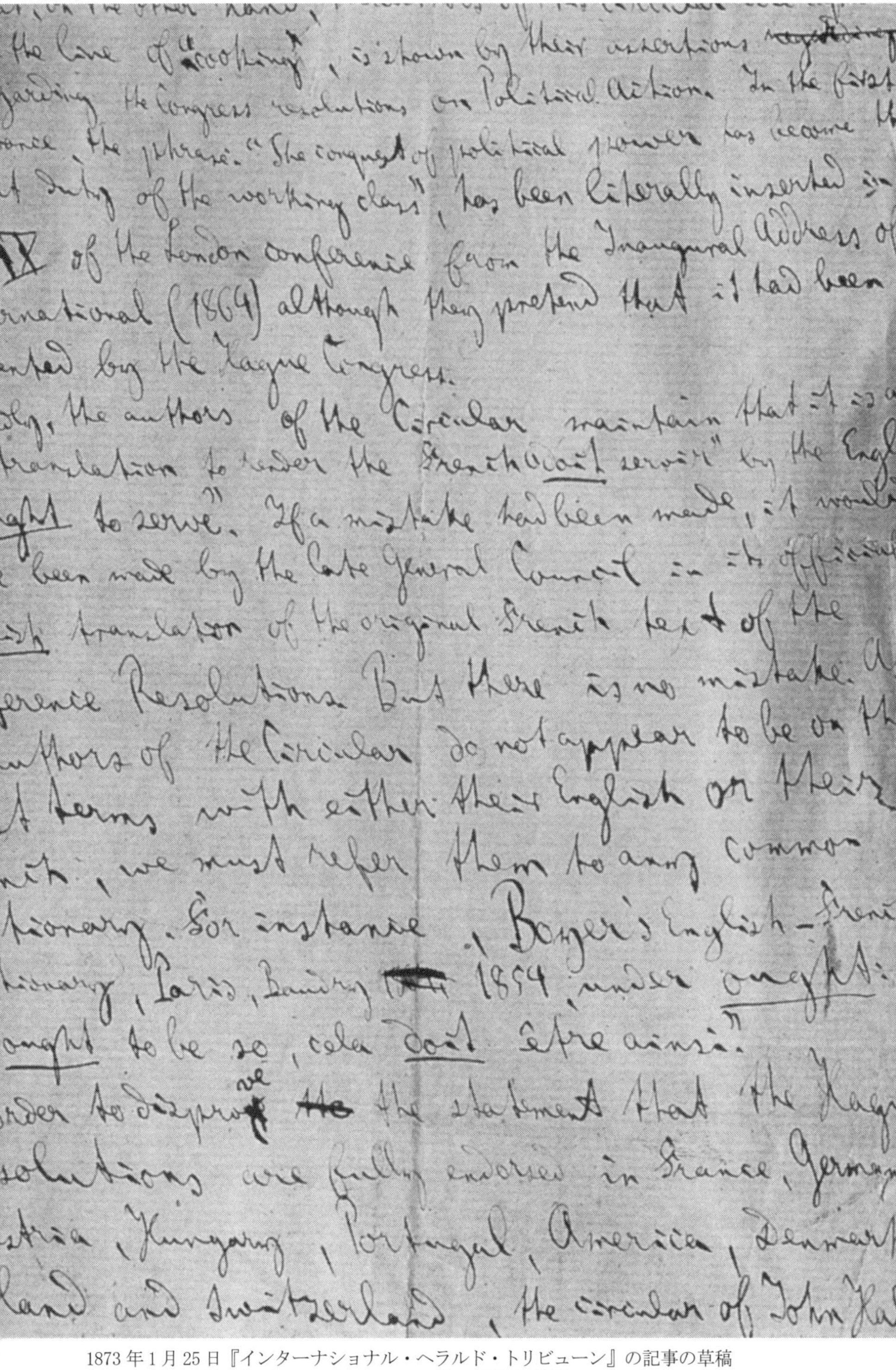

...ent, on the other hand, ... of the Circular ...
in the line of "cooking", is shown by their insertions ~~regarding~~
regarding the Congress resolutions on Political Action. In the first
instance, the phrase "The conquest of political power has become the
great duty of the working class", has been literally inserted in
... IX of the London conference from the Inaugural Address of
...ternational (1864) although they pretend that it had been
...vented by the League Congress.
...ondly, the authors of the Circular maintain that it is a
...translation to render the French "doit servir" by the Engl...
...ought to serve". If a mistake had been made, it would
...ve been made by the late General Council in its official
...lish translation of the original French text of the
...ference Resolutions. But there is no mistake. A...
...authors of the Circular do not appear to be on the
...st terms with either their English or their
...nch, we must refer them to any common
...ctionary. For instance, Boyer's English-Frenc...
...tionary, Paris, Baudry ~~...~~ 1854, under ought:
"ought to be so, cela doit être ainsi".
...rder to disprove we ~~He~~ the statement that the Leag...
...solutions were fully endorsed in France, Germany
...stria, Hungary, Portugal, America, Denmark
...land and Switzerland, the circular of John Ha...

1873年1月25日『インターナショナル・ヘラルド・トリビューン』の記事の草稿
（トリーア、カール・マルクス博物館所蔵）

の賞賛者」[230]という献辞をつけた。ダーウィンは、ドイツ語の本を読む能力がないことを自ら謝りながら、丁重に書物を受けとったことを伝えた。この本は、一〇四頁（八一二頁のうち）までしか切られていない。つまりダーウィンは、三五二頁、三八五頁、三八六頁に述べられているダーウィンの本への三つの言及を知らなかったのである。[230]

やがてカールは別の不安を持つ。その理由は彼のアナキストとの闘いは終わっていなかったからである。バクーニンに対する不信にもかかわらず、多くの連合がニューヨークに置かれた新しい書記局からその事業を奪っていった。この機関の廃止に投票するものさえいた。一八七三年二月十二日、マルクスはこう手紙に書いている。「これらの人々（バクーニンの友人）は展開しつつある謀議の中心にいる」[18]。カールは、やがてそれぞれの国民組織のトップに仲間の一人を置くことで（それはしばしばメンバーの多くの意見と対立した）、被害を最小限に抑えようとした。四月二十七日、ヌシャテルでジュラ派（その頃バクーニンはいなかったが）が、新たにインターナショナルの七つを連合する（イギリス、ベルギー、オランダ、スイス、スペイン、イタリア、フランスの連合）。代表の中の一人に、スイスに亡命し移民していた若いフランス人ジュール・バジル（いわゆる「ジュール・ゲード」）がいた。彼はコミューンの間フランスにはいなかった。彼らはもういちどインターナショナルの執行委員会の廃止と連合の独立を主張する。この頃、ハーグでの除名に傷ついたバクーニンが『国家主義とアナキズム』というパンフレットを執筆する。これはプルードンに刺激を受けたもので、そこで彼は軽蔑をもって「マルクス主義者」と名付ける人々を攻撃する。[127]「国家に言及するものは必然的に支配、その結果奴隷制について言及する——彼らが考えるいくつかの視点から見て、彼らは同じ悲惨な結果にいたる。特権的少数者による人民大衆という多数派の統治。しかしこのマルクス主義者はこういう。

この少数派は労働者、したがって古参の労働者から構成されると。しかし、彼らが統治者になるやいなや、彼らは労働者でなくなり、国家の高みからプロレタリアの世界を見下ろすようになり、もはや人民ではなくなり、自ら彼らを支配すると主張することになるのだ[70]」。

同じ頃、マルクスは最終的な『資本論』仏訳者ジュール・ロワが完成したフランス語版の原稿を怒りをもって再読していた。カールはこれに不満で、そのことをジェニヘンに告げる。彼女は一八七二年五月三日クーゲルマン博士への手紙の中で、父は「あまったるく単純な[19][248]」、あまりにも文学的な翻訳だと思っていると述べる。

しかしやがて彼は別の危機に遭遇しなければならない。五月、ジェニヘンがロンドンで最初の子供、シャルル(カール)を産んだとき、エレナーは婚約する。しかしそれは両親とも、プロスペル・オリヴィエ・リサガレー伯爵とも同意を得ていないものであった。リサガレーは伯爵という称号を革命的連帯のために、いつもつけることを拒んでいた。イェニーは夫に、この結婚に反対するために何でもするよう頼む。カールは怒りとともに誇りをもって、エトガーの死後他の娘以上にこの末娘を甘やかしてきたことをはっきりと認めた。それは彼女が双子のように彼に似ていて、彼のもとを離れるからであった。六月、「リサ」とうまく離れられるように、彼は彼女を無理やりブライトンへのヴァカンスに連れて行き、そこで数カ月、そこに夏の間滞在していたイギリスの名家のフランス語の家庭教師として滞在させた。彼女は三人のブラック姉妹(クレマンティーナ、コンスタンス、グレース)と詩人のエイミー・レヴィと知り合うが、リサガレーを諦めたわけではなかった。

七月、娘と喧嘩したことでカールは病気になり、彼は瀕死だという噂が流れる。彼の死は、さまざまな新聞で報じられた。エンゲルスのホームドクターのエドワード・グンペルト博士が彼を診察し、肝臓の悪化だと判断し、厳戒体制をとらせ、一日四時間の知的活動に制限させた。マルクスは『資本論』第一巻の仏語訳の再読とやがて第二巻となるはずの草稿の執筆に当てた。

インターナショナルの終焉

一八七三年九月、インターナショナルの年次大会が今度はジュネーヴで開催されたが、それは本物のパロディーだった。四一人の代表中、三九人がスイス人であったのだ。イギリス連合は一人の代表に支払う金さえ見つけることができなかった。カールもそこに行かなかった。そこにはフランス人、ポルトガル人、ドイツ人、スペイン人、イタリア人もいなかった。新しい執行委員会の書記長のアルベルト・ゾルゲはニューヨークからやってきた。大会議長はジュネーヴの建築労働組合の終身身分の長、ヨハン・フィリップ・ベッカーであった。彼は欠席したエンゲルスが書いたインターナショナルに関する短い報告を読んだ。大会は実体を欠きながら会則について平然と議論し、ニューヨークにある執行権力を承認した。そして次の大会は二年後となる。それぞれが国に帰った一八七四年九月十二日、エンゲルスはゾルゲにこう書く。「古いインターナショナルは完全に終結し、存在を終えた[20]」と。そのことをマルクスも確認し、ゾルゲに一八七三年九月二十七日こう書いている。「この大会は大失敗だった。――事件やことの進展によって、より完璧な形でのインターナショナルの再生がありうるだろう。当面は、さまざまな国でのいい関係を手放さないようにするだけで十分である。さらに言えば、ジュネーヴの地方決定など気にかける必要もない。ただそれを純粋に単純に無視するだけでよい。そこで採決された唯一都合のいい決定は、二年間大会を延ばすということだ。こうした決定で動き易くなるからだ。さらにいえば、これによって大陸の政府の計算を突然ふさぐことが可能になる。その理由は、政府が彼らの反動的十字軍のためにインターナショナルの亡霊を利用することができなくなるからだ。事実ブルジョワにとって亡霊がいたるところで、幸いにも葬り去られるのが好ましいからである」[21]。

この手紙の中で、カールはさらに先を見る。実際彼の死後、そして現在にいたるまで、社会主義インターナショナルはさまざまな形でその名前を再生している。すなわち数え切れない共産党あるいは社会党が、権力を握る（さらに今も握っている）党となる。

数ヵ月後、バクーニンは彼の締め出しに傷つき、彼が困らせた友達にも去られて、ジュラ連合を辞任し、奇妙な手紙を残す。それは体面をとりつくろうという口実で、「プロレタリア文化革命」となるものへの最初の言及となっている。「間違いなく私の同感や傾向からではなく、生まれや個人的立場からいって、私はブルジョワにすぎない。だからこそ私は理論的プロパガンダ以上のことはすることはないだろう。もっとも私は、印刷物や議論による大きな理論的議論の時代は過ぎ去ったのだと確信している。思想しか救いを与えられないとしても、この最近の九年間インターナショナル内では世界を救うために必要な思想などというものはまったく発展しなかった。私の挑戦は、新しい思想をそこから生み出そうとする人々に対してであった。思想の時代ではなく、運動と事実の時代である。──もし私が若かったなら、労働者のもとに飛び込み、我が兄弟と労働の生活を分かち合い、彼らとともに必要な組織を作る作業に参加するであろう」[70]。このテキストには、彼に対する不名誉な弾劾の後行われた追放を優雅に合理化しようという意図があるが、これは労働者として身を立てたいと望むヨーロッパの知識人が、プロレタリアのもとに「戻る」という最終的使命をもたらす。そして中国革命のプロパガンディストに対して（彼らの場合は不承不承であったが）も。

一八七四年初め、モネが二年前『印象、日の出』によって絵画の革命を行った頃、マルクスは多くのときをエレナーと過ごしていた。彼は彼女に「リサ」との関係を絶つよう求め、それが「トゥッシー」

がその後繰り返す怒り、不安、鬱の原因となる。彼女は大きな愛を父とリサとに分かち、カールにあまりにも似ているこのフランス人に愛を捧げる。

ドイツ社会民主労働党

二月十日カールは、三年前ロンドンで自分が承認させたモデルにしたがってできた、共産党の最初の重要な政治的指針に賛成する。ドイツでは帝国議会の選挙で、出所したばかりのヴィルヘルム・リープクネヒトに率いられた、一八六七年アイゼナハで設立されたドイツ社会民主労働党が重要な組織となり、当選者の数でそれより五年前ラサールが創設した全ドイツ労働者協会[22]と並んだ。[104] 宰相ビスマルクはこうして二つの大きな労働党と対決する。これらの党は多少とも急進的な改革のために国家権力を奪取したいと考えていた。カールはいつもこれらの党派は社会主義的ではないと考えていた。当時彼はラサールの党の指導者たちを「真の革命的見解とつながらない――ブルジョワ的ヒューマニズム[39]」的性格をもち、[104] 生産構造を問題にすることなく富の最良の分配を要求することだけに満足していると非難していた。当時カールは、「収入の分配は生産様式を承認すること以外の何物でもない[39]」と述べていた。富の平等な再分配はそれゆえ資本主義的生産様式の内部では不可能である。

三月二十三日、三週間鬱で部屋にいざるをえなかったエレナーは、再度父にリサガレーとの婚約を受けて欲しいと願う。この同じ月、ロンドンでラウラの最後に生まれた子供であった女の子が亡くなる。イェニーとカールは絶望の淵に立つ。『資本論』の著者は筆を置く。

四月半ばから五月五日まで癤（せつ）と不眠で苦しんだカールは、ラムズゲートのエンゲルスがもっていた家に、ジェニヘンとその息子シャルル＝フェリシアン（マルクスの最後の生き残っていた孫）と行く。[23]「最高の空気」と温泉、散歩道と体制もよかったが、カールは子供の健康を不安に思い、不平を述べる。「彼の状態はロンドンより悪い」。六月、エンゲルスが送ったグンペルト博士が、彼にもっと遠くのオーストリアのカールスバート[24]の温泉に治療に行くことを勧める。彼はそこに行き、エレナーを「リサ」から引き離そうと考える。イェニーはロンドンに残る。

七月二十日ジェニヘンの息子シャルル＝フェリシアン・ロンゲが十一カ月で亡くなる。カールの孫はいなくなり、彼の苦痛は倍加する。

カールスバートでのマルクス

オーストリア当局によって無国籍者として抑圧されるのを恐れ、彼は一八六九年にすでに一度行ったように、イギリス国籍を新たに要求する。[248] このため、カールは一八七四年八月一日、内務省に帰化申請を手渡すべく役所の職員の前に出る「道徳を証明する証人」、あるいは「身元引受人」を募る。しかし、その返事を待つこともなく、オーストリア政府は彼に無国籍者として国内通過可能ということを知らせてくる。帰化の要請は八月二十六日、内務省から拒否される。マルクスとエレナーはすでにカールスバートに出た後であった。彼らはそこでクーゲルマン夫妻[25]と会う。[146] 証言によれば、[146] 父と娘はあらゆる治療の処方箋を詳細にわたってためしてみる。貴族や大ブルジョワがインターナショナルの非常に危険なボス、全ヨーロッパを震撼させたコミューンの首領の存在を知り、彼がほかのみんなと同じように飲んだり、食べたりするのを見にやってくる。——あらゆる地域から、ジャーナリストや政治家が彼に相談しにやってくる。その中には、ヴィルヘルム・リープクネヒトとともにアイゼナハ党を創設した労働者ベーベルが、ますます死につつあるインターナショナルについて、彼の意見を聞きに来る。この頃、ゾルゲは執行委員会の書記の職を辞任し、それをエンゲルスに知らせる。エンゲルスは彼に、一八七四年九月十二日返事をする。「古いインターナショナルは君が出発することで、完全に消滅した。それは悪いことではない。インターナショナルは第二帝政時代のものであった[26]——」。フランスでは、革命がもう一度起こりうるような状況にあった。エンゲルスは、カール・マルクスが三十年来エンゲルス不在で作り上げた唯一の政治的活動が消滅するのを見て、気が楽になったかのような気持ちであった。「僕は次のインターナショナルは（マルクスの作品が数年後その影響をもったとき）、完全に共産主義的なものになり、われわれの原理を完全に掲げることができるだろうと思う」[27]。エンゲルスが述べていないのは、マルクス死後、今度は彼自身が取り仕切るということだ。それは前のインターナショナルの際その場にいなかったことに報いるかのようであった――。

九月十二日、カールとエレナーはカールスバートを最高の状態で去る。彼らはクーゲルマン夫妻と喧嘩をする[146]。彼らがでしゃばりであったからだ。エレナーは父に従い、もう「リサ」に会わないと誓う。帰りに、彼らはヴィルヘルム・リープクネヒトに会うべくライプツィヒを経由する[105]。マルクスとリープクネヒトはしっかりと抱き合った。ほぼ十年彼らは会わなかったのだ。この若い男とは二十年前に会い、彼はソーホーのあばら家で生まれたばかりのエレナーの子守をしていたが、今ではドイツ左派の比類なき党首になっていた。ヴィルヘルムは彼らに当時三歳の息子を紹介した。その名前はカールの名をとってカールと付けられていた（そして彼は四五年後、ベルリンでローザ・ルクセンブルクとともに一九一九年一月のスパルタカスの悲劇的革命の党首となる）。リープクネヒトはマルクスに党の綱領について語る。プロイセン国家権力による独占資本の国有化と国家社会主義の創設について[105]。カールは彼に、すべてラサールの党と同じく間違っていると述べる。この綱領は普通選挙、労働者協同組合、ビスマルクとの連合に要約されると。カールはこうしたものはビスマルクが行っている中傷に加担することになると考えた。リープクネヒトも、彼らとまさに連合するという非常に重要な計画についてはあえて語らなかった。

三カ月後、ロンゲはオックスフォードを去り、ロンドンのフリート街五八番に移り、パリでは、ワロン修正案の投票によって共和国が形成された。[28] カールはイギリスの首都に戻って来たとき、一八七五年二月十四日と十五日、七三人のラサール派ＡＤＡＴ（ドイツ労働者連合）の代表とＳＤＡＰ（ドイツ社会民主労働党）がテューリンゲンのゴータという小さな町で集会を開き、共通の綱領をつくり、二つの組織を「ドイツ労働者社会民主党」（ＳＡＤ）に結合することを決めるという話を聞いて非常に驚く。

ドイツ労働者社会民主党への怒り

マルクスは怒った。こんなやつらと一緒になるとは。彼はだまされたのだ。三十年後、彼は生涯にわたって彼を追いかけ、その消滅を欲してきた古い敵、すなわちプロイセン国家の中にいるのだ。まだしも選挙の連合ならよかったが、そうではなくラサールの思想に近い内容の綱領で連合するのだ。この綱領は、プロイセン国家を消滅させる準備すらせず、生産関係を変えることなく、プロイセン国家を支持する以上のことを意図していないのである。しかし、誰もがマルクスをこの新しい左派党の首領であると考えていたので、マルクスは、彼の思想から離れた綱領を裏書きしたと非難されるだろうと考え、これに抗議する。社会民主党の議長であったヴィルヘルム・ブラッケにきちんとした批判を秘かに送る。その中で彼はこの綱領を嘲弄して「ゴータ綱領に関する瑣末な批評」と呼んだ。かなり後、送られたテキストとその注解は『ゴータ綱領批判』というタイトルで出版されることになる。[39]

『ゴータ綱領批判』

この手紙の中には、思想の領主に対する裏切りと怒りが感じられる。「アイゼナハ党」の彼の友人とりわけリープクネヒトというくだらない男が自由党との無益な妥協を望むという、優柔不断な指導をしていたのだ。カールは二十年来、ブルジョワ党との同盟は悲惨な結果をもたらすだけだと説明してきた。それは彼自身一八四九年ケルンとパリで体験したことであった。彼らが共産主義者として独立した存在になった最初の国で、彼らはその敵の継承者と手を結んだのである。これは痛ましいほど無駄なことであると考える。マルクスは彼らに再度、歴史における政治の役割ということを説明していて、この不機嫌なテキストは彼の真の政治的遺書となっている。「次の瑣末な批評、統一綱領の批評は、お読みいただいた後、できればリープクネヒトとベーベルのところに持っていってください。私は仕事に追われ、医者の処方箋以上の多くの治療もしています。この長い手紙を書くのは決して嬉しいことではありませんでした。しかしこれは私が行おうとしていることを、それを聞いてくれる党の友人たちに誤解されないようにするためには必要だったのです――。また、ここでアイゼナハ党を秘かに指導している党の敵が、巧妙にも企てている見解（絶対に間違っている）を外国に広げないためにも必要だったのです。――。私は、大きな声でいえないのですが、この党をまったくだめにし、破壊してしまうと思われる綱領を認めることができません――。ラサール派の指導者が、状況に押されてわれわれのところに来ました。まず原則を曲げることはどんなことでもできないと彼らに宣言すれば、共同行動に関する行動プログラムや組織計画だけで満足させることで十分だったでしょう――。さらにいえば、ラサール派の信仰綱領がそこから導き出せる以上、この綱領はまったく無でありますー[29][39]」。

マルクスにとって、共通の良き綱領とは、企業家と大土地所有者に対して商人、職人、農民、労働者の保護を強化しなければならないものであった[74]。彼は賃労働者の増大と社会保護の改善を行うために、すべての国の産業化を促進する必要があった。そして「児童労働の一般的禁止が大工業の存在と両立せず、したがってそれが悲惨で空虚な望みであるとしても[30][39]」、無償教育をすべての子供に受けさせることは必要である。なぜなら、「生産的労働と教育をはっきりと結びつけることは、現実の社会を変革するもっとも力のある手段のひとつであるからだ[31][39]」。

さらに共産主義者は、国家の消滅に至らない綱領など受け入れることはできないと付け加える。彼自身アナキストとかなり闘ったが、これは彼らが国家と手を切ることを主張していたからではなく、彼らは国家消滅の手段について語らず、権力を取ることしかその綱領に書いていなかったからである。

三つの段階

結局こうした綱領はマルクスの眼から見て、三つの段階の活動に組み入れなければならなかった。それはコミューンの翌日書かれた第三の宣言からとられていた。彼はこの宣言で述べた冒頭の段階、革命による権力掌握の段階をやめている。なぜならドイツにおいては、将来左派は責任ある地位に民主的に近づくことが可能だからである。

その綱領の第一の段階の中に、投票によって一度権力に民主的に到達すると、社会党は個人の平等に基づく「すべてにとって平等な権利」を尊重しなければならないとある（「労働に応じた分配」[32,39]）。こうした段階がブルジョワ化に進まないためには（ゴータで決まった共同綱領の適用はその可能性を出している）、次の選挙で失敗しない手段をプロレタリアに与える第二の段階へと進まねばならない。

この第二の段階とは「プロレタリア独裁」で、多数派の連合へと大きく拡大されねばならない。そのために、議会制民主主義の枠の中に納まりながら、生産関係それ自身の完全な変革、とりわけ「個人の分業への従属、それとともに知的労働と肉体労働との対立」[33,39]が終焉をむかえねばならない。それに至るために国家は断固とした方法で進まねばならない。けっして、個人の自由、出版の自由、権力の分離、多党制の自由選挙による指導者の形成などを問題にしてはいけない。この時期、議会の多数派は「能力に応じた分配から欲求に応じた分配」[34,36]に進むために、存在する法律を再び問題にする合法的権力を持つ。彼はこう書いている。「資本主義的体制から共産主義的体制へ移行する中で、政治的移行期に照応する、ある体制から別の体制への革命的変革の時期が起こる。その間国家はプロレタリアートによる革命的独裁による支配以外の何物ももたない」[35][39]。この独裁は、分権化された、透明な国家をつくらねばならない。それは誰はばからず行動し、出版の検閲も官僚制もなく、単一党もなく、階層的な区分もなく、常備軍もなく、選挙による裁判官のいる、「まったく抑圧する組織の[39]」ない国家である。したがってこの国家は消滅過程にあるが、自らの敵に対して身を守る能力をまだもっている。マルクスにとって非常に重要な点は、プロレタリア独裁は個人の自由を問題にしてはならないが、「国家の抑圧的組織[36]」の消滅を組織しなければならない。これはレーニンがこうした概念に与える意味から遠い位置にある。

彼にとって、こうした経験をしたのはパリ・コミューンのみであったが、それは固有の防衛組織を作ることも、生産手段の道具を労働者に与えることもできなかった。

綱領の第三段階では、一度国家が消滅すると、階級も分業もない共産主義社会が出現する。市民はそこでは思うままに仕事をし、他人の能力を尊敬しながら自らの能力を発展させる自由がある。労働者は必要なだけ消費財を消費するが。宗教的モラルやイデオロギーに従属することはない。企業は集団的に所有されるが、必ずしも国有ではない。

マルクスは綱領の中で、ある段階から別の段階への移行条件を明確にしていない。選挙人の多くがこうした移行を拒否し、昔の体制に戻ることを要求すればどうなるかについても明確にしない。彼はさらにプロレタリア独裁下での国家の本質について、共産主義社会において残される国家の本質について明確にしていない。そして理想社会では企業の集団的所有がどう機能するかについても、明確にしていない。彼はこう書く。「共産主義社会において国家はどんな変革を受けるか。言い換えれば、国家の現実の機能から類推して社会の機能はどうなるのか。この問題に回答を与えうるのは学問のみである」[37]。そして彼はこう付け加える。共産主義者は当面、「共産主義社会における未来国家に関しては——問題にすること」[39]はないと。共産主義社会は、今の世代が問題にするにはあまりにも遠い対象であった。

彼はしばしば利用していたラテン語の文章で、これを締めくくる。今度は、数千頁になる内容を五つの言葉で表わす。**Dixi et salvavi animam meam**（「私は語った、そして魂は救われた」[38]）。

十五年後、この批判の対象者の一人ベーベルへの手紙の中で、エンゲルスはこう確認する。マルクスがそこで言いたかったことは、そして彼がこのテキストを書いたのは、「説得する希望もなく、自らの意識を救うためであった」[39]と。マルクスは、革命は彼が期待していたドイツから起こるということを、きっぱりと否定してしまったかのようであった。それは青春の夢を断念したかのようでもあった。「魂を救う」という考えによって彼はまるで、母の宗教、父と娘の抽象的神へ誘われたかのようであった。

すぐに事実によって彼の正しさがわかる。マルクス主義者と改革派との間の議論が新しい党の中で大きくなり、ドイツ社会主義の二つの運動をこのように連合することは、プロイセン国家を強化するだけとなる。宰相ビスマルクはこうして結合した進歩主義者の足元の草を刈るために、事実労働者の社会保護を実行し、やっと許された社会主義者を厳しく検閲することで社会における彼の力を強化する。

ドイツではすべてが、国家の掌握によって将来に展開していく。国民社会主義（ナチ）がそのことを思い出させてくれよう。同じくビスマルク的プロイセンから、真似るモデルをロシアで引き出すレーニンもそうだ。

こうした新しい裏切りに直面しカールは、まさに毛嫌いしていた体制の国、ロシアとりわけその農業世界にますます関心をもつ。なぜなら、そこからのみ革命の兆候が出ていたからである。もっとよく理解するために、マルクスはすでに少しかじっていたロシア語を真面目に勉強する。その努力を見たラファルグはこう書いている、「彼はもっとも愛するロシアの詩人と作家、プーシキン、ゴーゴリ、シュチェドリンを読む喜びを見つけるために、六カ月あまりでロシア語をマスターした。彼は公的な調査委員会が書いた資料を読んだ。これは、ツァーリ政府が恐ろしい陰謀活動の暴露を避けるためのものであった。彼を尊敬する友人たちが彼にそれを送り、彼は確かにそれを知りうる西ヨーロッパたただ一人の経済学者であったのだ」[40][161]。

末娘エレナーへの不安

一八七五年六月、カールはますますエレナーのことに気をかける。彼女はリサガレーに会わないと約束して以来、食欲不振の重症の鬱に陥り、父と同じ病気になる。それを彼女は父同様タバコで紛らわせた[146]。エンゲルスはいつも請求書への支払いをするためにそこにいた。イェニー、エレナーとヘレーネとともにカールは、少し小さいメイトランド・パーク・ロード四一番の家に引っ越す。彼はとうとう『資本論』が、パリのベルタン＝ポワレ通り十一番のプログレ出版から出版されたのを喜ぶ。一千部はすぐに売れた[41]。

一八七五年八月、カールはエレナーとともにカールスバートに行く。そこで、ユダヤ人に対する歴史的視野をもった最初の人物、偉大なプロイセン人のユダヤ教の歴史家ハインリヒ・グレーツ[42]に会う。ユダヤ教に関する長い会話をもった二人はその後も通信する。ますます祖先の宗教に取り憑かれたエレナーは彼らの議論に参加する。娘が何かに興味を示したことを喜んだカールは、彼女に自分の母、父、そして祖先、すべてのラビについて語る。娘の自己確認の探求は彼の心を打つ。彼女の有神論は彼を感動させる。そこに学者の神を尊敬していた父の有神論を再発見する。エレナーはエトガーに見つけたいと望んでいた特徴をすべて持っていた。彼女はまさに彼が欲していた息子のようなものであった。

ロンドンに帰った少し後、カールはまた肺を病む。呼吸も苦しかった。原因不明の疲れからロンドンを去らなかったイェニーは、彼の書いたものを読むことが難しくなる。やがてカールは書かなくなる。

一八七六年、新しい産業革命の兆候が出てくる。グラハム・ベルが電話を発明し、クロスとエジソンが別々にレコード発明の特許を取る。ニコラウス・オットーが最初の内燃機関を発明する。とりわけ豪華な万国博覧会がパリのトロカデロ宮殿とセーヌの岸辺で開催される。アメリカの銀行が発展し、金融資本主義が少しずつ産業資本主義に取って代わる。保険会社がその世紀の二つの災害、結核と鉄道事故に対して都市ブルジョワの保護を行い始める。プロイセンの企業の中にはこの危険に対する賃金の保証を組織するところもあった。ドイツやイギリスの鉱山業は雇用者のために医師を雇うことさえする。

エレナーは両親の下を去り、一人でロンドンに住み着く。そしてリサガレーにもう会わないこと、演劇を行うことを約束した。彼女はトマス・フッドという人物が自殺する若い娘を描いた『ため息の橋』というタイトルの作品で、デビューを果たし成功する(248)――。母は彼女があのバスク人と再会しているのをとうとう知る。リサガレーはとうとうフランス語で、素晴らしい『パリ・コミューンの歴史』(177)をブリュッセルで出版する。この本はすぐにパリで発禁処分になる。イェニーはやがて娘をブライトンにやる。そこには最初の滞在以来知っていた、ブラック家の三人姉妹と詩人のエイミー・レヴィがいた。エレナーはますます公然とユダヤ教に関心をもつ。だからといって改宗することもせず、またブライトンの彼女に会いに来た「リサ」との関係も絶つことはなかった。

奇妙な関係がある。同じ頃マルクスはリサガレーの書物のドイツ訳を終える。彼は意中の訳者をそれまで拒否してきたのだ。彼は娘が愛する男、彼女をいつも真面目に愛しているように思える男と結婚することができるよう、自分の考えを引っ込め始める。これは、このフランス人に対する見解を変えることを拒否したイェニーと反目した数少ない問題の一つであった。

エンゲルスの『反デューリング論』のはらむ問題

五月、エンゲルスは、ベルリンのベーベルから、ラサール派のベルリン大学の科学教授オイゲン・デューリングがその頃書いた教義とは違う、ドイツ社会民主党全体の教義を書いてくれるよう頼まれる。いつも物理学に関心をもっていたエンゲルスは、マルクスの思想を自然科学のコンテキストの中に位置づけるために書く。カール自身この書物の最初の章の素描を書き、そこで経済学と哲学の考えをまとめている。この作品は『反デューリング論』と呼ばれ、マルクスの死後「マルクス主義」のカテキズムとなる。

その時代の自然科学に関して長く説明した後で、エンゲルスは『資本論』の経済理論の包括的な視点を述べる。マルクスの名においてエンゲルスは、資本主義が社会主義へ移行する社会の本質について明らかにする。社会主義とは、「人間の政府が物の管理を行う」「計画化された組織」である。彼はこう付加している。「プロレタリアは国家権力を襲い、生産手段を国家所有に変える。プロレタリアはプロレタリアとして自らを廃棄し、階級対立とすべての相異を否定し、国家としての国家を廃棄する」[109]。マルクス自身があえて与えなかった答えがここでは単純化されている。国家は経済をコントロールする。国家にすべての権力を与えた後で、そこからその消滅を引き出せると考えることは難しい。[43]

したがってエンゲルスの『反デューリング論』によって、マルクスが彼のテキストで描いた自由の哲学の解体が始まることになる。マルクスはこれに同意していたのか。マルクスは古い友人の見解を批判するには疲れすぎていたのではないだろうか。マルクスは、国有は国家の消滅を阻害しないと考えていたのか。マルクスが一向に進まない自分の作品のことをかなり心配していたことは間違いない。このテキストについてマルクスは何も語らないし、これは重要なものではないと思われたのだ。とりわけ、ゴータの綱領以来、ラサール派と合同することで彼を裏切ったこの党に起こっていることへの関心を、一切拒否したことは疑いない。彼の眼にはもはやドイツからいい知らせは来ることはない、と思われたのだ。

一八七六年七月一日、バクーニンが、ロカルノに彼を匿ってくれたイタリアの友人カルロ・カフィエロの遺産を浪費してしまった後、貧困の中ベルンで亡くなる。未来の公認のマルクス主義の教義が書かれている頃、七月十五日、フィラデルフィアでインターナショナルの執行委員会が狭い部屋に集まり、組織の解体を宣言した。すでに財政的には欠乏し、その当時左派の中で唯一力のあったドイツ人、フランス人だけでなく、マルクスからも見捨てられていた。[164] レーニンは三八年後こう書く。「第一インターナショナルはその歴史的使命を終え、あらゆる国の労働運動の急激な発展の時代に席を譲った。その時代の特徴は、さまざまな国民国家の枠の中で大衆的社会主義労働者党が形成されることで、運動が拡大的に発展するということである[44][169]」。

「権威的共産主義者」組織の代表者の懐へ復帰することを期待しながら、ジュラ派はベルンで十月二十六日集会を持つ。ピョートル・クロポトキンという人物がちょうどロシアから到着し、アナキスト運動に合流し、「言葉、文章、剣、銃、ダイナマイト――による永久革命」を主張する。ツァーリを脅かすロシアのニヒリストの暗殺に魅せられたイタリア人は、暴力的活動に進むことを主張する。

逆にベルギー、オランダ、イギリスの連合は選挙に戻ることを望む。

一八七七年、カールは『資本論』の第二巻、第三巻の仕事をまだ続けていた。中でもいつものことだが、労働価値から価格への転形問題は、二二年前のエトガーが死んだその年に直面して以来解決されていない問題であった。彼はそのため代数学を再び勉強する。それによって彼はその問題を解こうと考えた。その理由は、ブレーズ・パスカルのように、数学が物理的な苦痛を遠ざけてくれるだろうと考えたからであった。それを見ていたラファルグは、こう記している。「代数学はマルクスに道徳的な安らぎを与えた。数学によってもっとも苦しい時期を乗り越えることができた――。マルクスは高等数学の中に非常に論理的で単純な形の弁証法の運動を見つける。彼は科学は数学を利用したときにのみ発展するといっていた」[45][161]。カールはこの新しい領域に情熱を注ぎ、微分計算の歴史を書こうとさえしたといわれている。そして彼はそのためデカルト、ニュートン、ライプニッツ、ラグランジュ、マクローリン、オイラーの論文を読む。彼はノートを取る。さらに大きな計画。

マルクスにとって一人の若い青年との再会のときでもある。彼はまったく忘れたわけではなかった。この青年は、ヘレーネ・デムートの息子フレデリック・デムートであり、エンゲルスが自分の子供とした子供であった。この若者は労働者として働き、インターナショナルにも参加した。彼はエレナーと親しくしていた。兄と妹であることを予想できない奇妙なカップルである。一八七七年二月、アナキストの企みを心配していたカールは、この二人の若者に、故バクーニンの仲間がロンドンで開いた集会に潜りこむよう求めた[248]。二人は、アナキストが消滅したインターナショナルに代わる新しいインターナショナルの起草案を用意していることを、知らせる。

一八七七年一月一日から三月十三日まで、『反デューリング論』の最初の章が、新しい社会民主党

『反デューリング論』への反応

の機関紙となったライプツィヒの新聞『フォアヴェルツ』[46]に連載で掲載される。しかし多くの党員はデューリング教授をマルクス並の人物だと思っていたので、その多くが五月末に今度もゴータで開催された党大会で、こうした掲載に抗議をする。一人の国会議員であったユリウス・ファールタイヒという人物は、「エンゲルスとマルクスはかなり貢献してきたし、これからも貢献し続けるだろう。それを期待するし、未来もなおそうして欲しい。しかし同じことはデューリングにも言える。これらの人々を利用するのは党であるが、これらの教授方の議論は『フォアヴェルツ』にふさわしくないので、別途に出版してもらうべきである[252]」と宣言した。アウクスト・ベーベルはやがて『フォアヴェルツ』の科学に関する付録という形で、『反デューリング論』の最終章の掲載を決定する。しかしこの別冊版で『反デューリング論』の「哲学」そして「政治経済学」に関する章が掲載されるとき、デューリングがプロイセン警察によって大学から追放される。そのことによってデューリングは党の内部で勝利を摑み、『フォアヴェルツ』にその栄光をたたえる詩が掲載されるところまでいく[252]。デューリング支持者の一人、後に語ることになるベルリンの若き社会主義者エドゥアルト・ベルンシュタインは、後にこう書いている。「『こっちはマルクスだ、そっちはラサールだ』という対決の叫びに代わって、新しい闘いの叫び、『こっちはデューリングだ、あっちはマルクスだ、ラサールだ』が、一八七五―一八七六年に告げられたかのようであった。そして私のおとなしい仲間が少なからずこの問題に貢献した」。ベルンシュタインはまだデューリング派であった。彼はやがて立場を変える。このベルンシュタインはやがてエンゲルスの秘書となり、その最後の遺言の執行人にさえなるのだ。

ベルンシュタイン

電気の利用の発展

いつものように、カールはドイツ社会民主党内部で起こっている議論よりも、世界で起こっている問題により関心をもっていた。彼はゴータで生まれた党は革命的になることはないと考えていた。と

一八七七年〜七八年の世界

りわけ彼が惹かれたのは、経済活動を産業化し、それゆえその資本主義への応用を可能にする二つの忘れがたい重要な革新であった。ひとつは畜産である。冷凍船につくられた冷凍室（三五トンの肉）のおかげで、ブエノスアイレスとルーアンとの間の輸送が急激に伸びたことである。そして音楽。それはエジソンのレコードである。彼は工芸学校のコンセルヴァトワールのフランス人教授マルセル・デュプレの最初の実験に関心をもつ。それは、やがて遠い距離まで電気を運ぶことが可能になり、発電場所から離れた地域で利用が可能になるだろうということを証明したからである。ここで彼にとっての問題は重要な革命であり、何週間もそればかり話をしていた。病気になった彼はこうした素晴らしい予言が実現されるとき、間違いなくこの世にはいないということを考え、残念がる。一八七七年五月一日のシカゴでの、八時間労働実現の要求を掲げたアメリカ労働協会のゼネストにも関心をもった。四人のデモ参加者が殺され、五人のアナルコ・サンディカリスト[47]が処刑された。彼が世界に通じていたのは、新しいものに対していつも敏感で、情熱的で、疲れを知らない、何にでも興味をもつ心があったからである。

この年、最終的にジュール・ゲードはそのほかの亡命者とともにフランス帰国が認められる。彼はパリに住み、アナキストである彼は、カフェ・スフロに集まった青年サークルとドイツ人ジャーナリスト、カール・ヒルシュによってマルクスの思想を発見する。彼にとってこれは啓示であった。彼は最初のフランス共産党新聞『レ・ガリテ』を創刊し、マルクスに、そしてルクリュのようなアナキストの古い友人たちに寄稿を依頼する。

ロンゲ家、ラファルグ家、エレナーは、その頃ロンドンのイェニーとカールのそばに住んでいた。当時カールの子供のだれにも子供がいなかった。カールはこの旅についていけると判断したイェニーとともに、温泉治療に娘をともなうことを決める。一八七七年八月八日、彼らはカールスバードに向かう。そのときオーストリア政府は彼が国境を越えると追い返すということをマルクスに知らせてきた。彼はそこでケルンの近くの温泉地[215]のノイエンアール[48]に場所を変える。

その秋、エレナーとフレデリックによって数カ月前、十一カ国のアナキストがヴェルヴィエで、バクーニンの跡を継いだロンドン生まれの一人のヌシャテル人、ジェームズ・ギヨームの指揮のもとに集まることをカールは知らされていた。彼らは党というモデルそれ自身と絶縁したと宣言する。[47]「党というものはすべて反動的である。——こうした党と闘うことが重要だ」。少し後ヘント（ガン）で三五人の代表（アナキスト、「マルクス主義者」、「権威的社会主義者」）が、「世界社会主義会議」を作るが、意見は対立する。マルクスは井の中の蛙のような小さな闘いの情報を仕入れる。「ヘントの会議は少なくとも、ギヨームとその仲間が古い仲間から捨てられたという点でいいものであった[49]」と九月二十七日、ニューヨークで音楽の教師[47]となっていたゾルゲ宛に書く。十月十九日、ソルゲ宛の別の手紙で、マルクスはもう一度、「社会主義に、すなわち唯物論的基礎に取って代わって——近代的神話、正義、自由、平等、博愛といった女神を置く非常に観念的な表現を与えようとしている人々[50]」を批判する。まさにこのことはすでに一八四三年に述べていたことであった。

一八七八年、ドイツのラサール以後十七年、ジュール・ゲードがフランス最初の社会党、フランス社会主義労働者連合を創設する。これはすぐに「労働党」の名の下によく知られるようになる。オーギュスト・ルノワールが「ムーラン・ド・ラ・ギャレット」を描いている頃、ゲードは土地の集団的所有と労働用具の集団的所有を主張したため裁判所に召喚される。彼は六カ月の禁錮を受け、サント・ペラジー監獄に収監される。

この年、厳しい新しい恐慌が起こった合衆国では、デヴィッド・ヒューズがマイクロフォンを発明する。最初の自転車もボストンで商業化される。最初の家庭用の電燈もロンドンで敷設された。ドイツではビスマルクがアメリカからやってきた深刻な経済恐慌と対決するため保守派との連合を求め、左派を攻撃し、社会民主党を解散させる。これはドイツ左派にとって痛手であり、合法的政治活動への復帰を求めるために暴力的なデモを行う。

時代が違っていれば、少なくともこの事件はマルクスに復讐の論文を執筆させただろうが、マルクスは無関心であった。ドイツはもはや関心の地域ではなかったのだ。

なぜなら彼は時間に追われるように執筆していたからだ。彼は『資本論』第二巻と第三巻の執筆にもどっていた。当然のように作品の完成が問題になるたびに、読んでいない本があるのではないか、重要な資料を見ていないのではないかという不安が、彼を終わることのない研究に誘っていた。地代論を研究するために地学、農学、病理学、植物学、肥料学に興味をもつ。古代社会をもっとよく理解するために、彼はルイス・ヘンリー・モーガン、ジョン・ルーボック、ヘンリー・メインの作品を研究する。地方社会についても研究する。彼にとってそれはナポレオン三世がクーデターを成功させ、コミューンを失敗させた原因であった。イデオロギー、その階級闘争への影響を分析し、ますます経済的力関係には依存しなくなっていると考えるようになる。インド、統計学、ロシアに関するノートを取る。ロシアの土台をなす農村の構造、ミールは彼を悩ませ、ますます虜にさせる。ミールは資本主義的なものでも、封建的なものでもなく、共同体である。それゆえ、ミールはおそらく生産手段を本来共有にするための可能な基礎となるはずであった。彼はロンドンでマキシム・コヴァレフスキー[51]に会う。この男は彼に土地の集団所有のさまざまなタイプについての彼の仕事、共同体的生活、とり

ロシア、トルコへの発言

ザスーリッチ

わけ地中海型の生活の形態に関する仕事を語った。マルクスはそこで当時まで考えたことがなかった農業による共産主義に到達する手段への道を予測することになる。

事実、ドイツで裏切られた後、ロシアが彼にとっての新しい希望の焦点、一種の脅迫観念となる。彼はロシアのナロードニキ、ニコライ・フランツェヴィッチ・ダニエリソン、ゲルマン・アレキサンドロヴィッチ・ロパーティン（『資本論』の翻訳者）、ピョートル・ラヴロヴィッチ・ラヴロフと非常にしばしば議論を交わす。彼は、コンスタノヴィッチ・ミハイロフスキーやヴェラ・ザスーリッチ[52]といったかなり極端な革命家とも議論する。ザスーリッチは、ロシアで警察長官将軍トレポフを暗殺した後釈放されていた。マルクスは四年前の一八七四年、老ツァーリ、アレクサンドルの暗殺を目指して創設された「土地と自由」という名の革命組織に関心をもつ。アレクサンドル二世は、帝国の周辺を支配下に置き、オスマンのスルタンを破壊すべく残忍な戦争に従事していた。やがてカールは、ツァーリの権力を批判する自由講義を行い続けた。こうして一八七八年二月四日、ドイツの友人の運命よりも、ビスマルクによって禁止された党を再建しようとしていたリープクネヒトへの手紙の中で、カールははっきりとトルコ人はヨーロッパ人だとして擁護する。そして初めて、ロシアにおける共産主義革命の現実性について語り、それはヨーロッパにおける広範な革命の突破口になるだろうと考える。[37]「われわれは二つの理由でトルコを絶対的に支持する。一、その理由はわれわれがトルコの農民（それゆえトルコ人民）を学んだこと、そしてその中にヨーロッパ農民のもっと行動的で、道徳的な代表者を見たからである、二、またロシアの敗北によってロシアにおける社会革命がかなり加速化され、全ヨーロッパへの革命が始まるからである[53]――」。

彼はイギリス政府の内部までロシアのスパイがいることを見る。パーマーストーンがツァーリと徹底して対立するディズレーリに首相の職を譲ったため、彼の新しい目標は、「コモン・プレイスの大僧侶イグナティエフの親しい友人」ソールズベリー公、ダービー公、「今ではその役職を退いた[54][18]」カーナヴォン公であった。しかし、マルクスはもう一度間違いを犯す。なぜなら、イギリスはロシアに介入するよう脅しながら、アレクサンドル二世にイスタンブールの入り口にあるサン・ステファノでの平和条約の予備交渉の際、スルタンが行った譲歩の多くを拒否させたからである。[163]ツァーリはますますニヒリストの脅威を受けるようになってくる。新しい秘密組織「人民の意志」は暗殺という単一目標さえかかげる。この年の一八七九年、ツァーリは何度か宮殿の周辺で銃撃を逃れる。列車を破壊した暗殺者もいた。爆発が食堂を襲ってもいる。

同じ頃、プロイセンでは印刷工の職業協会が当局の許しによって最初の失業保険を創設したが、ビスマルクは社会主義者を追放し、新聞や書物でマルクスに言及することを禁止し、『資本論』のドイツ語新版の出版を邪魔した。

疲れからイギリスのジャージー島で休養

新しい口実が生まれる。[248]一八七九年四月十日、カールは『資本論』の第二巻の出版を、イギリスで新しい産業恐慌が出現するまで延ばしたい旨を、友達のロシア人ダニエリソンに手紙で書く。[55]そのときまで、彼はロシアや合衆国から出てくる新しい事実を書物に書き入れるつもりであった。[248]実際、二十年前『経済学批判』の出版の準備をしていたときから同じことを言っていた。十三年前、『資本論』第一巻の出版のときも、フランスやドイツからの新しい情報を期待していたのだ。

カールはますます疲れを感じるようになる。彼は鈍重になり、疲れやすくなり、歩くことも困難になる。彼にインタビューに来た多くのアメリカのジャーナリストのうちの一人は、彼の年齢を七十歳以上だと評していた。事実はまだ六十歳になったばかりであった。一八七九年八月二十一日から九月十六日まで、彼は疲れが悪化していたイェニーとジャージー島でくつろぐ。カールは当時非常に有名であり、イギリスの宮殿も彼に関心をもっていた。女王の娘で未来のプロイセンのヴィルヘルム二世の妻のヴィクトリア王女は、一人の国会議員を彼と食事させ、今後どうなるか知るために彼のもとに派遣した[27]。

ジャージー島から帰ると、カールはニコライ・ダニエリソンにやがて二巻を書き終えると告げる。

この年、フランスは共和制下にあった。マク＝マオンは辞任し、ジュール・グレヴィが大統領に選出される。「マルセイエーズ」が国歌となり、七月十四日が国民記念日となる。一八七九年十月、フランス労働党は晴れて合法的な集団主義政党となる。マルセイユの会議で、ゲード派はすべての国有化を目標として採用した。「すべての労働手段とすべての生産力の集団的所有は、可能なあらゆる手段によって実行されねばならない」。多くの労働組合員とブランキストは彼らと手を組まず、独立したままであった。

ドイツでは権力は独裁的なままで、ビスマルクは社会主義者を追放する。これはロシアでも同じであった。一八八〇年二月十二日の法令によってアレクサンドル二世は、新たな暗殺から逃れるまさに直前、トルコに対する勝利の夢に敗れたロリス＝メリコフ公爵に全権を委ねる。彼の使命はニヒリズムを根絶し、制度改革を行うというものであった。数週間後、ヴィクトル・ユゴーがその雄弁によって、フランスは皇帝の列車に対してもう一つの暗殺を試みた犯人の、本国への送還を拒否すべきだと主張したとき、仏露関係は壊れる。徐々にロシアの反対派のインテリゲンチアは、マルクス主義を西欧化の印として採用した。西側の「異教徒」の国から来た思想とし、マルクス主義を拒否していたナロードニキでさえ、やがてそれを議論することになる。まるでマルクス主義は、今では資本主義が立

マルクスはマルクス主義者ではない

ちゅかないための代替物としてロシアに出現したかのようであった。

一八八〇年五月初め、ジュール・ゲードはロンドンに行き、そこでマルクス、ロンゲそしてラファルグに会う。ゲードは来るべき議会選挙のために書いている綱領の「マルクス主義的」性格について、カールに問いただす。マルクスはそれを批判する。彼は学問について述べたのであり、セクトについて述べたのではなかった。「確かなことは、僕がマルクス主義者ではないことだ」と彼に応える。彼は「真の労働党」と呼ぶ党の規約の編集を助ける。カールはフランス人の選挙綱領への序文さえ書いている。それを長く引用することは重要であろう。それは彼の最後の政治的テキストとなったからであり、それは三二年前に書いた『共産党宣言』に呼応しているように思われるからだ[47]。

「こう考えるべきである。生産的階級の解放は、性も人種も関係のないすべての人間的存在の解放であり、生産者は、生産手段を所有してのみ自由になりうるのであり、生産手段が彼らの手に移るのは二つの形態しかない。一、個人的所有の形態、それは一般的な状態としてはけっして存在したことはなく、産業進歩と共にますます排除されていく。二、集団的形態、その物的、精神的要素は資本主義社会の発展によって作られる。また次のように考える。こうした集団的所有は政党によって組織される生産的階級（プロレタリア）の革命的行為によってしか出現しえない。こうした組織は、普通選挙（現在までの欺瞞の手段を解放の手段に変革する）を含むプロレタリアが行うあらゆる手段によって遂行されねばならない。フランスの社会主義者は、その目的として経済秩序においてすべての生産手段を集団化する努力をもつことで、闘争や組織の手段として次の最小の綱領によって選挙に突入することを決めた[56]――」。社会主義は、はっきりといえば投票からしか生まれない。

一八八〇年五月二十三日、パリのペール・ラシェーズの連合の壁の前で組織された巨大なデモによっ

カウツキー

て政府は最後のコミュナールへの恩赦を決める。ラファルグはロンドンにとどまることを決意するが、ロンゲはパリに帰ることを決める。

同じ頃、ベルリンでは、ウィーンの帝国劇場のオーストリア人装飾絵師の息子カール・カウツキーが、すでにデューリングの弁護のために何度か会っていた、崩壊した社会党のラサール派の若き指導者、当時社会主義的実業家ヘーヒベルクの秘書をしていたエドゥアルト・ベルンシュタインの友人となる。マルクスと意見を交わしていたベルンシュタインの指示で、カウツキーは『反デューリング論』を読む。彼にとってそれは啓示であった。彼はすぐにマルクスの主要なエピゴーネン、遺産の管理人、ドイツ人社会主義者獲得の組織者、マルクスの草稿の独占者となる。[57] これについてはベルンシュタインと大変な議論となる。

カールは当時、多くの書物の計画を考えていた。ラファルグはこの頃「マルクスはとりわけ論理学と哲学史を書こうとしていた。[58] そしてバルザックを賞賛していたので、『経済学の書物』を書き終えると『人間喜劇』についての批評を書こうともしていた[59][161]」と報告している、彼はやがて古代共同体における家父長的関係についてのモーガンの研究と、土地所有に関するコヴァレフスキーの研究を利用し、「古代の農業共同体」と将来の共産主義との間の相異を示そうとする。それは、土地の集団的所有の本来の形態である、ミールの上に成り立つ近代的技術による、新しいシステム、すぐれた共同生活の形態であると。はっきりいえば、ロシアは彼が関心をもつ唯一の国家であった——。

ラファルグの『怠ける権利』——労働への憎悪

ラファルグがマルクスに過去のすべての政治史とまったく敵対するひとつの書物、『怠ける権利』[160]を書こうとしていることを告げたのもこの頃であった。ラファルグは彼の図書室を使わせてくれた義理の父とそれについて議論をする。根本的にカールはいつも労働を憎んでいた。なぜなら労働は初期の作品から、資本主義という枠を超えた疎外の原因であった。マルクスは労働権、完全雇用などについて一度も語ったことはない。それは、これらは彼にとって労働者に疎外を要求する手段のように思えたからだ。労働を厭う最良の方法を考えることが出来るという思想は、だからカールにとっても無関心ではいられないものだった。ラファルグは、当時カールが他の問題同様この問題に関して、すべての本を読んでいたと考えていた。ラファルグは、一八四九年にパリで出版されたモロー・クリストフの『ローマとギリシアの共和制の中での余暇の権利と隷属的労働について』という作品についての、この義理の父の注釈を見つけてあきれ返った。ラファルグはまたカールの書斎で一八六一年に出版された、『労働の気晴らし』[216]というタイトルの冊子をも見つける。ラファルグは、労働運動の伝統的な価値との断絶の中で書く。彼はルイ・ブラン以来の「労働権」を主張するものを批判し、あえて次のように書く。「フランスのプロレタリアよ恥を知れ。——過剰労働で死に、禁欲でやせ細るという労働者の二重の愚かさを前に、資本主義生産の大きな問題はもはや生産者を見つけることや、その生産力を十倍にすることではなく、消費者を見つけ、その趣向を刺激し、彼らにまがいものの欲求を作り出すことである」。彼の書物は、「喜び」[160]への呼びかけであり、「資本という宗教」[160]の告発であり、労働を社会的、個人的価値として称えるすべての社会システムの告発である。彼は賃労働者が機械から解放されること（最悪の奴隷制[160]）と、「余暇」[160]にすべてのものが近づけることを期待する。大きな成功を収めるこの本はそれだけにラファルグの社会主義的な関心をよそへ逸らすことはなかった。

　しかし、エレナーの鬱は生命の危機が出るほど深刻なものとなる。——カールはますます自殺について語るようになる。——カールは気も狂わんばかりとなり、イェニーから八年も待っているリサガレーと結婚する許可を獲得する。その当時すべての矛盾に対し言い逃れをしていた。一八八〇年七月四日、リサガレーは恩赦を獲得しパリに戻る。彼とエレナーの関係は終わる。

ダーウィンとマルクスを結ぶもの

同じ頃、『資本論』第一巻の最初の英訳が完成する一方で、マルクスは、ある種の資料からすると、[230]ダーウィンに手紙を書き、それを彼に捧げようとする。ダーウィンは節度ある控えめな手紙の中でこの光栄を辞退する。それは数年前ドイツ語版の送付に対して気持ちよく受け取らなかったのと同じであった。返事の中で、「精神の自由に対する有害な[230]」無神論的、あるいは反キリスト教的プロパガンダについてわずかだが語られている。事実この物語についてすべての伝記で繰り返されるが、正確なものはない。ダーウィンはこの手紙の中で第二巻[277]にも応えている。マルクスは、ダーウィンの思想が社会的分析にも置き換えられうるとは考えてはいなかった。

しかし自然淘汰（生きている種の変動をもたらす）の理論、階級闘争の理論（社会種の変動をもたらす）、もう一つの十九世紀の大きな理論である熱力学の理論（物質の状態の変動をもたらす）の間に共通点はある。この三つの理論はすべて、無限の変化と大きな飛躍について語っている。この三つの理論は時間の不可逆性についても語っている。カルノーにとっては無秩序に向かって、マルクスにとっては自由に向かって、ダーウィンにとってはよりよい適応に向かって。自由の無秩序への適用、これがカルノー、マルクス、ダーウィンという十九世紀の三人の巨人を結びつけるものである。

マルクスの神格化

『反デューリング論』は、やがてフランス語訳の連載でゲードの新聞に一八八〇年六月十六日から八月四日にかけて掲載される。それは大きな成功を得る。「マルクス主義」と名づけられる学説が、それをコメントする数十の新聞や書物に結晶していく中で、マルクスという人物そのものは神格化され始める。友人のフリードリヒはこの年マルクスの写真のコピーを千二百枚作らせ、それに「挨拶と友情。カール・マルクス、一八八〇年六月二十七日」という言葉をサインさせた。エンゲルスはこう書いている。「マルクスは、写真では威風堂々としており、常にもっていた生きる喜びと勝利への確信を示していた」と。レーニンもその一つをもっていた。図像的なプロパガンダが始まる。新しい宗教が完成する。マルクスはそれに準備する。

一八八〇年秋、ロンゲはパリに住むために戻った。最初はジェニヘンも子供もともなわず（当時三人の子供がいた）に戻った。彼は十一月、ルアーヴルでジュール・ゲードのフランス労働党大会に出席する。

この同じ年の末、スイスのラ・ショ・ド・フォンに集まったアナキストはいまだ「合法的ではない不法な行動を行うこと」を要求していた、ネチャーエフ[60]は、ギヨーム同様バクーニンの後継者であると述べ、「革命家は非道徳的、泥棒、暗殺者、状況主義者、攪乱者でなければならない」と主張する。

ロシアでは起こるべきことが起こる。「人民の意志」の長、ソフィア・ペロフスカヤの命令にしたがった四人が一八八一年三月十三日日曜日、警備がいなくなった後アレクサンドル二世の暗殺に成功する[61]。三十六歳でアレクサンドル三世となったその息子は、最後の自由な改革を廃止し、反ユダヤ主義を悪化させ、帝国のまわりの地域をロシア化する。

ザスーリッチへの手紙

この頃ロシアの革命家ヴェラ・ザスーリッチに書かれた、驚くほど推敲された重要な手紙（三つの手紙の下書きが保存されている）の中で、マルクスはしばしば考えてきたことを紙の上に書く。ロシアでは、そしてロシアでのみ、資本主義による迂回はおそらく必要ではない。資本主義は、いつもまったくロシアの方向と逆を進んできたからである。「ロシアは共同所有が、国民的規模で維持されている唯一の国である。しかし、同じようにロシアは近代史の中に巻き込まれている。ロシアはすぐれた文化をもつ同時代の国であり、資本主義生産が支配的な世界市場につながっている——。（結果として）

私の西欧における資本主義の生成史を、置かれた歴史的環境がどんなものであろうと、社会労働の生産力のより大きな飛躍によって人間の全体的な発展が最終的には保証されるといった、宿命的にすべての人民に運命づけられるような、一般的市場の哲学史的理論に変容することは[37]」できない。資本主義の後ではなく、資本主義に取って代わって「たった一つの国で[62]」共産主義を打ち立てたいと望むべてのものがしがみつくのは、この手紙である（いやこの手紙しかない）。二年後マルクスはこうした理解を崩す意見を述べる。革命はそれが直接世界的なものにならなければ、ロシアにおいて成功することはないだろうと。

ドイツ、イギリスでのマルクス主義

同じ頃ドイツにおいて、三年間停止されていた社会党が新たに承認される。社会党は、リープクネヒトだけでなく、若いカウツキーが側近となったアウクスト・ベーベルの指導で生まれ変わる。ベルンシュタインは、チューリッヒで社会民主党の新しい週刊誌『ゾツィアル・デモクラート』の編集長となり、ブルジョワ社会とすぐに手を切るために階級闘争を説く。マルクスと敵対していた彼は、今ではマルクスの追従者になる。

パリにおいて、初等教育の無償化に関する法律と公的な場での集会を認める法律が公布され、『ブバールとペキュシェ』がフロベールの死後出版された。ブバールとペキュシェは普遍的な知を絶望的に追い求めたマルクス、世界精神を想起させる。

ジェニー・ロンゲは夫のもとに行く。一カ月後、ポール・ラファルグはフランスの首都に住むが、まだラウラはいない。同じころ、若きカウツキーはロンドンを訪問し、そこでカール、エレナー、ラウラ、エンゲルスを知る。ウィーンに戻り、ルイーゼ・シュトラッサーというウィーンの看護婦と婚約し、結婚する。この二人はやがてマルクスの遺稿管理において重要な役割を演ずる。

カールは、ヘンリー・メイヤーズ・ハインドマンによるロンドン民主連合が、ロンドンで設立されたことに興味を持つ。エレナーはそれに情熱をもち、それに入り、父にハインドマンを紹介する。ハインドマンはこの出会いをこう書いている。「はじめは、彼の攻撃的で、非寛容で、非常に知的な側面によって彼の姿は覆い隠されていた。彼のざらざらした姿が隠していた、同情あふれる善良な性格が現れたのはその後のことであった」。マルクス主義はこうしてイギリスの政治生活の中に、つつましい形で侵入することになった。イギリスの左派への影響はかなり広がっていく。

晩年のマルクス、イェニーの死

彼は、数学、技術史など自然科学に関するさまざまな書物の計画にとりかかる。『世界史』の素描のための四つの厚いノートを埋める。あらゆる領域の歴史を書きたいという欲望はいつも、その根本を極めたいという彼の情念に火をつける。もはや『資本論』第二巻に専念しているのではなく、その三巻の補遺、すなわち経済学説史の部分に専念していた。マルクスの情熱は、彼の眼にとってつねに真の革命を示した技術進歩に関しては完璧であった。こうして彼は、石油を内燃機関モーターの燃料として利用するという、フェルナン・フォレストの考えに興味をもち、ベルリンを走った最初の市電にも興味をもつ。

一八八一年十一月、イェニーの病気は悪化する。診断では肝臓癌であった。カールもひどい病気(肋膜炎から併発した腹膜炎)、一度もベッドから出られず、妻がいる隣の部屋に行くこともできなかった。ラファルグはこう書いている。「彼は妻の最後の病気の間、通常の学問的仕事を何一つすることができなかった。数学に取り組むだけで、伴侶の苦しみによって生まれたひどい状態から出ることはできなかった。この精神的苦しみの時期、彼は微積分の計算に関する作品を書いた。これは彼を知る数学者を関心させる大きな価値を持つ作品であった」[63][161]。これはけっして出版されることはなかった。

そしてたとえ存在していたとしても何も残っていない。

イェニーは十二月二日、カール、彼女の看病にパリからかけつけた三人の子供、二人の孫の前で亡くなる。ラファルグはこう書いている。「彼女は共産主義者として、いつもそうであり続けた唯物論者として亡くなった。彼女は死を恐れてはいなかった。死が迫りつつあるとき、彼女はこう叫んだ。『カール、私の力は失せた』[161]と[64]」。

カールはあまりに病んでいたので、ハイゲート墓地、神から見放された区画、つまり無神論者の区画での埋葬に立ち会えなかった。彼は兄弟、父、義理の父、母の葬儀と同様、また出席しなかった。ごく親しいものたちだけがイェニーを墓へ運んだ。エンゲルスはそこで弔辞を読む。ラウラとエレナー、ジェニヘン、シャルル・ロンゲの傍らにいたポール・ラファルグはこう書く。「彼女は、ドイツ貴族の家に生まれ育ったにもかかわらず、彼女以上に平等の感覚をもったものはいなかった。彼女にとって社会の階級と格差は存在していなかった。家においても彼女は、労働着を着た労働者を同じような慇懃さと親切で迎えいれた。それはまるで王子を迎えるかのようであった。――彼女はカールのためにすべてを捨てた。ひどい貧困のときでさえ、自分がしたことを後悔することは一度としてなかった[65][161]」。

この葬儀の翌日突然病気になったジェニヘンは、夫とポール・ラファルグとともにパリに戻る。カールはラウラと末娘エレナーと家にいた。エレナーはハインドマンの党の大会でジャーナリストのエドワード・エイヴェリングに会う。エイヴェリングは妻帯者であり彼女よりかなり年のいった社会主義者であった。もう一度正確に言えば、彼女の父のような人物であった。

この年、カールはまだ仕事をする。ロシアにおける革命の可能性について考えるところを明確化す

ロシアにおける革命の可能性

る。『共産党宣言』ロシア語版第二版への序文で、こう書いている。「今日――ロシアはヨーロッパの革命運動の最前線にいる――。ロシアでは、完全に開花している見せかけの資本主義と発展中のブルジョワ的土地所有の代わりに、土地の半分以上が農民の共同所有であることを見る。そこから問題が生じる。ロシアのオブシュティナ、すなわち共同土地所有のアルカイックな形態が、一方で共存しながら、最高の形態すなわち集団的所有の共産主義的形態に直接移行しうるかという問題である。逆に西欧の歴史的発展を特徴付けるのと同じ解体過程を前もって進まねばならないのか。ここにこの問題に対して現在なしうる唯一の答えがある。もしロシアの革命が西欧におけるプロレタリア革命の前兆であり、この二つが補完しあうならば、ロシアの現実の集団的所有は共産主義発展の出発点として機能しうるだろう」[66][32]。

したがってここに、彼のすべての作品と前年の手紙の間の矛盾を引き起こす問題がある。ロシア革命は、「もし、ロシアが西欧のプロレタリア革命の前兆でないかぎり」、すなわち革命が世界的なものでないかぎり、「共産主義的発展の出発点として機能」しえないだろう。非常に重要なこの言葉の要素は、一世紀の間レーニンとその継承者によって隠されることになる。彼らは後に見るように、唯一ロシアのみが社会主義へ直接的移行するという考えに、マルクスは白紙委任をしたと思わせるためにあらゆることを行う。

一八八二年七月、ラウラ・ラファルグはパリの夫のところに行き、カールはエレナーとエンゲルスとともに一人となる。エンゲルスは『共産党宣言』の序文で「共産主義者」の呼称について考察する。一八四八年において、「同じタイプの社会的いかさま師は、万能薬の助けを借りて、あらゆる種類のつぎはぎによって、資本と利潤に損害を与えず、社会的貧困をよくしたいと思っていた。そしてたんなる政治的転覆だけでは不十分であると確信し、社会の根本的変革を要求する労働者は、当時共産主義者といっていた。われわれはどういう名称を選ぶかということについて一時も躊躇することはありえない[67][114]」と書いていた。

カールはイェニーなく生活することはできない。彼は迷った。父の写真、妻の写真、ジェニヘンの写真は、病気が進行してもはずすことはなかった。彼は喉と肺を病んでいた。医者は唯一天気だけが苦しみを和らげてくれるだろうと述べる。当時まずイギリスの臨床医に流行していたのが、コート・ダジュール、イタリア、アルジェリアに行かせることであった。そしてエンゲルスの医者はカールを地中海の向こうへ行かせる。彼は一人でいく。長い孤独の旅であった。

ロンゲは、マルクスにアルジェの一人の友人、マルクスにガイドを用意する裁判官フェルメの住所を渡す。カールはフランスを越え、マルセイユから船に乗り、アルジェに一八八二年の二月二十日から五月二日まで滞在する。たったひとりの外国人というわけではなかった。千五百人のイギリス人が当時毎年アルジェに行っていた。そのことを証明するのは、「ヴィクトリア」、「イギリス」、「オリエント連合」といったホテルの名前である。マルクスが上陸したとき、アルジェの市壁の中には七万五千人の住民がいた。大量の処刑が続き、家畜が奪われ、村が焼かれ、文化が略奪される南の抵抗の息吹はそこにはなかった。カールは一八八一年夏に起きたオルナン人の蜂起にも無関心であった。それはアルジェリアとモロッコの境界地域では彼の滞在の間、一八八三年五月まで続いていた。一八八二年四月十九日のダーウィンの死もそこでは知ることはなかった。彼はアルジェリアについては何も知らなかった。雨が降り、寒く、毎日ムスタファの白い街の高台にあるホテル・ヴィクトリアに閉じ込められていた。イェニー、娘たちのことについて考えた。間違ったニュースの混じった新聞で、抵抗

1882年4月、アルジェリアで撮られたマルクス最後の写真

を「山賊行為」と述べる地方新聞『ル・プチ・コロン』を読む。もちろんこの新聞は『ル・クリエ・ドラン』、『ル・モニトゥール・ダ・ルジェ』よりもかなり穏やかな新聞ではあったが。裁判官のフェルメは、マルクスに植民地のイデオロギーというフィルターを通して状況を説明する。カールは必ずしもそれを解読できていなかった。外出と十六通の手紙を書いただけである。九通は「フリードリヒ」、そしてそれ以外は娘への手紙であった。手紙には健康と天候のことしか書かれていない。批判はたったひとつしかない。一八八二年四月八日のエンゲルス宛の手紙の中で、カールは「フェルメはこう語った――**拷問**（強調はマルクス）という方法が実践（「規則的に行われることだが」）されるのは、アラブ人の自白を引き出すためだ。当然ながら、それを行うのは警察だ。裁判官はそのことについて何も知らないことになっている[68][46]」。

やがてカールは孤独と不安で苦しむ。ラウラに手紙を書き、ポールとともにアンギエン[69]に落ち着き、パリで「休み」をとろうと考える。彼は彼女の家に行くが、それは病気のジェニヘンをわずらわせたくないからであった。彼女はすぐ近くのアルジャントゥーユにいた。彼はこの手紙の中で二つの異常なほど愛のこもった文章を書く。「家族的な生活」、子供の声のする休みが欲しい、「まったく小さなミクロな世界はマクロ的な世界よりももっと興味深い[70][146]」。

「マクロ的な世界よりももっと興味深い」――子供のうち三人を含む、すべてを世界における研究活動で犠牲にしたものにとって、どれほど愛情のこもった判断だろうか！

一八八二年五月五日、マルセイユに上陸する。それは七百人の派遣軍がトンキンに向けて出発し、デルレドが愛国者同盟を創設したときであった。

ラウラの家に着き、ジェニヘンが非常に悪い状態だと聞く。彼はあちらこちらへと動き、視力を失う。(146) ロンゲとラファルグと政治について話す。ラファルグはゲードとともにロアンヌ大会でフランス労働党（ＰＯＦ）を組織するため労働党を去った。フランス労働党の分派はアナキストや改革派を集めて社会主義労働者連合を創設し、「可能性主義者」と呼ばれた。この年、初めて、長い間インターナショナル内部で使われていたフランス語の中に、「マルクス主義」という言葉が出現した。この言葉は『インターナショナルにおけるマルクス主義』の中でポール・ブルスが使った。ルイ・ブランがカンヌで亡くなる。第三共和制は彼の国民葬を申し出る。社会主義はやがて市民権を得る。

カールは、ミースバッハとミュンヘンの間で、高圧電線による遠距離の電気エネルギーの最初の送電を実現させたマルセル・ドプレの新しい実験に夢中になる。彼はそこに社会主義の未来を見、エンゲルスにそのことを書いている。ロベルト・コッホによる結核菌の発見も知る。それは彼にとってあまりにも遅すぎた。

長女ジェニーの死、そしてマルクスの死

十月末、カールは二人の上の娘のもとを去り、鬱となりヴヴェで休んでいた末娘に会いに行く。彼は死の床にあるジェニヘンを見捨て、自殺の可能性のあるエレナーに会いに行く。父と娘はワイト島で一緒になる。マルクスの体の状態は、何も飲み込めず、若いころからしばしばそうであったように、日々嘔吐を繰り返すところまで悪化する。十二月、ゲードとラファルグが新たに破壊的策謀といった理由で逮捕されたとき、まだワイト島にいた。彼らは「内乱誘発罪」で六カ月収監される。裁判所で、ゲードはこう述べる。「法の前の平等を与えたのはひとつの革命です。ひとつの革命は普通選挙、もうひとつの革命は経済における共和的形態です。生産手段における平等、アトリエにおける普通選挙、経済的領域における共和制を得るために、革命に賭けるという点で私は論理的だと思います」。これに刺激されてカールはラウラの夫について彼女に絶賛の手紙を書き、「彼の既存権力に対する勇気あ

る闘いは人々を感動させる」[71][146]と最後の記事を褒めた。カールはジェニヘンが一八八三年一月十一日三十八歳で亡くなったとき、エレナーとずっとワイト島にいた。彼女は五人の子供を残していた。その一人ハリーは非常に病弱であった。同じ日の一八八三年一月十一日、マルクスはワイト島をエレナーとともに発ち、ロンドンに戻る。ヘレーネ・デムートがそこで迎え、彼にジェニヘンが亡くなったことを告げ、葬式にエンゲルスが向かう。イェニーの葬式のときと同様、エンゲルスはマルクスの長女の葬式の際こう述べる。「プロレタリアは勇気ある同志を一人失った。喪中にある父は少なくともアメリカやヨーロッパの数千の労働者が悲しみを共有してくれたことを知って慰みとなるだろう」[72]。

一月二十日、エンゲルスはパリから帰り、もはや友人のもとから離れることはない。彼らは将来の書物、草稿、出版するはずのものについて議論しあった。エンゲルスはラウラとエレナーの二人の娘に財政的に支援し続けることを約束した。

三月十四日、結核の犠牲者カール・マルクスは椅子に座って息絶える。エレナーはそこにいたが、エンゲルスは数分部屋にいなかった。彼らは四一年前に出会っていた。以来、一日も少なくとも手紙の上で離れたことはなかった。

この老人は友人のポケットから父、妻、長女の写真を取り出した。四八時間後、彼はそれを棺の中に入れた。

カールはハイゲート墓地の妻の脇に埋葬された。十一人が葬儀に参列した。最後の二人の娘エレナーとラウラ、何とか刑務所から出たその夫ポール・ラファルグ、息子の一人が瀕死の状態であったシャルル・ロンゲ、ヘレーネ・デムート、六人の仲間、その中のエンゲルスが葬儀の挨拶を行う。それは非常に練られた長い文章であった。離れがたき友人というとても大きな苦しみを乗り越え、マルクス

エンゲルスの弔辞

主義についてこう語る。

「三月十四日午後二時四五分、現存する最も偉大な思想家は思考するのをやめました。彼はたった二分一人でいましたが、私たちがかけつけたとき、彼は椅子の中で最後の眠りについていました。この人物の死以上に、歴史学にとって、ヨーロッパやアメリカのプロレタリアの戦士にとって計り知れない損失はありません。この力強い精神が消えたことによる大きな穴はやがて理解されるでしょう。ダーウィンが自然科学の法則を発見したのと同じように、マルクスは人間発展の法則を発見しました――。さらにマルクスは資本主義生産と資本主義生産が作り出したブルジョワ社会の現実の運動様式を規制する法則も発見しました――。この二つを発見したことは一つの人生にとって十分すぎるものでした。ひとつのことをなしうる人間は幸いなるかな。しかしマルクスは、彼をひきつけ、彼が学んだあらゆる分野において(そこには特別な分野はなく、数学を含めてすべての分野を含みます)、発見をしたので

ロンドンのハイゲート墓地にある、カール・マルクスの墓。「あらゆる地域の労働者よ団結せよ」と書かれている

「カール・マルクスの最愛の妻イェニー・フォン・ヴェストファーレン(1814年2月12日生、1881年12月2日死去)。そしてカール・マルクス(1818年5月5日生、1883年3月14日死去)。そしてハリー・ロンゲ(1878年7月4日生、1883年3月20日死去)。そしてヘレーネ・デムート(1823年1月1日生、1890年11月4日死去)。そしてエレナー・マルクス(1856年1月16日生、1898年3月31日死去)

Der Sozialdemokrat

Zentral-Organ der deutschen Sozialdemokratie.

№ 13. Donnerstag, 22 März 1883.

Parteigenossen!

Allgemeine Parteiberathung

エンゲルスの弔辞（一八八三年三月二十二日付）

す。こうした学者はいました。しかし彼の半分にさえ到達していません。学問とはダイナミックな歴史であり、革命的な力でした。非常に予見しがたい結論にいたる理論的法則を発見する喜び以上に、彼はまた産業における革命的変革の当事者でした――。なぜなら彼はまず第一に、革命家だったからです。彼の人生における使命は、近代のプロレタリアを解放するために、何らかの方法で資本主義社会とそれがつくりだした国家を倒すことに貢献することでした。マルクスはプロレタリアの解放条件を定義した最初の人物でした。闘うことこそ彼の考えでした。そして彼は情熱、粘り強さ、比類なき成功をもって闘ったのです――。マルクスはその時代もっとも憎まれ、中傷された人物でした。絶対主義政府あるいは共和主義者は彼を追放しました。ブルジョワ、保守派、民主主義者すべてが彼と闘うために団結しました。彼はこうしたことには、とりわけ必要なとき以外には関わりませんでした。そして彼は、シベリアからカリフォルニア、ヨーロッパやアメリカの数百万の革命家の同志から尊敬され、敬われ、涙を流されて死んだのです。たとえ彼が多くの敵をもっていたとしても、個人的な意味での敵はありませんでした。彼の名前は、その作品同様時の中で生き延びることでしょう[73][253]」。

四日後、同じ墓に四歳で亡くなったジェニヘンの息子の一人ハリー・ロンゲも葬られる。

7

世界精神

『リンボー』に描かれた告発

旧トロツキー軍団員バーナード・ウルフは、『リンボー』という一九五二年に書かれた科学フィクション風の大部の小説の中で、外科医で脳の専門家マルチーヌ博士の物語を語っている[256]。一九七〇年、彼の国ヒンターランドと、他の国との間で起こるとされる第三次世界大戦の最中、野戦病院の長にあったこの医者は、多くの傷病兵の切断手術をすることにうんざりする。彼はその日記に、人間が生まれつき手と足を切断され、まったく暴力を振るうことができなかったとすれば、こんな手術は行わなくてすむと書く。やがて彼は脱走し、忘れられたマンドゥンジ人が住む島に亡命する。この種族は昔から儀式としてロボトミー「マンドゥンガ」(Man dunga)(脳の前頭葉の白質の切断)を行っていた。戦争が激しくなり、島とそれ以外の世界との関係は切断される十八年後、支配権力としてヒンターランドの軍が、島に上陸する。彼らは人口義肢によって置き換えられた四肢をもつ奇妙な人々によって構成されていた。そのときマルチーヌは、彼の祖国が戦士の本能を押さえつけるため望んで切断手術をした平和主義者の一団に支配されていることに気づく。匿名で祖国に戻った彼は、彼の若き日の肖像があらゆる公共の場に掲げられているのを見る。昔の仲間の一人が、ヒンターランドで権力を掌握し、行方不明の救世主、マルチーヌ博士の名言を担う預言者となっていたのだ。彼の日記は全体主義のイデオロギーの聖書となっていて、その中で人間の価値は切断された四肢の数で計られることになっていた。やがて彼は、全体主義国となったこのヒンターランドで、自らのテーゼに対して戦いを挑む。その際、マンドゥンジ島を自由と差異性が実現される最後の希望として夢見る。

『リンボー』の話の中には、非常によく知られたこの大作の内容以上のものが含まれている。この話は、権力がイデオロギーを作るために神話、宗教、科学理論や哲学理論を利用するやり方に対する告発でもあるからだ。これは、あらゆる全体主義社会が生みだそうとする「暴力的平和主義者」という新しい人間神話に対する批判でもあるからだ。結局、この話は力による精神の裏切りに対する、抵抗の小説であるということだ。

ウルフがここで言及していることは、明らかにマルクスと、その二重の意味でのカリカチュア、トロツキーの暗殺命令者であり当時権力を掌握していたスターリンのことでもある。なぜなら、マルチーヌ博士同様、全体としての責任はないが部分的には責任があるマルクスも、こうした恐怖などは望んではいなかったからである。

ウルフはイエス、ムハンマド、ダーウィン、ニーチェについても言及できたであろう。彼らの継承者の多くは、そこから権力の手段を得るために（審問官からクメール・ルージュまで、アルモハド朝からナチまで）教義をカリカチュア化しているのだ。

今日マルクス主義を標榜する体制が地球上からほぼ消滅する一方、同じタイプの、新しいタイプの収奪が出現している。こう考えると、古い大陸の全ての警察からお尋ね者となった唯一の男であるカール・マルクスが、自分の陣営からさえもいかに嫌悪されたかを理解することが、これまで以上に重要なことになる。彼の作品の多くは、無秩序な草稿のままうち捨てられていたが、死後五十年たって人類の半分にとっての絶対的偶像となり、人々は彼の作品を崇め、人々はあらゆる公共の場所に置かれた彼の肖像の前に跪かざるをえなくなったのである。

こうしたその後の栄光を検討すれば、次のことが確認される。すなわち、ひとつの書物、学説、宗教、人間が全体のシステムを正当化する基礎となるには、六つの条件が結合する必要があるということである。マルチーヌ博士にとって、そしてマルクスにとって、そうした条件があったのである。六つとは、悲惨な現在と輝くような未来との明確な相違を組み合わせる、歴史のグローバルな視点を作り出す作品であること、さまざまな理解を可能にする、かなりの複雑さと欠落をもつ作品であること、政治的回復を可能にするかなり曖昧な実践であること、ひとつの作品を単純な原理にするためにかなり正統的なひとりの友人（あるいは多数の友人）がいること、最初の原理に身を捧げる組織を作ることでその原理を越えたメッセージを担うカリスマ的なリーダーがいること、最後は権力の掌握を可能にする政治的局面があること。

世界に対するグローバルな視点とは『共産党宣言』と『資本論』の視点である。さまざまな理解を可能にする欠落はマルクスの作品すべてにある。自由かつ独裁的な実践もまたマルクスの中にある。さまざまな位相の単純化や嘘を可能にする友人たちとは、エンゲルス、カウツキーであった。カリスマ的リーダーとはレーニンであり、スターリンであり、ソヴィエト共産党とコミンテルンに支えられていた。マルクス主義による権力掌握をつくりだした政治的局面とは、プロイセンとロシアの場合第一次世界大戦であった。それぞれの国はともにマルクスとヘーゲル、国民主義的ディリジズム[1]、インターナショナルな社会主義から離れた継承者であった。そこに、二十世紀の二つの恐ろしい倒錯が生まれる。すなわちナチズムとスターリン主義である。

資本主義のグローバル化と共産主義

マルクスの死後、明快であると同時に、曖昧な多くの作品が残される。

マルクスの世界観は、まず労働、その抽象化、その労働がつくりだすものからの分離に対する告発に基づいていた。資本主義から生まれる階級闘争を生みだすことで歴史をつくるのが労働である。資本主義は、本質上世界的に展開し、まず人間労働を搾取し、つねにサービスの多くを産業生産物に変え、獲得困難な利潤を求めていつも疲れ果て、競争によって生まれる投資費用の高騰化を補うため、ますます多くの利潤を要求するようになる。マルクスにとって資本主義とは文明化である（「意識の自由、宗教の自由という考えは、知の領域において自由競争の支配を要求せざるをえない[41]」）。ブルジョワジーはマルクスの眼から見て、人間の能力を転倒させ、国民の孤立を破壊し、「地方から都市への移民」をつくりだす革命的役割さえ演じる。「移民は大きな進歩をつくりだすが、その理由は、それによって人口の多くが農村世界の生活の無知から免れるからである[2][41]――」。

資本主義は共産主義に到る不可避的な序章である。「それが不可避なのは、共産主義がなければ、不足が一般化し、欲求の増大とともに、必要なものへの闘争も起き、かつてのぬかるみに再度落ちるからである[14]」。プロレタリアがブルジョワジーに対し真の勝利を得ることができるのは、「歴史上で市場がブルジョワ的生産方法、その結果としてブルジョワジーの政治支配に終焉を打つ、必然性を生み出す物的要素をつくりあげた[14]」場合だけである。したがってグローバリゼーションと自由交換を促進する資本主義の一般化を加速することが必要である。「労働者にとって非常に都合のいい状況とは、資本の拡大のときであることを認める必要がある――」。一般的に言って、今日の保護主義的システムは保守的である。一方で、自由交換は破壊的である。自由交換は古い国民を壊し、プロレタリアとブルジョワジーとの対立を極端にまですすめる。一言で言えば、自由交換は革命を促進し、諸君、私が自由交換に賛成するのは、革命的方向の故である[3][31]」。

資本主義は労働者を疎外し、搾取することで自らの墓穴を掘る。資本主義は、彼らに貨幣を与えることで、彼らが作りだす対象から彼らを排除することで、彼らを疎外する。したがって資本主義はだれもが消費し、作りだす商品それ自体の存在によって疎外される、「呪縛を解放された」世界を作りだす[220]。労働力を商品に変えることで生産者を収奪する。労働力商品の価格（労働力の維持と再生に必要な費用である賃金）は労働力がつくりだす、そして労働力のみが作りだす価値より少ない。その理由は、機械は、労働が持っている価値以上に対象に何も付け加えないからである。労働によって作りだされた価値と、労働を生産するために支出された価値との差額（剰余価値）は資本に所属し、資本は賃金報酬を下げ、世界市場や産業化された諸国における失業者によって作られる「産業予備軍」をつくりだし、労働生産性を引き上げることで、剰余価値を引き上げようとする。「賃金の率が高かろうと低かろうと、労働条件は資本が蓄積されるにつれて悪化しなければならない」[12]。それが労働者階級の窮乏化である。

こうした攻撃の中で、平均的労働者階級は消えていく。企業は激しい競争という事実を希薄にさせる傾向がある。「資本の独占は資本と共に成長し、繁栄した生産様式にとって大きな足枷となる。労働の社会化と物的手段の集中化が進み、その資本主義的外皮の中でもはや自らを維持できないほどの段階に達する。こうした資本主義的外皮はこなごなに壊れる。今度は収奪者が収奪される」[4][12]。資本家の多くがどんどんプロレタリアになる。そして個々の企業は自らが作り出す利潤を個人的に維持しようとするが、世界における利潤率は投資の増大によって下がらざるをえない。このことによって必然的に危機を生み出す。したがって、唯一革命だけが、社会の本質を変え、搾取と疎外が同時に消滅する世界、すなわち共産主義社会を生み出しうることになる。

労働者の意識から共産主義へ

議会制民主主義によって、革命の到来と共産主義への道に必要なプロレタリアの政治意識の発展が生まれる。テロを含めたすべての暴力革命はブルジョワジーに資するだけである。「たとえばイギリスにおいて、政治権力へ導く道はすべての労働者階級に開かれている。平和的な活動が確実かつ迅速にすべてをなし遂げられうる場所では、蜂起など狂気といえよう」。一度権力が民主的方法で獲得されると、「プロレタリア独裁」による多数が権力を維持することがさらに必要である。「プロレタリア独裁」は個人の自由、権力の分割、出版の自由をともに維持することで、「圧力機構を和らげる[8]」ため、多数のために民主主義を利用することに集約される。資本主義も民主主義も存在しない国、とりわけロシアでは、どんな共産主義革命も同時に世界革命を引き起こさなければ、成功することはありえないだろう。「もしロシアの革命が西欧でのプロレタリア革命のサインを出さないかぎり、この二つの革命が完成すれば、ロシアの現在の集団的所有は共産主義的発展への出発点となろう[5][32]」。

労働者階級の意識が生まれるには、労働者を代表するいくつかの党が選挙に出て、勝利する必要がある。これらの党は、その支配的イデオロギーが経済学の首領たちのイデオロギーであっても勝利することができる。その理由は人間的な活動と思想は経済構造の奴隷ではないからである。経済的力関係に無関係な自由芸術の作品がありうるように、自由な政治思想も持ちうる。被抑圧者は「階級意識」を開くことで抵抗することができる。歴史を作るのは諸個人であり、集団ではない。

一度国家が消滅すると、共産主義ができあがる。それぞれが好みに応じ時間を自由に使う。生産手段が集団的所有であるので、財は豊富にあり、自由に、無料で使用できる。共産主義社会は一回限りで出来上がる社会ではなく、それぞれが個人的自由にたえず向かう「運動」であり、個人的自由とはすべての願望をすべて実現できるようにたえず獲得し、発明することである。たとえば「共産主義社会では、もはや画家はいない、とくに絵を描く人々がいるだけである[14]」。そこでの自由と平等は、個人の権利や自由といった理論的な平等ではなく、現実の平等となる。

共産主義は世界的次元でのみ存在しうる。革命は一つの国だけでは長く成功し得ない。なぜなら「プロレタリアは世界史の中においてしか存在しえず、共産主義のように、プロレタリアの活動は世界史的にしか存在できない」[6][14]。こうしてマルクスは、社会主義を新しい惑星の再臨と考えた。そこでは、人間と人間との事業が和解し、人間は権力をとることで自らを否定し、すべてを実現するひとつの階級をつうじて、永遠に到達することになる。

マルクスの思想の曖昧さ

　このようにすべての未来は驚くほど不明瞭な状態にある。なぜならマルクスの教義は、さまざまな理解を可能にする、かなり曖昧な内容を含んでいるからだ。マルクス以前以後の人々と同様に、マルクスは日程に関して間違っていた。新しい恐慌が来るたびに、マルクスは予期せざる拡大と不可避的な黙示録との間に付加的な段階を挿入させる。剰余価値と利潤率の計測の方法についても、明示していない。資本主義が最終的危機をどれほど遅らせうるのかも語っていない。プロレタリア独裁がどうやったらもとに戻るのか、いやそもそももとに戻りうるのかについても、説明していない。言い換えれば人民（人民という語は曖昧だが）の多くが、革命に参入する時どうなるのかという問題である。共産主義社会の本質、企業を集団的に領有する方法、残った国家がどういう役割を演じるのかについても、何も語っていない。こうした問題に対する答えをマルクスは、それぞれ特殊な場合の研究だとしている。結局最後は曖昧なままで、プロレタリアの本質がたとえどんなものであろうとも、労働それ自体が支持しがたい疎外となると考えることで、労働者を称える。

　さらに言えばマルクスの、一般的にいえば非常に自由な性格は、しばしば彼の思想を崇高なものにしている。とりわけジャーナリストであった彼は、思想の自由（そしてそれゆえ花開く議会制民主主義）をもっとも神聖な権利だと考える。生涯をかけて彼が選んだのは自由への礼讃であり、思想を事実に直面させることで、イデオロギーのような思想ができあがるのを拒絶することであった。自らの間違いについても意識はしていたが、彼は人間の善に賭け、自由な社会の鍵をこうした人間に委ねたいと思いながら、「とてつもない、攻撃的な傲慢さ」[58]と軽蔑も示していた。こうして、彼は（『哲学の貧困』に書いたように）ののしり、（「クリーゲの回状」の中で書いたように）他人を排除し、（『聖家族』の中で書いたように）呪詛した。彼はオーギュスト・フォン・ヴィリヒのような友人を馬鹿にし、イデオロギー闘争のゆえに、友情（ブルーノ・バウアー、モーゼス・ヘス、あるいはアーノルト・ルーゲ）を切った。敵について警察の調査（バクーニンとパーマーストーン卿）のようなことまでする。よりよい生活のために何も努力することもなく、子供を貧困で死なせている。

彼は断固として活動を理論に挿入し、彼をとらえる活動と、彼に我慢を強いる書斎での生活との間を行きつ戻りつしながら、政治経済学を何ももたない被抑圧者、侮辱された者の革命的教義にする。彼は精神の力を信じる唯物論者で、歴史の下には経済があると考える哲学者で、彼の眼には活動が理論に先行していた。彼は、人間を信頼する悲観論者でもある。やがて、彼の性格を猿真似しながら、理論を実践に移すために彼の理論を戯画化する者が現れる。

マルクスの継承者たち――エンゲルス、カウツキー、レーニン、スターリン

こうした人々のなかに、前衛党の概念を発明するエンゲルス、マルクスの経済理論を戯画化するカウツキー、マルクス主義を遅れた国の西欧化の戦略としてロシアに輸入するレーニン、プロレタリア独裁を、ブルジョワ階級喪失後プロレタリアに向けられる独裁にするスターリンがいる。

彼らの活動は四つの舞台で起こる。マルクスの中に社会民主主義的実践以外の何も見ないイギリス、そこにはマルクスの語彙はない。政治的実践はなく、マルクスの語彙しか見ないフランス。二つの戯画化された計画を実行するドイツとロシア。ドイツは共産主義インターナショナルに対する国家的全体主義を採用し、ロシアはインターナショナリズムという言葉を使いながら、共産主義的インターナショナリズムを国民的全体主義に置き換える。この二つは、マルクス（いわばラインとフランス革命

の）ではなく、それぞれビスマルクとヘーゲルの（いわばプロイセンの独裁の）遺産相続人である。マルクスが青年の頃から軽蔑してきた、国家権力の掌握の手段を作り上げるために、こうしたエピゴーネンは彼の伝記を丁寧に書き直し、必要な戯画に答えるため彼の作品を書き換えねばならなくなる。彼らは自らの作品をマルクスの作品と同レベルにし、マルクスの名の下に説明する権利を簒奪する。

エンゲルス――『資本論』二〜四巻の出版

マルクスの葬儀の翌日、マルクスの原稿すなわち「この悪筆、文章の全体や、言葉の省略[161]」を解読できる者は、フリードリヒ・エンゲルスとカールの二人の娘だけであった。エレナーは六カ月かかって草稿の束、多くの書簡、書物、箱や袋などをより分けた。幸いなことに、メイトランド・パーク・ロード四一番の賃貸契約はまだ一年あり、彼女はこれに時間をかけることができた。もちろん、同じ頃彼女は、一年来付き合っていたが、まだ妻と離婚していない、社会主義のジャーナリスト、エドワード・エイヴェリング〔7〕のところに住んでいた。彼女の姉のラウラはパリに住んでいたが、それを少し手伝う。ラウラはとりわけ姉のジェニヘンの五人の子供の面倒を見る。エンゲルスは、死の直前友人と交わした最後の約束に従って、カールの二人の娘を父の要求に答えたように財政的に支えた。

カールの四人の姉妹は当時カールの仕事の手助けをするには遠く離れすぎていた。一人は南アフリカ、二人のルイーゼとゾフィーはオランダに住み、四人目はトリーアに住んでいた。ヘレーネ・デムートは家を去り、エンゲルスの家政婦となる。彼女の息子フレデリック〔8〕は、彼女との関係をまだ知らずエレナーに近づく。

エレナーは、マルクスの資料や書簡をもっていると思われる人々に、「出版のための複製のため」

それを彼女に送って欲しい旨の広告を、ロンドンや国際的な多くの新聞に出した[248]。カールの姉ゾフィーの娘でマーストリヒトのリナ・スミスという女性がこれをバタヴィアの新聞で読み、カールが亡くなる直前に亡くなった母の資料の中に、この叔父の手紙を見つけた。それは保存されていた、たった一通の手紙であった。それは本書の初めに引用した一八三七年のカールの父宛の非常に重要な最後の手紙である。ゾフィーはこの手紙を母から受け取ったのだが、その母は死後彼女にそれを残したのである。それは彼女が家族のために取っておいた重要な手紙であった。つまり、母と同様マルクスの自分勝手な行為に対して姉妹たちもはっきりと反対したにもかかわらず、兄弟に対するひそかな誇りをもっていたのだということがわかる手紙であったのだ。しかしエレナーは父がこうした種類の私的な手紙を出版したいかどうか自問し、それを彼女の許に取って置いた。

このようにまったく無秩序の中で、エンゲルスはエレナーの同意を得てマルクスの家にあった『資本論』の第二巻、第三巻、第四巻の完成した草稿[9]を取り出し、死ぬ直前友人に約束したようにそれらを出版しようとする。彼はまだ出版されていない作品や、そのほかの草稿には触れなかった。しかしこのガラクタの中に戻るのは苦痛であった。草稿を気にかけていたドイツの指導者ベーベルに、エンゲルスは一八八三年八月三十日手紙を書く。「こんなひどい状態であることを私が前もって知っていたら、マルクスに作品が完成し印刷されるまで昼も夜も暇を与えなかっただろう」[10][146]。なぜエンゲルスは社会民主党の党首にこのように書いたのか。なぜなら、マルクスが死んだその翌日、ドイツの党の指導者たちはマルクスの作品に関心をもち、それを横取りし、世間に知らせようとしたからだ。この科学的社会主義の天才はドイツ人であり、それゆえ彼はまずドイツを支配しなければならなかったのだ。

こうしてただちにマルクスは、ロシアで賭け金となる前に、まずドイツの戦場で掛け金となった。その戦場はイギリスでもアメリカでもないだろう。フランスの戦場も周辺的なものにすぎないだろう。

一八八三年十月、エンゲルスは病気で八週間床に伏し、この仕事の完成のために助けが必要だと説明する。この頃、カール・カウツキーは結婚記念日にロンドンのエンゲルスの家を訪れた。[146] この若い男はその頃、ベルリンでベーベルの協力者であった。カウツキーはドイツの党の理論誌『ノイエ・ツァイト』[11] を創設した。ラサール派の敵であった彼はマルクスとエンゲルスの賞賛者であり、『資本論』と同様『反デューリング論』の熱心な読者であった。彼は自発的にエンゲルスの家に来たのだろうか。彼はベーベルの使者なのか。エンゲルスは、とにかく彼をマルクスの草稿の解読に「誘い」、エレナーに紹介し、彼女は一八三七年、カールの父宛の手紙を彼に見せる。カウツキーはそれを『ノイエ・ツァイト』に掲載したいと考えた。エレナーは、非常に内輪のものだといってそれに反対する。エンゲルスは、マルクスの作品の出版のための仕事を自分と一緒にやって欲しいと頼む。カウツキーは考えると約束し、ベルリンに戻る。

次の年(一八八四年)、エレナーは友人のエドワード・エイヴェリングと作家のウィリアム・モリス[12] とサムエル・バトラーとともに、社会民主連合となったヘンリー・ハインドマン[13] の民主連合を辞める。同じ頃ジョージ・バーナード・ショーとともに別のイギリスの社会主義運動、フェビアン協会が起こる。この名前は、ハンニバルに対してすべての前線で戦争を拒否し、それによって時間稼ぎをしたローマの将軍ファビウスの名前から来ていた。当時イギリスには三つの左派の流れがあったが、三つともマルクスの影響を受けていた。すなわち社会民主、社会主義、フェビアンである。このフェビアン協会は革命なきマルクス主義思想の社会への「浸透」を標榜し、二十年後、現在の労働党を生み出す。

プレハーノフ

この年、ジュネーヴで一人のロシア人亡命者ゲオルギー・プレハーノフ[14]が、最初のロシア・マルクス主義グループ、労働解放団を創設する。彼は『賃労働と資本[35]』という、一八四七年に労働者のためにブリュッセルでマルクスが書いた啓蒙化のための小さなテキストをロシア語に翻訳し、ロシアに普及させる。

エンゲルスは当時マルクスの家に残っていた草稿の大部分を、ヘレーネに頼んで彼の家に運ばせた。エレナーは個人的な手紙と英語で書かれたものを管理した。[15]

一八八五年、数カ月前マルクスに関する証言集を編集しようとしていたカウツキーは、エンゲルスの申し出を受け、オーストリアの看護婦であった妻ルイーゼ[16]とともにロンドンに住みつく。彼は実際にはドイツ民主党から派遣されていた。その唯一の対象は、マルクスの草稿を生誕地に運び、それをドイツ社会党の基礎にするためであった。エンゲルスはルイーゼに魅力を感じ（「彼女はきれいな小さな体をしている」と言っていた）、そして彼女を家政婦にする。この夫婦は、遅からず「老将軍」をコントロールし、草稿、最終的にはマルクス主義を受容する。カウツキーは後に『ノイエ・ツァイト』にマルクスに関する最初の論稿、彼がベルリンで会ったフリードリヒ・レスナー[17]という人物の『カール・マルクスに関する一労働者の思い出』、カール・マルクスに関するソルゲの論稿、とりわけ何度も本書で引用したポール・ラファルグの『私的思い出[161]』を掲載し、マルクスの神話形成に貢献する。カウツキー自身がラウラの夫のポールに懇願したもので、『資本論』の著者に関して書かれた最初の伝記的作品であった。

一八八五年夏にロンドンに到着して以来、カウツキーは、驚くべき予感をもってドイツの社会党についていくつかの論文を書いた。それは用意していたマルクス主義に関する啓蒙の本を書くためにであった。「ほとんどすべての党の知識人は――民族的考え、古いゲルマン的過去の、コロニー的再生しか考えておらず、政府を掌握し、階級闘争を「正義」の力に置き換え、マルクス主義のドグマであると考える史的唯物論の概念に対する拒絶を見せるだけである」[151]。これは三十年後、国家社会主義党の創設へと導く逸脱を引き起こす。

マルクスの真実を曲げたエンゲルスとエレナー

二人の人物は直接仕事に従事し、その年の末オットー・マイスナーから『資本論』第二巻を出版する。エンゲルスの序文にはすでに嘘がある。「マルクスはつぎの法則を初めて発見した。すなわち、政治的、宗教的、そのほかすべてのイデオロギー的領野で遂行されるすべての階級闘争は、多かれ少なかれ社会階級の闘争の純粋な表現にしかすぎないということ」[47]。しかしマルクスはいつも思想と芸術は、階級闘争から排除されるものだと主張していた。そして第二の嘘。「歴史にとってこの法則は自然科学にとってのエネルギーの交換法則と同じ意義がある」[18][47]と。マルクス主義はこうしてエンゲルスの手によって議論しがたい真実となったのである。一方マルクスにとっては、すでに見たように社会理論は開かれた科学であり、政治のために役立つ「運動」であり、政治の前で消えねばならないのだ。

同じ年エンゲルスは、労働の世界における女性特有の利益を守る、女性労働組合同盟のための仕事を行う。

マルクスの真実を曲げたのは彼だけではない。エレナー自身も少なからずそれを行った。こうして同じ年、彼女はパーマーストーンに対して向けられた父の二つのパンフレット(『十八世紀秘密外交史』と『パーマーストーン卿の生活史』)を出版したが、父のロシアの友人を不快にしないよう非常に反ロシア的な文章を削除した。パリではもっと忠実なラウラが『共産党宣言』をフランス語に翻訳した。

今度は直接ドイツ語からであった。最初の翻訳は（英語からフランス語へ）では「ヨーロッパではひとつの亡霊がうろついている。それは共産主義の亡霊である」となっている部分をラウラはこう訳す。「亡霊がヨーロッパを徘徊する。共産主義の亡霊が[19]」と。この年なお、裁判所で三度目の証言を行ったラウラも、夫とジュール・ゲードを擁護した。今度は彼らは「解放の銃」について語った。弁護する振りをしてゲードはこう宣言する。「どんなことばも否定しない。しかしこの銃は人間に向けられたものではない。人間の皮膚はわれわれにとって重要ではない。――それは、偉大な日々の銃、すなわち七月十四日、八月十日、一八三〇年と一八四八年の銃、一八七〇年九月四日の銃であった。銃によって第三階級は権力を取った。銃によって労働者階級は多くの権利と権力を掌握することになろう」。一年前と違って、ジュール・ゲードとポール・ラファルグは人民法廷によって無罪となった。状況が変わったのだ。社会主義者はより自由に語ることができるようになる。事実検閲という恐怖もなくマルクスの書物をパリで出版することさえ可能となる。この年、まずガブリエル・ドゥルヴィルという人物が、『科学的社会主義綱要』のなかで『資本論』のフランス語での最初の要約を出版する。

エンゲルスは、自分の草稿とマルクスの草稿をカウツキーの手を借りて選別し続け、二人はある考えをもつ。それはマルクスの草稿、マルクスの書物と、出版しなかったものをドイツに戻すための適当な時期を見つけることであった。次の年エンゲルスは「フォイエルバッハのテーゼ[16]」を編集し、その序文で、マルクスが「唯物論的弁証法」を語っていたとして「弁証法的唯物論[20]」という表現を入れる。この違いは大きなものである。弁証法は方法であり、唯物論は哲学である。だから、そこで哲学自身が、すなわちすべての内的矛盾を承認することが可能な弁証法となるのである。ロシア最初のマルクス主義者プレハーノフが、どんな理解も可能となるような非常に曖昧な形でそれを理論化しようとする。「弁証法的唯物論」は真実の理論であり、それによって「人間の思想に絶対的なものとして必然的に現れる性格と、個人の中の限られた思想として実現されるものとの間には矛盾があり、それは、無限の進歩の中でしか解決されえない矛盾である」。これを言い換えると、思想の矛盾はユートピアと実践との和解をめざせば、許されうるものだということだ。さらにもっと言い換えれば、専制支配は革命に役立てば許されるということだ。まさにこうした軽い言葉で言い換えることで、まったく根本からねじ曲げられたマルクスというものが存在することになる。

エレナーは、社会主義を広める手段として理解していた演劇にいつも情熱的であったが、イプセンをノルウェー語から、『ボヴァリー夫人』をフランス語から翻訳した。彼女はドイツ語第三版から『資本論』の新しい英訳を、彼女と暮らしていたエドワード・エイヴェリングとサムエル・ムーア（マルクスの友人の法律家で、コミューンの亡命者を受け入れることを拒否した人物）の助けを借りて行う。エンゲルスがそれを読み直した。いつも欝であったエレナーは、エイヴェリングを離婚させることには失敗し[21]、やがて自殺未遂をする。

エンゲルスはすべての抑圧された階級と人民にとって「ブルジョワに対する同じ闘争において、労働者とあらゆる種類のマノリティが結集し、社会主義インターナショナルの中で、新しい家族、新しい人民のアイデンティティを作りあげる[62]」時期が、再度戻る時があると考える。反ユダヤ主義（この言葉は当時できたばかりであった）がドイツの労働者階級の内部で作り出す嫌悪に不安をもって、エンゲルスは、それが「労働者大衆を反資本主義的感情に歪めるためのブルジョワのプロパガンダの正当な武器[62]」として、利用されることを残念がった。彼は「ユダヤ人への憎悪が、搾取された労働者の正当な怒りを逸らせ、労働者を革命党から引き離すこと[62]」を恐れる。エンゲルスはこう付け加える。「ユダヤ人に対する憎悪を労働者に植え付けることで、ブルジョワ階級は労働者の要求がブルジョワに向くことを避けさせている」[62]と。彼は労働者党を労働者階級の前衛と定義する。

一八八七年には新しい『資本論』の英語新版がスワン・ゾーネンシャイン・ローリー・アンド・カンパニーから出版されたが、読者はほとんどなかった。五千部が合衆国で売れたとすれば、その理由は出版者がこの本を、富をもたらす方法を示す銀行家向けの本だと思ったからであると言われている。[277]

この同じ年、ずっとロンドンのエンゲルスのもとにいたカウツキーは、『カール・マルクスの経済学説』[152]という最初の啓蒙書を出版する。この年の五月十一日、将来レーニンとなる人物の兄、アレクサンドル・ウリヤーノフという人物が、ツァーリの命令で絞首刑となる。ロシアのアナキスト、クロポトキンはスイスで出版した『反逆者』の中でこう書いている。「数ポンドの爆弾によって搾取者の同盟に勝つと考えるのは幻想にすぎない」と。

次の年（一八八八年）、皇帝ヴィルヘルム一世とその継承者フリードリヒ三世の二人が亡くなり、プロイセンの王位はフリードリヒの息子のヴィルヘルム二世に移る。ビスマルク体制が終わる。ベーベルの社会民主党は活動の自由を再び獲得し、秘密活動を強いられた法律が廃棄された後、安定した構造をもつ。裁判や刑務所で抵抗していた、以前から知られていた闘士は、責任あるポストに就き、常任委員となり内部からの革命を信じる。ドイツではマルクスの書物を出版することがまだ可能ではなかった。

この年また『ゾツィアル・デモクラート』の編集部はスイスから追放されていた。それを編集していた若者エドゥアルト・ベルンシュタイン[22]は、やがてベーベルによってロンドンに派遣され、カウツキーに援助を与える。エンゲルスに対しこの男はカウツキーのライバルとなる。一方、エンゲルスの面倒を見ていた医師のフライブルガー博士はルイーゼに対してカウツキーのライバルとなる――。エンゲルスは過去の報復の準備をしていた。社会党が合法化され、エンゲルスは第二インターナショナルを創り、彼のいなかった第一インターナショナルでマルクスが演じていた役割を演じようとする。

第二インターナショナル

一八八九年七月、社会主義者がフランス革命百年祭の際パリに集結する。どの代表もそれぞれの国における社会主義思想の進歩を述べる。マルクス主義労働解放団の代表プレハーノフは、ロシアの状況をこう説明する。「貨幣需要に押された我が政府は、ロシアにおける資本主義の進歩のために全力を尽くした。そしてこうした彼らの活動を、われわれのような社会主義者は、喜ばざるをえない。なぜなら専制政治は、こうした手段によって自らの墓穴を掘るからである。農業コミューンの解体の結果、形成されんとしているプロレタリアは絶対主義に対して最後の一撃を与えるだろう。もし、ロシア社会民主党から見て、わが革命的インテリゲンチアの使命が、近代の科学的社会主義理論を浸透させ、絶対主義の砦に攻撃を与えることであるとすれば、ロシアにおける革命運動は、労働者の革命的運動としてしか勝利しえないだろう。それ以外の解決はないし、それ以外の解決を持ちうることもないだろう」。言い換えれば、科学的社会主義であるマルクス主義は、資本主義が定着するところにしか革命をもたらさないということである。

代表者たちは、社会主義インターナショナルの名で知られる新しいインターナショナルの基礎を作り出す(104)。最初のインターナショナルと同じように、新しいインターナショナルはプロレタリアの活動を第一に要求し、マルクス主義思想を吹き込む。それは党や労働組合を再組織化する。逆に最初の組織と違い、どの国民的支部も完全な自治をもつ。それは書記もない合法的な構造をもつ国民政党の連合を望む。政治活動を拒否したアナキストはそこから排除されていた。

主要な議論は、革命か改革か、そして植民地主義に向かう。労働者連合による合衆国で展開されたキャンペーンを再び採択することで、次の年の五月一日、八時間労働日のための国際宣言を組織することが宣言された。

社会党の創設と綱領の起草がその次に決められ、エンゲルスはこの新しいインターナショナルの名誉議長に選出される。この年一八八九年十二月十八日、エンゲルスはとりわけドイツにおいて、労働者階級の前衛として強い共産党を創設する必要性を再確認する。彼はドイツ人の友人に手紙を書く(248)。「プロレタリアは、重要な日に勝利をするべく強くなるために、独立したひとつの政党の中に、ほかのすべてのものと区別される意識的階級の党を創る必要がある。それはマルクスと私が、たえず一八四八年の『共産党宣言』以来擁護してきたことである[23]」。

マルクスの草稿すべてをドイツに

ベルンシュタインとともに、『資本論』第三巻と第四巻の解読の仕事を行ったカウツキーは離婚する。ルイーゼはウィーンに帰り、再び看護婦の仕事をする。ベーベルはやがてカウツキーにドイツ社会民主党の常任委員、非常に高いポスト、書記長という地位を提供する。彼はドイツに戻り、「そこで仕事を続けるために」、ほかのどれでもなく第四巻の草稿を借りたいと希望する。エンゲルスはそれを手渡すことを拒否する。ベルンシュタインは同じ使命、すなわちマルクスの草稿のすべてをドイツに戻すべくエンゲルスと連携する。

この年ベルリンではドイツ労働者社会民主党は名称を変更する。今日なおその名を留める社会民主党（ＳＰＤ）となる。社会民主党はリープクネヒトの指導の下で綱領を作成する。すべてに加わり、エンゲルスは協力する。普通選挙、すべての退職者の年金と社会保障、失業者の保護、労働組合の承認。集団化も主張されたが、詳細に述べられることはなかった。一八九〇年三月二十日、ビスマルク首相が辞任する。この年の選挙で社会民主党は票を集める。

八月二十七日のポール・ラファルグ宛の手紙の中で、エンゲルスはマルクスが最後に何度か使った言葉について語る。すなわち「私はマルキストではない[24]」。ベルリンではカウツキーが別のルイーゼと結婚する。彼は初めのルイーゼ（Louise）と区別するために、ルイゼ（Luise）と呼んだ。

一八九〇年十一月十八日、ヘレーネ・デムートが癌で亡くなる。カールとイェニーが望んだように、彼女はマルクス家と同じ墓に入る。それはハイゲート墓地の、小さなハリーとマルクス夫妻の脇であった。四日後、エンゲルスはチャーティストの古い新聞に自分のことについて書く。「私に関していえば、マルクス死後私が成した仕事は、多くは太陽と、家の中にいてくれた支持者の助けに負っている」と。一人の証人レスナーは別の言い方をしている。「ヘレーネ・デムートの死はエンゲルスにとって非常に痛いものであった。幸いだったのはその少し後、ルイーゼ・カウツキー夫人、現在のフライベルガー夫人がエンゲルスの家を見るためにウィーンを発ちロンドンに来てくれたことである[253]」。事実、物事はまったく別の形で進む。ルイーゼをロンドンに送ったのはベーベルとリープクネヒトである、なぜなら、彼らは「彼らの仲間が一人」が、このポストに就くことを望み、マルクスを自分の好みでかなり批判するベルンシュタインをまったく信用していなかったからである。「このドイツに遺稿を置くことが党に対する義務だ」と、彼らはルイーゼに説得する。彼女は到着後エレナーにそのことを伝える。エレナーは一八九〇年十二月十九日の手紙でラウラに話す。ルイーゼの使命は、カウツキーとベルンシュタインの使命と同じである。すなわちマルクスの草稿をドイツにできるかぎり戻すこと。

一八九一年、ブリュッセルで開催された第一回社会主義インターナショナル大会で、労働組合連合、労働者協同組合、党が参加する。同じ年の少し後、エアフルトで開催されたドイツ社会民主党の大会で、カール・カウツキーはドイツ社会主義者の意見をまとめ、資本主義から起こる進歩は革命的爆発まで進まねばならないと宣言する。社会主義の勝利はもはや疑いないもので、社会主義の勝利は理にかなっていると考える。権力は彼らにやがて餌を与える。

自由派やキリスト教の指導者は社会主義を恐れ、同じ年教皇レオ十三世は回勅「新しい事態」の中で、「特別な配慮で労働者がけっして失業しないよう、産業労働につきものの突然の、偶発的事故だけでなく、病気、老化、不幸に対してさえも与えられる準備金をつくるよう」国家に要求した。

ドイツの社会主義の友人と同様、そのモデルにしたがってフランスの社会主義者も党を組織し、議会に入る。フランス労働党はゲードとラファルグに指導されていたが、二千人の党員しかいなかった。その雑誌『社会主義者』はほとんど流布しなかった。その目的は革命的社会主義の「指導者であり、勧誘員で」あることであった。それは新聞、冊子、会合を前提にしていた。そして今やその時であるとゲードは宣言する。「われわれには二つの国民しかない。一つは資本家、ブルジョワジー、所有階級という国民で、もうひとつはプロレタリア国民、何も財産のない大衆、労働者階級である。そしてこの第二の国民こそわれわれすべてのフランスの社会主義者であり、諸君たちドイツの社会主義者である。われわれは同じ国民なのだ。すべての国の労働者は別の国民と対立する唯一の国民を形成している。労働者はすべての国でひとつで同じである」。

一八九一年十一月八日、ポール・ラファルグはリールの第一次選挙区で議員に選出される。

一八九三年、ひとつのページが変わる。プロスペル・リサガレーが新聞『戦場』を去り、公的な生活から身を引く。彼のコミューンに関する本は出版以来古典となる。

この年のエンゲルスの精神状態に関する一つの明確な逸話がある。四月、ローザンヌに亡命してい

一八九三年のエンゲルス

たロシアの学生、アレクセイ・ヴォーデン[253]がロンドンに行って、「イギリス哲学史」を学ぼうと希望する。彼はプレハーノフにベルンシュタインとエンゲルスへの推薦状を頼む。ロシア・マルクス主義のこの首領は、やがて彼に「マルクスとヘーゲルの歴史哲学、主観主義的ナロードニキ、『資本論』第二巻、プルードン（『哲学の貧困』に言及せず）、フォイエルバッハ、バウアー、シュティルナー——についてのお決まりの試験を」行った。彼の解答に満足し彼は手紙を与え、大英博物館で『聖家族』の長い引用を彼のために複写するよう頼む。ロンドンに到着すると『資本論』第三巻の仕事をしていたエンゲルスは、彼にロシアのナロードニキとプレハーノフとの意見の相違について審問した。エンゲルスは彼にこう述べた。「マルクスやエンゲルスの引用を増やすよりも、マルクスがロシア人の立場で考えたように考えて欲しい。こうした条件でしか、『マルクス主義者』という言葉でしか、存在理由（レーゾン・デートル）（文章はフランス語）をもたないのだ。——次に会う時はマルクスとエンゲルスの最初の作品を問題にしよう。——プレハーノフや彼の友人が関心をもつマルクスとエンゲルスの初期の著作は何であるのか。そしてそれは何のためか。（ヴォーデン）は、マルクスの哲学的著作とエンゲルスと二人で書いた著作をできるだけ早く出版してくれるよう述べた。エンゲルスは彼に、何人かのドイツ人から同じことを何度も聞いたはずだと述べたが、彼は親愛の情を込めてエンゲルスがもっとも重要だと思うものは何かと聞いた。エンゲルスは残りの生涯を四〇年代から始まる残されたマルクスの草稿を出版することにかけており、『資本論』

第三巻の出版の後、剰余価値の理論史を扱うマルクスの草稿を出版することだと応えた。――彼はエンゲルスを勇気づけて、とにかくマルクスの初期の作品の中で少なくとも重要なもので、不当にも忘れられているものは何かということを引き出した。なぜならただフォイエルバッハだけがあまり語られていなかったからだ。エンゲルスはこういった。こうした古代史に関心をもつにはヘーゲルに関心をもつ必要がある。しかしヘーゲルには誰も関心がない。はっきりいえば、『カウツキーもベルンシュタイン』も現在にしか関心を持っていない」と。

この「老将軍」は彼のまわりにいる、彼の死を待つ人々の考えを完全に意識していたことがわかる。エンゲルスはできるだけ長くそれを待たせようと決めたのである。

カウツキーの「受動的な社会主義」

一八九三年この年、チューリヒで開催された社会主義インターナショナル大会は労働組合の闘争と政治議論を分離した。インターナショナルは革命的国際民主社会党を創設し、次の言葉で入会条件を決めた。「大会は革命的国際民主社会党のメンバーとして、階級闘争と生産の社会化の必然性を認め、社会主義インターナショナルの大会の基礎を受け入れるすべての組織や結社を承認する」。インターナショナルな党は多くの場合現実的なものではない。今ではその啓蒙的作品によって、ベルリンで「マルクス主義の法王」と呼ばれるようになっていたカール・カウツキーは、社会主義は不可避であり、実現するための行動などいらないと述べる。こうして彼は「受動的な急進主義」の見張り役になる。彼はこう書く。「われわれの目的が、革命によってしか実現されえないことはわかっている。こうした革命を行うことは、われわれの能力の範囲ではなく、それを避けようとする敵の能力の範囲にある。われわれは革命を用意しそれを実践に移すことに気を配る必要はない(152)」。

同じ年イギリスの労働組合を含む労働組合組織の中には、ばらばらに結合し、党とは違う労働組合インターナショナルを作るものさえ出てくる。そこには改革派と革命派の労働組合があった。一方でフランス労働党は国政選挙で大きな成功を収める。五十人の国会議員を送り出す。その中にはゲード、ラファルグ、ミルランそしてカルモーの炭鉱選挙地区の新しい議員で、将来のゲードのライバル、ジャン・ジョレスがいた。

一八九四年、エンゲルスは『資本論』第三巻を出版し、そこで彼は前に述べたテーゼを採録していたが、それはベルンシュタインとの共同作業であった。彼は第二巻の序文の最後でこう述べる。「『資本論』の第三巻と第二巻はマルクスが何度ものべたように彼の妻に捧げられるはずのものであった[25]」と。そしてこう付け加える。「あらゆる論稿で、とりわけ第三巻において、社会民主主義ではなく『共産主義』という言い方をする——私にとってもマルクスにとっても、われわれの固有の概念を作るには、曖昧な表現を使うことは絶対的にできないのである——」。マルクスの単純化がすでに実現している。

一八九四年九月、ヨーロッパの左派を二分し、マルクス主義の運命のひとつの役割を担う「事件」が発生する。アルフレッド・ドレフュスが十月に嫌疑をかけられ、十二月に判決を受け、一月流刑地に送られる。同じ頃ウクライナの「ユダヤ人居住地区」、ロシアのユダヤ人が押し込められた巨大なゲットーでは、ユダヤ人独自の社会党の重要な指導者、ユダヤ人労働党（ブント）のクレーマーと、もう一人のマルトフというユダヤ人の社会主義者が、宣言『アジテーションについて』を発表する。それはユダヤ人プロレタリアートの経験を凝縮していた。マルトフはやがてロシアを去り、ロシア・マルクス主義者の最初の指導者のひとりとなり、やがてレーニンの重要な敵となる。

エレナーは孤独であった。彼女は、ルイーゼ・カウツキーとその新しい夫フライベルガー博士による、病気の老エンゲルスに対する支配と、そして彼女がナッハラース（遺稿）と呼ぶもの（父の草稿という宝）、に対する支配を懸念する。フライベルガー夫妻は今ではエンゲルスの家の一部に住み、そこに彼らは自分たちの表札さえかかげ、最近までのカウツキー夫妻のように彼を支配していた。エレナーはそのことを姉に言うが、ラウラ（毎月エンゲルスの施しを受けていた）は彼女に同意せず、姉自ら様子を見に来るべきだという彼女の急な願いにも答えなかった。エレナーは一人でその懸念をたえず思い返し、エドゥアルト・ベルンシュタインもその懸念を共有する。最初の妻といい関係を保っていたカウツキーは、彼女に彼の代わりに送られたベルンシュタインという人物に注意するよう警告した。このベルンシュタインは非常に自由な精神の持ち主のように見えたのだ――。

エンゲルスの病状は非常に悪化していた。彼は最後が近づいていることを理解する。彼はカウツキーに第四巻の草稿を頼み、「第三巻のいくつかの点を検証すべく」、ベルリンにもっていってもいいと述べる。一八九四年十一月、エンゲルスはラウラとエレナーに手紙を書き、マルクスの死後彼が受け取った本や、それと一緒の草稿を含むすべての彼の蔵書をドイツ社会民主党に移そうと思っていると告げる。

一八九五年三月二十六日、エンゲルスは遺書[26]の追加項目を書く。そこで彼が所有していたマルクス宛の手紙と彼自身による手紙（マルクスがエンゲルス自身と交わした手紙を除く）のすべてを、エレナーに与えることになる。彼はロンドンのベルンシュタインとベルリンのベーベルに彼自身の草稿、マルクスとの書簡、彼自身の著作権を党のために与える。[147] 彼の財産は、ラウラ、エレナー、そして相続人に滑り込んだルイーゼに分割されることが決定される。この美しい看護婦は、さらに個人の動産と公債、そして住宅の賃貸契約の選択権を譲り受け、そこにやがて住むことになる。エンゲルスは遺書の執行人に二五〇ポンドあたえたが、その中にはベルンシュタインがいた。そしてドイツ社会民主党の選挙キャンペーンに融資するためにベーベルに一千ポンドを与えた。ルイーゼはマルクスの草稿に対する支配を得るため老人をまだ支配しようとするが、マルクスの娘たちが彼に頼んだことで、エンゲルスはその依頼は断念する。

亡くなる前、マルクスのいくつかの草稿が、彼が校閲した上で出版されることを期待する。しかし奇妙な選択と啓示によって、エンゲルスは最初に党の公的新聞『フォアヴェルツ』で、政治活動における革命の意義を強調している、一八四八年革命に関するマルクスのテキストを、エンゲルスは長い序文付きで出版することを決意する。検閲の脅威を考えながら、この序文の中で革命、プロレタリアの一般的行動様式、ドイツのプロレタリアに推奨されるべき思慮を特徴づける。カウツキーはこのテキストを非常にラディカルなものだと考え、削除を行う。怒ったエンゲルスは一八九五年四月三日、彼に手紙を書く。「驚いたことに、私の知らない間に作られた、私にとって法律を守るためにただあくせくしているとしか思えないようなやり方で編集された、序文の引用が『フォアヴェルツ』に掲載された。それだけにこうした恥ずべき印刷物を消し去るべく、『ノイエ・ツァイト』に削除のない序文を掲載して欲しいと思う。まだ党を統率しているリープクネヒトにこの問題に関する私の主張、そしてたとえ事情がどうであれ、私の意見をねじ曲げるようなことが起こったことをはっきりと伝えることにする」[27]。同じ日、彼はポール・ラファルグに同じ問題について手紙を書く。「W（リープクネヒト）は私を担いだ。彼は一八四八―一八五〇年のフランスに関するマルクスの論文に対する私の序文から、ベルリンで強制執行法が用意されている現状から、当面の説教どまりの反暴力的な、まったく温和な戦略を指示すると思われるところだけを取り出した。しかし、こうした戦略を今日のドイツで説くことは仕方がないとしても、それには留保条件がある。フランス、ベルギー、イタリア、オーストリアにとって、こうした戦略を全体として進めてはいけない。ドイツにおいても将来は無理だろう」。エンゲルスはロシアについては語らない。彼の眼にとって、ロシアは視野に入っていない、なぜならそこでの革命は考えられなかったからだ[94]。

エンゲルスの死

三カ月後の一八九五年七月初め、エンゲルスの病気は悪化し、サンクトペテルスブルグでの最初の大衆ストライキに関心を持つ。七月二十四日、ジェニヘンの息子の一人(カールの孫)、二十三歳のジャン・ロンゲ(ジョニー)[28]が叔父ラファルグと、ロンドンのインターナショナル第四回大会で下ノルマンディーの地域連合を代表するゲード派の労働者党の一二〇人の議員の一人となる。母の死後何度も「ジョニー」は叔父とともに叔母エレナーを訪ねていた。ラウラは彼にとって第二の母のようなものであった。すべての者が、娘たちが言うように「老将軍」に会いに行った。エンゲルスが一八九五年八月五日に亡くなった時、彼らはみなまだロンドンにいた。

マルクス主義の運命は、やがてロシアとドイツで役割を演じる。フランスの運命は、ドイツの運命ほど輝くものではない。イギリスは移民が亡命と休息を求めに来る避難地以上のものではなく、イギリス社会に対する彼らの影響もない。

マルクスとエンゲルスの草稿の管理

エンゲルスの死後十二日、エレナーは父の英語のすべての草稿を受け取り、カウツキーに『資本論』第四巻の仕事を再開するよう要請する。彼女はすでに書かれていた著作の著作権を、マイスナーから買い戻そうとしていたディーツ[29]出版者との交渉を始める[248]。

マルクスはフレディーの本当の父親であることを、ルイーゼがエレナーに教えたのもこの頃である。

彼女は死の床でエンゲルスの口からそのことを聞くことになる。疑いなく、ルイーゼはエレナーから草稿の管理を奪いたいと思っていた。エレナーはやがて異腹の兄弟に近づき、彼と一種の不幸な宿命を共有しようと考える。[248] おそらくこの知らせは、ラウラとともに行った決定において何らかの意味をもっていた。彼女たちは父の草稿をカウツキーに委ねようと決めたが、それは父の記憶をよりよく守ることができるだろうと思われたからだ。エレナーは父の英語の論文しかもっていない。ルイーゼはロンドンにベーベルから派遣されたのだが、非常に長い間彼らが欲しがっていたものを獲得したのは彼女だということをその主人に示したかったのだ。党はマルクスの娘たちに礼を述べることもなくルイーゼに礼を言っていたのだ。エレナーはこれにショックを受けたが、もはや遅すぎた。贈与はなされた。

しかしマルクスとエンゲルスの草稿は、帰国を禁止する古いドイツの反社会主義法のためにイギリスを出ることはできない。したがってマルクスの資料はエレナーの家に残ったままである。エンゲルスの資料はベルンシュタインとベーベルとの二重保護の下にあったが、彼らの要求で、二重に南京錠がかけられた木の二つはロンドンの党員ユリウス・モテラーの倉庫におかれた。ベルンシュタインは鍵の一つをもち、ルイーゼ・フライベルガーはもう一つの鍵をもっていた。それぞれの鍵が一致しなければ開けることはできなかった。そこには信頼があった。[30]

ますますユダヤ人としてのアイデンティティに惹かれたエレナーは宗教的信仰にはいたらず、[248] まず劇作家エミー・レヴィーに接近する。[248] レヴィーはユダヤ人のイギリス社会における同化の難しさについての小説『ロイベン・ザックス』[172] を出版し、非常に美しい詩『ロンドンの水楡』[172] の校正刷りを再読していた時に亡くなる。最良の友を失ったことはエレナーにとってさらにショックであった。

エンゲルスの死はベルンシュタインを解放し、彼はますます修正主義者となり、ロンドンからカウ

ベルンシュタインの離反

ツキーに手紙を書く。「実際、急進的党しかつくっていない。われわれの行っていることは、すべてのブルジョワ急進党が行っていることそのものである。違いがあるとすれば、行動と手段と比べて不釣合いなほどの言葉を使ってそれを隠しているだけである」。ベルンシュタインは、資本主義経済制度は将来改善可能なほどよくなるだろうと考える。社会主義はそれゆえ徐々に実現可能となる。彼はマルクスを批判さえし、『資本論』の著者は、市場の拡張、より急速な商品流通、大企業の成立による産業社会の適応能力を過少評価していると主張する（すでに見たように、ここで言っていることをマルクスはすでにはっきりと予告していた）。ベルンシュタインは資本主義の転覆という考えと階級闘争という概念を拒否する。シラーの劇作マリー・ステュアートの省略記号を使いながら、「思想はあるがままであるべきだ」、社会党は修正主義党であることを認識すべきだと主張する。

それゆえエンゲルスの相続者、マルクスのある種の草稿の相続者は敵となったのである。ベルリンの社会主義者は不安となる。カウツキーは怒り、党に加わった若いポーランド人女性で後にもっと急進的なセクトの中心となる、ローザ・ルクセンブルクもそうであった。彼女はベルンシュタインを、マルクスがプルードンに関して告発した問題と同じ間違いを犯したと、非難する。「ベルンシュタインは、体制の明白な非合理性こそ資本主義そのものであることを見ず、『より合理的な』、『より正しい』資本の改革の道を資本主義にとって代わる道だとしようとしている」[183]。ベルンシュタインとは逆に、ローザ・ルクセンブルクは、資本主義の延命という解決は受け入れがたいと考える。とりわけ資本主義は植民地化した諸国から収奪するのである。彼女にとって、こうした拡張は無限に行うことはできない。「なぜなら、地球は丸く」、有限で、資本主義生産様式は最終的には破局へと向かうからである。

ローザ・ルクセンブルク

マルクス主義の定着

マルクス主義はヨーロッパのいたる所で左派の教義として定着する。マルクス主義はいたるところで体系化され、戯画化され、少しずつ単純なマニ教となっていく。権力は知識人の疑いを許すことはできない。

パリのマルクスの啓蒙家ドルヴィルが、『社会主義原理』の中でこう書く[86]。「この当時、他の場所と同様フランスでも、影響力のある社会主義は、マルクスの経済学批判から出た社会主義である。望むと望まないとにかかわらず、今日社会主義的なものはすべてマルクス主義理論に惹かれている」。

同じ頃、一八九六年十一月十日、『ル・マタン』がドレフュスを無罪とする判決のコピーを掲載する。エレナーはエンゲルスの家から受け取った、父の英語の書簡集の編集をずっと行っていた。十一月十二日のラウラ宛の手紙の中で、彼女はこう書いている[147]。「手紙はすべて雑然としています。老将軍が作った箱は十分選別されたものではなく、年代によって選ばれたものでもなかったのです。同じ手紙が異なる箱の中にあるのです[147]」。彼女は草稿に従事することはない。運命がそれを中断させるのだ。そこにはマルクスが書き、一度も出版することも捨てることもなかったいろんな草稿があった。

ロシアでは若きレーニンがプロイセンのような国家、ドイツ社会民主党のような党を夢見ていた。ウラジミール・ウリヤーノフは、レナ川のほとりにやがて住む（そこからレーニンという名前が生まれる）、スイスに亡命中のプレハーノフを「農民の革命的性格を過少評価し、自由派ブルジョワジーの役割を過大評価し、労働運動との関係を喪失している」と批判する。いつも同じ問題がある。ロシアにおいて、農民に基づく社会主義を作り上げるために賃労働者の躍進と資本主義の成立を短期間に行うことが可能か、という問題である。

一八九七年暮れのパリでは、ピカール中尉がドレフュスの無罪を信じ、もう一人のフランス人の士官、エステラジー少佐に罪があることを知らせる。一八九八年一月十三日、ゾラは「私は告発する」

という記事をクレマンソーの新聞『オーロラ』の巻頭頁に掲載し、ドレフュスを擁護する。ヨーロッパの左派は「この事件」をめぐって二つに割れる。ゾラと同様、ドレフュスは軍事的正義の犠牲者であると考えるゲードにとって、この闘争は社会主義と関係していない。ローザ・ルクセンブルクも同じ意見である。「事件」はブルジョワ内部の闘争であり、それは労働者階級の事件ではない。ジョレスにとってそこから生まれる不正と闘う必要があった。この年、この社会主義的指導者は一八五〇年三月のマルクスの言葉と文章を引用し、「革命的発展」と呼ぶ。

エレナーの自殺

一八九八年六月二十三日、ビスマルクが不機嫌にも忘却され、消えた頃、エレナーは呆れた発見をする。連れ合いである、十五年来一緒に暮らし、長い病気の際彼女が世話を看てきたエドワード・エイヴェリングが、秘密裡に別の女性と二年前偽名で結婚していたのだ。彼女のもとを去ろうとしなかったのは、彼女が自殺すると思ったからだ。

エレナー、カール・マルクスの娘、マルクスが息子エトガーの生き写しを彼女の中に見ていたために甘やかされてきた小さな「トゥッシー」、生涯自殺について語ってきた彼女はそれを実行に移す。彼女は自殺に失敗することはなかった。

三日後、ラウラはロンドンに行き、彼女を両親の墓に埋葬する。彼女は、フランスに父の草稿を持って帰る。エンゲルスが持っていた草稿はベルンシュタインとルイーゼの手の中にあったが、彼らはますます憎みあい、彼らの欲しい草稿がフランスに行くのを見る。

エドワード・エイヴェリングは、エレナーの死後五カ月で亡くなる。

『共産党宣言』出版五十周年

一八四八年の『共産党宣言』の出版五十周年記念は、ヨーロッパの左派内部での多くの反省の時となる。ベルリンではローザ・ルクセンブルクが『社会革命か、革命か』の中で「社会民主運動の大きな問題」は、[182]「毎日の闘争と世界の大改造」とを結びつけることであると説明する。マルクスによって「半世紀前与えられた理論的武器は、ブルジョワ的改革運動とセクト的状態という[182]」、二つの障害を乗り越えることを可能にした。パリでは同じ問題についてジャン・ジョレスが『社会主義はいかに実現されるか』を書く。「半世紀前にわが先達と我が主が行った回答を繰り返すことはそれ自体間違いである。――労働運動と社会主義思想を接近させ、結合したことこそマルクスの決定的貢献である[145]」。ゲードと違い、その同じジョレスは十月十一日『小共和制』の中でドレフュスを弁護する「証拠」という論文を掲載する。

一八九八年九月二日、ルイーゼ・フライベルガーはオーギュスト・ベーベルに、エンゲルスが死の床で[78]マルクスのプライベートな生活について彼女に話した、暴露話のことを知らせた。それは特にヘレーネ・デムートの息子の父親の問題であった。この手紙を読むことができたイギリスの歴史家イヴォンヌ・カップは、それは信用できないと考えたが、その理由は「ルイーゼ・フライベルガーが自分の知らない時代のマルクスの女性関係について抱いた幻想[146]」であった、と考えたからだ。しかしマルクスが父であることは、現在否定しようもない。

この同じ年、マルクス主義は、フランス社会主義の指導者全員から彼らの思想と綱領の基礎であると評価された。その一人ジョルジュ・ソレル[31]にとって「マルクスの理論の中で重要なことは、階級によって形成される社会メカニズムの概念であり、それは今日の支配的思想と情熱のもとにある近代社会を完璧に変革することができるのだ[206]」ということであった。同じくジョレスは『ラ・ルヴュー・ド・パリ』に掲載された「社会主義と自由」の中で生産手段の集団化を自分の思想とし、マルクスに言及し、「フランスでは革命は議会活動によって、それによってのみ遂行されなければならない」というマルクスのテキストの文章に忠誠をつくす。それ以外はないくらいに忠実であった。革命はマルクスの言葉によると、「革命的進展」でなければならない。

一八九九年六月、大統領ルーベは、判決で無実にならなかったドレフュスに恩赦を与える。「事件」は続く。ジョレスとゲードはすべてにおいて今では対立する。ジョレスにとって社会主義的であることは、民主的マルクスであることであり、「ドレフュス」事件に関係することであった。ゲードにとっては革命家マルクスを選ぶことであり、「事件」に介入しないことであった。一八九九年十月、社会主義大会がパリのホール・ジャピーで召集され、ジョレスにむしろ軍配があげられ、「例外的な場合」において、社会党権力が右派に参加するという原理さえ承認される。ドイツとの戦争の場合を見るとはっきりする。だれもがアルザスとロレーヌを取り戻したかったからだ。

カウツキーとベルンシュタインの対立

この年、ずっとロンドンにいたエドゥアルト・ベルンシュタインが、公然とベーベルとカウツキーに敵対した。彼はドイツで『社会主義の諸前提と社会民主党の課題[75]』という書物を出版し、そこで社会党を修正主義的組織に変えることを要求する。カウツキーは『マルクス主義とその批判者ベルンシュタイン[150]』を書き、返答する。

ロンドンでは、『資本論』のロシア語版翻訳者の「ニコライ゠オン」と今では言っていた、ナロードニキのダニエリソン[32]が、「ロシアにおいて資本主義は絶対に不可能」であるというナロードニキ的思想を拒否し、マルクスの作品の中に読み取った「ロシアでは『ノーマルな組織』による資本主義的発展は不可能である」という考えに近寄る。言い換えれば、彼にとってロシア資本主義は存在し、それゆえ革命は、もしそれがほかの場所と同時に、国際的規模で起これば、可能であるというものであった。『ロシアにおける資本主義の発展』の中でレーニンが考えたのもこれであった。

リヤザノフが発見した資料

リヤザノフ

レーニンはやがてスイスに亡命する。マルクス主義亡命者の小さな社会で、レーニンはマルトフに会う。このブント出身の若い男については後に述べることにする。彼らは一緒に『イスクラ』（光）という新聞を編集する。レーニンはそこでダヴィッド・B・リヤザノフに会う。彼はプレハーノフのグループのマルクス主義者で、ロシアの知識人グループで働き、『イスクラ』の協力者であった。このかなりレベルの高い若きロシア人の知識人は、気骨ある人物で、マルクスのロシアに関する書物と第一インターナショナルの研究をしていた。彼は二十年後、ソヴィエトになったロシアにマルクスの草稿をもたらす人物となる。

次の年（一九〇〇年）リヤザノフはベルリンの社会民主党本部に行く。彼はそこで自分の研究のための資料を探した。そこで彼は整理されていないマルクスの草稿とエンゲルスの蔵書を見つけて驚く。これらの資料は結局ロンドンから移すことが承認されていたのであるが、全部ではなかったのだ。ベルンシュタインはその一部を自らのもとに置いておくことに成功したからである。そこには誰も知らない、時間がなければ解読もままならない、また解読するには許可が必要な宝があったのである。

リヤザノフはかなり後にこう語る。「一九〇〇年、ベルリンでそれぞれ全く整理されていない、点在する蔵書を見つけた。――こうして科学的社会主義の創始者の所有である数千の資料は消えていった。その周辺にマルクスやエンゲルスの知的作品のいくつかの痕跡、読書のメモ書き、注釈などがあるのかどうかを検証する労苦さえ払われなかった[232]」。そしてこう付け加える。「原則的にベルリンの社会民主党アルヒーフに贈られたはずの草稿の一部は、ベルンシュタインがもっていた。そしてエンゲルスの手紙と、この頃まだ知られていなかったもっとも重要な作品の一部が、まだロンドンにあった[232]」。マルクスやエンゲルスの蔵書の一部、数多くの草稿は、実際断片を再構成し、まったく別のものにするフェイデラーの手にあった。

この同じ年の一九〇〇年、ドイツではヴィルヘルム・リープクネヒトが亡くなる。その後を息子のカールが継ぐ。フランスではジャン・ジョレスが『方法の諸問題』の中でまだロンドンにいたベルンシュタインを擁護し、プロレタリア独裁と歴史的使命を意識した活動的前衛による権力掌握を否定する。ジョレスのことを後に語る若い男、レオン・ブルムがそれに同意する。「マルクスの形而上学はとるにたらないものであり――その経済学説も毎日その内容がだめになっていることを知らないものはいない」と一月『ラ・ルヴュー・ブランシュ』紙に書いていた。

同じ頃イギリスでは、フェビアンが独立労働者党と一緒になる一方、労働組合会議と独立労働党の会議によって労働代表委員会が結成され、第一書記にラムジー・マクドナルドがつき、労働者階級の利益を促進し、階級闘争を否定し、中産階級の積極的役割を強調する綱領を採択した。

十一月二十八日、リールの競馬場に集まった八千人の前で、ジョレスとゲードはドレフュス事件の結果と革命と改革との間に迷走する左派の発展の結果を議論しながら、完全に対立する。社会主義者の分裂は悪化していく。リヨンで開催された大会の後、フランス社会党（ＰＳＦ）は、ジョレスなどの「独立派」を再組織する。一方フランスの社会党（ＰＳＤＦ）はゲードやヴァイヤンの信奉者たちを集める。

一九〇一年、自由派経済学に新しい飛躍が起こる。その経済学はマルクスのように生産からではなく、交換から出発する。工場ではなく市場から出発する。産業家ではなく商人から出発する。賃労働者は当然ながらそこには出てこない。彼らは消費者として市場にいるだけである。レオン・ワルラスそしてそのローザンヌ大学の講座の継承者ヴィルフレッド・パレートは、経済均衡モデルを展開する。そこから世界は均衡に機能しうることを導く。パレートは『社会主義システム』の中でマルクスに言及し、階級利益の防御にしかならない、イデオロギーの間違った真実を告発する。一方、経済理論は、彼の眼にとって物理学の数学モデルに応用できる有効性という原理に従属しない限り価値をもたない(217)。

一九〇二年フランスの国会で、フランス社会党（PSF）は三七議席を取り、フランスの社会党（PSDF）は十四議席を取る。フランスの左派は拡大しつつあった。インターナショナルはそれと交じり合う権限をもっていなかった。

同じ頃、ベルンシュタインはドイツ当局が入国許可を出したエンゲルスの草稿をもってドイツに戻る。一九〇二年、彼はドイツ社会民主党の国会議員に選出されたが、党の理論を信じてはいなかったし、二つの階級への分離も、資本主義の没落も信じていなかった。

レーニンとロシアの社会主義

ドイツのマルクス主義者たちが帰国する中、まだ亡命中のロシア人はスイスでロシア社会民主労働党（PSDOR）を創設した。まだレーニンはチューリッヒにいたが『何をなすべきか』を出版する。この名前は四十年前のニコライ・チェルヌイチェフスキー(33)のロシアのユートピア小説のタイトルから取られたものであり、この小説の副題には「新しい人間」とあり、すべてのロシアの革命家に大きな痕跡をとどめたものであった。そこには労働者階級からあらゆる権力をもつプロレタリアの前衛をつくりだす、レーニン主義の原理が描かれていた。レーニンは革命の前衛、前衛党の必要性をそこで主張する。なぜなら彼の主張では労働者は革命的な転覆を考えないからである。この党は政治的イニシアチブをとる唯一の正当な権力となり、「労働者階級と全社会に対する党の独裁(167)」を組織するために社会に対する科学的認識をもたねばならない。党内部での意見の相違や分派は、弱さの兆候である。

ここで問題なのはプロレタリアの独裁ではなく、党の独裁である。[167] そして統一を確証するためにこの党を一人の人間が独裁する。[158] ウラジミール・ウリヤーノフは、ロシア革命をパリ・コミューンのモデルの上で組織しようとする。その用意をするため、一八四八年革命や一八七〇年に関するテキストを研究する。レーニンはそこから重要な教えを引き出す。農民との連帯の重要性。農民との同盟のためにあらゆることをすべきであり、農民がいなければ何もできない。彼は、ロシアの革命家をどんどんマルクス主義に惹きつけた週刊誌『社会主義』の周りで、仲間を組織していく。

一九〇三年七月三十日、ブリュッセルで開催された新しいロシアのマルクス主義政党（ＰＳＤＯＲ）の第一回会議で、マルトフとトロツキーが、プロレタリア革命はロシアでは不可能であり、ブルジョワジーに体制変換を指導させるだけで十分であると説明する。なぜなら、農民は真の利益がどこにあるのか理解することができず、労働者階級は国を指導するにはまだ弱すぎるからだ。逆に、ロシアのブルジョワジーは民主革命を起こすことはできない、なぜならブルジョワジーは大土地所有者の破壊も、農業を市場経済に導入する条件も作り出すことができないからだと、レーニンは主張する。彼にとって、農民と労働者との同盟は可能であった。「プロレタリアと農民による民主主義的独裁」は民主共和制、土地の国有化、常備軍の廃止といった「最小限の綱領」を実現可能にする対象である。こう書く。「マルクス主義は、ブルジョワ革命は不可避的であり、ブルジョワジーの態度に無関心であったり、ブルジョワジーに指導を任せたりしてはいけないということをプロレタリアに教えてくれる。そして逆にマルクス主義は、ブルジョワ革命に非常に精力的に参加し、革命の完成のために結果として生まれるプロレタリア民主主義に対して、決定的闘争を行うべきだということを教えてくれる。われわれは、ロシアのブルジョワ革命から逃れることはできず、その革命を巨大な規模に拡大することができるのだ。こうした枠の中で、プロレタリアの利益のため、プロレタリアの直接の欲求のため、完全な勝利の準備が可能となる条件を確保するために戦わねばならない[167]」。

大会の終わりで、闘争は激化する。混乱の中で投票が行われる。レーニンの支持者は「ボリシェヴィキ」（ロシア語で「多数派」）という名を与えられ、彼らのライバル（マルトフとトロツキー）はメンシェヴィキ（「少数派」）と呼ばれる。レーニンはこうしてその活動に民主的意味を含ませることになる。

この年、生涯社会主義者でジャーナリストであったシャルル・ロンゲが、四人の子供を残して亡くなる。多くは叔母のラウラ・ラファルグによって育てられた。ジェニー、マルセル、エトガー、ジャン。そしてジャンだけが四人の中では非常に活動的な社会党員になる。

一九〇四年、トリーアのマルクスの生家が社会主義者によって確認され[34]、彼らは社会民主党会社を創設し、その隣の家を買い、党や労働組合のための場所として使う。フランスでは社会主義者の間の対立が緩やかになることはなかった。対立によって社会主義インターナショナルも弱くなり、八月アムステルダムで開催された大会でブルジョワ党との共闘を承認し、フランス人に対して「国際的プロレタリアのために」力の結集を呼びかける。「彼らは分裂の継続の不幸な結果に対して、世界のプロレタリアに責任を負っているからである[47]」。ジョレスに対するジュール・ゲードの勝利であった。

「赤い日曜日」事件

一九〇五年一月二十二日、ロシアでは通称「赤い日曜日」事件が起こる。数万人のストライキの労働者がサンクトペテルスブルグの冬の宮殿の前で沈黙の抗議を行い、ツァーリへの嘆願書を提出しようとイコンを掲げていた。その時、軍が群衆に向けて銃を撃ち、数百人が亡くなる。ニコライ二世はすぐに選挙、出版の自由、普通選挙、憲法を約束するが、何も実現されない。その年の暮れ、国にいたわずかなマルクス主義者や革命家が収監され、ドーマ（議会）は解散する。レーニンは亡命中であった。「社会主義革命のための権力掌握」などはまだ問題外のことである。しかし、このように暴動が起こらないことで、レーニンは権力掌握におけるゼネストの役割を考察する。

一九〇五年四月二十三日―二十五日、パリのストラスブール大通りのグローブで、インターナショナルの命令を適用すべくフランス社会主義者の統一大会が開催された。二八六人の代表がマルクス主義の用語をもった「統一憲章[158]」を、はっきりと採用する。「社会党は生産手段と交換手段の社会化、すなわち資本主義社会を集団的、共産主義的社会に変換することを目的とし、プロレタリアの政治経済組織をその手段にする階級政党である。労働者インターナショナル・フランス支部は、その目的、その考え、その手段によって、労働者階級が要求する直接的変革の実現を遂行する改革の党ではなく、階級闘争と革命の党である」。『ユマニテ』はその機関紙となる。

ドイツでは、カウツキーは、党に共同管理されていたある種の草稿を、彼が委任していたベルンシュタインから獲得することに成功するが、エレナーの同意を前もって得ていた『資本論』第四巻を出版する。これは『剰余価値学説史[36]』というタイトルで剰余価値に関するマルクスの諸理論を集めたものであった。

一九〇六年、六年前創設されたロンドンの労働代表委員会が労働者党的な名前をとり、その内部にフェビアン的影響、社会に対するマルクス主義の進歩的浸透の影響をとり入れた。

七月十一日、破棄院がドレフュスを告訴する判決を「延期ではなく」廃棄する。「事件」は終わる。その事件を応援したジョレスは、フランス社会主義のリーダーとなる。この年社会党の新聞『社会主

リヤザノフ

義運動』に「ドレフュスの失敗あるいはユダヤ党の勝利」という記事が現れる。

一九〇八年、マルクス死後二五年記念の際、ドイツにおける次の革命を信じるローザ・ルクセンブルクが、ロシアは一九〇五年の革命の失敗にもかかわらず、権力掌握が可能な土地であると告げるテキストを、『社会主義』の中で掲載する。「一般的に偉大な学者の多くの学問的価値が完全にわかるのは、死後でしかない。時がその価値にあらゆる影響力を与えるのだ。今日マルクス死後四半世紀、ロシア革命の雷が、新しい広い台地が、資本主義によってマルクスの思想と結びつけられることを告げている」。

一九一〇年、ベルンシュタインが持ってきたアーカイヴを探りながら、依然『ノイエ・ツァイト』誌の編集者であったカウツキーは、ベルンシュタインが隠していた、誰も知らないマルクスの草稿を見つける。それは『ヘーゲル法哲学批判への準備的作品』、『一八四四年草稿』、『経済学批判要綱』であった。これは『ドイツ・イデオロギー』と成熟した作品との間の関係をつける大きな発見である。マルクスを学ぶ若いロシア人亡命者は、ベーベルとベルンシュタインにしたのと同じ質問をぶつける。彼はベルンシュタインの曖昧な態度を理解するのに長くはかからなかった。そこで当然彼はカウツキーに近づく。彼はマルクスの作品に対する認識と、高い知的水準を持つ人物だという印象を受ける。カウツキーは彼にそのあきれた発見について話し、彼を秘書にする。彼は出版目的でマルクスの書簡を編集する課題を彼に委ねる。リヤザノフはこれを受け入れる。革命家として、「主」のテキストを知らせるために働くこと以上に素晴らしいものはあるのか。リヤザノフはこう書く。「つい最近この資料を見つけたときの状態について少し説明する。エンゲルスの死後それは捨てられていた。こうした資料に対する遺産処理において、エンゲルスほど不幸な役割を演じたものはいない。遺書がまった

ラウラとポール・ラファルグ、ジェニー・ロンゲの子供たち、一九〇八年。一九一一年、ラファルグ夫妻はここで自殺する

くなかったならば、これらの資料は疑いなくもっとよく保護されていたであろう。——まったくひどく扱われたため、マルクスとエンゲルスの圧倒的な蔵書がほとんど失われていた[35]——。遺産相続者は、まずはじめに二人の資料がすべて移転されたのかどうか知ろうとさえしなかったのである[232]——」。こうしてマルクスの資料の編集はドイツ人の手からロシア人の手に移るのである。もっと正確にいえば、あまり関心をもたないドイツ人の手から、非常に関心をもつ一人のロシア人の手に移るのである。

リヤザノフは非常に関心をもち、一九一〇年の夏中、パリ近くのドラヴェーユのポール・ラファルグの家で数週間過ごす。彼は「マルクスが残した書簡と資料を親切にも私の自由にさせてくれた[232]」。彼はそこで多くの書簡、政治草稿、たとえばマルクスが、六十年前オランダのナネッテーに答えた「告白」の問のようなあまり重要ではないテキストなどを見つけた。それを複写する。彼はラファルグ家で起こる惨劇について予感することもなく、ベルリンに戻る。

一九一一年十一月二十六日日曜日、ラウラは十二年前の妹のように自殺する。彼女は六十五歳で、夫は七十歳で、彼は彼女の後を追った。彼らはドラヴェイユで青酸カリを飲んで、「惨めな老いの前に」この歳で死ぬことを決意していたのだ。ラウラは父の資料をドイツ社会民主党に渡す。レーニンはその葬儀に参列し、弔辞を読む。

リヤザノフはやがてドラヴェイユに戻るが、彼はそこで「今ではドイツ社会民主党のものとなっているマルクスの資料を遺産相続者の手から受け取ったが、告白もそのほかの資料も見つけることに成功しなかった。すでに見知らぬものたちがそれを持ち去った後であった(232)」。

一九一三年、リヤザノフは二人の死の三年後、多くの欠落をもつ最初のマルクスの書簡集をベルリンで出版するが、ベルンシュタインともうひとりの社会民主党の指導者メーリンクの方は、「すべての手紙をもつことができないがゆえに」抑制せざるをえなかった。


一九一四年六月二十八日、オーストリア＝ハンガリー帝国の継承者がサラエボで一人のセルビア人テロリスト、ガヴリロ・プリンチップの手で暗殺された。オーストリアは、七月二十八日火曜日、セルビアに宣戦布告する。翌朝ドイツ帝国のヴィルヘルム二世は敗北を予感したが、ツァーリに何度か電報を送って、スラブの連帯によるセルビア支持をしないよう説得する。連合の駆け引きは破局へと落ちていく。三日前フランス共和国大統領レイモン・ポワンカレと、首相ルネ・ヴィヴァーニの支持を受けたニコライ二世は、総動員令を出す。帰国したポワンカレとヴィヴァーニは「戦争万歳」という叫びに喝采した。全フランスは（ジョレスやカイユーのようなわずかな少数派を除いて）、戦争に賛成であった。一カ月後、七月三十一日パリのカフェ、クロワッサンで一人のアナキスト、ラウル・ヴィランがジョレスを暗殺する（彼は五年後無罪を宣告される）。

一九一四年八月一日土曜日ベルリンで、皇帝と首相のベトマン＝ホルヴェグはツァーリに宣戦布告する。サンクトペテルスブルグというドイツ語の名前で、大ペーターが作った帝国の首都は、ペトログラードとなる。今度はフランスが総動員令を発したが、まだ安全を欲していたポワンカレはこう宣言する。「動員はまだ戦争ではない」。いたるところで、社会主義の指導者が投票態度に関して議論をする。しかしながら最初に関係したロシアとセルビアを除いて、社会主義者は当該の政府が要求する軍事予算を支持する。

八月三日、ドイツはフランスに宣戦布告する。四日、ドイツ社会民主党は軍事予算を支持する。彼らの議会でのトップ、フーゴ・ハーゼはこう宣言する。「祖国を危険に晒してはいけない」と。カウツキーは党の方針に従い、戦争を支持する。SPDの何人かの党員は平和に固執した。その中にはローザ・ルクセンブルク、マルクスの啓蒙家ユリアン・ボルクハルト、ヴィルヘルムの息子のカールがいた。ローザ・ルクセンブルクにとって、ヨーロッパは「野蛮か社会主義か」を選ばねばならなかった。奇妙な皮肉だ。平和主義者は第二インターナショナルから排除され、第二インターナショナルはそれぞれ戦争している党によってのみ構成されていた。当時彼らは、たえずマルクスに言及する彼らの昔の友人の「社会主義者」と対立して、「共産主義者」と呼ばれていた。社会主義インターナショナルはその時から存在理由がなくなる。共産主義者は別のグループ、インターナショナルを作る。

同じ日、ドイツ首相はベルギーの中立性を保証する一八三二年のプロトコールを「紙屑」にする。それによってイギリスが戦争に参加する。それにヴィルヘルム二世は驚く。

パリでは主戦論が高揚する。一九一四年八月十日、ジャン・ジョレスが創設した社会主義新聞『ユマニテ』は、こう書いている。「大ブルジョワジー、小ブルジョワジーの多くと同様、人民の多く、若者の多くがそれぞれ情熱を抱き、弱さを見せずためらいもなく、家族のもとを去り、危機にある祖国のために自らの命を捧げんと軍に入った」。ブルジョワ政府に社会主義者が参加することに反対したが、ジュール・ゲードは「神聖同盟」に参加し、国民連合政府の援助もない大臣となる。

八月二十三日、英国同盟を結んでいる日本はドイツに宣戦布告した。十一月二十九日、スルタンのムハメド五世が連合軍の側についた。

レーニンの裏切り

レーニン

マルクス思想を歪める第三の嘘がやがて出現する。エンゲルスとカウツキーの後、このドイツ人の作品を回収しながら、この遺産を変造する役割を演じたのは、今度はレーニンである。『何をなすべきか』の中で党の方針を作り上げた後、スイス亡命中の一九一四年七月から十一月まで、『グラナ兄弟会社の百科事典』のため、カール・マルクスに関して、いやむしろ「マルクス主義」に関して四五頁を書く[169]。このテキストはすべてにおいて虚偽であり、少なくとも彼が考える革命の方向にしたがって『資本論』の著者から引用するというカリカチュアを示している。レーニンにとって問題なのは、ロシアにおける革命が、労働者党の指導のもとにある農民と労働者を結合することで、世界革命の鍵となることを示すことである。「マルクス主義は、社会的、経済的組織の発生、発展、衰退の過程の世界に対する普遍的研究への道を開いた。そのためマルクス主義は全体的な矛盾の傾向を分析し、それを生産と存在条件、もっとはっきりといえば社会のさまざまな階級の条件に還元し、『指導的な』思想やその理解にある恣意性、主体主義を避け、物的生産力における例外のないさまざまな傾向にさまざまな思想の起源を見つける。マルクス主義は導きの糸を与えてくれた。それによって、このはっきりとした混沌と迷路の中で、階級闘争理論という法則の存在を見つけることが可能になった[36][169]」。レーニンは、マルクスがその理論において取り除いた困難を無視する。「誰もが知っている、議論の余地のない事実、価格と価値の乖離と、利潤率の均等化を、マルクスは価値法則を通じて完全に説明した。

なぜならすべての商品価値の総和は、その価格の総和に等しいからである[169]」。だからこそ社会主義は、経済的に不可避的であると彼は主張する。「マルクスは、とりわけ近代社会の経済的運動法則によって、資本主義社会の社会主義社会への不可避的移行を完全に結論づけたのである。労働の社会化は、さまざまな形態で常に非常に早く発展し、マルクスの死後半世紀にわたって巨大な生産、カルテル、シンジケート、資本主義トラストの拡張、金融資本の力の割合が増大することによって、とりわけ明らかになるからである[37][169]」。

レーニンは一国社会主義の思想を弁護し始める。世界的な拡大が必要であるという思想をやめるべきだと述べる。労働者は一つの国家に属し、革命は一つの国家の枠の中でのことであり、不可避的な形態である。なぜなら、「国民は社会発展のブルジョワ的時代に現れる不可避的な産物である。労働者階級は『国家という枠の中で』組織されることなく、『国民』（それは言葉のブルジョワ的な意味ではけっしてない）であるということなく、自らの力を強化し、鍛え、形成することはできないだろう[38][169]」。労働者にとって、活動する最高の場所は、マルクスによるとロシアであると彼は主張する。「農業における資本主義の発展に関するマルクスのいくつかの基本的な思想（とりわけロシアのような後進国にとってはとりわけ重要である）を示してみよう。自然地代から貨幣地代に変化するとともに、必然的に現在そして過去においてさえ賃金によって働く、所有をもたない日雇労働者階級が形成される。――ブルジョワ的進歩の役割を演ずるかなりの小農民の共同体、いわばアソシアシオンはこうした傾向を弱めざるをえないが、しかしそれを廃棄することはできない。決して忘れてはならないのは、こうした協同組合は豊かな農民大衆に利することはなく、結局こうしたアソシアシオンは、自ら賃労働者階級を搾取することになるということである[39][169]」。

うまく引っかかる。ロシアの革命は先頭に単一党をもつ農民と労働者の協同によって行われねばならない。しかしこの党を正当化する必要があるので、レーニンはエンゲルスとマルクスとを、いやすくなくともマルクスの思想を翻訳するエンゲルスと、マルクスを同じにする。「まだ搾取者が収奪される時代に存在している、小農民に関するマルクスの社会主義の立場に関していえば、マルクスの思想を体現しているエンゲルスの思想を、エンゲルスの宣言について述べることが重要である[40][169]――」。マルクスの思想と関係なくエンゲルスのテキストがそれから続いている。

エンゲルスに捧げた伝記の中で、レーニンはフリードリヒ・エンゲルスを称える王冠を完成する。「永遠に生き続けるプロレタリアの偉大なる闘志で、教育者――友人カール・マルクスの後――エンゲルスは、すべての文明国の現代プロレタリアのもっと素晴らしい知識人であり教育者であった。カール・マルクスとフリードリヒ・エンゲルスを運命が結びつけた日から、二人の友人の生涯の作品はその共通の活動の成果となった。――マルクスとエンゲルスはその科学的作品の中で、社会主義は幻想ではなく現実社会の生産力の発展の必然的結果と目標であるということを説明した最初の人物であった[41][169]――」。

一九一四年の末頃、ロシア軍は自国の内部五百キロまで後退し、二百万人以上を失っていた。北フランスに侵攻したドイツ軍はヴェルダンで膠着状態にあった。動きがとれなくなる。

ローザ・ルクセンブルクは、ドイツが行っている戦争に反対する論文を書いたため一九一五年二月十八日にベルリンで逮捕される。十五日「マルクスの理論と実践のための月刊誌」『インターナショナル』が創刊された。そこでローザの獄中からの、「スパルタカス」という名を名乗った彼女の組織への書簡が、「ユニウス」という匿名で掲載された。「プロレタリアの利益を代表するインターナショナルは、自らの力を意識したプロレタリアの自己批判の中でしか生まれえない。その力は八月四日、よろめいた葦として折れてしまった[184]」。

一九一六年戦争が塹壕戦にはまり、ブルシロフ将軍のツァーリ軍がポーランドでヒンデンブルク軍に攻撃を仕掛けていた頃、レーニンが帝国主義は「資本主義の最高段階である」と書く。四年後出版された新しい版の中で、彼はこう明確化する。「この書物は、一九一四―一九一八年の戦争が帝国主義戦争（すなわち征服、略奪、強奪戦争）の一部、世界分割、植民地、『金融資本』などの『影響力のある地域』の分配と再分配のための戦争であることを示す。なぜなら、真の社会的性格の証明、もっと正確にいえば戦争の真の階級的性格はこの戦争の外交史の中ではなく、交戦中のすべての列強諸国の指導的階級の客観的状況の分析の中にある。こうした客観的な状況を示すには、例として、孤立した資料（社会生活の現象の極端に複雑な例の方が、何らかのテーゼの証拠として必要とする孤立した資料や例を多く与えうるものだ）ではなく、交戦諸国や世界の経済生活の基礎にあるすべての資料を取り上げる必要がある[42][170]」。

一九一六年三月二十四日、社会民主党の指導部は、戦争に敵対する党員を排除することを決定する。三月三十日、ローザ・ルクセンブルクは手紙の中でこう書いている。「すべては賭けである。党のための闘争、それは党に対する闘争ではない。スローガンは分業でも統一でもなく、古い党でも、新しい党でもない、大衆の抵抗による下からの党の再征服である。大衆は言葉ではなく、抵抗という行動によって自らの組織と手段とを自らのものにしなければならない。党にとっての決定的闘争が始まった[184]」。彼女は、社会民主党の指導で「（軍事作戦を指導する）ヒンデンブルクはマルクスとエンゲルスの遺産執行人となったのである」とまで書くに至る。それは断絶である、ベルンシュタイン、カール・

リープクネヒト、フランツ・メーリンク、ロシア人クララ・ツェトキンが指導するSPDの一部が彼女と合流し、スパルタクス団と結びつくUSPD（独立ドイツ社会民主党）を創る。ローザ・ルクセンブルクは刑務所から綱領を書く。革命家ではないが平和主義者のベルンシュタインは、早々と彼らと手を切り、「ローザ・ルクセンブルクのような知的才能があり、学問のある人間（彼女はワルシャワのギムナジウムで優秀な成績を収めた）が、いじわるで、扇動的で、挑発的な、混乱した文面をもつこうした綱領の執筆に携わったことを悲しむ」。

戦争はますますひどくなり、支持できない状態となる。フランスでは労働者階級が軍の銃後で（ほとんど例外なく）ほぼ完全に統率される。一方ドイツでもスパルタクス団によって支持され、触発された革命の波が進む。ベルリンやライプツィヒの金属工が戦争と飢餓に抗議してストライキに入る。

同じ年、一九一七年二月、ドイツとロシアとの間に戦争が起こり、前線が数千キロに展開する頃、異常な離れ業で、リヤザノフはベルリンを発ち、ロシアに着いたが、マルクスとエンゲルスの草稿、『フォアヴェルツ』と一八四二年＝四三年の『ライン新聞』のコレクション、マルクスが書いていた頃の『ニューヨーク・デイリー・トリビューン』、ドイツのアルヒーフのマイクロ写真をカバンに入れて運んだ。彼にこれができたのは、古い書類が紛失するのに怒ることもない、社会民主党の指導者の暗黙の承認があったからである。――そしてツァーリを不安定にしうるものは、すべてドイツ軍にとって有益なものであった。

一九一七年三月八日、ペトログラードのプティロフ工場の労働者は、飢餓に抗議してストライキを行い、女性の日（九日）に組織されたデモに参加した。「ツァーリ打倒」と叫ぶものは稀であった。次の日もデモは繰り返された。十一日の日曜日、軍が射撃し、四十人が亡くなる。[163] 兵士と労働者は遅

ケレンスキー

からず仲間になり、ペトログラードの兵士と労働者の会議（ソヴィエト）が創られる。弁護士のアレクサンドル・ケレンスキーに率いられた議会の何人かのメンシェヴィキの議員がこれに参加、十五日自由派の貴族ルヴォフ公とミルコフに政府の方針を決めることを要求する。[163]同じ夜、ツァーリは退位するが、戦争は継続していた。マルトフのメンシェヴィキは新しい政府に参加する。

三月二十七日、ベルリンとペトログラードの共産主義者の蜂起で、皇帝政府は走行列車を仕立て、スイスから来たレーニンとその仲間のロシアまでの移動を保障した。それは少し前、リヤザノフの通過を保障したのと同じ理由であった。ボリシェヴィキが、ペトログラードの新しい政府を不安定にさせると踏んでのことであった。

そして事実一九一七年六月二十九日、ケレンスキーはレーニンが起こした蜂起をすぐに消し止めることはできなかった。彼はボリシェヴィキを逮捕し、その新聞たとえば『プラウダ』を禁止し、ボリシェヴィキに親近感をもつ軍を前線に送る。追われたレーニンはフィンランドに逃げる。七月初め、何人かの共産主義者にとって、革命を始めるには状況はかなり熟していた。レーニンは彼らに反対した。ケレンスキー政府は憲法会議を創るべく次の選挙の告知をする。

ミルコフの手から政府の手綱を取ったケレンスキーは戦争を止める。つねにロシア軍のトップにいたブルシロフ将軍は、ブレザニの近くで七月一日ドイツ軍を破る。彼の跡を継いだコルニロフは勝ち続ける。やがてロシア軍は敗北する。九月ドイツ軍は北を攻撃する。三日彼らはリガを占領し、二十一日ヤコブシュタットを占領する。

農民で構成される社会主義革命党（ＳＲ）は、憲法議会の多数を占める。そこで彼らはボリシェヴィキの一六八人、メンシェヴィキの一八人、ＫＤ（立憲民主党）の一七人、そのほか八一人に対し四一九議席を取る。

　オデッサの伝達人民委員に四月任命されたリヤザノフは、ウクライナ支部から議会の議員、鉄道連合執行委員のメンバーに選出される。

　フィンランドからレーニンは九月二十八日、ペトログラードにあった党の中央委員に手紙を書き、秘密に蜂起の準備をするよう要求する。ナポレオン三世のクーデターに関するマルクスのテキストと同じく、コミューンの運命（それは七二日しか続かなかった）と、マルクスの第三の演説（『フランスの内乱』）の読書に夢中になったレーニンは、農民と同盟しない限り権力を取ることも維持することもできないだろうということを知っていた。しかし彼にとって、プロレタリア独裁は継続的な独裁というべきものであった。彼はその頃十月革命を組織するテキストである「中央委員会宛の手紙」を書く。そこで彼は間違ったマルクス理解の上で遂行される行動の、明確な戦略分析を基礎づける。彼はマルクスのテキストにはない徹底した革命の弁護を用意する（芸術としての革命）。

「最大の日和見主義の首領ベルンシュタインは、すでにマルクス主義に対してブランキ主義だと告発をすることで、悲しくもある名声を獲得した――。マルクス主義者をブランキ主義だと告発する理由は、彼らが蜂起を戦闘術とみなすからだ。蜂起は戦闘術であると明確に宣言し、蜂起を戦闘術とみなす必要があり、最初の成功を勝ち得、敵に対する進行を止めることなく、成功につぐ成功を進める必要があると述べることで、この問題により明確な説明を与えたのがまさにマルクスであるということを誰も否定できない以上、真実の声以上の破壊者はあるだろうか。成功するには、蜂起は謀議でもなく、党でもなく、前衛階級に基づかねばならない。蜂起は、人民の中の前衛がもっとも強くなり、ためらいが敵の中で、矛盾を秘めた、弱く不確かな革命が味方の中で、最も強くなるとき、すなわち上昇する革命史の転換点で起こらねばならない。そのとき——蜂起が戦闘術であることを否定することは、マルクス主義への裏切りであり、革命への裏切りである。だから、七月三日と四日の蜂起は失敗したのだ。だから政治的にも物理的にも権力をもつことはできなかったのだ。たとえ物理的に瞬間的にはペトログラードが我々の手にあったとしても、深い憎しみも、怒りもなかったため、我が労働者と兵士はペトログラードを獲得するために戦い、死ぬことを受け入れなかったのだ。——わが同志は、まだ革命的社会主義や、メンシェヴィキの参加によるボリシェヴィキに対する追放の経験も受けていなかったのだ。——今日状況はまったく変わった。我々は革命の前衛的階級、大衆を統率する能力のある人民の前衛の多くとともにいる。人民の多くがわれわれとともにあるのは、——農民が革命的社会主義のブロック（革命的社会主義者自身の）の土地を受け入れていないからだ。まさにここに革命に国家的性格を与える本質がある。あらゆる帝国主義と、メンシェヴィキと、革命的社会主義者のかつてない躊躇に対して、党は独自の道をしっかりと歩む条件と利点をもっている。我々には確かな勝利があるのだ[43][47]」。

こうした視点を採択させるために、レーニンは十月二十三日、ペトログラードに戻り、プロレタリア独裁」を実現すべく武装蜂起の原理を受け入れさせる。ボリシェヴィキに三つの命令を受け入れさせる。兵士と連帯するため「直接平和」、農村のために「農民に土地を」、労働者には「ソヴィエトに全権力を」。やがて、レーニンはトロツキーを残しすぐにフィンランドに発つ。レーニンは蜂起を用意する仕事を助手に任せたのだ。十月二十九日に帰国し、失敗を恐れ、攻撃を遅らせようとしたカメーネフとジノヴィエフに対して決定を与える。一九一七年十一月六日、七日（グレゴリー暦によると）、ボリシェヴィキはペトログラードの意志決定の主要センターを襲い、当時夏の宮殿にいた大臣を逮捕する。レーニンは政府から命令を取り上げ、ロシアの労働者運動は「世界プロレタリアの前衛」であると宣言する。彼はトロツキーを外務省の人民委員に任命する。レーニンはコミューンのように少なくとも七二日は権力を維持したいと考える。彼はマルクスの表式を繰り返す。「コミューンの原理は永遠であり、壊すことはできない。労働者階級が解放されるまでこうした原理はいつも新たに蘇るのだ」(8)。しかしその時から、マルクスの思想とかなり異なる、プロレタリア独裁の概念を押し付けようとする。マルクスにとってプロレタリア独裁は多数派の暫定政権であり、人権、出版の自由、敵対する党、権力の分離を尊重するものであった。レーニンは一定の少数者による明確な独裁を考える。

翌日ボリシェヴィキのリーダーは平和を要求する。レーニンはドイツがプロレタリア革命の途上にあるロシアの後を遅からず追うことになるだろうという確信をもっていたので、あらゆる妥協を用意していた。

ロシアでは「ブルジョワ的」出版は禁止された。政治警察（チェーカ）が十一月七日創設され、ストライキは二十日禁止された。穏健党ＫＤ（あるいはカデット、立憲民主主義党）は禁止された。一九一八年一月十九日、権力を掌握した翌日、憲法制定議会を解散する。八月三十日、ＳＲのドラ・カプランは暗殺を行ったとして糾弾され、ボリシェヴィキと対立する最後の党が禁止され、そのメンバー、革命的社会主義者は追及され、収容所に送られた。リヤザノフは国立のアルヒーフセンターを作り、スヴェルドロフ大学の教授となり、社会主義アカデミーに参加する。

一九一八年三月三日、ブレスト＝リトフスク条約がロシアと中央の列強との間で締結された。列強はウクライナの独立に同意した。ウクライナは、共産主義政府に敵対する「白」軍への避難場所を急いで提供する。

ロシアの社会民主党とまだ呼ばれていたボリシェヴィキ党は、一九一八年三月の大会で共産党となる。

ボリシェヴィキをめぐる議論

ドイツの社会主義者はロシアの事件に関して二つに分かれた。ローザ・ルクセンブルクは十月革命を熱狂的に迎えたが、レーニン主義的概念とプロレタリア独裁に懸念を示した。彼女ははっきりとテキストでこう書いている。「政府の仲間、党のメンバーだけの自由は、たとえ彼らの数が多くても真の自由ではない。自由はたえず異なることを考えるものの自由である――。一度権力を取ったプロレタリアに降りかかる歴史的課題は、ブルジョワ民主主義に代わって、社会主義的民主主義を創り上げることであり、すべての民主主義を破壊することではない[184]」。マルクス同様、彼女はプロレタリア独裁を次のようなものと考えている。すなわち「民主主義を廃棄するのではなく、ブルジョワ社会が獲得した権利と経済的関係にエネルギッシュに、断固として介入することである。それがなければ社会主義的変革など実現されることはないだろう。しかしこうした独裁は階級の成果でなければならず、階級の名の下での別の少数の指導者の独裁ではない。言い換えれば独裁は大衆の参加によって一歩ずつ廃止され、人民大衆の政治教育の増大の結果である世論のコントロールに従属する、人民の影響力の下になければならない[184]」。

同じ頃、カール・カウツキーは、ロシアで起きている問題を告発すべく、古い敵ベルンシュタインと意見を一にする。彼にとって、経済の国有化は東洋的専制支配に導く。「こうした愚かな実験は恐ろしいどんでん返しによってしか成功しえないだろう」、ボリシェヴィキのモデルは「反革命を引き起こさざる」をえない。

『プロレタリア革命と背教者カウツキー[170]』の中で、レーニンはマルクスの間違った引用でこう回答

モスクワ革命広場でのマルクス、エンゲルスの記念碑除幕式、一九一八年。この像は今もボリショイ劇場の前に立っている

する。「こうした暴力は、軍国主義とビュロクラシーが存在する限り、マルクスとエンゲルスが非常にはっきりと、何度も説明したように、とりわけ必要なものとなるのだ」（特に『フランスの内乱』とその序文の中で書かれている）[44][170]。ところでマルクスはすでに前に見たようにこれとは逆のことを述べている。こうした歪曲を意識してレーニンはさらに嘘を加える。「しかるに、こうした制度はイギリスやアメリカにおいても十九世紀の七〇年代マルクスが書いていた時代まさに存在していなかった。今ではこれらはイギリスでもアメリカでも存在する」[45][170]。さらに展開する。「二人（カウツキーとベルンシュタイン）は言葉の上では革命的であり、マルクス主義者であるが、事実においては背教者である。彼らは革命を避けるために努力をしている。彼らにおいてはマルクスとエンゲルスの全作品を想起するような、現実の社会主義とブルジョワ的カリカチュアとを区別するような痕跡、すなわち修正主義的課題と対立する革命的分析、修正主義的課題と対立する革命的課題の分析、『大きな』権力を握ったプロレタリアの役割と対立する賃金奴隷の制度、体系、秩序を破壊するにあたってのプロレタリアの役割を、わずかばかりも見出せない。大きな権力とはブルジョワジーの超過利潤とブルジョワジーの帝国主義的な超過物の分け前に与ることである」[170]。

一九一八年五月、首都となったモスクワでレーニンは農業と工業に対する国家独占を打ち立て、大企業を国有化し、農業を集団化する。

同じ頃ベルリンで、ルーデンドルフ率いる軍隊がマルクス主義の闘士とフランスの砲兵隊の衝撃のもと敗北へと進み始める一方で、歴史家のオズヴァルト・シュペングラーが非常に誤解されたテキスト『プロイセン性と社会主義[254]』という書物の中でマルクスの社会主義を反ドイツ的であると告発する。その理由はマルクスがユダヤ人であったからで、「真の」社会主義は彼の眼にとってプロイセン的で民族的なものであった。こうして彼はドイツの右派、やがてその後、アングロ＝サクソンや共産主義者に抵抗する極右と国家社会主義にイデオロギー的基礎を与える。なぜなら彼はマルクス主義者と資本主義者をドイツに対する連合軍であると告発するからである。このテキストは長いが引用すべきだろう。その理由はそれが一九一八年というこの恐るべき年にあらゆる時代において最悪の、プロイセンで生まれた二つの野蛮の発生に導く内容と関係するからだ。

「意識的に最初の社会主義者であったのは、マルクスではなく、フリードリヒ・ヴィルヘルムである。こうした世界の運動が出発するのは、典型的な人物である彼からだ」。一方シュペングラーは、資本主義はイギリス的なものであると述べる。西ヨーロッパ文化の頂点には、二つの大きな哲学の学派、すなわちエゴイズムと感覚主義の英国学派、観念論のプロイセンの学派がいる――。我々プロイセン人にとっての建設的対立は、国家、党、労働者階級、将校団、官僚団、どのメンバーもその家僕である共同体と呼ばれる厳格に訓練された共同体の内部で命令するか、従うかという問題である。一方、――英国という島の人間は本能的に海賊であるが、まったくわれわれと違って経済生活のことを考えている。そこでは、闘争と獲物が問題である。もっとはっきりいえば、それぞれが獲得する獲物の分け前が問題である――。彼らの目標は個人の富、私的富を創り上げ、私的な競争を排除し、宣伝、政治によって大衆を搾取することである――。一八五〇年のイギリスの工業における経営者と労働者との闘争はすべて『労働』という商品に関係している。経営者は労働を安い価格で買いたたきたいと考え、労働者はそれを高くで売りたいと望む[254]」。マルクスはイギリスの資本主義の申し子で、彼の理論はドイツでは妥当しない。「マルクスが怒りを込めて言ったことはすべて、『資本主義社会』の結果は人間一般の本能ではなく、イギリス的経済本能に当てはまるということである――。イギリス型の資本主義のみがマルクス型の資本主義をつくるわけである。超個人的な視点をもつプロイセン的経済生活の行動スタイルは一八七九年の保護立法以後、ドイツの資本主義を国家的形態の社会主義形態へと自然に変えてしまった――。こうして二つの大きな経済原理が今日向かい合っている。ヴァイキングは自由交換の弁護者になった。一方では騎士が経営の管理者になっているのだ。二つの間には和解はありえない。なぜなら、この二つのゲルマンの兄弟と第一級のファースト的人間は、欲望への限界を知らず、全世界が彼らの思想に合致してしか目的に到達することを考えないからだ。どちらかが勝つまで戦争するしかないだろう[254]」。

この恐るべき、予言的テキストは次の言葉で終わる。「世界経済は世界の搾取であるべきか、世界の組織であるべきか。この未来帝国のカエサルは軍人か、官僚でなければならないのか。ファースト的文明が長い間結びつけている土地の人々はトラストの政治と人間の政治との対象となり、第二の『ファースト』の終戦を知らせるべきなのか。なぜならそこに世界の運命あるからだ[254]――」。

シュペングラーはそれとは知らずに、そこで「ツァーリが官僚となる」ソ連と、皇帝が、ガイドたる総統になる第三帝国を弁護している。

塹壕の中で墓場が築かれつつある中、一九一八年十月七日、スパルタクス団とブレーメンの左派急進派が、「ロシアのソヴィエト共和国と連帯するドイツ社会主義共和国」設立を呼びかける。十一月一日、革命が起こり、君主制は崩壊し、皇帝は退位し、共和制が宣言される。戦争は終わる。スパルタクス団は「ドイツ共産党スパルタクス同盟」という名で一つの同盟となり、USPDの左派と結びつく。その機関紙『赤旗』には「歴史は唯一本当の授業を提供してくれる。革命はプロレタリアの最良の学校である」と書かれる。

フランス人が大殺戮の後に、祝宴をあげている間、レーニンは国家を創り、企業を集団化し、圧力集団を形成しつつあった。そしてまったく逆にレーニンは、マルクスがプロレタリア独裁に与えた最初の使命とは、「抑圧機構を消滅させる」ものであったことを忘れていた。経済に関して言えば、この道は決定的であった。それは産業の集団化であった。レーニンは当時社会主義とは「ソヴィエトと電化」であると言っていた。経済学者のプレオブラジェンスキーは廃墟になった国を復興するために国家資本主義の形態で「社会主義的本源的蓄積」という概念をつくる。[270] 一方マルクスを読めば、ロシアの社会主義者はスラブの農民の共同体（オプシティナ）を鼓舞しなければならないはずであった。

しかし、新しい体制におけるイデオロギー的基礎を定義づける中で、ナロードニキと議会制民主主義から逃れるために、「科学的」価値を示し、「人民の解放」という全ヨーロッパ史に依存するために、レーニンはマルクスを参照として引用する必要があった。

十月革命（内部と外部の敵に包囲され、戦争中の国家権力を収奪するという巨大な課題をもち、対立する軍の一部と戦わねばならなかった）の最初の行動の一つは、ロシア人民が知らない二人のドイツ人、すなわちマルクスとエンゲルスの栄光のために——国中に記念碑を作らせることであった。国家を無から、比類なき集団主義的社会を作らねばならない廃墟の国にとってみると奇妙な選択である。

一九一八年十一月九日、ルトンドでの独仏平和条約調印の二日前、ドイツ共産党はバイエルンで権力を掌握し分離を画策していたが、一九一八年三月ロシアの首都になったモスクワにレーニンはマルクスとエンゲルスの最初の記念碑を建設する。彼はその場で、重要な演説を行うが、その内容は『プラウダ』の二四二号で全文掲載される。

「われわれは世界の労働者革命の主人、マルクスとエンゲルスの記念碑を建設する――。マルクスとエンゲルスの世界史における偉大な業績は、彼らが科学的分析によって資本主義の不可避的な敗北と人間による人間の搾取がもはやありえない、共産主義への不可避的移行を証明したことにある。――彼らはすべてのプロレタリアに認識すべき役割、課題、使命を示した。彼らに資本に対する革命的闘争を確信させ、この闘争の中ですべての労働者とすべての被搾取者を集合させた。こうして国の中でプロレタリア国際労働者革命の夜明けが、いかに起こるかがすべてわかる。人民に対する帝国主義的虐殺の名もなき恐怖は、抑圧された大衆の英雄的飛躍をいたるところで引き起こし、彼らの力を解放闘争へと導いた。マルクスとエンゲルスのために建設される記念碑は、闘争においてわれわれは一人ではないということを、数百万の農民や労働者にいつも想起させることになろう。われわれのそばでもっと進んだ国の労働者が蜂起する。いまだひどい戦争がわれわれと彼らの間に待っている。資本主義のくびきが破壊され、社会主義が決定的な勝利を収めるのは共通の闘争の中でのことである[170]」。

カギとなる文章はこうである。「この闘争においてわれわれは一人ではない」。マルクスによってレーニンは科学と歴史とを結びつけ、ドイツにおける革命が起きるという期待を、そこに結び付けたかったのだ。

一九一三年にその三百年の王朝のためにロマノフ家が建設したオベリスクの上に、レーニンはマルクスとエンゲルスの像とともに、共産主義者の二十人の先駆者たちの名前を刻んだ。その中には、トマス・モア、カンパネッラ、フーリエ、チェルヌイシェフスキーの名があった。[46] ロシアはこの世界で孤独であり、時とともに連合国を模索する。

リヤザノフのマルクス研究

同じ頃、リヤザノフはその仕事、マルクス研究に戻る。ロシア社会主義とドイツ社会主義の資料を集めたアルヒーフセンターを創設し、社会主義アカデミーの創設に参加した後、そこで「マルクス主義部門」の指導をしたが、やがてそれはすぐに「マルクス＝エンゲルス研究所」に変わり、戦争の真只中、ドイツとフランスから持ってきたものをそこにおいた。やがてリヤザノフはひと月ドイツにもどり、社会民主党とベルンシュタインの所にまだあった、マルクス＝エンゲルスの草稿を獲得しようとする。当時のカオス的状況にもかかわらず、社会主義者はそれぞれの利害を擁護していた。ベルンシュタインは、もっていたものを渡す気はなく、まだ出版していない『ドイツ・イデオロギー』のひとつの章の準備をしていると主張する。リヤザノフはもうひとりの社会主義者メーリンクにも要求するが、彼も渡さなかった。共産主義者たちはいくつかのテキストをもっていたし、独立派の社会主義者ももっていた。リヤザノフは、『ドイツ・イデオロギー』の草稿がそこにあることを知っていた。彼はそれを望んだ。このロシア人は、もっと後に「この四週間ベルンシュタイン・アルヒーフの個々の草稿を持ち出す苦労」について、不平を述べる。「私は、すでに知っているすべての印刷資料を問いただすしかなかった。そして数日議論した後で、彼は草稿の第二部を見せることになる。こうした結果に終わったベルリン旅行の結果はこうだった。やっとの思いで、『ドイツ・イデオロギー』を明らかにすることができたということであり、そして私はそのマイクロフィルムを持っている[233]」。

リヤザノフは、ドイツ社会民主党のアルヒーフに探しに戻り、そこで「ページ五で始まるかなり重要な草稿」を発見する。それは『ヘーゲル法哲学批判のために』であった。これは失われたと思われていたマルクスの最初の作品であった。賃労働に関する草稿、「ギリシア哲学についてのマルクスの研究の断片[233]」、すなわち学位論文であった。彼はそこで一八五〇年代末の経済学ノートと『資本論』執筆に役立てた二三冊のノートを同時に見つける。「ベルンシュタインが持っていた資料と、もっとも重要な経済学草稿の複写の仕事が大きかったため、マルクスの注釈のノートと引用ノートの複写をすることができなかった。しかしやはりそれをする必要がある[233]――」。こうして彼は戦争の終わりから、ドイツ社会民主党に依存していたフランクフルト大学の社会研究所を訪問し、マルクスとエンゲルスの全集の共同出版の交渉をする。ドイツ側はそれを受ける。しかし時代がそれを阻止する。

それは理論的に大胆な時代であった。多くの経済学者がマルクス理論を文字通り当てはめようとしていた。こうして二人のソヴィエトのスミットとクレピノフという名の経済学者が個人的にレーニンの支持を得て、提供される労働エネルギーの内容によって賃金を表現する方法を述べようとする。レーニンはこの意味でこう宣言する。「マルクス理論がたどった道を追求すると、ますます客観的真実に近づく（しかしながらそれを決して汲み尽くすことはできない）。しかし他のいくつかの道をたどっても、嘘と混乱にしか到達しない[170]」。

中国ではこの同じ年、李大釗と陳独秀が、亡命中フランスで発見したマルクスの作品の科学研究を行うグループを組織する。毛沢東は湖南省のこのグループの一員であった。ドイツの思想家マルクスは事実世界精神となったのだ。

ドイツでは一九一八年十二月、ＳＰＤとＵＳＰＤの二つの社会民主党がＳＰＤの党首エーベルトを首相にするために統合し、極右の主要なターゲットでもあった共産党の上昇に対抗する。社会民主党の主要な指導者カウツキーとベルンシュタイン、ヒルファーディンク、ノスケ、シャイデマンは最初の民主ドイツ政府の鍵を握るポストに就く。

一九一九年一月初め、スパルタキスト団員がロシアで成功した革命にならって蜂起を行う。ローザ・ルクセンブルクはこの運動に反対し、国内における力関係は良好ではないと感じていたからである。蜂起は二人の社会主義者、ノスケとシャイデマンの命令で抑圧された。ローザは逮捕された。一月十五日、彼女はカール・リープクネヒトとともにシュプレー川の岸辺で、遊撃隊の将校によって暗殺される。彼らは二人とも四十歳であった。ベルンシュタインは、ローザと友人の息子に対する「情け容赦のない残忍な暗殺」に対して抗議する。彼はとりわけ戦争には負けておらず、共産主義者によって背中を銃で撃たれたと考える軍人の報復を心配していた。彼らはやがてナチに融合する。

リヤザノフはモスクワに帰り、この年一九一九年、『マルクス・エンゲルス・アルヒーフ』と『マルクス主義年報』という雑誌を創刊する。彼は多くのマルクス主義の論文集『プロレタリア・インターナショナルと戦争』、『ゲオルギー・プレハーノフと労働者解放同盟』、『マルクス主義史における素描』、『プロレタリア独裁の前と後における労働組合の課題』、『マルクスとエンゲルス』を刊行する。彼は『マルクス主義文庫』、『唯物論文庫』（ガッサンディ、ホッブス、ド・ラ・メトリ、エルヴェシウス、ドルバック、ディドロ、トーランド、プリーストリー、フォイエルバッハ）とヘーゲルのさまざまな哲学的作品を編集する。これらすべてはすごいスピードで翻訳された。

第三インターナショナル

一九一九年三月、ロシアの孤立をいつも心配していたレーニンは（党はすでに「共産党」となっていた）、第三インターナショナル、やがてコミンテルンを創設する。それは、ボリシェヴィキのモデルによってあらゆる異端に対し純化の論理を適用することで共産主義を統一し、ロシア革命を支持してもらうためであった。レーニンはやがて「こうしたインターナショナルの使命はマルクス主義の処方策を現実に適用し、翻訳すること、社会主義と労働運動の一世紀来の思想を実現することである」[170]と書く。インターナショナル規約第一条はこう条件づける。「新しい国際労働者協会は、ソヴィエト社会主義共和国との世界連合を基礎づけるために共産党を世界の党に統合する」[170]。そして明確なものとしてこう付け加える。「第三『国際労働者協会』は、今からある程度においてソヴィエト社会主義共和国連邦と一致することになる」[170]、言い換えれば、そのほかの共産党は、まずやがて国家の名称となるソヴィエト社会主義共和国連邦に従わねばならないということである。

第三インターナショナルは「最高機関」である世界会議によって構成される。そこには強力な執行委員会（これは毎月集まる）と全体会議がある。執行委員会は「労働支部」に基づく。大衆プロパガンダが実行される。編集局はマルクス主義の古典を翻訳し、印刷し、普及させる。出版局は四つの言語で『共産主義インターナショナル』を編集する。コミンテルンの学校が共産党の指導部を作る。党に入会するためには二一の条件を満たさねばならない。第三インターナショナルは、最初は議論が活発であったが、徐々にソヴィエト機関になっていき[174]、マルクス主義をカテキズムにしていく。それはマルクスがまさにバクーニンを告発したセクト化である。

社会主義者は、いたるところで選択を迫られる。ドイツではドイツ共産党が、ドイツ社会民主党ではなく、新しいインターナショナルの会員となることを選択した。フランスでは第二インターナショナルと第三インターナショナルとの間で議論が起こる。レオン・ブルムは一九一九年パリの議員に初めて選出され、『ユマニテ』に「われわれは革命的社会主義者に留まる。私はウィルソンもレーニンも選ばない、私はジョレスを選んだ」。

一九一九年五月バイエルンで会議共和国が、その党首クルト・アイスナーの暗殺[47]とともに崩壊すると、革命の波が再び沈む。ドイツ共産党はUSPD左派との結合にもかかわらず、逆戻りする。一九二〇年一月、KPDが新しい革命を行おうとする時、社会民主党政府は群衆に向けて銃を発射し、四十人が死に、KPDの新聞を発禁する。共産党はやがて同調する。共産党は国民議会や地域の議会に入る。それにもかかわらず、モスクワは革命の際ドイツ支持をするつもりであった。

一九二〇年、リヤザノフのマルクス＝エンゲルス研究所は、『資本論第五巻』のタイトルで浩瀚なノートを出版する。そこには資本論と比較するものは何もない、マルクスとエンゲルスの非常に丁寧に選出された書簡集の断片があった。リヤザノフはヨーロッパ中を回り、マルクスの草稿の多く（オリジナルであれ複写であれ）を集め、抜き取り、盗むことさえした。彼はマルクス主義哲学、党の歴史、政治経済学の教授を形成する赤い教授の研究所を作った。それは党の機関と高官のためにである。こうしたモデルにしたがって、多くの大学はやがて共産主義官僚を養成する。モスクワのスベルドロフ大学（そこでリヤザノフは教えた）、レニングラードのジノヴィエフ大学、東洋人のための孫中山大学、外国人共産主義者のための西洋人のマルシュレフスキー大学。リヤザノフはマルクスの生活についての、マルクスの収入についての研究作業を非常に自由に行う。とりわけ彼はマルクスの書簡を使ってだいたいのマルクスの収入額の一覧表を作らせた。この頃のロシアでは、集団化が急速に進む。価格によってではなく配給によって不足を償うためにレーニンは貨幣さえ廃止する。

フランス社会党ツール大会

フランスの社会党は、一九二〇年、ツールでこの新インターナショナルへの入会を議論する大会を組織する。「カシャン＝フロサール」[48]という二人の人物が入会を勧めた。マルクスの孫のジャン・ロンゲが擁護する仲間は、留保を置きながらもそこから撤退する。それからレオン・ブルムと手を組む。レオン・ブルムは、少数の党員の力にある共産主義インターナショナルへの二一の入会条件から生まれる党の概念を否定する。後に有名になった議論において、レオン・ブルムは、ボリシェヴィズムは「それ自身間違った考えに基づいていて、マルクス主義的社会主義の重要な、普遍的原理と逆行している――。もしその目的が革命的な変化という変化であると諸君が考えるならば、ブルジョワ社会の枠の中でさえ、並行した変革を準備することができるものは、すべて革命的仕事ということになる。革命がその点にあるのならば、党員が行う日常的なプロパガンダの努力は、毎日少しずつ前進する革命ということになる。社会主義的組織とプロパガンダ、資本主義社会の内部の外にあるものはすべて革命的なものとなる。そして変革自身――資本主義社会に対する労働者階級の掌握を決定付けることに役立つならば――革命的であるということになる――。（ボリシェヴィズムという）新しい社会主義はロシア革命自身の革命的経験から引き出されたある種の考えを――一般化するという大きな事実誤認に基づいている――。下部で形成され、ますます人民に遡るような意志ではなく、諸君の集権的体制は構造的に優越する組織にそれぞれの組織を従属させている。頂上にはすべてを牛耳る中央委員会があり、それは一種の管制高地から形作られる、少しずつ普通の党員や普通の支部に降りていく軍事的命令組織である。――諸君、諸君たちが求めているのは、もはやこの意味で統一ではない。それは絶対的規制であり、同一性だ――。モスクワは現在までの社会党がもっていたものに対する完全な粛清を求めているわけだ[47]」。ブルムはこう結論付ける。「私の確信するところは、諸君たちが未来に向かって行く間、古い家を見守るものが、何人か必要であろうということである」。

この頃、ロシアの状況は悪化する。戦争はまだ白軍に対して勝利を収めていなかった。飢饉と伝染病に晒されながら、都市住民は町を去っていった。ボリシェヴィキはもはや国を維持していなかった。一九二一年三月三日、クロンシュタットの水兵が「ソヴィエト万歳！　ボリシェヴィキよ、死ね！」

と叫んで蜂起する。体制側は弾圧をもって報いる。しかし、共産党第十回会議でレーニンは状況から学習し、「戦時共産主義」の継続を主張するトロツキーに対して新しい経済政策ネップを告げる。[49] レーニンにとって、「われわれは弱く、愚かである。われわれは、習慣的に社会主義は善であり、資本主義は悪であると言ってきた。しかし資本主義は社会主義に比べてのみ悪いのであり、ロシアを遅れさせてきた中世に比べると資本主義は善である」。[170] したがってレーニンはマルクスをかなり長く神秘化した後でマルクスを想起した。レーニンは「ある」部門（農業、職人社会、小売業、小工業）、「限られた」時間だが、資本主義的タイプの経済（私有化）を復興し、それと並行して輸送、銀行、大工業、卸売業、外国貿易における社会主義部門を建設しようとする。[163] それは現物地代に置き換えられた農村における徴用の終焉であり、土地分配の終焉でもあった。国内商業は再び自由になった。外国の技術者、外国の方法、外国の資本が呼び寄せられた。[163] チェーカは非常に限られた権力をもつゲペウ（秘密警察）に置き換わる。

一九二一年七月二十三日、上海では、中国共産党が第一回大会を召集し、マルクスへの言及がなされ、「プロレタリア独裁による共産主義の実現」を目標とすることになる。マルクスは、今では地球上の革命精神のいずれにも存在していた。大農業国ロシアは近代化のイコンとしてマルクスを採用し、それ以外の国は資本主義の現実にいまだ到達することができないがゆえに、反資本主義の学説を主張するものとしてマルクスを採用することで満足した。マルクス主義はそれゆえ資本主義の代替物であったのだ。

一九二二年、レーニンが、もたらされる苦しみに動揺し始めていた頃、ソ連となったロシアは民主主義を影の劇場として組織する。ソ連は国民の平等、自己決定の承認を法令化するが、それはまったくの擬制であった。立法権もまた擬制であり、連邦のソヴィエト会議に委ねられ（二院、連邦会議、国民会議からなる）、それが執行委員会をつくる。この法令によると、執行権は執行委員会と人民委員会が行うことになっていた。実際には、レーニンの片腕の一人グルジア人のスターリンが、レーニンの死後党書記長に推薦され、その職から徐々にライバルを排除しながら、その職を国のもっとも重要なポストにした。

逮捕される前に急がざるをえないと感じていたかのようにリヤザノフは、見つけたテキストをことごとく出版していたが、一九二三年初めの議論でこう語っている（『マルクスとエンゲルスの文献的遺産について』）。これはソ連では出版されず、二年後ライプツィヒの『社会主義と労働運動史のためのアルヒーフ』で「マルクスの草稿の試練の物語」として地下出版されることになる。彼は生涯のほぼ三十年、どんなことがあっても遂行してきたこの仕事を、誇りをもって語る。

「ベルンシュタインとメーリンクがその編集者として知られている版には価値がない。現在、彼らが書簡から何の指示もなしに排除した多くの節――とにかく私は自分でオリジナルと比較することができた文字に関しては――を元にもどした。こうした冒瀆の手はどんな文字も変容させようとしていた。マルクスとエンゲルスの少々強めの表現は和らげられ、テキストからかなり抹殺されている。マルクスがロバのような人物だと書いたとすれば、わがこの二人の聖なるかまととは、この言葉を『馬鹿』とか『愚か者』とかといったことばに置きかえたいと考えるのだ」。このように、こうした書簡は「修道女の手紙に似ている。逆に、エンゲルスがマンチェスターからマルクスに送付したお金は、一シリングも一ペニーにいたるまで削除されてはいない。彼らは苦しい日々のマルクスを、実利主義者として示すような資料を見逃すことはなかったのだ。もしこの書簡集の編集者が、老リープクネヒトやラサールの権威から逃れるために、非常に強い表現に変えたのだとすれば、マルクスの私的生活に対して彼らは何の思いやりももっていなかったといえる。戦争前、私はすでに、私の『インターナショナルの歴史』に関する時代のマルクスとエンゲルスの書簡をベーベルから獲得していた。私はベーベルに、この手紙がなくては仕事を遂行することは不可能だと述べていた。その理由は、削除された手紙を利用するのでは意味がなかったからだ。ベーベルの圧力のもと、ベルンシュタインは私にそれを委託せねばならなくなった。それをもどす前、私は誰にも知らせずマイクロに撮っていたのだ。それは、この書簡の残りを見る必要があったからでもある[233]」。

リヤザノフは余命いくばくもないと知っていたがゆえに、こう表明しているのである。もう一人偽造者がいる。彼がここで語っているのはベルンシュタインではない。遠まわしな言い方でいえば悲惨だが、たえずマルクスの名を奪い、自ら、最高の注釈者、最高の思想家として振舞うことで、国をたえず狂気に陥れたスターリンである。

一九二三年、戦争前に眠りについた第二インターナショナルは、ヨーロッパの社会民主主義者とオーストリアの社会主義者によって復活する[50]。しかし彼らは、嘲弄して「二と二分の一番目のインターナショナル」と呼ばれるだけのこと以上のことはしなかった。彼らはソ連の民主化に絶望しておらず、それぞれの国における共産主義者との連帯を拒否したわけではなかった。

しかし、ドイツにおいては社会主義者と共産主義者との、マルクスの遺産相続者相互の兄弟殺しの戦争が始まる。この戦争の利益を得たのは極右だけであった。

この歴史を追っておく必要がある。なぜならマルクス主義がなぜ道をはずれ、二つの化け物をなぜ生み出したかを説明してくれるからだ。この二つの化けものについてマルクス自身が予告し、恐れていた。

一八四三年、マルクスは宗教（そのひとつがユダヤ教）と資本主義を人間の不幸の原因だと描いていたが、[51]二人の独裁者が資本主義ではなく、資本家を排除するために、宗教ではなく、ユダヤ人を排除するために同じようなことを行った。この二人の起源は、マルクスが批判したヘーゲル、ビスマルクのプロイセンであった。

ソ連では、死にゆくレーニンの周りで、スターリンとトロツキーとの闘争、すなわち革命を国際的地平にまで広げることを望むものと、ロシアだけで行おうとするものとの闘争が始まる。農産物価格は下がり、工業品の価格は上昇する。都市ではネップの人々の余命、農村ではクラークの余命が残り少なくなっていた。

ドイツでは、共産党（ＫＰＤ）が、一九二三年ザクセンとテューリンゲンで労働党の連合政府を作ることに成功する。社会主義者を排除したドイツ中央政府は、こうした状態を認めることを拒否し、地方政府の共産主義者を追い払うために軍を発動する。暴動が起こるがすぐに鎮圧され、一方でヒトラーがそれを利用して、共産主義者に対しバイエルンで権力を握ろうとする。ヒトラーはこうしてシュペングラーの予言の実行者としてやって来る。彼は国家活動によって、怠け者、人民の敵、搾取者を排除し、人間の幸福を実現すると主張する。著作『わが闘争』の中で彼は共同体の単位とはあわないマルクス主義を非難する。マルクス主義は民族を弱め、ドイツ帝国と人民の「墓掘人」となる。「解決すべきもっとも重要な問題」は、したがって「民族の皮膚を蝕む腫れ物である」[99]マルクス主義を破壊することである。「マルクス主義がドイツで破壊される日、ドイツはその鎖から永遠に切り離されるだろう」。マルクスの『資本論』はヒトラーにとって、「どの人間も等しいという[99]」民主主義と結びついた国際資本から生まれたものであった。未来の総統は、ユダヤ教、民主主義、資本主義、共産主義、マルクス主義を同じ恥辱だとごっちゃまぜにする。「マルクス主義のユダヤ的学説は、自然によって観察される貴族的原理を拒否し、力とエネルギーの永遠の特権に代わって数の支配と無用の長物を置く。マルクス主義は人間の個人的価値を否定し民族的、人種的単位の異議に抗議し、人間から文明とその実存への前提条件を奪う[99]」。そこには資本主義とマルクス主義をアングロ＝サクソン的であると同様に拒否するシュペングラーの思想がある。

ヒトラーはやがて逮捕され、収監され、そこで彼はあたかもそこがホテルであるかのように訪問を受ける。エルンスト・テールマンが議長となるドイツ共産党は、ますますコミンテルンの影響力を受け、ソ連の子分となる。

レーニンの死

金融恐慌真っ只中にあったドイツでは、社会主義の新聞『フォルクスヴァハト』がトリーアでマルクスの生家の一階の商店を購入し、党自身がいわゆる所有権を獲得する[52]。

一九二四年一月、レーニンが亡くなる。トロツキーは「世界革命」を提唱する。スターリンは一国における社会主義の完成を主張する。トロツキーはネップの継続に反対し、スターリンはそれを当面支持する。スターリン、ジノヴィエフ、カメーネフは集団指導体制（トロイカ）を形成するが、後の二人はトロツキーの背後にまわる。スターリンはネップを継続させる。スターリンは、レーニンがマルクスとエンゲルスに挑戦する必要があったようにレーニンに挑戦する。こうしてスターリンはいたるところでマルクス主義の創設者に並んでソ連の創設者の肖像を、「レーニン＝エンゲルス＝マルクス」という順序で置かせる。さらに（まわりのものを追放する一方で）、自らをよりよく見せるためにその活動を理論化する書物を出版する。『レーニン主義の原理』、『レーニン主義の諸問題、ロシア共産党第十四回会議の諸結果に関する十月革命とロシア共産主義の戦略』、『問と回答』など。

彼はヨーロッパの支持を得るために、インターナショナルを利用する。ドイツ、フランス、オーストリアと共産党が存在するところで、コミンテルンは幹部の学校を開く。党の知識人、科学者、芸術家、作家が、その発見、その思想あるいはその作品が弁証法に一致することを証明するため招聘される。いわゆるレーニン主義に関するスターリンの「哲学的」会議が公にされ、何度も開かれる。

ムッソリーニが一九二二年共産主義者に勝利したイタリアでは、哲学者のグラムシが一九二六年『獄中記』を書き、そこで経済の失敗は共産主義に責任があると批判し、とりわけソ連における人気ある理論家、ブハーリンを攻撃する。彼はスターリン的逸脱をも遠まわしに告発する。

一九二三年十一月から一九二九年六月にかけてのドイツでは、ヘルマン・ミューラーの指導するSPDは政府の外にあったが、政府を支持していた。SPDは選挙において三分の一以上の票を集め、力のある労働者組合（ADGB）と古い闘争家の運動、帝国の旗をよりどころとすることができた。SPDは改革路線をとり、国は敗北の代価を支払うという考えを受け入れる。この頃首相は、ヴィルヘルム・マルクス[53]という名の中央派の人物であった。

一九二七年、トロツキー支持者はモスクワでデモをする。モロトフとカリーニンの支持を受けたスターリンは、やがてソ連共産党からトロツキーとジノヴィエフを追放する。トロツキーはアルマータに亡命するが、追放された。ジノヴィエフは抹殺された。まだマルクス＝エンゲルス研究所の所長であったリヤザノフは、『マルクス＝エンゲルス・アルヒーフ』の最初の二巻、『旧メガ』（いわゆるマルクス＝エンゲルス全集）の最初の五巻を出版する。[54]やがてまったく同じことが起こる。同じ計画に

スターリンの出現

スターリン

そって『レーニン全集』――やがて『スターリン全集』。

　一九二〇年代末に、スターリンは敵対者を大量に収容所に送り、ネップを終焉させ、一挙に国有化政策を実行する。彼は「マルクス主義＝レーニン主義」という呼称のもと、自らの路線を理論化する。そこにはマルクスに比べるものは何もない。一国における社会主義の建設。重工業と軍備の発展の優先、党の中での「民主集権制」、いわば全体に対する一人の人間の絶対的な独裁、「兄弟党」の指導者に対する容赦のまったくない支配である。たとえばこうして、戦時債の償却要求の終焉とともに、ドイツでは経済的安定が生まれつつあったが、コミンテルンは一九二八年十二月十九日の公開状で、ドイツ共産党内部の「右派の危険性」を告発する。その一部はソ連の党と無条件に党を一致させることに対して抗議したのである。このグループの指導者、タルマイヤーとブランドラーは、「左派抹殺主義」、「メンシェヴィキ的逸脱主義」、「レーニン主義との絶縁」だと非難された。ソヴィエト連邦の共産党のメンバー自身ソ連から追放され、抹殺された。

　この年、ロンドンではフレデリック・デムートという一人の社会主義労働者が、カール・マルクスが彼の父であることを知らずに七十八歳でなくなる。

　ドイツでは社会民主党が権力に返り咲き、マルクスの生家が、やがてマルクス＝エンゲルス博物館となることを告げる。社会主義者に対する共産主義者の攻撃の辛辣さはその頃終わるところがなかった。ＫＰＤの新聞『赤旗』は一九二九年四月十三日、労働者への演説の中でこう書いている。「社会民主党は諸君の敵である――社会民主主義は、プロレタリアの革命組織に敵対した。社会民主主義は租税をあげることで、働く人民に痛手を与えているが、それは貨幣を袋にいっぱいさげて資本主義国家に贈りものをすることだ。社会民主主義は職人たちの大臣に戦艦を建造させている。社会民主主義はドイツのブルジョワジー防衛の最良の集団であり、帝国主義やファシズムのもっとも屈強な雄羊である――」。一九二九年五月一日、ベルリン警察長官で社会民主主義者のツェルギーベルは十万人の共産主義者のデモに銃を向けた。一九二九年六月の大会で、ＫＰＤは社会民主主義を「ファシスト的独裁の建設を準備している」と非難し、「ファシスト的な飛躍にとってのもっとも強い味方」であると非難する。ＫＰＤにとって、それゆえ社会主義者はナチ以上に危険な敵であった。一九二九年合衆国で起こる金融恐慌が、ヨーロッパ経済の相対的安定を終わらせ、失業とデモを再び生み出す。ベルリンでは社会主義者ヒルファーディンクが、その年の暮れ、大蔵大臣の職を辞任する。

一国における社会主義建設という概念を正当化するため、スターリンは当時「民族問題とレーニン主義」という論文の中で、資本主義とともに消えるブルジョワ的民族の中の社会主義的民族を区別する。一九三〇年以後、このグルジア人はマルクスの唯一権威ある解釈者であることを自認する。一九三一年二月、リヤザノフが逮捕される。[55] 彼は八年間刑務所にいた。次の年彼が創設した研究所が、前年まで彼が準備したマルクスの初期著作集を刊行する。

非常に大きな恐慌が起こった西側では、資本主義の苦悶の始まりをケインズ主義と国家介入の中に見るものもいた。ジョン・メイナード・ケインズはマルクスの『資本論』を「時代遅れのマニュアルであり――経済的視点で間違っているのみならず、近代世界において何の利益も、適用もされないもの」[154]だと評価する。社会主義は資本主義を超えたところで見つけるのではなく、それと並んで見つけるのだと考えるものもごくわずかだがいた。物的財の豊富さの総額ではなく、商品発展という概念それ自体を問題にするものと考えたのだ。一九三〇年ヴァルター・ベンヤミンが「進歩思想それ自体を否定してしまった史的唯物論[270]」について述べようとする。彼によると、革命は、「歴史の機関車」ではなく、破局の世界を避ける「警告のブレーキ」として機能しなければならない[270]。

一九三一年、ナチ党は初めて重要な選挙戦に勝利する。一方失業の増大はなくならない。ドイツ共産党は、脱落していく時代のプチブルの国民的感情悪化を考慮しないで、その主要な敵は社会民主党であると執拗に考え続ける。一九三二年七月、共産党の指導者テールマンはこう書く。「ナチは重要な大きな選挙的成功を勝ち得ることができたため、同志は社会ファシズムに対するわれわれの闘争を過少評価している。——その点において、社会民主党に対して主要な打撃を与えるという、われわれの政治路線からの逸脱が証明されたと見ている。——党のすべての力は、社会民主党に対する闘争に注がれねばならない。その力が社会ファシストの影響を長い間受けなかったとしても、数百万人の(社会主義)労働者はアンチ・ファシスト闘争を見失っている。——ファシズムが発展する現段階で、社会民主党に対する我が闘争の減退を考えることは大きな間違いである」。KPDは赤い戦闘員の連合である赤軍を整備し、社会主義者に対立し続ける。一方ナチ党のSAは産業に対する金融的支援によって発展する。一九三二年二月、六百万人の失業者がいた。KPDは数百のストライキを組織する。ナチは一九三二年の選挙で勝利するが、次の十一月の選挙では票を失う。SPDは選挙で一八・三%しか得られず、KPDの提唱する統一ゼネストを拒否する。

ヒトラーは一九三三年ヒンデンブルクによって権力に誘われる。同じ頃、マルクスの生家がナチによって没収される。そこを博物館にすることは問題外であった。国会の火事が、ナチ党が兄弟たる敵KPDとSPDおよびほかのすべての労働組織を禁止する口実となる。二月七日結局間違いを理解したテールマンは、共産党中央委員会秘密会議でこう宣言する。「残されている労働者の権利が廃棄されるというだけではない。党の禁止というだけではない。ファシスト階級が正義になるというだけではない。それは同時にファシストがさまざまの恐怖をもっているということであり、さらに共産主義者を大量に収容所に送り、勇気ある反ファシスト闘志、とりわけ共産主義指導者に対する抹殺と殺人を行うということである。ファシストの独裁者はわれわれに対して軍を使うということである」。彼は正しかった。やがて逮捕され、彼とともに数千人の共産主義の運動家も逮捕される。全員一九四四年に処刑される。

なぜならこの時代以降、共産主義者はナチ・ドイツにおいてもスターリンのロシアにおいても暗殺された。自由を擁護したためにドイツで逮捕され、銃殺された共産主義者は、スターリン的逸脱が譫妄へと進むソヴィエト・ロシアにおいても同じであった。それぞれの国で、収容所は知識人、教授、学者、党の指導者で溢れかえる。科学は恐怖によって道を誤る。研究、文学、芸術の偉大な人物たちはそれぞれの体制の中で地位を築く、あるものはマルクスのカリカチュアで名声を得、あるものはそれをカリカチュア的に批判することでそれを得る。

一九三五年二月、「集団農場を代表する衝撃的農場主」の第二回会議で、農業技師ルイセンコという人物が、「科学のクラーク（富農）は共産主義の敵である」と宣言する。そしてこう付加する。「階級の敵は、知識人であろうとなかろうといつも敵である」。その部屋にいたスターリンはこう叫ぶ。「ブラボー、同志ルイセンコよ。ブラボー」。そして彼にその理論を発展させるため全権を委任する。ルイセンコはこうして獲得形質は遺伝すると主張し、変異における遺伝子と染色体の役割を否定する。ドイツでは虐殺が続く。一九三六年、一万一千人が「違法な共産主義者」として逮捕される。八千人が次の年には逮捕される。

一八三七年春、単一党による敵に対する最終的追放がロシアとドイツで行われる。スターリンは「党の内部における過失」を告発し、「トロッキストと裏切り者を撲滅するための処置」を取る。ルイセンコとその右腕の哲学者プレゼントは「遺伝子学者を怠けもの、無能者、プロレタリアの敵――最近の外国の知識人の反動的な議論に屈服するもの」として告発する。

一九三八年、リヤザノフはサラトフの収容所で銃殺される。(56) この年、カウツキーはアムステルダムで死に、トロツキーは第四インターナショナルを創設する。社会主義インターナショナルはやがて北ヨーロッパの中立党と徴兵政策に加担したフランス＝イギリスの党との分裂によって消滅する。モロトフとリーベントロプは二つの独裁者の不可侵条約を締結する。

一九三九年三月、ソ連共産党第十八回大会の報告において、スターリンは「マルクス主義の古典」を問題にしないことで、マルクスそのものを過去のものにさえしてしまう。「われわれの時代と四五年、五五年も離れたマルクス主義の古典は不必要である。それらの古典は、遠い将来まったく孤立した地域での歴史の変遷を予告していた。マルクス主義の古典を読むことは愚かである。それは、こうした古典が、遠く離れた地域で五十年あるいは百年後に起こりうる、あらゆる理論的問題に必要な解決について述べていたからである。そのためわれわれ以外のマルクス主義の古典の末裔は、静かに寝そべり、この準備された解決をただ反芻するだけだったからである(256)」。

やがて戦争が起こり、それとともにショアーが起こり、「理性の破壊(270)」という長い過程が生まれ、誰も階級闘争の光明を予言することができなくなった(181)。

一九四〇年、トロツキーはスターリンの刺客によって暗殺され、戦争の準備に余念がなくなり、ソ連でマルクスがほぼ一世紀前に書いた『経済学批判要綱』が出版される。一九四二年ドイツでは九九一六人が共産主義者として逮捕され、収容所に送られたが、ドイツにおけるユダヤ人、ロシアにおける知識人と農民も同じ運命を辿った。

二人の独裁者は一九四一年モロトフとリーベントロプが締結した条約を破った後、力の対決へと向かう。民主主義国は、間違いなく一九四五年スターリン主義の祖国と連合しなければ、マルクス主義の敵を打ち破ることはけっしてできなかったはずだ――。

戦争の終わり、フランスが支配するドイツ地域のトリーアでは、マルクスの生家が無傷のままであることがわかる。レオン・ブルムが議長であった国際委員会が復興のための資金を集める。共産党は、ベルリンからソフィアまで東欧のイデオロギーとなる一方で、西ドイツでは禁止されたままであった。ナチ収容所の発見の後、アドルノとホルクハイマーは『啓蒙の弁証法』の中で、アウシュビッツの光の中からマルクス主義を再考しようとし、ヘルベルト・マルクーゼは『エロスと文明』、『一次元的人間』の中で心理分析というコンテキストを使ってマルクス主義を再分析しようとする。それぞれ階級闘争の中にナチの野蛮さの基礎を見つけるが、心理分析の方法にそれを位置づけるところまでいくことはない。一九四六年アラゴン[57]はこう書く。「共産主義的人間とは、精神が共産主義であるという意味ではなく、血をそこに注いだために存在しうる人間だ」。新しい人間という思想はフランス革命から生まれたが、まだ猛威をふるう。

スターリンの狂気

ソ連ではスターリンの狂気が絶頂に達する。教育はマルクスの名のもとに排除された。研究所は閉鎖された。ルイセンコとその仲間たちはソヴィエト科学の官僚的中心のポストを独占する。遺伝子研究は実際に禁止された。ルイセンコは、マルクスのおかげで小麦をカラスムギ、大麦を燕麦、キャベツを大根に変えさせ、共産主義は自然に勝利し、スターリンを主とする幸運を得た人民は、「無限の豊富さ」をもつ新しい黄金の時代が来るだろうと確信する。[58]

一九四七年、スターリンは、第三インターナショナルをコミンフォルムとして再組織する。一九四八年彼は、「自然を変えること」で南の文化を北の文化に移植させるという計画を発表し、冬の収穫を犠牲にして春の収穫を増大させ、東から来る乾燥した風から守るべく南の地域に巨大な森林ベルトを作ろうとする。一九四八年十一月六日、モスクワでのソヴィエトの壮大な式典で発表された議論において、一九三九年以来外務大臣であったモロトフは、「科学的仕事における反動的、観念論的残存に対する唯物論の原理に基づいた真の科学」の勝利を祝う。同じ頃、フランスではアラゴンが雑誌『ヨーロッパ』にルイセンコに関してこう書く。「どの国でも、どの人間の時代にも、科学的議論がこのように大衆の利益に供したことはないし、数百万の人々によって引き継がれたことはないだろう――初めて全人類の事業が科学研究と結びついたのである――」。

一九四九年九月二十一日、中国で共産主義者が権力を取り、彼らも普遍的な科学的社会主義の父とみなすマルクスに言及する。十二月二十六日、スターリンの七十歳の誕生日の信じられないセレモニーの日、マルクス主義の譫妄は絶頂に達する。哲学、歴史部門の会議室で――学者のM・B・ミーチン[59]はこう宣言する。「レーニンの忠実な弟子で、レーニンの運動の継承者、J・V・スターリンは、レーニン主義の発展に計りがたい貢献を成し遂げました――同志スターリンはマルクスとレーニンの教義の統一、継続、統合、進歩を強調されました。スターリンは、レーニン主義の基礎はマルクス主義で、マルクスから始めることがなければ、マルクスを理解することがなければ、レーニン主義を理解することができないことを何度も強調されました。――さらにロシア古典哲学をマルクス主義、レーニン主義の基礎理論と考えることはまったく間違いです。同志スターリンが何度も強調されましたように、レーニン主義は唯一理論的な基礎をもっていますが、それこそがマルクス主義なのである――。同志スターリンはマルクスとレーニンの教義の継続、統合、進歩を強調されました。スターリンは、レーニン主義の基礎がマルクス主義であり、マルクス主義から始めることなく、マルクス主義を理解することがなければ、レーニン主義を理解することは不可能であるという事実を主張されてきました。こうして同志スターリンは新しい事実、レーニンの名と結びつくことに注目され、帝国主義とプロレタリア革命の時代におけるプロレタリアの階級闘争の新しい経験が一般化された後、マルクス理論の発展にレーニンがどの点で貢献したかを示されました。——J・V・スターリンは弁証法的史的唯物論の教義をより前進させ、より高い水準にされました。彼はマルクスの『資本論』、エンゲルスの『反デューリング論』、レーニンの『唯物論と経験批判論』のように、マルクス主義＝レーニン主義の古典作品を付け加えられました。こうした天才的仕事によって、スターリンは非常に凝縮した、集約した意識的な方法で弁証法的史的唯物論の基礎を与えました。同志スターリンはこうした仕事で、弁証法的教義や唯物論的教義に関するマルクス、エンゲルス、レーニンの貢献の普及を行いました。彼は科学と革命的実践のもっとも新しい結果の基礎の上で、それらすべてを発展させました——われわれの時代、レーニンとスターリンによってかつて考えられない水準に到達したマルクスとエンゲルスの教義は、社会関係、技術、自然すら変える科学的基礎となりました。マルクスとエンゲルスの不死の作品の継承者、ウラジミール・レーニンの軍の友人であり、仲間、その天才的作品の継承者、ヨシフ・ヴィサリノヴィッチ・スターリンは現代のもっとも偉大な思想家であり、マルクス＝レーニン主義科学の宝です」。譫妄は限界点に達する。

東ドイツにおいて、マルクス著作集の出版が始まる。

一九五一年、フランクフルトの会議でイギリス労働党員が、第二インターナショナルを再び創設する。それは、マルクス主義をとりわけ社会主義の思想だと認めるが、「マルクス主義の批判精神と矛盾する」共産主義を排除するものであった。それはナトー主義を選択した。メンバーの党は大部分ヨーロッパの党であり、ナトー・メンバーの国のメンバーであり、ただナトーと対立する点は脱植民地化に関してだけであった。

スターリンの死とその反動

スターリンが一九五三年に亡くなると、その恐怖に基づくシステムは彼とともに死ぬ。東欧の共産党はそれぞれプロレタリアの絶対的窮乏化理論を拒否し、一九五六年はスターリンへの言及さえ禁止する。そのとき、ハンガリー動乱が起き、西側はそれに介入することはなかった。マルクスは当時何人かの蜂起者にとってインスピレーションの源であった。一方であるものはマルクスの名をののしった。この年、マルクスの胸像がロンドンのハイゲート墓地の墓の上に設置された。マルクスとレーニンの名のもと、数十万人の囚人が死んだ収容所が少しずつ開放された。

毛沢東の中国とエンヴェル・ホッジャのアルバニアがスターリンを宣伝し続けた。北京では、党綱領がこう述べていた。「中国共産党はマルクス＝レーニン主義を採り、毛沢東の思想をその活動の導きとする」。ベトナムからガーナ、ギニアからアルジェリアにかけて解放運動の多くがマルクス主義を標榜するか、ホーチミンからゲバラまでの近代の化身を標榜した。しかし文字通りのマルクス主義はもはや存在しなかった。そしてマルクスなどもっと存在していなかった。誰一人オリジナルのテキストに言及せず、嘘と歪曲と繰り返しに埋没してしまった。

いたるところで「雪解け」が始まる。マルクスはその名前の下に犯された残酷さの責任を取ることで、間接的な犠牲者であった。

マルクス主義を捨てたＳＰＤ

一九五九年、バート・ゴデスベルクで、ドイツ社会民主党はスカンジナビアの仲間の真似をしてマルクス主義への言及を捨てる。社会民主党は、共同管理を促進すべく計画化と国有化を拒否する。その綱領は明示する。「できる限りの競争、できる限りの計画化」。

ソ連で状況は非常に変化する。一九六四年六月、モスクワでルイセンコ主義者のN・N・ヌージンという候補者が科学アカデミー生物部門でまた承認を受けた。しかしこの総会の際、ひとりの若い物理学者アンドレイー・サハロフがそれに抗議する。「出席している人にお願いすることは、ヌージンに賛成票を投ずるのが、ヌージンすなわちルイセンコとともに、幸いにも終焉を迎えたソビエト科学の、悲惨で苦痛の時期に責任をもつ人々だけとなることです」。マルクスのエピゴーネンによって促進された精神に対する独裁は終焉を迎えたように思われた――。

ゲバラは一九六四年キューバを去る。彼はもはや一国革命を信じないからだ。一九六五年二月、ルイセンコがアカデミーの遺伝子研究所の所長の職を辞任し、農場に隠居する。一九六八年五月、トリーアのマルクスの生家(マルクス・ハウス)は博物館になり、同じ頃パリ、ベルリン、ローマ、プラハでマルクスの名で抵抗が起こる。[60] 一九七一年エピネー会議でフランスの社会主義者はマルクス主義との関係を維持し、フランソワ・ミテランは自らマルクス信奉者であり、レーニン主義者ではないことを述べる。ヨーロッパの建設は一国社会主義の達成に先行するだろうと説明する。毛沢東の死後(一九七六年)、中国とアルバニアはレーニン主義との関係を拒否する。

マルクス主義を標榜する体制は、まだ地球上の半分を占めていた一九八三年、ソ連のソ連共産党中央委員会直属のマルクス主義=レーニン主義研究所が、死後百年記念として出した、カール・マルクス著作の一部の図解版の編集者は、レーニンに言及してまだこう語っていた。「マルクスの話を『聞かせ』、マルクスとエンゲルスの作品を創造的な精神で学ぶ不屈の原則を作り上げたのはレーニンである。レーニンの作品はマルクス主義科学、哲学、経済学、科学的社会主義をあらゆる意味で発展さ

一九七〇年代のポスター。マルクス、エンゲルス、レーニン。「マルクス主義＝レーニン主義の旗のもとに、共産党の指導のもとに、共産主義の勝利に向かって前進！」

せた。レーニンは党の一貫した教義を創り、党を社会主義国家理論で武装させた。あらゆる問題を解決するため、レーニンはマルクスとエンゲルスの理論から出発したのだ――」と。

　マルクス主義＝レーニン主義は、やがて赤きクメールのカンボジア、センデロ・ルミノッソのペルー、ネパール、フランスマルクス主義＝レーニン主義共産党のようなフランスのグループで生き残る。フランクフルト学派のドイツ人（マルクーゼやアドルノのような）、（アルチュセールのような）フランス人は、社会に対して資本が行う包摂的イデオロギー的次元を主張する。彼らは「初期マルクス」が主張している点に戻り、初期と後期の作品の間の相違（すでに見たように作為的である）を主張する。マルクス主義は当時経済、歴史、哲学においてなお健在であった。経済学者たちの中には蓄積理論の意義、価格形成における独占の役割を理解するものもいた。価格理論と価値理論との関係を説明しえたというものもいた[66]。テクノクラートによる非常に大きな企業が支配する近代資本主義理論を、マルクスの理論をもちいて考えるものもいた。南北問題の分析（サミール・アミンの「不平等交換[66]」）、歴史理論（ウォーラーシュテインの「中核[275]」）、軍産「複合」体制の告発（バランとスゥイージー[263]）をマルクスの作品を基礎にして展開する理論を創造するものもいた。マルクスを悩ませた、価値の価格への転化問題を解決する方法を見つけるものもいた。[66] 最後にはマルクスの書物に基づき、近代国家における共産党の政治的実践を基礎づけようとするものもいた(ボッカラの国家独占資本主義理論)。[61] アメリカやヨーロッパの経済学者の多くは、マルクスの理論は科学的に基礎づけられておらず、たんなるイデオロギーであると批判する。彼らにとってマルクス主義とは科学的根拠も原理もないたんなるイデオロギーにすぎなかった。

東側においてはマルクスへの言及は独裁者が自らの気まぐれを正当化するためのものである一方、西側においては、マルクスを悪魔に仕立て、彼の思想を傷つけるために伝記を書こうとするものもいた。マルクスはひどいエゴイストであり、子供にとって恐ろしく厳しく、鼻持ちならないブルジョワだと繰り返し描かれた。[173] マルクスは無神論者であり、逆に隠れた信仰者であると非難するものもいた。同じく、神に復讐し、人間性を破壊する悪魔の手先であると非難するものもいた。[259] 彼らはマルクスの髭、その書物、子供の悲惨な死(貧困の中三人が死に、二人は自殺する)にその特徴を見つける。[62] 逆に、ポール・ラファルグ、フリードリヒ・エンゲルス、ヴィルヘルム・リープクネヒト、フランツ・メーリンク、ボリス・ニコライエフスキー、レーニンのようにマルクスの生活をほとんどメッシアのように語るものもいた。

合衆国では、至る所で追放と幻想を作り出したマッカーシズムの後、マルクス主義は大学のキャンパスに定着し、数千人の教授がマルクス主義を標榜し、急進的であることを選ぶ。マルクス主義の歴史家ユージン・ジェノヴェーゼとウィリアム・A・ウィリアムズがアメリカ歴史学会を制覇する。カトリック教会の中でもマルクスの教義が当時顕著であった。司祭の基礎的セクションがマルクス主義を信奉し、世界教会協議会(カトリックの教会は議席をもっていなかった)も同じく何人かの「解放の神学者」とともに地域の左派政治の手段となる。マルクスがその発生を見、そこに未来を予測したプロレタリアは新しいメッシアでもあった。

この頃、スターリン批判以後のソヴィエト社会は独裁と進歩とを和解させることに失敗する。民主主義、市場、開発はそれぞれ必然的なものであった。ソ連は少しばかり開放的になったが、競争力をもつほど生産的になることはできなかった。武器の需要が、軍事レースの圧力の下、とりわけ一九八四年レーガン大統領による「スターウォーズ」計画の下、国の資源の多くを独占していた。一九八九年、巨大な軍事支出、資源の激しい浪費、曖昧な計画化に蝕まれ、レーニンとその継承者が作り上げた体制は、その最後の指導者ミハイル・ゴルバチョフの意志で消える。ゴルバチョフはソリダノスチ（連帯）運動に率いられたポーランドの解放の意志に軍事力で反対することをしなかった。一九九一年、ゴルバチョフは、武装蜂起という致命的な未遂事件の後、権力をボリス・エリツィンと十五人のほかの正統派の共産主義者に譲る。これがソ連邦の最後であった。東ヨーロッパのいたるところで、マルクス、エンゲルス、レーニンの像が破壊された。彼らに言及する国は今日ほとんどない。もちろん、少なくとも象徴的な形かエピソードの形であるが、中国、北朝鮮、キューバはそうではない。すべては少しずつ社会主義に代わって市場のナショナリズムが登場している。

こうしてマルクスの死とともに始まった長い脱線は終わる。

グローバリゼーションとマルクス

一九八三年、世界は約束に満ちていた。民主主義が告げられ、グローバリゼーションが出現し、技術は爆発した。やがて人々は未来に不安を感じた。野蛮な要塞をつくるアリバイとして世界精神、非常にグローバル化した思想家マルクスの作品を利用するものもいた。今日、ソ連、カンボジア、中国、キューバ、多くの国々の実践がそうした思想の信用を失墜させただけでなく、その理論の基礎も無に帰したかのように見える。

社会階級を定義することはもはや可能ではない。ブルジョワジーとプロレタリアは、まったく対立する二つの社会グループではない。賃労働者自身ますます微妙な差異のグループに分かれている。その中にはやがて株主になるものもいる。幹部は所有者でなくとも企業を動かし、利潤のいくばくかを手に入れ、発明家、芸術家は大きな富をつかんでいる。貨幣と並んで、知は決定的な資本となる。それによって大きな利潤を獲得し、生産に必要な労働時間によって対象の生産費を図ることはできない。結局剰余価値の尺度はますます不明瞭となるのである。

それにもかかわらずマルクスの理論は、今日のグローバル化の中で、すでに彼が予測したことだが、大きな意味を見つけている。資本主義の爆発、伝統的な社会の転覆、個人主義の上昇、資本の集中、移動、商品化、不安の増大、商品の物神化、たった一つの産業での富の創造、不安リスクから身を守る金融業の拡大などを目撃している。これらすべては、マルクスがすでに予見していたことだ。労働の費用は、すでに示されたように、経済の鍵を握る可変資本である。収益率は主要な目標であり、それを維持し拡大するには、賃金は生産性の上昇よりも遅くしか上昇しない。研究や社会支出の増大する部分の一部を担い続けているのは国家である。

将来、もしグローバリゼーションが新たに延期されることがないとすれば、資本の収益率の維持が、世界国家がない限り、世界的な損失の社会化を引き起こすことはないだろう。こうして、労働力の再生産費用を下げるため、ある種の機械によるサービスの置き換えの加速化、労働費の低減、いわゆる移民、社会保護の崩壊が起こるだろう。言い換えれば、余暇、健康、教育といったサービスのオートメーション化が起こるのだ。

もし人間が期限付きの商品であるとすれば、いくつかの国が作成の努力をしている法的な見せ掛けの防波堤があったとしても、人間はクローン人間となるだろう。もはや商品以外の何かになりたいと思うものはいなくなるだろう。新しい専制者、マルクスが何度も語った消費のフェティシズムがやがて無限に新しくなる商品のスペクタクルの魅力の中で、革命の到来を遅らせることだろう（いや永遠に）。すでに革命でさえ、テロリストが世界の人々に与えるスペクタクルとなってしまっているのである。

資本主義が、社会関係の商品化を完成し、資源のすべてを利用しつくすとすれば、しかも資本主義が人間を破壊することがないとすれば、世界的社会主義への道を開いてくれるだろう。言い換えれば、市場は友愛に道を譲るだろう。それを想像するには、マルクスが世界的社会主義を描いたときすでに作り出していた原理に戻る必要がある。すなわち、無償「生産」するのではなく、「創る」という芸術、共有、自由と責任の遂行に必要な財（「重要な財」）を自分のものにすることである。それを行う世界国家がない以上、地球規模による権力の遂行ではなく、マルクスが好んだこの「革命的進歩」、世界精神へ移行することによって成し遂げられるだろう。責任と無償に進まねばならない。すべての人間が世界市民となり、最終的には世界は人間のために作られることになろう[63]。

その際、カール・マルクスを再読する必要がある。そこに、過去の世紀の間違いを再度犯さず、間違った確信に進まないための原因を汲みとることができよう。権力はすべて可逆的であること、理論はすべて異論によってつくられるということ、真実はすべて乗り越えられるものであること、専制は死を招き、絶対的善は絶対的悪の源泉であることを認めるべきだろう。思想はすべてを説明することなく開き、反対意見を認め、原因と責任、メカニズムと行為者、階級と人間を混同してはいけない。

人間をすべての中心に置くことだ。

そこまで行くために、来るべき世代がロンドンの貧困の中で死にゆく子供に涙し、最良の人間の夢を描いた追放者カール・マルクスのことを思い出すことになろう。この世代は、やがて世界精神とマルクスの重要なメッセージに向かうだろう。そのメッセージとは、人間は期待されるに値するのだということである。

謝辞

この書物の着想を私に与えてくれたのは、クロード・デュランである。ジャンヌ・オズネ、エリザベート・コヴァック、ヤン・ドゥールデ、ドニ・マラヴァル、クロード・デュランは、準備段階であったさまざまなヴァージョンの草稿を、読みたいと言ってくれた。彼らのコメントは、私にとって有益であった。ジャンヌ・オズネとミュリエル・クールは、文献目録を作成してくれた。ミュリエル・クレール、ラシダ、アズーズ、コレット・ルダノワは、数十にわたる一連の草稿の作成を請け負ってくれた。

ここで彼らすべてに感謝を捧げたい。

訳注

1　ドイツの哲学者（一八一八─四三年）

〔1〕マルクス家は十五世紀から十六世紀まで遡ることができるラビの名家である。父方は十五世紀のパドヴァのラビで、その地のタルムードの学校長をしていた。トリーアに最初に来たのは、十七世紀のイズラエルが最初である。その後代々トリーアのラビはマルクス家が担ってきた。母はオランダのナイメーヘンのラビの娘であったが、その家系はスロヴァキアのブラティスラバ（プレスブルク）に遡る。

〔2〕トリーアの町の歴史はそれよりかなり古い、ケルトの都市であったともいわれている。

〔3〕マルクス家も高利貸をしていた。マルクスの父の兄ザムエルはラビであり、高利貸であった。

〔4〕マルクスの祖父の名前はモルデシャイであった。モルデシャイはマルクスという名で死んでいる。

〔5〕フランスに合邦され、一七九一年九月二十八日のユダヤ人解放令が施行されるまで、ユダヤ人の農業、都市における職業は厳しく制限されていた。

〔6〕トリーアは一七九四年フランスになるが、それまでこの地域は選帝侯国であり、占領後フランス軍は、市長レッキングの市政を監視する。フランスのサール地区の州都となるのは一七九五年以降である。

〔7〕トリーアのフランス併合には反対もあったが、裁判の独立など評価されるべきものもあり、次第にフランス化されていく。

〔8〕兄ザムエルは、一八〇七年七月二十九日パリで開催された、大サンヘドリン会議に参加している。

〔9〕一八〇八年三月十七日のユダヤ人法は、フランス革命によって実現された解放を後戻りさせるものであった。この法律は十年の制限であったが、キリスト教徒とユダヤ人との債務関係を無効にするものであった。

〔10〕マルクスの父が弁護士を志したのは、この頃であったといわれている。

〔11〕マルクスの父ハインリヒは、この問題に対して論文を書いている。一八一五年の「ナポレオンのユダヤ人法に関して」という論文である。彼は、ここでこうした特殊な法律は市民法と矛盾すると述べている。

〔12〕母のドイツ語は、最後まで上手ではなかったという。まず出身がオランダであること、そして家庭内で使用されていた言語が、イディッシュ（ユダヤ系ドイツ語）だったからだと言われる。彼女が受けた教育についてはわかっていない。

〔13〕彼女は一八一四年に結婚する。マルクスが生まれたのはこの家である。現在はマルクス・ハウスとなっている。

（14）ケルンやコブレンツを含めたラインラント地域は、プロイセンに併合されることになる。プロイセンはフランス色を消す。とりわけユダヤ人に対する差別は復活した。やがて、一八一六年から一八一七年、盛んにユダヤ人をキリスト教徒に改宗させる動きをプロイセンは進める。

（15）ルードヴィヒ・フォン・ヴェストファーレンは、東のザルツ・ヴェーデルから左遷されてトリーアに来た役人であった。

（16）ハインリヒの母は一八二三年に亡くなっている。一八一七年ではない。

（17）マルクスが割礼したかどうかについては、はっきりしてはいない。おそらく父がすでに一八一七年頃、プロテスタントに改宗していたからであろうが、父以外はすべてユダヤ教徒であったので、本来なら誕生八日後に割礼をするはずで、割礼の可能性は大いにある。

（18）マンチェスターのピーター・ルー事件のことである。一八一九年八月十九日に起こった事件。

（19）現在眼鏡店になっているジメオン通りのこの家に引越し、マルクスはそこで育つ。

（20）カジノ・ゲゼルシャフトは一八一六年に創られた読書クラブが前身。サン＝シモン主義などがそこで語られた。

（21）マルクスは、兄弟たちと一緒に一八二四年に洗礼を行った。これは第二の改宗運動の波のときである。福音派への改宗であった。ヘルマン、ヘンリエッテ、ルイーザ、エミリア、カロリーネが改宗している。母は翌年一八二五年に改宗している。

（22）サン＝シモン主義については、ルードヴィヒ・フォン・ヴェストファーレンからの影響であるという説もあるが、ハインリヒがサン＝シモンに関心をもっていたことは間違いない。

（23）マルクスは、バルザックの『農民』『知られざる傑作』を好んでいたとされる。彼は、バルザックの『人間喜劇』の批評を書くつもりであったともいわれている。

（24）バル＝ミツヴァとはラビの子供が大人のラビの前で議論する元服の式。父の関係上、タルムードなどの知識をかなり知っていたと思われる。

（25）しかし実際には、親戚との関係は続いていた。兄ザムエルの死後父ハインリヒは彼らの面倒を見たし、事実上ラビのような役割も担っていた。

（26）ルードヴィヒは、ザルツ・ヴェーデルでの彼のルーズな性格がたたった金の使い込みで左遷されていた。そのため彼のトリーアでの仕事はほとんどなかった。

（27）『モールと将軍』上巻、国民文庫、一〇九頁。

（28）一八三一年十月と一八三四年の四月、リヨンのクロワ＝ルスで起こった最初の労働者蜂起のこと。

（29）ルードヴィヒスハーフェンに近い、ノイシュタットのハンバッハ城に集まった民主主義集会を、ハンバッハ祭という。

（30）マルクス家はトリーアの近郊に二カ所のぶどう畑をもっていた。ひとつはキュレンツ、もうひとつはメルテスドルフであった。毎年四〇ターレルほどの収入をもたらしていた。ヘンリエッテの死後の遺産はハインリヒの財産も合わせ二万ターレル以上になっていた。

（31）ライン州議会のこと。この議会は税金の額によって選挙民と被選挙民が制限される選挙によって議員を選んでいた。

〔32〕カジノ事件は、一八三四年一月のライン州議会の議員の壮行会の際に起きた事件である。フランス時代への郷愁を感じさせる発言にプロイセンが怒り、その後、一月十五日マルセイエーズが歌われ、三色旗が取り出される。結局誰も罪を受けることがなかった。フランス寄りが校長のヴィッテンバッハで、プロイセン寄りが教頭のレールで、やがてレールが校長になる。
〔33〕一八三四年のパリの蜂起。リヨンの蜂起と同じ四月に起きた蜂起。虐殺は四月十四日に起きた。
〔34〕マルクスの論文とは、大学入学のための試験に出された論文試験のことである。課題はラテン語論文「アウグストゥスの時代について」、宗教論文「ヨハネ伝一五章のぶどうのたとえ」、「職業選択に関する論文」であった。
〔35〕成績は、卒業生三一人の中の七番であった。一番若く卒業したのはイェニーの弟エトガーであった。イェニーとの婚約は翌年の一八三六年のことであり、トリーアには大学は当時存在しておらず、一番近い大学はボン大学であった。
〔36〕一八三四年、パリに追放者同盟が設立される。中心人物はヤコブ・フェネダイとテオドア・シュースターで、ヴァイトリンクは創設者ではない。
〔37〕哲学に関心が移るのは詩人になるという希望を捨ててからである。最初は詩人になるため詩に夢中であった。
〔38〕マルクスはイェニーと直接文通はしていない。姉のゾフィーを経由しての文通であった。
〔39〕家族の往復書簡はベルリン時代のマルクスの生活を知る重要な資料であり、家族関係を知る資料である。母と悪い関係にあったということは、母が父の死後マルクスへ遺産を渡さず、管理していたことから言われている。母は幼い妹や弟の生活費のために、ザルツボンメルのユダヤ人の親戚フィリップス家に投資する。
〔40〕一八三六年初めの手紙、母の追伸。『マルクス=エンゲルス全集』大月書店、第四〇巻五五〇頁。
〔41〕同じ手紙。父も母も健康のことを心配している。
〔42〕ボン大学時代マルクスは、トリーアの郷土団体に入会した。残されているリトグラフはボンの南のバード・ゴデスベルクの居酒屋でのものである。マルクスのもっとも若い肖像は、この集団のリトグラフから拡大したものである。やがて、マルクスは学生を拘禁する牢獄に入れられた。
〔43〕『マルクス=エンゲルス全集』大月書店、補巻一、五六三頁。
〔44〕イェニーには、母の違う二人の兄と二人の姉がいた。長男が後に内務大臣になるフェルディナントである。彼はイェニーに何度か見合いを試みている。十六歳のとき、一八三〇年七月革命の際、トリーアに駐屯したパンネヴィッツという軍人と一度婚約している(一八三一年四月十日)。
〔45〕『モールと将軍』上巻、国民文庫、一三九頁。
〔46〕当時のベルリン大学は教員数八八人、学生数一六九六人であった。マルクスはこの時代多くのお金を使い、七度の引越しをする。最初の宿は父親の紹介であり、トリーアのギムナジウムの同級生ノッツは二六番に住んでいた。
〔47〕マルクスの詩集は、モスクワの同時代資料センター、カール・マルクス・ハウス、神奈川大学図書館の三箇所に所蔵されている。いずれもマルクスの筆跡ではない。

〔48〕『モールと将軍』下巻、国民文庫、三〇九頁。
〔49〕一八三七年二月十日の手紙、『マルクス＝エンゲルス全集』大月書店、第四〇巻、八頁。
〔50〕『マルクス＝エンゲルス全集』大月書店、第四〇巻、九頁。
〔51〕主治医ミハエリスの指示で、当時はまだ郊外であったシュプレー川の地に療養にでかける。
〔52〕『マルクス＝エンゲルス全集』大月書店、第四〇巻、九頁。
〔53〕『モールと将軍』下巻、国民文庫、二九七頁。
〔54〕『マルクス＝エンゲルス全集』大月書店、第四〇巻、一一頁。
〔55〕この記述は誤り。一八三六年夏に帰って以降、故郷へ帰ることはなかった。
〔56〕ドクトルクラブにマルクスは一八三七年末から通う。カフェ・シュテーリで開かれていた。そこにはバウアー兄弟、シュティルナーなどがいた。そこでベッティーナ・フォン・アルニムと知り合う。
〔57〕『マルクス＝エンゲルス全集』大月書店、第四〇巻、三―一二頁。
〔58〕『マルクス＝エンゲルス全集』大月書店、第四〇巻、一二頁。
〔59〕『マルクス＝エンゲルス全集』大月書店、補巻一、五四六―五四八頁。
〔60〕『マルクス＝エンゲルス全集』大月書店、補巻一、五四八―五四九頁。
〔61〕『マルクス＝エンゲルス全集』大月書店、補巻一、五四八―五四九頁。
〔62〕妹のカロリーネは一八四七年に亡くなり、ヘンリエッテは一八四五年に亡くなり、弟のヘルマンは一八四二年に亡くなる。
〔63〕マルクス家の多くのものは結核を患っていた。ヘルマン、ヘンリエッテの死因も肺結核である。最初の死は一八三七年の弟エドゥアルトの死である。マルクス自身もベルリンで肺結核に冒される。
〔64〕最後の手紙は一八三八年二月十六日の二行だけの手紙。
〔65〕マルクスより年上の兄弟姉妹はゾフィーだけであった。当時ブルジョワの女性は家事手伝いをしていただけであり、この生活費が必要であった。ただ一人の弟ヘルマンはアントワープの商業学校に入ることになっていた。
〔66〕「真正社会主義」とは、実践の中から生まれた粗野な社会主義に対して、ヘーゲル哲学という理念から生まれた社会主義。後にマルクスはこの真正社会主義の批判を行う。
〔67〕エンゲルスとヘスが編集した現実の統計を提示する雑誌（二巻本、一八四五年）で、その意味は「社会の鏡」ということ。
〔68〕『トリーア新聞』の編集長はヴァルター、特派員がグリュンであった。一八四四年ごろから真正社会主義の新聞となる。その後マルクスの友人ヴァイデマイヤーが編集を引き継ぐ。この新聞も『ゲゼルシャフツ・シュピーゲル』と同じ現実問題の描写を行う。
〔69〕ルーゲ編集の『ハレ年誌』はやがてプロイセン政府の追及を受け、ドレスデンで『ドイツ年誌』と名前を変え、一八四三年一月発禁処分を受ける。
〔70〕ヴァイトリンクは仕立服の遍歴職人であったため、各地を転々としている。ライプツィヒ、ウィーンそして一八三五年パリに来る。一八三九年以後ジュネーヴに移り住み、そこで

雑誌『ドイツ青年の救いを叫ぶ声』を発刊した。『調和と自由の保証』（一八四二年）を出版する。

〔71〕『マルクス＝エンゲルス全集』大月書店、第四〇巻、一九八頁。

〔72〕『マルクス＝エンゲルス全集』大月書店、第四〇巻、二〇四頁。

〔73〕『ノーザン・スター』（一八三七—五二）はチャーティスト運動の機関紙。一八四四年からロンドンで発行されている。最大の発行部数は五万部だといわれている。

〔74〕クルーゾーはフランスのブルゴーニュの産業都市。一八三六年鉄道機関車をシュナイダーが生産し始めた。

〔75〕『マルクス＝エンゲルス全集』大月書店、補巻第一、五五二—五五六頁。

〔76〕イエナ大学へ提出された博士論文。残された原稿には欠落がある。大学に提出された完全原稿は行方不明となり、今も発見されていない。

〔77〕イエナ大学は創立まもない大学で、論文審査に口頭試問もなかった。書類の提出によって審査され、博士号を得ることができた。マルクスがベルリン大学を避けた理由はいくつかあるが、大学の在籍資格の更新をしなかったことにも原因がある。

〔78〕一八四〇年十二月十五日、ナポレオンの遺骨はパリのアンバリッドに戻ってくる。このときの蜂起とは一八三九年の季節社の蜂起のことか、それとも一八四二年のベルヴィルでの蜂起のことか。

〔79〕エンゲルスは敬虔派に属していた。祖父は工場の近くに教会も建築しているほどの信仰の篤い家系であった。経験主義は合理主義とつながっている。

〔80〕ブレーメンの父の知り合いの企業に二年間修業に出る。そこで数々の論文を書いている。

〔81〕エンゲルスは志願兵となった。当時志願兵となった場合、自由に兵営を選べることになっていた。エンゲルスはブレーメンでの修業を終え、本格的な大学での勉強を望んでいたためベルリンを選んだ。

〔82〕『マルクス＝エンゲルス全集』大月書店、第二一巻、二七七頁。

〔83〕『マルクス＝エンゲルス全集』大月書店、第四〇巻、二〇六頁。

〔84〕『マルクス＝エンゲルス全集』大月書店、第四〇巻、一八八頁。

〔85〕『ケルン新聞』（一八〇一—一九四五）。カトリック系の新聞で、プロイセン政府の政策と対抗していた。

〔86〕モーゼス・ヘスは一八四一年から『ライン新聞』の編集に参加した。やがてパリ通信員となる。

〔87〕『マルクス＝エンゲルス全集』大月書店、補巻第一、五五五頁。

〔88〕『マルクス＝エンゲルス全集』大月書店、補巻第一、五五六九—五五七頁。

〔89〕ブルーノ・バウアーはボン大学を解雇された。

〔90〕書物の検閲が緩くなるのとは逆に新聞の検閲は強化された。

〔91〕ヘルメスは『ケルン新聞』の編集長であった。

〔92〕正規の編集者として賃金を受け取ったのは最後であるが、通信員としての原稿料はその後受け取っている。

〔93〕『マルクス＝エンゲルス全集』大月書店、第二七巻三五五—三五六頁。

〔94〕『マルクス＝エンゲルス全集』大月書店、第一巻、一二一—一二五頁。

〔95〕『マルクス＝エンゲルス全集』大月書店、第一巻、一二七頁。

〔96〕エンゲルスは、父の経営するマンチェスターの会社へ二年間の勤務に向かう途中、ケルンに立ち寄った。
〔97〕ブルーノ・バウアーは、『ユダヤ人問題』（一八四三年）と「今日のユダヤ人とキリスト教徒が自由になる可能性」（一八四三年）を執筆する。
〔98〕「ユダヤ人問題に寄せて」と「ヘーゲル法哲学批判――序説」を掲載した。
〔99〕雑誌は当初、ブリュッセルあるいはストラスブールで刊行することになっていた。しかしパリに決定される。
〔100〕『マルクス＝エンゲルス全集』大月書店、第二七巻、三六〇頁。
〔101〕ルードヴィヒ・ヴェストファーレンは一八四二年三月二日に亡くなっていた。
〔102〕『マルクス＝エンゲルス全集』大月書店、補巻第一、五七二―五七五頁。
〔103〕『マルクス＝エンゲルス全集』大月書店、第二七巻、三六二―三六三頁。
〔104〕結婚証明書『マルクス＝エンゲルス全集』大月書店、補巻第一、五六八頁。
〔105〕『モールと将軍』上巻、国民文庫、二三九頁。
〔106〕ルードヴィヒの兄。
〔107〕『マルクス＝エンゲルス全集』大月書店、第三五巻、二〇二―二〇三頁。
〔108〕むしろマルクスが、ドレスデンのルーゲに五月、会いに行った。
〔109〕ルーゲ家、マルクス家、ヘルヴェーク家は当初パリで共同生活を始めた。
〔110〕フランス側の執筆者とドイツ側の執筆者を入れ、当時危機を迎えていたドイツとフランスの戦争問題を語る雑誌となる。
〔111〕『新訳初期マルクス』作品社、一〇三頁。
〔112〕むしろハイネの言葉である。「道徳的アヘン」と述べている。『新訳初期マルクス』作品社、二四〇頁。
〔113〕『新訳初期マルクス』作品社、一一一―一一二頁。
〔114〕『新訳初期マルクス』作品社、一一八―一一九頁。
〔115〕『新訳初期マルクス』作品社、三七四頁。
〔116〕『新訳初期マルクス』作品社、七二頁。
〔117〕『新訳初期マルクス』作品社、九六頁。
〔118〕『新訳初期マルクス』作品社、九三―九七頁。
〔119〕『新訳初期マルクス』作品社、九一頁。
〔120〕『ルイ・ボナパルトのブリュメール十八日』の冒頭の言葉。『マルクス＝エンゲルス全集』大月書店、第八巻、一〇七頁。

2　ヨーロッパの革命家（一八四三年十月―四九年八月）

〔1〕マルクスがパリに着いた正式な日は判明していない。
〔2〕比較的監視の緩い国としてベルギーもあげられる。
〔3〕パリにはドイツ人が数万人いた。
〔4〕毎年できては消える新聞があった。当時パリにあったドイツ人の新聞は『ドイツ人の水先案内人』であった。廃刊になった理由は、政府に納める抵当金が不足していたからである。『フォアヴェルツ』も一八四四年の一年しか続かなかった。
〔5〕現在のヴァノー通り四〇番である。当時二二番には『独仏年誌』の本部があり、そこは三軒の家族の共同生活の場であった。

（6）義人同盟は、追放者同盟の後にできた秘密結社であった。一八四七年まで存続した。

（7）ハイネは一八三一年からパリに住んでいた。『独仏年誌』にも執筆している。

（8）『モールと将軍』下巻、国民文庫、三一一頁。

（9）『パリの秘密』は『ジュルナル・ド・デバ』紙に掲載され人気を博していた。

（10）『マルクス＝エンゲルス全集』大月書店、第一巻、五五一頁。

（11）『マルクス＝エンゲルス全集』大月書店、第一巻、五五二頁。

（12）『新訳初期マルクス』作品社、三五八頁。

（13）『独仏年誌』は、一、二号合併号として出版されたが、売上不振のため三号は出なかった。

（14）『フォアヴェルツ』七月二十七日に掲載された論文。ここでルーゲはプロイセン国王の慈善を期待した。マルクスはこれに対する批判論文を八月七日に同紙に掲載する。

（15）ゴドウィンの名前は一八四四年から一八四八年に書かれたメモ書きの中にあるが、スペンサー、オジルヴィについては、読んだかどうか不明。

（16）むしろ父ジェームズ・ミルの方である。マルクスは『経済学綱要』のノートを取る。そのノートは通常「ミル評註」と呼ばれている。パリではスミス、リカードウなどのノートも取られているが、オレーに関しては読んだかどうか不明。

（17）一九三二年ソ連で『マルクス・エンゲルス全集』（旧メガ）の第一部第三巻として出版された。

（18）アタリの『経済学・哲学草稿』からの引用は正確ではない。かなり自分なりにアレンジしている。よって『マルクス＝エンゲルス全集』（大月書店）の頁は、あえてここでは付さない。

（19）ウィーンはその書物の中で、どのマルクス学者もマルクスとフランケンシュタインとの関係を指摘していない、と述べている。

（20）バクーニンは一八四四年七月パリに到着した。当時の『フォアヴェルツ』の編集部のことをハインリヒ・ベルンシュタインは回想している。「この会議の時、私の編集室にはルーゲ、マルクス、ハイネ、ヘルヴェーク、バクーニン、ヴェーバー、ヴェールト、エンゲルス、エヴァーベック、ビュルガースなどが集まった」と。

（21）十六世紀の新教徒への弾圧のこと。殺戮の嵐という意味か。

（22）プルードンの「集合労働力」という概念。個人で働く場合と集団で働く場合に同じ人数でも生産力に差が出る。資本はその差からうまれる利益を利潤としているというのである。

（23）チューリヒ大学の教授であったフレーベルはパリとチューリヒの出版活動に融資していた。

（24）「プロイセン国王と社会改革――プロイセン人に対する批判的論評」。

（25）『マルクス＝エンゲルス全集』大月書店、第八巻、五六八頁。

（26）『モールと将軍』下巻、国民文庫、三一三頁。

（27）『唯一者とその所有』は一八四四年に出版され、マルクスはそれを読み『ドイツ・イデオロギー』で批判する。

（28）『マルクス＝エンゲルス全集』大月書店、第三一巻、一三六頁。

（29）『マルクス＝エンゲルス全集』大月書店、第二巻、二九頁。

（30）『マルクス＝エンゲルス全集』大月書店、第二巻、一三六頁。

（31）『マルクス＝エンゲルス全集』大月書店、第二巻、四三頁。

〔32〕『聖家族』フランクフルトの文学局で出版された。

〔33〕レスケとの契約はあわただしく行われた。二月一日契約は交わされているが、一八四七年契約は破棄される。

〔34〕追放リストにはハイネの名前を除いた上で、九名の人物名が書かれてあった。しかし、実際には五名に減らされた。一月二十五日に追放令が出されたが、四八時間ではなく二四時間以内に立ち去れというものであった。結局通行証を得るために時間が延び、マルクスは二月一日にパリを去ることになった。

〔35〕結局マルクスとボルンシュテットの二人が追放され、ブリュッセルに移った。後にこのボルンシュテットは、スパイであったことがわかる。

〔36〕マルクスの追放には、アレクサンダー・フンボルトが関係しているという説がある。彼は一八四五年一月四日にパリに来ているが、その証拠はない。

〔37〕二月二日と三日の二つの説がある。二月七日滞在許可証を申請する。やがてマルクスはここでプロイセン国籍を失う。

〔38〕リナ・シェーラーは、エトガー・フォン・ヴェストファーレンの許嫁であった。

〔39〕ブリュッセルにおけるマルクスと親しい人物。

〔40〕ヴァイデマイヤーは後にアメリカにわたるが、『トリーア新聞』の編集者であった。

〔41〕ヘレーネ・デムートについて、パリで合流したという説と、ブリュッセルで合流したという説がある。

〔42〕『モールと将軍』下巻、国民文庫、三二二頁。

〔43〕一八四五年ライプツィヒで出版された。一八四二年から四四年までマンチェスターにいたエンゲルスは、詳細な調査を行い、書き上げた。

〔44〕『マルクス＝エンゲルス全集』大月書店、第八巻、五六八頁。

〔45〕マルクスはブリュッセルで数回家を変えた。アリアンス街には一八四五年から一八四六年五月まで住んでいた。ここで『ドイツ・イデオロギー』が執筆される。

〔46〕『ドイツ・イデオロギー』は出版する予定であったが、出版することができなかった。

〔47〕アタリの『ドイツ・イデオロギー』の引用はかなり恣意的である。

〔48〕「フォイエルバッハ・テーゼ」は、手帳に書かれているメモ書きである。

〔49〕フライリヒラートは、詩人であり商社員であった。一八四六年六月にロンドンに行く。当時はスイスにいた。彼がマルクスと会ったのはブリュッセルである。

〔50〕シャッパーはロンドンの義人同盟の中心人物。パリに亡命するが、一八三九年季節社の蜂起事件以後ロンドンに定住していた。

〔51〕マンチェスターのチェトナム図書館で資料を調べた。この図書館の創立は一六五六年であった。

〔52〕ラウラが誕生した。年子の二人の娘をもつことになる。

〔53〕マルクスは、アメリカに移住するという名目でプロイセン国籍を捨てた。しかし実際にはプロイセン当局による干渉を避けるためであった。当時海外に行く場合、国籍は重要な問題ではなかったので、その後の海外渡航も問題なく済んでいる。

（54）この雑誌は、資料を提供するために編集された雑誌。マルクスは自殺について寄稿するが、ブシェの資料を紹介しながら自殺論を展開する。雑誌の趣旨からいって紹介だけでよかった。

（55）『マルクス＝エンゲルス全集』大月書店、第一三巻、七頁。

（56）『マルクス＝エンゲルス全集』大月書店、第三巻、七三頁。

（57）『マルクス＝エンゲルス全集』大月書店、第三巻、二三頁。

（58）『マルクス＝エンゲルス全集』大月書店、第三巻、三〇頁。

（59）『マルクス＝エンゲルス全集』大月書店、第三巻、二九―三二頁。

（60）『マルクス＝エンゲルス全集』大月書店、第三巻、三二頁。

（61）『経済学批判』の序文でこう書いている。しかし、実際には草稿はかなり綺麗なものである。

（62）マルクスとエンゲルスが創設した共産主義通信委員会が開催され、真正社会主義が批判された。この組織は、通信によって各地域に住む共産主義者を横につなぐものであった。

（63）クリーゲはアメリカに移住する。

（64）グリュンは、プルードンと親しく、プルードンにヘーゲルを教えた人物とされている。

（65）この注意書きを書いているのはマルクスではなく、ジゴーというベルギー人である。

（66）クリーゲはアメリカでナショナル・リフォーマーという団体に接近する。ニューヨークでこの週刊新聞を刊行する。一八四六年から約一年続いた。

（67）「クリーゲに反対する回状」。一八四六年五月十五日共産主義通信委員会の決議で出た回状。

（68）『マルクス＝エンゲルス全集』大月書店、第四巻、一九〇頁。

（69）『マルクス＝エンゲルス全集』大月書店、第四巻、六一頁。

（70）『マルクス＝エンゲルス全集』大月書店、第一九巻、二二六頁。

（71）通称ルプス。ラテン語で赤いオオカミ。

（72）エトガーは計三回アメリカ移民を決行する。資金は六〇〇ターレルにのぼった。

（73）クラクフの蜂起は一八四六年二月二十二日に始まり、三月に鎮圧された。

（74）エンゲルスは、一八四六年八月十五日パリに移動する。

（75）一八四七年一月二十日ロンドンの義人同盟は、マルクスとエンゲルスに加盟を要求した。二十三日二人はそれを正式に受け入れた。

（76）『宣言』の最後の言葉は、フローラ・トリスタンの『労働者連合』から来ているともいわれている。

（77）六月に『共産主義者の信条告白』が起草され、それを受けエンゲルスは十二月に『共産主義の原理』としてそれを書きなおす。しかし、それも否決され、マルクスに起草が委ねられる。

（78）一八四七年ブリュッセルで設立された労働者協会。中心はボルンシュテットとマルクスであった。

（79）『共産主義雑誌』の試作版が一八四七年九月に出版されたが、その頭にこの言葉があった。マルクスは九月十六日から十八日まで開催された国際経済学者会議（自由貿易会議）に参加した。

（80）民主協会は、一八四七年九月二十七日に開催された労働者宴会で生まれ、エンゲルス、ジョトラン、ボルンシュテットなどが中心となって、十一月七日創設された。
(81)『マルクス＝エンゲルス全集』大月書店、第四巻、三五六頁。
(82)『マルクス＝エンゲルス全集』大月書店、第四巻、三五六頁。
(83)『マルクス＝エンゲルス全集』大月書店、第四巻、三六〇頁。
(84)マルクスの姉ゾフィーは、マーストリヒトのヴィレム・シュマルハウゼンと結婚した。
(85)マルクスとエンゲルスは、十一月九日ロンドンで開催されたポーランド革命記念日で講演している。そこで諸民族の団結と友愛を訴えた。
(86)『マルクス＝エンゲルス全集』大月書店、第四巻、四三〇頁。
(87)「共産主義者同盟規約」一条、『マルクス＝エンゲルス全集』大月書店、第四巻、六一三頁。
(88)『マルクス＝エンゲルス全集』大月書店、第四巻、四七一頁。
(89)『賃労働と資本』は、労働者協会で一八四七年十二月に行った講演原稿から生まれた。一八四九年四月『新ライン新聞』にその原稿が五回にわたって掲載される。
(90)『マルクス＝エンゲルス全集』大月書店、第六巻、三九六頁。
(91)何月に書かれたかどうかは不明。執筆依頼を受けたマルクスは一月半ばになっても書き上げていなかった。苦闘したということか、いそがしさのため仕事をさぼったというべきか。
(92)『新訳共産党宣言』作品社、四二頁。
(93)『新訳共産党宣言』作品社、四三―四四頁。
(94)『新訳共産党宣言』作品社、四六―四七頁。
(95)『新訳共産党宣言』作品社、四六―四七頁。
(96)『新訳共産党宣言』作品社、五〇―五三頁。
(97)『新訳共産党宣言』作品社、六二頁。
(98)『新訳共産党宣言』作品社、六五頁。
(99)トックヴィルは、このころ『旧制度と革命』を執筆する。
(100)一八四六―四八年戦争終結の条約。名称は都市の名前。
(101)父親の財産の一部を前倒しにもらったもの。このお金で武器を購入したという疑いをかけられる。
(102)マルクスは三月四日釈放され、通行証を獲得し、三月五日パリに着いている。家族の移動は当局の報告では三月六日であるが、四日という説もある。
(103)一八四六年パリとブリュッセル間の鉄道が開通していた。
(104)『立憲的民衆』紙を通じて、立憲議会に選出される。
(105)この新聞は、ホーレイス・グリーリーが創刊した新聞で、編集者はフーリエ主義者のチャールズ・デナーであった。
(106)パリでは二つのドイツ人組織が対立する。ひとつはマルクスの共産主義者同盟、もうひとつはドイツ人民主協会。後者にはボルンシュテットとヴェールトがいた。マルクスはやがてドイツ人労働者クラブをつくり、組織を糾合する。
(107)ドイツ軍団は、バーデンで共和国を創設したシュトルーフェを支援する予定であった。しかしストラスブールでフランス側に武器を没収され、ブザンソンに収容された。
(108)マルクスは、三月三十日パリでパスポートを取得し、四月六日パリを離れる。マインツ経由でエンゲルスとともにケルンに向かった。妻子の方はトリーアに向かった。
(109)『新ライン新聞』を企画したのはゴットシャルクたちケルンの民主協会であった。
(110)『マルクス＝エンゲルス全集』大月書店、第五巻、三頁。
(111)『マルクス＝エンゲルス全集』大月書店、第五巻、四〇三頁。

〔112〕『マルクス＝エンゲルス全集』大月書店、五巻、四一一頁。
〔113〕『マルクス＝エンゲルス全集』大月書店、第四巻、四一三―四一四頁。
〔114〕バクーニンはジョルジュ・サンドに身の潔白の証明を依頼し、サンドは無実を主張する。訂正記事は確かに掲載された。
〔115〕『マルクス＝エンゲルス全集』大月書店、第六巻、一〇二頁。
〔116〕『マルクス＝エンゲルス全集』大月書店、第六巻、二六二頁。
〔117〕ケルンのライン控訴院検事長。
〔118〕ドレスデン蜂起。バクーニンは逮捕され、ロシアへ送還される。ロシアではシベリア送りとなり、一八六一年脱獄し、ロンドンに出現するまでヨーロッパから遠ざかっていた。
〔119〕エンゲルスは一八四九年一月ケルンに戻り、やがて五月から始まるエルバーフェルトでの武装蜂起に参加する。後に逮捕状を受け、六月バーデンでヴィリヒの指揮下に入る。
〔120〕イェニーと家族はケルンに住んでいたが、五月、母のいるトリーアに行く。そして七月にパリに向かった。
〔121〕マルクスは、ヘッセンで逮捕され、ダルムシュタット、やがてフランクフルト・アム・マインへ連行され、その後釈放されビンゲンへ、そのあとパリへ向かう。
〔122〕もっとも大きな被害を出したのは一八二六年から一八四二年までの流行のときであるが、このときは三回目の流行（一八四六―六二）のときで、ロンドンでマルクス家は被害を受ける。
〔123〕ローマ教皇を救出するという名目であったが、これによってルイ・ナポレオンの大統領としての権力は高まる。
〔124〕イカリーの共同体は結局失敗し、カベーはアメリカで死ぬ。
〔125〕ユゴー、マッツィーニはロンドンで民主主義中央委員会を設立する。さらにユゴー、ルドリュ・ロランも参加する。この組織はヨーロッパの連合を訴えるものであった。ナポレオンと対立したユゴーはブリュッセルへ亡命する。
〔126〕マルクスは八月二十六日ブローニュからロンドンに向かった。九月十九日、妻子は同じくブローニュで乗船し、ロンドンに向かった。

3　イギリスの経済学者（一八四九年八月―五六年三月）

〔1〕家族はひと月遅れでやってくる。ロンドンのソーホー地区にあるレスタースクエアのボーディング・ハウスに宿泊したが、やがてチェルシー地区の高級な住宅に住む。この地区の部屋代はかなり高かった。
〔2〕継続誌として『新ライン新聞・政治経済評論』を企画する。これは月刊雑誌。一号八〇頁で、ハンブルクで印刷することになった。発行地はロンドン、ハンブルク、ニューヨークとなっていた。結局一八五〇年十一月に五、六号合併号が出て終わる。
〔3〕『マルクス＝エンゲルス全集』大月書店、第二七巻、四四〇頁。
〔4〕『マルクス＝エンゲルス全集』大月書店、第八巻、五四四頁。
〔5〕ロンドンのドイツ人教育協会のこと。ここでドイツ人亡命者救済委員会ができる。その委員にマルクスはなる。当時チャーティストとブランキストにマルクスとエンゲルスは接近していた。
〔6〕エンゲルスは十一月ジェノヴァ経由でロンドンにやってきた。そのときバーデン蜂起の戦士がロンドンに集結し始める。

ヴィリヒはその中心で、ロンドンで革命論議に花を咲かせた。
〔7〕『モールと将軍』下巻、国民文庫、三二三頁。
〔8〕『モールと将軍』上巻、国民文庫、二四六―二四七頁。
〔9〕リープクネヒトは、一八五〇年二月ロンドンにやってきた。一八六二年恩赦でドイツに戻る。
〔10〕『マルクス＝エンゲルス全集』大月書店、第二七巻、四四〇頁。
〔11〕『マルクス＝エンゲルス全集』大月書店、第二七巻、四三九頁。
〔12〕『カール・マルクス』岩波文庫、五一―五二頁。
〔13〕『マルクス＝エンゲルス全集』大月書店、第二七巻、四三九頁。
〔14〕『マルクス＝エンゲルス全集』大月書店、第七巻、八一頁。
〔15〕『マルクス＝エンゲルス全集』大月書店、第七巻、八六頁。
〔16〕『マルクス＝エンゲルス全集』大月書店、第七巻、二五二―二五三頁。
〔17〕『モールと将軍』下巻、国民文庫、二九五頁。
〔18〕『モールと将軍』下巻、国民文庫、二九八頁。
〔19〕革命的共産主義者同盟とは、マルクスとエンゲルスが画策した、チャーティスト、ブランキストを総合する組織のことである。この頃は四月の設立にはヴィリヒも参加していた。
〔20〕アンダーソン街の部屋代は年七二ポンドで、とてもマルクスが払える額ではなかった。
〔21〕『マルクス＝エンゲルス全集』大月書店、第二七巻、五一五頁。
〔22〕月刊の『新ライン新聞』の売上のこと。
〔23〕『マルクス＝エンゲルス全集』大月書店、第二七巻、五一八頁。
〔24〕『モールと将軍』上巻、国民文庫、四二頁。
〔25〕『モールと将軍』上巻、国民文庫、四六頁。
〔26〕『モールと将軍』上巻、国民文庫、四三頁。
〔27〕このトリーアへの帰郷の間、マルクスとヘレーネ・デムートとの関係が起こったといわれている。
〔28〕『マルクス＝エンゲルス全集』大月書店、第七巻、九四頁。
〔29〕キンケルの脱獄劇はイギリスの新聞で報道され、キンケルはロンドンのドイツ人亡命者の大スターとなる。
〔30〕いわゆるケルン共産主義者裁判の始まり。一八五一年五月ライプツィヒでノートユンクが逮捕され、そこから共産主義者の資料がでてきた。この事件はこうして、パリとロンドンに波及し、国際的共産主義者の陰謀事件という性格をもった。
〔31〕マルクスは『ケルン共産党裁判の真相』というパンフレットを書く。裁判は一八五二年十月四日から十一月十二日まで続いた。この事件がきっかけとなり共産主義者同盟は、同年十一月十七日解散される。
〔32〕ヘレン・マクファーレンという女性が翻訳したことになっていた。
〔33〕正確に言えば、フランス語で自ら翻訳した『哲学の貧困』が最初。『宣言』についての翻訳は数カ国ですでにあったともいわれている。
〔34〕フランチェスカのこと。
〔35〕マンチェスターの父が共同出資していた。エルメンとエンゲルス商会に事務員として就職する。父は革命に参加した息子を良く思わず、経営者ではなく、事務員として雇った。
〔36〕フレデリック・デムートとフランチェスカ・マルクスは、ほぼ同じ頃生まれている。
〔37〕マリアンネ・デムートは、一八六二年十二月二十三日マルクスの家で急死している。

〔38〕家賃二二ポンドは、やがてグラフトンテラスで三六ポンドになり、メイトランド・パーク・ロードでは六五ポンドへと上がっていく。それに応じて住居のステータスも上昇する。
〔39〕『マルクス＝エンゲルス全集』大月書店、第二七巻、一九七頁。
〔40〕「例の秘話は手紙には書かない」『マルクス＝エンゲルス全集』大月書店、第二七巻、一九七頁。
〔41〕『マルクス＝エンゲルス全集』大月書店、第二七巻、二〇二頁。
〔42〕一八五一年の万国博覧会。五月一日から十月十一日まで開かれた（日曜日休み）。
〔43〕トマス・クックという旅行業者の出現で労働者の団体旅行も可能になる。一八四五年八月四日レスターからリヴァプールに団体旅行を始めたのが最初である。
〔44〕ヴィルヘルム・シュティーバー。ケルン共産主義者裁判を追及した秘密警察官。プロイセンの秘密警察の所長であった。彼とハノーファーの警察所長ヴェルムートの二人が編集した『十九世紀の共産主義者の陰謀』は有名。ここに『宣言』も掲載されている。
〔45〕『モールと将軍』下巻、国民文庫、三二〇頁。
〔46〕ルイーゼ・フライベルガー・カウツキーは、カール・カウツキーの最初の妻。後にエンゲルスの秘書となり、医師のフライベルガーと結婚。
〔47〕『モールと将軍』上巻、国民文庫、一九四頁。
〔48〕マルクスは武器の使い方は心得ていた。銃は彼の趣味で、ボン大学の頃剣も使っていた。
〔49〕流刑地はカリブ海の島であった。
〔50〕『マルクス＝エンゲルス全集』大月書店、第八巻、一〇七頁。
〔51〕『マルクス＝エンゲルス全集』大月書店、第八巻、一九七頁。
〔52〕『マルクス＝エンゲルス全集』大月書店、第八巻、二〇四頁。
〔53〕『レヴォルツィオーン』は一八五二年一月に週刊新聞として発刊されたが、まもなく廃刊となった。マルクスの論文は、特別版として五月出版された。そこにはマルクス以外の論文は掲載されていない。
〔54〕ユゴーの『小ナポレオン』は体制に批判的であった。彼はこの書物が出た一八五二年八月五日、亡命の地ブリュッセルから、さらにジャージー島に亡命した。
〔55〕プルードンの『クーデター』は、ルイ・ナポレオンによって新しい時代が到来したことを予言していた。
〔56〕一八六九年の序文。『マルクス＝エンゲルス全集』大月書店、第八巻、五五九頁。
〔57〕『マルクス＝エンゲルス全集』大月書店、第八巻、五四四頁。
〔58〕一八五二年九月八日のマルクスのエンゲルスへの書簡には、薬代がないこと、パンとじゃがいもしか食べていないことが、述べられている。
〔59〕一八五二年四月二日のマルクスからエンゲルスへの書簡には、埋葬費用を隣のフランス人から借りたことが書かれている。
〔60〕パリのボン・マルシェは最初のデパートといわれる。ブシコーがヴィドー兄弟の店を買い取り、デパートに改築した。
〔61〕この回想録は『波乱万丈のスケッチ』と言われるもので、遺稿の中にある。『モールと将軍』（国民文庫）1に収められている。
〔62〕『モールと将軍』上巻、国民文庫、一九六頁。

〔63〕『ニューヨーク・デイリー・トリビューン』の社説でもある、ヨーロッパ特派員の報告の欄を受け持った。この新聞は商業新聞で、最初の数頁には市況が掲載されている。

〔64〕ロンドン通信員は、ヨーロッパ全体をフォローし、さらにヨーロッパとアジア、アメリカのことを含めて執筆することになっていた。

〔65〕ブルック・ファームは、リプリー夫妻によって創られた農場。マサチューセッツ州ロクスベリーにあった。

〔66〕グリーリーは十四歳で植字工となる。やがてブリスベーンの影響を受けフーリエ主義者となる。

〔67〕ドイツ人移民が増えるのは一八五〇年代以降からである。

〔68〕『マルクス＝エンゲルス全集』大月書店、第三巻、三一―三二頁。

〔69〕『マルクス＝エンゲルス全集』大月書店、第九巻、一六頁。

〔70〕『モールと将軍』下巻、国民文庫、二九九頁。

〔71〕週二回書いていたが、マルクスがジャーナリスト的才能を遺憾なく発揮できる場所であった。十年以上にわたって書いた原稿は、『資本論』全三巻を上回るマルクス最大の作品といってよい。

〔72〕『マルクス＝エンゲルス全集』大月書店、第九巻、一二三頁。

〔73〕『マルクス＝エンゲルス全集』大月書店、第九巻、一二四頁。

〔74〕『マルクス＝エンゲルス全集』大月書店、第九巻、一二六―一二七頁。

〔75〕『マルクス＝エンゲルス全集』大月書店、第九巻、一二七頁。

〔76〕『マルクス＝エンゲルス全集』大月書店、第九巻、二一四頁。

〔77〕一八五三年十月から十二月まで連続で掲載された。一八五三年パンフレットとなる。

〔78〕『マルクス＝エンゲルス全集』大月書店、第二八巻、二五〇頁。

〔79〕アークハートからロシア関係の資料を入手した。

〔80〕『マルクス＝エンゲルス全集』大月書店、第二八巻、二一〇頁。

〔81〕『マルクス＝エンゲルス全集』大月書店、第二八巻、四九三頁。

〔82〕『マルクス＝エンゲルス全集』大月書店、第二八巻、四九〇―四九一頁。

〔83〕『マルクス＝エンゲルス全集』大月書店、第二八巻、三〇四頁。

〔84〕『マルクス＝エンゲルス全集』大月書店、第二八巻、三五三頁。

〔85〕『マルクス＝エンゲルス全集』大月書店、第二八巻、五〇一頁。

〔86〕『モールと将軍』下巻、国民文庫、三〇九頁。

4 インターナショナルの主人（一八五六年四月―六四年十二月）

〔1〕イェニーは同年五月から九月トリーアに滞在した。

〔2〕『マルクス＝エンゲルス全集』大月書店、第二九巻、三四頁。

〔3〕マルクスは四月十四日『ピープルズ・ペーパー』の創刊記念祝賀会に参加した。

〔4〕『マルクス＝エンゲルス全集』大月書店、第一二巻、三頁。

〔5〕『マルクス＝エンゲルス全集』大月書店、第一二巻、四頁。

〔6〕『マルクス＝エンゲルス全集』大月書店、第一二巻、四頁。

〔7〕このテラスハウスは今も残っている。当時建売の新築として建てられたものであった。

〔8〕『マルクス＝エンゲルス全集』大月書店、第二九巻、六〇頁。

〔9〕『マルクス＝エンゲルス全集』大月書店、第二九巻、五九四頁。

〔10〕『マルクス＝エンゲルス全集』大月書店、第二九巻、六二頁。

〔11〕マルクスはイェニーたちにパリを見るようにと示唆してい

るが、いつごろロンドンに帰ったかは不明。
(12)『マルクス＝エンゲルス全集』大月書店、第二九巻、六九頁。
(13)『モールと将軍』下巻、国民文庫、三〇七頁。
(14)すでに一八四四年、マルクスはブランと会っていた。
(15)『資本論』『マルクス＝エンゲルス全集』大月書店、第二三巻b、八七五—八七六頁。
(16)「妻はやっと出産した」(一八五七年七月八日)。『マルクス＝エンゲルス全集』大月書店、第二九巻、一一九頁。
(17)『マルクス＝エンゲルス全集』大月書店、第二九巻、一二一頁。
(18)『マルクス＝エンゲルス全集』大月書店、第二九巻、一八一頁。
(19)一八四五年初めにレスケと契約したが、一八四七年契約は破棄された。
(20)通常五七—五八年草稿は、『経済学批判要綱』といわれている。
(21)『マルクス＝エンゲルス全集』大月書店、第二九巻、二三六頁。
(22)ラサールの『ヘラクレイトスの哲学』(一八五八年)のこと。
(23)ゾフィー・フォン・ハッツフェルト夫人のこと。
(24)結局ラサールが利用した出版社ドゥンカーを見つける。
(25)『マルクス＝エンゲルス全集』大月書店、第二九巻、四三一頁。
(26)『マルクス＝エンゲルス全集』大月書店、第二九巻、四二九頁。
(27)『マルクス＝エンゲルス全集』大月書店、第二九巻、二四六頁。
(28)『マルクス＝エンゲルス全集』大月書店、第二九巻、五一三頁。
(29)マルクスの趣味は乗馬と拳銃を撃つことであった。
(30)『マルクス＝エンゲルス全集』大月書店、第二九巻、二五七頁。
(31)『マルクス＝エンゲルス全集』大月書店、第二九巻、二七七頁。
(32)『マルクス＝エンゲルス全集』大月書店、第二九巻、四四二—四四三頁。
(33)アヴァス通信社は現在AFP通信社として続いている。
(34)一八五八年十月八日の手紙のことか？ まったく一致する個所はない。
(35)マルクスは娘たちに淑女教育を施した。ピアノは中古で買い、ピアノの家庭教師を雇っていた。
(36)『マルクス＝エンゲルス全集』大月書店、第二九巻、二九九頁。
(37)『マルクス＝エンゲルス全集』大月書店、第二九巻、三〇〇頁。
(38)『マルクス＝エンゲルス全集』大月書店、第一三巻、七頁。
(39)『経済学批判要綱』大月書店、第一巻、三二頁。
(40)このあたりの引用は、正確ではない。『経済学批判』の中の言葉をアタリの言葉に置き換えたものと思われる。
(41)『経済学批判要綱』大月書店、第一巻、六頁。
(42)『マルクス＝エンゲルス全集』大月書店、第二九巻、三〇〇頁。
(43)『マルクス＝エンゲルス全集』大月書店、第二九巻、三〇一頁。
(44)マルクスとエンゲルスは、この書物をめぐってラサールと論争した。通称ジッキンゲン論争という。
(45)『ダス・フォルク』は一八五九年に刊行された、マルクスたちによる、キンケルの『ヘルマン』(一八五九—六九)に対抗する新聞であった。
(46)『マルクス＝エンゲルス全集』大月書店、第二九巻、四五〇頁。
(47)『マルクス＝エンゲルス全集』大月書店、第二九巻、四五一頁。
(48)『マルクス＝エンゲルス全集』大月書店、第二九巻、四五四頁。
(49)『マルクス＝エンゲルス全集』大月書店、第二九巻、三四五頁。
(50)『マルクス＝エンゲルス全集』大月書店、第二九巻、三三六—三三七頁。

(51) フォークトはマルクスを逆にスパイだと訴えることになり、そのためマルクスは一年をその反批判に費すことになった。
(52) 『マルクス＝エンゲルス全集』大月書店、第二九巻、四四九頁。
(53) 『マルクス＝エンゲルス全集』大月書店、第二九巻、四〇九頁。
(54) 一八六〇年一月二十一日の手紙。
(55) 『マルクス＝エンゲルス全集』大月書店、第三〇巻、四〇七頁。
(56) 『マルクス＝エンゲルス全集』大月書店、第三〇巻、四五〇頁。
(57) 『マルクス＝エンゲルス全集』大月書店、第三〇巻、四七四頁。
(58) 実はマルクスは子供の頃、そしてそれ以降もザルツボンメルのリオン・フィリップスを訪ねたことがあった。
(59) 『マルクス＝エンゲルス全集』大月書店、第三〇巻、四八〇頁。
(60) 『マルクス＝エンゲルス全集』大月書店、第三〇巻、五四九頁。
(61) 『マルクス＝エンゲルス全集』大月書店、第三〇巻、四八七頁。
(62) 『マルクス＝エンゲルス全集』大月書店、第三〇巻、四八五頁。
(63) 『モールと将軍』上巻、国民文庫、二四八―二四九頁。
(64) マルクスは一八六一―六三年に第二草稿を執筆した。第三巻の多くの部分も、一八六五年にはほぼ書き上げられていた。
(65) 『マルクス＝エンゲルス全集』大月書店、第一五巻、三九四―三九七頁。
(66) 一八六九年『コロコル』に出たロシア語訳がバクーニンのものだといわれている。
(67) 『マルクス＝エンゲルス全集』大月書店、第三〇巻、二〇二―二〇三頁。
(68) 『マルクス＝エンゲルス全集』大月書店、第三〇巻、二五三頁。
(69) 『マルクス＝エンゲルス全集』大月書店、第三〇巻、二〇三頁。
(70) マルクスの『資本論』第一巻は彼に捧げられている。
(71) マルクスは「北西鉄道」（ノース・ウェスタン）の入社試験を受けている。
(72) 『モールと将軍』上巻、国民文庫、二五五頁。
(73) 『マルクス＝エンゲルス全集』大月書店、第三〇巻、五一九頁。
(74) このアイルランド出身の女工は、エンゲルスと生涯を共にする。マルクスの妻は二人を嫌悪していたが。
(75) 『マルクス＝エンゲルス全集』大月書店、第三〇巻、五五六頁。
(76) 『マルクス＝エンゲルス全集』大月書店、第三〇巻、五五六頁。
(77) 『マルクス＝エンゲルス全集』大月書店、第三〇巻、五二一頁。
(78) この家は現在存在していない。一軒を二つに間仕切りしたセミデタッチの屋敷であった。
(79) 『モールと将軍』下巻、国民文庫、二九六頁。
(80) エンゲルスはマンチェスターでは、二つの顔をもっていた。一つはブルジョワの主要なクラブの会員としての顔、もうひとつはマルクスを支援し、バーンズ姉妹と生活する顔である。そのため住居も二つあった。
(81) 『モールと将軍』下巻、国民文庫、三〇九頁。
(82) 『モールと将軍』下巻、国民文庫、三一三―三一四頁。
(83) 『マルクス＝エンゲルス全集』大月書店、第三〇巻、三三七頁。
(84) 『マルクス＝エンゲルス全集』大月書店、第三〇巻、三三九頁。
(85) 一八四八年、一八四九年に仏訳が出たともいわれている。最初の仏訳は一八七二年『ル・ソシアリスト』に掲載された。しかしマルクス＝エンゲルス公認の仏訳は、ラファルグ夫妻によるもので『ル・ソシアリスト』に一八八二年に掲載された。
(86) エッカリウスはマルクスの友人で、共産主義者同盟員。ロンドンの仕立職人であった。

〔87〕『マルクス＝エンゲルス全集』大月書店、第三一巻、一二一―一二三頁。
〔88〕『マルクス＝エンゲルス全集』大月書店、第一六巻、九―一〇頁。
〔89〕『マルクス＝エンゲルス全集』大月書店、第一六巻、一二頁。『国際労働者協会創立宣言』。
〔90〕『マルクス＝エンゲルス全集』大月書店、第三一巻、一三頁。
〔91〕『マルクス＝エンゲルス全集』大月書店、第三一巻、一六―一七頁。
〔92〕『マルクス＝エンゲルス全集』大月書店、第三一巻、三六二頁。
〔93〕『マルクス＝エンゲルス全集』大月書店、第三一巻、三六〇頁。
〔94〕『モールと将軍』下巻、国民文庫、三〇九頁。
〔95〕『モールと将軍』上巻、国民文庫、二四七―二四八頁。

5 『資本論』の思想家（一八六五年一月―七一年十月）

〔1〕プルードンは、一八六五年一月十九日に亡くなる。
〔2〕ペドロ・カルデロン・デ・ラ・バルカ（一六〇〇―八一）。スペインの劇作家。
〔3〕ロペ・デ・ヴェガ（一五六二―一六三五）は、スペインの劇作家。
〔4〕ティルソ・デ・モリーナ（一五七九―一六四八）は、スペインの劇作家。
〔5〕『モールと将軍』上巻、国民文庫、三四六頁。
〔6〕フランス支部のフリブールやトランはプルードン主義者であり、ラファルグもプルードン主義の影響を受けていた。
〔7〕『モールと将軍』下巻、国民文庫、一九四頁。
〔8〕『モールと将軍』下巻、国民文庫、三一一頁。
〔9〕マルクスの秘書は、ピーパーという人物であった。一時期マルクス家に住み込んでいた。
〔10〕『モールと将軍』下巻、国民文庫、三〇〇―三〇三頁。
〔11〕この出版社は一八四八年に出版を始めた。フォイエルバッハ、カール・グリュン、カール・フォークトなどの書物を出版した。
〔12〕『マルクス＝エンゲルス全集』大月書店、第三一巻、八三頁。
〔13〕『マルクス＝エンゲルス全集』大月書店、第三一巻、一一〇頁。
〔14〕当時流行したカテキズム調の告白遊び。
〔15〕マルクスはエンゲルスからボルドーの高級ワイン、シャトー・マルゴーを送ってもらっていた。
〔16〕南ドイツ人民党で、一八六八年に創設された。
〔17〕当時カエサル主義は、ルイ・ナポレオンのようなカリスマ的人物による支配体制を表していた。
〔18〕『マルクス＝エンゲルス全集』大月書店、第一六巻、一五三頁。
〔19〕『マルクス＝エンゲルス全集』大月書店、第一六巻、一五三頁。
〔20〕マルクスは執行部では多数派であった。
〔21〕エトガーはリナ・シェーラーと別れた後テキサスへ渡った。そこで共産主義農園を作ろうとした。エトガーはやがてドイツに帰り一八九〇年ベルリンで亡くなる。
〔22〕『マルクス＝エンゲルス全集』大月書店、第三一巻、一〇三頁。
〔23〕十数年間続けた寄稿は、南北戦争のため終わることになった。
〔24〕『マルクス＝エンゲルス全集』大月書店、第三一巻、一一九頁。
〔25〕『モールと将軍』下巻、国民文庫、三〇六頁。

(26)『マルクス゠エンゲルス全集』大月書店、第三一巻、一九六頁。
(27)『モールと将軍』下巻、国民文庫、三〇六頁。
(28)単純労働と複雑労働、監督労働などという形で分析してはいる。
(29)『マルクス゠エンゲルス全集』大月書店、第二三巻b、九五九頁。
(30)マルクスの文章は、雑誌や新聞ではレトリックの多い辛辣な文章となる。その分的確であると同時に、古典に対する教養がないと読めない。『資本論』では、本文は論理的で、難解な文章が続くが、注では本来のレトリカルな文章となる。
(31)ボルハルトは『人民のためのマルクス入門』(一九一九)、『マルクス恐慌理論のエッセンス』などを書いた。
(32)『マルクス゠エンゲルス全集』大月書店、第三一巻、一九六頁。
(33)一八六六年四月四日、暗殺を企てたが失敗する。
(34)『マルクス゠エンゲルス全集』大月書店、第二三巻b、九九五頁。
(35)『マルクス゠エンゲルス全集』大月書店、第三一巻、四三三頁。
(36)『マルクス゠エンゲルス全集』大月書店、第三一巻、四三三頁。
(37)『マルクス゠エンゲルス全集』大月書店、第三一巻、二〇八頁。
(38)『マルクス゠エンゲルス全集』大月書店、第三一巻、二一〇頁。
(39)『マルクス゠エンゲルス全集』大月書店、第三一巻、四四三頁。
(40)プラハ条約は一八六六年六月二十三日に結ばれたが、これによってドイツ連邦が解体し、ドイツ統一が進む。
(41)『マルクス゠エンゲルス全集』大月書店、第三一巻、四三五頁。
(42)『マルクス゠エンゲルス全集』大月書店、第二三巻b、七頁。
(43)高利による信用欠如の問題を解決するために、プルードンは、一八四八年革命の際、無償信用制度の機関「人民銀行」を創設しようとした。
(44)『マルクス゠エンゲルス全集』大月書店、第三一巻、四四一頁。
(45)マルクスのヘーゲルに関するノートは残っていない。アタリ流の言葉の綾であると思われる。
(46)『マルクス゠エンゲルス全集』大月書店、第三一巻、二五六頁。
(47)A・ウィリアムスという名前であった。
(48)『マルクス゠エンゲルス全集』大月書店、第三一巻、二四一頁。
(49)『マルクス゠エンゲルス全集』大月書店、第三一巻、二五六頁。
(50)『マルクス゠エンゲルス全集』大月書店、第三一巻、四五一頁。
(51)『マルクス゠エンゲルス全集』大月書店、第三一巻、二七五頁。
(52)『モールと将軍』下巻、国民文庫、三〇三頁。
(53)『モールと将軍』下巻、国民文庫、一九六頁。
(54)『マルクス゠エンゲルス全集』大月書店、第三一巻、四四八頁。
(55)本来プロン・プロンとは、ジェローム・ナポレオンというナポレオンの従弟のこと。しかしここではルイ・ナポレオンを指している。以後もルイ・ナポレオンを指しているようである。
(56)フランスのサン゠テチエンヌの南の炭鉱町。一八六九年六月にこの事件は起きた。
(57)ヴァルランは一八七一年五月二十八日、パリ・コミューン最後の日に銃殺される。
(58)レオ・フランケルはパリ・コミューンに参加し、その後ハンガリーに戻りハンガリー労働者党を設立する。
(59)『ルイ・ボナパルトのブリュメール十八日』のこと。
(60)シェークスピアの登場人物のこと。

〔61〕『マルクス＝エンゲルス全集』大月書店、第三二巻、四八五―四八六頁。
〔62〕『マルクス＝エンゲルス全集』大月書店、第三二巻、四八七―四八八頁。
〔63〕『マルクス＝エンゲルス全集』大月書店、第三二巻、四八七頁。
〔64〕『マルクス＝エンゲルス全集』大月書店、第一六巻、三五三頁。
〔65〕拒否された理由は、さまざまな新聞でマルクスがパリ・コミューンの首謀者であると書かれたからである。
〔66〕『モールと将軍』下巻、国民文庫、三〇二―三〇三頁。
〔67〕フランスの地理学者でパリ・コミューンに参加。
〔68〕一八六九年八月アイゼナハでリープクネヒトとベーベルなどによって結成された党。
〔69〕『マルクス＝エンゲルス全集』大月書店、第三二巻、二七九頁。
〔70〕『マルクス＝エンゲルス全集』大月書店、第三二巻、六九七頁。
〔71〕『マルクス＝エンゲルス全集』大月書店、第三二巻、五七四頁。
〔72〕一八七〇年初めに起きたこの事件は、決闘が原因であったが、死因に疑問があった。そのため、十二日からの葬儀にはブランキ派を中心に大勢が押し寄せた。
〔73〕『マルクス＝エンゲルス全集』大月書店、第三二巻、四一〇頁。
〔74〕『マルクス＝エンゲルス全集』大月書店、第三二巻、四一七頁。
〔75〕『マルクス＝エンゲルス全集』大月書店、第三二巻、五六四頁。
〔76〕マルクスの家と歩いて三〇分ほどの距離であった。
〔77〕二人の往復書簡は激減するが、旅行の際には手紙をお互いに書いている。
〔78〕アドルフ・ティエールは、パリ・コミューン後、大統領となる。
〔79〕『マルクス＝エンゲルス全集』大月書店、第三三巻、二六頁。
〔80〕ガンベッタは第三共和政の重要人物となる。
〔81〕「フランス・プロイセン戦争についての第二の呼びかけ」。
〔82〕『マルクス＝エンゲルス全集』大月書店、第一七巻、二五七頁。
〔83〕『マルクス＝エンゲルス全集』大月書店、第三三巻、一四一頁。
〔84〕三人の子供が生まれた。第一子は一八六七年に生まれ、一八七二年に亡くなる。第二子は一八七〇年に生まれ、一八七一年に亡くなる。第三子も一八七〇年に生まれ、その年に亡くなった。
〔85〕最初の孫シャルル・エティエンヌのこと。
〔86〕『マルクス＝エンゲルス全集』大月書店、第三三巻、二〇三頁。
〔87〕『マルクス＝エンゲルス全集』大月書店、第三三巻、一七三頁。
〔88〕『マルクス＝エンゲルス全集』大月書店、第三三巻、一七二頁。
〔89〕『マルクス＝エンゲルス全集』大月書店、第三三巻、一七三―一七四頁。
〔90〕『マルクス＝エンゲルス全集』大月書店、第三三巻、一七六―一七七頁。
〔91〕『マルクス＝エンゲルス全集』大月書店、第一七巻、三二二―三二三頁。
〔92〕『マルクス＝エンゲルス全集』大月書店、第一七巻、三一七頁。
〔93〕『マルクス＝エンゲルス全集』大月書店、第一七巻、三一二頁。
〔94〕『マルクス＝エンゲルス全集』大月書店、第一七巻、三一五頁。
〔95〕『マルクス＝エンゲルス全集』大月書店、第一七巻、三一五頁。
〔96〕『マルクス＝エンゲルス全集』大月書店、第一七巻、六一三頁。
〔97〕『マルクス＝エンゲルス全集』大月書店、第一七巻、六一一頁。
〔98〕『マルクス＝エンゲルス全集』大月書店、第三三巻、二一七―二一八頁。

〔99〕『マルクス＝エンゲルス全集』大月書店、第一七巻、四〇四頁。
〔100〕『マルクス＝エンゲルス全集』大月書店、第三三巻、二〇四〇—二〇四一頁。

6 最後の戦い（一八七一年十二月—八三年三月）

〔1〕マルクスとエンゲルス公認の英訳は、一八八八年になるが、アメリカではいくつもの翻訳が出ていた。仏訳、ロシア語の公認訳も一八八二年である。パリ・コミューンの後、マルクス自身『共産主義者宣言』として第二版を出したが、それはパリ・コミューン以後高まった『宣言』への需要の中でのことであった。各国語訳もそれ以降増えていく。
〔2〕『資本論』は、一八七二年にフランス語訳が分冊として出版されはじめた。またドイツ語第二版も九分冊で出版されはじめた。ロシア語訳も出版された。
〔3〕ボナパルトのクーデターの後政界を引退し、一八五九年五十四歳で亡くなる。
〔4〕『マルクス＝エンゲルス全集』大月書店、第三三巻、五六八頁。
〔5〕一八七一年十二月三十日に転載されたもので、マクファーレン訳であった。
〔6〕『マルクス＝エンゲルス全集』大月書店、第三三巻、三四八頁。
〔7〕『マルクス＝エンゲルス全集』大月書店、第三三巻、三八七頁。
〔8〕社会主義民主労働党。
〔9〕『フランスの内乱』の第三の演説。
〔10〕『マルクス＝エンゲルス全集』大月書店、第三三巻、七三頁。
〔11〕マルクスは家族でハーグ大会に乗り込んだ。そのあとアムステルダムでも演説している。
〔12〕『マルクス＝エンゲルス全集』大月書店、第三三巻、五〇五頁。
〔13〕「ハーグで開催された一般会議の諸決議」『マルクス＝エンゲルス全集』大月書店、第一八巻、一四三頁。
〔14〕『マルクス＝エンゲルス全集』大月書店、第三三巻、三四六頁。
〔15〕「ハーグ大会についての演説」『マルクス＝エンゲルス全集』大月書店、第一八巻、一五九頁。
〔16〕『マルクス＝エンゲルス全集』大月書店、第一八巻、一五七—一五八頁。
〔17〕フランス語『資本論』は通常ロワ訳と言われている。ただしマルクスが全面的に訳し直したものである。
〔18〕『マルクス＝エンゲルス全集』大月書店、第三三巻、四五九頁。
〔19〕『マルクス＝エンゲルス全集』大月書店、第三三巻、五八二頁。
〔20〕『マルクス＝エンゲルス全集』大月書店、第三三巻、五二五頁。
〔21〕『マルクス＝エンゲルス全集』大月書店、第三三巻、四九五—四九七頁。
〔22〕一八六三年五月に成立したドイツ最初の労働者政党で、ラサール派であった。
〔23〕これは記述の間違い、マルクスはこのとき一人で行った。『マルクス＝エンゲルス全集』大月書店、第三三巻、五一一—五一三頁。
〔24〕カールスバート（カルロヴィ・ヴァリ）は現在チェコ領であるが、当時はオーストリア領であった。
〔25〕ハノーファーに住む、マルクスを敬愛した医者。
〔26〕『マルクス＝エンゲルス全集』大月書店、第三三巻、五二五頁。
〔27〕『マルクス＝エンゲルス全集』大月書店、第三三巻、五二六頁。
〔28〕フランス第三共和政。一八七五年に憲法が制定された。

(29)『マルクス＝エンゲルス全集』大月書店、第一九巻、一三一四頁。
(30)『マルクス＝エンゲルス全集』大月書店、第一九巻、三二四頁。
(31)『マルクス＝エンゲルス全集』大月書店、第一九巻、三二四頁。
(32)『マルクス＝エンゲルス全集』大月書店、第一九巻、二二〇頁。
(33)『マルクス＝エンゲルス全集』大月書店、第一九巻、二二一頁。
(34)『マルクス＝エンゲルス全集』大月書店、第一九巻、二二一頁。
(35)『マルクス＝エンゲルス全集』大月書店、第一九巻、二八一二九四頁。
(36)『マルクス＝エンゲルス全集』大月書店、第一九巻、二八頁。
(37)『マルクス＝エンゲルス全集』大月書店、第一九巻、二八頁。
(38)『マルクス＝エンゲルス全集』大月書店、第一九巻、三二頁。
(39)『マルクス＝エンゲルス全集』大月書店、第三八巻、七〇頁。
(40)『モールと将軍』下巻、国民文庫、三〇〇―三〇一頁。
(41) 分冊で発行された『資本論』を合本したもの。
(42) 全十一巻の『古代からのユダヤ人の歴史』の作者。
(43)『マルクス＝エンゲルス全集』大月書店、第二〇巻、二八九頁。
(44) レーニン『カール・マルクス』岩波文庫、一四頁。
(45)『モールと将軍』下巻、国民文庫、三〇〇頁。
(46)『フォアヴェルツ』は一八七六年から一八七八年まで刊行されたドイツ社会主義労働者党の中央機関紙。
(47) メーデー成立のきっかけとなる事件。一八八九年第二インターナショナルでメーデーが決まり、最初のメーデーは一八九〇年に実施された。
(48) ノイエンアールはドイツのボン近くの温泉。
(49)『マルクス＝エンゲルス全集』大月書店、第三四巻、二三八頁。
(50)『マルクス＝エンゲルス全集』大月書店、第三四巻、二四四頁。
(51) ロシアの歴史家。一八七四―七五年冬にマルクスを訪問。マルクスの共同体論に大きな影響を与えた。
(52) ヴェラ・ザスーリッチは、マルクスへの質問状を書く。それに答えた「ザスーリッチへの手紙」は有名。
(53)『マルクス＝エンゲルス全集』大月書店、第三四巻、二五三頁。
(54)『マルクス＝エンゲルス全集』大月書店、第三四巻、二五三頁。
(55)『マルクス＝エンゲルス全集』大月書店、第三四巻、二九七頁。
(56)『マルクス＝エンゲルス全集』大月書店、第一九巻、二三四頁。
(57) 遺稿はベルリンに運ばれた。その管理はベルンシュタインにあった。シュトゥットガルトのカウツキーのところにはなかった。
(58)『モールと将軍』下巻、国民文庫、三一〇頁。
(59)『モールと将軍』下巻、国民文庫、二九九頁。
(60) ネチャーエフは、バクーニンと決裂し、スイスで逮捕され、ロシアで収監されていた。
(61) サンクトペテルスブルグで、ポーランド人の投じた爆弾で死ぬ。四人は処刑された。
(62)『マルクス＝エンゲルス全集』大月書店、第一九巻、三九一頁。
(63)『モールと将軍』下巻、国民文庫、三〇〇頁。
(64)『モールと将軍』下巻、国民文庫、三一〇頁。
(65)『モールと将軍』下巻、国民文庫、三一〇頁。
(66)『新訳共産党宣言』作品社、二二八頁。
(67)『新訳共産党宣言』作品社、二四〇頁。
(68)『マルクス＝エンゲルス全集』大月書店、第三五巻、四四頁。
(69) パリの北の郊外の温泉地。マルクスは、アルジャントゥーユからここに通った。
〔70〕『マルクス＝エンゲルス全集』大月書店、第三五巻、二八〇頁。
〔71〕『マルクス＝エンゲルス全集』大月書店、第三五巻、三五五頁。
〔72〕『マルクス＝エンゲルス全集』大月書店、第一九巻、三二八頁。
〔73〕『マルクス＝エンゲルス全集』大月書店、第一九巻、三三一─三三三頁。

7 世界精神

〔1〕フランス特有の思想で、国家が上から国民を指導するという概念。
〔2〕これと同じ表現は、『共産党宣言』にはない。内容的にまとめたもの。
〔3〕『マルクス＝エンゲルス全集』大月書店、第四巻、四七一頁。
〔4〕『マルクス＝エンゲルス全集』大月書店、第二三巻b、九九五頁。
〔5〕『新訳共産党宣言』作品社、一二八頁。
〔6〕『マルクス＝エンゲルス全集』大月書店、第三巻、三二一頁。
〔7〕ロンドン大学を出た彼は、自然科学を専攻した。マルクス家のすぐ近くの職業学校に仕事を得たが、その近くで一八七二年講義をしたことがきっかけで知り合う。
〔8〕フレデリック・デムートは、生まれるとすぐ里子に出され、徒弟修業を積み、職人となった。
〔9〕『資本論』第二巻はかなり完成していたが、第三巻はまったく未完成であった。第四巻とは、後にカウツキーが編集する『剰余価値学説史』のこと。
〔10〕『マルクス＝エンゲルス全集』大月書店、第三六巻、五〇頁。
〔11〕一八八三年ドイツ社会民主党の機関紙として創刊された。
〔12〕モリスは詩人、文学者、芸術家という多彩な才能を生かした人物。一八八三年ハインドマンと民主連盟に加盟したが、一八八四年社会主義者連盟を創設した。
〔13〕ハインドマンは、マルクスの『資本論』に興味をもち、マルクスに接近した。
〔14〕一八八〇年ジュネーヴに亡命し、マルクスを研究した。マルクスのロシア語訳を行った。
〔15〕マルクス家のプライベートな資料は、エンゲルスのところには行かなかった。やがてエレナー、ラファルグ夫妻の死後、パリのロンゲのところに所蔵され、後にソ連に寄贈されることになる。
〔16〕カール・カウツキーの最初の妻。エンゲルスの秘書となる。ルードヴィヒ・フライベルガーと結婚。
〔17〕マルクスの友人の中で最後まで生き残ったのがレスナーであった。『共産党宣言』の原稿をロンドンに届けた人物としても知られている。
〔18〕むしろ『資本論』の序文ではなく、マルクスの葬儀の際の言葉か、あるいは『反デューリング論』か（『マルクス＝エンゲルス全集』大月書店、第二〇巻、二六頁）。
〔19〕『新訳共産党宣言』作品社、四二頁。
〔20〕正確には唯物論的弁証法 Materialistische Dialektik『マルクス＝エンゲルス全集』大月書店、第二一巻、二九三頁。
〔21〕一八九八年エレナーが自殺したとき、すでにエイヴェリングは離婚していた。そして、さらに別の女性と結婚していた。
〔22〕一八八八年ロンドンに亡命していた。

〔23〕『マルクス＝エンゲルス全集』大月書店、第三七巻、二八二頁。
〔24〕「ところで十年前にフランスでも君も知っている手合いが、マルクスが『僕にわかることは、ぼくはマルクス主義者ではない』といったあの手合いなのです」『マルクス＝エンゲルス全集』大月書店、第三七巻、三九〇頁。
〔25〕『マルクス＝エンゲルス全集』大月書店、第二四巻、二九頁。
〔26〕エンゲルスの遺書は都合四回書かれている。その他の日付は一八九三年七月二十九日、一八九三年九月二十四日、一八九五年七月二十六日である。
〔27〕『マルクス＝エンゲルス全集』大月書店、第三九巻、四頁。
〔28〕ジャン・ロンゲは、通称ジョニーと言われた。大学時代から社会主義運動に興味をもった彼は、ゲードとラファルグを支持した。
〔29〕ディーツ出版、ハインリッヒ・ディーツ出版は、社会民主党専属の出版社であった。
〔30〕モテラーは、鍵を紛失していた。それで誰も鞄を開けることはなかった。
〔31〕『暴力論』の著者。
〔32〕ダニエリソンは、『資本論』第二巻、第三巻のロシア語訳を行った。
〔33〕チェルヌイシェフスキーは一八六〇年『資本と労働』を書いた。『J・S・ミルの経済学原理への注解』（一八六一年）はマルクスの注目するところとなる。
〔34〕最初に生家を確認したのは、シュネッターという人物であった。それは一九〇二年のことである。
〔35〕遺稿と違ってマルクスの蔵書は乱雑に扱われていたため、かなり四散している。
〔36〕『カール・マルクス』岩波文庫、二四頁。
〔37〕『カール・マルクス』岩波文庫、三七頁。
〔38〕『カール・マルクス』岩波文庫、四五頁。
〔39〕『カール・マルクス』岩波文庫、三九―四二頁。
〔40〕『カール・マルクス』岩波文庫、四六―四七頁。
〔41〕『カール・マルクス』岩波文庫、七三―七四頁。
〔42〕『帝国主義論』岩波文庫、一六頁。
〔43〕『レーニン全集』二六巻、七―一〇頁。
〔44〕『レーニン全集』二八巻、二五二頁。
〔45〕『レーニン全集』二八巻、二五二頁。
〔46〕赤の広場にある尖塔の記念碑。
〔47〕アイスナーはミュンヘンで一九一九年二月二十一日暗殺された。
〔48〕リュドヴィック・フロサールとマルセル・カシャンのこと。
〔49〕レーニンは当初戦時共産主義政策を取り、富農からの収奪を行ったが、経済的行き詰まりから、資本主義に歩み寄る政策、新経済政策（ネップ）を取る。
〔50〕一九二三年から一九四〇年まで存続した、労働社会主義インターナショナル。
〔51〕「ユダヤ人問題に寄せて」のこと。
〔52〕ドイツ共産党とドイツ社会民主党が購入を争った。結局社会民主党が落札する。
〔53〕弁護士でカトリック教徒。二度首相となる。
〔54〕通称旧メガといわれるもの。一九七五年から出版された新メガと区別するためにそういわれる。

〔55〕一八三〇年還暦記念を祝ったリヤザノフはその後メンシェヴィキとの関係で逮捕された。
〔56〕リヤザノフは、一八三八年一月二十一日、「反ソヴィエト、右派トロツキスト、敵対的組織の参加者」として処刑された。
〔57〕フランスの詩人、ルイ・アラゴン。
〔58〕ルイセンコ論争と言われ、戦後まで続く。スターリン死後急激にその思想は衰退する。
〔59〕ソ連のマルクス哲学を支配した人物。マルクス＝エンゲルス＝スターリン研究所の所長であった。
〔60〕プラハの春というドプチェクの自由化に対して、ソ連軍が侵攻し、それを封じた。
〔61〕ポール・ボッカラ。チュニジア生まれの経済学者。
〔62〕西側でこうしたマルクスの伝記を書くものに対して、東側では「マルクス学」とレッテルをはった。

訳者解説

本書は、Jacques Attali, *Karl Marx ou l'esprit du monde*, Fayard, 2004 の全訳である。本書には、同出版社から二〇〇六年に出版されたポケット版もある。

本書の特徴

本書はマルクスの伝記である。アタリには他に、パスカルとディドロの伝記がある。アタリ自身は伝記作家ではない。学問的にマルクスを研究した人物でもない。だから本書は、史実に忠実に従った伝記ではない。ある一つの観点から書かれている伝記である。その一つの観点というのは、グローバル化を予測したマルクスという観点である。

だいたいこれまで出版されたマルクス伝は、旧ソ連や旧東ドイツで出版されるような政治的イデオロギーのきわめて強いものか、あるいは膨大な文献資料を含むアカデミックなものか、それともマルクスを専門としない学者が、自らの見解にしたがって書くものか、あるいはジャーナリストや作家が筆力に任せて書くものであった。

本書は、最初のようなイデオロギー的な伝記ではないが、ほかの三つの伝記の特色をそれぞれもっている。巻末にまとめられている文献目録を見ても、その数の多さや、丁寧な説明という点で、学術的な側面を意識しているともいえる。

一方マルクスは『共産党宣言』や『資本論』において、グローバル化を主張していたという点で、グローバル社会を予言したマルクスという視点から見た、ある視点からすべてを切った伝記ともいえる。また、毎年数冊を出版するアタリのジャーナリスト的な側面から見ると、いささか急いで力任せに書いた伝記であるともいえる。

出版後『ル・モンド』に本書に関する小さな書評がすぐに掲載されたが、かなり辛口のもので、その要点は史実に間違いが多い伝記ということであった。

なるほど、学問的な手続きから見ると、かなり粗い伝記であることは間違いない。だから翻訳では、少なくともマルクスおよびその周辺の人物については、今一度原典に当たって確認し、可能な限り本文で、または訳注でその間違いを訂正してある。しかも、アタリのマルクスからの引用は、原文に忠実ではなく、かなり変形されていて、原文に当たる作業も大変で、さらにいえば原文に当たることすらできなかったものがある。本書では『マルクス＝エンゲルス全集』（大月書店）の引用を注で付してあるが、疑問の方は、その頁に当たり、二つの文章を比較してニュアンスを確かめていただきたい。

当然ながら、アタリはマルクス研究者ではなく、ジャーナリスト、あるいはミテラン政権のブレーンもこなしたフランス社会党の党員であり、細かい史実についての正しさをここで議論することはまったく意味がないともいえる。

史実の問題点は別として、本書は内容的にはよくできているといえる。とにかく読者をぐいぐい引っぱっていく筆力と、当時の世相や状況と結び合わせる書き方、またなんといってもマルクスの一生で終わるのではなく、さらに現在までを見据えたマルクス死後についても書いてあることである。今マルクスをどう理解したらいいかというところまで踏み込んだ点では、異色のマルクス伝と言えるかもしれない。

内容的な点に触れると、一章から六章までがマルクスの伝記であり、七章は、マルクスの精神がいかに誤解されたかというマルクス死後の話である。

第一章では、マルクスの家系からマルクスが生まれ育ったトリーアについて、そしてボン大学、ベルリン大学時代の生活、そして将来の妻イェニーや、家族との関係、そして『ライン新聞』編集者の時代について書かれている。主として言及されるマルクスの著作は、「ユダヤ人問題に寄せて」「ヘーゲル法哲学批判――序説」そして博士論文の「デモクリトスとエピクロスの自然哲学の差異」である。

第二章では、パリで友人のアーノルト・ルーゲと『独仏年誌』を発刊してから、一八四八年革命が終わる一八四九年までのことが書かれている。パリ、ブリュッセル、パリ、ケルンそしてパリというようにめまぐるしく移動する青春時代のマルクスがこの時代であるが、『経済学・哲学草稿』、『ドイツ・イデオロギー』、『聖家族』、『哲学の貧困』、『共産党宣言』といった有名な著作をものにした時代でもある。

第三章は、ロンドンに亡命した苦難の時代である。一八五六年に小奇麗な建売のテラスハウスに引っ越すまでのソーホー地区でのマルクスの生活は悲惨なものがあった。その時代を対象とするのがこの章である。政治運動から離れ、経済学の研究を大英図書館で行ったのもこの時代であり、家庭内のトラブルやドイツ人亡命者内での確執を抱えた苦難の時代でもあった。ただし『ルイ・ボナパルトのブリュメール十八日』などの名作も書いた時期である。

第四章はインターナショナルまでの時代である。この時代は、『経済学批判』そして『資本論』の草稿を書いていた時代でもある。インターナショナルの陰の主役として、インターナショナルを指導し、一方『資本論』第一草稿、第二草稿、第三草稿を書いていき、そして一八六七年に出版される『資本論』第一巻を仕上げていった時代でもあった。

第五章は、『資本論』の完成から、パリ・コミューンまでの時代。マルクスがもっとも油がのった時代であり、『資本論』により名声を獲得し、インターナショナルでの闘争に明け暮れ、パリ・コミューンに対して、エールを送った時代でもある。そして娘たちが成人し、結婚し、孫に恵まれた時代でもある。

第六章は亡くなる一八八三年までの時代である。出版していない『資本論』の続編の整理の時代であり、病魔との闘争の時代、そして妻や娘を失い、自らの肉体が消滅していく時代である。マルクス派を標榜する政党も出現し、ドイツにおける政治闘争とも関連する時代、各国の社会運動を指導する時代でもある。やがて、マルクスはその仕事を未完成のまま亡くなる。

第七章は、マルクス主義を標榜するものが、自らの正しさをマルクスに求め、マルクスの思想を捻じ曲げていく時代である。マルクスはロシア革命を通して大思想家になっていく、それは栄光と汚辱にまみれた時代でもある。やがて一九八九年の東欧の崩壊、一九九一年のソ連の崩壊とともに、その名声は地に墜ち、マルクスの名が聞かれない時代がやってくる。

彼の思想は、どこでどう踏みにじられたのか。復活はあり得るのか。グローバル化の時代の資本主義こそ、マルクスの思想の正しさを証明する時代でもあるというのが、作者の主張である。

アタリという人物

二〇〇八年のリーマンショック以後、アタリは経済書を多く書くようになった。国家破綻の問題などを含めて、アタリの著作は最近多く日本語に翻訳されはじめた。それまでは『所有の歴史』（法政大学出版局）、『時間の歴史』（原書房）といった歴史書が主であったが、最近翻訳される書物は、『二一世紀の歴史』（作品社）、『国家債務危機』（作品社）、『金融危機後の世界』（作品社）など経済書が多い。ありとあらゆる分野、たとえば『ユダヤ人、世界、貨幣』、『図説愛の歴史』（原書房）、『フランソワ・ミテラン』、『ノマードとしての人間』などを勢力的に執筆するアタリは、二〇〇八年にはサルコジ政権の諮問機関である経済委員会の議長となり、『フランスを変える三〇〇の決定』という委員会報告書をまとめたり、小説を書いたり、テレビでコメンテーターとしての仕事をこなしたりと、スーパーマン的活躍をしている。彼の書物はフランスでは一〇万冊は売れると言われていて、必ずベストセラーの中に入る作品を書く得難い執筆者の一人でもある。

もちろん、こうした名声に対して、批判が多いことも確かである。サルコジ政権に身を売った男とも言われたり、彼の書物は「糊と鋏」でできている、すなわち他人の作品を要領よくまとめただけだという批判もある。これは有名税とでもいえることであるが、実際ジャーナリストにありがちな詰めの甘さが露呈することもある。一九九五年に出版されたギ・シトボンの『アタリの場合』(Guy Sitbon, *Le cas Attali*, Grasset, 1995) は、アタリを徹底的に批判した書物である。

この書物はミテラン政権の終焉の後、ミテラン批判が百出したころに出た本であるが、逆にアタリという人物が、それだけ批判の値打ちのある人物だという証にもなっている書物でもある。

シトボンは、アタリは人の作品の剽窃屋にすぎず、知的な点では得るところ無であると非難している。しかし、書物というものは、いずれの書物も過去の知識を、新しい視点から書き直したものであることも間違いない。元の書物よりも、いいものになるのであれば、それはそれでジャーナリストとしての腕が評価されるべきかもしれない。いくつかの盗作騒ぎがあったものの、具体的に起訴され、判決を受けたことがあるわけではない。

アタリと並んでフランスで何かと話題となるのが、ベルナール・アンリ・レヴィであるが、二人ともある意味よく似ている。二人とも六八年五月革命世代であり、有名なグランゼコールの出身であり、フランスで有名で世界的にも影響力のある文化人であり、あらゆるジャンルに口を出し、政治的であり、生まれ故郷はアルジェリア(オランとコンスタンティーヌ)でユダヤ人であることである。

アタリは古いアルジェリアのユダヤ人の家系に生まれる。父シモン(一九〇四—八七)(本書はこの父に捧げられている)は、コンスタンティーヌで孤児となり、幼い頃から働いた。香水の商売で一山当て、豊かになる。フェルナンデという女性と結婚し、一九四三年アタリが生まれる。アタリ家の上昇は、この頃からである。兄弟はことごとくパリの名門校に入学する。とりわけすさまじい成績を残したのが、このジャックである。

母親の命令で猛勉強をさせられ、幼い頃から非凡な才能を示したジャックは、やがて母とともに故郷を離れ、パリに移る。孟母三遷の教えである。やがてパリの理系の超エリート校、ポリテクニークに楽々と入学を果たす。彼は同時に同じくエリート校、政治学院、鉱山学校にも所属する。そして行政学院（ＥＮＡ）にも所属するのである。

彼の転機は、一九六六年に訪れる。ジャック・アタリの著書『それはフランソワ・ミテランであった』（*C'était François Mitterand*, Fayard, 2005）は、彼とフランソワ・ミテランとの出会いから始まる。それは一九六六年三月の凍りつくような夜のことであった。サン・タンドレ・ザールのキャバレー「ラ・トゥール・マンダリーヌ」で、ミテランが一人の女性と食事をしていた。ミテランは当時大統領選でド・ゴールと争い敗北したばかりであった。そこで彼は運命の出会いをする。やがて彼はミテランの懐刀になる。彼は「僕はレイモン・アロンになろうと夢見ていた」と述べている。アロンは、サルトルの友人で『フィガロ』の論説を書いていた右派のビッグネームである。

ミテランに認められたアタリは、ミテランの選挙区パリの南の小さな町ニエーヴルの助役となる。これが彼の政治デビューであった。当時ミテランの周りには、ジャック・ラング、レジス・ドブレ、ロラン・ファビウスなどが集っていた。

作家としてのアタリは、一九七三年に『政治生活の経済的分析』という作品でデビューしている。その後毎年のように書物を出版し続ける。出版界においても着実に評価を上げる。彼の名前を有名にしたのは、『情熱とエネルギーの科学――言葉と道具』（平田清明・斉藤日出治訳、日本評論社、一九八三年）であった。これは一九七三年の石油ショックの後の世界経済が、長期停滞に入るということを予言した書物で、新聞各紙の絶賛を浴びる。

しかし問題が起こる。それは一九八二年に出版された『時間の歴史』（蔵持不三也訳、原書房、一九八六年）である。教会時間と商人時間という考え方は、アナール派の泰斗ジャック・ル・ゴフの十八番である。一方ドイツのエルンスト・ユンガーも『砂時計』という作品がある。アタリはこの二人の作品を盗用したのではないか、という疑惑が持ち上がったのである。ここで作品のオリジナリティーの問題をどう理解するかが問われる。多作の評論家は、学問をどのように利用すべきなのかという、いわば倫理問題が問われたのである。

もっと致命的な問題は、『ヴェルバディム』という三巻にわたる書物で起こる。これはミテラン政権の内幕ものである。問題の個所はエリー・ウィセルの問題であった。ミテランとの対話の中で、ウィセルは、自分の言葉が著しく捻じ曲げられていると怒り、アタリに抗議し、それがスキャンダルになる。

確かにアタリの書物は学者が書くものよりも面白いし、読ませる。しかし一次資料に直接触れて研究するというスタイルでは当然ない。同じ問題を何年も研究し、そこから学識を得るというスタイルでもない。当然ながらミスが目立つ。それは本書にも言えることである。

しかし、民衆を啓蒙する作家であるとすれば、こうした問題があったとしても、それなりの意味はある。難しい書物をいかに読ませるか、それも才能ではある。オートクチュールのような作品をプレタポルテに落とし、大量に売りあげる能力は、巨大なアパレル会社にとって必須の条件である。読書離れの進む現在のフランスにあって、数少ないベストセラーを書ける著者であることも確かである。

アタリを批判するシトボンは、アタリは（1）学問的名声、（2）金銭的成功、（3）政治的権力、この三つを手に入れた男であると述べているが、現在のところどれも中途半端なものかもしれない。ユダヤ教のタルムードにこんな言葉がある。「三つの冠がある。トーラの王冠、祭司の王冠、王の王冠である。しかし良き名の王冠こそ、これにまさるのである」（市川裕・藤井悦子訳『タルムード入門』教文館、一九九七年、一二七頁）。最近執筆業に精魂込めている彼は、最後の良き名声に近づいているのかもしれない。

最後に

最後にこの翻訳について述べる。本書が出版されたすぐ後、二〇〇五年に藤原書店から出版するということで始めた仕事であった。しかし、二〇〇八年のリーマンショック以後、私自身の専門のマルクスの方でさまざまな本の執筆が重なり、ここまで遅れてしまった。ずっと待ち続けていただいた藤原良雄社長、山﨑優子さんには感謝する次第である。また文献目録作成を行っていただいた当時神奈川大学の院生であった田原健太郎さん、東希視さん、そしてマルクス略年表を作成していただいた経済学部准教授の川村哲也さんにもお礼をいいたい。そして昨年亡くなった私の父夏義、今年初めに逝去された我が師野地洋行先生に本翻訳書を捧げたい。

二〇一四年五月五日

的場昭弘

マルクス略年表

年	事項
一八一八	**5月5日** トリーアに弁護士の父ハインリヒ・マルクスとその妻ヘンリエッテの子として誕生
一八二四	プロテスタントの洗礼を受ける
一八三〇	フリードリヒ・ヴィルヘルム・ギムナジウムに入学
一八三五	**10月** ボン大学法学部に入学
一八三六	イェニー・フォン・ヴェストファーレンと婚約 **10月** ベルリン大学法学部に入学、その後法学をやめヘーゲルおよびヘーゲル左派を研究
一八三八	父死去
一八四一	**3月** 学位論文「デモクリトスとエピクロスの自然哲学の差異」を完成 **4月** イエナ大学より学位記を授与
一八四二	**5月** 『ライン新聞』への寄稿を開始 **10月** ケルンに移住、『ライン新聞』の主筆に就任 **11月** 『ライン新聞』編集部にてエンゲルスと面会
一八四三	**3月** 『ライン新聞』主筆を辞任 **6月** イェニーと結婚
一八四四	**2月** アーノルト・ルーゲとともに『独仏年誌』をパリで発行、「ユダヤ人問題に寄せて」「ヘーゲル法哲学批判——序説」を寄稿 **4月** 『経済学・哲学草稿』の執筆開始 **5月** 長女イェニー誕生 **8月** エンゲルスとともに『聖家族』の執筆を計画
一八四五	**2月** パリからブリュッセルに移住 『聖家族』を出版 **9月** 次女ラウラ誕生 **11月** エンゲルスとともに『ドイツ・イデオロギー』の執筆を開始
一八四六	**1月** ブリュッセルで「共産主義通信委員会」を設立 **夏** 『ドイツ・イデオロギー』の執筆を完了
一八四七	**2月** 長男エトガー誕生 **7月** 『哲学の貧困』を出版 **12月** ブリュッセルのドイツ労働者協会で講演『賃労働と資本』
一八四八	**2月** 『共産党宣言』を出版 **3月** パリで共産主義者同盟中央委員会が設立、委員長に選出 **4月** 『新ライン新聞』の刊行を準備、5月31日に第一号刊行
一八四九	**4月** 『新ライン新聞』に『賃労働と資本』に関する連載を発表（『賃労働と資本』） **5月** 『新ライン新聞』の刊行停止 **8月** ロンドン到着 **9月** 共産主義者同盟中央委員会を再建 **10月** 次男ギドー誕生

一八五〇	3月 『新ライン新聞 政治経済評論』（月刊）の刊行、後に『フランスにおける階級闘争』と題される論文を連載 9月 共産主義者同盟中央委員会分裂 大英博物館の図書館に通い、経済学批判のための研究を開始 11月 次男ギドー死去
一八五一	3月 三女フランチェスカ誕生 8月 日刊新聞『ニューヨーク・デイリー・トリビューン』へ寄稿、以後十年余り継続
一八五二	4月 三女フランチェスカ死去 5月 『ルイ・ボナパルトのブリュメール18日』が雑誌『ディ・レヴォルツィオーン』第一号に掲載
一八五三	1月 『ケルン共産党裁判の真相』を出版
一八五五	1月 四女エレナー誕生 4月 長男エトガー死去
一八五七	後に『経済学批判要綱』および『経済学批判』「序説」と題される原稿を執筆
一八五九	6月 『経済学批判 第一分冊』を出版
一八六〇	12月 『フォークト氏』を出版
一八六一	『経済学批判』と題する原稿の執筆を継続
一八六二	12月 クーゲルマンあての手紙で『経済学批判 第一分冊』の続巻は『資本論』というタイトルで出版する計画だと伝える
一八六三	12月 母ヘンリエッテ死去

一八六四	『資本論』のための原稿を執筆 9月 国際労働者協会（第一インターナショナル）が創立、暫定委員会委員に選出 10月 第一インターナショナルの「創立宣言」「暫定規約」を起草、11月に暫定委員会は規約にもとづき、指導機関を構成（中央評議会／総評議会） 11月 エイブラハム・リンカーンへあてた中央評議会の挨拶を執筆
一八六五	6月 中央評議会にて「価値、価格、利潤」についての講演（『賃金、価格および利潤』）
一八六六	10月 クーゲルマンあての手紙で『資本論』の総プラン（第一部、資本の生産過程。第二部、資本の流通過程。第三部、総過程の態様。第四部、理論の歴史のために）を伝える
一八六七	9月 『資本論』第一巻を出版（以後、続巻のための準備を継続）
一八七一	5月 総評議会の会議でパリ・コミューンについて演説、総評議会はマルクスの起草したよびかけ『フランスの内乱』を承認
一八七二	3月 『資本論』第一巻のロシア語版を出版 7月 『資本論』第一巻ドイツ語第二版第一分冊を出版 9月 『資本論』第一巻のフランス語版第一分冊を出版（七五年まで）
一八七三	1月 『資本論』第一巻ドイツ語第二版へのあとがきを執筆
一八七五	5月 ドイツ社会民主労働者党の綱領草案への批判的評注を執筆（『ゴータ綱領批判』）

一八八一	**3月** ザスーリッチあての手紙で、ロシアの農民共同体がロシア社会再生の出発点となりうる可能性を論じる **12月** 妻イェニー死去
一八八三	**1月** 長女ジェニー死去 **3月14日** マルクス死去

参照 『マルクス・エンゲルス略年譜』(大月書店、一九七五年)、『マルクス年譜』(青木書店、一九六〇年)

学出版、1987年）.

（275）WALLERSTEIN, Immanuel, *Le Capitalisme historique*, Paris, La Découverte, 2002（川北稔訳『史的システムとしての資本主義』岩波書店、1997年）.

（276）WETTLING, Wilhelm, *Die Menschheit wie sie ist und wie sie sein sollte*, München, M. Ernst, 1985.

（277）WHEEN, Francis, *Karl Marx*, London, Fourth Estates, 1999（田口俊樹訳『カール・マルクスの生涯』朝日新聞社、2002年）.

（278）WIEDEMANN, Uwe, *A Philosophical Biography.*

（279）WOLFE, Bernard, *Limbo*, Paris, Robert Laffont, 1971.

（280）WOLFF, Jonathan, *Why Read Marx Today?*, Oxford. Oxford University Press, 2002.

（281）WOLFF, Jonathan, « Marx », in *The Stanford Encyclopedia of Philospphy*.

（282）WOLFF, Robert Paul, *Understanding Marx*, Princeton（NJ）, Princeton University Press, 1984.

（283）WOOD, Allen, *Karl Marx*, London, Routledge, 1981.

（284）WOOD, Allen, « The Marxian Critique of Justice », *Philosophy and Public Affairs*, n 1., 1972.

（285）WURMBRAND, Richard, *Was Marx a Satanist?*, Glendale（United States）, Diane, 1976.

nov. 1926 à la 15e conférence du PC de l'URSS, Paris, Ed. du Centenaire, 1974（スターリン全集刊行会訳「わが党内の社会民主主義的偏向について」『スターリン全集』第 8 巻、大月書店、1958 年）.
（257）STALINE, Joseph, *Les Bases du léninisme*, présentaion de Patrick Kessel, Paris, UGE, 1969（スターリン全集刊行会訳「レーニン主義の基礎」『スターリン全集』第 6 巻、大月書店、1952 年）.
（258）STALINE, Joseph, *Doctrine de l'URSS*, Paris, Flammarion, 1938.
（259）STIRNER, Marx, *L'Unique et sa propriété,* Lausanne, L'Âge de l'homme, 1994（草間平作訳『唯一者とその所有』上下巻、岩波文庫、1929 年）.
（260）STORR, Anthony, *L'Agressivité nécessaire*, Paris, Robert Laffont, 1969（高橋哲郎訳『人間の攻撃心』晶文社、1973 年）.
（261）SUE, Eugène, *Le Juif errant,* Paris, Robert Laffon, 1992（小林龍雄訳『さまよえるユダヤ人』上下巻、角川文庫、1989 年）.
（262）SWEEZY, Paul, *The Theory of Capitalist Development*（1942）, New York, Monthly Review Press, 1970（都留重人訳『資本主義発展の理論』新評論、1967 年）.
（263）SWEEZY, Paul, et BARAN, Paul, *Le Capitalisme monpoliste*, Paris, Maspero, 1968（ 小原敬士訳『独占資本――アメリカの経済・社会秩序にかんする試論』岩波書店、1967 年）.
（264）*The Thorough Collection of Resources*, sur Internet: epistemelinks. com.
（265）TOCQUEVILLE, Alexis DE, *L'Ancien Régime et la Révolution*, Paris, Gallimard, 1979（小山勉訳『旧体制と大革命』ちくま学芸文庫、1998 年）.
（266）TOCQUEVILLE, Alexis DE, *De la colonie en Algérie*, Bruxelles, Edition Complexe, 1988.
（267）TOCQUEVILLE, Alexis DE, *Le Droit au travail*, discours prononcé à l'Assemblée nationale, le 12 sept. 1848, Paris, Guilleaumin, 1848.
（268）TOCQUEVILLE, Alexis DE, *De la démocratie en Amérique*, Paris, Charles Gosselin, 1840（松本礼二訳『アメリカのデモクラシー』全 2 巻、岩波書店、2005 年）.
（269）TOCQUEVILLE, Alexis DE, *Souvenirs, 1814-1859*, Paris, Gallimard, 1999.
（270）TRAVERSO, Enzo, *Les Marxistes et la question juive. Histoire d'un débat, 1843-1943*, Paris, Kimé, 1997（宇京頼三訳『マルクス主義とユダヤ人問題――ある論争の歴史（1843-1943 年）』人文書院、2000 年）.
（271）TROTSKY, Léon, *La Révolution trahie,* Paris, Ed. de Minuit, 1994（藤田一行訳『裏切られた革命』岩波文庫、1992 年）.
（272）TROTSKY, Léon, *Lénine,* suivi d'um texte d'André Breton, Paris, PUF, 1970（森田成也訳『レーニン』光文社古典新訳文庫、2007 年）.
（273）VIDELIER, Philippe, *Manifestez! Destin et postérité du « Manifeste communiste »*, Paris, Syllepse, 2003.
（274）WALLERSTEIN, Immanuel, *The Capitalist World. Economy Essays*, Paris, Maison des sciences de l'homme, 1991（藤原浩司ほか訳『資本主義世界経済』全 2 巻、名古屋大

雄・赤谷良雄訳『マルクス経済学』有斐閣、1951 年).
(236) ROEMER, John, *A General Theory of Exploitation and Class*, Cambridge (Ma), Harvard University Press, 1982.
(237) ROSEN, Michael, *On Voluntary Servitude*, Cambridge, Polity Press, 1996.
(238) RUBEL, Maximilien, *Bibliographie des œuvres de Karl Marx, avec en appendice un répertoire des œuvres de Frédéric Engels*, Paris, Marcel Rivière, 1956.
(239) RUGE, Arnold, *Aux origines du couple franco-allamand*, Toulouse, Presses Universitaires du Mirail, 2004.
(240) RUGE, Arnold, *Zwei Jahre in Paris,* Leipzig, 1846.
(241) RUGE, Arnold, *Werke und Briefe*, Aalen, Scientica Verlag, 1998.
(242) SAINT-SIMON, Claude Henri de, *Le Catéchisme des industriels*, Paris, 1823-1824 (森博訳『産業者の教理問答』岩波文庫、2001 年).
(243) SAINT-SIMON, Claude Henri de, *Le Nouveau Christanisme,* Paris, Hachette, 1977 (森博訳『新キリスト教』岩波文庫、2001 年).
(244) SAND, George, « Souvenirs de mars-avri 1848 » et « Journal de novembre-décembre 1851 », in *Œuvres autobiographiques*, Paris, 1971.
(245) SCHUMPETER, Joseph Alois, *Ten Great Economists*, New York, Oxford University Press, 1951; reproduit in *Capitalism, Socialism and Democracy*, London-New York, Routledge, 1992 (中山伊知郎・東畑精一監修『十大経済学者——マルクスからケインズまで』日本評論社、1952 年).
(246) SCHUMPETER, Joseph Alois, *Capitalisme, socialisme et démocratie,* Paris, Payot, 1990 (中山伊知郎・東畑精一訳『資本主義・社会主義・民主主義』東洋経済新報社、1995 年).
(247) SCHILLER, Friedrich von, *Les Brigands*, Paris, Aubier Flammarion, 1968 (久保栄訳『群盗』岩波文庫、1992 年).
(248) SEIGEL, Jerrold E., *Marx's Fate. The Shape of a Life*, Princeton, 1978.
(249) SHELLEY, Mary, *Frankenstein*, in *Three Gothic Novels*, Penguin Books, Penguin Books, 1968 (宍戸儀一訳『フランケンシュタイン』日本出版協同、1953 年).
(250) SISMONDI, Jean Charles Léonard, *Nouveaux principes d'économie politique ou de la richesse dans ses rapports avec la population,* Paris, Calmann-Lévy1971 (山口茂・菅間正朔共訳『政治經濟學新原理』慶應書房、1942 年).
(251) SOBER, E., LEVINE, A., et WRIGHT, E. O., *Reconstructing Marx*, London, Verso, 1992.
(252) SOUVARINE, Boris, *La Troisième Internationale,* précédée *d'Appel aux socialistes français*, Paris, Clarté, 1919.
(253) *Souvenirs sur Marx et Engels*, Moscou, Ed. en langues étrangères, s.d.
(254) SPENGLER, Oswald, *Prussianité et Socialisme*, Arles, Actes Sud, 1986.
(255) SPIRE, Alfred, *Inventaire des socialismes français contemporains*, Paris, Librarie de Medecis, 1945.
(256) STALINE, Joseph, *A propos de la déviation social-démocrate dans notre parti,* rapport du 1er

（214）NOEBEL, David A., *Discerner les temps*（trad. fr. d'*Understanding the Times*）, Mâcon, J.-F. Oberlin, 2003.
（215）PADOVER, Saul K., *Karl Marx. An Intimate Biography*, McGraw-Hill Book Company, 1978.
（216）PAQUOT, Thierry, *Les Faiseurs de nuages. Essai sur la genèse des marxismes français, 1880-1914*, Paris, Le Sycomore, 1980.
（217）PARETO, Vilfredo, *Œuvres complètes*, Genève, Droz, 1964, fac-similé de l'éd. de 1896.
（218）PAYNE, Robert, *The Unknown Karl Marx*, New York University Press, 1971.
（219）PEILLON, Vincent, *Pierre Leroux et le socialisme républicain*, Lafresne, Le Bord de l'eau, 2003.
（220）PERROUX, François, *Le Capitalisme*. Paris, PUF, 1958.
（221）PETERS, H. F. *Jenny la Rouge*, Paris, Mercure de France, 1986.
（222）PLEKHANOV, Georges, *Essais sur l'histoire du matérialisme*, Paris, Ed. Sociales, 1957.
（223）POPPER, Karl, *La Société ouverte et ses ennemis*, t. 2: *Hegel et Marx*, Paris, Le Seuil, 1990（内田詔夫・小河原誠訳『開かれた社会とその敵』未來社、1980年）.
（224）POULANTZAS, Nicolas, « K. Marx et F. Engels », in François Châtelet（éd.）, *La Philosophie*, t. 3: *De Kant à Husserl*, Paris, Marabout, 1979.
（225）PROUDHON, Pierre-Joseph, *Confessions d'um révolutionnaire*, Dijon, Les Presses du Réel, 2002（山本光久訳『革命家の告白』作品社、2003年）.
（226）PROUDHON, Pierre-Joseph, *La Révolution sociale démontrée par le coup d'Etat du 2 décembre*, Paris, Garnier Frères, 1852.
（227）PROUDHON, Pierre-Jooseph, *Système des contradictions économiques ou Philosophie de la misère*, Paris, Garnier Frères, 1850.
（228）PROUDHON, Pierre-Joseph, *Qu'est-ce que la propriété,* Antony, Tops-H. Trinquier, 1997（陸井四郎・本田烈訳『所有とは何か』アナキズム叢書「プルードン」第3巻、三一書房、1971年）.
（229）QUESNNAY, François, « Le Tableau économique »（1758）, in *Physiocratie. Droit naturel, tableau économique et autres textes,* Paris, Flammarion, 1991（平田清明・井上泰男訳『経済表』岩波文庫、2013年）.
（230）RADDATZ. Fritz J., *Karl Marx*, Paris, Fayard, 1978.
（231）RÜHLE, Otto, *Karl Marx, The life and work*, Paris, Grasset, 1933.
（232）RIAZANOV, David, *Karl Marx, homme, penseur et révolutionnaire,* suivis d'une Communication de Riazanov, *L'Héritage littéraire de Marx et d'Engels*, Paris, Anthoropos, 1968（土井三郎『マルクス・エンゲルス遺稿考證』同人社、1931年）.
（233）RIAZANOV, David, *Conférences faites au cours de marxisme de l'Académie socialiste en 1922*, Pantin, Les Bons Caractères, 2004.
（234）RIOUX, Jean-Pierre, *Jean Jaurés*, Paris, Perrin, 2005.
（235）ROBINSON, Joan, *An Essay on Marxian Economics*, London, Macmillian, 1949（戸田武

河出書房新社、1971年).
(194) MARCUS, Steven, *Engels, Manchester, and the Working Class*, London, Weidenfeld & Nicolson, 1974.
(195) MARCUSE, Herbert, *L'Homme unidimensionnel*, Paris, Le Seuil, 1970(生松敬三・三沢謙一訳『一次元的人間』河出書房新社、1980年).
(196) MARCUSE, Herbert, *Eros et Civilisation*, Paris, Le Club français du livre, 1968(南博訳『エロス的文明』紀伊国屋書店、1958年).
(197) MAYER, Gustav, *Friedrich Engels. Eine Biographie*, Haag, Nighoff, 1934, 2 vol.
(198) MARX-AVELING, Eleanor, *The Eastern Question*, London, S. Sonnenschein, 1897.
(199) MARX-AVELING, Edward et Eleanor, *The Working-Class Movement in America.*, London, Swan, Sonnenschen & Co., 1891.
(200) *Marx, Jenny, Laura et Eleanor, Les Filles de Karl Marx*, lettres inédites de la coll. Bottigelli, trad. et notes d'Olga Meier, Paris, Albin Michel, 1979.
(201) Marx, Jenny, *Brève esquisse d'une vie mouvementée*, in *Souvenirs sur Marx et Engels*, Moscow, Ed. en langues étrangères, s.d(栗原佑訳「波乱万丈のスケッチ」『モールと将軍』第1巻、国民文庫、1976年).
(202) MATTICK, Paul, *Marx et Keynes. Les limites de l'économie mixte*, Paris, Gallimard, 1972(佐藤武男訳『マルクスとケインズ』学文社、1982年).
(203) McLELLAN, David, *Marx before Marxism*, London, Macmillan, 1970(西牟田久雄訳『マルクス主義以前のマルクス』勁草書房、1972年).
(204) McLELLAN, David, *Karl Marx. His Life and Thought*, London, Macmillan, 1973(杉原四郎他訳『マルクス伝』ミネルヴァ書房、1976年).
(205) MEHRING, Franz, *Karl Marx. Histoire de sa vie*, Paris, Ed. Scoiales, 1983(栗原佑訳『カール・マルクス——その生涯の歴史』全2巻、大月書店、1953年).
(206) MERLINO, Francesco, *Formes et essence du socialisme,* préface de Georges Sorel, Paris, Giard et Brière, 1898.
(207) MILL, John Stuart, *Auguste Comte and Positivism,* Bristol, Thoemmes Press, 1993(村井久二訳『コントと実証主義』木鐸社、1978年).
(208) MILZA, Pierre, et MATARD-BONUCCI, Anne, *L'Homme nouveau dans l'Europe fasciste, 1922-1945*, Paris, Fayard, 2004.
(209) MITIN, E. A., *Discours sur Staline*, Moscow, Ed. internationales du Progrès.
(210) MURAT, Inès, *La IIe République, 1849-1851*, Paris, Fayard, 1987.
(211) NEGRI, Antonio, *Marx au-delà de Marx*, Paris, Chirstian Bourgeois, 1979(清水和巳他訳『マルクスを超えるマルクス』作品社、2003年).
(212) NOVE, Alec, *Le Socialisme sans Marx. L'économie du socialisme réalisable*, Paris, Economica, 1983.
(213) NICOLAÏEVSKI, Boris, et MAENCHEN-HELFEN, Otto, *La Vie de Karl Marx. L'homme et le lutteur*, Paris, La Table ronde, 1997.

（171）LENINE, Vladimir Ilitch, *De l'Etat*, conférence faite à l'université Sverdlov, le 11 juillet 1919, Moscou（「国家について（スヴェルドロフ大学での講義）1919 年 7 月 11 日」『レーニン全集』第 29 巻、1958 年）.

（172）LEVY, Amy, *The Comlete Novels and selected writings*, Gaisnesville, University Press of Florida, 1993.

（173）LEVY, Françoise, *Karl Marx. Histoire d'um bourgeois allemand*, Paris, Grasset, 1976.

（174）LEWIN, Moshe, *Le Siècle sovéitique*, Paris, Fayard, 2003.

（175）LIEBMAN, Arthur, Jews and the Left, John Wiley & Sons, 1979.

（176）LIEBKNECHT, Wilhelm, *Souvenirs sur Marx*, in *Souvenirs sur Marx et Engels*, Moscou, Ed. en langues étrangères（栗原佑訳「カール・マルクス追憶」『モールと将軍』第 1 巻、国民文庫、1976 年）.

（177）LISSAGARAY, Prosper Olivier, *Histoire de la Commune*, Paris, Maspero, 1967（喜安朗・長部重康訳『パリ・コミューン』（上下巻）、現代思潮社、1968 年）.

（178）LONDRES, Herbert, *The World and I*, Janvier, 1987.

（179）LUKACS, Georg, *La Destruction de la raison*, Paris, L'Arche, 1958-1959（『理性の破壊』（上下巻）、暉峻凌三ほか訳『ルカーチ著作集』白水社、1968 年）.

（180）LUKACS, Georg, *Balzac et le réalisme français,* Paris, Lea Découverte, 1998（男沢淳・針生一郎訳『バルザックとフランス・リアリズム』岩波書店、1955 年）.

（181）LUKACS, Georg, *Histoire et Conscience de classe*, Paris, Ed. de Minuit, 1960（『歴史と階級意識』城塚登・古田光訳、白水社、1975 年）.

（182）LUXEMBURG, Rosa, *Réforme sociale ou révolution*, Paris, Maspero, 1965.

（183）LUXEMBURG, Rosa, *L'Accumulation du capital*, Paris, Maspero, 1967（長谷部文雄訳『資本蓄積論』全 3 巻、岩波書店、1934 年）.

（184）LUXEMBURG, Rosa, *Letters et tracts de « Spartacus »*, choisis par Daniel Guérin, Paris, Ed. La Tête de feuilles, 1972.

（185）LUXEMBURG, Rosa, *Marxisme contre dictature*, Paris, R. Lefeuvre, 1974.

（186）MAAREK, Gérard, *Introduction au « Capital » de Karl Marx*, Paris, Calmann-Lévy, 1975.

（187）MACE, Arnaud, *La Matière*, Paris, Flammarion, 1998.

（188）*Magazine littéraire*, numéro spécial, novembre 1973.

（189）*Magazine littéraire*, n 324: *Karl Marx après le marxisme*, textes de Janover, Rubel, Althusser et al., septembre 1994.

（190）MAGNE, Patrice, *La Théorie marxienne et la thermodynamique*, thèse de doctorat sous la direction de René Passet, Paris, 1997.

（191）MAGUIRE, John, *Marx's Paris Writings*, Dublin, Gill & Macmillan, 1972.

（192）MANDEL, Ernest, *Traité d'économie marxiste*, Paris, Chirsitan Bourgeois, 1986（岡田純一訳『現代マルクス経済学』全 4 巻、東洋経済新報社、1972 年）.

（193）MANDEL, Ernest, *La Formation de la pensée économique de Karl Marx, de 1843 à la rédaction du « Capital »*, Paris, Maspero, 1967（山内昶・表三郎訳『カール・マルクス』

（150）KAUTSKY, Karl, *Le Marxisme et son critique Bernstein*, Paris, Stock, 1900.

（151）KAUTSKY, Karl, *Aus der Frühzeit des Marxismus*, Prague, 1935.

（152）KAUTSKY, Karl, *The Economic Doctrines of Karl Marx,* Ann Arbor（Mich.）, UMI, 1992.

（153）KESSLER, Jean, « Introduction », in *Misère de la philosophie*, Paris, Payot, 1996.

（154）KEYNES, John Maynard, *Essays in Persuasion*, London, Macmillan, 1972（宮崎義一『説得論集』『ケインズ全集』第 9 巻、1981 年）.

（155）KEYNES, John Maynard, *Théorie générale de l'emploi, de l'intérêt et de la monnaie*, Paris, Payot, 1996（間宮陽介『雇用、利子および貨幣の一般理論』全 2 巻、岩波文庫、2008 年）.

（156）KEYNES, John Maynard, *La Pauvreté dans l'abondance*, Paris, Gallimard, 2002.

（157）KOLAKOWSKI, Leszek, *Main Currents of Marxism,* Oxford, Oxford University Press, 1978, 3 vol.

（158）KOLAKOWSKI, Leszek, *Histoire du marxisme*, t. 2: *L'Age d'or de Kautsky à L'énine*, Paris, Fayard, 1987.

（159）KORSCH, Karl, *Karl Marx*, Paris, Ed. Champ Libre, 1971（野村修訳『マルクス・その思想の歴史的・批判的構成』未來社、1967 年）.

（160）LAFARGUE, Paul, *Le Droit à la paresse. Réfutation du « Droit au travail » de 1848*, nouv. éd. contenant le discours de Lénine aux obsèques de Paul et Laura Lafargue, Paris, Bureau d'éditions, 1935（田淵晋也訳『怠ける権利』平凡社ライブラリー、2008 年）.

（161）LAFARGUE, Paul, et LIEBKNECHT, Wilhelm, *Souvenirs sur Marx*, Paris, Bureau d'éditions, 1935. repris in *, Souvenirs sur Marx et Engels*, Moscou, Ed. en langues étrangères（栗原佑訳『モールと将軍』I、II、国民文庫、大月書店、1976 年）.

（162）LASSALLE, Ferdinand, *Capital et travail*, Paris, V. Giard et E. Brière, 1904.

（163）Laramé, site internet Hérodote.

（164）*Le Conseil général de la Première Internationale*, Moscow, Ed. du Progrès, 1972.

（165）LEFEBVRE, Henri, *Le Marxisme*, Paris, PUF, coll. « Que sais-je? », 1959（竹内良知訳『マルクス主義』白水社、1968 年）.

（166）LENINE, Vladimir Ilitch, *Contribution à l'histoire de la dictature,* in *Œuvres complètes*, Moscow, Ed. du Progrès（平沢三郎『プロレタリア革命と背教者カウツキー』国民文庫、大月書店、1953 年）.

（167）LENINE, Vladimir Ilitch, *Que faire ? Les questions brûlantes de notre mouvement*, Stuttgart Dietz, 1902（村田陽一『何をなすべきか』国民文庫、1971 年）.

（168）LENINE, Vladimir Ilitch, *L'Etat et la Révolution*, Paris, Seghers1971（宇高基輔訳『国家と革命』岩波文庫、1957 年）.

（169）LENINE, Vladimir Ilitch, *Karl Marx et sa doctrine,* Moscou, Ed. du Pogrès, 1971（粟田賢三訳『カール・マルクス』岩波文庫、1971 年）.

（170）LENINE, Vladimir Ilitch, *Œuvres complètes,* Ed. du Progrès（『レーニン全集』全 47 巻、大月書店、1953-1969 年）.

（131）HEGEL, Friedrich, *Phénoménologie de l'esprit*, Paris, Aubier, 1941（金子武蔵訳『精神の現象学』岩波書店、1971-1979 年）.
（132）HEINE, Heinrich, *Allemagne, Un conte d'hiver suivi de quelques poèmes*, trad. M. Pellison, Paris, 1994（井上正蔵訳『ドイツ冬物語』角川書店、1972 年）.
（133）HENRY, Michel, *Philosophie et phénoménologie du corps. Essai sur l'ontologie biranienne*, Paris, PUF, 1987（中敬夫訳『身体の哲学と現象学——ビラン存在論についての試論』法政大学出版局、2003 年）.
（134）HENRY, Michel, *Marx*, Paris, Gallimard, 1991（杉山吉弘訳『マルクス——人間的現実の哲学』法政大学出版局、1991 年）.
（135）HESS, Moses, *Rome et Jérusalem*, Paris, Albin Michel, 1981（良知力、廣松渉編『ヘーゲル左派論叢』御茶の水書房、1986 年）.
（136）HESS, Moses, *L'Essence de l'argent*,（extraits）in Elisabeth de Fontenay, *Les Figures juives de Karl Marx. L'idéologie allemande*, Paris, Galilée, 1973（山中隆次・畑孝一訳『初期社会主義論集』未來社、1970 年）.
（137）HILFERDING, Rudolf, « Aus der Vorgeschichte des Marxschen Ökonomie, In *Die Neue Zeit*, t. 29. vol2.
（138）HOBSBAWM, Eric J., *L'Âge des extrêmes: le court vingtième siècle, 1914-1991*, Bruxelles, Ed. Complexe, 1999（河合秀和訳『20 世紀の歴史——極端な時代』三省堂、1996 年）.
（139）HOBSBAWM, Eric J., *Histoire économique et sociale de la Grande-Bretagne, t. 2: De la révolution industrielle à nos jours,* Paris, Le Seuil, 1969（浜林正夫訳『産業と帝国』未來社、1984 年）.
（140）HUGO, Victor, *Napoléon le Petit*, Londres-Bruxelles, 1952（庄治和子・佐藤夏生訳『小ナポレオン』『ヴィクトル・ユゴー文学館』潮出版社、2001 年）.
（141）HOOK, Sidney, *From Hegel to Marx*, New York, Humanities Press, 1950（小野八十吉『ヘーゲルからマルクスへ——カール・マルクスの精神的成長にかんする研究』御茶の水書房、1983 年）.
（142）HORKHEIMER, Max, Adorno, T. W. *La Dialectique de la raison,* Paris, Gallimard, 1989（徳永洵訳『啓蒙の弁証法』岩波文庫、2007 年）.
（143）HUNLEY, John Dillard, *The Life and Thought of Friedrich Engels*, New Haven, Yale University Press, 1991.
（144）HUSAMI, Ziyad, « Marx on Distributive Justice », *Philosophy and Public Affairs*, 1978.
（145）JAURES, Jean, *Le Manifeste communiste de Marx et Engels. Comment se réalisera le socialisme*, Paris, Spartacus, n. 24, février1948.
（146）Kapp, Yvonne, *Eleanor. Chronique familiale des Marx*, Paris, Ed. Sociales. 1980.
（147）KAPP, Yvonne, *Eleanor Marx. The Crowded Years*, London, Lawrence & Wishart, 1976.
（148）KAPLAN, Francis, *Karl Marx*, extrait de *La Philosophie allemande de Kant à Heidegger,* Paris, PUF, 1993.
（149）*Karl Marx, sa vie et son œuvre*, Moscou, Ed. du Progrès, 1983.（Documents iconographiques）.

(113) ENGELS, Friedrich, *Lettre du 21 octobre 1871 à Mme Engels sa mère,* reproduite en annexe à *La Guerre civile en France-1871*. Paris, Ed. Sociales, 1975.

(114) ENGELS, Friedrich, Préface à une édition du *Manifeste communiste*, Paris, Ed. Sociales1980（的場昭弘訳『新訳共産党宣言』作品社、2010 年）.

(115) ENGELS, Friedrich, *Préface* au livre III du *Capital*, in *CAP*, liv. III（『マルクス＝エンゲルス全集』第 25 巻 a、1966 年）.

(116) FEUERBACH, Ludwig, *La Philosophie de l'avenir*, trad. Louis Althusser, in *Manifestes philosophiques*, Paris, PUF, 1960（松村一人・和田楽訳『将来哲学の根本問題』岩波文庫、1967 年）.

(117) FEUERBACH, Ludwig, *L'Essence du christianisme*, Leipzig, 1841, Paris, Gallimard, 1992（船山信一訳『キリスト教の本質』上下巻、岩波文庫、1965 年）.

(118) FEUERBACH, Ludwig, *Pensées sur la mort et sur l'immortalité*, Paris, Pocket, 1997（猪木正道訳『死と不死について』鬼怒書房、1948 年）.

(119) FREYMOND, Jacques, *La Première Internationale, Recueil de documents publiés par Jacques Freymond*, Genève, Droz, 1962.

(120) ENGELS, Friedrich, et LAFARGUE, Paul et Laura, *Correspondance*, textes recueillis, annotés et présentés par Emil Bottigelli, trad. Paul Meier, Paris, Ed. Sociales, 1956-1959, 3vol.

(121) GALBRAITH, John Kenneth, *Capitalisme, communisme et coexistence*, Paris, Inter Editions, 1988（中村達也訳『資本主義、共産主義、そして共存』ダイヤモンド社、1989 年）.

(122) GERAS, Norman, « The Controversy about Marx and Justice », in A. Callinicos (ed.), *Marxist Theory*, Oxford, Oxford University Press, 1989.

(123) GIROUD, Françoise, *Jenny Marx, la femme du diable*, Paris, Robert Laffont, 1992（幸田礼雅訳『イェニー・マルクス――「悪魔」を愛した女』新評論、1995 年）.

(124) GOETHE, Johann Wolfgang von, *Campagne de France, 23 août-20 octobre 1792,* Paris, Hachette, 1915.

(125) GRAMSCI, Antonio, *Cahiers de prison*, t. 1: Cahiers 1, 2, 3, 4, Paris, Gallimard, 1996（獄中ノート翻訳委員会訳『グラムシ獄中ノート』大月書店、1981 年）.

(126) GROSOS, Philippe, « Michel Henry ou le dernier système », *Etudes philosophiques*, avril-juin1998.

(127) GUERIN, Daniel, *Ni Dieu ni maître. Anthologie de l'anarchisme,* Paris, Ed. D Delphes, 1966. ; rééd Lausanne, 1999（長谷川進・江口幹訳『神もなく主人もなく――アナキズム・アンソロジー』（全 2 巻）、河出書房新社、1973 年）.

(128) HAUBTMANN, Pierre, Proudhon, *Marx et la pensée allemande*, Grenoble, PUG, 1981.

(129) HEGEL, Friedrich, *Principes de la philosophie du droit,* Paris, Gallimard, 1963（『法哲学』岩波書店）.

(130) HEGEL, Friedrich, *Encyclopédie des sciences philosophiques,* Paris, Vrin, 1994. § 482（真下信一・宮本十蔵訳『小論理学』岩波書店、1996 年）.

(94) *Correspondance Engels-Lafargue*, Ed. Sociales, Paris, 1956.
(95) COURIER, Paul-Louis, *Pamphlets politiques et littéraires*, Paris, Ed. d'Aujourd'hui, 1984.
(96) DARWIN, Charles, *La Descendance de l'homme et la sélection naturelle*, Bruxelles, Ed. Complexe, 1981（長谷川真理子訳『人類の進化と性淘汰』文一総合出版、1999 年）.
(97) DARWIN, Charles, *The Origins of Species by Means of Natural Selection*, fac-similé de la 1re éd. Anglaise de 1859, Cambridge, Harvard University Press, 1966（八杉竜一訳『種の起原』岩波文庫、1963 年）.
(98) DERRIDA, Jacques, *Spectres de Marx*, Paris, Galilée, 1993（増田一夫訳『マルクスの亡霊たち』藤原書店、2007 年）.
(99) DESBROUSSES, Hélène, *Le Mouvement des masses ouvrières en France entre les deux guerres*, Centre de sociologie historique, 1975.
(100) DRAPER, Hal, *The Marx-Engels Register. A Complete Bibliography of Marx and Engels' Individual Writings*, New York, Shoken Book, 1986.
(101) DRAPER, Hal, *The Marx-Engels Chronicle. A Day-by-Day Chronology of Marx and Engels' Life and Activity*, New York, Shoken Book, 1985.
(102) DEVILLE, Gabriel, *Aperçu sur le socialisme scientifique*, Paris, Flammarion, 1987.
(103) EAGLETON, Terry, *Marx et la liberté*, Paris, Le Seuil, 2000.
(104) ELLEINSTEIN, Jean, *Histoire mondiale des socialismes*, Paris, Armand Collin, 1984. t. 2.
(105) ELLEINSTEIN, Jean, *Marx,* Paris, Fayard, 1981.
(106) ELSTER, Jon, M*aking Sense of Marx*, Cambridge, Cambridge University Press, 1985.
(107) ENGELS, Friedrich, Introduciton à l'éd. anglaise de *Socialisme utopique et socialisme scientifique*（『空想から科学へ』英語版序文、『マルクス＝エンゲルス全集』第 19 巻、1968 年）.
(108) ENGELS, Friedrich, *Socialisme utopique et socialisme scientifique*, nouv. éd., introduction et préface de F. Engels, Paris, Ed. Sociales, 1977（『空想から科学へ』『マルクス＝エンゲルズ全集』第 19 巻、1968 年）.
(109) ENGELS, Friedrich, *L'Anti-Dühring*, Paris, Ed. Sociales, 1971（『反デューリング論――オイゲン・デューリング氏の科学の変革』『マルクス＝エンゲルス全集』第 20 巻、1968 年）.
(110) ENGELS, Friedrich, *La Situation de la classe laborieuse en Angleterre*, avec la préface de 1892, Paris, Ed. Sociales, 1961（『イギリスにおける労働者階級の状態』『マルクス＝エンゲルス全集』第 2 巻、1960 年）.
(111) ENGELS, Friedrich, *La Dialectique de la nature*, Paris, Marcel Rivière, 1950（『自然弁証法』『マルクス＝エンゲルス全集』第 20 巻、1968 年）.
(112) ENGELS, Friedrich, *Le Procès des communistes à Cologne*, in *La Révolution démocratique bourgeoise en Allemagne*, Paris, Ed Sociales, 1952. repris dans *les Œuvres choisies* de Marx-Engels, t. I, Moscou, 1970（「ケルン共産党裁判」『マルクス＝エンゲルス全集』第 8 巻、大月書店、1962 年）.

Champ Libre, 1975.
(71) BENSAÏD, Daniel, *Marx, les hiéroglyphes de la modernité*, Paris, Txtuel, 2001.
(72) BENSUSSAN, Gérard, et LABICA, Georges, *Dictionnaire critique du marixsme*, Paris, PUF, 1982.
(73) BERLE, Adolf A. Jr, *The XXth Century Capitalism Revolution*, New York, Brace& Co., 1954（桜井信行訳『二十世紀資本主義革命』東洋経済新報社、1956年）.
(74) BERLIN, Isaiah, *Karl Marx, His Life and Environment*, Oxford-London-New York, Oxford University Press, 1978（倉塚平・小箕俊介訳『カール・マルクス――その生涯と環境』中央公論社、1974年）.
(75) BERNSTEIN, Edouard, *Les Prémisses du socialisme*, Paris, Le Seuil, 1974.
(76) BEROUD, Sophie, MOURIAUX, René, et VAKALOULIS, Michel, *Le Mouvement social en France. Essai de sociologie politique,* Paris, La Dispute, 1998.
(77) BLANC, Louis, *Histoire de la Révolution française*, Paris, 1847, t. 1, et 2.
(78) BLUMENBERG, Werner, *Marx*, Paris, Mercure de France, 1967（浜井修・堤彪訳『マルクス』理想社、1983年）.
(79) BOCCARA, Paul, *Etudes sur le capitalisme monopoliste d'Etat, sa crise et son issue*, Paris, Ed, Sociales, 1977.
(80) BONVICINI, Stéphanie, *Louis Vuitton. Une saga française*, Paris, Fayard, 1988.
(81) BOTTIGELLI, Emile, *Genèse du socialisme scientifique*, Paris, Ed. Sociales, 1967（服部文男・梶原昭彦訳『科学的社会主義の形成』新日本出版社、1973年）.
(82) BROUE, Pierre, *Trotsky*, Paris, Fayard, 1988（杉村昌昭・毬藻充監訳『トロツキー』（全三冊）、柘植書房、1993年）.
(83) BUTLER, Samuel, *Erewhon ou De l'autre côté des montagnes*, trad. Valéry Lanbaud, Paris, NRF, 1920.（石原文雄訳『エレホン――倒錯したユートピア』音羽書房、1979年）.
(84) CABET, Etienne, *Voyage en Icarie,* Paris, Le Polulaire, 1848.
(85) CALVEZ, Jean-Yves, *La Pensée de Karl Marx*, Paris, Le Seuil, 1956; rééd. 1970.
(86) CANTO-SPERBER, Monique, *Les Règles de la Liberté*, Paris, Plon, 2003.
(87) CARRERE D'ENCAUSSE, Hélène, *Lénine,* Paris, Fayard, 1998（石崎晴己・東松秀雄訳『レーニンとは何だったか』藤原書店、2006年）.
(88) CARVER, Terrell, *Marx's Social Theory*, New York, Oxford University Press, 1982.
(89) CARVER, Terrell (ed.), *The Cambridge companion to Marx,* Cambridge, Cambridge University Press, 1991.
(90) CASTEL, Robert, *L'Insécurité sociale*, Paris, Le Seuil, coll. « La République des idées » 2003.
(91) CHARLE, Christophe, *Les Intellectuels en Europe au XIXe siècle* , Paris, Seuil, 1996（白鳥義彦訳『「知識人」の誕生』藤原書店、2006年）.
(92) COHEN, G. A., *Karl Marx's Theory of History. A Defence*, 2e ed, Oxford, Oxford University Press, 2001.
(93) COHEN, G. A., History, *Labour and Freedom*, Oxford, Oxford University Press, 1988.

ム国際社会史研究所の草稿）.

マルクス著以外の文献

（51）ACTON, H. B., *The Illusion of the Epoch*, Londres, Cohen&West, 1955.

（52）AGLIETTA, Michel, *La Fin des devises clés. Essai sur la monnaie internationale*, Paris, La Découverte, 1986（斉藤日出治訳『基軸通貨の終焉——国際通貨体制へのレギュラシオン的接近』新評論、1989 年）.

（53）ALBERTINI, J. M, et SILEM, A., *Comprendre les théories économiques*, Paris, Le Seuil, 2001.

（54）ALTHUSSER, Louis, et al., *Lire « Le Capital »*, Paris, PUF, 1986（今村仁司訳『資本論を読む』（上、中、下巻）筑摩書房、1996-1997 年）.

（55）ALTHUSSER, Louis, *Positions*, Paris, Ed. Sociales, 1976.

（56）ALTHUSSER, Louis, *Pour Marx*, Paris, La Découverte, 1986（河野健二・田村俶・西川長夫訳『マルクスのために』平凡社ライブラリー、1994 年）.

（57）AMIN, Samir, *L'Echange inégal et la loi de la valeur*, Paris, Anthropos, coll. « Economie », 1988（花崎皋平訳『不等価交換と価値法則』亜紀書房、1979 年）.

（58）ARON, Raymond, *Le Marxisme de Marx*, Paris, Fallois, 2002.

（59）ARON, Raymond, *L'Opium des intellectuels*, Paris, Hachette, coll. « Pluriel », 1991（渡辺善一郎訳『現代の知識人』論争社、1960 年）.

（60）ARON, Raymond, *De Marx à Mao-Tsé-toung. Un siècle d'Internationale marxiste,* Paris, Calmann-Lévy, 1967.

（61）ARTUS, Patrick, *Karl Marx is back*, paru dans Flash CDC Ixis Capital Markets et reproduit dans *Problèmes économiques*, n 2756, 10 avril 2002.

（62）ATTALI, Jacques, *Les Juifs, le monde et l'argent*, Paris, Fayard, 2002.

（63）ATTALI, Jacques, *Fraternités*, Paris, Fayard, 1999（近藤健彦・瀬藤澄彦共訳『反グローバリズム——新しいユートピアとしての博愛』彩流社、2001 年）.

（64）ATTALI, Jacques, *Bruits*, Paris, PUF, 1977（金塚貞文訳『ノイズ——音楽 / 貨幣 / 雑音』みすず書房、1995 年）.

（65）ATTALI, Jacques, *L'Homme nomade*, Paris, Fayard, 2003.

（66）ATTALI, Jacques, *Les Trois Mondes*, Paris, Fayrad, 1981.

（67）ATTALI, Jacques, *Au propre et au figuré. Une histoire de la propriété*, Paris, Fayard, 1987（山内昶訳『所有の歴史——本義にも転義にも』法政大学出版局、1994 年）.

（68）BACH, I. et STEPANOVA, E. A., La *Première Internationale. Le Conseil général et son rôle dans l'AIT*, Ed du CNRS.

（69）BALZAC, Honoré de, *La Comédie humaine*, Paris, Gallimard, coll, « Bibliothèque de la Pléiade », 1990, 12vol（『人間喜劇セレクション』全 13 巻・別巻 2、鹿島茂・山田登世子・大矢タカヤス責任編集、藤原書店、1999 〜 2002 年）.

（70）BAKOUNINE, Michel, *Œuvres complètes*, t. 3: *Les Conflits dans l'Internationale*, Paris,

Paris, Gallimard, coll. « Bibliothèque de la Pléiade », t1: *Economie,* 1963, « Appendices »（的場昭弘「《共産党宣言》ロシア語版序文」『新訳共産党宣言』作品社、2010 年）.
（33）MARX, Karl, *Pour une critique de la philosophie du droit de Hegel* in *Oeuvres*, Paris, Gallimard, coll. « Bibliothèque de la Pléiade », t. 3, 1982（「ヘーゲル国法論批判」『マルクス＝エンゲルス全集』第 1 巻）.
（34）MARX, Karl, *Salaire, prix et profit*, Paris, Ed. Sociales, 1973（『賃金、価格、利潤』『マルクス＝エンゲルス全集』第 16 巻、1966 年）.
（35）MARX, Karl, *Travail salairé et capital,* Paris, Ed. Sociales. 1955（『賃労働と資本』『マルクス＝エンゲルス全集』第 6 巻、1961 年）.
（36）MARX, Karl, *Histoire des doctrines économiques*, ed. Karl Kautsky, trad. J. Molitor, Paris, A. Costes, 1924-25, 8vol.
（37）MARX, Karl, *La Russie*, précédée de « Karl Marx et l'origine de l'hégémonie de la Russie en Europe » par David Riazanov, Paris, Union générale d'éditions, 1974.
（38）MARX, Karl, *Le Capital,* liv. II: *Le Procès de la circulation du capital,* traduit sous le contrôle d'E. Bottigelli（『資本論』第 2 巻、『マルクス＝エンゲルス全集』第 24 巻）.
（39）MARX, Karl, et ENGELS, Friedrich, *Critique des programmes de Gotha et d'Erfurt*（『ゴータ綱領批判』『マルクス＝エンゲルス全集』）.
（40）MARX, Karl, et ENGELS, Friedrich, *Letters sur les sciences de la nature et les mathématiques*, Paris, Ed. Sociales, 1974.
（41）MARX, Karl, et ENGELS, *Friedrich, Manifeste du Parti communiste*, Paris, Ed. Sociales, 1966（的場昭弘訳『新訳共産党宣言』作品社、2010 年）.
（42）MARX, Karl, et ENGELS, Friedrich, *The communist Manifesto*, ed. Frederic L. Bender, Norton, 1988.
（43）MARX, Karl, et ENGELS, Friedrich, *La Sainte Famille, ou Critique de la critique, contre Bruno Bauer et consorts*, trad. E. Cogniot（『聖家族』『マルクス＝エンゲルス全集』第 2 巻、1960 年）.
（44）MARX, Karl, et ENGELS, Friedrich, *Marxisme et Algérie*, Présentation et trad. Gallissot et Badia, Paris, UGE, 1976.
（45）*Nouvelle Gazette rhénane, textes de Marx et Engels*, Paris, Ed. Sociales, 3 vol.
（46）MARX, Karl, et ENGELS, Friedrich, *Correspondance*, éd. Gilbert Badia et Jean Mortier, Ed. Sociales, t. 1 a 12, 1971-1994（岡崎次郎訳『マルクス＝エンゲルス往復書簡　1-3』岩波文庫、1951-1952 年）.
（47）*Archives de Marx*, Internet, www. marxists. org et autres sites.
（48）*Lettres sur « Le Capital »*, présentées et annotées par Gilbert Badia, Paris, Ed. Sociales, 1964（『資本論書簡』大月書店、1971 年）.
（49）MARX, Karl, et Jenny, et ENGELS, Friedrich, *Lettres à Kugelmann*, Paris, Ed. Sociales, 1971（中内通明訳『クーゲルマンへの手紙』大月書店、1971 年）.
（50）Fonds d'archives de l'Institut international d'histoire sociale, Amsterdam（アムステルダ

Paris, PUF, 1987（「フォイエルバッハのテーゼ」『マルクス＝エンゲルス全集』第 3 巻、1963 年）.
（17）MARX, Karl, *La différence de la philosophie de la nature chez Démocrite et Epicure*, trad et notes de Jean Ponnier, Bordeaux, Ducros, 1970.（「デモクリトスの自然哲学とエピクロスの自然哲学の差異」『マルクス＝エンゲルス全集』第 40 巻、1975 年）.
（18）MARX, Karl, *Ecrits militaires*, trad. et présentation par Roger Dangeville, Paris, L'Herne, 1970.
（19）MARX, Karl, *Fondements de la critique de la critique de l'économie politique*, Paris, Anthropos, 1968.
（20）MARX, Karl, *Le 18 Brumaire de Louis Bonaparte*, Paris, Ed. Sociales, 1968（『ルイ＝ボナパルトのブリュメール 18 日』『マルクス＝エンゲルス全集』第 8 巻、1962 年）.
（21）MARX, Karl, *Les Luttes de class en France, 1848-1850*, Paris, Ed. Sociales, 1952（『フランスにおける階級闘争』『マルクス＝エンゲルス全集』第 7 巻、1961 年）.
（22）MARX, Karl, *La Guerre civil en France – 1871*（*la Commune de Paris*）, Paris, 1953. Ed. Sociales（『フランスの内乱』『マルクス＝エンゲルス全集』第 17 巻、1966 年）.
（23）MARX, Karl, *Manuscrits de 1844. Economie politique et philosophie*, trad. E. Bottigelli, Paris, Ed. Sociales, 1962（『経済学・哲学草稿』『マルクス＝エンゲルス全集』第 40 巻，1975 年）.
（24）MARX, Karl, *Misère de la philosophie. Réponse à la philosophie de la misére de M. Proudhon*, Paris, Ed. Sociales, 1962（『哲学の貧困』『マルクス＝エンゲルス全集』第 4 巻、1960 年）.
（25）MARX, Karl, *La Question juive*, Paris, Aubier, 1971（的場昭弘訳『新訳初期マルクス』作品社、2013 年）.
（26）MARX, Karl, *Réflexion d'un jeune homme sur le choix d'une carrière*, dissertation d'août 1835.「職業を選択するに当たっての青年の考察」『マルクス＝エンゲルス全集』第 40 巻、1975 年）.
（27）MARX, Karl, *Letters à Kugelmann, préface de Lénine*, Paris, Anthropos, 1968（中内通明『クーゲルマンへの手紙』大月書店、1971 年）.
（28）MARX, Karl, *La Critique moralisante ou la morale critique,* t. 3 de La Sainte Famille, Paris, A. Costes, 1928（「道徳的批判と批判的道徳」『マルクス＝エンゲルス全集』第 4 巻、大月書店）.
（29）MARX, Karl, « La domination britanique en Inde », *New York Daily Tribune*（「イギリスのインド支配」『マルクス＝エンゲルス全集』第 9 巻、大月書店）.
（30）MARX, Karl, « Les résultats éventuels de la domination britannique en Inde », *New York Daily Tribune,* n 3840, 8 août 1853（「イギリスのインド支配の将来の結果」『マルクス＝エンゲルス全集』第 9 巻、大月書店）.
（31）MARX, Karl, *Discours sur le libre échange,* trad. G Plekhanov, Genève, 1885. repris dans t. 1 des *Ouveres* de la coll. « Bibliothèque de la Pléiade »（「自由貿易問題についての演説」『マルクス＝エンゲルス全集』第 4 巻、1960 年）.
（32）MARX, Karl, « Préface » à la 2e éd. Russe（1882）du *Manifeste communiste*, in *Oeuvres*,

が彼女に託した手紙の一部を公刊した。アムステルダムの社会史国際研究所は同様にそのアーカイヴをイヴォン・カップに公開し、いくつかの文章を公表することを許可した。リープクネヒトからの、そしてリープクネヒトへの手紙はドイツ語で出版された。

マルクスの著作

（1）MARX, Karl, *Oeuvres*, trad. sous la dir. de Maximilien Rubel, Paris, Gallimard, coll. Bibliothèque de la Pléiade, 1963（全 4 巻で、2 巻が経済学で、哲学、政治学で各 1 巻）.

（2）MARX, Karl, *Oeuvers complètes*, Paris Ed. Sociales, 1947-1989, その中で *la Correspondance K. Marx et F. Engels*（*1835-1874*）, 1971-1989. 12 巻が刊行された。

（3）MARX, Karl, *Oeuvers complètes*, trad. Jules Molitor, Paris, Alfred Costes, 1939.

（4）MARX, Karl et ENGELS, Friedrich, *Historisch-Kritische Gesamtausgabe*（*MEGA*）, Moscou-Berlin, Institut du marxisme-lénisme, Diets, 1975-1994.

（5）MARX, Karl et ENGELS, Friedrich, *Werke*（MEW）, Institut für Marxismus-Leninismus, Berlin, Dietz, 1958-1985（『マルクス＝エンゲルス全集』大月書店、1959-91 年）.

（6）MARX, Karl et ENGELS, Friedrich, *Selected Works*, Moscou, Foreign Language Publishing House, 1962., 2vols.

（7）MARX, Karl et ENGELS, Friedrich, *Collected Works*, New York-London, International Publishers, 1975.

（8）MARX, Karl, *Adresses du Conseil général de l'AIT sur la Guerre franco-allemande et sur la guerre civile en France en 1871*, In *Oeuvres choisies* de Marx et Engels, t. 2, Moscou, Ed du Progrèss, 1970, 3vol.

（9）MARX, Karl, *Le Capital*, éd. populaire（résumé-extraits）par Julien Borchardt, Paris, PUF, 1935.

（10）MARX, Karl, *Early Writings*, trad. Rodney Livingstone, Penguin Books, 1992.

（11）MARX, Karl, *The American Journalism of Marx and Engels. A selection from the New York Daily Tribune*, édité par Henry M. Christman, intro. par Charles Blitzer, The New American Library, 1966.

（12）MARX, Karl, *Le Capital. Critique de l'économie politique*, liv. I: *Le Développement de la production capitaliste*, trad. Jules Roy entièrement révisée par l'auteur, Paris, Ed. Sociales, 1948-1960, 8vol（『資本論』第 1 巻『マルクス＝エンゲルス全集』第 23 巻、1966 年）.

（13）MARX, Karl, *Le Capital. Critique de l'économie politique*, liv. III: *Le Procès d'ensemble de la production capitaliste*, trad. C. Cohen-Solal et G. Badia, Paris, Ed. Sociales, 1957-1960, 3vols（『資本論』第 3 巻『マルクス＝エンゲルス全集』第 25 巻、1967 年）.

（14）MARX, Karl, *L'Idéologie allemande*, in *Oeuvres Philosophiques*, II, Paris, Ed. Champ Libre, 1981（『ドイツ・イデオロギー』『マルクス＝エンゲルス全集』第 3 巻、1963 年）.

（15）MARX, Karl, *Contribution à la critique de l'économie politique*, Ed. Sociales, 1957（『経済学批判』『マルクス＝エンゲルス全集』第 13 巻、1964 年）.

（16）MARX, Karl, *Thèses sur Feuerbach*, in Georges Labica, *Karl Marx, les thèses sur Feuerbach*,

文献目録

マルクスとエンゲルスの著作には二つの全集がある。

1) Karl Marx und Friedrich Engels, *Historische Gesamtausgabe Werke/Schriften /Briefe*. いわゆるMEGA、モスクワのマルクス＝エンゲルス研究所リヤザノフとアドラツキーの指導のもとに編集。リヤザノフによって計画されたうち刊行されたのは12巻。

2) *Karl Marx und Friedrich Engels Werke*. いわゆるMEW。1957-85年、ベルリンのディーツから、マルクス主義＝レーニン主義研究所、ドイツ社会主義統一党中央委員会によって、45巻が刊行された。

モスクワとベルリンのマルクス主義＝レーニン主義研究所は1975年以後、予定では133巻の「完全な」版、MEGAを企画する。そのうち45巻が1975-94年ディーツから刊行され、計画はアムステルダムの社会史国際研究所に引き継がれた〔その後ドイツのブランデンブルク研究所に引き継がれている―訳者〕。

フランス語では、三つのマルクス全集が存在する。

1) ジュール・モリトールの翻訳によって、1923年から1947年にアルフレッド・コストから刊行されたもの。そこには、『資本論』(14巻)、『剰余学説史』(8巻)、『フォークト氏』、『ルイ・ボナパルトのブリュメール18日』(3巻)、『ドイツにおける革命と反革命』(1巻)、『哲学集』(8巻)、『哲学の貧困』(1巻)、『ケルンの裁判官の前のカール・マルクス』(1巻)、『カール・マルクスとフリードリヒ・エンゲルスの往復書簡』(9巻)が含まれている。

 フリードリヒ・エンゲルスの作品もブラッケ訳でアルフレット・モリトールから刊行された。

2) エディシオン・ソシアール版。1945年から出版されたが、往復書簡集の12巻で中断する。

3) 1963年から始まる、マクシミリアン・リュベルによるガリマールの「プレイアード版」。

どの出版社もばらばらの作品、論文集、往復書簡集を刊行した。

マルクス、彼の娘、エンゲルス、その他の人々との往復書簡は、すべてフランス語で刊行されたわけではない。だから、私の手で英語の手紙をいくつか翻訳した。エディシオン・ソシアールはリヤザノフが明らかにした資料を出版した。イヴォン・カップは私的な書簡、たとえばマルクスの家族の手紙(以前はロンゲ家の私有物であった)も調べつくしたが、彼女が調査した場所、その所有者はエミール・ボティッジェリ(ナンテールのパリ第10大学の教授)であったが、彼女はマルセル・シャルル・ロンゲ

══ 夫婦関係

── 親子関係

※ **歴史上の人物**

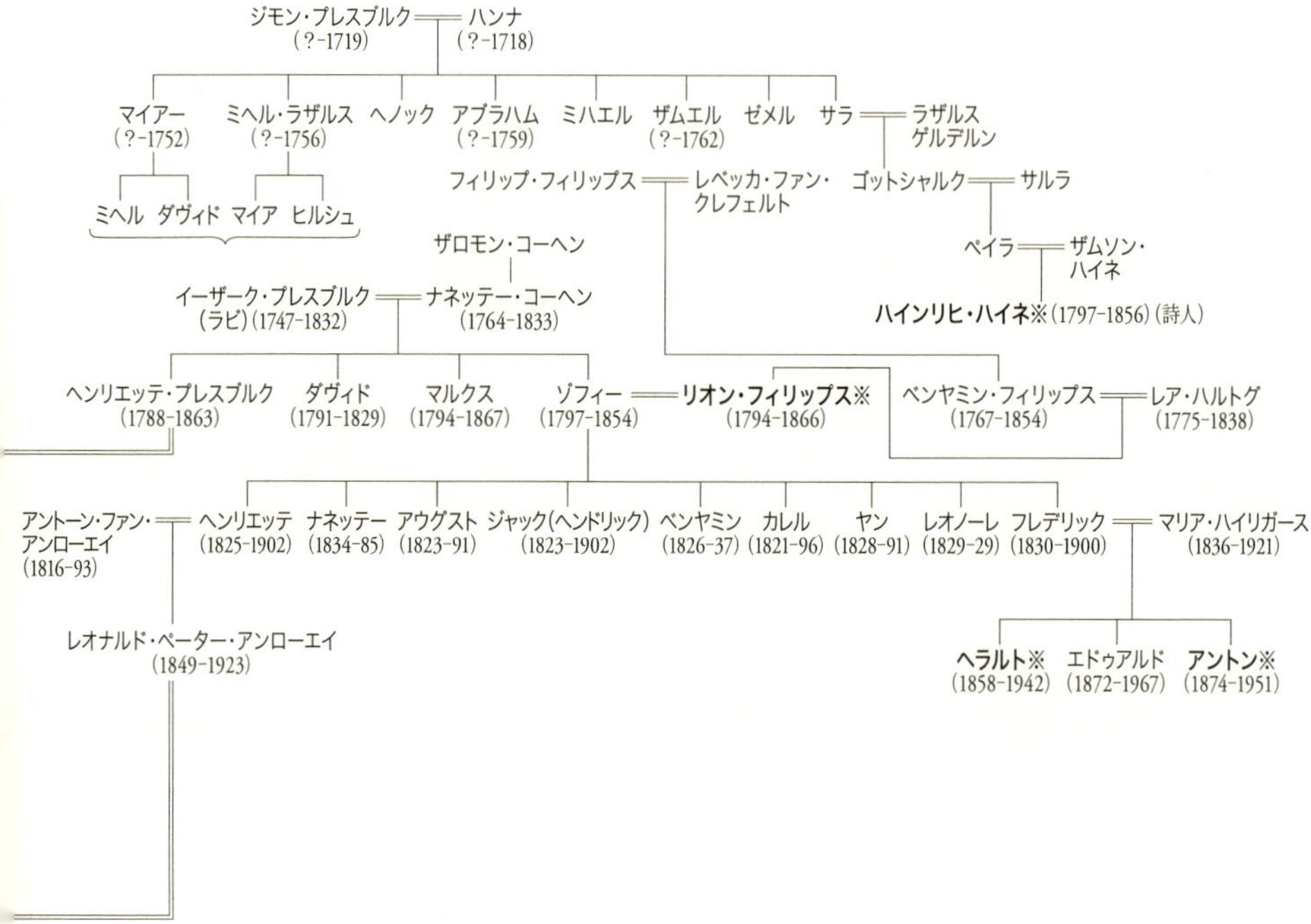
ジモン・プレスブルク (?-1719)
ハンナ (?-1718)
マイアー (?-1752)
ミヘル・ラザルス (?-1756)
ヘノック
アブラハム (?-1759)
ミハエル
ザムエル (?-1762)
ゼメル
サラ
ラザルス ゲルデルン
ミヘル
ダヴィド
マイア
ヒルシュ
フィリップ・フィリップス
レベッカ・ファン・クレフェルト
ゴットシャルク
サルラ
ベイラ
ザムソン・ハイネ
ハインリヒ・ハイネ※ (1797-1856) (詩人)
ザロモン・コーヘン
イーザーク・プレスブルク (ラビ) (1747-1832)
ナネッテー・コーヘン (1764-1833)
ヘンリエッテ・プレスブルク (1788-1863)
ダヴィド (1791-1829)
マルクス (1794-1867)
ゾフィー (1797-1854)
リオン・フィリップス※ (1794-1866)
ベンヤミン・フィリップス (1767-1854)
レア・ハルトグ (1775-1838)
アントーン・ファン・アンローエイ (1816-93)
ヘンリエッテ (1825-1902)
ナネッテー (1834-85)
アウグスト (1823-91)
ジャック(ヘンドリック) (1823-1902)
ベンヤミン (1826-37)
カレル (1821-96)
ヤン (1828-91)
レオノーレ (1829-29)
フレデリック (1830-1900)
マリア・ハイリガース (1836-1921)
レオナルド・ペーター・アンローエイ (1849-1923)
ヘラルト※ (1858-1942)
エドゥアルド (1872-1967)
アントン※ (1874-1951)

マルクス家の家系図（的場昭弘・作成）

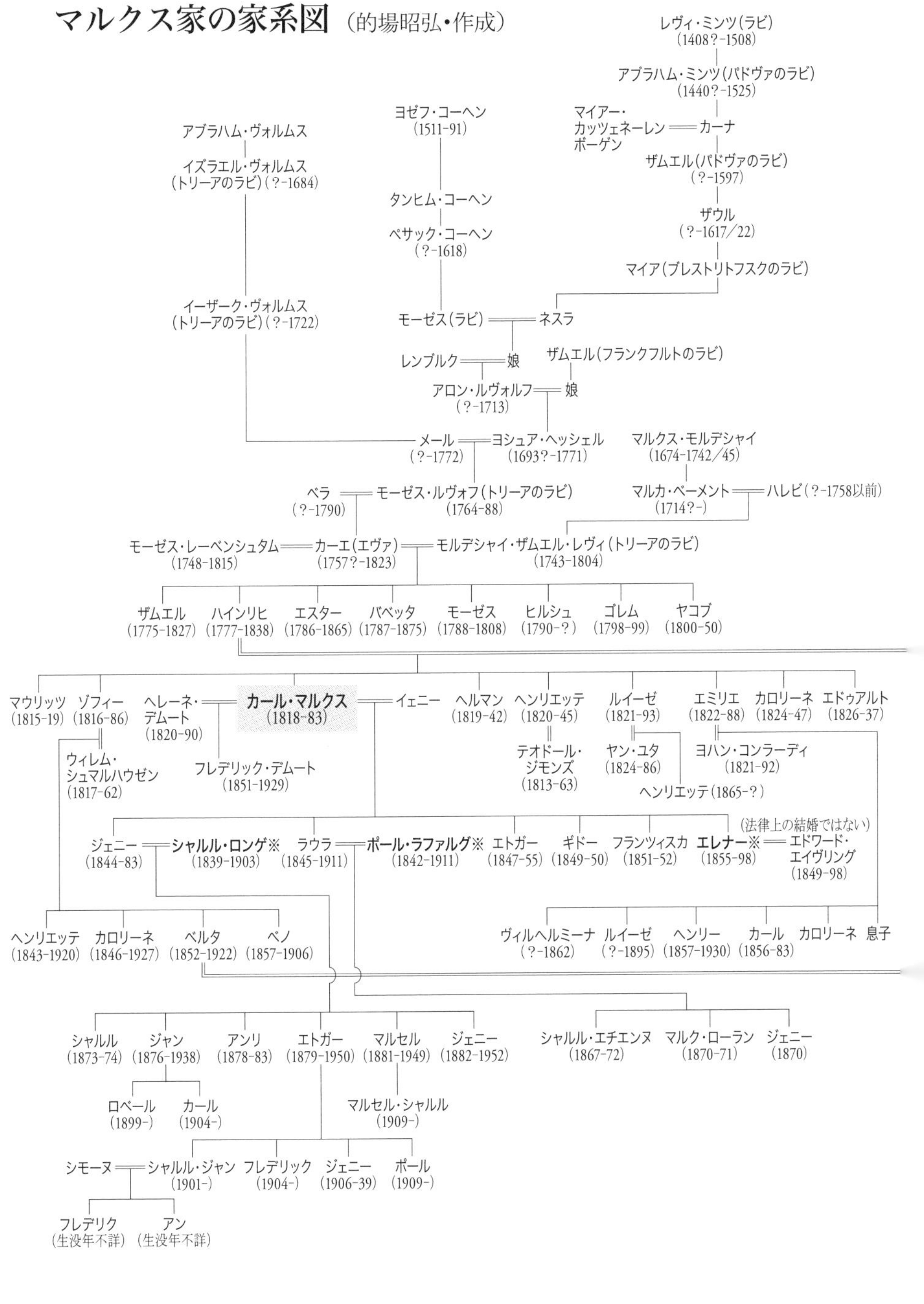
レヴィ・ミンツ（ラビ）
（1408？-1508）
アブラハム・ミンツ（パドヴァのラビ）
（1440？-1525）
ヨゼフ・コーヘン
（1511-91）
マイアー・カッツェネーレンボーゲン
カーナ
アブラハム・ヴォルムス
イズラエル・ヴォルムス
（トリーアのラビ）（？-1684）
ザムエル（パドヴァのラビ）
（？-1597）
タンヒム・コーヘン
ザウル
（？-1617／22）
ペサック・コーヘン
（？-1618）
マイア（ブレストリトフスクのラビ）
イーザーク・ヴォルムス
（トリーアのラビ）（？-1722）
モーゼス（ラビ）
ネスラ
レンブルク
娘
ザムエル（フランクフルトのラビ）
アロン・ルヴォルフ
（？-1713）
娘
メール
（？-1772）
ヨシュア・ヘッシェル
（1693？-1771）
マルクス・モルデシャイ
（1674-1742／45）
ベラ
（？-1790）
モーゼス・ルヴォフ（トリーアのラビ）
（1764-88）
マルカ・ベーメント
（1714？-）
ハレビ（？-1758以前）
モーゼス・レーベンシュタム
（1748-1815）
カーエ（エヴァ）
（1757？-1823）
モルデシャイ・ザムエル・レヴィ（トリーアのラビ）
（1743-1804）
ザムエル
（1775-1827）
ハインリヒ
（1777-1838）
エスター
（1786-1865）
バベッタ
（1787-1875）
モーゼス
（1788-1808）
ヒルシュ
（1790-？）
ゴレム
（1798-99）
ヤコブ
（1800-50）
マウリッツ
（1815-19）
ゾフィー
（1816-86）
ヘレーネ・デムート
（1820-90）
カール・マルクス
（1818-83）
イェニー
ヘルマン
（1819-42）
ヘンリエッテ
（1820-45）
ルイーゼ
（1821-93）
エミリエ
（1822-88）
カロリーネ
（1824-47）
エドゥアルト
（1826-37）
ウィレム・シュマルハウゼン
（1817-62）
フレデリック・デムート
（1851-1929）
テオドール・ジモンズ
（1813-63）
ヤン・ユタ
（1824-86）
ヨハン・コンラーディ
（1821-92）
ヘンリエッテ（1865-？）
（法律上の結婚ではない）
ジェニー
（1844-83）
シャルル・ロンゲ※
（1839-1903）
ラウラ
（1845-1911）
ポール・ラファルグ※
（1842-1911）
エトガー
（1847-55）
ギドー
（1849-50）
フランツィスカ
（1851-52）
エレナー※
（1855-98）
エドワード・エイヴリング
（1849-98）
ヘンリエッテ
（1843-1920）
カロリーネ
（1846-1927）
ベルタ
（1852-1922）
ベノ
（1857-1906）
ヴィルヘルミーナ
（？-1862）
ルイーゼ
（？-1895）
ヘンリー
（1857-1930）
カール
（1856-83）
カロリーネ
息子
シャルル
（1873-74）
ジャン
（1876-1938）
アンリ
（1878-83）
エトガー
（1879-1950）
マルセル
（1881-1949）
ジェニー
（1882-1952）
シャルル・エチエンヌ
（1867-72）
マルク・ローラン
（1870-71）
ジェニー
（1870）
ロベール
（1899-）
カール
（1904-）
マルセル・シャルル
（1909-）
シモーヌ
シャルル・ジャン
（1901-）
フレデリック
（1904-）
ジェニー
（1906-39）
ポール
（1909-）
フレデリク
（生没年不詳）
アン
（生没年不詳）

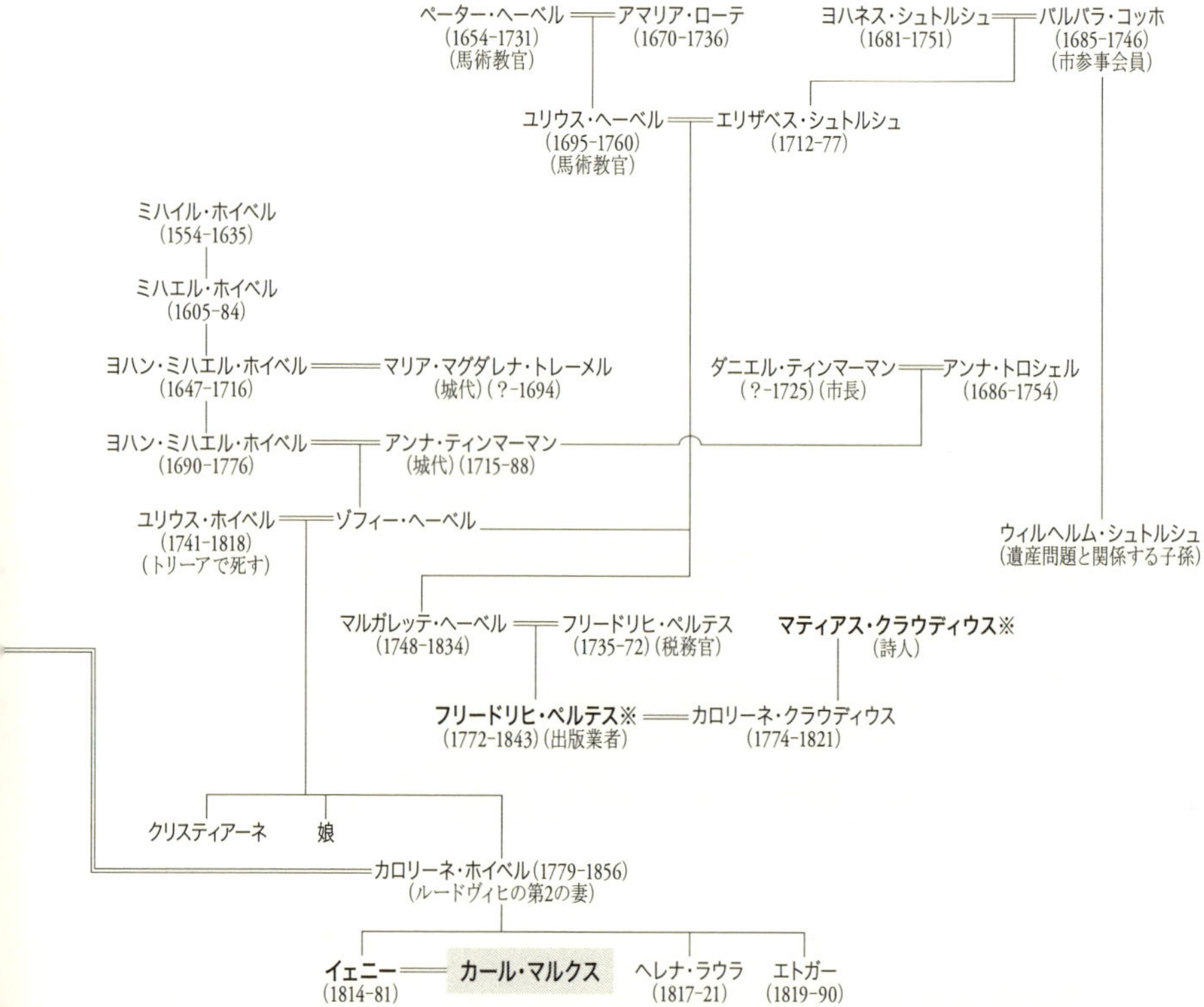
ペーター・ヘーベル
(1654-1731)
(馬術教官)
アマリア・ローテ
(1670-1736)
ヨハネス・シュトルシュ
(1681-1751)
バルバラ・コッホ
(1685-1746)
(市参事会員)
ユリウス・ヘーベル
(1695-1760)
(馬術教官)
エリザベス・シュトルシュ
(1712-77)
ミハイル・ホイベル
(1554-1635)
ミハエル・ホイベル
(1605-84)
ヨハン・ミハエル・ホイベル
(1647-1716)
マリア・マグダレナ・トレーメル
(城代)(?-1694)
ダニエル・ティンマーマン
(?-1725)(市長)
アンナ・トロシェル
(1686-1754)
ヨハン・ミハエル・ホイベル
(1690-1776)
アンナ・ティンマーマン
(城代)(1715-88)
ユリウス・ホイベル
(1741-1818)
(トリーアで死す)
ゾフィー・ヘーベル
ウィルヘルム・シュトルシュ
(遺産問題と関係する子孫)
マルガレッテ・ヘーベル
(1748-1834)
フリードリヒ・ペルテス
(1735-72)(税務官)
マティアス・クラウディウス※
(詩人)
フリードリヒ・ペルテス※
(1772-1843)(出版業者)
カロリーネ・クラウディウス
(1774-1821)
クリスティアーネ
娘
カロリーネ・ホイベル(1779-1856)
(ルードヴィヒの第2の妻)
イェニー
(1814-81)
カール・マルクス
ヘレナ・ラウラ
(1817-21)
エトガー
(1819-90)

══ 夫婦関係

── 親子関係

※ **歴史上の人物**

ヴェストファーレン家の家系図（的場昭弘・作成）

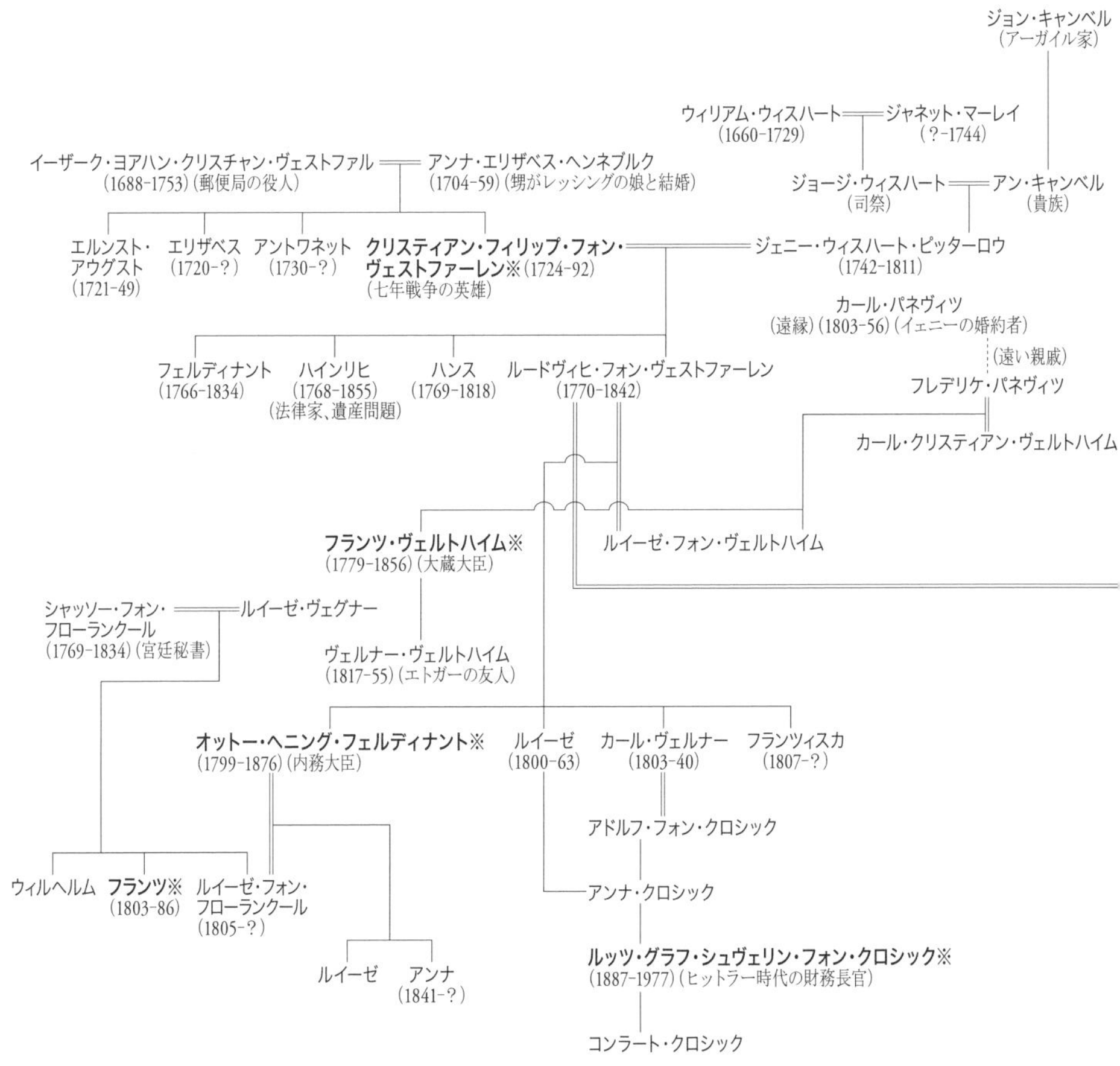

ジョン・キャンベル
（アーガイル家）
ウィリアム・ウィスハート
（1660-1729）
ジャネット・マーレイ
（？-1744）
イーザーク・ヨアハン・クリスチャン・ヴェストファル
（1688-1753）（郵便局の役人）
アンナ・エリザベス・ヘンネブルク
（1704-59）（甥がレッシングの娘と結婚）
ジョージ・ウィスハート
（司祭）
アン・キャンベル
（貴族）
エルンスト・アウグスト
（1721-49）
エリザベス
（1720-？）
アントワネット
（1730-？）
クリスティアン・フィリップ・フォン・ヴェストファーレン※（1724-92）
（七年戦争の英雄）
ジェニー・ウィスハート・ピッターロウ
（1742-1811）
カール・パネヴィツ
（遠縁）（1803-56）（イェニーの婚約者）
（遠い親戚）
フェルディナント
（1766-1834）
ハインリヒ
（1768-1855）
（法律家、遺産問題）
ハンス
（1769-1818）
ルードヴィヒ・フォン・ヴェストファーレン
（1770-1842）
フレデリケ・パネヴィツ
カール・クリスティアン・ヴェルトハイム
フランツ・ヴェルトハイム※
（1779-1856）（大蔵大臣）
ルイーゼ・フォン・ヴェルトハイム
シャッソー・フォン・フローランクール
（1769-1834）（宮廷秘書）
ルイーゼ・ヴェグナー
ヴェルナー・ヴェルトハイム
（1817-55）（エトガーの友人）
オットー・ヘニング・フェルディナント※
（1799-1876）（内務大臣）
ルイーゼ
（1800-63）
カール・ヴェルナー
（1803-40）
フランツィスカ
（1807-？）
アドルフ・フォン・クロシック
ウィルヘルム
フランツ※
（1803-86）
ルイーゼ・フォン・フローランクール
（1805-？）
アンナ・クロシック
ルイーゼ
アンナ
（1841-？）
ルッツ・グラフ・シュヴェリン・フォン・クロシック※
（1887-1977）（ヒットラー時代の財務長官）
コンラート・クロシック

ワ　行

ヤ　行

ラ　行

マ　行

ナ　行

ハ　行

タ　行

カ　行

人名索引

ア　行

著者紹介

ジャック・アタリ（Jacques Attali）

1943年アルジェリア生。パリ理工科学校、パリ政治学院等を卒業。その後国務院審議官を務めつつパリ理工科学校、パリ第9大学で理論経済学を講義。そしてフランス社会党第一書記の経済顧問に就き、81年ミッテラン政権成立以後、大統領特別補佐官に。91年欧州復興開発銀行の初代総裁。経済学のみならず広く歴史、社会、文明の書を世に問うている。

邦訳著書に『危機とサバイバル』『国家債務危機』『金融危機後の世界』『21世紀の歴史』（作品社）『ノイズ――音楽／貨幣／雑音』（みすず書房）『1492 西欧文明の世界支配』（ちくま学芸文庫）『反グローバリズム』（彩流社）『所有の歴史』（法政大学出版局）『時間の歴史』（原書房）など多数がある。

訳者紹介

的場昭弘（まとば・あきひろ）

1952年宮崎生。神奈川大学経済学部定員外教授。経済学博士。専門は、マルクス経済学。著書『超訳『資本論』』（全3巻、祥伝社新書）『待ち望む力』（晶文社）『一週間 de 資本論』（NHK出版）『マルクスだったらこう考える』『ネオ共産主義論』（光文社新書）『マルクスに誘われて』（亜紀書房）他多数。訳書に、『新訳 初期マルクス』『新訳 共産党宣言』（作品社）他多数。

世界精神マルクス（せかいせいしん） 1818-1883

2014年7月30日　初版第1刷発行©
2014年9月20日　初版第2刷発行

訳　者　的　場　昭　弘
発行者　藤　原　良　雄
発行所　株式会社　藤　原　書　店

〒162-0041　東京都新宿区早稲田鶴巻町523
電　話　03（5272）0301
FAX　03（5272）0450
振　替　00160-4-17013
info@fujiwara-shoten.co.jp

印刷・製本　中央精版印刷

落丁本・乱丁本はお取替えいたします
定価はカバーに表示してあります

Printed in Japan
ISBN978-4-89434-973-5

書簡で綴るサンド―ショパンの真実

ジョルジュ・サンドからの手紙
（スペイン・マヨルカ島、ショパンとの旅と生活）

G・サンド
持田明子編＝構成

一九九五年、フランスで二万通余りを収めた『サンド書簡集』が完結。これを機にサンド・ルネサンスの気運が高まるなか、この膨大な資料を駆使して、ショパンと過ごした数か月の生活と時代背景を世界に先駆け浮き彫りにする。

A5上製　二六四頁　**二九〇〇円**
（一九九六年三月刊）
品切◇978-4-89434-035-0

新しいジョルジュ・サンド

サンド―政治と論争

G・サンド
M・ペロー編　持田明子訳

歴史家ペローの目で見た斬新なサンド像。政治が男性のものであった一八四八年二月革命のフランス――初めて民衆の前で声をあげた女性・サンドが当時の政治に対して放った論文・発言・批評的文芸作品を精選。

四六上製　三三六頁　**三二〇〇円**
（二〇〇〇年九月刊）
◇978-4-89434-196-8

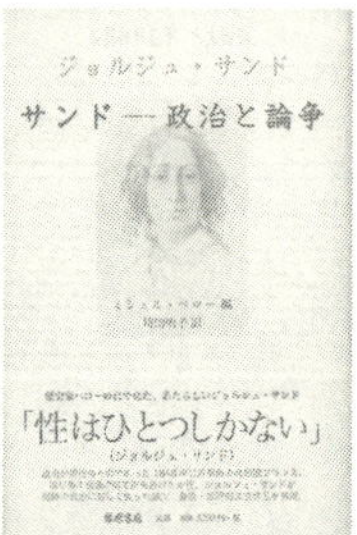

サンドとショパン・愛の生活記

マヨルカの冬

G・サンド
J-B・ローラン画
小坂裕子訳

パリの社交界を逃れ、作曲家ショパンとともに訪れたスペイン・マヨルカ島三か月余の生活記。自然を礼賛し、文明の意義を見つめ、女の生き方を問い直すサンドの流麗な文体を、ローランの美しいリトグラフ多数で飾る。

A5変上製　二七二頁　**三二〇〇円**
（一九九七年二月刊）
◇978-4-89434-061-9

UN HIVER À MAJORQUE　George SAND

文学史上最も美しい往復書簡

往復書簡 サンド＝フロベール

持田明子編＝訳

晩年に至って創作の筆益々盛んなサンド。『感情教育』執筆から『ブヴァールとペキュシェ』構想の時期のフロベール。二人の書簡は、各々の生活と作品創造の秘密を垣間見させるとともに、時代の政治的社会的状況や、思想・芸術の動向をありありと映し出す。

A5上製　四〇〇頁　**四八〇〇円**
（一九九八年三月刊）
◇978-4-89434-096-1